山右叢書·三編

山右歷史文化研究院　編

上海古籍出版社

十二

目　録

王太史遺稿

〔明〕王　邵　撰

岳海燕　點校

點校説明 …………………………………………………… 三

《山西通志・文苑傳》 …………………………………… 五

叙 …………………………………………………… 傅　山　七

叙 …………………………………………………… 戴廷栻　九

紀略 ………………………………………………………… 一一

卷一 ………………………………………………………… 一三

　奏疏 ……………………………………………………… 一三

　　爲微臣違天漸遠戀主心殷敬攄召對未竭之愚申史臣當

　　　復之職以仰贊高深永開泰道疏 …………………… 一三

　　恭陳戰守款三事機宜從早定畫飭備以振國威疏 ……… 一四

　　奉使危疆黽勉竣役直述見聞仰乞裁擇兼乞聖恩少展限期

　　　以便供職疏 ………………………………………… 一七

　　天氣沍寒防河最急懇乞聖明重念三晉密邇畿輔急救鎮

臣還晉并力扼渡以保殘疆以助剿局疏 …………………… 一八

條陳急切時宜疏 ……………………………………… 一九

尚德緩刑疏 …………………………………………… 二一

卷二 ………………………………………………………… 二三

序 ………………………………………………………… 二三

《湖廣鄉試録》序 …………………………………… 二三

《詒燕》序 …………………………………………… 二五

再集《詒燕》序 ……………………………………… 二五

《闈行録》序 ………………………………………… 二六

《丁丑房文》序 ……………………………………… 二六

《合刻諸葛忠武録岳忠武金陀粹編》序 …………… 二七

《文太青老師文集》序 ……………………………… 二九

《曹梅岑行稿》序 …………………………………… 二九

賀章公懸年伯覃封序 ………………………………… 三〇

祝文太師母八耋榮壽序 ……………………………… 三一

祝錢太夫人耋壽詩并序 ……………………………… 三二

卷三 ………………………………………………………… 三五

記 ………………………………………………………… 三五

永濟橋記 ……………………………………………… 三五

進士題名記 …………………………………………… 三五

尺牘 ……………………………………………………… 三七

柬同鄉京官 …………………………………………… 三七

己卯都門寄黃石齋先生 ……………………………… 三八

復蒲津韓相國 ………………………………………… 三八

答陳玉鉉 ……………………………………………… 三八

議 ……………………………………………… 三九

　包荒渙群議 ……………………………………… 三九

説 ……………………………………………… 四〇

　焦黄兒説 ………………………………………… 四〇

引言 …………………………………………… 四一

　朱昆海公《録約》引言 ………………………… 四一

　《名山藏》述言 ………………………………… 四三

　苗慎齋先生《唱和集》述言 …………………… 四四

卷四 ………………………………………… 四五

題跋 …………………………………………… 四五

　題劉代予《雁字詩》 …………………………… 四五

　題周公子制義 …………………………………… 四六

　《律例指掌》跋 ………………………………… 四六

　《孟晉醇年伯墓志銘》跋 ……………………… 四七

　跋董宗伯書韓公神道碑後 ……………………… 四七

贊 ……………………………………………… 四八

　青田餘姚兩文成先生贊有序 …………………… 四八

　楊先生像贊際明乃翁 …………………………… 四九

志銘 …………………………………………… 四九

　明孺人李母張氏墓志銘 ………………………… 四九

祭文 …………………………………………… 五〇

　祭楊泰徵年兄文 ………………………………… 五〇

　受封奉使過家祭塋文 …………………………… 五一

　召對述言 ………………………………………… 五二

　召對記注 ………………………………………… 五二

卷五 ································ 五六

四言古 ······························ 五六
讀張茂先《勵志詩》有和 ········· 五六

五言古 ······························ 五六
金陵 ································ 五六
和白樂天《自慰》 ················· 五六
擬太冲《咏史詩》一首 ············ 五七
集詩志感 ···························· 五七
哭幼弟 ······························ 五七
送程端伯年兄歸省 ················· 五八
朱明日宗人邀飲 ···················· 五八
松下飲王任仲年兄賦別 ············· 五八
送李介止年兄之任司李 ············· 五八
十一月念五日聞兒拔貢捷志喜 ······ 五九
寄樊寧宇年兄 ······················ 五九
清凉石 ···························· 六〇
水心亭憶河隈閑閑居賦寄二字 ······· 六〇

七言古 ······························ 六〇
藉田禮成恭紀 ······················ 六〇
爲袁臨侯督學三晉 ·················· 六一
送唐元樸遷南宗伯 ·················· 六一
送姚現聞入吳 ······················ 六一
挽王珍吾 ···························· 六二
恭撰文皇帝四駿圖歌 ················ 六二

雜言古 ······························ 六三
維揚七夕舟中 ······················ 六三

祝文湛詩 …………………………………………… 六三

卷六 ………………………………………………… 六五

五言律 ……………………………………………… 六五

壬申步倪老師韵十首 ………………………………… 六五

高梁橋上巳宴集次韵四首 …………………………… 六六

首夏郭大來招飲高梁橋園亭同王覺斯李括蒼前輩張冲
一張日葵張文岳李西野王似鶴王繩所諸鄉丈即景
漫賦 ……………………………………………… 六六

使旋及河 ……………………………………………… 六七

上元即事 ……………………………………………… 六七

九日次雁門樊淑魯邀飲孫白谷園中因讀吳鹿友公祖
賞荷詩次韵 …………………………………………… 六七

挽姜年嫂董孺人 ……………………………………… 六七

和白樂天《自慰》 …………………………………… 六七

大同上寺王含真帥府聶尹思兵憲招飲 ……………… 六七

碧山寺邂逅詩僧無可爲題手卷 ……………………… 六八

過居庸有感 …………………………………………… 六八

對客手談 ……………………………………………… 六八

先嚴忌辰 ……………………………………………… 六八

中秋 …………………………………………………… 六八

欒城冒雪 ……………………………………………… 六八

登廣武城次魏見泉撫臺韵 …………………………… 六九

小孤山彭澤江心 ……………………………………… 六九

秋懷 …………………………………………………… 六九

和宿遷張亶生壁間秋海棠咏兼志賀 ………………… 六九

有以蟹饋者感而續古 ………………………………… 六九

賦得輕露栖叢菊 …………………………………………… 六九

別王璇觀 ……………………………………………………… 六九

送陳大來假旋 ……………………………………………… 七〇

迎李介止公祖舟飲 ………………………………………… 七〇

九月望日邀黃石齋先生楊機部熊雪堂二年丈齋頭夜

集次石齋韵 …………………………………………… 七〇

卷七 …………………………………………………………… 七二

七言律 ………………………………………………………… 七二

早朝應制 …………………………………………………… 七二

秋聲 ………………………………………………………… 七二

元旦早朝 …………………………………………………… 七二

別章格庵 …………………………………………………… 七二

曹年伯姆雙壽 ……………………………………………… 七三

午日樊淑魯餉部貽詩屬和 ………………………………… 七三

丁丑闈中分經次黃石齋先生韵……………………………… 七三

送舒魯直南還 ……………………………………………… 七三

奉使代藩荷黃石齋先生詩餞次居庸依韵賦答 …………… 七三

見河 ………………………………………………………… 七四

清明日展墓 ………………………………………………… 七四

琉璃橋邸舍晚宿稚子前 …………………………………… 七四

十月十六日夜半夢吟 ……………………………………… 七四

登應州塔席前賦答欒郡伯公 ……………………………… 七四

沙泉寄慨 …………………………………………………… 七五

糧舟 ………………………………………………………… 七五

別張天如 …………………………………………………… 七五

餞劉淇菉公祖 ……………………………………………… 七五

送胡雪田 …………………………………… 七五

和鄭澹石 …………………………………… 七六

送龍孺六年丈使晉 ………………………… 七六

別姜端公 …………………………………… 七六

送傅熙宇省方三秦 ………………………… 七六

送顧蓬懸 …………………………………… 七六

愧名 ………………………………………… 七七

讀《宋史》有感 …………………………… 七七

淶水早霧 …………………………………… 七七

寄答黃石齋先生 …………………………… 七七

宋瀛渚撫軍恢復府谷有詩志慶次韵 ……… 七七

河干古寺有感步前人韵 …………………… 七八

賊訌畿内我師潰 …………………………… 七八

送楊冶非年兄督漕 ………………………… 七八

楚懷 ………………………………………… 七八

觀道場有感得“名”字 …………………… 七八

燕子磯別楊伯祥年兄 ……………………… 七九

送張繩海撫軍錦旋 ………………………… 七九

寓雁門有感 ………………………………… 七九

卷八 ………………………………………… 八〇

五言排律 ………………………………… 八〇

賦得薰風自南來 …………………………… 八〇

送周老師 …………………………………… 八〇

流寇平聞捷音至 …………………………… 八〇

祝樞部張象風壽 …………………………… 八一

飲友人園中賦賞櫻桃步唐人白樂天十韵 ……… 八一

七言排律 ·· 八一

　成祖文皇帝北征 ································· 八一

　送馬君常年丈歸省 ···························· 八二

五言絶句 ·· 八二

　得家報兒病 ··· 八二

　臨歧絶句 ··· 八二

　舟次維揚和唐駱賓王 ························· 八二

　口號次王忠文先生韵 ························· 八三

七言絶句 ·· 八三

　過土木步前人韵 ································· 八三

　秘魔岩 ··· 八三

　宿秘魔岩感吟 ···································· 八三

　王師大捷凱歌 ···································· 八三

王立本 ··· 八四

　祝母壽 ··· 八四

　九日登高步韵 ···································· 八四

附卷十 ··· 八五

　召對記注 ··· 八五

　附　祭先師王炳藜文 ························· 八六

　敬和前韵 ··· 八九

　王炳藜簡討以詩刻見寄賦答 ············ 九〇

　答王炳藜簡討 ···································· 九〇

附録 ··· 九一

　《倪鴻寶代言選》叙引 ······················· 九一

大中丞苗晉侯先生文集

〔明〕苗胙土　撰

田同旭　趙建斌　馬豔　點校

點校説明 ……………………………………………… 九五

《苗大中丞文集》序 ……………………… 朱之俊　九七

《大中丞苗公文集》序 …………………… 石鳳臺　九九

大中丞苗晉侯先生文集卷一·詩稗略抄 ……… 一〇一

　五言古 ………………………………………… 一〇一

　　題褫亭驛壁壁畫崔生盜虎皮事 …………………… 一〇一

　　秋日山行 ………………………………………… 一〇一

　　庭前榴葉亂墜感賦 ……………………………… 一〇一

　　對酒 ……………………………………………… 一〇二

　　鷓鴣啼 …………………………………………… 一〇二

　　九仙臺絶頂遠眺 ………………………………… 一〇二

　　題寧郭驛官署大槐 ……………………………… 一〇二

　　塗次少憩與客話避亂山居事走筆志感 ………… 一〇二

　　暮春有客談及世態漫賦 ………………………… 一〇三

　七言古 ………………………………………… 一〇三

　　桃花歌 …………………………………………… 一〇三

　　社日郊游 ………………………………………… 一〇三

　　七夕歌 …………………………………………… 一〇四

　　新柳行 …………………………………………… 一〇四

　　過豫國士祠 ……………………………………… 一〇五

　　再賦坐隱臺十韻 ………………………………… 一〇五

秋登滄浪亭 ………………………………………… 一〇六

老婦行 ……………………………………………… 一〇六

冬日朱滄起太史將歸省以解脫園記見示余不禁神往

　　因賦長韻 ………………………………………… 一〇六

旋陽樓詩 …………………………………………… 一〇七

皇極殿重建紀事 …………………………………… 一〇七

大祀社稷壇禮成紀事前夕大雨祀時忽霽中外異之 ………… 一〇八

五言律 ……………………………………………… 一〇八

秋日同葉蕃實王韓鎮邢大來李大生游西山諸寺次韓

　　鎮韻 ……………………………………………… 一〇八

冬日閑居次大兄韻 ………………………………… 一〇八

病中題壁 …………………………………………… 一〇九

春日途行憶無計留春住句足韻 …………………… 一〇九

行山 ………………………………………………… 一〇九

過新鄉吊郭孟諸副憲 ……………………………… 一〇九

七言律 ……………………………………………… 一一〇

元日朝回馬上偶成 ………………………………… 一一〇

上元遇雪步大兄韻 ………………………………… 一一〇

春雪夜集 …………………………………………… 一一〇

柳堤早發 …………………………………………… 一一〇

燕中伏日聞蟬 ……………………………………… 一一〇

秋宿武安山邸 ……………………………………… 一一一

秋夜郵亭鐵馬 ……………………………………… 一一一

秋深之任關南過漢陰署偶成 ……………………… 一一一

重九日次汾陽同靳嗣美進士朱滄起太史朱鼎石中

　　翰夜飲 …………………………………………… 一一一

冬夜客集 …………………………………………… 一一二

賀任雪音年丈太夫人兩世貞節恩旌 ………………… 一一二

壽王少司農夫人 ……………………………………… 一一二

奉使轉餉季秋朔井陘署夜雨 ………………………… 一一二

坐隱臺次郭漱六暨大兄韻 …………………………… 一一二

秋日雨後過界山 ……………………………………… 一一三

初秋入鄖餘暑猶盛憩遠河公署次壁間裴太宰韻 …… 一一三

初冬昧爽登晴川閣 …………………………………… 一一三

白雲閣 ………………………………………………… 一一三

流寇披猖余督兵追剿凡三過滇中矣經年馬上一事無成
　賦以志感時爲丙子上元之後三日 ………………… 一一三

被謫覃懷中秋夜及任參矣劉醉竹諸君小集醉竹袖出一
　詩客去挑燈次韻　二首 …………………………… 一一四

旅舍深秋 ……………………………………………… 一一四

憶舊 …………………………………………………… 一一四

元旦旅中 ……………………………………………… 一一四

旅中上元夜獨坐值雪 ………………………………… 一一五

習靜九仙臺漫賦 ……………………………………… 一一五

都門同王存予侍御朱滄起太史談燕京寇禍事感賦 … 一一五

春日將下太行過星軺阻雨用壁間韻 ………………… 一一五

兵燹後恭謁孟夫子廟 ………………………………… 一一五

宿遷舟中 ……………………………………………… 一一五

五言絶 ……………………………………………… 一一六

再憶留春句漫成十絶 ………………………………… 一一六

雨松 …………………………………………………… 一一六

江上風行 ……………………………………………… 一一六

重九前日夜駐均州公署值雨 ………………………… 一一六

秋杪登樓 ……………………………………………… 一一六

仲春山行 ……………………………………………… 一一七

旅中夜雨 ……………………………………………… 一一七

青青調 ………………………………………………… 一一七

七言絶 ……………………………………………… 一一七

春行清風店 …………………………………………… 一一七

仲夏同郭漱六飲園亭即事七絶 ……………………… 一一七

菊月次米脂步壁間韻 ………………………………… 一一八

聞蟬 …………………………………………………… 一一八

舟中夜雪偶成 ………………………………………… 一一八

夜駐内丘公署夢至家室賦以志感 …………………… 一一九

易水吊古 ……………………………………………… 一一九

過湯陰謁岳王廟感賦 ………………………………… 一一九

長安夜雨 ……………………………………………… 一一九

秋夜舟中偶成 ………………………………………… 一一九

秋思 …………………………………………………… 一二〇

重九日旅中史給諫送酒獨酌 ………………………… 一二〇

歲除 …………………………………………………… 一二〇

山中元日題壁是日雪 ………………………………… 一二〇

上元後二日作 ………………………………………… 一二一

再過豫國士祠 ………………………………………… 一二一

可園内欲作灌園居一榻門窗皆作半月狀豫題 ……… 一二一

大中丞苗晉侯先生文集卷二·雜撰略抄 ………… 一二二

文昌閣記 ……………………………………………… 一二二

均州增城濬池記 ……………………………………… 一二三

户部山東司續題名記 ………………………………… 一二四

可園記 ………………………………………………… 一二五

大椿園記 …………………………………… 一二七

六宜亭記 …………………………………… 一二九

中秋夕記 …………………………………… 一三〇

澤郡太守王公祠記 ………………………… 一三一

朱擢秀文稿序 ……………………………… 一三二

賀丹衷王公守霸州序 ……………………… 一三三

《德政彙録》序 …………………………… 一三四

賀冀南道王少參平回奏捷序 ……………… 一三五

公賀潞安郡丞焦警盤平回奏凱序 ………… 一三六

《監軍日紀》序 …………………………… 一三八

《漢上草》序 ……………………………… 一四〇

《同門稿》序 ……………………………… 一四〇

《古文從鈔》小序 ………………………… 一四一

《問俗畸言》叙 …………………………… 一四一

《趙祥源制義稿》序 ……………………… 一四二

《新餉志》序代 …………………………… 一四三

伯兄河陰令墓志銘 ………………………… 一四四

仲兄揮使公墓志銘 ………………………… 一四五

錦衣衛加都督同知深之張公墓志銘 ……… 一四七

貢士趙子融墓志銘 ………………………… 一四八

焚黄祭祖文天啓六年 ……………………… 一五〇

焚黄祭父母文天啓六年 …………………… 一五〇

祭先大夫寶豐縣德政祠文 ………………… 一五一

告母高太恭人三周忌日文 ………………… 一五一

祭長兄大令君文 …………………………… 一五一

祭趙淇園孝廉文 …………………………… 一五二

祭岳父儒官王公文 ………………………… 一五二

六吉堂四箴 ……………………………………………… 一五三

大中丞苗晉侯先生文集卷三·尺牘略抄 ……………… 一五四

上張大司馬 ……………………………………………… 一五四

再上張大司馬 …………………………………………… 一五五

與傅咨伯大司農 ………………………………………… 一五六

上洪亨九督臺 …………………………………………… 一五六

答盧九台大督 …………………………………………… 一五七

上盧撫臺 ………………………………………………… 一五八

上唐撫臺 ………………………………………………… 一五九

上唐撫臺 ………………………………………………… 一六〇

與戴還初中丞 …………………………………………… 一六〇

上余按臺 ………………………………………………… 一六一

與余按臺 ………………………………………………… 一六三

與余按臺 ………………………………………………… 一六四

答余按院 ………………………………………………… 一六四

與許賓實總戎 …………………………………………… 一六五

與許賓實 ………………………………………………… 一六六

與秦總戎 ………………………………………………… 一六六

答鄧明宇總戎 …………………………………………… 一六七

與汪月掌掌科 …………………………………………… 一六七

與都中公書 ……………………………………………… 一六八

與王念生職方 …………………………………………… 一六九

答朱完素大參 …………………………………………… 一七〇

與徐扶搖憲副 …………………………………………… 一七〇

答方禹修太守 …………………………………………… 一七一

與鄖陽李太守 …………………………………………… 一七二

與光化縣崔大尹 …………………………………… 一七二

與唐宜之長史 ……………………………………… 一七三

大中丞苗晉候先生文集卷四·駢啓略抄 …………… 一七四

傳臚後公請孟晉純少宗伯啓 ……………………… 一七四

迎吳代巡啓 ………………………………………… 一七四

答趙開吾給諫啓 …………………………………… 一七五

賀關中各院年節啓 ………………………………… 一七五

答澤州秦父母啓 …………………………………… 一七六

答天津道石副憲啓 ………………………………… 一七六

答潞安胡司理啓 …………………………………… 一七六

賀冀南道王方伯啓 ………………………………… 一七七

先大夫崇祀鄉賢請黃父母啓 ……………………… 一七七

賀冀南道王東里少參平回奏凱啓 ………………… 一七八

答程泰雲太守賀禫除啓 …………………………… 一七九

請澤州王慶我太守初任啓 ………………………… 一七九

候羅宗伯座師啓 …………………………………… 一七九

答唐大愚司馬郎啓 ………………………………… 一八〇

送治院蔣午節啓 …………………………………… 一八〇

送撫院唐午節啓 …………………………………… 一八一

賀湖廣宋按臺元旦啓 ……………………………… 一八一

候山西張學憲啓 …………………………………… 一八一

請宋按臺啓 ………………………………………… 一八二

賀分守道徐扶搖憲副新任啓 ……………………… 一八三

答張葆光侍御啓 …………………………………… 一八三

請張鵬海父母啓 …………………………………… 一八三

賀宋又希中丞啓 …………………………………… 一八四

賀方書田拜相啓 …………………………… 一八四

賀汾州焦太守啓 …………………………… 一八五

候周座師啓 ………………………………… 一八五

賀冀南道王賓吾老師初任啓 ……………… 一八六

賀許座師壽啓 ……………………………… 一八六

賀冀南道公祖啓 …………………………… 一八七

賀□父母考滿啓 …………………………… 一八七

賀澤州太守韓父母啓 ……………………… 一八八

大中丞苗晉侯先生文集卷五 ……………… 一八九

《漢濱舊話》序 …………………………… 一八九

漢濱舊話 …………………………………… 一八九

大中丞苗晉侯先生文集卷六 ……………… 一九九

言鏡 ………………………………………… 一九九

大中丞苗晉侯先生文集卷七・叔康甫自紀 ……… 二〇八

年譜 ………………………………………… 二〇八

大中丞苗晉侯先生文集卷八・兩世本傳附世譜 ………… 二一七

文峰苗公傳 ………………………………… 二一七

中丞苗晉侯傳 ……………………………… 二一九

附集 ………………………………………… 二二二

撫鄖雜録 …………………………………… 二二二

又叙 ………………………………………… 二二二

鄖鎮兵馬志 ………………………………… 二二三

郧餉志 …………………………………… 二二四

郧地破殘狀 ……………………………… 二二六

邊兵入楚略 ……………………………… 二二八

闕題 ……………………………………… 二三〇

奉詔招撫紀實 …………………………… 二三〇

夾河關焚船殺賊録 ……………………… 二三二

移民實城紀 ……………………………… 二三三

闕題 ……………………………………… 二三四

闕題 ……………………………………… 二三五

解鞍小録 ……………………………… 二三六

小引 ……………………………………… 二三六

六城增濬紀略 …………………………… 二三八

築樊紀事 ………………………………… 二四〇

襄南禦寇摘抄 …………………………… 二四二

督兵郧興日録 …………………………… 二四三

轉運紀略 ………………………………… 二四五

豐陽大戰紀略 …………………………… 二四六

月下卮言 ………………………………… 二四七

鄧帥兵讙紀略 …………………………… 二四八

青泥灣殺賊紀略 ………………………… 二四九

棗陽襲賊小録 …………………………… 二五一

東行聞見録 ……………………………… 二五一

築樊文抄 ……………………………… 二五三

借籌文抄 ……………………………… 二五七

巡襄約言 ……………………………… 二五九

敕諭 ……………………………………… 二五九

敕諭 ……………………………………… 二五九

敕諭 …………………………………………… 二六〇

爲申飭吏治以課實效事 …………………………… 二六一

周易纂

〔明〕朱之俊　撰

王子虎　薛新平　點校

點校説明 …………………………………………… 二七三

《易經纂注》叙 …………………………………… 二七五

序《易纂》 ………………………………… 胡世安　二七七

序 ………………………………………… 朱之俊　二七九

周易纂卷一 ………………………………………… 二八一

　上下經篇義 …………………………………………… 二八一

　錯綜説 ………………………………………………… 二八二

　象説 …………………………………………………… 二八四

　數説 …………………………………………………… 二八八

　變説 …………………………………………………… 二九四

　占説 …………………………………………………… 二九六

易經纂卷一 ………………………………………… 二九九

　上經 ………………………………………………… 二九九

　　乾　　乾下乾上 ………………………………… 二九九

　　坤　　坤下坤上 ………………………………… 三〇六

　　屯　　震下坎上 ………………………………… 三一〇

蒙　坎下艮上 ························· 三一二

需　乾下坎上 ························· 三一五

訟　坎下乾上 ························· 三一七

師　坎下坤上 ························· 三一九

易經纂卷二 ························· 三二二

比　坤下坎上 ························· 三二二

小畜　乾下巽上 ······················· 三二四

履　兌下乾上 ························· 三二六

泰　乾下坤上 ························· 三二九

否　坤下乾上 ························· 三三一

同人　離下乾上 ······················· 三三三

大有　乾下離上 ······················· 三三五

謙　艮下坤上 ························· 三三七

豫　坤下震上 ························· 三三九

隨　震下兌上 ························· 三四一

蠱　巽下艮上 ························· 三四三

臨　兌下坤上 ························· 三四五

觀　坤下巽上 ························· 三四七

噬嗑　震下離上 ······················· 三四九

賁　離下艮上 ························· 三五一

剝　坤下艮上 ························· 三五三

復　震下坤上 ························· 三五五

無妄　震下乾上 ······················· 三五九

大畜　乾下艮上 ······················· 三六一

頤　震下艮上 ························· 三六四

大過　巽下兌上 ······················· 三六七

坎　　坎下坎上 ……………………………………… 三六九

離　　離下離上 ……………………………………… 三七二

易經纂卷三 ……………………………………… 三七六

下經 ……………………………………………… 三七六

咸　　艮下兌上 ……………………………………… 三七六

恒　　巽下震上 ……………………………………… 三七八

遯　　艮下乾上 ……………………………………… 三八一

大壯　下乾上震 ……………………………………… 三八三

晉　　坤下離上 ……………………………………… 三八五

明夷　離下坤上 ……………………………………… 三八七

家人　離下巽上 ……………………………………… 三八九

睽　　兌下離上 ……………………………………… 三九一

蹇　　艮下坎上 ……………………………………… 三九四

解　　坎下震上 ……………………………………… 三九六

損　　兌下艮上 ……………………………………… 三九八

益　　震下巽上 ……………………………………… 四〇一

夬　　乾下兌上 ……………………………………… 四〇四

姤　　巽下乾上 ……………………………………… 四〇六

萃　　坤下兌上 ……………………………………… 四〇九

升　　巽下坤上 ……………………………………… 四一一

困　　坎下兌上 ……………………………………… 四一三

易經纂卷四 ……………………………………… 四一五

井　　巽下坎上 ……………………………………… 四一五

革　　離下兌上 ……………………………………… 四一七

鼎　　巽下離上 ……………………………………… 四二〇

震　　震下震上 …………………………………………… 四二二

艮　　艮下艮上 …………………………………………… 四二四

漸　　艮下巽上 …………………………………………… 四二七

歸妹　　兌下震上 ………………………………………… 四三〇

豐　　離下震上 …………………………………………… 四三二

旅　　兌下離上 …………………………………………… 四三五

巽　　巽下巽上 …………………………………………… 四三七

兌　　兌下兌上 …………………………………………… 四四〇

渙　　坎下巽上 …………………………………………… 四四二

節　　兌下坎上 …………………………………………… 四四五

中孚　　兌下巽上 ………………………………………… 四四七

小過　　艮下震上 ………………………………………… 四四九

既濟　　離下坎上 ………………………………………… 四五二

未濟　　坎下離上 ………………………………………… 四五四

易經纂卷五 ……………………………………………… 四五八

　繫辭上傳 ………………………………………………… 四五八

　繫辭下傳 ………………………………………………… 四八二

易經纂卷六 ……………………………………………… 四九六

　繫辭下傳 ………………………………………………… 四九六

　說卦傳 …………………………………………………… 五〇五

　序卦上篇 ………………………………………………… 五一五

　序卦下篇 ………………………………………………… 五一七

　雜卦序 …………………………………………………… 五二〇

　雜論 ……………………………………………………… 五二三

春秋纂

〔明〕朱之俊　撰

王子虎　薛新平　點校

點校説明 ……………………………………………… 五三五

序 …………………………………………… 胡世安　五三七

讀《春秋纂》小叙 …………………………… 周士章　五三九

序 …………………………………………… 朱之俊　五四一

春秋提要 ……………………………………………… 五四三

春秋叢説 ……………………………………………… 五四六

元集 …………………………………………………… 五五一

　隱公 名息姑，惠公繼室聲子所生。惠公以手文而立仲子爲夫人，生桓公。

　　在位十一年 ……………………………………… 五五一

　桓公 名乾，惠公子，隱公弟，母仲子，夫人文姜。在位十八年 ………… 五六一

　莊公 名同，桓公子，母文姜，夫人哀姜，年十四即位，在位三十二年。

　　不書即位，繼弑君也 …………………………… 五七一

　閔公 名啓方，莊公子，母叔姜，年九歲即位，在位二年。不書即位，

　　亂也 ……………………………………………… 五八八

亨集 …………………………………………………… 五九一

　僖公 名申，閔公庶兄，母成風，夫人聲姜，在位三十三年。不書即位，

　　繼弑君也 ………………………………………… 五九一

　文公 名興，僖公子，母聲姜，夫人出姜，在位十八年。書即位，

　　繼正也 …………………………………………… 六一六

宣公名接,文公妾敬嬴之子,夫人穆姜,在位十八年。書即位,

如其意也 ……………………………………………… 六三二

利集 …………………………………………………… 六四七

成公名黑肱,宣公子,母穆姜,夫人齊姜,在位一十八年。書即位,正也

………………………………………………………… 六四七

襄公名午,成公妾定姒之子,四歲即位,在位三十一年。書即位,正也

………………………………………………………… 六六五

貞集 …………………………………………………… 六九七

昭公名裯,襄公妾齊歸之子,夫人孟子。在位二十五年,孫齊,在外七年,

凡三十二年。書即位,正也 ……………………… 六九七

定公名宋,襄公庶子,昭公弟,在位十五年。定哀多微辭,主人習其讀而

問其傳,則未知己之有罪焉爾 ………………… 七二一

哀公名蔣,定公子,母子姒,四歲即位,在位二十七年,十四年《春秋》絶筆

………………………………………………………… 七二八

續經傳 ………………………………………………… 七四〇

王太史遺稿

〔明〕王　邵　撰

岳海燕　點校

點校説明

《王太史遺稿》，王邵撰。

王邵（？—1641），字炳藜，又字二彌，明山西保德人。年幼能文，十三歲師從理學家文翔鳳，拔冠童子試。十六歲食廩餼，試輒前茅。天啓元年（1621）鄉試奪魁。其間值父母先後去世，哀毁骨立，進取念灰，淹滯十載，崇禎四年（1631）始中進士，與楊廷麟皆出倪元璐門下。選庶吉士，任翰林院檢討、起居注、經筵展書，與黄道周、文安之、章正宸等諸多文士交好。兩使代邸，皆經鄉里，禦寇救荒，鄉人德之。崇禎十一年，曾接受皇帝召對，建議廣開用人之路及改革錢法。崇禎十二年，主持湖廣鄉試，選拔人才，其中有陳純德、楊文薦等當時名士。至部黨釁起，正人并退，王邵亦以疾酹官。回鄉後，仍時時與地方官議戰守，與鄉里救瘡痍，爲地方保障。崇禎十四年，以司業召，以疾酹，不赴，未几而卒。

王邵勤於著述，其詩文歷經變亂多有散逸。現存《王太史遺稿》共八卷，卷一至卷四爲散文，包括奏疏、序文、記文、題跋；卷五至卷八爲詩歌，包括古體詩、近體詩，其中五言、七言、雜言皆備，卷末附王邵長子王立本遺作二首。附卷十，爲當時交好者與王邵唱和往來之詩文。其奏疏對當時的局勢多有反映：社會矛盾尖鋭，灾荒時有發生，百姓流離失所，尤其以較多筆觸涉及到山西、陝西一代農民起義情形。奏疏反映出王邵充滿儒家色彩的政治思想，如《尚德緩刑疏》。序文、記文、題跋多爲應酬之作，但也不乏其陳述政見之文，如《包荒涣群議》；也有對明代歷史的客觀反映，如《丁丑房文序》《湖廣鄉録序》等對當時科考的記錄。即便是應酬的序文、題跋、墓志銘，也頗有可讀性，客觀反映了當時人們的價值觀。其詩歌不僅形式多樣，內容同樣非常廣泛，從中既可洞見明末局勢，如《賊訌畿内我師潰》《寓雁門有感》《流寇平聞捷音至》等，又能展示出作者平時的交往情形及其個人生活。總體來看，《王太史遺稿》對明季歷史的反映是非常寶貴的。王邵師出名門，後遷延多年方中進士，經學功底深厚，故其爲文古雅，引經化典，爲人稱道。

　　本次點校以祁縣圖書館所藏《王太史遺稿》爲底本，另參照《明別集叢刊》所影印《王太史遺稿》及山西大學圖書館藏《王二彌先生文存》。三者實際上出自同一底本，都是清康熙八年（1669）王邵之孫王恒在戴廷栻資助下刻印的同一版本。《山西通志·文苑傳》言《二彌存稿》十卷，今所見版本都爲八卷附一卷，缺卷九。

　　底本每卷卷首有“從丹楓閣抄，昭餘何遵先重斠，保德王邵二彌著，太原傅山公他、關中李因篤孔德、昭餘戴廷栻楓仲訂，男宗本漸徵、姪函本泰徵校，孫恒蓮山輯”等字樣，今皆删去。

《山西通志·文苑傳》

　　王邵，字炳藜，保德州人。崇禎辛未進士，與機部楊廷麟同出倪文忠元璐之門，并遷庶吉士。與黃石齋、文鐵庵友善，以名節砥礪。授檢討、起居注、經筵展書。時寇賊搶攘，黨援奮争，邵獨立不懼，前後疏數千言，長歎慟哭，知無不言，言無不盡。召對平臺，口疏用人在得用人之人，爲上眷注，載在《實録》。兩使代邸，皆經梓里，禦寇救荒，鄉井德之。兩司文衡，所拔皆知名士，陳文節純德、楊中丞文薦并以身殉國，胥門下生也。黨釁起，以疾歸，旋以司業召，不赴，以憂勞國事致疾，卒。著《二彌存稿》十卷。

叙

　　明簡討王二彌先生遺稿，其孫恒以世誼請諸昭餘戴仲子遜而叙之而梓之，藏於其家。戴仲復欲徵諸旁觀之方外，以方外之人論石渠、天禄著作，無論不當，即偶一當焉亦非分。然一再睨之，皇皇焉憂天憫人，如有所受，影赴而響應，以吾漆園家學觀之，殆所謂役“適人之適”者邪？而先生之第實出倪文正門，機部楊先生又同門最善，觀感艱貞，又得力於見石齋先生廷争之時，此其氣味之所從來也如此，又何必徵諸方外微人之言而後傳？惜也！先甲三年而物故，不得見三君子之死而從之。

　　恒曰：“恒所以汲汲於斯集者，正欲後之人知先簡討從正人君子之後，而爲人不敢徒以詞林著術娿邦家也。”嗚呼！賢子孫汲汲於其先人之名也如此。恒有母，賢而早寡，得家人之貞，戴仲并爲之傳。

　　太原傅山謹題

叙

辛酉春，先君子與炳蔡先生同熹廟恩選，交最善。先生校書天禄，越七年，先君子始登第。每傳先君子見先生，先生即語以君臣大義。當是時，先帝銳意圖治，先生逢時遇主，以翰苑之清華而兼吏部台省之風采，故朝野大事多與顧問。而所交又皆當世賢者，一時如黄先生石齋，氣蓋天下，傾動明主，非正人不敢近；楊先生伯祥，博學好讀兵，非才人不能至；生如吾師臨侯，高尚氣節，尤於人少所許可。先生周旋其間，悉能得其歡心。戊寅召對，廷臣盡言而天子受之無忤，非古所稱主聖臣直者乎？黄先生頌之以詩，楊先生及先生恭紀其事，其君臣、朋友、文章之際何其盛哉！何其盛哉！無何而先生卒，先君子亦屏迹田里，每追憶從游故人，未嘗不思先生之賢。

己酉秋，于太原見先生之孫蓮山，出其先簡討遺文示余曰：“自亂離以來，素産流離，惟守此一編，幸而不失，冀得公他先生及先生一言以成先志。”言之聲色悲動。余憐而介之公他先生，公他先生同余稍稍次序其文。其文大率長于應制而善言治亂得失之要，典隽顯美，蓋如其爲人，固不必以詩文傳先生，而詩文之典隽顯美者亦可以傳矣。

先生長公孩如高才，早夭，所爲詩文有父風，附其僅存者于後，以見家學。蓮山幼孤，讀書敦行義，能世其家，爲之叙其盛事如此。

康熙己酉仲冬，昭餘戴廷栻題于丹楓小閣

紀　略

　　恒六歲失怙，先簡討大父憐其幼孤，抱置膝上不去。辛巳，力疾北上，復以恒自隨，至雁門，疾大頓。其時朝野蒼黃，殷憂悲憤，而疾遂大漸，卧輿西返，而竟不起。嗚呼痛哉！

　　屢經變亂，其所爲文多散逸不存，僅僅遺恒所手録者三册，居匱行笈，其私心未嘗不一日汲汲焉得一正人君子一去取之，以爲先大父幸，惟恐其或墜也。己酉下第，於太原見昭餘戴年伯楓仲，且要過丹楓閣。因得觀閣上所藏書，上下古今，而恒心服其是非不謬，遂出先大父遺稿請訂之。楓仲之言曰：“太史先生正人也，其人當傳。”及讀其文，曰：“正人之文也，其文當傳。知子貧士，吾爲子剞劂費。”因取其有關於國家之掌故者而梓之，且謂恒曰：“子欲誰弁此者？”恒曰：“願得公它先生一言。”楓仲曰：“是不難。”即一書介恒見先生於松僑。先生出見之，曰：“是關中才人李天王之所謂王公孫也。”即爲之叙。

　　憶恒六歲時，先大父麾毫吟咏罷，即口授恒以小詩，且顧謂恒曰：“此吾家世業也，汝不知能繼之乎否？”嗚呼痛哉！三十餘年而得二三君子，而先大父之遺文始得僅僅不墜，并附先君數語于後以志悲慕。此二三君子，非所謂“孝子不匱，永錫爾類”者耶？因敬書數字卷末，願吾世世子孫之無相忘也。

　　孫恒恭紀

奏　疏

爲微臣違天漸遠戀主心殷敬據召對未竭之愚申史臣當復之職以仰贊高深永開泰道疏

職聞萬化之原繫於用舍，千里之勝決諸廟堂。故象恭巧言，帝誅不貰；推元登凱，舜日咸熙。即叔季之世，亦能留汲黯以伐淮謀，相司馬而息遼警。且司馬光與呂誨一二君子進而衆正彙征，王安石、蔡京一二小人升而僉邪飆起，類從應捷，勢會必然，亦近鑒之大者矣。肩其責者，是惟大臣，乃數年以來，褊伎相沿，休容絕少，恩怨之私成癖，門戶之見橫觭，倚貪黷爲爪牙，屏善類以朋黨，司牧扞圉，競趨掊克，內外以言爲戒，而惟當軸者之爲其所爲，人之殄瘁，誰與共功？爰致盜半域中，羌接軫下，民窮餉匱，至尊獨憂，撲厥屬階，實有不能代爲宰臣解者。我皇上洞燭欺蒙，銳意廷訪，每以菆蕘俯詢，沛爲江河若決，旋而釋繫，旋而褫奸，旋而遴統，均廣夢卜宵旰，其咨無刻不以退小人、親君子爲敉民求治大要領，宜乎自遠趨朝之章正宸稽首揚言頌聖政日新而無斁也。而盜遂遁，寇遂乞撫，甘雨若時，尤七八年來未有，聖天子格天懋應，不爽如是夫！繇是推之，嘉言罔伏，讒說勿行，凡大消大長之關必衆棄衆舉爲準，何畏乎壬人？何虞夫猾夏哉？抑有進焉，祖宗朝，每日有侍直官十員，以坊局史官爲之，一奉宣召，隨閣臣入對，裒群策之長，防欺蔽之漸，良有深意。頃者，皇上允科臣吳甘來之奏，准復記注。夫我后樂此忘勞，豈臣子在公敢懈職？願自今每日輪直，壹遵往規，凡逢召對，俱許載筆從事。昔人云「臺諫所不言，講官言之，章疏所未盡，經筵悉之」，以啓沃地親而懷來得馨也。畢其辭，則是非互見；審其氣，則忠佞攸分；旅晉公言，則豐蔀盡撤；行之無間，將在廷之才，方員長短總聽平衡，人品心術無逃睿鑒。兵刑錢穀，舉而措之，外攘內匡，如運諸掌。而況才必生於篤學，智莫貴於識微。敵以子年七月躪近幾，而倪元璐於戌年十一月已有制實八策，敕各州縣大修守具之請。今歲四月新局灾，而昨年五月黃道周已有「熒惑在大火，宜慎火器、逖毖戎務」之疏。使當事諸臣佩其言而協謀豫計，回天弭變，豈異人操？乃竟含沙巧中，迁識置之云爾？若二臣者，非仰賴聖明護持，冀不與瓠葉同零、蕪草俱腐也得乎？噫！才難均慨，河清靡期，執熱以濯，敷求未晚，唯在二三大臣滌胃永圖，開誠翕受，皇上虛中鑒之，神閑則聖慮不芬，人代則天工惟叙，泰道長聯，眚沴不作，濟濟以寧之效，端拱收之裕如矣。

恭陳戰守款三事機宜從早定
畫飭備以振國威疏

　　竊惟天下事未嘗不可爲也，病在任事者無必爲之心，乏敢爲之氣，渺能爲之識，因遂爲不易爲，諉爲不得爲，馴至於不可爲，其實何嘗不可爲也？即以戰、守、款言之，姑無遠引往事，若謂今不能戰，而河曲之克復，秦帥之鹹斬，平度之一捷，何響應如斯也？謂今不能守，而東萊半載之嬰城何異田單？逆賊竭力以攻圍，誰爲策應？乃孤懸一隅，寇屢偪而屢却者又何壯也！若款不足恃，歷驗甚明。款東□而撫順陷，款西戎而廣寧危，款□□□□六十餘年而雲中、上谷之邊備盡弛，款□□□□權宜一時，而□□之性，判服無常，獷狗之噬，非掉乞憐之尾者乎？則蘊隆終必燎原，此已事之鑒也。蓋我有以制其命，彼畏而懷之，稱臣貢贄，比於外藩，於是不忍重絕而戎索縶之，以示王者之無外。若服玁狁，威蠻荊，諸葛忠武之擒縱南人，是之謂款。不然，則金繒媚也，獻納辱也。宋之遼、金、西夏，凌夷極矣，款曷貴焉？從未有守不足而款可恃者，亦未有戰不足而能爲守者。失其機，則分合總歸無主；挈其要，則操縱不妨互提。集群策以振主威，在當事者借箸而已。頃者聖明赫然震怒，中外文武慮無不仰體天心，競披旦氣，渙可萃，懦可振，蕩平之績次第收矣，而微臣猶不能不鰓鰓焉芻蕘是獻也。

一曰定畫。子曰：“我戰則克，好謀而成。”今用兵者漫無方略，不過競一進了出師之責，聽一潰播倒戈之雪，謂彼勍我憊，盡欺也。誅劉積者即屬郭誼，入蔡城者，實借李祐，且有燈筵未竟而昆侖已奪矣。策決則用間用奇，存乎一心耳。草廬立談而漢鼎屹如掌上，算固裕也。武宗朝，中原盜橫，諸將多失利，楊文襄公上《平賊十一策》，漸致削平。使非曉暢軍事，胸有甲兵，何以羽書旁午而口拈指授，料敵如神哉？《語》曰：“帷幄千里。”又曰：“貴謀而賤戰。”權彼所必敗、我所必勝之著安在而萬全出之，呼吸斷之，不俟杖戟相撞，而露布傳矣，是不可不亟圖也。

一曰飭備。子曰：“足食足兵，民信之矣。”今練兵者實未嘗授以步伐，鼓以忠義，不過假尺籍冒餉，召市獪充數，烏合之徒遇敵烏散，勢所必至。乃云餉竭而嘩，盡誑也。沙可量，竈可增減，超距可饗，宮女亦可陣，三千淝水而投鞭者已泣風鶴矣。備豫則用少用多，神而明之耳。銀的教射而青、潤多猛士，練有方也。王文成在贛，咄嗟而定大難，稱社稷功，非預請督軍之權，訓練衛所、州縣之衆，自成一軍，何能功南昌所必救而唾手禽逆濠乎？語曰：“惟事事，乃其有備。”又曰：“恃吾有以待之。”

今之兵正苦多耳，假如百金覓一死士，得數百人，便足當數萬人之用。不然，數萬人寧足當百人之用乎？推是法而善用之，人人賁育矣。是又不可不亟圖也。

抑二者莫要於用人。澤潞兵素孱弱，李抱真撫之而强；君實入朝，遼相戒勿犯；郭令公單騎來，而回紇羅拜請命：威足憺也。今猶是人耳，兵則脆，寇則勇，民則叛，從叛則忠，曙乎此，而有司之治譜與將帥之軍令章章矣。故兵餉本足，咎在用兵用餉之非人，用兵用餉有人，咎在功罪不明，賞與罰互異，則當力反前轍，懸封爵於前，嚴必戮於後，以鼓舞而摩厲之，庶有濟乎！或曰：「才難久矣，有亦焉從知？」則莫若以兼聽參之。宣廟時，楊文貞請敕方面、郡守、京官舉保所知，且言唐貞觀以此致太平，如是而真豪杰必出。或又曰：「聚訟繁矣，咎亦誰能執？」則莫若以獨見斷之。憲宗初，滿四之役，本兵欲易將，彭文憲曰：「觀項恭奏，勝期可必。」本兵又欲遣金吾往偵，文憲持不可。居無何，捷至，如是而真事功必建矣。昔人謂北地衆不當中國一大縣，況弄潢游釜輩旦夕藁街，易易耳。守則堅，戰則勝，薄海以晏，朝廷以尊，祖宗金甌無缺之土宇孔章且厚，直取攜必應之數，何阻何憚而靳不爲乎？臣終不敢謂今日事遂不可爲也。抑臣更有進焉，戰氣、戰勢無如戰心。每見中朝之水火未調，是以原野之元[一]黃不息，日觭日掣，相傾相軋，果疇爲封疆起見、君父關情者乎？殊不思門户之憾未快，王事之裂已甚，即旦夕苟延，此身終置何所，亦憧憧未暇長慮也。噫，愚矣！昔翁萬達爲撫而周尚文成功，譚綸爲制而戚繼光底績，此文武和衷之效也。許進制勝西陲則馬端肅爲之運籌也，王忬保障畿甸則楊襄毅爲之決策也，此內外和衷之效也。和則敵無可乘，任我乘敵，廟堂先賀戰勝矣，此又定畫、飭備之本計也。伏惟聖明裁察施行，天下幸甚！

奉使危疆黽勉竣役直述見聞仰乞裁擇
兼乞聖恩少展限期以便供職疏

臣奉命諭祭代藩，於去歲二月十八日陛辭就道。時韋毳初徙，驛舍多墟，臣與二三僕夫每向殘村投止，燐火乞炊。宣府城曠人渙，糈薄馬稀，桑乾、土木，處處敵可長驅。至臣鄉大同府，則斗米五錢，宗呼兵嘩，鬻女易子者，趾錯不忍睍，人心洶洶，真有旦夕不保之懼。蒙皇上發餉源源，軍心歡動，但有銀無米，有馬無糗。往者大同歉則太原輸，今太原八年湯火，保德、河曲蓋巨寇王嘉印首難地，民徙亡十七，兼之七、八兩年敵躪最慘，兵括靡遺，道無行人，域如荒野。即臣保德，彈丸一州，編戶五里，與陝西府谷縣止隔一河，受寇害良久，今以見在二千餘丁追徵逃故八千之徭租，民安得不盡？以是類推，睿照如鏡，乃恩詔特蠲，屢旨令災民務沾實惠，此真固本除凶之上策。撫按諸臣亦頻檄催核，而郡邑奸胥故稽不報，追徵如昔，壅德意，毆良民，莫此為甚，臣竊虞臣鄉雁門、河、保之地岌岌乎甌脫矣。臣役竣，便道一視丘壟，遂值敵寇逼城，日夕與父老子弟荷戈城頭，倡義共守。尋以河兵[二]既合，秦寇鴟張，正官久缺，殘民無主，臣復請兵防剿，勸民輸餉，百計得保塊土。蓋數月來，無日不登陴，無刻不拮据，兵、食二者，膽薪恒矢，迄可小休，冀如期疾趨供職，而臣因是病矣。筋骨中寒，遍體痛不能忍，奄奄蓐床，未有起色，誠恐少逾限期，臣罪滋大，為此據實吁請，并陳目擊情形。伏乞聖明垂鑒，嚴敕當事諸臣確遵恩詔，實圖蠲恤，以救災黎，以奠危疆，并乞憐臣真病，俯允少寬限期，容臣調理小痊，即趨來供職。臣與臣鄉孑遺共戴堯仁再造矣。

天氣沍寒防河最急懇乞聖明重念三晉密邇畿輔急敕鎮臣還晉并力扼渡以保殘疆以助剿局疏

頃自北敵入犯，普天義切同仇，晉撫臣吴甡一奉勤王之詔，即搜集標下并寧武、太原、平陽鎮守之兵盡數入衛。彼時臣鄉寇焰固未全息，而乘間不無竊發者，然畿輔爲重，撫臣以身任之，竭力捍禦，時已捉襟露肘矣。惟望大兵一旋，將以全力防剿，不意豫警叠聞，樞臣有晉兵援豫之請，維時臣等相顧錯愕，迫欲呼天。伏見撫臣兩疏控留兵將，情詞急切，又疏報交城、静樂間賊氛并劇，皇皇慮將之乏人，處漏索衲，誠非過計。蒙皇上鑒其勢迫，允留標兵及裨將虎大威等，責令相機剿散，又責以沿河地方通著扼要嚴備，毋使秦、豫諸賊一騎窺渡。大哉王言！蓋已握蕩平之樞，洞河防之孔棘矣。但臣等竊見大兵既爲鎮臣王忠領去，所遺者標兵寥寥，衆寡懸絶，萬不能掃清餘黨，逆拒方來。目今天氣嚴凝，河必堅凍，延袤千里，處處可航。秦、豫數十萬强寇蜂聚於興、臨、津、陸等處，眈眈問渡，若晉復燎原，秦功亦墜。猶記去冬防河之役，撫臣提兵駐河，日戒宵儆，設炮鑿水〔三〕，果使匹馬未渡，而秦兵亦時收斬獲之功，是防晉正以資秦已試之明效也。更可虞者，晉雖僻壤，咫尺神京，往者臨洺、順德諸處遭寇蹂躪，皆自晉之平定、遼、和闖入，萬一仍前長驅，震警三輔，收拾愈難，關繫尤大，不可不懲前而毖矣。况鎮臣王忠雖奉援豫之命，畢竟晉其信地，若直前進剿，恐離晉太遠，不無内憂；若僅防河干，或賊遠兵遥，亦難底撲滅之績。心懸兩地，守戰無成，越畔而芸，人己俱荒，又臣不得不代爲之慮也。伏乞皇上軫念晉非可緩之時，原無可借之力，敕下兵部從長計議。將鎮臣王忠仍令還晉，責以防河重任，如縱一寇渡河者法無貸。豫寇若多，或宜酌量稍緩地方另議調遣，申嚴賞罰，克日策勵。則晉豫攸寧，封疆無擾，共戴恩造於無疆矣。

條陳急切時宜疏

竊惟治天下之法有似理身，故治病者必先壯其正氣而後有以調四肢、百節之和，振國者必先固其元氣而後有以暢股肱、心膂之用，非然而欲速效，蔑克濟矣。今神聖在御，靡事不厘飭，無人不綜核，乃寇訌益熾，所在見告，至上廑焦勞，動煩天語之申儆，而泄玩相沿，水旱、盜賊之奏無虛日，則何以故？漢臣有言："琴瑟不調，必解而更張之。"然非繁弦促節以爲張也，不曰"繒多則鳥亂，罟多則魚亂"乎？乖其方，則參、苓總益其疾；中其症，則草、石立奏其功。請毋踵條陳之故事，而臆舉救弊之大端。

一曰收民心。西北苦兵，江南困飛挽，蹙蹙無寧宇。然三秦蕩平，豈獨師武力哉？則十萬帑金專敕大賚，兼之盡蠲延鎮三年額賦，有以制其命也。推而行之，晉與豫不猶是民乎？良賈不惜重資，其責償正在後也。不則，衄於刃與殄於催科等斃耳，而且旦夕可延，遂走險如鶩，又安取殍與仳離者而征之？其所虧仍國課也。河以南已有不俟寇至而揭竿起者，萬一蠱心服、哽咽喉，天下事尚忍言哉？則急下蠲賑之令，特遣風力之臣，嘉與緩輯，陰寓招狹，民歸我而寇自孤，用剿易易矣。

一曰培士節。周以三物升髦士，有不率教則屏之不齒，夫不齒而辱已極矣，未聞驅之對簿也。頃者，皇上慨允諸臣之請，特軫司計而釋其纍，如天浩蕩，歡動輋戥矣。類而觀之，以詿誤而駢填犴狴者比比是也，熱審屆期，聖諭諄切，曹司之奉行保無戾與？則急申矜恤之旨，務從失出之條，非自干不赦者概予末減報結，而郡縣之長亦惟崇恬修睦，一洗武斷之風，解澤渙而時雨零，大有之慶隨之矣。

一曰通上下之情。《易》曰"晝日三接"，蓋親賢士大夫之時多也。祖宗朝不嘗集平臺、宴後苑乎？賦《猗蘭》、醉學士乎？我皇上文華頻御，講席時陳，於傳餐賜食之曠典無弗舉，家法儼如也。乃咫尺既凜天顏，單詞豈易稱旨？綸扉之票擬有如占晴，庶司之憂危大類逃雨，人人跼蹐，誰與共功？謂宜審職要之體，酌寬猛之施，凡諸曹章奏有關軍國者，不妨面商可否而立斷之，并省往翻覆奏之擾。經筵日講之餘，霽顏清問，務求確乎可行者而輕重布之。以啟沃還端揆，以府事還六卿，以耳目任臺諫，以裁定付封疆大吏，而以撫字委之星羅司牧之臣，不效，則殿最嚴其後。聖主和德于上，而形和、氣和、萬象之和應之，四夷且喙奔矣，此千古廟堂勝算也。

一曰慎賞罰之衡。但謂課吏宜嚴，然無米責炊、方員兩畫可乎？但謂將權宜重，然居以為貨、挾以市重可乎？果有嬰城如即墨，不煩王旅者，則旌其異可矣，又從而重繩之乎？街亭無功，孔明猶削其爵，快快跋扈，為憂方大，功罪不明，勸懲何賴？殆不止履霜之漸然。況泉池竭矣，毋以剜肉敲骨之糗糒空飼飽鷹；蒼赤幾何，毋以析骸易子之子遺盡供魚肉。則夫伸節制之權，而略其小捷，督以汛掃，不容不早計矣。他如責河臣以通運道，實天下命脈之總關，刻不容緩。而清屯牧，核鹽策，疏錢法，練營衛軍，興學校以育賢才，飭鄉約、保甲之法以杜亂本，元氣既固，而神氣自張，正不在增兵措餉、皇皇補苴，而國計可漸充，祖宗之盛可復睹。然言之今日，鮮不以為迂而唾棄之矣。不觀子輿氏之言乎？曰：省刑薄斂，深耕易耨，以暇日修孝弟忠信，則堅利可撻。夫稱仁義於富強之時，宜不入好竽之耳。聖賢果好為遠且難而不欲收捷效哉？灼利病之源而投緩急之劑，有不得不出於是者也。我皇上提用人之衡，相通變之竅，豈膠柱而為之耶？語又有之："藥不瞑眩，厥疾不瘳。"使易牙與仲父爭能，而觀軍容，擎令公之肘，恐九合之勛、再造之烈亦不克彪炳於今昔矣。鑒往懲來，風行雷屬，聖心自有不測之妙用，一舉而百宜、時出而不滯者，非臣愚可窺萬一，第葵誠芻獻不容自已。伏惟聖明財擇施行。

尚德緩刑疏

臣惟君道莫要於法天，致治莫先於德化。以霜雪佐雨露之窮，天心之不得已也；以刑罰暢仁義之用，亦聖心之不得已也。《易》之《觀》曰："先王觀民設教。"《賁》曰："以明庶政，無敢折獄。"《禮》曰："刑不上大夫"，又曰："刑，侀也。一成不變，君子盡心焉。"德與刑之大較，可知矣。故治天下者，正其德先厚其生，審其勢必端其本。鄭俗淫，子產糾之以猛；蜀氓玩，孔明愍之以嚴。此兩賢者，非有意尚刑也，因其勢也。而孔子用魯，正兩觀之誅者止一少正卯，其他飾價、飲羊之類三月自化，未嘗一一以法繩之，則聖人固有本計乎？我皇上體天證聖，五載於茲，憤昔渝佚，振以明作，天下旦氣多而暮氣少。乃內外諸臣未能事事庇飭，處處周防，或為職而召尤，或因言而取罪，遂致桁楊滿目，犴狴幾盈。夏則蠅蚋攢軀，冬則風霜裂體，參劾訪據，豈盡當辜？招案未成，病斃過半。明旨亦屢敕早結也，而一駁實阻服念，遂不得不遷延矣。明旨又屢戒毋枉也，而法官各畏引咎，遂不復顧失人矣。干和召寇，職此之繇。聖主原無成心，人情自生跼蹐。邇者西曹眾棄之舉，仰煩召對，斷自上裁，在皇上以為順秋令之必行，儆將來之泄玩，而其時陰雲慘黯，霾霧漫漫，徹日夜無霽色，豈非二十九人之中未必無可矜疑，而天心與聖心均一仁愛，故懲應不爽也哉？

漢臣有言："臨政願治，莫如更化。"皇上願治甚殷，則更化宜亟；審勢已悉，則務本宜先。曩者御極之初，如暾方開，利用鼓蕩以震幹蠱，彼一時也；茲者勵精之後，如日方升，利用暄潤以解亨屯，此一時也。臣請循其本而以三德政獻，可乎？

一曰恤民。今天下民困極矣，妻孥不能保，何有於租賦？軀命不可知，何恤乎悖逆？倒戈、號澤皆是也。誠精擇循良而任之，寬逋負，講孝弟，無事農而有事兵，國家之收效於百姓者正不在屑屑加派之繁也。

一曰訓士。今天下士靡極矣，方習《詩》《書》，第云名利嚆矢；未離蔬、蹻，早已挾制官師，鷸冠、左袵皆是也。誠崇禮師儒而董正之，嚴簡押，勤考課，處干櫓而出楨幹，國家之食報於俊秀者正不在區區優免之入也。

一曰辦官。今天下官媮極矣，稱貸而得，必取償於悖入之圖；昏夜而求，又安責以直尋之業？蠹生靈，禍封疆，皆此類也。誠一清銓衡之地，徑竇必絕，真才必拔，自朝廷以及四方多賢棋列，而四夷自賓服矣。國家之得力於臣鄰者又豈徒軼掌文移、巧謝功令已哉！

語又有之："治國如理繩，綱提則目舉。"乘茲聖德方新、聖學就將之日，淵然遠想，幡然改圖，舉三者根本之計實實行之，使官安其職，士安其業，民安其生，養而教繼之，勸而威濟之，尚德緩刑，第在聖意之一轉，而道化翔洽，囹圄可空，唐虞三代之隆立見於今日矣。舍是而議節議裁，籌兵籌餉，言綜核，言清厘，瘡肉徒剜，補泄均謬，皮膚儘搔，痛癢何關？從未有元氣傷而神氣克振者，微臣欲言而先噎矣。

校勘記

〔一〕"元"，據文意當爲"玄"，因避諱而改。以下不再一一出校。

〔二〕"兵"，據清道光補刻本《保德州志》卷十《藝文第十上》當作"冰"。

〔三〕"水"，據文意疑當作"冰"。

序〔一〕

《湖廣鄉試録》序

　　歲德己卯，我祖菁棫之典惟聖人緝熙之，簡討臣邵時以于役封藩，稽首告成，旋奉命偕給事中臣正宸徵才於楚。蓋覘國惟人，其邦君子、邑大夫克進善於其國，又從而繹之，以燕以譽。臣學《詩》至《江漢》之六章，則曰"文王之志也"，夫以斯知楚未易才也。既馳至，則御史臣某實紀綱闡内外，視恒加屬，而提調臣某、監試臣某咸精一心，罔弗綜飭。進提學副使所旄士五千八百有奇，瓛院毖試之，萃同考炳香告天，筮題而將事，得其雋，餘登辟癰，遵詔也。

　　臣乃揚言曰：天之生才，有以制也；才之能制，有以盡也。使天有餘才，仁智不合秉矣；使才有餘制，文質不兼用矣。凡盡是性則盡是才，重華之堂，水火、鳥獸以德命之，則謂之德；仲尼之門，禮樂、詞勇以藝命之，則謂之藝。君子抑慎，信所學也。學仁而不信仁，學智而不信智，則才可立窮。天下有道，質事近仁，文事近智，學者嘗致志焉。見其所信，不敢見所未信，曰："吾以正吾性也。"夫德與藝，其相越豈甚遠乎？今士學之三年，兵革之患視昔即未有間也，士之自信何等也！目巧之室則有奧阼，苟或言之，則聞聲而聽志矣。且夫文王之享於西山，召公之風在南國，之二者天下之云福也，何至於才而疑之？《汝墳》學其仁，《江漢》學其智，維時之公族、武夫非生而仁智也，習之而然爾，若文王、召公則可謂能盡才矣。上制仁仁以爲類，士大夫無餘仁，皋陶之刑焉而仁，敬仲之力焉而仁，仁相若也；上制智智以爲類，士大夫無餘智，伊尹之介焉而智，子産之愛焉而智，智相若也。仁以信仁，其用多質，其人恭儉而好禮，富者愛其身，廉者廣其義，故與仁人謀之，嘗有餘財；智以信智，其用多文，其人剛毅而尚恥，先慮然後成，先威然後舍，故與智人謀之，嘗有餘力。天下方盛，士生乎楚，才之才也衆矣，上之制之也多術矣，其猶曰"學之不自信而師説是信"歟？

凡學，必天稽地察，示於時物則信之，行修言道則信之，靜以文則信之，敬以辯則信之，和若定志則信之，明則誠之、忠則大之則信之，近賢不比則信之，幽居無悔則信之，聞善無獨則信之。學有信才，故有信福。失之乎天地時物，求之乎靡夸，靡夸不足制也；失之乎言行，求之乎奇愛，奇愛不足制也；失之乎靜文，求之乎譽贊，譽贊不足制也；失之乎敬辯，求之乎放易，放易不足制也；失之乎和若定志，求之乎柔隨，柔隨不足制也；失之乎誠忠，求之乎權事多變，權事多變不足制也；失之乎近賢不比，求之乎邇利，邇利不足制也；失之乎幽居無悔，求之乎愚罔，愚罔不足制也；失之乎聞善無獨，求之乎挾私，挾私不足制也。故君子之於學，終身勿勿而已矣。士惟明先王之道，信行之，則奚慮夫身之不可也？奚慮夫功之不白也？奚慮夫天下之患之不止也？

今或曰，以夷格夷，以寇禦寇，以兵止兵，無若以中國治中國。以中國治中國，無若以學信學，而可學者，性之化也。化於仁而仁，化於智而智，有仁智之性則必有仁智之福。福生乎才，才成乎性。《詩》曰"東有啓明，西有長庚"，學者之於朝夕思之，思之則必明之，明之不已，則從而似之。又曰"瓠有苦葉，濟有深涉"，濟之則克濟焉，可以出險而有功矣。天下之物皆得材也，而況於人乎？楚者，南國之良也，召公之所風也，獻祖之所嘗治也。思蕭雍則知《騶虞》之志，天子節之；誦《周易》則知西伯之學，皇祖念之。士苟良於材，疆不得域，蹇不足難也。茂哉！茂哉！

《詒燕》序

憶先君嗜學之篤也，少而壯，研精墳典。于時囊澀，書亦罕，然旁求遠致，已多爲珍襲，宦游時歷歷指授不肖，俾善藏之，今其開示，原册固在也。蜀距吾鄉數千里，有異書必頻寄，皆仕優手訂而卒業者。不肖仰體篤好，恒以先君之心爲心。己酉秋，遠寄金助場事，既失意，悉以貿書。先君聞之，喜曰："不負吾俸矣，原開擬鄴儲可考也。"辛酉，叨鄉薦，因縱目書肆，購滿載歸，蓋坊銀過半焉。奉先君簡閱之，益擎擎喜曰："若善成吾志乎！"於是博極萬卷，手不停披，有得輒記之壁，壁幾遍書，亦幾完。或爲我輩談述之，津津忘倦，其篤嗜若此。洎見棄之夏，霪雨爲祟，架軸多濕沮，諸弟東西移之，遂參錯茫無序次。余心恫，爰聚旅營理，區分類別，一一懸籤，凡浹旬竣事，亦開一册以示後，題曰"詒燕"，亦以傳家顯世惟此物耳。余懶於學，不逮前修萬一，然始終以先人之心守先人之書，永世勿失，所自信也。昔人云"積書以貽子孫，未必能讀"，不曰積書多矣，當有好學者興吾宗乎？後之人尚有感於斯言。

再集《詒燕》序

居恒未恢耳目之幅也，輒謂吾家聚書多，漫標鄴侯架矣。迨友天下善，縱挹石渠、禄閣間，乃知家笥伯不二三也。載游金陵、岱泗、三湘、七澤間，而知家笥伯不一二也。多書多益，世食福寧有窮期？說者曰："嘉、萬來讀書者，宮壇紛築，黎棗災，其爲晦性拂經，亂趣舍，不少戕天下，幾莫救。轉憶秦炎之慘，利害失得半焉。"噫！此有激言之也。鄉令壁不出、冢不開，則千古亘其夜。又令我祖不揭日，將侏離狂狂，曷與易文明？而三百及十年戮綏、藻浮之焜炳，疇奏其膚？猶云書負世歟？余故曰："遺金滿籯，不如一經。"吾家《詒燕》止此耳。或又曰："子哆吻積書似矣，饑曷療，矧保世傳乎？"則余又否，聞金來敧，不聞書召殃；聞金子孫愚，不聞書子孫賫[二]盜，其守之則世寶也，即散佚亦天下琛也。使天下分吾金而唾我虜，孰與讀吾書而念我清風之馥馥哉？

《閨行錄》序

謂婦無終，甚士行之重耳。《詩》曰士耽可說，女則否，亦出自《女煩[三]則》。然而《鷄鳴》之媛疊見於風靡如狂之日，一則寐氣忽旦家不索，一則惟臣罔憎齊，庶幾刑御之介繫豈鮮乎？他如許升憚學以婦規奮，劉遐趨畔以婦誡止，采桑足愧秋胡，揚揚可差執蓋，徐庶之母目無瞞，貞姬之貞藐厥主，共姜之兩髦賢於所天，焜冊芬頤，繄坤乾義有兩歟？噫！今之婦嘻嘻緩緩，杼空菹泣，與夫季而饑者已多矣，乃舋如愁，妬嫌壯，鬄則载，而巾幗遜弗若者纍纍是也，故茲編不可以不行。

《丁丑房文》序

今上紀元爲辰年春王正月，而踐阼實丁年秋八月，文明之象蚤揭中天，久道化成，義問無霽，既彬彬菁械揚休。顧敦聖者詖遁相沿，以害及政，召多壘差。或爲是咎武功不振，而余獨尤文治不揚，比歲灾青[四]所從來矣。

今甲周而丁，再值元吉、黃離，文明于焉大闢，一時作賓南宮者蹼蹼多奇。余所獲二十人，尤荼捋驪探而後遇之，自憐良苦，而還爲二十人者危。既撤棘，則論其事，茲道也什三芥拾，什七登天，曍有入彀而悼珠遺者，今始彝鼎璨焉，何居乎危乃售歟？夫使諸子以危遇我，我增慚，然我實以苦獲諸子，我差自解乎？抑天下何局不危？歷何局不苦？無言來者蹈刃却趾，謝臄拂頤，即筮官伊始，而已外內觭趣，夷坎煭聽，恬韇易祈。嚮其爲歡，然叱馭有幾，或甖顧渤海，車不知幻何狀矣，矧日異乎？而二十人曰否否，我又信之乎？其云帙芸[五]，夫芸帙之傳，即楮貴三年爾，乃其人之生平究竟可陰射而顯徵者亦惟是憑。故其篋而投余，或繁或約，余手訂亦繁約靡齊，要必篤意療時，極繪其舞鷄、擊楫之本懷而不詭聖訓者亟剗剋之，非然，工弗錄也。余遇諸子於文又復爾，友訶余曰："文取藻焜一世耳，何遽嘵嘵建樹爲！"余亦否否。嘗見口夷、尹而甘跖、蹻者夥矣，未有言申、商、桑、孔而聳身伊、雒、考亭之上者也。且國家亦安取此敷奏閿典，三年而曠舉之哉？而因是感感召之機，不絲髮謬也。今丁年之士之功尚待明試，而言則已著著，而天子嘉之，告於祖，播諸九圍，文章煥而千羽之靈俱赫濯，即未規規算效焉屬也。而寇遁晼，夷駾鮮，廟堂之上鞠哉雲漢，渥矣桑林，網車一涕，圜土爰淨，討軍實未遑歌彤而興人文，賁如觀火，朋亡茅彚，識者謂十年來再遭之昌期，幾幾乎及是閑暇然者。且聖思如環，弼賓之旁招方摯，又若奮發所爲，懲羹索梅，立致太平，斷自今日矣。得無數十則增，氣極必轉，麗乎離，晉乎泰，於以財成左右，兵洗邦寧，恒億萬年有道之亨，盡丁年文明之盛之奏效，灼乎無爽也歟！第曰文而已，余終苦肉眸之不慧也。

《合刻諸葛忠武錄岳忠武金陀粹編》序

漢諸葛忠武之有錄與宋岳忠武之有《金陀粹編》者何？即

以武而忠於漢若宋也。兩忠武各有顯刻，各足千古，而茲合刻之者何？蓋其武且忠於漢若宋者不同，而其爲漢與宋之忠武一也。諸葛忠武以食少事煩終耳，而岳忠武遂不免於難，豈若是班乎而仍合刻之者何？蓋兩忠武之身世不同而其丁漢之季、宋之南渡一也。故亮初諡武侯而後庚之曰忠武，飛初諡武穆，穆與"繆"同，即前人諡關壯繆之"繆"，而後亦庚之曰忠武。

噫嘻！兩公之忠當時尚以武掩，後乃昭雪而表章之，是可以論其世矣。假令語宋高宗曰："陛下何如漢先、後主？"必有咈然不受者。然合漢先、後主之知亮與宋高之知飛，同耶？否耶？當昭烈大漸之時，語亮曰："嗣子可輔，輔之；否，則卿自取之。"彼宋高亦知飛精忠報國矣，乃十二金牌，飛忽班師，且及於難，則何哉？

噫嘻！以亮之忠，豈忍取漢鼎者？以飛之忠，豈忍不還宋鼎者？任主上之知己與不盡知己，而臣不忍不致其身，故鞠躬盡瘁，死而後已者，與大小百餘戰未始敗北而終始以恢復爲己任者同一肝膽。即溯而觀之，亮與飛皆有《出師表》，字字血痕，同一心手。亮之躬耕南陽，好爲《梁父吟》，與飛之好讀《左氏春秋》，游情風雅者，龍而卧耶，鵬而舉耶，同一敦尚。總之兩忠武生平之志，知有宗社而不知有生死，知有誅賊、匡復而不知有利鈍，知有君父之仇、正僭之統、華夷之限而不知有身之禍，不幸遭式微之運，竟齎志以歿，悲矣！

噫嘻！孝直若在，必能沮昭烈東行，是忠武之言之不行已在白帝未走之先，而不俟祁山六出後矣，況少保之忌於俊、伺於弼、傾於万俟卨董而共成一奸檜之毒手，誰其以百口保之，俾十年之力不一旦廢哉？則信乎運數真難諶，人事實居要。三分之基、三顧之殷勤自定也，一百二十之勝著，御札、璽書之相望於道，徵效如券也，吾終不敢以秋風星殞偏致咎於五原，而莫須有之結案究歸怨於皇天后土之不靈矣。若夫善學兩忠武者，有其志而又際夫勿疑貳之主，定當有成無敗，有帶礪之盟，無鑷鏤之賜，有并二公之心術，庶幾駕二公之事業，俾天下後世功其武而不必以忠著，在尚友者勉之矣。繄合刻獨爲臣箴耶？亦以備帝鑒焉，是其深心可味而未敢碟碟^[六]也。

《文太青老師文集》序

吾師乎其言廛昨乎？余之挹華酌河亦何隔也！師胸千古，而國家不位以天祿一閣，俾潤藻大明一代典章，國負師矣。且余函丈廿載，而旁擷廛此，吾負師滋甚，抑一勺一卷可以通於不可測，猶余幸也。聞吾師履健而酉蓄益睎，余之擷之又敢憚諸？行以茲帙當升堂之坳。

《曹梅岑行稿》序

以文章觀人，難信也。得梅岑而可以文章信也，蓋梅岑博古人文，達今日事也。所以爲梅岑之文章也，因以知梅岑非今之人也，非猶夫艷古戾今而迂疏罔濟人也。人如梅岑，今未數遘也，而梅岑則謙謙不自知也。噫！此所以爲梅岑也。君實公之在宋也，蒼生望繄，宗祐安危倚之，而承制乃退然曰："臣不能爲四六也。"噫！所以爲君實也，所以居雒則口絕官府事，入朝而童歌卒擁，遼人嚼齒戒毋犯也。若以文章相提，君實何如介甫？而一則熙豐也，一則元祐也，利害迥天淵。甚矣！文章貴適用也。宋之相又莫如韓忠獻也，永叔以抑薄崇雅佐之，一時衆正彙升，中外晏謐也，故曰天下文章莫大於是。文章而能定策兩朝，威寒西胆，噫！所以爲韓、歐也名曰莫大，洵哉其莫大也！余信梅岑爾爾，梅岑其終身信之也。

賀章公懸年伯覃封序

聖人治天下十有二年，孝思淵茂，篤念文母，爰稽有周尊親懿榘，率群臣恭上徽號，蓋以皇儲肇講，溯慶璇源，最盛舉也。一時鵷行忭舞，咸得與分類錫之典，榮被所生。於是格庵年翁揚我伯、公、太翁之仁，履[七]請於帝，帝曰：“都封戶科給事中。”而格庵敷材三楚之命同時拜，余與共焉。奇矣！要余之知我伯家世匪今斯也。

伯之先祖質庵公以少宗伯靖共四朝，德業、文獻於鑠當代，桂堂珂里爲東南儀表，今其鄴編固弈也。伯也世載其令，性成孝友，昆仲婚聘皆身任之，敦信好施，小物克謹，卓乎先民之遺。既續學，未售，廛笠靈璧一丞。靈璧，高皇帝湯沐地，瘠而患河，民輕徙。丞以糧爲職，故事歲登則徵本色兌諸漕，或以婪牟，餌其令，輒相蒙，弋能聲。伯弗襲也，民以此德伯，遂詬令，令恚甚。方是時，伯衙若冰，格庵亦懸絳濠泗間，傳經，攻舉子業，以昵膝下，兼代耕，則又奇矣。既而伯果爲令沙噴，拂袖歸。公道掩抑，人或咎彼蒼不可問，而伯坦然鍵扉寡營，質成修睦，不啻彥方、龐德公之式一郡也。日手一帙，前格庵詔之，繄孝與忠津津不實吻，且曰“我白首厄，子必揚”，砥誨加毖。於是格庵選冠北闈，旋甲南宮，哦咏中秘，則伯孳孳喜，而我伯生平薰裘之美報駸以煜如，誰謂天道遠乎？無何，格庵以裂麻受摧，同志氣沮，而伯益坦然曰：“子無愧孝，老臣幸無愧教忠之義矣。”亹亹勤懇，葵藿縣衷無已，以爲見睍霰消，天定足恃。又無何，上果思格庵，下環詔矣。時啓事英多，鄭重少俞，戔戔邱[八]圍，獨念臺、石齋兩先生及格庵後先脂羣耳。乃伯之勉格庵，則曰：“主恩深重，兹以往愈沉凝正志，語期當機，圖稱塞萬分一。”格庵奉以匪懈，每封事孚動聖聰，祉流遐邇。《詩》

不云乎？"纘戎祖考，王躬是保"，"袞職有闕，仲山甫補之"，格庵之謂歟？"正是國人，胡不萬年？君子有孝，子永錫祚"，印伯之謂歟？

今伯行年七十有三，氣固神完，旁無侍媵，髮黃步健，優游名山水，户以内離離蕭蕭焉。石齋先生取右軍"籟適"句爲榜旌之。猗歟！雒耆、商綺不專媺於昔，而五花璀璨蔚乎慶，門庭玉階，蔪繞席而競鵷舞，會稽章氏之興正未有艾也已，多士鎏錦爲賀也宜哉！余所奇者，伯不以宦伸而以林顯，以後昌；格庵以言見慍，旋以言亨，又復以人事。若造物者神明其術，以發前此之曀翳而光大之天人之理定勝之。故此格庵偕余首持以策多士者，猥云不可問乎？余與格庵譜聯金斷，靡朝伊夕，故心師我伯者亦靡朝伊夕。對此盈盈，弗克親挹紫氣，一進猶子之巵，而僅以言祝；多士亦弗克彬彬躋蟠玭之筵，人進一巵，而貸余言以祝。余與若中藏俱歔，抑有説焉。伯得天以德，其愛人亦以德，今而後願吾黨服官、制行惟清惟直，一以我伯爲楷，如格庵之懷懷庭訓然。伯聞之而喜可知矣，聖天子孝治之隆與得賢之望亦庶乎仰符而弗重隕越歟！敬以復多士之請，即代我伯酢多士可也。

祝文太師母八臺榮壽序

吾太青夫子□□子後，河汾嫡衍，宜其距千有餘歲化再洽也。然夫子之道軔于萊，轟于雒，鏗鏑于晉，太夫人實開之。太夫子之道，桂籍韋編，厥後章美，太夫人實相之。兹信彼蒼之篤，太夫人與它淑媛迥異，蓋淑配相夫以潝瀡、以纂組，而太夫人以女圖、以《鷄鳴》箴也。即賢母之藝其子，亦或乞靈鄰杼，擷芬參熊，而太夫人直範疇授之，鄰儲三萬軸詒之矣。故葵則拔，三釜則歡，衿則瀚，六珈則煜，殯妣則憚咨，而亥魚剖剜之役神營掌軟，無怠暑。森于庭則韡貳槐叁也，奕於世則床笏里珂也，秀于梱則賦雪之韞、續史之昭也，爛其有楣則琳瑯金薤，鹿音蚃呦，雁題仁睫也。雖笄侍平平，左隃麋、右碗茗者，亦皆雙成、蕚緑，越康成女史而陋彼吹篪者也哉！吾以知太夫人敢^{〔九〕}道味如茹蟠蕛，咀聖澤若挹瓊液。一經爲箕，視七月七日之行厨弗趐飫；四壁借映，視瑤池翠水九層室、十二玉樓之閬苑弗趐輝。

太夫人壽矣！蓋太夫人惟德壽，其諸異乎人之惟算壽，伊其壽而遜志惟祺，不尤愧夫鬚眉者之鮮聞既耋哉？天能圍太夫人以坤柔，而不能不亨太夫人以恒德，猶之乎人能厄吾夫子於北門、東山，而不能不縱吾夫子於關西、斗南也。太夫人樂胥！嘗誦《詩·宵雅》之首迄《菁莪》二十二篇，周三后所縣在宥，萬國綿祚，印而綏後禄者，而要以《南陔》爲本。故在袟^{〔一〇〕}宗，鄉飲禮、燕禮皆鼓瑟肆三，然後笙入奏三，蓋荃宰外交必内反之父母之恩，王道淵矣。廣微爲補其詞，不知《北山》《鴇羽》之極思，今猶古也，原未有專詞也。試取太夫人母子之懿以播風雅，不戛戛乎賡昔徽而標慈孝之式歟？日者四宇多虞，民日蹙，伊誰手援？然上益神聖，夢卜之綸時下，曰在渭陽，蒲輪昕夕賁焉。于斯時也，夫子灑太夫人之梅雨梅雨天下，而還斂天下之戩穀戩穀太夫人，絳帳春醲，玳筵慶溢，芝苗椒馨，璽褒彤載，夫子道行而遂爲太夫子竟未竟，是千餘年以上修經贊《易》，作東征之歌，邑邑艱一覿者，而夫子掀髯有餘快也。其爲《南陔》之日長矣，太夫人樂胥！

祝錢太夫人臺壽詩并序

太夫人觴乎！請觀長玉。余不知長玉，知以文。近世士大夫爲文者，洋洋滔滔，如江如漢，真盛世風哉！大都垂紳委佩之容姱而抒茶擊楫之意萎，毋詫乎捄藻逾紛，救時逾縮也。長玉世道關心，文章繪之，一段忼慨直前，天下我擔之，襟宇勃乎逼露，識者泰斗仰之，已共信其學有本，祥浚長矣。出也笁庚庚盈，藩粵粵粊，衡關士，關士毅然敬應儀，蕭翩連群焉。分夫子波流以溉旰宇，至今歌樸械者頌《思齊》不衰，蓋淑慎賢母所均，而亮直太夫人獨著。數十年來，筠其操，熊荻其誨，四駱所驟，板輿先之，即兵農鹽穀，恢網徹菜，巨纖之繫公家者，時時諏、事事程之，中倫批邻，越人意表。長玉奉無射，奏效取携，所至璽褒如織，說者謂長玉緯經悉太夫人杼柚，良有自與！屬者綠林半方宇，延寔甚，兼犬羊伺釁，兵他徵，靡一恃，咸裹足避之。長玉銜命緱冠，無阻色，無棘手，器別刃游，纚纚乎文章、事業，范、韓并爓，河之滸迄可小安，盡長玉怗焉，太夫人孳孳喜。俟余姻萬民部公走使徵余言，曰：“陽之朔，太夫人悅辰也。”問年則七袠有三也，問將諗則榆陽斑養也，且蘭荃森階濟濟然眉五龍八也，是皆太夫人疇斂而極備者也。

太夫人觴乎！猶記□廣之變，官都門者翟其車，南轅絡周道，余見憾之。夫士大夫虞母毚而寧厥家，不失爲孝子，乃母曷非臣，爲厥子教忠奚在？以方太夫人融融孔棘之圍，不雲壞哉？長玉胄太夫人，堅之以擔天下，奚疑天下沐長玉膏，應介太夫人以祉，太夫人受命長祇，自獲其穀子之報，眷德嘉祥行駢臻而未艾也？使者曰：“如君言祥，既有之，昔年觴太夫人，時有鹿焉繞於庭，名章纍纍，式揚其休，君不聞乎？”余唯唯，欿乎瑞鹿之美貂未及紹，而卣㟁、彤弨、六珈、三錫之隆則願以揚咏，當蟠獻矣。太夫人觴乎！
詩曰：

南山有松，其蔭候旬。霜凌於霄，材篤於坤。升恒并茂，樛木媲芬。歲寒益永，八千爲春。

南山有桐，其葉蓁蓁。徽流琴瑟，韵奏珈瓏。氣如雲作，乳致鳳叢。晨霞絢彩，瑞應中興。《南山》二章，章八句。

校勘記

〔一〕“卷二序”，底本作“序卷二”。以下類此，不再一一出校。

〔二〕“賓”，據文意疑當作“賽”。

〔三〕“煩”，據文意疑爲衍文。

〔四〕“青”，據文意疑當作“眚”。

〔五〕“帙芸”，據文意疑當作“芸帙”。

〔六〕“碟碟”，據文意疑當作“喋喋”。

〔七〕“履”，據文意疑當作“屨”。

〔八〕“邱”，據文意當爲“丘”，因避諱而改。以下不再一一出校。

〔九〕“敢”，據文意疑當作“唊（嗛）”。

〔一〇〕“袟”，據文意疑當作“秩”。

記

永濟橋記

橋之成，竟於藐茲吾子之手。吾子之成之也，以予室病且劇，爰傾厥奩，兼號許許，而鼎其構也。計予奉節過此，尚以屬揭次且，俄自楚旋，而橋已屹然，而室已霍然，若是乎濟人自藥，修救應如響歟？懿哉，敬姜之言矣！“凡人逸則淫，淫則忘善，忘善則惡心生；勞則思，思則善心生”。予郡瘠土也，丁寧寧，戕於寇凡幾，於兵凡幾，于疫荒又幾，予室、予子政十年來負痛扶傷以有今日者也。勞也善，眾善轙焉，橋之逸庶幾永乎！

遠睇山巔，禹廟留焉，想神知亦疏。觀夫大河之必以舟，不必以橋，非猶夫杠成梁成，王政確不可輟云爾？則之橋也殆杠梁之遺意夫！而有進焉。橋近山，峻若登梯，形頗阢隉，而降是乃坦游無碍，直薄城下。今石輪其下而磚穹其上，一夫當之，虎豹雄矣。是爲郡增一鍵也，設險以守，又得無冥合？歟猗！我人斯小大王民也，遵王塗，維王土是保，豈其協力締之而不同心捍之，以奠此萬年不拔者，將若此珉何？

進士題名記

今上御極之四年辛未，禮闈録天下士獻諸廷，奉詔勒其名於貞珉，甚盛典也。按律曆，在辛曰重光，在未曰協洽。《鴻範》

"从革作辛"，而"五行木老於未"，聖天子其有瀚滌一世、鼎新棟隆之思乎！頃者雨若氛消，畿輔廓清，正所爲修文德之時。文爲經，武爲緯，關世運孔亟。臣焚香吁天，願得真士以襄中興景運，其爲虞之五、周之十、文之濟濟，不啻什伯倍之，天運三十年而一極，況倍之乎？

先是爲太祖高皇帝之辛未，禮樂、征伐赫奕萬古；又六十年爲景皇帝之辛未，又六十年爲武宗毅皇帝之辛未，又六十年爲穆宗莊皇帝之辛未，稽其年，皆嘗從事戡亂，然未必逢密勿勵精如今日者。今諸士以墨兵勷廟戰，無不家方、召而人韓、范，鱗次闕廷，靖共有位，以對揚聖神文武之主，星北共而車南指，何渠不奏重光、協洽之化哉？第經世之學與文人墨士一官一藝者不同，其蓄如高山、大海，可樵可漁；其用如布帛、菽粟，可飽可暖；其品如祥鸞、瑞鳳，可羽可儀；其才如舟楫、干城，可夷可險。不則，鼯技螢光，以施承平猶不及，矧四郊多壘之際乎？勖哉諸士！無以偏至之孤行矯矯矜奇，無以拾瀋之剿説戞戞市穎，無以躁競之浮情償重遠根器，無以避就之捷術懈雲雷經綸，精白乃心，終始一致，則文武爲憲者胥此焉在。

昔房琯曰："盛名之下難居矣。"盛則責望備，不副則訾咎叢，諸士亦稔所以賓名者乎？將金甌之覆，竹帛之垂，聖天子何吝焉？且夫煌煌明綸，進士額三百，莫易也，今特增者五十，豈猶龍飛恩例可援？良以四宇多艱，急欲得股肱不二心之士以圖乂安，故側席恢紘不靳。爾則惟就此體任，而題名可永，聖恩可酬萬一，重光、協洽之化當獨盛於昭代矣。是爲記。

尺　牘

柬同鄉京官

憶都門聚首時，凡侍列台左右，非商國恤，則軫家灾，聯裾抵掌，懇懇勤勤，無不各披肝愫，一時氣誼直薄霄貫日不啻者。蹣跚過里，去天遂遠，望盟壇亦怳如雲際。或偶獲一二大疏讀之，又躍躍起舞，忘其身之在寒谷也。

吾鄉陽九寇未已，敵乘之，乃敵雖退而寇仍張，如不肖弟日夕城頭與諸父老、子弟請兵吁餉無虛晷，竟不知枕安何期。惟恃一時當事公祖綢繆拮据，每向萬難厝手處百計匡持，保此一塊黎殘膏竭之土，秋毫皆恩造也。呻吟中，忽聞撫臺吳公祖以疾請，兼爲敵入忻、代故承過。噫！假令藉此微咎脱然釋擔，吳公幸矣，其如三晉子遺何？封疆何？前公祖不具論，若吳公之在晉未朞月也，心血畢輸，威惠兩至，無餉有餉，無兵有兵，寇即未净而殲者已多，不能使敵不來而能使城無恙，撫晉如是，可謂稱厥任矣。里中父老方依依慈母，冀徹彼蒼厭亂，俾公有三年生聚、教訓之功，癃者起，脆者振，晉民庶有瘳乎！此列台所同鑒，而其篤緇衣者萬一快其高尚，繼者愈難，蘧廬傳舍，吾鄉事豈堪再誤哉？弟身處棘圍，憾弗克叩閽借恂，伏望列台加意維桑，倡言當事，或合詞具實以請聖主，可爲忠言，料不靳勞一人以奠萬衆也。

縷縷有懷，統俟晤言，臨啓翹瞻。

己卯都門寄黃石齋先生

殿上諤爭以扶紀，榕檀倡道以需時，先生之爲先生既得矣。獨愧蛙聲避乎，未能廁劉、趙諸君子之後一效微吟，則仰負先生綦甚，而壯心嗒焉燼矣。既而駿公有翰云："某於役次當豫章，不則貴鄉閩也。"則躍然興匹騎而北，曰："是我萬里請業緣乎？"比至，而捷趾先馳，進退兩無當。天乎！杌如不克亦復爾，猶幸晤孝翼，如依紫芝，聆扇頭霏屑，渭渭涕且爲霖，徑寸如麻，尚不能效顰寫臆，倚馬草草，侑以一卮，怒焉萬縷，聊博神親。惟人心世道之身，先生其厚闒之。

復蒲津韓相國

師相以社稷、蒼生繫望之身，久躭洛浦，應有執其咎者。今聖明求舊，蒲輪昕夕賁矣，是否泰轉關、人天胥慶者也。小子某雅溯淵源，未敢唐突忽拜，溫諭遠頒，踟躕無似。仰念尊賜，不敢不九頓祗領。即代草，誠弗克承，亦不敢不勉遵嚴委，另期專致，先此肅函上復。

答陳玉鉉

別後暑且過矣，病狀亦不敢瑣聞。頃傳南陽又陷，藩府無下落，天中沃野作何景？蕩定何期？是皆老親台舊游而甘棠芾芾者，策之何從？應不以家食諉謀斷若弟，則賦詩、煉石兩無術，徒有因杞恤而增憔悴，可奈何？承教，足仞垂注，草此布復，不盡。

議

包荒渙群議

人臣之所以報主者，不可無直諒之節，不可無委曲之思，蓋天道不能有陽而無陰，人類不能有善而無惡，朝廷不能有君子無小人，此理勢之必然也。所恃者，有君子爲消其冗而砥其靡，故君子不患有附小人之意，而患無容小人之量；不貴有絕小人之色，而貴有處小人之權。以君子攻小人不敵，以君子用小人有餘。君子比君子亦私，君子忘君子乃大。借衆君子之力以固一君子之營壘，而荊棘愈生；萃衆小人之才以成衆君子之幹濟，而彙征始闢。至哉《易》乎！惓惓包荒以成泰，而以小群爲大群，非渙無繇。旨哉！詞異而義一也。師濟寅恭之風尚矣！三代盛時，莫不以君子私雅化，代而季也，朋黨繁興，構煽不已，竟與國運相終始。識者不咎小人而咎君子激成之過，良不誣也。我國家主聖臣良，齰啙嗣響，上接虞之五、周之十，共襄盛美，而邇來竊有異焉。趨避術工，身家念重。諄諄聖諭，不足破其門户之藩；凛凛明刑，不足杜其恩仇之隙。抗疏而陳，非翦異己，則援同好也；補牘而進，非一網下石之謀，則三窟百足之計也。壞身名不恥，誤封疆不顧，欺君父亦不恤，俾僚友憚而多猜、聖心疑而生厭，水火在朝，元[一]黄在野，諸臣百口莫辭其罪矣。試清夜捫心，幡然曰：踐土食毛，澤亦長矣；腼仕榮宗，恩亦渥矣。讀聖賢書，原非爲角勝小人之具，而何不山藪爲藏，此包荒要也。溲勃入藥，竹頭之不棄是也。盡臣子分，亦非爲結連君子之黨，而何不大道爲公，此渙群要也。玉石相砥，塤篪之共吹是也。迹類於同流而志期於疇采，我包而荒不知，方見泰來之益；情若淡於耦俱，神并暢於有位，我渙而群不覺，乃收萃渙之功。君子之氣甚平，君子之心獨苦，而君子之人品、事業未始不光明正大，所裨於社稷、生靈非小矣。抑有進焉，和衷之臣必本於和德之主。傳粲則精徒斂，投匭則氣或乖，《雅》之歌《伐木》也，嚶嚶一唱，許許應響，極之八百年和平之治，神實聽之矣。彼麟盈庭，葭被野，豈偶致哉？則信乎察淵非明，焚絲非理，使大小臣工不掣肘於旁撓，而後能竭蹙於職掌，又必不分心於救過，而後能合志於圖功，則師濟之盛，寅恭之休，化籥誠有獨操者，牧寧熙洽之景運，萬年如一日矣。

説

焦黃兒説

我里有鬻黃餅爲生者，焦氏也，年可六十餘，兩目矇矇，惟隙光未漸，且無錐立地。阿弟哀之，資以錢數十，易黃米二三升，爲粢爲糝，浙之炮之，爰成黃餅。蓋俗逢寒食則食之，今以麥餅貴，遂爲常食。余里居，聞呼鬻聲不絕耳，每荷一具，晨出晚歸，葭不售。詢之里人，曰其爲黃兒，不失味，且無機以欺三尺故也，余羨之。

一日，中貴至郡中，閭巷、溝塗、城郭無寧地，貴賤、小大、賢愚無帖席，鷄犬無息塒，而黃兒號呼聲自若也。又一日，賊警至，京師戒嚴，徵調檄如雨，郡爲經渡處，官民震怵，計無所之。遙憶都人氏堅壁何策，摧隻輪何策，物價騰貴何若，畿之民抛兒擲女、棄墳廬如鶩又何若，即老衲袈裟弗自保，行腳僧頭顧懼爲斬級克[二]首功。於斯時也，至尊宵旰，肉食張皇，我輩耻[三]疊恤緯尤百倍夫蚩蚩者，方相對攢眉，旨芬不下咽，而黃兒聲仍自若也。焦叟乎，何以得此於今之世乎？奇矣！余益羨之，思爲説，未遑。

　　又一日，余爲先人移鉅珉於山谷間，往督之，則見群役中曚曚焉荷一具者，猶然焦黃兒也。余於是嘖其逐蠅，而又憐其走險，盡易其餅以犒役卒，而浼一人導之登途，余心安矣。將就寢，聞其弟求之之音，問故，則焦黃兒未歸也。余指以處，然是昔痳遂未成。蚤起亟問，其弟掖而歸，曰："無恙也。"余喜甚，當日之役卒無不忻忻舞且蹈云。焦叟乎，復何以得此於山谷間乎？噫！又奇矣！而余於是不能無説也。

　　太上無爲，其次守樸，物惡其雕，智戒其鑿。力出於己，以粟易之，既罕羸篋，不爲榮梯，理亂裒如，耳目爲贅，耦居靡猜，赫而臨者亦靡斁。且時方沍結，何以寒谷不灾？人皆墐户，何以豺狼不駭？神全耶？天定耶？其視攘攘嚷嚷，驅納弗辦，戀紫誤蒼，失得爲患，百年必世種其愁根，而一瞬半畝不克恬其緒況者，奚啻相萬也？況夫談勦議撫，舍之築，幾同餅之畫；講孝稱忠，□[四]之戰，何如黃之吉？籌兵索餉，渴而掘泉，奉漏沃錡，果能炊無米而飽啖此脱巾之貔隊哉？焦叟癡而不昧，賈而不貪，身無累，日偏長，如游華胥之國，見無懷泰豆之民也。焦叟乎！何以得此於今之世乎？爲之説以示同人。

引　言

朱昆海公《録約》引言

聖祖手闢茅蒹，引宋文憲諸臣，造膝與稽，闡執中精一之秘，勒之寶訓，樹爲標鵠矣。列聖繹紹，賢哲飆起，指固弗勝詘。而王文成以致良知揭宗旨，咸謂洙泗功臣。次則有龍溪、緒山、近溪、大洲、龍湖諸先生代興嗣之。近復有石簣、中郎焉，問津陟岸，光映後先，於都盛矣！今試取數先生之著述與答問多篇，有一不自心性中探討根莖，有一不與賢聖帝王晤對一堂者乎？而誰其搜而緝之，佩厥言若苣而食寢勿愁置耶？

余寡昧，從太青閣其識，事鴻實一其趣，游石齋湛其神，猶恍忽未有得。既於役桐封，過雲朔，行乎野，熙熙冬日噓也；盱乎壘，森森細柳屹也；履乎庭，窺乎齋，宇蕭蕭兮，吏立於冰，而門亦如水也。蓋自皇都、上谷延袤千里，皆烽連莽鞠之區，而不圖此境見之。曰誰建此節者，而知爲朱昆海公。幸矣！爰爲竟夕談，往復披吐，凡簡身酬物、恤緯擊楫之懷來，借箸攄之，靡弗悉云，而襟則歙，氣則静，道力沉而且毅，時隱躍於眉衡、咳噴間，心折久之，孳孳又得一師矣。畚信其學有原委，非巧漁旂帛可擬，亟叩之，乃出一編，則我明八先生微言，昆海遴其要，手録而成帙者也。噫！八先生得昆海幸矣。余因是而知心性與事業誠非兩也。往不論，仍論我明有讀書復性之文清，而後能德愔權閣；有堪爲師表之若思，而後能望竦環橋；有受劍不草敕之厚齋、自請試吏之忠宣，而後能使至尊改容，華裔帖息。名儒之效，此其最彰灼者已。不則賢如南陽，懷忮未鎔；博若瓊山，心徑靡測。夫二子當時不亦士推鋒、國倚柱哉？而罔這後人之彈抨，則學固未易許耳。今天下禍，顈種於士大夫之競門户夫。不識和同群黨爲何字，而尚可哆心性、詒事業乎？羞矣！羞矣！故八先生中陽明冠焉，而余謂欲作陽明事，先學陽明學。彼其致知守一，或詆爲禪，而結好晉溪，得兼兵柄以據上游，則成功之本，謂觥情閡寂，人能辦之乎？更有異焉，察張永賢而頌之，以資内贊，又《易》所謂包荒、尚中、行神龍、利物之大作用，使庸儒聞，不啞然走者，幾希矣。回紇以大人呼子儀、文成之謂歟？吾願昆海公學陽明先生，而天下之門戶可一，櫬槍可靖，吾皇庶不唾選舉之無益，而性學可延，八先生不殁矣。

余鄉人也，若掖之執經問義於前，則余何敢？

《名山藏》述言

余出鏡山先生之門，淑其言行，讀其論著，得《名山》一集，而服夫子之修詞居業非無本而然也。窮[五]嘆士大夫之病在親利名、遠經史，故躋通臕有術而決帷幄無術，摧異己有據而推古今無據。或驕語逖稽而當代瞢如，或哆口寅恭而救時束手。爲問我國家祥濬何源，祜秩何派，二祖列宗沿革幾何法，世守幾何事，應斟酌幾何事，后嬪嗣徽幾何氏，諸王封建幾何國，名臣芳迹疇最，其貽穢者疇最，九夷八蠻種落奚狀，馴悖奚情，畈章之大、山川險夷奚厄要，禮樂政刑弛張棘徐執中，漕挽錢鹽諸制、兵農坰牧諸大務執弊執善，窮變通久執與時宜，有犁然掌畫、應聲而熟數者伊何人歟？況乎巷市之佞忠、方技之遁見以及女流之幽芬奇幹，并其名耳食罕矣，過而問焉者誰？噫！帖括梯榮，律令導主，誤社稷、蒼生者職是咎也。

吾師之學根柢誠正，而得力於洗心退藏者居多，終其身出山日少，家食時賒，無一念置國恤，實無一念縈簪組。其立朝也，請定冊有疏，止束封有疏，守廣寧、散蓮賊有疏，留都之浮費、漕艘之節裁各有疏，鑿鑿然經濟訐謨，無不頌文靖早見而欽仲淹之先憂者。至於海濱巨鼉，勢已滔天，乃以鑿栖逸叟，綸羽一揮，稽首歸命。視小邾在春秋不歃大國之血，願季路一言而無盟者，孚格之神，幾幾過之。使其時汲引有人，而得畢其論思、匡弼之作用，十堯九舜，于舞鳳儀，於親見乎何有？惜也！逆燄如燎，典刑抱蔓，遂與南皋、少墟聯翩霞翔。南都再召，年餘拂袖，而師以鏡山老矣。要以經術經世，方之古人又多讓哉？

余鄙人也，鄰孤聞鮮，弗克稟師傳，表章師學，暢吾師未竟之業於方來。而斌斌繼師體者亦清白世堅，手遺編無策授梓，相對欷歔。忽參藩曾二雲，其人者，蒿眸世賽，軒志千秋，式師廬而懔焉，蠲禄鳩工，勒厥編以行世。噫，吾道其有慶乎！吾不敢謂天下無吾師其人，亦不敢苛望士大夫必如吾師之清、如吾師之和、如吾師之進難而退易，但願讀師集者虛參確証，揚休表微，毋世說比之而經史求之，於以考國典，識時務，上下二百七十年修齊治平之道包舉無漏。即以繕呈乙覽，附列講筵，備藜閣之引陳，分前星之餘照，繹祖啓后之功，行得與大本《寶訓》諸書并垂石室而奕世不朽，不亦可乎？曰：可矣。

苗慎齋先生《唱和集》述言

此慎齋先生唱和集也，先子手録之，命小子什襲焉。曲邑燹，先生著作俱燼，而余什襲者幸存。一日，舉示嗣公凌野，凌野潸然，既而躍然曰：“吾復見吾翁矣。”夫先子非唱和中人耶？哲人偕遠，典型胥在。余與凌野如蘭世篤，誦斯編也，悲喜共之。其以詒我孫子，昭兹勿替可矣。

校勘記

〔一〕“元”，據文意當爲“玄”，因避諱而改，以下不再一一出校。

〔二〕“克”，據清道光補刻本《保德州志》卷十《藝文第十上》當作“充”。

〔三〕“恥”，據文意疑當作“飭”。

〔四〕“□”，據同上書當作“玄”。

〔五〕“窮”，據文意疑當作“竊”。

題　跋

題劉代予《雁字詩》

今海內無不工詩。昔人以詩不窮不工，余以詩不競亦不工。窮而工者，情也。情至則語真，而情亦生景，故閨人、騷客皆能之，而其辭婉嬺清柔，多見於山水別離之間。競而工者，意也。意不肯讓人，必取而自帝，不則，亦與之并驅死鹿，此非大手腕不能。而其鋒古宕博洽，多寄於咏物。咏物者必肖其物，則難；韵物之態，則又難；限以韵而連類數十首，則難之難矣；而又創意匠詞，糠粃前氏，難止矣，則代予雁字詩是也。

雁字題起於袁石公，後有作者，皆以石公探已得珠，餘剩鱗爪，遂多閣筆。代予則偏取其極難者，而抽絲若繭，削玉若瓜，語綺而思，幾於窮神極化，不可思議。閱者徒以其伐材之富、得句之工、落字之巧，而不知其於六朝以下，中盛晚以上，無不牙官佐之，至於今之缶鳴蛙鼓，直衣之以火浣已。故肖物不欲截鶴以續鳧，於物態又不欲以麒麟代鼠走也，於限韵則吳宮之女可以陣，於連類則淮陰之多益善，而創意匠詞則武穆之受宗澤陣圖，以爲古法不可用也。故其鬚眉畢具如吳道子，設色不變如小李將軍，邱壑皆備如倪迂。所列於几筵者，盤盂杯杓皆夏、商物色，近亦猶爲爨下之桐。無論石公十首而代予三十首，石公用韵而代予限韵，即一首而論，亦壓元、白倒矣。始知不作《黃鶴樓》者，其膽怯也。詩之以競而工也若此，代予靳一出，然箸籌彎運已有年，微叩之，燎如掌，視三十首其一班也哉。

題周公子制義

上輇時艱，賦《猗蘭》靡輟，余於闈得又新牘，則望夕聚奎堂事也，司衡咸喜，謂"亹亹需宜，藹藹應爾"。茲讀其令，似莪擷古苞今，洋洋纚纚，凡先輩法罔弗備，而低回吞吐，更於人心、世道有深念焉。奇哉！象賢祉乃詒國，詢其年十齡有一，抑又奇矣。昔解大紳七歲賦詩，十八登第，讀中秘書，受太祖知特渥，且諭慰盡心。古人十年大用，品業彪乎當代，公子其儔歟？而世濟厥休，涵養畜粹，則解氏猶多遜焉。《文王》之章曰"凡周之士，不顯亦世"，以爲君家慶；"維周之楨，文王以寧"，以爲我后慶。

《律例指掌》跋

昔文翁之治蜀也，去科條，崇簡易，遣弟子受業大學，彬彬至比齊魯，漢天子嘉其治行第一。武侯爲相，務刑罰以約，齊其衆，即釀具、井竈細事，亦設有規則，論者稱爲王佐才。夫二君子識淵慮遠，皆垂芳於蜀，而其爲政若不相蒙者，何也？蜀之通於中國也晚，帝王之教或未暨，文翁在漢初，難遽以漢法繩之，故飾儀章以誘導，使之相顧而化，可矣。武侯當暗弱之餘，威令中阻，民生多辟，故斤斤以法從事，明斷勇決，法行而蜀治焉。之二君子者，所謂易地則皆然也。先君子令懷明，懷草昧區爾，其民夷漢雜處，貿貿然罟阱不知辟，美利亦不知趨，於是爲之塍其田，廬其廬，取妨民者除之，便民者圖之。又取一切鉅細利病布之，如衣履之等、水火盜賊之禁、錢穀訟獄出入之法、城守攻戰之備、學校興育之宜，恒苦心擘畫，所以厚懷人之生者計無不在，必世以後已。猶慮民不若於訓，而輕扞罔也，乃取高皇帝

《律例》手訂之，提其要，省其文，請於中丞臨城喬公，刻爲書，頌[一]之全蜀。期户誦童習，父兄以語其子弟，長老以諭其宗黨，斟酌於恩威之交，摶挽於心術之隱，使賢者得之擬議以成變化，不肖者守之亦足以懾心而遠殺。此武侯必罰之權，而於文翁雅化之意微有合焉者也。余不肖，不能快繼承萬一，睹斯編也，惻然有民散哀矜之感，因復梓以成先志。

《孟晉醇年伯墓志銘》跋

孟晉醇先生歿，而徽猷令問不朽於世者，諸狀傳銘志概其生平矣。余爲年家子，追先生塵耳。先生之提命既稔，抱諸牘而讀之，猶有未竟其用之憮。然世未盡用先生，乃先生用世則已足以自盡。夫古今之論真儒杰士砥頹瀾而殿國維者，第論其誠與不誠。當夫神廟之執□，馳化一時，斌斌侍從諷詩緩響則已矣。先生侃論微言，切摩乘輿，匡正宮禁，何若是其殷殷也？出龍樓而問豎，剪桐葉以分珪，將勿謂先生有功其際，先生則可謂靡弗竭之誠已，雖以爭轂姬呂，奚讓歟？嗚呼！淳風漸遠，人事彌波，持論者既阻於來情，將興懷者增勞於往哲夫，故以悲生礱石，志在懷鉛也。

跋董宗伯書韓公神道碑後

余年友雨公爲其先大夫某公高敞行塋，可容萬馬。有李宗伯本寧爲之銘傳，司成商銘爲之表，而神道碑未書也，曰非董宗伯玄宰不可。

歲甲戌春，玄宰納祿歸里，猶及爲雨公大書，書法高古遒美，穆然增屭赑牲碑之重，望之令人作冠劍出游時想，觀者方於題延陵十字碑云。蓋先生游雲間久，其名德所曁，在在廈庇，而泊然自處於廉泉讓水間，爲玄宰所佩述，故其感召如此。先是，先生舊編爲奉直大夫，以景伯徐州奏最，兹書"大夫"而虚其首者，雨公兄弟前途遠大，行且膺後命，如晉於畫未渠央，當合前綸而成無縫塔，如錢起詩所謂"隴雲行作雨"也。豈直韓氏世寶，從是與《絳帖》、《碧落碑》鼎而三矣。

贊

青田餘姚兩文成先生贊有序

天步興則鴻碩登，國威振則妖祲清，故九域底定而奕葉承平。若我朝兩文成之勳烈，固隻千古而昭萬祀者也。當皇祖肇造之際，雲龍蔚起，參帷幄，寄心膂。楓天棗地，割據者霧散以燐飛；定鼎十年，區字〔二〕內山高而水清。方飛熊於周，指青邱而賜履；追留侯於漢，尊黄石以攄籌。亮節高風，邈哉尚矣。迨夫熙洽日久，窺伺潛滋，強藩懷吳濞之謀，遠徼播蚩尤之惡。江湖騰沸，鼓駭浪於鯨鯢；楚粵動搖，震危疆於兕虎。維時則貞吉師中、克咸閫外者，以關閩濂雒之學，壯屏翰廓清之猷。於是匡廬氛靖，笻筸妖殲，偉然擒縱，宣威赫矣。土茅是錫，雖宮鄰密譖，幾奪汾陽之田，而參佐微言，終表文靖之德，并可流景爍、示儀刑矣。乃其耕莘顧葛，策勳易名，先後同符，襮表相望，抑何奇也！蓋天眷我明，篤生名賢，以弼亮而補浴之，故彪炳若此。撫今思昔，殊切景行，敬爲之贊曰：

括蒼之麓，於越之都。煜靈泄灝，乾苞坤符。降神維岳，佐帝膺圖。粵若誠意，應運特起。奇幻風雷，契投魚水。狐津叶吉，鴻樂肇枚。濤沸鄱陽，璧屹金閶。沉其舸艦，筐厥元黄。殲辛伐葛，佐武光湯。旂釜鐫勳，河山作誓。秘預東園，榮辭北第。退讓高風，垂裕後裔。新建嗣興，賜環於翰。强宗不軌，孽孽釀亂。禍慘洪都，氣吞廣漢。首指義旗，矢殲妖螭。方俘元惡，幾壞纖兒。奸權褫矣，廟社馮之。鬼方背日，狂矢射天。載畀節鉞，悉靖濮鉛。銘山挿羽，錫土握瑄。猗歟兩公，附鳳猶龍。抉雲漢章，闡性命宗。原本經術，掀揭軍鋒。天篤我祐，度越千古。虞際周楨，允文允武。論世推賢，質諸策府。

楊先生像贊_{際明乃翁}

居恒懷古人弗獲見，見先生之貌，見古人矣。余未見先生也，見先生之子若孫濟濟象先生賢也，見先生矣。先生之德砥世，未航世也。先生之子若孫倡先生之道，大厥施世，受先生賜矣。先生之食報於昭昭之多者，抑未射矣。彤管揚徽，國典攸繫。繄誰肅將？史臣某是。

志　銘

明孺人李母張氏墓志銘

慶餘者，余年友中莫逆也，盍簪十五年矣。知慶餘深，因知其聞雞問珮，靜好之音離以肅，蓋麗澤不出梱云。

辛未，余愧先鞭，慶餘點額謁選，主者愕抱璞何解。余趣之歸，謂其奮六翮佇睫爾。余亦當謁選，會有掄館之役，乃逡巡。慶餘則趣余，且以毛穎畀曰：“子珥是備清問必矣。”無何，果如其期。慶餘聞之不寐，則益下帷理素編、看雙珠輝璧水，歡如也。無何，公車至，則告余曰：“子知我鼓盆乎？我荊人，處士問明女也。其家溫食貧於我，蓄旨嘗茶若干年，不以告其父母。

恒對我曰：'艱辛玉汝耳，勉自竪。'不憂不旂，鼎舉案如塯。'
而見我亢直，輒誡之以讓人，惟虞我之召厥戾也。我早孤，孀母
在堂，氏取其奩爲甘旨具，又爲我束脩具。既而爲我弟續弦，亦
傾儲資之，無慳色。無何，母抱病，氏同不肖中宵籲天，願以身
代，竟不起。我骨立，氏輟寢食救我，又竭蹶襄事，共茹蔬三
載，而疾亦從此作矣。生平寡言笑，工繅灑，事母孝，相夫敬，
御僕慈，耦俱惟和。余家五婦中，其德獨著，縈縞之性逮我歌鹿
無二致，於子若女若媳，撫之如一，而和熊斷杼，纖毫不少貸。
是以髲鬀采茆，蘋藻流芬，振振之社方來，而今已矣。天不我
佑，奪我一鑒也。子知我且僩然史矣，應爲我紀其概。"余唯唯，
遂不敏，然誼不應辭，還述其言以報。銘曰：

　　行之巔，長平之阡，坤毓玉，徽管妍，六珈將燦。悼遺捲，
德是其壽，昌後其年。

祭　文

祭楊泰徵年兄文

　　嗚呼！公蓋可以無死者也。紳於鄉，非有司土之責；使於
藩，復載王言之重。城亡人走，則亦走耳，法莫能議也。賊何必
罵？死何必烈哉？抑知公之所挾甚正而權之甚審也。遵永之變，
宦流在衽；臨曲之陷，冠裳内應。公於茲心愴髮指有日矣，一旦
躬繫維桑之安危，肯惘惘以從事？故誓衆堅守，人服其貞；違衆
嬰凶，人服其壯；膚可焦，齒可折，而君命必不可奪，人服其
勇；以家僮竊一符出，而以一身留省會，數十郡邑之保障屹然無
恙，人服其智。鄉使其時痛楚莫支，委蛇念起，命延刃下，符入

賊手，安知列城不爲賊賺？而遼州之績已多，公即不死，將辟患，真可爲哉？固知公之挾甚正而權甚審矣。子卿十九年止獲一節，睢陽二忠烈力捍百城，公方之又何讓焉？宜乎梧岡之響一振而俞音旋沛也。行見秩宗修典，令子楊休主晉，其予天豐，其報芳名，青史不朽，香骨千載猶存。所扶植者，百代之綱常；所風勵者，天下萬世之忠義。公之死，真泰山也。彼纍纍請室者，臨難而靳一死，吾懼死無以見公，或徒死而無關於封疆名義之大，吾謂其死亦徑庭公遠矣！公蓋可以死者也。

受封奉使過家祭塋文

惟我父母，辛劬一生。鷄驚佩將，遠仕蠶叢。竭五載之求勞，憾一命之未膺。兒時有言，曰俟后昆。爰督我以時敏，喜聽我之鹿鳴。盼我題雁，三釜爲榮。兒實不才，半塗逡巡。致我二人久銜未慊之願，以迄於今。兹者幸叨綸誥，天語褒崇。焚黄殊典，光賁幽冥。於斯時也兒遂覺宦情可淡，庶幾乎清白流芬。迨夫分較春闈，廿士同登。斌斌霖具，藹藹國楨。與之言皆忠孝互砥，念吾親共溯昆侖。奉命剖符，周歷宣雲。皇華載道，旄節輝騰。兒自分福來過矣，我里咸曰：“世德惟馨。”至吾境，耕桑不改，岳奠河清。耆老扶杖，髫稚歡迎。入吾廬，桂芳芹馥，琴静室寧。趨庭咏雪，則友必恭。父兮母兮，生平多未竟，穀貽子孫。瞻前啓後，何怨何恫？繁祉攸介，樂觀厥成。即今四宇多釁，我隴無驚；官[三]海茫茫，我職如冰。不比匪而親君子，敢逐浮沉？罔面從而進藥言，敢戀圭纓？出處一禀家訓，升潛聽之帝廷。敢曰無忝，惴惴辱親？愧則愧知非晚矣，假我年其奚從？湎與邁未盡蠲也，田與舍或過而一詢。數椽之構取容身也，園因故址亦建一亭。屋以承先志，亭以“閑閑”名。枕流稽古，含飴抱孫，是則兒之遠大無驚而止足已明。惟夫蒲柳支離，揚顯難憑。磚〔四〕移駃過，顧髀涕零。緯恤陰疑，竊禄自嗔。有懷萬縷，誰使九原再振，訴我微衷？父兮母兮，憐我摯佑我無窮，其覺我於夢寐而掖我於迷津。尚享！

召對述言

上勵精圖治，於召對暑寒靡解。然率以多事故，咨兵籌餉，集部科諸臣詰責所以耳。經筵大典，固部科旅進而與者，召則顓儒臣，問則不及輔弼，而晬容温諭，竟日藹如，即家人父子商饗課讀不逾焉，遡擬唐虞，於斯親見。一時或要言，或遠引，或容囁讖狗，訐爭近激，言人人殊，歸於忠愛。愚直如邵又自維，喋喋傷煩，抑泰交下濟，茅士幸逢，眷彼吉多，誠不願瞠乎其後也。嗣是蜀撫逮，佐樞推，冢臣麗法，司寇解羅，首輔踉蹌去，考選既别者復軒試抑拔之，諸臣之言次第施厝，而三月經筵再御焉。聖急親賢有是夫！邵，史臣也，循職紀事，不敢一語意增删。亦惟俟秉毫君子采而哀之，以贊記注之闕，以傳盛來兹云。

庚辰重九之吉，史臣王邵恭紀

召對記注

崇禎十一年二月十二日，上御文華殿，經筵畢，賜宴午門前，旋召閣臣偕儒臣入。叩頭畢，命閣臣起，時儒臣皆俯伏。上霽顔，徐咨曰：“朕思治天下之道不過修身求賢，如今求賢有何方法，先生每奏來。”諸臣未及對，上又云：“先生每俱是藹藹吉人，有何策，一人一人奏來。”承旨者廿一人，以官序對。

臣邵次後奏云：“經筵展書官、翰林院簡討臣王邵謹奏：我皇上求賢若渴，我祖宗養士三百年，難道借才異代，全在用人底一二人。用人底得其人，則一時君子自然拔茅連茹來矣。如今用人之人畢竟方隅未化，門户之見横於中，是以人才見少。其實天下何嘗乏才？"上云："何在？"臣對云："或在山林，或在散秩。"上沉思，因奏云："年來摧折頗多。"微窺上容少峻，復奏云："惟望皇上推求舊之意，開使過之門，則賢才自奮矣。就是堯不過得一舜，舜不過得禹、皋。"上注視久之。奏遍上，命起，命未盡者再奏。

黄石齋先生遂昌言："兵食大計，於□則謂大師虛靡，既躝入，而關外之兵不邀擊，不搗巢。非策寇，則言獻賊，必畔禁旅。宜告廟聲討，不應草草出師。"上耳先生名久，徵之田間，未及見。載讀其著書，夢思肫至，故改容延訪，商榷獨多，稱先生者三，蓋泰來晉接，十有餘年一遭焉。

東厓與括蒼、機部、冕岫、水心皆指考選内成勇、朱天麟清介被抑，而駿公言造士加詳，括蒼言節財中綮。東厓又言鄭司寇人望，應解網，機部言王舊輔、舉主宜連坐，詞尤侃侃。越二日，蜀撫逮，司寇廷釋，則二臣力也。

臣乃出班跪覆，奏云："國家大政，諸臣各有敷陳，臣愚以爲禦外直要安内，安内直要好守令，要好守令直要好監司、好撫按。每見一州縣有一好有司，自然百姓樂生，寇不入境，縱使寇來，自然能辦；有一好監司，自然一路無事；有好撫按，自然一省無事。臣鄉山西，八年荒盜，蒙皇上憐軫子遺，特點用有才有品，得巡撫吳甡去保兹一塊土，三年以來，事事實心料理。去冬冰結，秦寇亦來窺河，吳甡單騎河邊，列營設炮，擊之遠徙，今歲便不復來。聞賊相謂：'彼中豫防甚嚴，去固無益。'即此推之，可見撫按得人尤屬喫緊。"

時近御座者見上御書"吳甡"二字，次日因有二樞之推。然臣方恭理前説，未敢仰睎，徐奏云："大抵科目未必皆賢，畢竟賢從此出；舉劾未畢盡當，畢竟撫按猶公。還望皇上重撫按之權。」適上以瑌人蚩語連斥幾令，而曩有妄請罷科舉者，故諷及之。上曰：「撫按之權何嘗不重？但苦不得其人。」奏云：「此臣所以謂用人之人貴得其人也。至于宣上達下，各鎮監司亦緊緊要關頭。臣生長邊陲，每見軍士月餉不足，竭窮民多少脂膏，費皇上多少焦勞，計臣多少那措，乃道將克扣若干，偏裨克扣若干，等而下之，層層剝削，迨入軍士手中，不及十分之二三，餬口且難，還望製器利械，鼓超距之雄，雖慈父焉能使其子？若果監司一毫不染，即大師凜然，何況卑弁，是以此一官尤須慎擇。」

方定息，見上與諸臣諄諄講理財之道，隨奏云：「屯、鹽二法亟宜修舉。興屯之利，如秦撫孫傳庭，既以收效彰彰矣。臣猶謂鼓鑄可兼行大錢。」上云：「大錢恐人不要。」奏云：「臣猶記昔年公車時換有大錢，以一抵十者，抵二十者，每十間一難之，每三二十間一則售。以此知大錢省銅，是亦生財一端也。」上云：「錢法屢旨要行，因有弊而止。」奏云：「此仍是不得人之故。若得人，自然清釐有法，無弊有利，一二年間可以生息不匱已。」又奏：「近日考選不公，有真正殺賊保地方勞利，仍以資格詘之。總在情面、賄賂局中。」語未竟，上云：「再奏職名來。」奏訖，猶長跽未遽興，上諭：「起來。」乃叩頭起，當日情事爾爾，自覺氣頗調，音節頗亮，而語則支煩，恐致厭聞。然聖容晬穆，聖懷若虛，蠡隙瞻天，未能涯測。惟念么麼豎儒，一旦會逢喜起，誠不忍俯擲生平，上負明主，故天威厪呎而宛對慈親，瀆奏移晷而未罄家嘗語，旁觀或贊之，或憎茲，總不暇計，尚娓娓如有陳者，樸忠之綣戀不容自已也。直書以廣二臣之音。

史臣王邵沐手恭紀

校勘記

〔一〕“頌”，據文意疑當作“頖”。

〔二〕“字”，據文意疑當作“宇”。

〔三〕“官”，據文意疑當作“宦”。

〔四〕“磚”，據文意疑有誤，待考。

四言古

讀張茂先《勵志詩》有和

國步多虞，楯墨以游。木天穹隆，星儀日周。書三十乘，鏡臚陽秋。波如勿靡，砥峙河流。

重輪不蝕，日如赤羽。珍璧晷移，揮戈霞舉。墨兵黿危，庸纘鴻緒。方叔其猷，博物非矩。

五言古

金　陵

千古江南勝，今日豈煩題？第一田膴膴，不丐雨暘齊。百室歌盈止，商旅自成蹊。士民絕叫號，樂哉彼旄倪。其次烽無警，千里兵誰携？匪直江爲塹，南北果非宜。尤喜人好禮，遵王趨不迷。以是三善備，宜爾天弗恓。俾之安以舒，春臺許恒躋。國本攸繫兹，惟帝其念兮。

和白樂天《自慰》

種種髮猶存，粲粲衣方紫。已過少壯時，幸未甚衰齒。一命爲親榮，雕蟲侈文起。忻怫聽物情，去來循天理。新田供我餔，舊舍安厥止。子孫半賢愚，勿贊而已矣。有如樹果垂，又似鶴陰子。果成風耐搖，有和不怕死。如此又何悲？自古皆如此。

擬太冲《咏史詩》一首

胥庭邈難期，含鼓不可追。一夫時予辜，苗頑曾莫咨。猗與聖解網，芳躅正堪師。一旅尚中興，百里爲王資。誰致鴻雁哀，走險弄潢池。陋哉隋三駕，憂乃在瘠痍。反裘而竭澤，八駿將安馳？光武閉玉關，聊以恬窮黎。致理分標本，腹心判安危。借問《王會圖》，何如《豳風》詩？

集詩志感

昊天竟如何？不信言之辟。南山石岩岩，駒行皎皎白。矢詩憾不多，哀哉爲虺蜴。如沸復如螗，瘁躬誰弋獲？潰潰式靖夷，內訌其追貊。泉池之竭矣，惜莫聞懲責。怒渝敢馳驅，夸毗云有脊。今也日蹙矣，執咎歸凡百。彼疏斯稗也，是顧弗求厄。胡不自替乎？職況嗟弘益。昊天父母且，牖之宜孔易。

哭幼弟

五歲依我懷，十六撇我去。十年孤孽身，刻刻縈我慮。子寒我爲溫，子食我移箸。口授一經通，會文理既著。使君嘉象賢，我亦欣其助。奈何厥質屝，氣滯血爲瘀。醫療竟罔功，中道相拋遽。慟子衾與書，我何忍一覷？慟子封與識，我何忍爲除？更慟父爲子，易簀睛猶曙。我曰兒若存，父當含笑翥。又慟未有室，後嗣茫無據。我其已矣夫，千古氣空咟。卜地近父塋，一滴可同飫。爰爲甸餘田，構以數椽居。傔人奉晨昏，當子血食楸。爾兄如爾何，百計千難勷。我父我弟兮，寸腸如刃鋸。

送程端伯年兄歸省

歲華冉冉易，別緒縈信次。驪章歷録紛，愧我吟便躓。猶憶射策時，挹君紉薜荔。九崚聳厥姿，七澤雄其思。器大如繩矩，不言元化備。天禄訂異同，拍肩抽金匱。道味貫莊衢，陋彼蹞跂義。或借選勝游，舉鑣必連彎。謝墅豈云遙，前籌憑奕睡。塵塵洞天人，觥傳今古事。錯落雨風驚，鏘鏗聲擲地。若其舞虬龍，鍾顔爲佐吏。中宵肝雪紛，千載塤共吹。金蓮正流輝，斑彩光欲賁。珂閶燦明霞，蘭坳勝奇瑞。第眷滔滔者，詎媛澄清志？載牽縈何期，幸早折梅奇[二]。

朱明日宗人邀飲

宗人邀我飲，爲説乘舟行。一方縈我思，聞之心怦怦。氣消良晝永，況值雨初晴。戹浮波若泛，欸乃雜濤聲。渚高維楫殣，風逆暖其程。赤壁游遲矣，山陰興易傾。舟中余宗飲，仿佛是蓬瀛。溯回登彼岸，熙熙老稚迎。雲過逸響過，筵開翠袖輕。太康動色吟，介眉鼓腹鳴。誰謂榆枋隘，惟祈棣嘗榮。爲弓唾千載，百忍九世嶸。矧逢宜狂日，而忘邁且征。殷勤對樽酒，丁寧視脊令。

松下飲王任仲年兄賦別

共歡松樹下，松茂渾如槲。音静宓琴諧，舞輕王舃卸。高懷喜坐遷，爽致竟忘夜。君去我來兹，戀兹愈不舍。

送李介止年兄之任司李

繄余居晉鄙，善期天下友。廓燕烏集闕，宙合均兹藪。撦撦風沙中，雲龍未獲偶。維君秀南閩，函丈偕薪楢。謬以宿瘤質，增價夷光後。同籍盡蘭茞，惠我君特厚。雅尚綜縑蒲，深盟申杵臼。冰雪冷頑艷，千秋勉不朽。躬皆忠孝鵠，語必肺肝嘔。意或有孤行，相訂符樞紐。渾不異神情，何復間辰酉？除書悵各天，三載時搔首。待漏直金華，逢君新結綬。劍氣欣忽合，鼎鐘固所有。海宇正沸焦，宵旰求康阜。晉當灾沴餘，豺虎復狂吼。帝念茲在茲，奸宄借繫掊。允持天下平，乃稱衆之母。草木亦知名，萑苻絕跳踩。呻喟變謳吟，焚溺登仁壽。陟坂而橫汾，小試補天手。眷言趨嚴程，傾倒亮匪久。慷慨古人風，婉戀義弗取。願言佐鴻明，心期各無負。翹望上星辰，列坐崇北斗。

十一月念五日聞兒拔貢捷志喜

福兮何自來，于胥既庶只。韡韡二蕙聲，藹藹吉多社。捷音銅室時，正看旭日始。倏焉月之中，嘉祥駢萃美。禮云陶斯猶，安能靳詩哆？維天申錫奇，秉燭旰衡擬。夷吾笏盈床，玉樹森階阯。柬之世其家，仁帝孳孳喜。我嗣一經芳，子紹猶駒齒。式穀幸無斁，纘戎詒簪履。賀者券福緣，謂縣能滌訾。噫嘻倚伏幾，如環何足恃？吾職一條冰，吾門敢若市？豈弟禄斯于，樂只歌蠶蠶。孝友是弓裘，明信昭溪沚。聿求駿惠平，須念假溢以。不期棘槐巍，但祈蘭椒比。月旦聲恒道，龍鸞重輝里。忠厚宜摹周，正直必如矢。自作與自求，雞鳴當辨此。

寄樊寧宇年兄

微露下秋空，北雁徙南浦。砂黃蘆荻寒，長霄呼翰羽。渺渺葭水中，幽緒縈芳莊。憶昔十年前，聲氣為結譜。誼乃薄雲天，情尤聯肺腑。長安聚首時，下轄即揮麈。率真任中年，深情追太古。而今往白門，燕市遙相拒。陪京稱勝地，山水多媚嫵。桃葉渡頭舟，鷄鳴寺邊塢。松林聽支公，説法林花雨。近聞江以南，畫策防秦鹵。治茸石頭城，趨工建鼛鼓。二百七十年，高皇奮桑土。君有長城才，倚以修牗户。積玉成寶林，何事懷靡鹽？獨有相思心，千里如懸釜。九日茱萸囊，孤鴻寄一縷。

清凉石

此山勝迹多，兹石最芬口。臨覺地中虛，萃成天下友。問伊果曷因，曰貴其能受。物也德如斯，况人胡獨不？

水心亭憶河隈閑閑居賦寄二字

昔人十畝間，遂號二閑主。余畝乏連阡，兹亭愁蔽雨。弗甘雲壑販，怕作靮羈買。天地此中寬，聽伊時斑舞。

七言古

藉田禮成恭紀

景麗青緹浮紅蕊，紫壇凝瑞彩虹起。曨曈色旭閶闔開，圭璧儼臨肅禋祀。笋虡在懸協六莖，對越恪共循九齒。鬱金芬苾薦明馨，珮玉鏘鏗奔祝史。肹蠁有飶格蒼穹，瓊鈒朱紘秉黑秬。堯趨禹步歷靈墠，三推一墢云勞止。天顏暐曄覲辟公，陰遁陽伏資燮理。照景飲醴華蓋旋，靈雲祥風彌郊時。穜稑欣占敷翠疇，蕭茅時擷羞沼沚。無事擐甲仍翹農，蘭錡不復呼庚癸。星圃日壑盡粒食，三靈順軌集嘉祉。衢壤直登炎燧前，皇仁潬潬而奰雄。壁書"無逸"繪《豳風》，儀圖詎足述休美？漢唐亦紀即田功，配天端溯思文始。

爲袁臨侯督學三晉

袁山萬仞凌寥廓，袁侯岳岳相盤礴。紫案搖簡飛玉霜，仙曹起草麗金觴，掛席炎海采珊瑚，徑丈奇珍光錯落。丹赤自矢天爲回，宮鄰金虎能温蟆。氣雲肝雪足照人，皇墳詎僅推淵博？唐封晉鄙屬陶甄，水鑒金篦而木鐸。此疆繇來號淳古，土風未湔惟砢硈。夒駕長嘶待剪拂，河汾衆流驚聖若。籲俊之勛帝所尊，人倫競仰平津閣。旂鼎世芬侯家事，仁看端揆應斗杓。

送唐元樸遷南宗伯

金陵高皇定鼎地，長江塹繞東南臂。聖主殷勤隆秩宗，爲簡元臣應重寄。泰嵩作骨雪爲姿，氣肅群寮震伯□。白玉堂中三十載，盛明猶自老皋夔。鳳城十月吹風索，別向燕都入吳陌。受模曾列晏公門，同是憂時見巾幘。今年西鄙障烽烟，宣雲千里卧腥膻。中國尚未相司馬，敵人焉肯戒犯邊？幸際丹宸釋宵旰，陳情歷落星爲燦。綸章新賁燕且詒，大孝純忠光卣瓚。海宇蕩平幾未否，宣麻遠到秦淮水。鍾山覽勝豈多時，生公原爲保天子。

送姚現聞入吳

五雲煜煜矑文昌，光映星軺發建章。風從雨導虹爲梁，錦游遥見入金閶。先生岳立綸扉裏，義薄蒼旻心似水。載筆時陳丹宸箴，蒲輪特爲蒼生起。側聞揆路虛席久，陪京文獻欽山斗。金華暫爾謝朝參，蘭橈秋拂白門柳。六朝佳麗屬品題，三吳英雋欣趨走。瑰詞亮節表人倫，雅宜南北領詞林。已瀝忠貞通黼座，會看曳履上星辰。洞庭霜清橘正熟，菰米沉雲膾如玉。先生雖不需温飽，願精鼎食應甌卜。

挽王珍吾

電光石火一息走，惟有文章千古守。今人艷作倚門妝，鬥將怪字翻窠臼。新粉橫塗白似霜，酥脂滿抹釅如酒。亦有馳身入青雲，朝花落地歸塵垢。公文自是蔚雲霞，起衰八代齊山斗。著書歲月翼經行，濂洛關閩相先後。筆花有焰墨有靈，視彼太口真覆瓿。我朝誰與比其倫，陽明、白沙寧居右？所以鉢傳世世間，下帷不獨趨庭授。大之天地細繭毛，孫枝又見如瓊玖。當其持節與分符，閉門愛種陶家柳。版曹使出守延城，殺諸賊奴印懸肘。天子股肱詔貳卿，吁嗟公志在盈缶。勛名意恬著作深，逴哉聖代一黃耇。跨鶴人還丁令威，非干厄數當陽九。惟予通籍附公孫，生芻千里當稽首。

恭撰文皇帝四駿圖歌

一、龍駒，鄭村壩大戰，胸堂著一箭，都指揮丑丑拔。一、赤兔，白溝河大戰，胸堂著一箭，都指揮亞夫帖木拔。一、黃馳，小河大戰，胸堂、前後曲池各著一箭，安順侯脱火赤拔。一、黃馬，靈壁大戰，後曲池著一箭，指揮鷄兒拔。

粵昔周穆八駿騎，奔戎、造父雙御之，區區辛苦馬足先瑶池。秦皇七馬雖絑纚，彼指鹿者寧厥斯，不如秦穆、伯樂猶相知。唐宗六馬驦且駥，雖能蹀躞關中猶不支。於都！文皇定鼎燕山陲，高居天駟驅天逵。鞭撻不逞環四夷，神駿先賞姚少師。就中龍駒牧而驪，八尺以上真龍姿，鄭村之戰嘗驏驒。次曰赤兔光陸離，清河之戰衡雄雌，雖有耍駕皆離披。其次黃驪如虬螭，毋曰間色馴不遲，小河之戰隨旌麾。其次黃馬尤不羈，色符土德驚麟鰭，靈壁之戰戈倒麾。江都四駿可與四岳爲肩隨飄忽，追風逐電當狉貔。按圖索駿毋或疑，請視胸堂曲池皆皴痍。箭血今尚痕淋漓，拔箭諸臣名列眉。吁嗟相馬慎勿先相皮，過都歷塊多成虧。不然仰天空長嘶，四駿以外饒所摯，各具滅没而權奇。於都！前有燕昭後有文皇兮，群空驥北千秋垂，迄今黄金臺價仍不卑。

雜言古

維揚七夕舟中

此宵伊何宵？跂彼天孫嬲。余拙愈半生，更向何乞巧？此方是何方？江都烟波淼。昔則艷隋樓，余兹輕刀紗。亦或侈穿針，重余思綦縞。相逢千艦來，云是御供繰。報章仰七襄，曾不助三繅。偶一倚艫頭，彌望襟塵掃。水際孰爲涯？皓月忻新朓。把酒叫青天，青天剩難曉。胡暑若燎原，胡金飆微裊？胡澤國汪洋，胡北坌莫澡？胡同舟誼多，胡招招音杳？既號濟川材，何哉擊楫少？既爲扣舷求，何獨伊人悄？伊人悄悄居何限？兼葭蒼蒼塵溯回。溯回溯游幾遇之，江漢浮浮瀾早迴。檥槍借手歸澄清，況于潢池釜游黿。從來人力代神工，洗兵奚必天河哉？

祝文湛詩

茫茫六宇寬，悠悠歲時久。非有至人存，天地誰爲友？至人出有爲，厥生良匪偶。英鍾五百期，祥闓忠貞後。正氣摩五雲，昌言徹豐蔀。諤諤造膝時，天明闢自牖。茹連吹若篪，道合貫盈缶。欸然滙涓流，容蓋暨培塿。岳崎鮮或騫，屋籌恒昭受。南極輝，北仰斗；多祝三，如賡九。大不生邊細絕庭，露布朝聞寧子婦。瀌瀌逢晛消，霖雨漉終畝。我后慶作朋，版章歌孔厚。壽主壽世壽其身，樂只無期介黄耇。

校勘記

〔一〕“卷五”，底本原作“王太史詩集卷五”。

〔二〕“奇”，據文意疑當作“寄”。

五言律

壬申步倪老師韵十首

忠孝天爲植，非關願力能。南陔縈至性，東壁澹同升。風義凌衰葉，聲光接代興。春暉歸固切，坤軸藉含弘。

燕鴻度月回，秋感倍悠哉。賦渴思金掌，詩箋削玉臺。一竿嚴瀨急，孤棹剡溪來。肯逐長安道，隨人作伎哀？

愚慚燕市駿，與目鳳池鳩。亦解憐長信，無能丏小秋。玄黄爭未歇，赤白羽堪愁。獨幸吹藜火，親依蓮葉舟。

高具千秋識，能齊萬不同。彩斑宜舞忭，組綬匪絛籠。盍遣江皋趣，爲籌惟握中？聖明方側席，陽德正冲融。

何事領仙班，歸與興莫删。春明天作塹，太液海相環。正論嚴非馬，陳情乞放鵬。寸丹仍戀闕，所篤娛慈顔。

抗疏求栖谷，澄神畏畜樊。總持椒桂味，渾謝李桃言。陟屺因生恙，瞻雲亟欲騫。要明千仞意，不爲慰山猿。

温綸殊眷注，補牘敢頻辭。恐冠弘文館，蒙嘲没字碑。清温如悢念，寂寞即爲尸。錫類明王事，合俾日月知。

芸閣静紬書，貴游薄策驢。祇緣隨珥筆，遂爾决回車。鴻著絲綸簿，閑勛蘿薜居。金門足隱耀，何必憶鱸魚？

赤幟標文苑，時流悉列神。帝方親臂指，世賴振鬢眉。北斗非私仰，西清可固辭。還弘握吐度，漫賦《考槃》詩。

狂瀾需作舟，奚屑泛清溝？奏已三經起，嫌何五不留？丹霄欽覽鳳，滄海任浮鷗。真相傳衣缽，猶堪醒睡猴。

高梁橋上巳宴集次韵四首

春色探宜早，郊行曉最妍。花嬌修竹裏，香艷浴蘭前。山翠潤疑雨，溪雲澹若烟。奇情兼韵事，宛見永和年。

眺吟歷礀嶼，水木寫暄妍。嵐霽峰如簇，帆移岸欲前。游鱗怯扇影，嬌鳥觸花烟。忽入招提境，茗香坐小年。

如雲游冶侶，臨水倍生妍。態宛驚鴻去，情歡得雉前。聞聲挹落雪，顧影裊非烟。肯泛桃花出，胡麻乞駐年。

岩壑閟靈秀，晴薰自吐妍。青霞浮袂上，白鳥狎尊前。遠刹明斜照，重閭漲晚烟。咏歸思脉脉，掃石紀游年。

首夏郭大來招飲高梁橋園亭同王覺斯李括蒼前輩張冲一張日葵張文岳李西野王似鶴王繩所諸鄉丈即景漫賦

步覺斯韵

名區宜雅集，韵客自忘年。連袂探丹壑，長吟凌紫烟。桐新微泫露，松古半參天。岸幘聽黃鳥，清酣曲水前。

月榭依山麓，雲關枕水厓。畫舫容泛酒，蕭宇試顔齋。逸少風堪續，林宗寓可儕。百篇消一斗，況與季鷹偕。

花深疑向瞑，篁嫩却如疏。遠岫列蒼剝，環溪湛碧虛。茻烟避野鶴，墨瀋浣游魚。雅謔兼名理，蕭騷致澹如。

逸栖懷竹里，勝賞是桃源。境不遠朝市，心能參静喧。高閑聊步局，剝啄不驚門。臥閣觀元化，平林散曉暾。

林巒延嘯傲，遂結買山心。談以微操勝，詩因悟漸深。人欣蘭共譜，地即竹爲林。暮靄催歸急，兹盟許再尋。

使旋及河

咸云天設險，遂足限華夷。有楫誰爲擊？亡維孰與纜？廟遺嗟禹迹，澤渴痛周黎。獨喜中流石，千秋屹不移。

上元即事

六載多旰夑，今宵喜看燈。雨花占歲有，酹酒慶河澄。炬灼文光燦，柑傳帝澤弘。踏歌無別韵，翹首祝升恒。

往事星橋勝，今兹火樹森。衢無爭市客，塞有奪侖音。鶴焰添楣瑞，龍燈却沴侵。天官若呈籍，此地願爲霖。

九日次雁門樊淑魯邀飲孫白谷園中因讀吳鹿友公祖賞荷詩次韵

饒有登高興，更因攬勝長。眼隨層嶂豁，衣惹萬花香。雁過猶吾里，霞飛即帝鄉。月明雰且淨，徙倚醉英觴。

挽姜年嫂董孺人

聞報鷟帆矗，悲今轉憶前。解琚追嫂懿，亡鏡爲兄憐。湘侶招神女，桃筵待小仙。中懷饒未了，臨訣肯飄然？

和白樂天《自慰》

切莫臨流羨，會須學石頑。雲當浮易過，飛未倦宜還。養子無愁老，關門即是仙。但存知足念，何地不寬閑？

大同上寺王含真帥府聶尹思兵憲招飲

既著雲中屐，還登古刹巔。聽歌占唱凱，把酒樂籌邊。武庫將軍富，文韜節度賢。吞夷心共壯，抵掌竟忘眠。

我有登臨興，無如此境高。柳絲從地拂，霓羽自天翱。萬竈烟籠席，一輪月映袍。風清千里外，俯眺慶奇遭。

碧山寺邂逅詩僧無可爲題手卷

遺榮真足羨，一鶴自褊褌。時卜青牛炁，閑締白鹿緣。心燈晶日月，杖錫遍岩川。袖出縹囊舊，霏霏緯恤篇。

過居庸有感

何事峙重關，攀躋憾孔艱。插天峰崒嵂，激石水潺湲。橄則頻飛羽，巾聞那作綸？豹藏彼其子，甚日賜伊環。

對客手談

奕數雖云小，其中趣自窅。既愁心鵠馳，又病指旁挑。勝著不籌先，紛如多子擾。邊虧腹漸傷，何日舒憂悄？

先嚴忌辰

當年臨是日，翩舞著萊嬉。春酒嫌將非，儒冠恨換遲。紫袍新壙色，黃蓋映山曦。一滴重泉隔，淒淒薄暮歸。

中　秋

萬古中秋月，從來羨玉盤。或追雲鶴影，時縱廣陵觀。明聖無奇賞，逃亡對照歡。況逢塵翳宇，此夜怎勝寒？

孿城冒雪

既怕朔風涼，又愁雪正雰。遵途惟我在，携手共誰行？黑烏酣燕樂，丹鳳逐鷄忙。蟋蟀何時咏，征車尚帶霜。

登廣武城次魏見泉撫臺韵

岩塞屹重城，頻來笳羽驚。我疏奇正算，彼徹實虚情。登郭誰掳闞，嵩眸獨聖明。廟謨皇欲問，敢復憚駪征？

小孤山彭澤江心

中流山在水，突兀幾千年。屹若撑天際，巋然峙地巔。森森松幹挺，隱隱寺鐘懸。萬壑朝宗處，賴伊砥柱堅。

秋　懷

秋思良多鬱，誰云酒可開？蛩音知泣露，葭色悵從洄。冷眼嫌花嫩，老容怕客來。對枰輿遠念，廟戰勝難猜。

和宿遷張亶生壁間秋海棠咏兼志賀

丹蕊藏葵葉，碧雲帶藕絲。爲嫌桃下徑，不染菡池脂。韡韡連枝挺，離離碩果奇。誰云遺五恨，香桂與添姿？

有以蟹饋者感而續古

冷眼觀螃蟹，横行到幾時？山栖既有礙，水落又何之？酒醉渾忘惧，鐳剪不自悲。獨有旁觀者，凄其代爾涕。

賦得輕露栖叢菊

秋容偏澹蕩，泫彩映東籬。氣潤蛩方息，香凝蝶未知。霧花留晚色，月影媚疏枝。孤卉沾天澤，凌寒亦獻姿。

别王璇觀

鴻羽快翮躚，惠文贊玉璇。薦賢真爲國，抗疏欲回天。唐介非長往，蔡襄計日還。與君同負笈，敢訂漸磬緣？

送陳大來假旋

秋江聞理櫂，非是愛蓴羹。日直金華省，時懷菽水情。主恩深畫錦，時事急長纓。肯令燕然上，阿堅獨擅名？

歸興欲凌秋，寧親更勝游。雲瞻吳苑近，水品惠山優。十賚雲林潤，隻旌戀袞旒。春波浮太液，早爲返仙舟。

迎李介止公祖舟飲

正憾秋雲隔，俄傳使節臨。仙舟偕擊楫，卿月對披襟[一]。秦晉一河水，雷陳萬古心。詎徒瞻岳動，百卉盡生馨？

九月望日邀黃石齋先生楊機部熊雪堂二年丈齋頭夜集次石齋韻

幽興惟孤往，何期匡鼎來？菊花當歲晚，茅徑此宵開。容膝非徐榻，沾醨倩李杯。霏霏披玉屑，不飲有餘醅。

三十儒書在，微言世獨尊。豈堪填藥籠，爲愛誦檀園。巾酒當年事，鐘風何處村？相期無倦已，翹足撥雲根。

蕭索嫌聞少，恍來天外賓。頓令形穢我，肯以德分人？燕衎于磐飲，踟躕不富鄰。殘枰艱勝著，疇忍負秋蓴？

古誼嗟何及，欣逢在目前。論文堪永夜，訂契竟忘年。安步邀明月，新詩愧沸泉。茲盟澹若水，無事丐飛錢。

三十年估[二]嗶無得力處，嚶嚶出門交有功，輒欲通天下志，每抱聱欸，心版勒之。丁丑菊月既望，石齋先生顧我於榻，抵掌時事，夜忘倦。適機部、雪堂兩年丈亦至，因呼樽手談。既而散步街頭，星斗燦，肅月移，乃判袂。洎曙，各惠以詩，玉戛金敲，豁我蓬臆。余孳孳喜，爰彙求手題，使此帙與此會得三公佳咏而不朽也。幸甚。

校勘記

〔一〕"禁"，據文意疑當作"襟"。

〔二〕"估"，據文意疑當作"佔"。

卷 七

七言律

早朝應制

玉燭光寒曉色遲，彤雲影裏露華晞。簡摇山岳趨青瑣，履曳星辰上紫微。禁漏清和花外報，宮衣掩映柳邊迷。鳳池初沐恩波渥，載頌重輪捧日輝。

秋 聲

蕭森靈籟動晴空，碧海蒼山處處同。征雁數行宵叫月，暮蟬幾樹晚吟風。玉階露冷聞清漏，金析[一]霜凝應曉鐘。度竹敲梧饒雅韵，更憐砧杵峭寒中。

元旦早朝

履端五祀謁承明，鳳火鼍鐘振帝紘。除夕何曾忘夜問，夙興非獨受嵩聲。微餘凛冽猶飛雲，仍喜暘和易轉晴。嵩目三方氛未靖，試占雲氣若爲名。

別章格庵

風棱岳岳動高旻，一伏青蒲遂觸鱗。清議梧垣留諫草，丹宸楓陛鑒詞臣。在山藜藿疇思采，似葉風霜好自珍。春暖鑒湖容大隱，知君雅意範時倫。

曹年伯姆雙壽

羲皇高臥北窗中，案舉儵然亦與同。鶴髮筵前紈扇舞，鳳毛池上赤霞籠。籌將幾度傳滄海，人授長生是降嵩。寧止耆年來杖錫，仔看丹詔出明宮。

午日樊淑魯餉部貽詩屬和

昔年燕市慶端陽，團射承明拜賜忙。歸望黃河競渡處，愁看紫塞鬥花場。雅知憂國蜻蛉少，孰是匡時鼎鼐香？獨喜素紈飛杜咏，清風最勝畜蘭湯。

丁丑闈中分經次黃石齋先生韵

座滿朱衣靄絳霄，忱怐聖思寄臣僚。敢憑肉眼旌知己，須向文心筮立朝。乙夜奎光彪虎觀，七襄雲錦燦虹橋。璇衡喜萃彌綸手，何復猗蘭慨寂寥？

送舒魯直南還

高名無事碎胡琴，白雪孤鳴愧賞音。雄劍自橫百丈頂，歸帆暫掉九江潯。燕臺多駿推逸步，驛路初鶯感客心。策射天人原世業，仔繩祖武踏雞林。

奉使代藩荷黃石齋先生詩餞次居庸依韵賦答

畚擎英蕩出燕平，雨過天空霽色明。但欲丸泥封紫塞，幾曾借箸問蒼生？經營漫築塗旁舍，保障須堅衆志城。允矣王猷誰氏贊，於今漠外已知名。時有枚卜命

紫薇光燦泰階平，喬現槐消帝鑒明。有詔煌煌求一德，更誰呫呫負群生？憂時待矯長孺節，決策先圖充國城。但祈輿情符夢

卜，敢煩重詰小臣名。_{時因召上}

岩關高踞碧霄中，聖祖開天第一功。有將揮戈争出塞，無人聞笛憚從戎。祇今未改當年勝，誰使長歌猛士風？薄伐以寧非兩義，好矜既醉問昭融。

見　河

我居山下是黃河，鎮日臨流樂弗過。豈料九環將盡處，仍觀百折不迴波。艫艟簇擁詩情懶，欸乃聲闐客緒多。爲拜馮夷煩使者，平安肯與寄家麼？

清明日展墓

昔年今日出春明，策馬燕平拜帝城。第慶皇圖豐有芑，寧蘄我祖祝先祈？孝忠盟愫一籌縮，家國驚心千慮衡。對此遲遲真愧矣，緬懷介子不勝情。

琉璃橋邸舍晚宿_{稚子前}

夜色昏昏雨又來，僕夫環噪馬虺隤。前途進止伊何若，此地危安總莫猜。身在胡床難就枕，手擎村酒懶銜杯。只因周道非猶昔，致使嬰兒顧九迴。

十月十六日夜半夢吟

歸家桃李正芳菲，要見萱顏急叩扉。錦慶恍從天上至，玳筵疑向月中移。良朋惜別爲敲句，內子歡迎忙整衣。夢裏倉皇怕是夢，啼聲驚寤尚依稀。_{後四句醒續}

登應州塔席前賦答欒郡伯公

此日登臨最勝游，浮圖屹立奠邊州。層層佛焰雲端現，曲曲

神工月窟哀。二祖筆留天地久，_{上有成祖武宗題字}五魁光燦斗牛浮_塔
_{五層，每檐塑一魁。}半殘古碣何年創？或謂公輸運一籌。

沙泉寄慨

猶是沙泉當日景，相逢衹覺昔今殊。喜無惡少來羞胯，_{公車時}
_{忍而過此饒有丁男爲荷殳。}廬井槪非故主物，桑田半屬他人愉。居
亭之子阿誰在？前度劉郎又問塗。

糧　舟

聖代雄圖亙若河，萬艘蚩挽擁漣灑。珠霏粒粒民膏萃，玉食
源源帝祉多。貔隊歡騰師飽頌，鳳池渥沐鼎殽波。蠢兹小醜毋它
夢，全盛金甌敢奈何？

別張天如

極目浮沉此道孤，薄雲意氣似君無？龍門夙已崇山斗，牛耳
猶煩問莒邾。聊咏《四愁》收五岳，共瞻八柱屹三吳。謁來宏
闢平津邸，嚴邃潭潭尚許趨。

餞劉淇菉公祖

恩新畫省賦西征，驛路鶯花映旆旌。擁傳風霜高著望，開藩
草木盡知名。蘭錡肯貯河東粟，白羽能麾上黨兵。蓮葉況曾分夜
火，藐姑霞彩欲相迎。

送胡雪田

宣綸分玉敦周典，擁蕩鳴榔泛漢槎。帝子閣雲邀翰藻，康王
谷水試囊茶。使星高燦涵朱芾，公望行看護碧紗。呵殿如雲噓九
子，秋江誰復奏琵琶？

和鄭澹石

縣來塵世忌多能，解悟無如入定僧。雨過秋山情倍爽，月明遠浦夢無兢。參知今古原同劫，締向東南喜得朋。自是人天俱莫問，千秋相對兩堪憑。

欲作新聲竟未能，或傳瘦島舊爲僧。和來郢曲行雲斷，懷到秦篇秋水兢。千里相思猶命駕，一時交篤自呼朋。而今尚向長安語，別後征鴻信與憑。

送龍孺六年丈使晉

晉領崟危擁太行，朱旛西出影蒼茫。天朝詔捧川原動，驛路車馳閟卤香。柳色千行搖曉戰，霜威八月下寒塘。新傳塞上烽烟急，兼請長纓靖朔方。

別姜端公

金華清問主恩新，何事相思動采薇？諫草凝霜梧掖重，歸舟櫂雪剡溪濱。卧雲未許留丹壑，捧日趨還拱紫宸。宮府漸移時正棘，須君爲徙漢庭薪。

送傅熙宇省方三秦

乘驄榆塞簡飛花，百二河山借建牙。冰立鏡澄風自肅，霜凝斧斷士無嘩。真人欲散臨關氣，候吏遥欽入漢槎。艱大所投咸道濟，會瞻袞繡上堤沙。

送顧蓬懸

河流入海自朝宗，橫瑣南天襟帶中。刳木多年成鷁首，捧綸千里渡鼉宮。盈前木屑間清日，一望牙檣掛曉風。仁簡長才舟楫用，先將北浦試艨艟。

愧　名

顧名嚴命尚依稀，老大堪嗟七尺顓。壯欲雖賒多見惡，仕疆既邁識何非。霰雙孫合抱慚周苞，一箸無資悼朔饑。髀悲髢運誠迂也，那堪夜夜蝶紛飛？

讀《宋史》有感

怕死愛錢語尚新，何分文武病皆真。岳亡骨自香千載，檜僇珠曾帶幾緡？崖去雷還天道邇，酒佳官好國憂迻。京師寒疾多多殯，豈獨疆場能殺人？

淶水早霧

晨興方喜一陽敷，何意霧霏匝地鋪？豈厭天驕迷去徑，還嗔懦卒滯歸塗？犬銜剩骼東西鶩，燕覓零雛左右鋪。騷首蒼蒼忙見晛，幾多生意待昭蘇。

寄答黃石齋先生

逡巡五日出春明，塞險塗泥敢憚征？遠使自應閑局事，狂狂[二]言難免個臣抨。時因上疏取忌扇頭勤蔽北來土，耳畔厭聞東閣聲。渺渺余懷微有繫，師資主德兩關情。

宋瀛渚撫軍恢復府谷有詩志慶次韵

赭服黃巾指顧間，幾回燐燹蔀廬殘。聲吞墅老三川蹙，氣薄嵐雲一水寒。豈恤窮兵傷撫字，須從掃穴奏平安。鶖潛未是游鸑鷟，正好鼟眉仔細看。越月，賊陷河曲，果如料。

河干古寺有感步前人韵

滔滔滿眼巉巉石，孰是伏雌孰是雄？人物已隨時序異，滄桑誰説古今同？惟餘恒嶂朝皆北，更有河流折必東。老衲倩余題壁句，只愁也著碧紗籠。

賊訌畿内我師潰

二載酣貪燕處娛，籌兵括餉强枝梧。長孺本足消淮釁，君實何無折鹵謨？儘有桓桓工躲閃，空餘録録説之乎。一從鉅鹿衰尸後，縱使□兒滿載驅。

聖恩日日毖穹廬，其奈謀夫徹土疏。師老不聞傳露布，上方誰仗斬□□。萬千無告膏燐莽，六十名城墮燼墟。今歲揚馳已幸矣，却愁再突又何如？

送楊冶非年兄督漕

九河漕水濁於泔，星使能通廣運潭。香稻如雲屯海曲，蒲帆逆浪渡淮南。軍儲無事量沙給，國計真堪聚米談。飛輓奇勛勞顧問，十鍾一石漫稱三。

楚　懷

霸國風猷尚可尋，低回往事轉難諶。叔敖優孟泡呈影，赤壁銅鞮隙過駸。萬劫未枯湘水竹，千秋不死泪〔三〕羅心。從來赫赫多灰燼，忠烈芳傳足古今。

觀道場有感得"名"字

孰爲槃涅孰蓬瀛，冥府大羅果報明。伴食有人多覆餗，裂麻無手曷抽丁？力需鄭虎誅嫌晚，鐫免安民法尚行。願把紗籠先揭破，早教大衆唾污名。

種有善根應作楫，胎成靈腕盍調羹？書空咄咄聲虛盜，福厚容容業弗輕。三月襄圍曾莫達，幾人宦寺不知情？從今慎注沙堤客，免使金甌誤覆名。

燕子磯別楊伯祥年兄

嗟余髮短子紅顏，舟判江皋又陟山。豈惜鴻歸籬和寡，只愁燕喜凱音慳。漢南十月多風雨，塞北三春覓蒯菅。垂佩相將何日事，長懷應共水潺湲。

送張繩海撫軍錦旋

東山高展羨君先，蜃態浮沉冷睫前。一室懸黃戈未已，四方赤白羽方翩。舉棋却顧旁多指，蓄艾何曾待七年。皎皎駒行毋恝也，蒼生佇仰贊璣璇。

寓雁門有感

行行且止日踟躕，憂病侵尋憚飲蒲。澤竭那堪頻括采〔一〕，天渝誰敢漫馳驅？萬千幻態憑蒼白，五十浮名任有無。但得閑亭安穩睡，入山啜水樂徐于。

校勘記

〔一〕“析”，據文意疑當作“柝”。

〔二〕“狂”，據文意疑衍。

〔三〕“泪”，據文意疑當作“汨”。

五言排律

賦得薰風自南來

飛棟迎炎景，生蘋動曉晴。應弦如有約，透幕自能清。篁嫩
搖疏影，蟬新遞早聲。卷阿游載勝，解阜韵堪賡。雨齊襟爲爽，
雲移暑欲輕。翠華臨籥宿，飄蕩拂霓旌。

送周老師

赤烏傳家牒，隆師禮備崇。黄麻膺睿簡，緑綍愜皇衷。日域
臨三事，星門策五戎。魚鈴清國步，龍衮代天工。九廟安姬簴，
三韓復禹功。桃蹊蓮影燦，絳幄雨時融。金鑒宸懸覽，瑶編帝啓
聰。器難量渤海，石豈轉華嵩？識廓才彌渾，勛巍德轉冲。告謨
勞稷契，問道亞崆峒。冠相連枝筝，萊君百幹桐。留行緜屢篤，
賚予鼎誰同？夜玉飛光魄，秋金鑄鬱葱。人言猶正壯，天語繪精
忠。暫歸瞻若鵠，仁召邁非熊。課鼓鳴惺哲，衢樽酌至公。旂常
旌夏物，茅土錫唐弓。拭目裝旋趣，論思日再中。

流寇平聞捷音至

露布入明光，臨軒敕尚方。雲霞仙杖燦，冠佩玉階翔。築觀
鯨鯢斂，當關虎豹藏。鐃歌迎曉日，劍氣肅秋霜。舞羽符千古，
來裳邁百王。廟謨真遠馭，稽首效言揚。

祝樞部張象風壽

參井昭天紀，河汾劃地維。降神符昴宿，生甫叶嵩期。名世興非偶，乘時業自奇。品高金虎署，望重玉鉉司。清切含香直，威棱授鉞宜。北門推鎖鑰，三輔仰鈴旆。承制行邊日，揚旌逐寇時。乾坤需補浴，廟社倚安危。忽爾招黃石，旋膺賫紫泥。鋒車句注急，革履掖庭知。再相欽司馬，中樞識子儀。運籌張撻伐，臥鼓輯烝黎。坐見中黃霽，行看太白低。殊恩崇帶礪，偉績勒鐘彝。燮理衷元赤，登庸鬢未絲。八荒開壽域，四表躋春祺。花甲新周歷，椿齡正若蓍。星辰明燕喜，斗杓燦鴻禧。露自金莖錫，桃從度索遺。從龍蒙吐握，放鴿答恩私。願爲天一柱，岳立鎮華夷。

飲友人園中賦賞櫻桃步唐人白樂天十韵

傍晡俄回首，鶯含擬帝宸。夏羞盼熟早，春就喜開新。萬顆明圓玉，千紋細瀉銀。漢盤誇一色，唐宴錫三臣。火齊寶光艷，酴醾香氣真。笋厨堪和鼎，籠袖許親人。珊以偷飛耀，珠因踏破勻。養深顏帶赤，味蜜性多仁。疑是中書省，駢觀御苑珍。重游更何事，唼此飽閑身。

七言排律

成祖文皇帝北征

漢唐戡定二宗同，未有空庭搗穴功。粵若文皇能虎變，猗與武庫出鴻絧。山彌白草從龍偃，泉近清流飲馬雄。露布何勞磨楯墨，勒銘不羨賦車攻。萬千里外澄沙漠，三百年間仰禁戎。駿烈出刊游奕寨，麟圖歸寫大明宫。紹休特溯孫謀遠，覯烈方知祖德崇。赫赫奎章奔渴驥，離離雲篆陋雕蟲。狼居胥與燕然石，誰復南看北斗中？

送馬君常年丈歸省

劍合雲從悉夙因，彈冠通譜自情親。紬書藜閣時分照，奉塵花磚日撫塵。道韵文瀾澄若水，岩瞻鼎望逈凌旻。風華長笛諳龍竹，伯仲吹簴夏鳳鐈。弘闢翹材延賦客，靜垂絳帳淑槼人。綸扉當制紋浮草，蕊殿編年簡襞笉。愛日深衷通黼扆，瞻雲惬願荷温綸。慧山霞起迎朱芾，浣沼花明映錦茵。擁芴[一]垂魚娛定省，□星謝玉美嶙峋。天倫盛事推惟則，帝座崇階仡作鄰。會有黄麻頌禁闥，即看曳履上星辰。仙仙晝綉蘭陵道，雙鯉函音漫自珍。

五言絶句

得家報兒病

開函知索餌，戒僕爲加鞭。老至須兒切，皇天應鑒憐。

臨歧絶句

一別數千里，相逢四五年。愛深嫌莫助，唯誦仲山篇。
分襟唯此際，聚首在何年？有懷真莫罄，爲咏隰阿篇。

舟次維揚和唐駱賓王

江上風波幻，舟中水氣寒。嚴威即此是，不獨在長安。

口號次王忠文先生韻

濤翻風正急，易却不易前。人人爭上水，那識卸舟難？

七言絕句

過土木步前人韻

南嘶北騎自桑乾，一望平蕪野火殘。跋扈次且慳一矢，空勞帝賚溢琅干。

秘魔岩

纔入招提第一境，危巉猶自悚民瞻。嗟今魍魎橫清晝，更有何魔秘此岩？

宿秘魔岩感吟

朝暉迫欲飭容觀，索水但聞我僕謹。怪道此時僧寐穩，原來不慣五更寒。

王師大捷凱歌

狂悖波旬肆射天，盧龍赤羽刺聞傳。不知天上將軍出，肯使沙場匹馬旋？

十萬貔貅擁火旂，射聲飛騎競飆馳。前麾已報吞龍朔，尺組俄看繫鹿蠡。

王立本

祝母壽

恒岳之精，蓮巒之秀。保佑申之，以介眉壽。

其二

源溯於河，籌坤於海。和樂且湛，願言壽愷。

九日登高步韵

婉戀庭趨愧學詩，從游鳳嶺會逢奇。杜公有旬[二]酬佳節，蘇老無愁咏漸遙。講學執經姑擬晉，射侯揚武卜貞師。曲江勝事知何日，望望高飆敢尚辭？

校勘記

〔一〕“芴”，據文意疑當作“笏”。

〔二〕“旬”，據文意疑當作“句”。

附卷十

召對記注

楊廷麟

崇禎十有一年戊寅，二月十有二日丙午，上御經筵。講畢，有旨召閣臣、詹翰、講官、侍從諸臣，上復御文華殿，面諭諸臣以求賢、圖治之道。

臣廷麟以次輪對，奏曰："臣聞求賢之道無他，已成者在有以用之，未成者在有以教之。往時皇上紹興保舉，大臣不能詳稽典例，求所以舉之之法及後來考選、會推所以用之之條，故賢者或不願舉，舉者不必皆賢，使他日謂保舉終不得效。又如皇上修復監規，令諸舉貢肄業兩雍，而禮臣不能申明祖制，求所以教之之法，僅以六月走班、九月歷辦苟應故事，使他日謂教終不可得而成。既不能教，又不能用，人才安得不沮？若夫圖治之要，在皇上於君子、小人之際加之意而已。直言敢諫者爲君子，苟容患失者爲小人；憂國任事者爲君子，依隨觀望者爲小人；辭榮易退者爲君子，冒賞希功者爲小人。此二者不可不辨。"

既而諸臣奏畢，上諭："起來，分班東西，再輪奏來。"時因同官臣王邵奏云："督撫之權不可不重。"上曰："督撫之權何嘗不重？但任事者少。何以使督撫得人？"又曰："各邊錢糧缺額至二伯萬，何以濟之？"臣再奏曰："今日財無可生，止有可節。凡興一利，必伏一害，國家未受其利，小民已受其害。以臣之愚，竊謂天下民窮極矣。楚、豫、淮北千里無烟，數年之後，恐遂無民。乞皇上於上供錢糧，自非萬不獲已，概從蠲省，以濟軍興，以蘇民力。"上曰："皇祖時內帑積二千萬，今已虛乏。朕宮中甚儉，自二十四衙門已裁無可裁。前因剿餉不足，復量行改折各項，外庭都不及知。上供錢糧亦不甚多，若有可節，豈待再言？"臣奏曰："祖宗朝東征西討，當時幅員不及今日之半，而未聞憂不足，故臣所惓惓致望皇上者獨有此耳。"上曰："祖宗時，官未大備，即賚賜亦少，不如今日。"臣又奏："督撫得人，全在大臣保舉。往年閣臣王應熊保舉都御史唐世濟、蜀撫王維章，一以保逆去，一以陷封疆去，而至今未聞有追論者。連坐之法既不行於大臣，必不能行於小臣。至于天下之不治，獨在廉吏不進。廉吏不進則百姓不安，百姓不安則盜賊不止。適講臣黃景昉所奏成勇、朱天麟二臣之清，天下知之，即兩班諸臣無不知之，今獨不得一望清華，天下之吏安得不爲貪吏？天下之民安得不爲寇盜？皇上之憂何時可釋？"伏蒙聖諭："黃景昉所奏成勇、朱天麟著吏部回奏，卿董傳與他臣。"麟再拜稽首而退。

是日，蒙召旨者二十有一人，麟與炳麓同克[一]展書官，奏次最後。明日，吏部不俟傳諭輒回奏，誤以麟名爲辭，被旨再詰，始皇恐待罪。麟亦草疏略指饒陽奸狀，幸荷聖鑒，遂置於法。時有知者曰："此張淄川實爲之。"非誤也。偶爲炳麓書此志之中，多稱名，亦君在則禮然，想炳麓能察也。

附 祭先師王炳麓文

楚門人陳純德

維崇禎十四年，歲次辛巳，十一月癸酉朔，祭日辛丑，巡按山西監察御史門生陳純德謹以牲帛庶饈之儀，致祭於明徵仕郎、翰林院簡討炳翁王老師之靈曰：

吁嗟天乎！胡奪吾師之速也？師一代偉人也。師起家制科，讀書中秘，道德文章卓然名世，天下人士無不仰之如景星卿雲，恒以不出門下是懼。己卯，奉命遴士吾楚，矢公矢慎，目費神勞，幾盡六千牘而披閱之，不餘荊山之泣。及榜發，一時咸慶得人，而小子德與焉，且顔其文曰："宣公之奏，勤懇盈楮。"是其暗中摹索，期許固已遠矣。緣戒舟先歸，不得偕諸弟子謁謝。已而獲俊南宮，蒙恩特簡，按部吾師桑梓地。竊計邇來盜寇、災荒，民生岌岌，惟是絶瞻狗以肅吏治，蠲煩苛以鎮人心，猶時惴惴焉，恐不得當，上負聖天子，以貽門墻羞。孟秋，閲邊至雁代，師適養疴其間，巡務竣，瞻拜函丈，匪徒執弟子禮也，亦以訪政事之闕失耳。吾師道德、文章之外無他語，止爲之復理前言曰"頃聞静正執持，不擾不撓，喜而不寐。"宣公之句謬附知言矣。夫宣公學術醇正，忠讜卓犖，德何敢望？乃吾師遇耳提率不越此，其又何敢不自勉也？顧小子德吾師録楚士中一人耳，其勖而進之也乃爾，使假師以年，應卜金甌，延攬天下士，則其崇獎善類以光輔中興者又可勝道哉！師洵一代偉人也夫，惜也遽爲騎箕之游。

吁嗟天乎！胡奪吾師之速也？太行雲黯，河汾流澌。哲人其萎，魂夢凄而秋陽在望，後晤無期。一巵遥酹，心喪孔悲，直抱痛熙明股肱之夷而豈獨以哭吾私？尚饗！

附

　　崇禎十有一年戊寅二月十二日，上御經筵畢，召輔臣及詹翰、諸侍從再至文華殿，面論求賢、圖治之意，俾各陳所見。是日，周初在講筵，肇都盛事，而王炳藜舊爲展書及記注官，偶有歌咏，因録呈共正云。五月端陽後一日，書似炳藜太史。

　　　　　　　　　　　　　友弟黄道周

誰云虞廷四千年，昨日景慶當經筵。戊寅二月十二前，豈有元凱猶高眠？薰風一夜起弦軫，孤桐浮磬各遏引。侍臣講罷尚從容，直廬仍在承明中。忽傳詞林未謝宴，二十二人同召見。中官細付天語停，官人各自披雲青。日華照衣出吾色，以意約天但十尺。聖明養深玉色和，簫管不如猗蘭多。居然鈞天發清奏，似云求賢有何道。小臣稽首安敢辭，鶊干鶯羽吹參差。尹旭陶卨不相借，汲魏意豈在人下。養才譬如養火時，體周用到君自知。諸臣隨班各前説，絲竹鹹辛共親切。長跪已得長孺心，大叱或吐義方血。疾風撼草何所謀，磁石取鐵通精幽。宣室天章久已矣，安得聖明長如此？嗚呼諸臣生已晚，不見披衣與善卷。銼蒭養馬王伯齊，負薪誦書朱會稽。俱云一見決明主，安知明主難一遇？嗚呼諸臣生正當，不知牧豕與驅羊。凌雲大人已縹緲，入秦公子空夭矯。俱云生不得同時，安知同時難相知？既得同時又遇主，白頭古人難勝汝。行道泪看百里半，墅翁氣築傳岩杵。此心此口難具陳，虞廷難別有多人。片言不得垂經典，鬚髮猶欲懸青春。

　　中“養才譬如養火時”又“片言不得齊”二典，“鬚”“火”“猶”“欲”“垂”“千”“春”數字有誤，作此甚念吾鴻寶，但以俚音不宜，令知之耳。道周又頓。

附

　　丁丑九月望後，楊機部太史、熊雪堂吏部同集王炳藜齋頭，偶爾有作，不敢索諸先生之和也。

　　　　　　　　　　　　　　　平度黃道周

古道陵夷久，高人朋雅來。風塵雖不靖，書吏尚能開。月色依衰柳，花床接倒杯。許多殘局事，聊與付新醅。

不見東籬菊，欣逢西舍尊。非君能好我，何處得開圍？魚腊思前輩，巾車憶小村。須知經栗里，解屨坐花根。

簾几成三徑，蕭騷足主賓。居然講德論，不似養交□。乞米知無賞，偷光幸有鄰。盤中河膾美，不及問鱸蓴。

升沉誰職掌？棋酒各當前。不敢談人事，何堪説往年？垂堂題燕雀，入夢禮松泉。即此難爲報，秋深缺俸錢。

附

敬和前韵

瀟水楊廷麟

賴有幽期在，招呼忘去來。相將寒菊傲，爲待野人開。世事
巢風鳥，安懷愈瓦杯。知君方大隱，泥飲指家醅。

忘交聚小友，高論接山尊。不必移愚谷，依然學瓮園。北風
砧擊月，東郭水聞村。何日滄洲去，溪雲蕩石根？

栖約推吾子，蕭然無雜賓。空床明月夜，辟地醉吟人。東舍
惟藏善，西家已得鄰。河魴信可美，江上有鱸蒓。

悠悠天地意，孤曠在花前。但有心如水，何當酒是年？彈棋
聞靜語，論古洗清泉。他日橋邊路，應留陽子錢。

附

> 戊寅秋，負罪當放，乞從華嵩峨岷修游目意足之事，而
> 持者甚靳，遂爲匡廬所奪。因意炳蔍、機部日夕相歡，機部
> 方入直承明，雖匡廬白雲不能共玩，炳蔍使節家修，尚有歲
> 月，即秦蜀道遥，何爲不就太原探崆峒之勝，西出五臺，南
> 尋王屋乎？五岳之緣於是垂絶，言意惘然，因作四詩寄炳蔍
> 一笑，知炳蔍見之爲頓足也。

黃道周

浮雲日出幾時無？剗却華峨天外圖。身自檀弓開物始，人從
犢谷論公愚。屠龍已盡千金技，彈雀未輕明月珠。垂老不資朋友
力，山行聊倩紫藤扶。

離群良不惜征翰，共畏霜侵行路難。豈有驪龍親抗項，翻愁
乳虎傍危冠。振衣獵火千層出，散髮呂梁百仞看。倘爲安居貪便
道，此身合坐五花箄。

干霄心血老柯坪，不道看山亦好名。戎馬未爭十岳勝，風雷

那得百年清？慚將虎似看微服，却使鳳衰遇耦耕。去共鄰樵齊放担，鴻毛真與泰山平。

東山在處有拊[二]鸝，莫信蓮舟百丈齊。三徑乍開仍梦鹿，一經未聞足醢鷄。已翻秋水兼葭路，不借春風桃李蹊。鄉道匡山松子好，避人幕府又江西。

王炳藜簡討以詩刻見寄賦答

孫傅庭

一壑俄驚十載過，故人且莫問蹉跎。雲霄北望星辰遠，道路東來雪雨多。較獵揚雄元有賦，飯牛甯戚豈無歌？報書顧□彈冠意，懶嫚其如近狀何？

又

漫憐踪迹滯林邱，忽誦題函破我愁。鳳閣早傳新姓氏，雁門猶憶舊交游。曲中高調驚山鳥，局外閑情笑海鷗。早晚升平君可致，澤癯坐享後何求？

答王炳藜簡討

不淺蓬瀛意，由來感慨多。文能傾海市，氣欲挽天河。有客宵占劍，何人夜枕戈？出山余自哂，雲壑未能那。

按之詩從《白谷山人詩鈔》

附　録

《倪鴻寶代言選》叙引

　　吾師每爲小子輩言“代言之體，華勿入艷，質無入俚，駢必六朝，散宜兩漢”，即其所自爲者可知已。小子輩凡求之兩年，今夏始發示如干篇，又命小子輩選而法之。小子輩惡乎敢？無已，乃以師命請之湛持、覺斯兩先生。兩先生曰：“有選必有評，有評必有標識。”吾師聞而亟止之，曰：“詎有王言而可加評識其間者乎？”小子輩又以謀之兩先生，兩先生曰：“無傷也。今天子學凌百代，吐音、灑翰悉成六經，是爲天文，斷非臣子所能摹竊萬一者也。今之爲代言者雖甚工美，不過成其爲人文者止耳。吾以人文求之，評識何不可？且子欲傳師説以示則也，示之則矣，而不爲之句闓字扶[三]以明之，猶貿貿也。吾爲綸綍慮尤深。小子何惑焉？”小子唯唯，抑因是竊有感也。

　　吁咈交咨，尚矣！文莫備于周。彼其告我后者，不曰“念祖”，則曰“彌性”，勤勤匪懈，無語不爲匡救計。故其代之言也，誥康以“無康”，誡君陳以“無依勢，無倚法”。《詩》曰“穆如清風”，風，諷也。贊而諷之，相與有成，大矣。今敷奏既鮮弼違，而主譽臣鮮實，“巽，頻吝”矣。吾師之言，其爲贊亦猶之乎古之爲規也，是則美而可傳也已。并以復吾師，吾師首肯，于是授之梓。

　　門人王邵敬述

校勘記

〔一〕“克”，據文意疑當作“充”。

〔二〕“拑”，據文意疑當作“柑”。

〔三〕“扶”，據文意疑當作“抉”。

大中丞苗晉侯先生文集

〔明〕苗胙土　撰

田同旭　趙建斌　馬　豔　點校

點校説明

《大中丞苗晉侯先生文集》（簡稱《文集》）八卷，卷末另附二卷，共十卷，明苗胙土撰。

苗胙土（1598—1644），字叔康，號晉侯，明代山西澤州（今屬山西晉城）人。天啓二年（1622），登壬戌科進士，授户部主事，升户部郎中。崇禎元年（1628），改陝西布政使司參政、守陝西關南參議道。崇禎五年，任鄖襄兵備副使。崇禎九年任都察院僉都御史，撫治鄖陽。後因觸忤權臣楊嗣昌而被革職，鄉居。

崇禎十六年（1644），明朝滅亡，苗胙土歸順清朝，録爲都察院右僉都御史，任南贛巡撫。朱之俊《苗大中丞文集序》稱苗胙土“抵任不一時，遂捐館”而突然去世。《文集》卷八載汾陽朱之俊撰《中丞苗晉侯傳》有載：“甲申國變，皇清定鼎，除兇雪恥，□天被格，録用先朝遺老，起公爲都察院僉都御史巡撫南贛。甫載塗設□，大星忽畫隕。天乎？人乎？”

苗胙土先仕明朝，後被清朝録用爲官，儘管到任不久即去世，依然屬於“貳臣”，故《明史》無傳，各地方志亦無傳記，其傳僅入《清史列傳·貳臣傳》。

苗胙土殁後，其子士寅、士容匯輯先父遺書《大中丞苗晉侯先生文集》，於順治十二年（1655）付梓刻印。卷首有“順治歲次戊子（五年，1648）孟秋鬥年弟朱之俊題於汾之排青樓”與“順治乙未（十二年，1655）長至日漢澤年眷弟石鳳臺六象父頓首拜題”所題二序。

《文集》原刻底本卷首設有《大中丞苗晉侯先生文集目録》

（簡稱《目録》），先文集八卷：卷一《詩稗略鈔》，卷二《雜撰略鈔》，卷三《尺牘略鈔》，卷四《駢啓略鈔》，卷五《漢濱舊話》，卷六《言鏡》，卷七《年譜》，卷八《兩世本傳》。《目録》是按詩文題材分卷，不涉詩文篇章題目。而《文集》各卷之首，皆有具體目録。此次整理，遂將分載于《文集》各卷之首的目録，統一移入卷首《目録》之中，使之成爲一個整體。

全書八卷之後，辟有“附集”與“別集”二種。“附集”目録僅著録《撫鄖雜録》《解鞍小録》二種，而《文集》原刻底本所刻文本，除二種之外，尚有《築樊文抄》《借籌文抄》《巡襄約言》三種，未見於原刻底本卷首《目録》。本次整理，亦將“附集”目録中失載的三種，補入目録，遂成五種。又原刻底本“別集”著録有九種目録，刻印者標注“各有專刻”。故《文集》中所録“別集”九種，皆有目無文，存佚不詳。

《文集》多詩多疏奏，尤其是“附集”所收五種，多涉作者任職湖北期間與明末農民軍之戰事。所記皆爲作者親身經歷與耳聞目睹，且皆關社稷家國大計，可補史闕。無奈作者不爲當世所重，殊爲可惜。

《文集》今藏北京國家圖書館，是爲孤本。本次整理，以《北京圖書館古籍珍本叢刊》第 112 册（書目文獻出版社，1998）影印本爲底本。凡底本破損缺頁之處，均在校記中注明所缺頁次，字迹漫漶者，則用“□”代之。目録題目與正文題目有出入者，均按目録酌情統一。原書每卷首頁題有“高都苗胙土著”、“汾陽朱之俊鑒定”、“後學趙日暉 趙嗣彦較閲”、“苗士寅、苗士容同梓”等字樣，今悉删去。

《苗大中丞文集》序

　　憶乙酉秋，晉侯苗公與余邂逅華中，瑱瑱不得意。居無何，余得請歸，公杖節南下，灑淚而別。抵任不一時，遂捐館。今兩公子收集餘稿，郵余校閱，且徵言以行。余曰："是我心也。"

　　夫公結社晉陽諸生時，即侈談天下事，拈筆作古文辭，採古酌今，真有意義，人即知爲遠到器。及爲司農郎，東事孔棘，督理新餉，日夜拮据無暇晷，尚將職掌勒成一書，都人士嘆服。出鎮南楚，無日不辦賊馬上，然猶橫槊賦詩以示其暇整，登高作賦以寫其曠懷。至一事有一事之顛末，一日有一日之刓劃，輒命管城子紀存之。時論經濟名臣，指無不第一爲公屈者。今兩公子結集成，詩賦若干卷，雜文若干卷，正不當作文字觀，奉爲昭代治譜可矣。

　　昔唐李爲作《淚賦》及《輕》《薄》《暗》《小》四賦，李賀作樂府，多屬意花草蜂蝶之間，識者早以決其不能遠大。若韓愈之文濟以經術，杜甫之詩本於忠義，古今艷稱，幾與霄壤同不朽，則是分命之優劣，才品之低昂，皆於文章中歷歷見之，安有以著作欺天下萬世者哉？公之文章有關世道，都人士類能言之，而但惜其不年也，請以文章之壽補之。

　　順治歲次戊子孟秋，門年弟朱之俊題於汾之排青樓

《大中丞苗公文集》序

士君子名世之具有二：曰功業，曰文章。古今來，才人、杰士靡不嫻此二者，後爲傳人。大率人天性所夙優者，各擅其長，二者遂判然分途矣。顧二者之中復分列數科，功業之分，爲吏治，爲彈壓，爲鎮撫。龔、黃、趙、張，長於吏治者也；張、馮、汲、鄭，長於彈壓者也；羊、杜、郭、裴，長於鎮撫者也，皆績懋巖廊而寥然著作。文章之分，爲論述，爲條對，爲辭賦，馬、班、范、陳，長於論述者也；鼂、董、二賈，長於條對者也；屈、宋、鄒、枚，長於辭賦者也，更名高藻繪而勳烈罔聞。兼而擅之，自昔爲難。

迨後世，文以制科爲選，閉戶窮檐，索句讀而芥拾青紫。既闇然於古今之故，功以積資爲遷，尸位曠官，持天祿而晉階歷級，益無關於治安之書。求爲一端自表猶不可得，況統數者之長以萃爲一人者哉？識者所以慨然而嘆乏才也。

吾年友晉侯苗公，既弘經濟之猷，復振詞壇之藻，揚歷中外三十餘年，況瘁以終，其功業文章之兼者乎？生平著作甚富，皆散軼敝簏中。兩令子皆英年雋才，奮然有志於子述之職，爰彙輯遺帙若干卷，屬余較讐而鋟之梓。余惟功業之傳在國，而文章之傳在家。得其人後傳，不得其人則不傳。故太史公執手涕泣，父子授受之際，洵難言也。若晉侯者，可謂名世、可謂傳人矣。若生伯仲寬者，可謂能世其家矣。

順治乙未長至日，濩澤年眷弟石鳳臺六象父頓首拜題

五言古

題褫亭驛壁 壁畫崔生盜虎皮事

傳言此地事，有虎夜化人。崔生褫其皮，含羞步逡巡。携歸爲伉儷，兒女漸成行。宦游復過此，四顧蒼林長。忽爾咆哮去，高嘯響山谷。爪動眼生光，空餘兒女哭。誰爲此説者，子虛與大人。觀之莫詫奇，想因慨世情。世情多豪焰，一怒焚崑岡。連陌復連雲，金珠且滿囊。行□□頫首，主人意未央。側目及諛口，如虎蹲其□。深閨鎖嬌女，馥馥體凝香。終夜抱虎眠，自分□柔鄉。虎在山□裏，有時睡垂額。莫作睡時看，其鬚不可捋。

秋日山行

人道山行惡，我道山行奇。秋光清復杲，爲有西風吹。碧澗淙淙轉，丹楓灼灼垂。籬邊有黃犬，昂首吠官司。竈上有稚子，鼓掌笑旌帷。城市那如此，當作太古遺。駪駪行役客，向暝不知疲。遙瞻高樹裏，且息塵中騎。誰謂乘軒好，不似山居時。

庭前榴葉亂墜感賦

昔日菊花開，花英紅於火。西風一夜急，黃葉紛階左。葉墜不成蔭，那言垂垂果。屬自舞西風，隨風似嬌娜。風行不復留，敗葉空庭鎖。中夜葉敲窗，嗚咽如訴我。遷流本若斯，悵悵將何可。

對　酒

對酒正當歌，胸中壘塊多。一飲期一石，樽空顏未酡。我無吸川口，此日誰作魔？遍揣匪他物，閑愁橫腹過。愁城酒可破，愁重奈若何。

鷓鴣啼

犍牛南畝下，朝載夕牽犁。白鶴庭中舞，梳翎花樹西。長喉亦何逸，短轅谿下泥。物性豈縣隔，賦形自不齊。勞勞悲生者，浪學鷓鴣啼。

九仙臺絕頂遠眺

桃源何悵悵，惟卧東山陲。荒草暗千谷，出門胡所之。不憂白日落，無散戰雲時。

題寧郭驛官署大槐

昔日宮中槐，而今已作薪。古槐在空署，身甲仍如鱗。曲幹參天起，蒼虯欲攫人。千年苔色老，百尺蔭西鄰。群芳多應候，不與共爭春。聞有南柯郡，偏留入夢人。

塗次少憩與客話避亂山居事走筆志感

難矣行路客，倍憶山棲時。淺水堪濯足，濁醪亦滿巵。柴關竟日掩，黃鳥任相隨。愛夢偏宜午，醒脾便讀詩。林高雲散晚，犬熟豹聲遲。滄海揚塵起，久非趙壁旗。田家知舊臘，社居醉忘疲。嶺外有孤鶴，梳翎漸于遞。飛來雙羽倦，倍憶山棲時。

暮春有客談及世態漫賦

日月有常度，風雷天外鳴。鳴時震百里，山動海波橫。世事山川似，彈棋並沸羹。能言終鵾鶬，治妬笑鶺鴒。憤世沉三閭，憂時哭賈生。誰憐高馬骨，春盡惱黃鶯。君不見昨日丹楓落，今朝青草生。五湖煙雨寬如許，邂逅那堪鼓棹爭。

七言古

桃花歌

計署下糧廳有杏，新餉司有桃，兩衙適對峙也。余三稔間參計兩署，偶見蒼煙方引，紅雨遍飛，因念故園有桃千樹，雜以它卉。此時庭花空鎖，主人未歸，邊計政殷，家音遙阻。每一念及，未嘗不夢繞行山也，賦歌志感。時爲丁卯仲春日。

生來寡韻事，錢穀有俗狀。借問桃花爾何來，紅心默默時相向。東風一夜燕山轉，碧煙淡淡紅能顯。膩顋初疑笑共啼，茜裙未辨深與淺。箠鞭小吏花間行，花光四焃生花情。忽憶家山桃千樹，春來不見春風生。此時池泮小鯽翻，此時甲拆新棠蕃。當年懷帙聽好鳥，鳥語滿枝春滿軒。燕晉風雲難共幕，主人未歸花蕭索。廳下時看綏嶺花，夢中徒聽行山鐸。我有高堂驚白髮，北山勞人空懷家。題詩欲語向南樹，桃花無言墜紅雨。

社日郊游

今來舊陌問新芳，縷縷香塵接地長。塵外和風吹吟客，塵中朱鳥伴春裳。游鞭如錦驕嘶馬，盡指垂楊過短牆。選勝傾尊何處好，溪邊石上便倘徉。隔堤有女如花簇，娉娉輕衫琥珀光。團扇初揮薄羅透，透來香汗膩新妝。柔條振振半凝綠，亂逗行人舞道傍。乳燕喃喃尋舊壘，雙飛雙宿覷雕梁。午來樹屋響神後，啞啞笑言傾百觴。我亦隨緣問杖屨，滿懷拍拍寄奚囊。白螺杯泛清波溜，丹蕊英穠碧莖芒。樹杪喁喁風何軟，一聲一度送春陽。幾回繞徑乘暄曝，蘭芽茁茁噴微香。香草迎人方甲拆，擬將重檻護瑶芳。檐曛漸落游人歇，春色分來歸騎忙。倏忽枝頭呈爛錦，好留花事待阮郎。

七夕歌

　　西風隨雨送新涼，人道女牛夙業長。洗却經年無限恨，爲雲此日看縹緗。雙星共燦凝碧落，夜夜明眸怨雲幕。怨此盈盈一水橫，有心無楫憑誰託。莫言仙路無情波，莫言天人無惡魔。一年渾是顰愁眉，盼得秋期便輟梭。梭下織成思萬縷，明絲寸寸殷心組。沾巾偏短露零宵，一刻何當夜千古。天憐幽抱入秋開，爲遣填河烏鵲來。經歲縣腸今夕斷，無邊新恨逼人回。誰將盛事輕傳泄，引得女兒評巧拙。歲歲針穿雙綫綫，瓜落金梭常繞舌。乞巧頻將星月呼，牛宮悽咽正長吁。悲歡不盡當塲事，那有工夫教綉姝。我亦隨緣陳瓜脯，彩雲臨席風吹户。佳賓況復笑顏頻，何惜金樽伴玉塵。玉塵瑩冰溽汗歇，長談未竭婺星没。多應織女怯露寒，深閉重帷歸丹缺。雲破參橫黯壺盤，羅衫秋透醉中單。與君共勘通玄訣，再向長空仰面看。

新柳行

　　癸亥上巳，爲法氏之行，新柳乍舒，翠霏欲滴，如困舞思眠，如新妝騁艷。憶昔頻歲尋春，嫩枝手折，物在時遷，頓成已事。蝶耶？鹿耶？漫賦志感。

憶昔春披弱柳枝，柳枝嫋嫋向春移。青春挽得東君力，三繞瓊枝去住遲。翠裳嬌舞按天魔，金縷困垂映婆娑。風送柔條回盼處，千章囀□奏長歌。長歌一曲度春愁，顧影自憐伴雀咻。妬殺封姨誰作主，轉來移植向秦樓。五陵年少袖雙柑，鞭墮金絲驚繡幨。買笑千金春正好，惜春肯任柳枝黜。絮飛幾度繞東籬，拍拍春懷每解頤。綠醑於斯傾一石，玉頰倚翠眠茵蓆。有時傍袖拂雕欄，有時瀠流追皓色。陌頭無日不尋芳，芳草繡茵如久識。繡茵非萋柳非黃，振振柔絲委道旁。未許東皇常吹暖，雙鸝空對路人忙。君不見長門百尺絲如煙，深鎖吁啼怨翠鈿。黛色不隨行雨夢，時時低首恨青天。又不見章臺初折嬌柔年，的的綠裳帶露塞。不有押衙懷俠骨，一枝拼取他人憐。不如九畹燦階步，馥馥搖芳朱檻護。不如三徑對蓮塘，亭亭鷺影灑清露。看君翠拂行人首，嗚咽春情濃於酒。我亦柔腸煉欲堅，新磨慧劍連根刮。韶光倏黯鶯聲歇，擬抱殘枝愁皓月。知君綠鬢未老時，長風應逐酬華髮。

過豫國士祠

白日陰雲護古橋，常吹俠骨映丹霄。丹霄不墜君不死，愧殺二心空滿朝。當年身漆暗相襲，當年咽炭吞聲泣。劍血直淋趙子衣，初心未負死何悒？六卿虎鬥成塵土，剩有一士芳萬古。貞魂遍繞堂前松，日日鳴條悲故主。

再賦坐隱臺十韻

層臺高捧探玄居，一局常開說正奇。我亦脫巾來問《易》，諸君決勝已多時。計成掀髯歌且舞，算出攢眉下復疑。盈縮須臾歸混沌，雙盦歛盡虎龍旗。玄道明明開直路，個中奧秘阿誰知。知時柯爛等芻狗，數按周天訣在斯。四氣平分渾鼎立，槐風吹霧振長蛇。二儀雜峙同龍戰，竹響傳箭約陣期。我自旁觀技欲癢，幾回借箸畫雄施。等閑識得當場意，抹殺從前學蚌持。

秋登滄浪亭

亭榭江畔與雲齊，白苧青松綠草萋。有徑可尋苔蘚濕，步來曲曲似穿霓。摳衣披露陟山岑，山岑有屋堪容膝。當前一水射三湘，濯淨山根浪未畢。帆動小舸如織來，秋江妝點渾難述。蟬聲又噪嶺頭松，抱葉長吟音瑟瑟。我欲問天搔首思，天門咫尺不可窺。願作閑雲不出岫，朝朝吐氣覆青芝。

老婦行

客持一畫，畫老嫗浣紗江干，凝眸趺坐。一士人拱立舟上，因爲賦其意中事。

老嫗何事坐江渚，植竿掛紗渾無語。細看非怨亦非嗔，髣髴胸懷多酸楚。有客爰從舟上過，問嫗悶悶何如許。憶昔少年敷粉初，光華浮動步徐徐。玉簫爲嬉金爲屋，七寶裙襴玳瑁梳。指顧深閨風肅肅，清揚白苧並紅蕖。朱顏轉瞬鬢絲颺，金釧光沉脂不香。昔日群稱高髻好，今朝偏厭舞衣長。堂前倏忽成長別，每向江頭濯白浪。浪濯新紗有時潔，郎當去婦慚爲妝。君不見茫茫江水自東瀉，片帆風送幾多客。夜來風急水兼天，驚起舟人同顧額。又不見漏鼓斜縣畫舫腋，聲聲敲響五更汐。霎時漏盡鼓亦休，依舊橫篙問河伯。數十年來眼底事，那言明朝與昨夕。靳時乎！客若悵然有所思，老嫗浣紗還自適。

冬日朱滄起太史將歸省以解脱園記見示余不禁神往因賦長韻

漪漪峪水甘如飴，濯淨山靈色色宜。佳氣蔚成仙掌地，碩人點綴清且奇。花巖崎屹連層閣，複道委蛇鎖碧池。池躍小鯥穿荇緩，共窺石笋傍三枝。矗矗柏林白雲徙，白雲飛入危樓裏。樓貯白雲覆紫芝，中參舍利毫光起。飄來仙氣繞□鶴，半月門開見諸美。廊可廻風風掃徑，梁因架石石爲几。東君好作閑主人，朱紱暫抛脱朝市。剩有石髓共花光，待君杖策聯珠履。李能白兮桃能紅，桂有香兮松有風。長袖綠莎金縷串，昨餐春色今飛鴻。桃源有意人歸早，霜葉已寒十月楓。況是青燐炤夜後，幾番回首倍忡忡。雲封石斷留情處，携手銜杯看晚虹。

旋陽樓詩

　　存予王老年翁直言被放，心不忘君，作旋陽樓，偃仰其內垂二十年，蓋亦屈大夫行吟澤畔意也。余讀記文，爲之凄然，賦詩以贈。

　　曦輪杲杲無私方，高掛昊天萬古常。被逐鬱抑誰與語，題樓忠耿取旋陽。憂時寧忍言明哲，放後還思賡喜颺。遥接汾濱雲色燦，近連甲第碧輝翔。菊松滿植淵明徑，槐棘蔭森綠野堂。雪洞魚塘映複閣，卿雲復旦亘天章。雙丸迅轉分明昧，日似小年愛静長。烈烈商炎霖雨起，遲遲周旭會朝陽。凌虛咫尺開天語，呼吸遥通帝座傍。涼燠各宜時自適，五雲龕裏蘊機祥。雲廻洞口遲駒影，薜掛衡門映杜芳。路曲房幽履迹少，雲朝雨夕興偏長。蠹書展案帷輝透，雀舌烹泉甌送香。假此貞棲安劍履，不圖飛罕舞霓裳。主人日涉此樓中，心心捧日對玄蒼。朝來石磬鳴清梵，復見虛窗照曉緗。山色四圍來青靄，簷鈴夜送竹方床。憑君矚目樓邊景，拜石栽花任徜徉。有客聞之情欲移，願登臨兮嘆路長。

皇極殿重建紀事

　　宸居新兆垂衣日，寶鼎爰逢錫極時。運啓升恒恢制作，曆開萃泰奠丕基。花磚預結弘文地，隆棟分求綿蕞儀。雷動兩階翻雉尾，雲來五色燦龍池。延英汗浹應爲樂，宣室承鼇洒有期。一代冕旒疑正鼎，八方圭璧拜重離。遥知肯構同天久，願頌綏邦祝大頤。

大祀社稷壇禮成紀事前夕大雨祀時忽霽中外異之

六龍初御垂新極，大地同欣見漢儀。國典爰修全盛禮，民瘼式動一人咨。未從霓羽追長樂，先向牲圭祝大熙。千載遥傳天仗出，一壇俄散玉爐馳。薰風細度參仙樂，杲日方升燦乘帷。清道雨師渾效順，廻鸞雲幔盡開迷。天心眷注超前牒，化燭重調信有期。

五言律

秋日同葉蕃實王韓鎮邢大來李大生
游西山諸寺次韓鎮韻

八極静中度，那言千夜長。毒龍警半偈，舍利映孤梁。曲枕諸緣寂，廻光一莖香。想因逃苦業，觀世向雲房。臥佛寺

多樹橫蒼靄，山深色更幽。鐘傳頻擊曉，葉墜任驚秋。佛古新苔合，巖高低徑悠。鞅煩渾未解，爲此獨遲留。香山寺

佛骨新靈發，瑶宮法境重。雕棟涵金粟，銀池浸玉龍。風傳松上韻，僧擊飯時鐘。欲識西來意，低佪問別宗。碧雲寺

冬日閑居次大兄韻

童心悲老大，問世已經年。飛汞嘲丹竈，馴龍有赤拳。黨侯

低唱歇，畢卓甕頭緣。一室觀常達，□行別有天。

我思冬日愛，短晷寄閑身。幕薄風窺户，爐寒□傍人。敲枰消惡障，彈鋏對佳辰。此況難同識，參來解世嗔。

鳥語回清夢，旭光破熟眠。醒多惟煮雪，腸俗厭烹鮮。煙結獸灰冷，風停雀噪旋。貪慵何所事，觀静亦翛然。

病中題壁

閑身未老日，多病已相尋。胃窄憑方展，神昏□夢深。鴉鳴驚短晷，客謝罷長吟。幾度青燈下，低頭有薄衾。

一夢重門度，神游何地哉。興緣圭箸淺，心逐雁鴻回。載鬼非弓影，洗腸有爆灰。業身胡所似，多露洒輕埃。

噴盡燈頭蕊，報來夙業長。篆寒詩骨瘦，漏永德星翔。消渴憑龍餅，袪魔有劍囊。欲將冰雪意，搔首傲清霜。

春日途行憶無計留春住句足韻

無計留春住，風催梅雨來。老鶯傳客思，初柳拂離杯。花事征塵隔，墅游午夢回。東君收拾好，明歲任安排。

行　山〔一〕

携手憑高處，偶作浪游人。着意酣新旭，無心效舊氈。關關鳥語近，曲曲路痕迤。一自家山路，迷茫盡棘蓁。

行山高萬丈，有路插青霄。古樹添蒼靄，春雲護遠嶢。渴腸誰可解，鄉思煞難消。今日□欄意，悠悠何處招？

過新鄉吊郭孟諸副憲

□邦有俠士，噓氣可成虹。意白心還赤，文雄義更崇。薛公饒食客，荊牧播清風。一自褰帷歇，欷歔匣劍空。

七言律

元日朝回馬上偶成

千官祝罷聖明鼇，肅肅朱衣夾道馳。萬户新□春令到，一天朝氣曉煙移。海波未静宵衣日，勝事徒虛傳炬時。願得烽銷民樂業，朝朝朝下醉椒卮。

上元遇雪步大兄韻

颸來勝事向天祈，瑞霰籠燈屑玉霏。霧濕橋星沾早澤，雲橫樹火護雙輝。傳柑肯讓昔人興，刻燭那防俗士非。春色正從霓羽度，任催宮漏莫輕違。

春雪夜集

簾前午夜看瓊霏，酒映金卮雪映衣。新序暗從霓羽度，毫端收得錦璣歸。頻燒多炬乘春令，旋煮六花醒魘肥。到手流觴須再酌，曉鐘妬我蚤言違。

柳堤早發

滿空曙色射長林，處處全拖曉露淋。迎車細霧推塵起，鳴樹新鸝入葉深。未許白雲常棲谷，亦隨赤鳳漫翔岑。居恒渾是耽流石，行路難哉對軾吟。

燕中伏日聞蟬

日來離火蒸塵客，忽送秋聲兆蚤凉。自抱南枝歌遠調，還乘曉露振新裳。宮槐聽處高嘶急，骨馬行來別興長。黃綬經年醫俗好，願將啼破簿書腸。

秋宿武安山邸

對月披襟隨地宜，茅檐□影夜清時。蛩吟□□壁間引，松韻遠從山外馳。噓出長虹開霧障，取次爽氣壯詩脾。悲秋莫道歊歔好，俠骨臨風□始奇。

秋夜郵亭鐵馬

鐵聲一夜響空廊，瑟瑟撩人到枕傍。蠻急多應傷曉露，鑣聯端欲曝秋陽。驚回冷榻星初沒，數遍歸期路尚長。我賦黃華邊檄重，駪駪爾又爲誰忙。

秋深之任關南過漢陰署偶成

雲擁輤車出太行，千山歷盡見江洋。秦關煙樹凝朝翠，漢水洶濤逐夜光。天外鴻鳴秋色老，江邊鷺振客心凉。駪駪塵裏非吾意，倍念東籬□暗香。

重九日次汾陽同靳嗣美進士朱滄
起太史朱鼎石中翰夜飲

茱萸分插上南樓，强把客心伴酒籌。一擲長呼渾得采，四筵高笑共浮甌。霜凝不欲風吹帽，談盡重聽曲和篌。醉看東籬黃菊滿，爲嫌蜂蝶却生秋。

頻年把袂共長安，此夜征車復對歡。半月窺尊黃菊瘦，繁霜點地白衣寒。歸心潦倒濃過酒，詩興翩翩急似湍。他日相逢何處是，龍星看聚五雲端。

冬夜客集

絳燭頻燒且炷香，當筵嬌舞興初長。冰輪倒影窺歌嘯，獸炭烘煙佐豆觴。談入太玄寒骨壯，搜來佳話酒籌忘。婆娑莫問青衫濕，快事那同此夜長。

賀任雪音年丈太夫人兩世貞節恩旌

婺星雙拱聚寒室，焰出貞心寸寸丹。閨閣百年惟茹蘗，乘軒初命憶和丸。世居完節驚冰質，手植遺枝映玉盤。剩得芳名垂後葉，願留青史作奇觀。

壽王少司農夫人

佳氣新來護綵衣，爲春千歲古言稀。霜成九煉老堪卻，華發孤曇色自輝。架上鸞書垂累葉，階前玉樹度光徽。月恒川至知無極，願薦金莖露未晞。

奉使轉餉季秋朔井陘署夜雨

何事山城滯使車，潺潺簷溜響空衙。壁間蛩韻仍秋曲，蕉裏鹿藏亦泡花。風勁遙知臨鐵寒，夢多每似侍金華。邊人一飽思方切，誰遣陰雲隔路賒。

坐隱臺次郭漱六暨大兄韻

一局參來第幾宮，謾從黑白問玄同。機成虎視高雲表，藩固龍蟠出掌中。四道雄行生陣霧，□關妙點鎖旗風。憑高一着休輕擲，柯爛于今存二翁。

秋日雨後過界山

一徑斜通入翠微，新霖洗暑漫霏霏。白雲盡處山還濕，青鳥鳴時日自暉。遑羨□□穿谷□，□憐游子問心違。故園剩有罇鑪況，深鎖秋□人未歸。

初秋入鄖餘暑猶盛憩遠河公署次
壁間裴太宰韻

流火炎炎灼大巔，西風吹送到車前。地分秦楚山爲嶂，氣別兌離日在天。暫向空亭披霧露，驚看斷壁起雲煙。欲從鄖國求津處，坐聽秋聲載滿船。

初冬昧爽登晴川閣

長江風静鎖重樓，白露青霜曉未收。漢樹自□催老幹，楚雲仍解度芳洲。天邊有彩堪稱幕，岸外求津欲作桴。心事只須隨流水，憑欄無復思悠悠。

白雲閣

白雲飛散幾千秋，今日端因使節留。洲外江流還舊合，山頭檣疊自新浮。庾樓有興風生席，莒巒無私月滿舟。勝事楚山共無極，非關尋迹問丹丘。

流寇披猖余督兵追剿凡三過滇中矣經年馬上一事無成賦以志感時爲丙子上元之後三日

鯨鯢吹浪半神州，九載侵尋大地流。人自支頤空説劍，我來仗策漫椎牛。戰雲未散征衫破，鼙鼓長鳴畫戟稠。起視天狼仍炤眼，沉沉底事滿心頭。

被謫覃懷中秋夜及任參矢劉醉竹諸君小集醉竹袖出一詩客去挑燈次韻 二首

其一

一天風露沁心清，秋色誰分到野城。月覷白螺西爽意，燭拋紅淚故鄉情。且言今夕成三客，莫問來宵看再明。暗向五雲高處覓，不禁別緒伴殘更。

其二

有客開樽對太清，端因此夜月盈城。渾無簫管催新思，剩有壺觴逗旅情。投轄我圖消夜永，揮毫君自話星明。他鄉游子參橫後，擬辦關山度五更。

旅舍深秋

逐臣去國漫悲秋，寒色空庭午未收。鎮日重門□剝啄，一身習坎任沉浮。雲連天際家山遠，事滿心頭客思稠。欲問津梁何處是，還愁性拙等鳴鳩。

憶舊

逐臣何事漫孤吟，暗裏低回入夜深。誰識世情嫻唾面，自憐忠膈好枯心。典兵多見刀頭血，還節惟餘帶上金。歷歷前因何處是，空添白髮鬢邊侵。

元旦旅中

遙瞻天外曉煙籠，飛入人間第幾宮。朝氣氤氳梅尚白，客心潦倒日初紅。異鄉有伴惟書劍，陌路何從問雁鴻。草莽孤臣無事事，願聞洗甲願年豐。

旅中上元夜獨坐值雪

雪白燈輝動滿城，旅人點易對孤檠。雲横幻作雨花夜，簾静誰傳敲竹聲。盤内黄柑嗔獨醒，樓頭清漏漫長鳴。莫言簫鼓千門好，斗室饒將春意盈。

習静九仙臺漫賦

愁人無事但倚樓，盡日怦怦學楚囚。自分嗜書爲老蠹，不圖穿履作犇牛。扃門難鎖還家夢，對水空羞泛海桴。願向山中老歲月，貪嗔癡癖一時休。

都門同王存予侍御朱滄起太史談
燕京寇禍事感賦

十五年前此地游，宮槐裊裊翠雲浮。一從□□□□□，再見□□□□□。九廟不消亡國恨，千官誰識拜恩□。漫將底事頻推論，每對頹宮淚滿眸。

春日將下太行過星軺阻雨用壁間韻

閑雲風逐出山城，一夜新霖萬木清。桃下無蹊白石滿，柳邊織雨黛眉横。客心初動催宵短，宦轍曾經入眼明。不是群芳能應令，縣來天地宥春生。

兵燹後恭謁孟夫子廟

傳來浩氣幾千秋，欲問天人第一籌。楊墨久□仁義脉，梁齊空獻霸王謀。天心獨爲開來學。[二]

宿遷舟中[三]

五言絶

再憶留春句漫成十絶〔四〕

（前闕） 叢香。

無計留春住，藍輿到處尋。惱人花事晚，一半飽春禽。

無計留春住，拈毫寄恨長。情深寫不得，無語暗平章。

無計留春住，梅酸濺齒時。一般清味溜，偏醒醉翁脾。

無計留春住，閑閨日永時。停針倚綉户，此況阿誰知。

無計留春住，紈頭新意多。揮來煩暑祛，一任度輕羅。

無計留春住，燒空有火雲。清凉誰可灑，偏息鬧中塵。

雨　松

雨障遠松時，松枝未許垂。雨無終日溜，松響滿空吹。

江上風行

山外大風來，樓船輕似葉。日行千里餘，快哉利川楫。

重九前日夜駐均州公署值雨

郵亭一夜雨，客子半床心。夢到東籬畔，隔溪聽暮砧。

蕉葉大如箕，終宵打雨響。不因爾呈身，誰復凌其土。

襄江水不寒，九月無南雁。金菊應時開，方知秋色晏。

秋杪登樓

山頂白雲結，雲破雁聲多。驚起樓中客，關心可若何。

極目故園處，雲深不可窺。東籬猶燦燦，頻誦采薇詩。

仲春山行

馬足迎風懶，愁思逐客來。山花不解意，猶自向春開。

旅中夜雨

細雨催更急，孤檠伴夜愁。重門着意鎖，莫聽夢魂游。

青青調

路上青青草，非因襯馬蹄。游春人意盡，翠葺踏成蹊。
堤上青青柳，絮開依舊飛。不知春色去，漫舞傍羅衣
樹上青青葉，因風每拂雲。庭除清影落，夢穩爲無曛。
陌上青青黍，老農帶劍耘。黃塵山外起，疑是關西軍。

七言絶

春行清風店

行來塵客見清風，風濯塵襟此際空。柳絮乘風歸樹杪，想因
不欲墮塵中。

仲夏同郭漱六飲園亭即事七絶

愛收爽氣向西來，羅徑筠簾次第開。剩有迎風花解語，對人
舒笑故徘徊。

花滿疏籬酒滿巵，青梅纍纍瀎酸時。拼將百斗慰君醉，遮莫
多情寄阿誰。

碧梧西畔晚涼生，曳舞盈盈翠羽橫。一曲新腔渾未歇，數星明滅間清英。

君自擊壺堪說劍，我來露頂欲談玄。銜杯莫及相思字，澆塊臨風共問天。

澆塊臨風共問天，二旗旋摘煮山泉。枯腸未許盧全識，沁入詩脾兩腋仙。

零紅消瘦度人愁，浮入清醪香滿收。自是休文多感悼，無端淒雨冷心頭。

八面颸來□暗度，四筵舞罷意猶長。逃塵覓得清涼訣，竹韻溪聲伴一觴。

菊月次米脂步壁間韻

西風吹雨上黃花，爲洗秋悲與塞沙。蜂蝶都收春色去，金英歲歲伴霜笳。

鬢插茱萸杯沁花，莫教清供怨黃沙。臨風澆塊天涯客，怕聽邊人泣夜笳。

故園松茂菊生花，不聞刁斗不飛沙。戍人荒塞般般苦，願祝薰風解怒笳。

聞　蟬

商颸西逐彩雲流，秋色圖分上小樓。高柳新蟬渾好事，叨叨角口未曾休。

舟中夜雪偶成

長江風勁度山鳴，爲灑瓊瑤夜色盈。漏永冰心惟映雪，輕舟冷冷自孤橫。

夜駐内丘公署夢至家室賦以志感

端因捧檄問征車，贏得新愁怨絶裾。孺慕不隨曉色散，空庭結想似吾廬。

易水吊古

歌罷荆卿渡巨津，拼將熱血灑秦廷。咸陽俠骨已成燼，易水于今帶怒潾。

過湯陰謁岳王廟感賦

痛飲黄龍事已非，國城千古恨青衣。沿江羆虎森如許，不及東窗片語飛。

將星半夜隕圜扉，和議崇朝出紫闈。誰信高皇真似夢，想應忘却舊邦畿。

忠佞同歸土一丘，東窗何事苦陰謀。抵今群拜錢塘塚，長舌空懷放虎憂。

長安夜雨

細雨窺簾灑客襟，半床殘夢思沉沉。誰家□□天邊月，不照天邊游子心。

秋夜舟中偶成

兩岸青莎帶遠汀，樹邊螢火嶺頭星。夜深人静舟橫後，半榻秋聲睡未寧。

山上疏鐘船上人，平分清意對良辰。一時鐘罷人歸幕，夢繞前山月滿身。

秋　思

　　劉醉竹茂才再投四絶，各有所指，時當對月，總以秋思次韻。

　　幾陣西風惱客衣，輕羅何事與時違。欲澆壘塊呼杯酒，怕惹它愁復掩扉。

　　雁噪南樓又一年，樓中庚興頓蕭然。問君憔悴關心事，無語相看情倍牽。

　　空堂無幕風窺榻，底事傷心星渡河。暗數雲間千萬點，算來未似此心多。

　　月照它人歌舞地，蛩吟旅客夜淒時。一般景色縣分處，自悵憧憧多所思。

重九日旅中史給諫送酒獨酌

　　重門寂寂暗黄花，有客孤吟過日斜。花自含情人意懶，茱萸分插是誰家。

歲　除

　　今日不憐歲月老，明朝但願肺腸寬。等閑拼却從前事，寂寂寒梅尚未殘。

　　家家擊鼓送寒行，有客長吟晚未平。靈鵲不知人意惱，仍來檐際作歡聲。

山中元日題壁是日雪

　　椒觴未薦懼成酲，舊業新愁一橫生。山鳥不知人事改，仍來枝上報春明。

　　六花滿地爲行春，壓盡千山白日塵。誰是笙歌娛素髮，隔雲惟見數樵人。

上元後二日作

別院笙歌事已闌，燈煙飛盡夜增寒。倩人試問筵中客，今歲傳柑另樣看。

再過豫國士祠

國士千秋久作塵，丹心矯矯尚生嗔。殿前孤柏凌風勁，愧殺乘軒行路人。

可園內欲作灌園居一楹門窗皆作半月狀豫題

月正盈時即有虧，難從虧處問推移。不如便作持盈想，半放晴光半任癡。

校勘記

〔一〕此詩第二首又見清乾隆《鳳臺縣志》卷十八《藝文》，題作《初春同關太和明經登玉清宮閣北望太行山》。

〔二〕以下底本缺一頁。

〔三〕底本缺一頁，詩題據底本卷首目錄補。

〔四〕以上底本缺一頁，"五言絕"及詩題《再憶留春句漫成十絕》，據底本卷首目錄補。

大中丞苗晉侯先生文集卷二·雜撰略抄

文昌閣記

今皇帝御極之庚午，諸郡國首闢賢關，吾澤人士得雋者五人，沁士仍占解首。前遡八十年，未有盛於此者也。澤人士手額心傾，咸德色於太守九如黃公之建文昌閣云。

余迂陋不解識緯諸書，且鬼神之事，禍福徵應，於經無所考，亦莫由解也。客曰：“信然，則五人之雋盛極一時，將不爲公功乎？”余曰：“是。不然公此舉也，綱維世軸，經緯文心，良有微意，功在宮牆，用及來茲。倘執所肖五像以應五雋，當不若是淺，余仍不解耳，敢以臆紀其事？”

公爲魯沂甲族，以兩榜高第，出而典郡。端方嚴毅，孝友性成。居數月，民謂不冤，案無留牘。按部使者交章上聞。公見夫囂詐之習如波斯下，即砥柱以忠信廉潔，未必卒當也。不若以神道設教，或可觀乎人文，以化成天下。遂升自城堞，望氣所在，艮方舊有樓肖文昌像。前守顧公以文昌六星近北斗魁前，故於北地布文昌。公曰：“是可移而巽也。咫尺泮水，視人文尤屬親切。”五旬而舉之，廟貌適成，進多士而賓興之。多士於是日雍然肅然，聯鑣簪筆而往，大爲生色。當棘闈未撤時，識者已爲公菁莪作人慶矣。

噫！公之微意如斯而已乎？公觀乎人文，求端于天，明予人以準繩規矩，若參前倚□，使多士新其耳目，潔齊焉而知神之不可以假易。亦曰神數降人間，有言教，有身教。言教則《化書》、《戒士子》，娓娓諄諄，諸文行於世；身教則有張仲之孝友傳焉。神以身立言，靡不從孝友起義，孝友總百行兼三才，舉而措之，固其所也。

縣來三不朽之人，未聞根本之地有所缺略，顧能強顏建竪炳烺後先者，神道豈欺我哉？間嘗因稗官所載，會文切理。文者精所聚也，昌者精之聚而散爲采也。精之所聚，爲縞衣、素鳥、青童、白獸以象之，噩噩乎有忠質之思。受之以采則文章爛然，呈象於天下，揚天之紀，肖斯像也，令人心維深造，恍然若或見之，如《化書》諸篇凜凜示人，以暗室大廷無可襃越，則不必五教日敷，五刑載弼，袚濯振藻，端當在兹，必謂日精照臨，如許榜樣，余仍不解矣。大都天人之理，實不足則精不聚，精不聚不可以成文章。文章制舉，僅作富貴利達之資者非也，即作風雲月露之觀者亦非也。天非人不神，公之精聚矣，澤人士之精亦聚矣，神之言教身教將式靈於此。余願澤人士探公□意所在，而永言潔齊之也。

黃公，名圖昌，別號九如，崇禎戊辰進士，己巳夏守澤，庚午冬聞訃解任，未竟其施云。

均州增城濬池記

考稽古建官之制，命曰專城。帝王正城，四方悉厥根本。然後克詰戎兵，罪人黜伏。《詩》云“有俶其城”，又云“實墉實壑”，何言守多於言戰也？豈非古人作事，從其根本者爲之，方能得豫道歟？三代而下，如趙築城以防燕胡，秦築城以限中外，事不具論儀圖。昭代西北邊防皆以城爲重鎮，蓋城守者正也，戰勝者權也。後世正不獲意則權，然權不可恃，而所恃者猶是正也。今天下有喜言戰之人而實無敢戰之氣，有耻言守之意而實少能守之策，此其所大患也。

歲壬申，余奉命治荊南兵事。時流寇方擾三晉、河朔，説者云：“黃河天險，足限南北，楚猶堂奧也。”余不謂然，每持賊必渡河之議以相告戒，練新舊兵以二千計，若遑遑爲三年之艾者。

迨癸酉冬，黃河冰凍成橋，賊履冰長驅，頃刻數萬，俄而宛南，俄而鄖水，且立馬槐樹關窺均陽虛實，均以堅守而始全。余乃銳意增城，舉一州六邑胥更新之，均其一也。條上柏臺使者俱報可。

時蔣幕奕芳攝州，首董厥事。以余條定爲則，城堞增高五尺，增厚三尺。城既高則必倚洫以爲勢，又濬濠廣一丈五尺，深一丈，版築十三而蔣幕遷去。乙亥夏，胡守承熙以新除至，至即力肩其緒，荷插瑣屑皆身親之。三閱月而竣事，且引水達濠以增外護。中翰馬公適有事太嶽，出俸錢增城垛以七百餘計，蓋諗司城者鳩工辦料之艱而捐貲纍纍，洵盛事乎！

是歲仲秋，余督兵興元，轉戰於山陽之豐陽關，大創賊。引兵還襄，舟過均，見雉堞崔巍，環城泓湛，昔人謂"石城十仞，湯池百步"者，何以過之？司馬法曰："内得愛焉，所以守也；外得威焉，所以戰也。"今流寇以八年未湔之腥穢，不憑城，不列陣，徒以豕突鳥飛就虛避實，寄游魂於馬上而覆城者，□以□□□萬竈生靈付之一□，伊誰之咎？余終不謂賊之能耳。若夫斗大一城屹然金湯，推廣而縣寓諸城盡屹然金湯，各修堅壁清野之法以保釐吾民。

聖天子方赫然一怒，大集精銳，俾督理兩大臣專事蕩掃，余未能縛雞投石，亦仗策行間，軍聲已大振。堅城拒於前，雄師壓於後；北有黃流，南有長江以界，其窺金陵、江浙、河朔、晉、齊之路，賊勢雖重，非死則散，可立而待也。

因片言勒石，非曰紀績，聊以志一時固圉之同心云。督工者爲判官鄭元綬、吏目王紹芳、大使趙光祚，例得附書。

戶部山東司續題名記

漢戶曹郎不過一人，隋唐以來始置郎中、員外二人，而又有度支、金倉之號各二人，要參計之司多不贏十也。國朝既并金倉、度支爲一曹，乃分司以掌十三省之户口、錢穀，有郎中，有員外郎，有主事，一司數人，諸司多至百員，而算鞭執籌，猶顧景不逮，何故？則世日晚、事日夥也。

本司掌故，綜理東省諸務以及海内釐政，視諸司爲獨煩。迨至神廟之季，東北西南呼餉如雨，積至邇年，軍興之事，日費商〔一〕求，即海外一旅隱現於滄波煙島之間，而歲糜白鏹百萬，於是重本司以理餉之務。膺是任者處積案中，如孤槎入大海杳無涯岸，加以逋賦如簁臺避債，諸不經之費如魍鬼竊食，概應之，傾帑而不給。甲乙而覈之，逋者怨，竊者憾。怨者蔓游其詞而自嫁于窮氓，憾者方且含射工之沙以偵吾影。

故事，曹中章奏則司臣視草而秉成于大司農，浹歲中羽書狎至，疏奏沸蝟。每夜漏及午，猶篝燈含毫，口角作秋蟲聲，望一枕如隔遥澗，而長安造請及諸陲竿牘勦輒煙積，不時酬答，慮復爲不知者詬厲。衆務並萃，不過小臣分自應耳，人不爲念。稍柄鑿，則譴訶將及之，且與封疆同考成，故計署之難未有難於是司者。予每念必若劉晏密識天下簿籍，及倉庫水陸之數，唐邕自督將以下效勞本末，儲蓄虛實，皆悉諳記。而又若劉穆之目覽詞訟，手答牋書，耳行聽受，口並酬應，不相參受，方可稱塞而□快。乃予以溝瞀之質奮袂其間，閱週歲，筋駑髓冷，壯髮幾白，顧以樸鈍見□，上下亦悴甚□甚矣。

予聞官方之志惟誠與勤。誠則金石爲開，況枝經肯綮，何難善刀？勤則倦者十作，敏者百之，此或劉晏、韓滉以來，所稱計相之遺術也。而余鉛槧之餘學步輗掌不足語，於是乎爰因續竪石題名而志於□。

可園記

余耽閑，耽書，耽花木，髫年爲□，於今未替，縱有它好尚不以易此。噫嘻！丈夫生而縣弧，稍長而學，壯而仕，便當攬□運□，起舞着鞭，以無貽虛生之誚。即立一言，利一物，亦足畢丈夫事，而乃斤斤構亭榭，蒔花木，一詠一觴，流連卒歲，譬江左風流，東籬佳韻，雖炤燿簡編，兼亦芬人齒頰，又何益於世宙哉？竟不知余之所耽者，是耶？非耶？余之所築者，是耶？非耶？有冰蟲者，置於陽谷溫泉則立焦矣，豈真陽谷溫泉之不善乎？莊生曰："鳧脛雖短，續之則憂。"豈真鳧之愛短惡長乎？櫟社樹舉世目爲不材之木，始能令匠伯不顧，其大蔽牛，以視文木之剝辱，折泄不終天年，何如哉？余之耽閑，耽書，耽花木，亦復類是。

居室之南夙有蔬圃，用供客饌，因輟其半以築園。入門委蛇而南，再折而西向，北陟數級爲露臺。再北爲學圃樓七楹，樓内之兩室各障以壁，東下榻，西讀書，遙對城垣如翠案。每春徂秋，□草競榮，蒼潤欲□。環四牆高柳垂絲，柔條拂地。階下芍藥叢生，丹榴如火。入秋楓紅蓼，森植若屏。稍南爲亭五楹，築時方藝菊，署曰"菊存"。繇露臺下闢徑而西，□有壁，壁外爲西軒，軒内憑窗東望，則黄薇、碧□、□荆、綠竹，皆檻前之含笑爭妍者也。繇西軒之階循牆南下□□，直抵看雲樓。樓下斜度而西，可二十武，入花林，僅一楹，圍以朱欄，日見花光四照，仰睇城垣，婆娑古樹，怳若村疃老岸。中設古塼，客至，或詩或酒，或談或棋，清風徐來，餘暉逆射，令人忘倦。傍通一徑，北行五丈許，是爲六宜亭，有感於王元之《黄岡竹樓》之"六宜"也。亭三楹，週作廻廊，夏可徙□就蔭，秋可逐處□□。竹□紗窗，絶不令風塵蠅蚋侵入。几□間，廊外遍植牡丹，繞以海棠，佐以雜卉，春夏之交，坿鋪綉也。花林之東南，別開小徑，登看雲樓。樓内不盈丈，南擁雉堞，草色葱蒨。小窗三面，各對遠山。山嶺閑雲吞鎖，忽蒼忽白，忽顯忽藏，清宵淡蕩，一望無垠。間有鶴雁排空，數聲嘹嗃，披襟側耳，不啻鈞天廣樂。樓之四垂，覆以槐柯，環以柳浪，似翠雲藹藹，欲來染衣耳。

余朝而涉焉，紅紅白白，嬌面逢迎，不減靚妝之美人也。夕而涉焉，皓魄穿雲，樹影在地，恍疑荇藻之浮池也。於是乎清晝舒長，鳥聲唱和，夜色如冰，壺漏細傳，案有殘書，門無剝啄。一杯白茗，半榻黑甜，以之避塵，以之佚老，並以之暢展地靈，洗發花月。

余之所耽者自以爲是，則余之所築者必自以爲是。適吾之適，安問其他？昔尼父論《詩》，"興、觀、群、怨"，皆係之以"可"。余生平涉世無一"可"，而獨於此地放情乎雨花雲月，可讀可詠，可晨可夜，可群可獨，可久可暫，可醉可醒，舉訪戴之船，東山之屐，都屬長物，此亦斯人之至適矣。因署之曰"可園"。縱有它好尚，胡足以易此耶？

大椿園記

大椿園者，先朝議大夫所築之□□處也。□□□椿翁然聳立，周身圍十餘尺，危幹扶疏，足蔭五畝。望之奕奕如蓋傘，客憩其下，輒指之曰："此莊生之大椿也。"遂以名園。

按澤西城外爲隄，隄外爲河。大雨時行，澎湃洶湧，直射南山。其涸也，沙可揚塵。河西岸，高二丈許，遠十丈許，大椿園在焉。一閣俯視河流，綠柳披映。閣分二龕，西莊□大王，東爲龍神像。閣門內建經堂，有焚修僧，蚤晚梵聲，化人爲善。座中□及利名，非刺借□音清之。南北數十廛，田夫雜處，雞犬相聞。其巷內居中南向則園之門也，入十餘步則園之內門也，再北則燕翼堂也。兩翼各三楹以貯粟，今爲空廩。再北十餘步則振衣樓也，樓五楹，登之四眺，峰巒雲樹，若揖拱然。樓北則成趣橋也，鑿地爲方池，石橋橫其上，下以養魚。

再北十餘步，則雙喜亭也。先大夫築此亭時，適生一孫，因以命名。亭五楹，東西各衬以小樓，與亭並列。倚亭之北牆外，架廣廈五楹，則止水居也。何以名之？以廈之北有藕花池。池長七丈，闊四丈，遍種紅蓮。山城乏水，汲井注之，止而不流。昔歲丁巳，曾無種而發並蒂花者二。是歲之夏，先大夫育兩孫。池北則臨羨亭，因池中舊多巨赤鯉也。臨羨亭之傍，各小亭一，以蔽烈日。綠竹繞池，幾無隙地，再北則禾黍之區矣。繇雙喜亭之東，另闢一門，門外可容車馬，古槐十餘株，婆娑弄影，竟日地無旭光。南畔一小樓，名曰"大椿"，爲與大椿對也。

樓下有門，是出外巷之別徑。槐東闢一門，青桐森立，如碧玉柱，地滿玉簪。秋初花發，盈眸瑩白，清芬襲人。牆側多植香椿，春日吐芽作茶供，亦堪作脯。玉簪而北雜植老杏、黃梅、安石榴、黃棣棠、白木槿之屬。穿酴醾架，長三十武，遂登竹雨臺。臺高九級，上有五楹，下作洞，冬月以藏盆草。蓋北地寒威，非窖之洞內，泥塗墐户，決不能耐耳。繇竹雨臺左循曲徑而東，作臨流亭三小楹，東對河，并對堤樹。春日游人若織，繚繞香塵，呢喃好鳥，並似催我春衫。臨流亭後垣，躡五級入圭門，向南一屋爲齊雲小廈。廈僅丈餘，設古磚爲几，瓦筒爲座。前對長空修樹，後睇北山斷雲，翠色冉冉欲來。東西牆障，別是一區宇。人靜地偏，最宜敲枰分韻。繇臨流亭斜度而北，乃涉留春亭。亭三楹，前作露臺，牡丹百餘本，環亭臺之四訖，都無它卉。繇竹雨臺右降級而西趨北，傍開小洞，用作茶寮。即循竹雨臺之西壁外，上十二級，有方臺浮小洞之上。雖幅隕不盈一掌，堪以望遠，四圍山色，極目瞭然，如我窗前壘石者。臺南棗列成行，秋中實赤如朱，引手可剥。履飛橋而西下，亦十二級，是爲方寸亭，纔可容膝，藏於黃薔薇之陰，其象幽人乎？

稍北是爲倩臺，臺作八面，高四尺，廣二十尺，紅藥循牆，碧桐四覆，海棠叢生其下，有修然高步、俯視衆芳之意。臺西南一門，達臨羨亭，此園之東半壁也。繇振衣樓之西另闢一門，向北委蛇，則老藤糾結如虬，芍藥數十本，當葡萄架而參差相倚於數花亭三楹之前。數花亭者，諸花駢集未易悉數。有小樓，四壁皆窗，以勸農。壁下長楊成林，夏有鸝聲，秋有蟬噪，恍報我以時序遷流，令人增感。亭東偏再折而北，仍是止水居之西徑，以達臨羨亭。此園之西半壁也，而園之四境盡矣。

昔先大夫五十縣車，七十五築園，始萬曆癸丑，經營六載，區畫乃畢。又十八年，歲在庚午，余從而潤色之。臺館雄觀，則先大夫之制作也；斗室委徑，則余之補苴也。先大夫五六年間，每好友聯翩，或短衫仗策，秋聲春色，清竹繁桃，一詠一觴，坦衷嘯傲，莫非日涉。時宦情既□，志復寡營，解組三十年，嘉遯丘園，考旋以祉，豈易言哉？噫嘻！先大夫精神所聚，當花香草色間，必且飄渺此中。余恒一登臨，未嘗不彷彿如在，終不敢直視爲嬉游之地云。

六宜亭記

坡公曰："無事此靜坐，一日是兩日。若活七十歲，便是百四十。"縣想此際，內無憂灼，外無紛馳。舉人世難醒難割之私腸，一切掃除，始能享用，豈易淺言哉？以視馬首嘶風、船頭逐浪、心無暫歇、眉鎖千愁者，孰得孰失乎？況流光易逝，西山之夕照幾何？花鳥多情，檻外之朝華堪惜。余耽閑，耽花木，癖也。以是爲癖，猶勝其佗。居室之前，因隙地築亭，翠柳垂絲，緋桃鬥艷，而雜以多卉，簾隔紅塵，寂然靜也。

昔王元之在黃岡作竹樓，其記曰："夏宜急雨，有瀑布聲；冬宜密雪，有碎玉聲；宜鼓琴，琴調和暢；宜詠詩，詩韻清絕；

宜圍棋，子聲丁丁；宜投壺，矢聲錚錚。”數百年來，讀元之之文，因知元之有竹樓，並知竹樓之有“六宜”也，豈非竹樓之幸哉？豈非雨、雪、琴、棋、詩、壺之幸哉？蘇子瞻亭成而值雨，命名“喜雨”；歐陽永叔亭成而觴客，命名“醉翁”。

余之亭不廣而潔，不諠而寂，不華而清，以之聽雨，看雪，撫琴，詠詩，圍棋，投壺，料六事之不我棄也。

客曰：“四時佳興，同人於野，今偏宜六事不亦拘乎？”余曰：“否！否！物中不止一鳶魚，而刪《詩》者詠之；理中不止一仁智，而傳《易》者見之。聊舉一二，如雨、如雪、如琴、如詩、如棋、如壺，足以盪吾之憂灼棼馳已耳。繼此圖書之宜攤也，嘉賓之宜對也，北窗之宜臥也，花香之宜嗅也，鳥語之宜春聽也，蟋蟀之宜秋吟也，皓魄之宜灑濯也，清風之宜披襟也，百草怒生之宜發新意也，閑雲往來之宜點綴太空也。一亭之內，無苟禮，無畸談，無拘忌態，安常卒歲，胡所不宜？又安在七十之爲短，百四十之爲修耶？”客曰：“嘻！是可命亭矣。”

中秋夕記

癸未中秋，爰稱佳節。余豫謀兩客，載斗酒，汲新泉，布胡床於露臺，乘此秋華競吐，梧井增涼，淨掃閑階，滿貯白墮，以期邀月長談。乃是日夕陽既墜，雲幕高張，仰視清霄，令人氣索然，濯魄冰壺之念不替也。相與穿仄徑，涉小樓，入空庭，共誦杜子美《秋興》詩數過，以待雲破月來。倏爾風度樹邊，屋瓦皆震，排戶以入，冷透羅衫，暝色隨風，侵我四壁，五步之外，不辨蒼黃。

客曰：“雲之妬月，月之負人，其如今夕何？”余曰：“惡！是不然，情生於境乎？抑境生於人乎？孟參軍之落帽，不必其在龍山也；王子猷之看竹，不必其對主人也；陶彭澤之東籬樂酒，不必其白衣送也。刻燭可以程詩，雪夜可以訪戴。適吾之適，安見長談之必須邀月耶？何時無月，安見邀月之必須中秋耶？"

客仰空大笑，再朗吟《秋興》詩，取觴引滿，不以籌計，罄罍而去。或曰：昔人良辰有記，嘉會有記，登高山、游勝地有記。今辰之不良，徒有嘉賓，何以記爲？是又不然。記以記實也，此以記余與客、與月、與雲、與風之一者，盡不韻而已矣。

澤郡太守王公祠記

今上改元之四年，歲在辛未，王公縣遼州守奉命調守澤郡，閱四載，以都轉運遷秩去，茲且歷河南郡太守晉副憲矣。公之勞勣久而彌顯，澤人之思公久而彌篤，乃創祠尸祝，一以爲公□福，一以志澤人之不忘公，蓋古召公之甘棠、羊鎮南之墮淚碑遺意也。

因憶歲辛未、壬申時，余讀禮已竣，未即謁選人。值流寇遍掠澤之四境，余從諸紳士後，日與公從事城頭，亦最悉公。先是公尹武鄉，尹翼城，守遼州，皆屬晉地，所至有聲，而公卒泊如耳。及治澤，一如治三郡邑，而四載拮据，什七禦寇，則所遇之難，有百千於治三郡邑者，錐末處囊，盤根利器，豈造物者巧於顯公歟？抑澤有大幸，藉公以全活於巨寇雲擾之際歟？以余耳目所睹記，澤人士所信服。其推心接物，是公之醇德也；案無留牘，是公之敏捷也；金矢無擾，是公之廉潔也；顰笑不私，是公之沉密也；狐鼠革面，是公之威肅也；出納惟平，是公之貞惠也。

然余所爲公稱難，爲澤人稱慶，爲余一家之先壠、族屬、廬舍荷保全者，尤在禦寇一事。當流寇自關陝渡黃河而入晉中，長驅千里，連陷多邑，殺人盈野，風鶴皆驚。澤故無兵，即衙署亦僅存空籍。秉鉞者鞭短難及，監司者空□莫奮；二三弁流，尾賊而不見賊，驚賊而不殺賊。援兵絶望，獨剩孤城，大鎮累屠，煙寒萬竈。公躬率宗紳士庶，經營城守，規畫詳明，舉夫搜奸宄，恤戍士，慎刁斗，嚴偵探，諸事確有成籌。如招集健兒則偵防有人，設四鄉練營則郊圻生色，創新營千兵則追賊大戰，此其大凡也。積勞而病，病亦不歸州署，仍支牀城上，部署惟勤。噫！亦太苦公矣。

既而賊去兵來，中貴、總戎接踵以至，索餉如虎，毒害如狼，其視州牧□嗇身之使指臂。而公妙有竅會，均俾爲援守之用，不令怒亦不令喜，事以濟而軍以行。雖所費無算，皆宗紳士庶捐輸於常賦之外。然主持調劑，維公是賴。于今桑麻如昔，雉堞屹然，伊誰之力乎？迨戰雲既散，膚功上聞，主爵者僅以一轉運序遷，幾何不令勞人短氣哉？公今分憲中土，仍是辦寇之區，較方州之事權地步，豈止倍蓰？嗣後功業燬爛，必有大過人者。在澤之美績，蓋窺豹一斑耳。

《詩》云："豈弟君子。"《易》云："王臣蹇蹇。"於公有焉。余從澤人之請，述所睹記、信服之略如此。異日，寇氛靖後，當必有持衡者博採輿論，別有酬庸。即不然，而一方之畏壘政足千秋矣。王公，名胤長，北直吳橋縣人。

朱擢秀文稿序

戊午春，余卒業河汾書院。筆研間有豁然如朝霞之舉海，翛然如野鶴之凌空者，則擢秀年丈也。就一與談，又朗朗如日月之入懷，久而把臂論文，滴酒矢天，共朝夕者蓋六閱月，余謬以糠秕先出。再三秋，而擢秀聯翮摩空，余亦貂續焉。長安道上，中宵話舊，將五載往事都一周廻。當日勝友如雲，兹皆後先鵲起，或揚歷中外，或磨礪遲歸，眼前膝促，僅子子兩人，萍聚颸散，有搔首問青天耳。偶出窗下藝若干篇，蓋全鼎一臠也。

余莊誦一過，大都清標峭骨如其人，婉致仙姿如其人，恬趣□韻如其人，至深厓盡處，陡然奇峰雲岫穿聯，多出人意表，固超超上乘哉！

褚季野曰："北人學問淵綜廣博。"孫安國曰："南人學問清通簡要。"擢秀實兼而有之矣，未也。擢秀居汾水之陽，咫尺河津，接聯蒲坂。□學經濟，想仰止有素，故爲人、爲文，四時之氣全備爾爾。不日出其豁然、翛然者，爲社譜光，爲年譜光，行且企足待之矣。噫！珠玉在側，覺我形穢，余又安足論文云？

賀丹衷王公守霸州序

方州之任，自昔重之，漢爲盛。兵、農、禮、樂、辟舉、章程咸隸焉，而復剖玉麟銅虎以佐征伐，洵稱重哉！及諸二千石，治行奏最，褒以璽書，賜以金秩，入即爲三公，卓異循良，史不絕書。有以摧抑豪强見者，有以蒲鞭示辱見者，有以臥治見勸農見者，夷考當年，不必畸行駭俗。惟是勤政愛民，上下相勖，固已鳳集蝗飛，鹿迎虎渡，爲千古愛絕。

遞至今日，體亦稍變，掌故曹分，遂以撫字催科爲太守專責，而太守乃得併心一路，不至左右爲方圓畫，責愈重，誼愈親矣。今上宵旰求治，臨軒爵人。命公分牧畿左，公識幹雙超，敏慧夙具，解膝承蜩，綽有餘長。今將佩符而出，僕敢敶詞以賀，僕亦三日新婦也，安足知天下事？然遍觀中外，網收弋獲之彥；棋布區分，若陽侯雨師不奸。其職若冰結火流，不逆其序，盡爲公家獻一籌、宣一力，惟太守最稱近民。在上諸司體格於執要，思以五袴易無襦，而非長吏則不敷；在下群情願分於旁午，思於重足求安枕，而非長吏則不遂。精而言之，撫字、催科兩事，亦平平無奇耳。實則中朝之大命脉，守牧之大幹局，黔黎之大忻戚，于是乎提領澄源，固知非公不勝也。况雄鎮大都，肘腋長安，黃華之車塵如織，近貴之甲第聯雲，窟穴易開，南陽莫問，非有通才定力，胡以導竅調絃？固知非公不勝也。霸不足爲公重，公實可以重霸，且霸何足以見公？公適以霸爲干耶之一割耳？

太史公總周漢循良而揄揚之，臚具者僅五人，洵稱重哉！昔郭細侯牧并州，有惠政，帝以河潤九里襃之；劉榮祖爲會稽守，犬不夜吠，民不識吏，徵入爲將作大匠。今聖天子所儲以待公者，當不在漢家制度下。公出其緒餘，必有使十郡最三河表，不得專徵於前，以爲異日傳循良者地。此僕之所不能窺測，而能必其有餘裕也。兹五馬駕矣，維彼哲人，謂我劬勞，劬勞何足恤？旂常端有待耳。請即賦鴻雁三章，酌以壽公云。

《德政彙録》序[二]

河内王使君，吾師也。以曲江高第，縣福寧守移守澤三載，召駕部員外郎去郡。僕時□子名□藝諸司，率以糠秕居前，先大夫遂以僕制舉業，屬使君點定，恒爲過從。即讜訊之際，亦停鞫命見，就案牘間津津拈妙緒以訓者移晷，維時自視如坐春風中也。越十年，以轉餉省故廬，始獲睹使君《守澤日録》諸刻及生祠諸碑，時議彙刊而傳之。僕憬然曰："是誠不可以不傳。"

太史公上下百年間，揄揚循吏，僅得五人。五人者，相業炳烺居其四，大要不過曰："奉職循理，可以爲治，何必威嚴者哉？"此言昔人謂治民如烹小鮮，言威之無所施也，如理亂絲，言急之愈棼也。使君澄淵皎日之衷，甘雨惠風之度，守若瑩玉，照若然犀，不作鈎索，不事一切，而惟出之以"中孚"，日來"豚魚"之信。如諸刻所列，與太史公命循之義，今古合符。晉而建牙，晉而秉鈞，持此道以宰割天下，偕天下於清净寧一之域，與孫叔敖、公儀休、五君子異代同芳，直指顧間耳。或曰："太史公之叙循吏，言循而不及廉，使君首以廉稱，何也？"曰："此循吏之源，不待言也。"天下事直則行，屈則不行；無欲則直，有欲則屈。今按籍而披，何事不如慈母冬日之相呴濡，何事不如嚴師法官之相戒勖？乃當日孤行一意，風清兩袖，實始基之，不亦並盡太史公之所未及與？

尚憶應召司馬堂之日，雙旌方指，澤之公姓薦紳，迨章縫父老，白髮稚齒，舉觴者，薦香者，曲踽者，啼者，泣者，累千萬人，擁塞郊關，使君亦爲之涕泗沾衣，慰勞備至，時僕亦千萬人之一也。既而借寇無門，群爲尸祝計，祠宇鼎峙，不一而足。

迄今歲，時飾以丹堊，薦以蘭茝，共贊遐昌，方未艾耳。此尤有明以來澤之所不經見者，即召之蔽芾，羊之峴山，或不能踰是矣。諸在編氓者亦咸曰："是誠不可以不傳。"乃彙刊而傳之。

賀冀南道王少參平回奏捷序

上黨高都，處太行之巔，北控燕雲，南俯梁豫，式爲陝區。山陬下民力食嘻嘻，不聞金戈鐵馬之聲。

踰二百年，則我有明內順外威之福未艾耳。迨三韓弗靖，邊警狒聞，蓮妖蜂起於大東，土酋豕突於西南，加以閩越海寇，關陝流氛，久稽天討。桑麻困於轉輸，畚鍤變爲戈戟，脊脊之象幾遍天下。晉以僻在一隅，猶屬安枕，則晉之幸也。

不意水峪一區，乘偃武之餘潛滋伏莽。水峪，固澤四境之內版圖也。遠隔峰巒，界分梁晉，蜿蜒千餘里，有山巉峭，有水淳泓，中惟鳥道紆回，而人一夫荷戈，莫可誰何。即蜀之陰平雲棧當不是過，回寇乃憑作負嵎之虎，師近交遠攻之故智以愚下民，下民利而安之，殆燕雀處堂、豺狼張吻之勢乎？而下民不悟，且有奸宄爲之占風持局，澤將岌岌。先是有事地方者率抵掌及此，徒以機緣未偶，遵養有待，亦以若輩逆形未大著也。

邇者赤丸日探，白梃公行，秣馬招亡，寖謀犯順，士民憂之。適東海王公以籌餉成勞，蜚聲粉署。庚午秋，晉地多虞，特簡治兵上黨，遂力持盪寇之議，仗劍臨戎，廣諏群策。軍前諸務手自劃決，而才鋒犀利，尤在饒爲，所部將吏無敢縮朒者。然徵鎮衛步兵於澤潞，不能復如昔之爲諸道最。即軵輪之長亦僅肉食，一問軍容，黯然無色。公姑置之，決策招徠，首澤郡之義勇，次高、陽、陵、沁之丁壯，次上黨諸邑之選士，以至河北精銳，以至少林梵子，旬日有衆數千。

會中州直指使亦疏言於朝，有旨犄角，嵩雒毛兵因間道涉太行。公乃分部將吏，直搗賊地，屢戰皆捷，焚其巢，賊潰入山。復斷汲道，賊益窘，乞降，不許，夜聞賊營哭聲相繼。比曉，諸軍競進，群醜悉平。計辛未春三月丙寅誓師，夏四月甲辰凱旋，僅二旬有六日耳。所斬獲近三百人，士民大悦。然某於是而益詫公之偉業也。彼拄笏西山、尊鱸結思者姑無論已，即留侯借前席之籌，晉公馳雪夜之騎，九地九天，莫可揣擬，千禩以來芬人齒頰，亦惟是定策帷幄，師武臣力，與敵爭衡，乃以文墨之士身擐介胄，與士卒同甘苦，竟士戴而功成，豈不尚哉？

昔虞詡討朝歌，募兵弗拘一途，卒成大業。公用兵想亦猶是，而人無固志，餉無夙儲，獨以區區忠義，殫心激發，飽騰之具，□頻調□，有倍難於虞詡所爲者，然後知公之用物必弘，今日事其緒餘耳。且功成之日，恬如穆如，不矜不伐，其所謂勞謙君子，非歟？

聖明在御，方綜核名實，廟堂宣捷，必顯擢公，以竟其盪寇之略。而澤人之食公德願尸祝公者，將與行山偕高，丹水偕長，寧有斁乎？予據事直書，用備秉橡筆者採擇，至下里之音，固知無足爲公重云。

公〔三〕賀潞安郡丞焦警盤平回奏凱序

辛未仲夏，水峪回寇平，潞安少府關内焦公視篆高都，實司其事，州人士將贈言爲賀。

某恭惟式我有明以燕山王氣所鍾，北控沙漠，南臨諸夏，遂遷鼎金陵，載定於斯，五方人物，萬國衣冠，咸屬朝宗。而自宣雲，以抵龍門、大行，若右翼然。晉地磽瘠，晉俗敦樸，昔稱寧宇。即遼土陸沉以來，馳羽檄，選健兒，荷戈載道者遍方州，獨晉以僻在一隅，驛騷稍戢，惟歷畝加科，荒陬不免，分固然耳。

乃有聚廬內地，踐土食毛，渾不異人，而別號爲回種者，蓋戎羌類也。窺盤谷、王屋之墟，有水峪一區，山徑空深，林菁叢密。因伐山爲穴，剪茨爲宇，始猶作鷦鷯一枝，窮谷下民易而狎之。顧仍其悍獷，漸至不馴，日有佩刀插箭而它往者，還必梱載。嗤嗤之輩，沽酒市脯，相與互易，得若價不啻倍蓰，衆反悅之。或亦師近交遠攻之故智，而小□之者乎？坐是榻傍有鼾睡而人不及知也。邇蟻聚蜂屯，逆形日著，四境之內寖有焚掠，聞其妄稱水峪寨主。郡東諸鄉以曁高陵之間，強者彎弓除器以戒不虞，弱者襁負肩摩以避狂氛，甚而黠者陰爲偵諜，以伺我之聲靈，以作賊之耳目。長此不已，生民之禍尚忍言耶？

公久游晉地，佐郡有聲，甫涖事高都，即首問敉寧之策，有如痼瘵在身然。而參藩東里王公，上其事於外臺，以聞之廟堂。會中州按君亦以疏言，上命兩省犄角，參藩遂圖大舉。一切帷幄前籌，糧糗重務，以至軍中瑣屑諸事，實倚公爲左右手。

先是，唐中葉時，潞澤步兵爲諸道最，抵今偃武之餘，潞州、寧山兩衛，固山川所恃爲神氣者，靺鞈之士僅存空籍。即一二在伍，金鼓旌旗，昔所素昧，脆弱亦與市人等。姑置之，使登埤固圉，而擐甲衝鋒，別事招徠。於是澤之健丁應募至者若而人，河北之精銳應募至者若而人，高、陽、陵、沁以及壺關諸長令之各選精健相率至者若而人，益以中州嵩雒之毛兵，凡得衆數千。紀功餽餉，皆仰給公，公指顧而辦。師集矣，公統大兵當其一面，躬親介胄爲諸軍先，高平魯大令及李游擊寧佐之；陵川楊大令攻其後，王守備承華及經歷邢于化佐之；壺關樂大令爲策應，澤庠劉司訓爲居守。

春三月丙戌，誓師城南。是日，斬生賊一人以徇，士女觀者萬輩，軍氣乃揚。庚寅，鼓行而東。壬寅，我兵直逼賊寨，焚其巢。賊遂竄，奔馬頭山。我兵又焚其小水峪，大戰，賊勢披靡，奔山之絶峰。我兵三面圍之，一面設伏以待。中州黃游擊，亦引兵來會。癸卯，賊投降狀二紙，不納。夏四月朔甲辰，我兵諸路並進，旗鼓相望，毛兵亦揮戈而前，賊殊死鬥。我兵戰愈力，斬馘甚衆，群醜悉平。辛亥，奏凱還州，飮至行賞，通計纍纍賊首及面縛生賊近三百人。士女喜色相告，觀者倍之。自誓師至旋軍，甫二旬有六日耳，厥功懋哉！外臺將疏聞當宁，方今聖天子宵旰求治，尤銳意軍容，縣知天顏有喜，公擬受上賞，夫復何疑？顧某所手額公者不寧是也。

大行天險，扃鑰晉陽百城，以北拱神京，石巖斧削，鳥道雲橫。我有之則爲咽喉，賊竊之則如癰疽，安見癰疽附咽喉，而人得晏然無恙耶？況復秦塞饑軍渡河而東，流入晉地，據河曲山城作負嵎之虎。近孽黨雖散，首罪逋誅，倘草澤之俠，南北並號，豕突狼奔，必且大煩經畫。兹行岫塵清，煙井如昨，專鉞□者，乃得畢力北嚮，此之爲勛。且在全晉，上以釋聖天子西顧之憂，豈特靖一方之鼾睡已乎？是役也，兵不必請之鎮府，餉不必仰之司農，一反手間，立奏蕩平，則公左右參藩，公之偉略可想見者。銘常內召，是其前矛，愚將持爲左券矣。

《監軍日紀》序

昔乙亥初夏，至丙子初夏匝歲間，皆余于役監軍、剿流寇之日也。維時烽火間關，亦載筆以行，日有所紀，事無鉅細，必大書焉。其事之重、語之繁者，另有特紀。積而匝歲，且三百六十日，遂累萬千言，山居中彙作一録，篝燈再讀，不禁愧復笑矣。愧者，余週歲行間，無功可紀；笑者，今日辦賊，僅同戲局。

夫以劇寇十餘股，每股十餘萬，馳驟於汝、宛、郾、襄、郢、漊、荊、黄、皖、鳳之區。路之環轉，如蟻行磨上，終罕盡頭；徑之紛雜，如鼠潰穴中，杳無定向。其時郾撫標兵二千餘也，楚撫、楚鎮標兵三千餘也，三撫鎮各急所急，斷不能合也。監軍使者別無兵，惟兩撫授以一軍，則從而監之。兵單若此，已不足當劇賊百之一。郾以地處鍾祥，頻須自顧，況楚、郾兵，非募之鎮筭，即募之川黔，不慣乘馬，亦無馬可乘，兩足盡赤，長鎗丈餘，或執雙標，或負大弩，綵布裹頭以當盔，絮被圍身以當甲，凡此皆非殺賊之具。南將、南兵習見者土蠻互鬥，未識北邊之勁弓、健馬，所以平居詡詡誇張，當陣立蹶，豈非戲局乎？

余監軍匝歲，賊一犯郾陽，一犯襄陽，一犯郢中，一犯黄州。余在郾有豐陽關之捷，在黄有青泥灣之捷；在郢則余方防別寇於蘄城，馳剿不及；在襄則邊兵盛集，各有主者。是余雖無兵，亦兩見賊而兩捷，餘日固無賊可剿。余實不知兵，借令知兵，將如陳曲逆侯之縛草爲人乎？抑如諸葛武侯之纍石成陣乎？是皆不能。監軍使者縱有烏孟之勇，孫吳之略，亦奚以爲？然余徒以紙上談兵，弄丸小技，獵虛聲於數載，徼節鎮於一方，復緣辦賊無具，獲戾而歸，自愧自笑，不啻倍蓰矣。

于今剿局大更，理餉有大臣，餉歲以百八十萬計；督兵有重臣，兵合以十餘萬計。舉域中督撫鎮將，□□守成，□□□行，指□□□以□□□□□撫郾時景色何若？乃諸多劇寇未一授首。回思余以白面書生，呼兵不應，呼餉不應，妄欲空拳徒行，稱梅止渴，多見不□，彼已癡愚甚矣！尚憶秦將軍每苦兵寡，余應之曰：「用見在之兵，剿見在之賊。」斯言也，以今日兵力方之，殊堪捧腹矣。郾自被寇來八浹歲，七易都御史，而三遭戍，四候勘。昔人□□□□以仆至矣，惟郹撫一席□之。

《漢上草》序

昔人云："詩有別才，非關學也。"學且□□□□□，二者余無一焉。其於□如盲人談日耳。□□□理性情，先儒言之矣。曰情，曰性，原不遠人，風中竹韻，雨後蛙鳴，聆以觸物成聲，豈必□□□□？余之爲詩亦若是則已矣。

余既還郹，□一意□□於□書中，閱漢上諸詩草，前半簡尚雍容閑適，時懷丘壑之思；後半簡則艱苦憂危，日從□□之內。循省當年不啻夢境，感慨係之矣。茲者□身廢籍，萬念俱灰，舉六年漢上凡所謂雍容閑適、艱苦憂危之象，付於泡影空花，都不必□□□□刻也，亦以寄余感慨云爾。

《同門稿》序

文不真不奇，不自出性靈不真，極文之致若是則已矣。昔張説論文曰："富嘉謨如孤峰絶岸，壁立萬仞，濃雲鬱興，震雷具發。閻朝隱如麗服靚妝，燕歌趙舞，觀者忘疲。"夫孤峰絶岸，對之神悚，而煙嵐噴吐焉，而風雨剥蝕焉，閱終古而壁立者如故，其性靈真也。彼靚妝歌舞，啼笑趨蹌，都無主屬，過眼塵泡耳，性靈何居？執此當不作文字觀矣。

今上弓旌再闢，適當璽獻鳳儀，十八人升虛應運，正際其昌。先資之言，例與天下共見之，彙遴若干首付梓，大都言人人殊，丰神亦不侔，而澎湃嶙峋，豐艷綽約，無不各吐胸臆，以鼓吹休明。至若取氣喉下，寄□籬邊，以埋没性靈，如靚妝歌舞，求娛觀者，固隻字不道也。

古來肩旂常之重，繪乾坤之色，盡從血性中認取承當，天下之至文於是乎出，遡之千百年後，鬚眉如在，其所自盟真，所建

樹真也。今者綠籤青管，□蔚已彰，出匣新鋤，終則有始，本其
澎湃嶙峋、豐艷綽約者，隨所部署，自成體段，各如孤峰之不可
躋，如絕岸之不易窺，即靈霄當前，瞬不爲□。今日之先資，余
已信爲異日之後券矣。終不作文字觀也，亦願共信之。

《古文從鈔》小序

古今人有文，如天之有雲霞，地之有花卉，人之有威儀，水
之有波瀾，鳥獸之有羽毛，不可廢也。或紀其目前之所聞見，或
抒其意中之所欲吐，抽毫灑墨，意興淋漓，積數千百年間文儒志
士、騷客愁人所留，在人寰有滄桑可變，金石可磨，世代可互
革。而此文字一脉，藏之名山、石室猶是也，珍之石渠、天禄猶
是也，布之市肆、兒童猶是也，豈非文與宇宙氣化相終始哉？正
不必舉唐虞以降，宋唐以前，作畛域觀耳。

余廢籍之餘，略取殘卷，用銷永日，拈其從心所暢適者抄
之，一覆讀焉。慨慷悲慘之類居多，恍若胸中塊壘，思須酒洗
者。然俄而戰雲四起，萬室化離。余亦家破田荒，山棲狼狽。余
爾時聊以暢適所懷，來乃不先不後，恰與兵革相遭，而牢騷愁鬱
之想，若抄文間有鬼神示之兆者，蓋亦奇矣，又豈非文與宇宙氣
化相關通哉？方今兵事乘懂，文字凋謝，余於流離困踣之際，尚
斤斤文之是考，聊復自嘆，亦獨詫此抄之奇爾已。

《問俗畸言》叙

言《詩》者舉十五國之風，治亂互陳，貞淫並列，然雜而
不越，不失爲經。孔子亦獵較，正以經術敷治，與三百篇相發明
無二義也。迄於今率土同文，自東自西，自南自北，亦且萬里同
風。乃歲殊日異，寖失其初，童叟之所承訛，奇譎之所惵張，多
事之害什伯於省事。沿而行之，不著不察，一經點出，便屬不

倫。略舉廿餘條，質之識者。

客曰："是足爲澤人病乎？"余曰："不然。千百其地，即千百其俗。古帝王巡狩觀風，亦不聞埒十五國而同之，何足病？"客又曰："是足維風乎？"余曰："不然。一國之所尚，如衣之於體，口之於味，南畝耕夫，襁褓藿藜，旦旦而安之，夜寢無夢。倘易以斗室几窗，五陵裘馬，華堂燒燭，紅袖捧觴，當不勝踏地踊天，恨不急歸南畝，襁褓藿藜之爲快。無他，習之也。即聖人憂世，已溺已饑，亦寧能奪人祖孫肖子身心性情之所久安而強以不習哉？然則余之畸言，猶夫昔人之作《風俗通》，作《方言》，存其意中之事云爾。《易》曰：'仁者見之謂之仁，知者見之謂之知。'終不若日用不知之爲上也。"

《趙祥源制義稿》序[四]

昔韋賢治《詩》，傳於子玄成，並至相；以及兄子賞，以《詩》授哀帝，於是有韋氏學。翟酺世以《詩》傳，拜尚書，由是有翟氏學。蓋學有譜，猶家有譜也。

先大夫及趙中憲公里譜同，治《詩》譜同，曲江譜同，佐司農譜同，弓冶不墜，冠進賢者各二人，世講譜又同，亦已奇矣。諸孫枝之翩翩象賢不愧風雅者，則余甥祥源耳。祥源生有夙慧，觸處見嶙峋態，望而知爲解人。其所爲文，有裘馬之奔逸而刳其浮，有繭牛之精核而饒其韻。試弟子員，輒冠冕多士，家闢方塘，日泛小艇，吟詠其中，旁有蓮蕚，上有禽呼。此景此況，靈蛇之珠，安得不朗朗透頂者？因憶"瞻彼淇澳，綠竹如簀"篇，有味乎言之矣。

余嘗謂八股腐朽，雖苦葫蘆依樣，還繇根器過人，如箭鋒相對，毫釐尋丈，唯機括在我心，手弓矢合爲一弄，則貫虱無難耳。故曰："詩有別才。"余曰："制義亦然。"祥源將以煙霄鸞鶿之資，一出孤騫，秋桂香時。余其向燕山高處，以望晉雲之如馬矣。酬學譜以光世譜，與韋、翟後先□發，茲其時也。器新秦公叙祥源文，作謔語云：“似舅即賢甥。”余以謭質枯腸，幼博虛聲，旋草草以糠秕先出，食粟郎曹，日打盤珠，一錢穀俗吏耳，安足似哉？

噫！芝蘭必顯，金紫非榮。第欲爲雨施龍見，不得不先雲舉逵登，願言勉旃。

《新餉志》序代

志者何？所以考故實示來茲，以志不忘耳。方今天威遐逖望，露布時傳。將與九州赤子薄賦輕徭，共舒化日，以滌稅畝加科之苦，夫何必志？然十年卧甲，萬姓浚膏，中外苦於握算，官民疲於抽絲。輸餉者難，措餉者不得不難；索餉者急，措餉者不得不急。正不妨留此一段大苦，以志不忘耳。

余每對羽書，輒思仰屋，而司部苗君適與厥事，因屬之志。事關九州，時經十載，條議之章疏，商確之卷牘，如蝟之集，如絲之紛，如雲峰之倏變。苗君從蠹餘塵積間，細窮其起落之原，遞尋其更張之説，以十二大頭臚，總提其綱，事事有考，綴以斷案，多中膝理，可以驗之異日。越十閱月而成，亦精心乎！苦心乎！

噫！因辦賦而徵兵，因徵兵而加賦，乃幾番接刃，輒聞鉦鼓，而曳兵于今，白骨山高，青燐夜起。師中有衣錦呼盧之健兒，縣寓有齎妻剢肉之竇子。加賦者已窮，搜括者已盡，漏巵者無底，不獲已而若吝若惜，譴訶頻至；司計者對封疆而無色，念蔀屋而愴心，此物此志也。新聚之貔貅，壁壘相望，獨無應散歸農者乎？借職之材官，橫金遍地，獨無應從簡汰者乎？軍前之需用，滿載而輸，獨無應事節嗇者乎？島嶼之偏師，若無若有，獨無應在更端者乎？止沸當先撤火，闢流莫如遡源。皮盡堪悲，獸窮則齧。天下事非一人事，願共志於不忘也。

夫余所司者餉耳，按兵予餉，亦復何言？然兵不核而餉日詘，餉詘而民日困，民困而兵事亦窮，賦之辦也，何日之有？余不敢忘封疆，不敢忘民力，倘中外亦不忘司計之維艱也，而盈虛互酌，軍民交利，余將心志之矣。

伯兄河陰令墓志銘

羅宗伯吾師表先朝議墓，考家世苗氏出自芊姓，楚賁皇入晉，晉侯與之苗邑，因以爲氏。而上黨長子縣有苗襲夔，三傳至晉卿，實相唐蕭、代，位卿尹者又數人，蓋本於《唐書·宰相世系》所列也。因世居於澤，傳至曾王父府君諱時雍，以博洽負時名，舉明經，二尹常熟，著《燕居》、《登仕》二録。王父府君諱杰，食諸生廩，久之以先朝議貴，棄儒冠，累封户部主事。

父府君諱煥，登隆慶辛未進士，三治縣，一守郡丞，召入爲户部主事，遷員外郎、郎中，出守保寧，揚歷中外二十餘年，解組林居復三十載，以伯兄河陰考績，授中憲大夫；以胙土分地曹藩關陝，三沐國恩，晉中議大夫，改階朝議大夫，陝西參議，詳周大司馬《志》。舉三丈夫子，九女子。先司恭人出者，即大令君有土，居伯行；次金吾衛指揮廣土。先高太恭人出者，爲不肖胙土。

伯兄字培真，號侍峰，中萬曆乙酉舉人，八上春官不第。丁未，謁選人，除四川鹽亭知縣，受事甫三月，丁先司恭人艱歸。辛亥，再謁選人，補河陰知縣。閱四載，丙辰，中飛語降級，遂不復出。又十四載己巳，終於正寢。先是，有子業授室矣，俄得羸疾夭。晚再生子，至易簀時僅六齡。越三載壬申仲春四日，葬於上碾之原曾王父王父府君之側。

嗚呼，痛哉！胙土曰：生死窮通，非人之所能爲也。生未足樂，死未足懼；通未足羨，窮未足戚。彼不乏都通顯者，縮符而乳虎讒，遺川觀而蜂蠆肆螫，伊何人乎？伯兄溫恭爲質，簡靜爲行，慈祥爲心，坦率爲事。侍先朝議垂年六十，迄無逆顏。半生帖括，一意披吟，文史之餘若罔聞知。兩令僻縣，澹泊寧靜，幾□蒲鞭。及歸田日，衣帶圖書外，曾無長物。橫遭□□，原非其辜。迨解組歸來，寧爲劉季陵，不爲杜密。終日觴咏自若，無異作經生時。至病劇息微，對弟姪□朗朗數語，僅及遺孤，絕不作兒女子留連態，此其視生死窮通，不啻蕉藏蝶夢。較彼沾沾世味、少而五陵裘馬、老而半通難割者，竟何如耶？

竊嘆夫伯兄在四時爲得春之氣，故油然藹然飲人以和，雖賢智之名有所不欲受，在五福爲得天之全，故自幼而壯而老，總不設勞悴憂虞想，卒之事集而身安，嗇於名而豐於福，殆天之所以厚伯兄也。昔先迪功舉明經，廷試第二人，試文紙貴。及佐常熟，惠政清風，於今尸祝。先朝議賦性磊落，治行赫奕，所在膾炙人口，壽逾大耋，廟庭從祀。伯兄渾渾穆穆，令德克終，似將留有餘以還造化者。胙土仰睎前徽，俯慚薄植，果何修而可以比於先人哉？

噫嘻！伯兄眷眷於瞑目時，獨是一綫孺子，尚不解溫飽外事，調護提撕，諸煩部署，倘爲千里亢宗，家聲不墜，胙土且旦暮望之矣。銘曰：

城東潾潾掛丹木，蔚爲佳氣饒芳芷。中兆哲人接武起，溫如良玉文如綺。寧藏一室作山崎，不羨千鍾學風靡。誰謂崇高方是美，火花水泡不移晷。伯兄令德昭以祉，兩地遺風清且旨。生有榮兮誰無死？鬱葱葱兮保孫子。

仲兄揮使公墓志銘

此余仲兄象峰公墓也。昔余父朝議大夫府君，余母司、高兩恭人，舉余兄弟三，女兄弟九。每歲時初度，群舉觴爲父母壽，一堂藹如也。二十年間，後先溘露，獨余與兩女兄存。回首前因，梧檟如在，物是人非，不能不淚隨筆下也。

余家世業誦讀，先自上黨之長子縣遷澤州之陽阿鎮，再遷於澤城。六世祖諱浩，五世祖諱昱，四世祖諱銑。曾祖諱時雍，以鄉貢仕爲常熟縣丞。王父諱杰，封户部主事。父諱焕，登進士，累官四川保寧知府，以伯兄及余在仕籍，四沐國恩，遞贈朝議大夫、陝西布政使司右參議，兩母同贈封恭人。

伯兄有土舉於鄉，兩任鹽亭、河陰知縣。公居仲行，司恭人育仲兄於寶豐縣官邸，諱廣土，别號象峰。醇篤恬退，性不愛舉子業。幼從先大夫於宦中，惟讀詩篇史傳，亦不屑夫句讀研究，曰：「吾以窺大義，豈作書生佔嗶乎？」長長於奕，輒窮其奥，手訂爲譜。對客敲枰，雖呵凍挑燈不倦，曰：「吾以此游戲世局也。」

甫弱冠，先大夫知其志在恬夷，而先司恭人亦謂家政不可無人，遂如例授金吾左衛指揮僉事。仲兄又曰：「吾安用此金紫輝煌作五陵裘馬爲？」抵今四十餘年中，從事史傳詩篇無以異也。居恒攤書滿案，時亦杯酒論心，口絶世味之談，胸饒磊落之概，其設心居處泊如耳。

歲在丁丑，余遷郇節，歸見仲兄，書盈几，花盈檻，一詠一觴之外，衷無所絆，身無所營。回視余十五年簿書戎馬，嘔血枯心，上無補於廟廊緩急，下亦不能少有建樹，以不負生平。較仲兄之躭志泉石、不受官禄、不縈世故者，孰逸孰勞？孰得孰失？造物者不吝顯達，偏不予人以閑。蓋有權輿與。客曰：「閑則無功業無顯名，其何以自見？」噫！功業顯名，當作何觀？霽月光風，享受無量，則仲兄之得於天者厚也。時迫中秋，方相期觴於桂馥冰輪下，乃忽爾疾發，再信宿而仙游，乃亦如其本性，電光石火，都□凝滯耶？銘曰：

水□□兮山之陽，旭旦旦兮霞之□。華芊芊兮埋玉崐岡，肇繁祉兮曰在斯□。

錦衣衛加都督同知深之張公墓志銘

乙酉正月，都督子玄張公殞于延安。四月，靈輀歸里，余往哭之慟。越歲丙戌，諸公子持狀來屬余爲銘。余讀狀，竟不禁淚涔涔下。公，文士也，豪士也，胡爲至此極哉！

按狀：公諱道濬，字子玄，別號深之。世爲陽城縣人，明初遷居沁水縣之寶莊。先世聰，永樂年間舉於鄉。再傳爲王父五典，登萬曆壬辰進士，歷官太子少保，兵部尚書。父銓，登萬曆甲辰進士，歷官巡按遼東監察御史，贈兵部尚書，諡“忠烈”，賜祠都邑。

公，忠烈公冢嗣也。生有夙慧，稍長即岐嶷過人，更長於文。歲戊午，入試秋闈，莫有識者。歸而益下帷刻勵，期作冠軍而後已。迨辛酉之夏，忠烈公殉難遼陽。時承平二百餘年，士人高談節義，目未見兵戈，偶巡方使者與城俱亡，節烈之聲舉朝駴震。神宗皇帝臨朝咨嘆，贈大理寺卿。上以爲酬忠之薄，再進兵部尚書，諡“忠烈”，立祠都下及郡邑，春秋享祭，世襲錦衣衛指揮僉事。有明特典，未有踰於此者。

公應受延世賞，然雅不欲以門廕顯。時宮保公方保釐東省，公乃號泣，走請辭官，司馬以格於例止之。公翻然曰：“移孝可作忠也。”始拜命。癸亥，陞指揮同知。甲子，陞指揮使。庚午，陞都督僉事，旋陞都督同知，錦衣衛堂上僉書管事。辛未，以誣參遣戍鎮西衛。癸酉，以離伍改戍海寧衛。壬午，還里。甲申，以僞召遷陝西，竟罹於難。悲夫！歷觀公之居鄉也，排人之難，周人之急，綽有虞芮質成之風，群里中後來之秀。開館授餐，時爲點定其文而加獎勸，多士爭就帖括，脱穎者纍纍。

公之居官也，時急軍需，公條上便宜，廷推公督造火器。乃開治澤州，鳩工集事，輦器都門，節省以萬金計。歲己巳，都門告警，勤王之檄忽下，晉撫以後至被重典。公率家僮二十人，秣馬裹糧，衝寒北上。上大嘉悦，宸語褒美。屬國朝鮮廢其主，公疏請問罪，當事不能決，竟已之。公之禦變也，流寇煽禍，晉圉孔亟。督撫公卑辭厚幣，願借一籌。公乃自募勇士，合營征討，屢有擒斬。至石磐腰失利，幾蹈不測，公不爲動。寇首紫金梁擁衆數萬，突攻寶莊堡。公率親族登埤静守，躬冒矢石，仍奪回難媱多人，各予寧家。自是，寇相戒莫敢近。歲癸酉，沁邑被衄，公督兵來援，寇即宵遁。公乃捐貲，先築寨城北高阜，安集□民。隨捐千餘金，增築縣城，遂若金湯焉。

寶莊昔無堡，己未、庚申，流寇尚未起也，公即倡爲築堡之議，釀財集衆，就屋增垣，巋然三里之城。及兵事□興，全活無算。所可詫者，本是任事熱腸也，以司馬之妒，而出戍雁門；本是投筆請纓也，以直指離伍冒功之糾，而改海寧。及被廢數年，海濱任放，賦詩填詞，把杯屬客，以自澆塊壘。幾十年始還子舍。而《丹坪内外》諸文集，皆若海濤洶湧，竝行於世云。銘曰：

大命改兮時不留，喆人萎兮歸山丘。九原可作兮，吾誰與求？豐碑隆碣兮映松楸，令名彰兮遺無休。

貢士趙子融墓志銘

崇禎癸未夏，趙子融殁於京邸，訃至，澤人士傷之。越秋徂冬，將舉葬事。其叔仲瞻自爲狀，乞銘於余，余爲之增慟。

趙氏四世中舉南宫者一，領鄉薦者三，以科目充貢者一，蓋不啻盛矣。淇園、毅臺兩公，皆才名□世，率以公輔自期，卒未肯輕就一官。子融又爾蚤歿，而一用未究，此澤人士傷之且惜之也。

　　按狀：子融趙姓，諱永昭，子融其字。曾祖九思，登隆慶辛未榜進士，歷官陝西按察使副使，備兵鄜州。生三子：長友益，庠生，有聲，蚤卒；次求益，別號淇園，萬曆甲午科舉人；次弘益，別號毅臺，萬曆丁酉科舉人。淇園元配爲余女兄，蓋先朝議大夫與趙憲副公同宴曲江時，即聯姻。女兄蚤歿，復娶於毛，生嗣美，字瞻淇，崇禎癸酉科舉人，今家食，六息待翔也。娶司鴻臚女，生子融。生而穎異不群，十歲讀《周禮·考工》，輒能了悟。凡屈、宋、管、晏、班、左、司馬、柳、蘇諸書，無不成誦。甫弱冠，出應諸生試，袁臨侯學憲奇之，拔冠多士，已駸駸露頭角。歲己卯，秋闈再闢，試牘已入彀，而對策偶觸忌，主者格於功令，乃僅置副卷。然試牘實璣綉洋纚，士論惜之。

　　時上方以封疆多故，欲於科名之外傍錄異才，徵各省副榜士貢入太學，屬大司成分曹教習。用冑監積分法以要於成，冀收撻伐之功，遂集十五藩人。文自制藝對策，以及騎射。兩浹歲間，歷七十二試，子融輒列前茅，爲積分上卷，方將超用。乃儕中二三欲速者，譁於選部之堂，頗玷大體，言路糾之，遂僅次第授諸副榜，以郡佐縣令。亦有下授州縣貳者，殊非聖天子儲才初意，則彼欲速者害之耳。

　　子融即拂衣歸，益勵本業。迨壬午再試，偶居太原。忽心動，即戴星言旋，入里門，而瞻淇方瘡發於背，殆與昔之嚙指者同，人稱其孝。公車日迫，瞻淇脂車北上。子融辭其諸父曰：“吾父抱恙就途，爲之子者偃仰家室，於心未安也。”即於癸未元日單騎追隨，繇太原出雁門，歷雲中、上谷。邊霜裂指，寒颯摧顏，加以薊門咫尺，烽火驚傳，子融攬轡怡然也。俄行者謬稱

寇從衛地入晉，澤郡丘墟者。而瞻淇尚事圭箸，兩念并迫，鬱而
爲病。病數日，即不起。

痛哉！括而言之，其賦質也，修軀清勁，嫻習威儀，性禀剛
方，出言有則。其念亡母也，祀事必虔，久而彌篤。其事繼母
也，禮文備至，非婢不見。其交友也，直諒自許，人咸信之，更
能周急。居恒曰：“丈夫生當斯世，在朝則當言賢奸，在野則當
言利害，使人食德。”其人之立心可以概見。若子融者，可謂敦
倫而抱用世之具者矣。借使天假之年，豹變鳳翔固其餘事，而立
朝立身，以至處家處世，必有大過人以異乎流俗之所爲者。乃予
之才而奪之算，視其先世兩孝廉公同，一未及建樹而閲世愈促，
更鮮遺息，安得不爲之追悼焉？銘曰：

爾才之豐，爾年之嗇。相彼珪璋，乘風六翼。胡然而畚慧，
令名斯得。胡然而先撥，天不可測。良玉深埋，聲沉光息。厥有
新阡，怛怛行惻。

焚黄祭祖文 天啓六年

洪惟我祖，爰德是馨。書香載衍，簪履盈庭。前徽非遠，朗
示儀刑。五世未艾，用妥先靈。孫某百行未備，一第叨榮。初佐
地官，無補虚盈。帝曰欽哉，綸綍雙旌。方來朱紱，惟伏先聲。
撫今追昔，曷已深情。爰潔生芻，用薦九京。祖靈不昧，願享微
誠。尚饗！

焚黄祭父母文 天啓六年

惟父生我，罔極恩深。嫡母成我，和熊惜陰。男生也晚，
甫識家箴。髫年見背，遂遠徽音。餘澤奕奕，易世未央。廕及
少男，夙禀義方。蕊宫叨第，地署爲郎。覃恩普被，初命金
章。男亦何功，父德是承。撫今追昔，涕泗何勝？昔因計偕，

終天恨騰。茲居畫省，祿養無憑。對此章服，倍念音容。音容如在，風木喟喟。恨生也晚，空對長松。英靈不遠，鑒此微悰。尚饗！

祭先大夫寶豐縣德政祠文

嗚惟吾父，世德崇光。拮据念載，所至流芳。寶魯遺澤，江右垂棠。握算冽泉，守郡飛霜。林下見一，耄耋齊康。栖捲在念，伊汝之傍。男某謬讀父書，慚對義方。十年揚歷，尸素日彰。再奉簡書，南鎮郎襄。望茲椹桷，五內悽愴。嗚呼！三江南國，一水比疆。峴山召莢，千載雁行。惟父有靈，啓我愚狂。謹以剛鬣柔毛，清酌庶品，薦此虔衷。尚饗！

告母高太恭人三周忌日文

吁嗟吾母，棄帷厭世，倏逾三週。烏私未竭，白日如流。松楸在望，蓊鬱一丘。男某追念劬勞，有淚盈眸。三年一日，悲愴悠悠。屆忌辰兮增愁，憶音容兮莫留。望白雲兮蚤收，願英靈兮見休。謹以剛鬣柔毛，粢盛醴齊，薦此嘗事。尚饗！

祭長兄大令君文

憶昔雁行振羽時，翩翩彩翼何怡怡？怡怡更復正其儀，談笑之中有嚴師。再憶河壖剖符時，一聲化鶴報雙岐。宜來紫誥倍纚纚，堂上解頤實于斯。再憶縣車高臥時，一觴一詠日安之。霏霏玉屑且盈笥，燦若朝霞輕若漪。如何一旦舞雲旗，冉冉蒼虬未可持。徽音一斷不復遺，剩有懿範之永垂；堉篋一隔不復施，空嘆鵜鴒之淒其。吁嗟乎！日有昃兮月有虧，生有盡兮死有期。遺孤弱齡兮，誰識余心之獨悲？空庭月冷兮，群憐惟女之未歸。望帷灑淚兮，知英靈之鑒茲。

祭趙淇園孝廉文

紛太行之蟲蟲兮，注丹流而爲膏。越一瀉之無垠兮，舒秀靈而毓髦。肇公家之世顯兮，蟬聯鵲起之迭翶。逮公之步武兮，鳳毛虎綉以驚濤。有骨嶙峋兮，着祖生之先鞭。有美鵷鴒兮，恍二難之並翮。父書可讀兮，三絕編而彌堅。高堂華髮兮，一菽水而遺羶。三十年一日兮，南陔之懿則。一再世□昌兮，烏棲之前德。白首衡泌兮，惟孝思之罔極。丹藻陸離兮，爰文心之溥弋。誰言公嗇於年兮，茂靈修於長存。誰言公慳於遇兮，羅二酉而奇掀。公目可瞑兮，謝樹燦瓊瑤之園。公福未艾兮，天章來埋玉之原。公靈已妥兮，魂依風木之玄室。公志未酬兮，獨曲江之載筆。公業未竟兮，留有餘不盡之經術。公輀將駕兮，見凄雨悲風之咸恤。

嗚呼，痛哉！擬大招兮歸來無方，隔九京兮我心之愴。秘丹穴兮維山之陽，薦些辭兮生芻是將。有酒兮盈觴，有淚兮盈眶。有慟兮未央，來歆兮洋洋。

祭岳父儒官王公文

世未有仁而不壽者，而壽正不可必。世未有天不佑德者，而天實不可問。從古多望之若符節，而酬之若泡影，則安得不令人念修途而色沮也耶？如翁之才振雲錦，藻散天葩，固宜身都通顯，而胡以終老螢窗乎？如翁之束髮操觚，輒冠多士，固宜囊穎立見，而胡以夢斷鹿鳴乎？如翁之嗜義若飴，施恩不報，固宜化異爲祥，而胡以鶗音未息乎？如翁之千頃汪洋，喜怒不形，固宜天和純備，而胡以上壽未臻乎？

噫嘻！天不可問，果若斯耶？然頻年樹德，芳問永垂，是誰之好音與？亭亭玉樹，振秀庭除，是誰之遺蔭與？有女如雲，孫枝纍纍，是誰之餘澤與？貽謀未艾，書香馥馥，是誰之食報與？晚棄塵囂，利名雙遣，是誰之清福與？知翁之生有長適，歿無遺憾，政可含笑九京矣。兹當玄室告啓，靈輀將駕，謹薦些。亂曰：

世路悠悠，白日難留些。彼蒼赫赫，赤道無私些。有德溫良，如金如玉些。有福綿延，如岡如陵些。庭蘭葱鬱，奕葉森羅些。牛眠佳域，兆彼休徵些。靈修既杳，九畹無存些。大招無術，七魄何歸些。奠椒觴兮，淚欲傾些。陳麟脯兮，腸欲裂些。歌輓詞兮，意何極些。

六吉堂四箴

士君子行已，當使人敬，不當使人畏。敬則如神明之不忍玩，畏則如蛇蝎之不敢親。

士君子待人，當偏於恕，不當偏於刻。恕則如春風之撲面，刻則如荆棘之牽衣。

士君子處事，當應以和，不當應以暴。和則如衣衫之宜體，暴則如狼虎之駭人。

士君子發言，當出乎信，不當出乎詐。信則如祥[五]

校勘記

〔一〕“商”，據文意當作“商”。

〔二〕卷首目録作《王使君德政彙録序》。

〔三〕“公”，衍字。

〔四〕卷首目録作《趙祥源制義序》。

〔五〕以下底本缺頁。

大中丞苗晉侯先生文集卷三・尺牘略抄

上張大司馬

　　某於七月內曾具稟台臺前，報地方兵事賊情，想塵乙覽。茲再稟者，自七月廿日，秦鎮在豐陽袁家坪戰後，賊被創走商南，不復再窺鄖陽。雖於剿局無補，而三楚獲免蹂躪，則此一戰之力也。居十日，方探賊所向，爲窮追計，而賊竄中州之報甚急。且地近襄光，不得不移緩就急。因督秦鎮兵疾馳回顧，於八月十八日抵襄，則撫治兩臺亦畢會於襄。群賊見鄖、津、襄、光一帶，各有營壘，乃鼓行而東，轉掠滎澤、洧川，料必再犯汝潁、江北，還走麻黃、德隨，以破我兵四面扼防，中央追殺之大局。所最惜者，洪督臺忠肝妙算，半載經營都付東流，又當從頭做起。倘廷論不爲推原，向後疆臣益難着手矣。

　　某所憂者，官兵不及鼠寇十分之一，且彼以馬，我以步；彼分之而焰日張，我分之而力益單。愚謂欲了此局，非集兵二十萬不可，非剿散並用不可。蓋巧遲不如拙速，誅之不可勝誅也。更憂者南兵脆弱，勢必用邊兵。而賊魁則多係邊之逃丁，賊黨亦多係邊之頑民饑民。試觀各路兵之始而殺賊，既而縱賊，甚而輕棄其帥，豈真前強而後弱哉？其故可思也，某不能爲此情計矣。又憂者悍卒屠帥，屢經見告。雖歷究其源，皆因本帥失馭，然爲之帥者不亦危乎？又憂者，名爲會剿，未見作何會法，而恇怯之風甚於昔也，疆域之分猶夫昔也。群賊設伏出奇，整兵挑戰，迥異疇昔。轉盼冰堅，必擾河朔、畿、晉，合之秦、楚、豫、江北，遍地□煙，方難措手耳。

　　今台臺握樞運籌，帷幄決勝，□有不即底定之理，而微窺事局，不似可收效□。夕者，某每將中外之兵馬、錢糧以及邊事，腹□□盤打算，非不知今日之捉襟肘露；兼以顧後瞻前，萬分難做，而乃舉諸大端縷陳台前。然今日漸猾之賊倍盛於昔日，剿賊之套倍熟於昔日，再需歲月，愈見燎原。倘不掀翻前局，爲一了百當之計，則猶之徵兵也，猶之用餉也，零星耗費，較之一舉廓清，所去遠矣。

是在台臺直告聖明，且求廷議僉同，必極一時之選，如洪督臺、盧撫臺，請名公分道並擊，更假以便宜，寬以文法，□以錢糧，庶可有濟。某八年來在晉，在秦，在楚，□過多壘，目擊事竅，病根大端若此。敢作妄言？伏乞台臺電鑒教之。

再上張大司馬

某自五月三日交代於襄，謁陵於郢，剿賊於荊、宜、當陽諸處，朝夕馬上，與士卒同在烈日中，倏忽四旬。今猶日共賊人對壘，曾不得望鄖陽一步。鄖之兵馬、錢糧、城郭諸事，尚無一件料理。即台臺見原，某亦何辭溺職？且嗣後士馬無改觀，人民有焚掠，又誰亮某之未得至鄖者？荊雖鄖轄，以去鄖千里，舊日鄖撫於荊事不能親歷，亦不大具稟。

今某遵扼防荊襄之旨，疾馳入荊。自六月朔日至十二日，鎮將諸兵盤旋追賊，殆一千四百里，斬獲幾二千數。三楚中委未有此等窮追者，兵馬固艱食，賊亦餓餒。楚地視北方濕熱加倍，兵行酷暑中，負甲荷戈，氣湧如蒸，已多病發而熱死道傍，纍纍目擊。若再追數日，兵不堪命，某未敢保其無他矣。

某料賊亦苦兵，目下必走南漳，入房竹，爲避暑避兵計。轉盼西成，出而就食。兵之難入房竹，屢見於總理疏中，亦□奈何？今次狡賊犯荊州，曾至沙市、草市，彼中居守頗固，實未入二市大街，然臨江茅舍亦有焚毀。某發五百兵由水路掩賊之前，發三千兵出陸路躡賊之後，賊乃不旋踵竄去，不可謂無濟於荊。

恐惠王有疏，言之太甚。某不難爲所□受過，而諸將半月血戰，盡付東流。

是懇台臺主持，余按院實實練兵，實實捐貲，窮一歲之力成此勁旅，如馮時早、陳本、楊廷佐輩皆將才，爲楚中巨擘。乞台臺一表而出之，以鼓任事之氣。蕭北具啓。

與傅咨伯大司農

楚中不幸，兵連三載。下自蘄黃，上至襄郢，二千里間莫非賊壘。蓋楚地綿亘，多與豫鄰，一望平蕪，無險可設，亦地使然也。惟楚無兵，以筭兵爲兵，雖號五千，防護陵寢，已以全副精神用之，斷不能遠事追剿，恐妨返顧，亦勢使然也。況筭兵率用筭，其所部皆戚族里鄰，未免有因陋就簡之意。□□□□恒無擾，臨陣無怯，何從信之？兩番大□□□□陷歿，而部兵損失無幾，大略可思矣。多所受禍，惟襄爲輕，而驛騷供億，惟襄爲重。緣群師入楚，必取道於襄，復有樊城以爲之招，利在商而害在官。今商亦徙去，則害獨在官矣。更以庸□如門生某者，謬監一方，吏事已疏，寧言兵事？竭日夜之力，碎心拮据，僅保屬城無恙，一切增兵增城，措餉措馬，皆自空中幻出，聊支目下，安識所終？但數萬賊鋒奔突境上，不能滅此朝食，聽其逍遙逸去，縱謂八載狂奔、七省流毒之大寇，蕩掃之責，不專在門生？

某幸徼聖明寬政，而私心不自許也。師臺主持世道，提衡群流，想揆時度勢，必以門生。某心力既竭，閭井依然，可希寬政耳。伏乞師臺念四載勞吏，稍賜披拂，俾飲河已足，倦鳥知還。此之爲感，當百倍恒情矣。

上洪亨九督臺

某冒昧妄言，在昔兵方單微，疆域互隔，利在賊分，取其易敵也。今台臺以元老壯猷持衡於上，而一時大帥智勇有聲者咸萃帳下，□利在賊合。茲賊黨盡合於關中矣，各帥又□□楚豫間，爲八年來未有之機緣矣。圖之，此其□也。計入秦，門户不過四五，而大帥且拾餘人。若台臺嚴定限期，分扼要害，俾賊無得逸出。某路出，則某帥執其咎。然後步步結營，節節搜剿，賊黨雖多，勢必分應我兵。我兵十餘路，賊亦分十餘路，非復昔日瀰漫之勢也。即此堂堂正正，□□散脅，再加兵士不復貪餌，賊人不能買□，則蕩平之績計日待耳。雖目下所慮者，賊人再遁漢興，或竄入河套。若用重兵二枝，一繇鎮安、商州入，一繇沔縣、成縣入，權時折斷棧道，賊無再犯漢興之路矣。至河套，則延鎮邊兵自足以當之。然獸窮則踶，鳥窮則啄，是在各大帥加之意也。

說者曰：“嵩、盧大山尚有餘孽，所當兼顧。”某謂不然。天下之勢宜從其大者，今多兵既集，賊方震悚。先入關中，迅掃渠魁。再振旅出關，窮搜山谷，彼不死則散，如疾風之掃秋籜耳。惟是兵行糧從，本色爲難。請將郿襄兩郡，某能任之。若秦、豫諸郡亦斷宜分任料理，或秦、楚、豫三省，各以一監司綜理，方得應手，亦惟入告乃可責成。凡此皆千慮未必一得，但知無不言，某之夙心也。伏乞台臺宥其狂言，姑備採擇。

答盧九台大督

老公祖義急討賊，萬里徵兵，李洯老不難以萬全濟之，皆大豪杰作用，非忠於謀國者不能出此。侯監紀捧檄而南，蓋亦有艷功心焉。至因公破家，事不從心。某去楚時，目擊其進退維谷之狀，爲之惻然，然豈彼初心所及哉？老公祖爲之一疏再疏，剖明端末，固由肝膽，亦昭公道，且以服侯君之心，且以發方來將吏之志，甚盛舉也。佈置三策，要領具備，大都侯君心力兼至。滇兵多樸，惟有悍桀而無狡詐，重以無餉，胡能行法？視鄧家兵無狀，尚不及什之五，其人蚩蚩，仍肯向前，祗多沙市棍徒插入爲害。

今侯君削籍，龍弁思歸。易將則斷斷難行，遣還則役過之餉須十餘萬金。而各省典兵者見人多餉重，更恐難馭，定不收用，已事可鑒。然留之不如遣之，使龍弁所費不貲，萬里遠來，志在立功中原耳，不慣騎戰。土酋之長，止見夜郎爲尊，迨入內地，頗似失志，未易振作。嚮謁某於襄，悲慘欲涕，日惟倦睡。近又損兵二千餘於鄖陽鄉中。侯君且去，龍弁豈能獨留？此事理之易見也，亦老公祖一未了心事。某乃敢進千愚，不自知其□當矣。

上盧撫臺

伏覩聖明銳意蕩平，以五省大柄特授台臺，誠洞鑒於今日之事，非台臺未易辦此也。謂才如某，軍旅未嫺，謬充部曲，自慚不倫，然竊有妄言者。前日四面堵截、中央披殺之局未爲不善，徒以隘多兵少，狂賊潰出。茲欲不更張之不可得，欲別覓一巧着亦不可得。惟有一實落工夫，可以步步做去。

請先括楚兵、台臺標下及在省各兵三千，秦將軍援勦川兵二千，許將軍原管筭兵今，歸秦將軍三千，周副將簡用可得二千，合之亦已滿萬。再益以祖將軍馬兵三千，李重鎮關門兵四千，河南陳將官暨左、尤二將軍兵復萬餘，皆應聽台臺調度者，是通算已有二萬七八千人，兵力不爲不厚矣。台臺各以一紙文書，定於中州適中處所，俾各監軍道廳、各鎮將，畢集帳前，會帥誓神。台臺申飭號令，賞罰嚴明，諭各文武以勿飾虛功，勿分爾我，勿執偏見，勿貪賊餌，勿違期會，勿留賊爲富貴之地，有功者立刻叙陞，犯科者立刻正法。然後分布進勦，以二萬八千人分作三大股，於三股內再分作六小股，以三戰將統之，各以道廳官隨營督察，以聽台臺指揮進止。如此一番，軍聲大振，而台臺之壁壘生色矣。

洪督臺原部下兵，及新調王承恩，及固原兵，通算亦有三四萬，亦如台臺，分作四五大隊，與台臺兩兩照應，萬不必分兵零剿，當以三四股兵專剿一股賊，待剿却一股，再剿一股。倘賊傍掠別地，以分我兵力，亦姑置之。賊即勢重，未有不潰者。試觀數年來，何曾集兵至七八萬，又何曾專以二三萬兵合剿一股賊？

今日反數年之局一爲之，自無不濟。某諦視向時各鎮將情形，凡督、撫臺指授方略，有悍然不受者，有檄中意指不能了暢者，有志意消沮不克振作者，此某謂定宜大會兵將，一番鼓勵，一番振發，且示士民以滅此朝食之意，以先奪賊人之魄，刻期掃蕩，如持左券耳。

說者曰：“諸路兵盡會於中州，必費時日，必糜糧餉。”竊謂不然。某所列各營兵皆近中州，欲剿賊亦必皆取道於中州，總非枉道，亦非加餉；且各兵即不大會，豈在本地吸露餐風乎？某書生委不知兵，姑以臆陳，惟台臺教之。

上唐撫臺

偶有走報人至襄，謂某叨轉江右，迄今半月，未見奉旨。其爲妄報也？其爲不才明主棄也？總不可知。

忽奉師臺憲諭，欲某仍留襄州。非不知恩同高厚，誼不容慰，但某短鞭癡腸，久任生厭，則勢不可留。況某赤黻作苦，丘壑緣深，進取之念自昔灰冷。即勉就簿書，亦是魯縞之末，情不可留。重以功令嚴切，居恒未敢以病請。倘藉此楚中弛擔，江右未任，正可乘便抽身之會也。況某一身未老，多病叢生，碌碌庸流，何益緩急？一留再留，將爲不識者所疑。此某之所以聞命惶懼，不敢即安耳。

上唐撫臺

川兵自秦退居於襄，襄人大厄也。其兵肆毒民生，其帥凌虐紳士，機鋒遍螫，不堪見聞。即如剿叛兵一事，蓋渠處事勢兩窮，剿亦敗，不剿亦敗，其得勝者萬一之倖耳。

某於今尚爲樊城心裂，終不以爲功也。幸荷師臺餉銀駢集，着着應手。彼縱欲咆哮，無可發科，乃於九月初九日，帥與兵盡離襄陽訖。但某賦性迂直，明知有一游戲鬆圓法而不能用，復遇一神通玩世之大帥。彼欲恣意凌駕，而某不容；彼欲多冒官餉，而某不容；彼欲縱軍掠良，而某不容；彼欲駐兵城內，而某不容；彼欲字字拿捏有司，而某且着着道破。生無媚骨，宜彼人之見憎也。然地方無他虞，即是大幸。某定當引避山林，以祈免奇禍耳。

與戴還初中丞

流賊往來漢上，所眈眈者樊城也。樊地素負虛名，既不禁其垂涎，然城西舊壘猶有存焉。行未半而依稀鳥道，無以限隔內外。至東邊則一望曠野，茫然踪影。以賊之垂涎如彼，而我無險可守如此。以故賊在百里之外，襄陽官民一片精神全注於樊，其疲於奔命久矣。而樊仍危於纍卵，疲襄而無裨於樊，切爲憂之。

某任襄巡道時，不揣綿力鼓舞衆志，復築樊城。甫肇事，而量移監軍，不復能畢前役。周巡道繼行之，適王恒老撫楚過襄，慨以千金贖鍰助工。乃各府贖鍰，莫有應者。督工唐長史欲停工以俟，而周巡道怵於寇患，暫借襄陽府庫錢以速工成，不意贖鍰終無以應。

王恒老離任之日，曾撥米豆以補襄庫，又以匆急交代，冊上未及除清。余二老復將此項米豆移送台臺，算作剿餉，不便紛更，止撥棗陽縣贖銀一百六十金補襄庫，并王恒老原撥襄陽府贖銀五十餘金，又余二老續撥贖銀三百七十餘金，又徐通判追完樊城居民原捐餉銀一百金，尚欠襄庫銀一百三十餘金未補，此唐長史戊寅仲冬寄來柬內數目也。某竊念起見築樊者某也，王恒老一閱樊城，遽捐千金者，亦繇某也。顧以周巡道權借庫錢之故，俾庫吏□索之唐長史，而唐長史之魔障□□年不休，則究竟某貽之禍耳。

憶某昔鎮郿時，曾拿衙蠹白大中，罰令磚包樊城一百丈，俄有代爲請託者，因減去十之六。某去郿後，聞止納銀在襄庫，實不知確數若何。倘將此項銀內撥一百三十餘金，以補周巡道原借襄庫之錢，於因果似爲不錯。伏望台臺裁行，以解脫唐長史之苦。

某有《築樊小刻》三篇，附呈台覽。更有請者，昔江右章老先生撫郿，費數十萬金築樊，不踰歲而圮，今次築樊，所費幾何？然某在鎮時，曾見賊人累次近樊望城而退，不可謂此役無補於樊。某曾具題，以襄捕廳通判分署樊城，蓋以樊城沙土相雜，決不耐久，且門樓窩鋪攘竊者多，若無責成，徒費前力。全在捕廳隨時修葺，而城樓等項責樊城民兵照管，方可支持。

某去國廢臣，不宜復言天下事，獨是并州之念耿耿在胸，尤以恤唐長史之苦，因敢瑣陳。

上余按臺

頃某於邸報中見襄陽劉掌科一疏，爲襄人告寇禍之慘，奉旨台臺查奏。竊念封疆之吏職在守土安民，即一賊入界，一民被毒，任封疆者無所逃責。矧如襄陽諸吏，賊至不能拒，賊去不能追，即此便是曠官，敢一諉於無兵，再諉於賊眾乎？郡邑固難脫，然監司猶當首論，夫復何辭？但以八年未即平、六省不及禦之巨寇，蟻聚蜂屯，動以數十萬計，此海内所共知也。

襄陽一望平蕪，無所謂峻嶺雄關、丸泥可封者，此即有兵有將，亦難逐處隄防，況承平之餘，原未設有一旅乎？自襄陽環視，上下三千里間，各府屬之不破城者幾何？襄陽諸有司奉上臺之威靈，竭宵旦之死力，藉紳士之協辦，卒得七城無恙。某不敢爲諸有司言功，然不可不言勞也。若夫零星村落欲練鄉兵，則居民原自無幾，欲令收斂，則鄉兵誰舍茅屋而他往？且他往何處容身？欲逐處駐兵，則無剪紙爲人之術，凡此皆某智能之所必窮也。

至於雙溝被賊，維時某駐防棗陽，大盜三起自黄州來，共以六七萬計，在城獨有算將張大節，兵不滿六百。某大搜城内外鄉兵，得千六百人，與知縣金九陞竭力支撐，每明攻暗伏，兼以夜劫賊營，微有斬獲。適值大雨聯綿，唐、白二河水高丈餘，賊困於雙溝者六日。某飛請台臺，多發算兵至棗扼剿，蒙台臺立刻檄許鎮提兵北上。某一面急調算兵之在襄、光者，并襄兵之爲某新集者，將大創賊。計各兵齊會當有五六千，豈不能作一大舉？乃水漲賊逸，于今抱恨。

然當日某請承天兵，台臺即發兵，某調襄光兵，諸將即起兵，都無遲晷刻，原文月日可以覆按。而地方相距各二三百里，況人馬行久雨深泥中，自非一朝可達。某謂此一役，非不發兵殺賊之過也。至襄屬兵力城守，又有可言者。襄陽崇禎五年以前，自衛軍尺籍以外，曾有一兵否？某與各有司嘔心區畫，自朝至夕，自鉅至細，或有獨操，或有分任，抵今新設兩營兵且六百矣，各縣力設新兵且五百矣，清理各邑民壯且五百矣，抽調各邑民壯在道廳操且一百矣，選練襄衛選鋒且六百矣，外六州縣增城濬濠，已有四邑報竣矣，樊城創設門臺土城，已有五門告成矣，打造火器、兵器以數千計矣，此猶就居恒論也。當賊警時，襄樊岌岌，合衛軍、營兵、鄉兵，以及借用客商創立南客營、北客營、冠營共十一營，每大操以八千人計，旌旗、鎗棍，森列如林，群寇馳趨別地，未敢過而問焉，又襄人所共覩也。然俱賊變後，次第整集，始得有此景象。台臺試一行查。若果皆崇禎六年以後事迹，則諸有司之宣力傾心，似亦未容泯耳。

懇乞台臺俟查明後，念某四載於襄，無陷城失陣之罪，許某罷歸田里，以遂年來乞身之初志。再乞台臺將前項事迹一語點出，以見諸有司未敢玩泄。至若賊來不能拒，賊去不能追，此監司之責，且不敢諉於無兵，諉於賊衆，更不須絲毫遺諸郡邑矣。伏惟鈞炤。

與余按臺

某何人斯？遭際台臺。方邂逅時，即收之臭味，中年來逐事推誠，逢人說項，心匪木石，能不深鏤？今大疏內點入數語，用風行水上文法，獎藉無痕，使新受事者蚤已生色。但搏虎心長，黔驢技短，恐累知人之明耳。

有人自關中來，言興安、漢陰大賊屯結，久之不去，而均、穀群寇擾我內地，是鄖陽上下皆賊。兩賊合來，則鄖必危。固鄖撫根本地也，目下某欲糾合秦鎮楊將及襄光各營兵躬督之，先靖穀、均，由內而外。撫臺已報行，不知何日會齊。某恨不立刻征進，兀坐如針氈矣。

兩祖帥兵有旨不允撤，仍隨理臺端陽時在閿鄉剿寇。其時理臺駐節雒陽，差人浪傳，謂將入楚，恐未必。然裕、葉之間，山賊滿道，非集百餘人不敢行路。此際可□薛寶虞兵游手烏合，理臺差官散遣，洵爲長策。某慮多人散去，不歸故鄉，則別有所歸也。今該弁將楚人還楚，川、齊、燕、趙人還川、齊、燕、趙，各給文押去，留晉、豫人，選其壯者，備補鄖鎮缺伍。如此散法，或可無□□□。此皆台臺所欲問者，敢以贅及。

與余按臺

流寇廿四日已離南漳，突犯宜城、荊門。彼見有台臺之兵威在，必不近城而繇山徑走沙市。某乃議及，調現在荊門一將官遄往荊州，出不意以扼賊之前。某督鎮將各兵緊躡賊之後，計秦、楊、張三部曲兵，共六千。食指雖眾，未見真可破賊。然既有眾如許，難道不追賊一步？此某之必□其南嚮宜、荊，視賊情再作進止也。

今樞部有□□□，不問鄖撫取軍令狀，而令□防荊、襄。但鄖屬所在皆賊，去鎮城不數十里。鄖兵無幾，又已分防，收斂不來。茲擾宜、荊之寇，南北阻於大江，鎮將或扼其前，或乘其後，縱未能盡殲，彼亦無從得志，必仍從房、竹北上，而興安大寇雲屯。若再來窺楚，是諸多凶寇俱集於鄖，鄖其危矣。某慮根本動搖，却分身無術，惟付之焦灼，不啻如焚也。

答余按院

鎮將多兵阻於宜城南三十里之新店，水漲無船，月杪日水消，朔日即涉水趨荊門。初三下午，俱駐荊門關廂。於時王丞來謁，極言州城二十里外皆有哨馬，建陽諸處無非大寇，馮時早等言亦相符。

某正慮賊或去遠，多兵空行也。聞之甚喜，因俌命諸將休兵十日，再議進剿。實與諸將約初四日分兩路，以馮時早等四將向當陽，以秦、楊、張平及某標下兵向建陽，且各以一官督之。馮時早、楊廷佐、陳本勇氣百倍。

初四之午，楊副將偵事者獲三難民至，云「賊初三日辰刻在棗林鋪，聞陵兵暨鎮將兵齊集，倉惶奔走當陽路，遺新擄難民數百，皆以繩縛之」。此言最確。某因令鎮將仍分兩路向當陽合擊，俱係四日申未時啓行。荊人罷市，各兵裹糧無從。某權令荊門州人給米二升，馬給料五升。今我兵既厚，又當兩捷之後，若得遇賊，無不勝者，但恐狡賊避兵太速耳。某料賊情走保房者什八，走夷陵、南漳者各什一，然此日則未聞走南漳也。馮、楊、陳諸弁，台臺拔簡最精，練復經年，小試於松林寺而效，大試於荊門州而效，□台臺爲國之丹，知人之明，某嚮已欲昌言，今更言之有據，即有小疏上聞也。

　　昔日郿中原不大照管荊地，年來舊事可查。某以新奉明綸命扼防荊襄，屢蒙台諭，急救荊州。某豈容不提兵南嚮？乃該州印官指爲無益騷擾，且以自襄救荊，取道荊門，爲枉道紆廻，不識應從那路行。初三日，大寇方聚棗林。初二日，報台臺以轉南漳舊路奔潰，凡此皆奇談也。至安坐宜城，印官殆未詧新店水阻耳。明旨謂賊去罾兵，今罾兵不待賊去，更及將兵者，亦大奇矣。

　　有人自襄來，言撫臺已初二日登舟向郿中行，台臺可爲巡行之舉矣。然自此郿、襄一帶大屬空虛。某視賊情所向，定宜返轡還襄，再審郿中緩急，自分身心手眼，全着封疆，以佐台臺蕩平之略而已。

與許賓實總戎

　　群賊擁至津、郿，凶焰頗烈。某揣其情形，郿鎮有治臺威靈，賊不敢犯。且郿城之外煙火蕭條，彼亦無所希望者，惟有沿山直趨黨子口一路，則北可以突入中州，南可以窺我光、樊耳。若光化有兵以扼其前，賊必舍南而北，此以地方形勝言也。若夫陵寢兩字，題目重大，保護實急。然亦惟襄、棗無虞，而後郿中安枕，此理勢之易見者。

　　今日酌地形之緩急，權情境之重輕，扼要聲威，是在台臺妙裁，非某所敢遥揣也。倘台臺移兵襄樊以圖四應，亦當將一旅留在光化，一以壯光人之心膽，一以示敵人以有備，方屬萬全，在台臺加之意耳。若某襄中各兵堅壁有餘，以之對壘則不足，蓋衆寡縣殊。馬步兼用，惟有擐甲整戎，備台臺驅策。視各縣緩急□□，亦不敢株守一城也。

與許賓賓

洵陽無房可棲，無糧可因，即台臺未出師以前，吾儕共知之，不獨彼中官苦民苦，而我兵之苦更有倍焉。昨台臺鼓棹後，洵令即有止兵文至，若不勝痛哭流涕者，非飾説也。但大兵不駐洵陽，必不能遏賊人四逸之路，而豐陽關之應援亦孤。天下有明知其難而不得不從其難者，此類是也。

王肇老謂鎮安無賊，則兵宜亟往亟復，此言得之矣。第所大不了然者，賊由鎮安犯山陽，犯上津，犯商州，孰遠孰近？是一路？是兩三路？若欲由洵陽截賊人，使不犯山陽、上津，何處是要害？去洵幾許？伏乞台臺於飭戎之暇，呼洵人一一訊之。

與秦總戎

狡寇移營在三塘陂，離城止二十餘里。又傳言，七里店亦有多賊。台臺其聞之乎？兵與賊相去咫尺，毋論株守關厢大不雅觀，且不能保賊人不暗算我兵也。此時投鼠忌器諸語萬難再講，但思賊營漸逼我兵，全無畏憚，意欲何爲？蓋料定我兵決不出關厢一步，乃敢放肆如此。四五千兵台臺存乎見少，恐傍觀者將謂四五千兵儘足當一面也。陰雨已霽，撫局已更，從此台臺必有一番大舉動以厭人望。愚意斷難相持不動耳，希惟明教。

答鄧明宇總戎

兵譁一事，台臺指顧定變，立誅首惡於法，分□皆爲得之，不容不具疏入告。讀台臺大揭，固無意求多，而諸軍既已借口，恐□明仍歸咎於爾，寬嚴尚未可知也。但諸軍思歸畏暑，兩念橫生，今懾於臺威而不敢發，不知終能消化否也？況此時不難於誅亂兵，而難於定餉款，或部或省，當有確議，斷非空言爭執可以了結。且各省告□，餉必難繼，彼以爲不譁，不得入手也。日日譁，日日疏報，恐非長策耳。

承別教，即揭撫臺老師備述前事之詳，且舉駐兵之日月，以證撫臺實無疑意，今一剖白，更自釋然。且後先坐談間，常及台臺奇功赫奕，其相敬重可知。蓋天下事非一人事，英豪共濟，何嫌何疑？苟利封疆，都宜冰釋，竊料撫臺，絶無他意。台臺亦雅意相信，有相好無相尤，蕩平事業不足爲也。

與汪月掌掌科

秦寇披猖，與楚爲鄰，掠食既窮，勢必南犯。襄屬七城俱足支撐，獨樊城無城，萬家煙火，何恃不恐？縱令男婦盡避城中，如春初故事，倘將廣厦萬間付之一炬，其若千百年生聚何？某昔議復築舊城，而群情不愜，且經費浩大，曠日遲久，料不足以應急。或欲姑置之，則胥溺可憂，今日之功令，未敢輕干也。

某爲之更端，除臨江一面借水爲險，免另布置外，其北面與東西兩面，自東徂西，共築敵臺十座，上覆以瓦屋，可施火炮矢石。其隙處各築堅厚土牆，兩頭與敵臺緊接，上覆瓦片，可避風雨剝蝕。應留門處，仍還以原門名目。如是，而人以守臺，臺以護牆，牆以衛居民，似爲完策。計其經費不過用築城百分之一，而屹然可當大敵。即淺言之，亦暫免驚竄之苦。遷移之費，且一椽一瓦，萬萬保無他失。至於經費，自合以人治人，未有非樊人而肯爲樊出力者。

諸有司議行間架法，凡我居民無分士庶，有房者按數輸貲，無房者計日效力，分官督理，料四五旬中，可望告成也。此舉告成，借地方以守地方，某或可逭於大戾乎？敢請教老年臺以決行止，伏乞惠示。

與都中公書

某昔在楚中，分巡者三年，監軍者一年，鎮撫者十閱月。自壬申仲冬渡江，迄丁丑季春出境，無一事非罪狀，而偏以失實之誣詞見逐於所部，詳載小疏小揭中。

維時奉旨行查者兩事，其一爲輕撫墮狡，當年情景，小刻臚列已悉，無敢再陳。而史青蘿掌科、陳玄文侍御，遂謂某與來降之賊賓主酬酢，許以搭橋過江，縱賊入城交易。某亦人類，乃醜詆至此。今八月内，楚中直指已有疏回奏，舉彈文所醜詆者，悉付之風聞，是楚中院、道、府、縣公論難掩，已爲某剖白無餘。

奉旨該部核議具奏，其一爲某《江水漸枯疏》，内稱副將楊世恩、賈一選於轂城縣江邊，殺賊溺賊一萬餘。維時有旨，謂與按臣所奏互異，亦令行查。但當日兩將殺賊之地，去某僅數十里，塘報到早；按院余二機相去三百餘里，塘報到遲。所以按院疏，未入殺賊大捷一段。又過數日，余二機將兩將大捷，亦另疏具報迄，則某之報捷原非粉飾，原非互異可知也。今八月内，亦經楚中，直指查奏，邸報内尚未見全抄。奉旨該部核議具奏，不識此時兩疏，俱曾經部中覆疏與否？

竊念封疆之臣不幸，而值賊氛遍地，兵餉交詘，萬苦萬難，朝不保暮，無有起而憐之者，反被鄉紳或造誣或受嗾，惡語交加，幾不以人理相待。今幸公道昭明，地方官據實入告。況近六月內，樞部有查勘戰功等事疏，叙及某之舊勞。奉旨，內稱某俟另案查明定奪。其飛報連捷功次，存案備查。當日同事道臣皆加陞一級，不知應何如待某？又某《江水漸枯疏》內，楊、賈兩副將大捷，實爲前此剿賊僅見之事，只因按院報遲，尚未叙錄。兹既查明，自無殺賊萬餘，不與優叙之理。

某即罪在輕撫，原未嘗因撫失事，且彈文已付之風聞，則當年鄉紳逐某已屬無謂，又何罪焉？即不叙功，獨不可相準乎？若謂填撫數月，未能剿賊耶？今各省督撫增兵有三萬者，一萬五千者，一萬者，剿賊幾何？而欲某以二千五百步卒，且守家，且追剿，以分應二千餘里之幅隕，兼以舊司農侯六真，全不給餉，動以“該撫措處”四字覆□了事。

噫！兵餉何等事？對壘何等時？顧漫應若此，乃責某以不能剿賊，恐亦公道所不出也。某得罪鄉紳，其事其人，可歷歷指數，既已歸休，可以無言。但奉有核議之旨，彼下石者又不知作何安排？更慮台臺未見此事顛末，將謂同譜中有如是之匪類也？敢爲略陳其概，伏乞台炤。

與王念生職方

某鉛塹書生，最號庸劣，處非其□，□垢貽譏，大都力不從心，事以時格，兼之調世無術，立念過癡，自屬敗道，豈敢諉咎於訛傳失真哉？頃見台臺覆某解任疏，於群言鼎沸之內，獨以數語抑揚，全不涉彈文中一字，台臺已揭公道於天下矣。某泥首丘園，死且不朽，獨是輕撫墮狡情形，尚待行查。知台臺將以“公道”兩字，與中外共揭之也。

某竊謂既云“情形”，則彈文之所臚列，與小疏小揭之所剖陳是也。此中共見共聞，誰能指虛爲實？但奉查者欲存公道，則於情形是矣；而於彈文悖，好難着筆，究竟"公道"兩字，主持終望台臺。某罪廢之餘，亦安用暴白？然某無功於剿，而不可謂無補於楚，縱云無補於楚，而不可謂不竭力於郿襄。今此彈文，將數年心血并真情形，一切抹殺，陡予以不韙，豈得不爲心□乎？

至南中糾疏，尤屬可詫，亦從撫字發端，乃製冠服，或自有人，某未與聞。其通賊之人某斬之，議浮橋之人某禁之，曾經直指引入疏中。若夫赴援郿陽，而説者謂避賊之鋒；辦賊於襄，而説者謂不到任於郿。然某因襄有賊而駐襄，因郿有賊而詣郿，因荊有賊而趨荊，各小疏及塘報月日可查，是否避賊？難逃台炤。信斯言也，疆臣應無着足之處，爲之奈何？

某行矣，一腔艱苦，非台臺莫可訴。言不厭煩聒，伏惟慈炤。

答朱完素大參

川兵狂焰日彰，直欲與本帥爲難。某累言之，其帥執以爲帖然也。竟有廿六日之事，勢居其極，不得不出於剿，畢竟是病中劫劑，不至玉石俱焚者幸耳。乃今日諸兵變鴟張，而爲疑異，仍未帖然。某謂兩營當另立隊伍，以堪寄心腹者爲千百總，而各兵思歸甚者，不妨因勢順導，俾之還鄉，而拜疏自請備邊，此美名亦自全計也。其帥不能用，必欲坐食軍中，一切不欲地方官與聞隻字，動以密揭密奏恐喝人。某處此無策，惟有一去以謝地方耳。老公祖何以教我？某願傾心從事。或別有所聞，更求惠示。

與徐扶搖憲副

茰紫菊黄，風清露白，憑高四望，頓使人胸膈內滯氣都開，乃人間文士，每艷稱春色，而遇秋則□。弟不敢妄議昔人，然竊謂見之不廣也。老寅臺享有清福，案牘無囂，此日襟懷當與澄漢比潔，不許片雲來往滓穢太空者。弟九日必在鄖，願與老寅臺携手高處，振衣爲快耳。然弟夜來偶有感，前歲在乙丑，弟轉餉秦□，野菊盈山，孤館凄其，秦地早寒，夜不成寢。漫步空庭，壁間一絶句，弟爲和其後者三。有云：「故園松茂菊生花，不聞刁斗不飛沙。」又云：「臨風澆塊天涯客，怕聽邊人泣夜笳。」今天涯客猶昔也，而故園松菊逢賊壘生郊，經年蹂躪，不知何似，徒令人嘆！欲歸，歸不得耳，言之愴然。

答方禹修太守

伏念老年臺晝錦仁里者十浹旬，某方謂數年闊隔，南北萍流，正可一覘光儀。且兵興以來，某一切謬戾雜出，於戎事旁午之際，與山俱崇、與水俱深者，亦將式廬請益。不意事不從心，瞻斗無術，既而有鄖陽之行。擬於旋車日，遍閲各城，即頓首臺端，求老年臺發覆指迷。乃一至軍前，竟爾淹留。走竹山，走白河，走興安，舟中馬上，揮汗奔馳，遂五千里以七十晝夜計，野宿戎衣僅同小卒，此亦人生不多見之苦也。

老年臺旌旄載發，坐是不得歌驪折柳，私衷汗悚。今者大兵雲集，督臺旗鼓方新，將士用命，馘斬流寇，每日間以萬計。楚地已靖，但窮寇躑躅，走不擇地。鄖陽山谿四達，爲秦、蜀、中州逋盜之藪。鄖急則襄不得獨緩，鄖貧而襄不得獨富，日後安危未敢逆料也。

愚見過迂，不知老年臺以爲然否？桑土綢繆，何者爲先？伏懇台教。承諭宣勞，各□其□没人善，必當彙查，一一表章之，俾知所勸不負明命。惟脚馬一節大費調停，權不在官，而在□棍猾書。彼方以把持挑弄爲活計，貓鼠生涯，□關已熟，孔竇叢開。至兵興之後，則又差役之苦馬户，而非馬户之苦官矣。其不敢言，不能控□，某已爲代之控言，但急切蕩滌不浄耳。若夫□站用船，包用夫擡，有司親注匹數，此今日第一義，某當力任行之。至於差役加馬，而又折馬，索飯而又索錢，用馬而又用船，擾穀而又擾光。□之則不勝誅，縣官且不肯以姓名來報，欲聽之則饑鷹飛啄，令人氣噎。某一日不去，究當清理耳。

再辱老年臺遠頒圖籍，纍纍盈案，其枯腸渴吻，得嘗禁鼎一臠。昔稱醫俗，兹某於困頓之餘，舟中攤覆，且用以解疴矣，敢不拜命？

與郧陽李太守

川兵一譁再譁，各有根因，衆目難掩也，而典兵者曲歸於無餉。今亂兵團結於樊城，日與其主帥爲難。惟言幾齊舊賞，而不言坐糧。即其大帥兀坐船中，亦無一語索餉可作斷案，而大帥塘報咬定“缺餉”二字，此自是通套，却與事情未協。人心即天理，還不應抹殺乃爾也。亂兵掠去銀鞘，維時大鬨舟中，那得工夫生心匿鞘，何不並其五百金而匿之？且二十餘人張目共視，更□此事不得聞。郧中拷掠解官，此際大要詳察。頃鄧將軍認二千兩，欲於八月餉内扣除，但一千兩究無着落，仍須向亂兵言之耳。

郧陽難事已那於襄，不日撫臺還省，而治臺遠隔數百里，餉必不繼。亂兵伎倆已熟，其決裂莫救，近在旬日。襄之官民同歸於盡，夫復誰尤？

與光化縣崔大尹

子分嫡庶，以大宗承祧言也。自承祧之外，一切名分家財，律與禮皆無軒輊之文，則子無貴賤，固古今之通義耳。如青衿王鑄民、王延之叔侄互告一事。鑄民爲伊父逐妾之子，此無可諱者。妾可逐，而妾生之子終不可泯。使鑄民非伊父王學曾之真血也，何以伊兄王新民舉德行。□語云："收父出妾之子，曲全友于。"又新民臨終□筆分關云："此民父妾所生子也。"二語雖出自鑄民口，然自是不誣，且確可查質耳。

今延之呈詞，詈鑄民爲姦生，復指爲寄子一口，已自兩端，何得謂非誣乎？且世未有庶子而不得爲嫡孫之叔者，恐無此倫序。借曰其母曾被逐，再歸王家，則學曾、新民存日，不應收鑄民入宗矣。爲父兄者，收之不以爲嫌，而爲侄者，反欲誣之逐之，此段公案恐未易抹殺也。異日者，鑄民必不甘心，延之兄弟亦不得寧帖，有同歸於盡耳。不佞□鑄民、延之皆無別緣，偶見及此，以爲光人也。敢以質之門下，不□於情法有當否？仍乞教復。

與唐宜之長史

天下事，文與武參差，文又與文參差，武又與武參差，甚至不必參差而參差，甚至本心不參差而故作參差，僨事隳功盡由於此，即一小北門已然矣。昨用一夏百戶，便有一弁言之，其一證也。晝扃城門，柴米湧貴，不如開門而嚴詰之爲便，已如大教，命之門弁矣。頃見小北門樓內竹編一牆，別爲內室，其中可坐可憩，亦可分韻翻書。秋爽已來，不復苦熱，門下不必再以病言。群寇無久擾之理，我獨賢勞，門下終始以之可也。

傳臚後公請孟晉純少宗伯啓

伏以天運崇文，八面網開閬苑；地靈助藻，一□鵲起行巔。偶貂續之濫塵，敢曰花添一錦；惟能文之仰止，遂爾附托前修。恭惟台臺：國器昂藏，人倫標的。八磚視影，紫霄橫晝現之虹；三島呈祥，青箱發夜藜之彩。範禮樂於中秘，再觀吉甫興周；陳謨訓於青宮，復覩伯夔相舜。鹽梅鼎望，舟楫濟川。某等鹿鹿庸流，魚魚賤品。斗山在□，欣模範之當前；河漢分波，對汪洋而增色。茲乃觀光之日，愧□翼未足乘風；辱主發祥之鄉，□鳳苞儘可瞻斗。謹擬月之某日，恪具蟻尊。言攀驥從，煙凝翠巇。願分瑤島之餘輝，露浥黃花；普錫綺筵之藻色。冀惟金諾，佇聽玉霏。

迎吳代巡啓

伏以金鉉秩峻，夜分太乙之元輝；繡斧霜嚴，朝看神羊之懋節。江上卿雲日麗，關中紫氣新來。恭惟台臺：望甲熙朝，才稱命世。洞庭凝碧，毓成冰雪凜貞標；香水飛黃，代裕經綸光偉閥。花封來暮，柏府崇登。身憑日月，翩翩兩袖晴霞；手握風雲，湛湛一腔甘露。茲聖明之特簡，式渭水之夙靈。爭誇桓馬自天來，郊野狸狐膽落；獲藉朱衣而虹燦，溪塘鷗鷺機忘。凡諸卑吏，倍切崇瞻。職下品鹿魚，山陬草木。頻年郎署，愧參計之罔功；分采江濱，覺垂緆之益短。當此高縣玉尺，百城之憲德宜人；佇看朗射機衡，一堂之法星照膽。欣逢大乘，願佐下風。乃簿書匏繫，未負弩以前驅；然肝膈葵傾，謹削竿而祇候。伏願台臺，蚤馭青驄，百二秦川增色；攸行黃道，千尋華嶽改觀。職臨啓無忱〔一〕，翹首欣企之至。

答趙開吾給諫啓

伏以青蒲日麗，聿崇補袞之班；白簡霜明，爰振批鱗之節。端人領袖，國是提衡。恭惟老父母年臺：臨風玉樹，映日金莖。肩奇藻於子雲，胸多玄草；敷仁風於潘令，野有遺棠。身領八表之人倫，出萃三秦之異氣。宸衷眷注，特宜丹詔以徵賢；公論顒昂，遂陟黃門而司諫。燕山鳳翥，都人盡望風裁；漢水雲橫，閭里暫瞻輝潤。某魚魚下士，鹿鹿散材。久叼廈覆，幸依赤舄之餘光；行役江濱，獲近紫芝之仙度。有懷請益，自分深緣。顧鉛刀難割，寸地每驚於望洋；而短綆易窮，諸城或窘於坐照。臨民多畏，對影生慚。伏蒙遠頒文幣，充庭皆輝映之殊光；重以下錫兼金，射函盡璀燦之寶氣。睹茲腆渥，益愧匪涼。拜手瑤章，蕭歸掌記。某臨啓不勝感動瞻企之至。

賀關中各院年節啓

伏以祥開六宇，卿雲騰麗日之輝；春滿千林，淑氣霽清霜之肅。爰綏介祉，茂對昌辰。恭惟台臺：猷宣七政，德釀一元。斗柄心縣，直孕異靈於赤壁；璣衡手握，旋增曉色於秦川。披和而都鄙揚暉，南有箕北有斗，從茲布轉；吹律而柳楊入笛，動爲陽靜爲陰，莫測津涯。共看寸地生春，屬有百城霑潤。三陽化暖，氤氳開鴻雁之麻；萬彙昭蘇，縹緲應旌旄之瑞。職自分人間散木，謬棲上苑一枝。枯莖誤被夫鴻鈞，長養有自；鉛刀盡造於大冶，剷割無能。莫遂臱趨，恭伸椒獻。伏願台臺，履和聚順，崇祉與旭日以偕長；升吉宜人，駿□同華嶽而並峙。職臨啓無忱，踴躍遙祝之至。

答澤州秦父母啓

伏以應三刀而剖竹，瀾安閩海之波；荷一札以傳梅，香繞燕臺之月。久殷蘊結，夙在姘嶸。恭惟老父母台臺：世冠南中，恩沾晉土。來暮是詠，至今頌在于山間；綠竹是歌，此日政成于海上。撫昔士民之既阜，堪茲冰玉以平分。萬里持符，復圖南之廣運；雙旌出守，漸向上以崇高。聳梗楠大厦之材，振經濟巨川之用。仰芳猷之兩播毫端，宣育物之仁；知儒術以□資寓內，著驚人之語。茲逢聖明於舜禹，即□□□於皋夔。每懷雲表之光儀，長望日邊之□彩。傾心燕市，如遲紫氣於關門；延首并州，佇□清時之開府。某任惄參籌，榮叨世誼。結思先往，倏頒尺翰之琳琅；佈復遥將，祇抱寸衷之惶悚。惟希電炤，曷既神馳。

答天津道石副憲啓

伏以法星高照，常開海畔之雲；瑞氣弘敷，喜近長安之日。光華峻陟，品物咸亨。恭惟台臺：世美秦中，膏凝燕地。巍然華嶽，接氣宇之崇高；浩矣洪流，聯詞源之濬秀。振采科名於盛代，策功經濟於清時。昔領專城，朱旆運行春之雨；茲升秉憲，赤符傳靖夏之風。氣凛於東南，綜理騰車躍馬；望森於中外，具瞻承露蘂天。即銘勳業於雲霄，先藉清澄夫陸海。某承乏非才，願安是教。道事未熟，望曲惠以司南；箵斗逾涯，每披懷而惄內。謬垂瑤翰，重以珍儀。斗室春生，疑卿雲之璀燦；寸心篆刻，同朋錫之崇隆。謹歸璧以爰將，祇肅函而宣謝。伏惟霽炤，曷既企瞻。

答潞安胡司理啓

伏以天驥逞騰，剡忽風行萬里；龍淵在握，寒□電射三光。露灑憲廷，薰來編户。恭惟老公祖台臺：東南靈氣，山海偉人。

身金粟而轉宰官，根器自超塵外；才掞天而學窮海，文章特邁時流。明允譽高，蔀屋仰秋光之照；慈祥恩溥，棘林消夜哭之聲。垂哀矜勿喜而得情，道上豺狼斂迹；釀清靜和平而致治，灘頭鸂鶒呈祥。貫索星沉，犴狴咸稱福地；名欄瑞靄，駟馬佇見高門。蓋綉斧之凤望攸歸，而鑄世之鴻猷孟定者也。某自分秕糠，載同魚鹿。適值三韓多事，數米難炊；復思遍地徵求，無皮安附？未俾持籌之半臂，實羞轉運之專司。兹爰辭東務，濫典西陲。前渡迷茫，深愧津梁之莫問；連雲巉屹，遥知攀躋之維艱。遠承注存，益懷悚息。某臨啓曷勝感勒依切之至。

賀冀南道王方伯啓

伏以黼座疏榮，僉喜望霓瞻方岳；師門戴德，猶思立雪侍雜藩。節鉞颷輝，參苓絢采。恭惟老師台臺：直方而大，清任以和。風疾馬蹄香，春泛曲江之畔；日濃棠芰茂，蔭垂濩水之陽。冰凛樞曹而苞苴盡絶，雪清憲府而壁壘改觀。四壁圖書，更乏一錢可選；千秋箸蔡，頓令三代長存。乃主眷彌隆，而台階愈峻。除書高捧，光聯潞子激瀾；寵詔特宣，色帶黨天顯氣。兒童騎竹，共歡舊澤與新威；父老昂眉，忽見興利而除害。并州念切重來，草木皆榮；黄閣推先顯擢，鼎鉉並重。頌揚甸衛，慶洽袗簪。某材散如樗，質粗類砆。眷懷凤教，依然皋席春風；快聽明綸，屹矣争臺霜月。惟是里門甫入，正形神之俱勞；以斯幢旆久臨，坐筐篚之獨後。獻羞芹緑，祗肅戒於三薰；傾欲葵丹，冀頫垂乎一盼。莫勝闊節，統恃崇曦。某臨啓曷既踡忡瞻舞之至。

先大夫崇祀鄉賢請黄父母啓

伏以盛世簡循良，妥重神明之度；鄉邦嚴月旦，載崇司直之風。一字品題，千秋珍錫。恭惟老父母台臺：泰嶽元精，□源名世。探文石室，□傳缺里之宗；剖竹山城，復覩青州之化。吏不驚犬，惠偕八風以俱翔；人無喘牛，仁與五材而並運。祥開聚順，兩階芬函德之芝；澤普噓春，六野霮隨車之雨。更以對時育物，權之聞履存□。採輿論於同符，士林增氣；褒幽貞於既杳，寒谷成喧。某僅讀父書，恒慚家學。對此陟降，空勞明發於庭除；感切烝嘗，幸賚思成於俎豆。謹諏某日，蕭滌三觴。溪澗沼沚之毛，敢云明信；絃誦詩禮之地，端賴式衿。色笑可挹，星斗生黌宮之物彩；旌旆予邁，天風動碧泮之文章。伏冀□臨，可任□□。

賀冀南道王東里少參平回奏凱啓

伏以運際昌辰，泰象高橫斗北；勳隆偉伐，師貞再造山陬。藪澤增輝，士民胥慶。恭惟老公祖台臺：灝節凌霄，冰心盈臆。地靈凝杰，彩毫激東海之波；星聚應占，勁氣帶岱宗之骨。西天露灑，千屯夜月飽春風；粉署香含，九塞凄筋開霽色。楓宸眷績，薇省分猷。縣知玉尺重西陲，繇斯簡書來北缺。顧茲新政，時聞照屋之星；嗤彼後夫，甘作嘯風之鬼。泝至狼心不戢，共驚虎翼堪憂。然野有青燐，幾成鼠牙羊角，事如有待；乃胸函黄石，日無豕蹢鶚音，道在人行。一旅爰征，陡見旌旗耀日；三旬宣捷，爭看風雨洗天。以之變定蕭牆，俄而計安反側。行岫煙煌晝靖，冠君之綏亂同符；晉城烽井塵消，方叔之壯猷再烈。燕然必勒，卿月將輝。某志急請纓，才難借箸。睹國門之赤丸頻探，草木皆兵；欣大地之白日重光，雲霓滿日。蓋以文事而饒武略，赫然丕著殊勛；將繇外寧而釋內憂，久矣宜膺崇報。瞻依孔切，忭蹈維深。某曷任企躍祝賀之至。

答程泰雲太守賀禫除啓

伏念某三稔苦次，百緒灰寒。對易邁之居諸，慨茲駒隙；懷終天之悽愴，愧彼烏私。慟悲時來，音容日杳。顧摯身未老，蚤甘爨下之焦桐；黃菊可餐，謬學雲間之□鶴。願□耳乎穠蔭匝地，惟昂首於大業參天。猥辱台臺，當露灑金秋，湑潤不遺草壤；想風清鈴閣，喝噓載及山陬。拜手登嘉，悼心鳴謝。某臨潁主臣，不既感勒。

請澤州王慶我太守初任啓

伏以鳳藻夙聞，五色燦丹巖之秀；熊車初蒞，雙旌拖紫綬之光。幸瞻嚮之方新，知覆載之日大。恭惟老父母台臺：鴻才超世，高韻照人。秋水凝神，滿臆注金莖之液；桂華同馥，寸管開玉井之蓮。乃譽聞上逮彤墀，遂福耀朗縣晉野。花栽兩邑，清芬久播於一方；竹剖專城，循政蚤騰夫三月。爰當戎馬內馳之會，白羽頻傳；因麀麌宸西顧之懷，丹書遄下。千煙入夜冷，崆峒王屋之墟，誰言鎖鑰？五馬頌天來，平水龍門之際，頓厚齒唇。甫三浹旬而塵淨雲閑，已見霜威載肅；將一彈指以民康物阜，行看化洽無垠。某欣曝秋陽，待挹冬日。屬在萬厦之一，期無暮雨相侵；願作四民之倡，恒向卿雲共戴。謹諏某日，肅薦初筵。對此花開籬下，如遲色笑於朱輪；矧夫露墜簾前，恍灑汪洋於白屋。佇懇飛鳧之臨，用光採蘋之獻。某具啓不勝瞻望顒切之至。

候羅宗伯座師啓

伏以秩崇北斗，光依禮樂以持衡；□□□宮，彩□旂常而□□。深懷永德，企仰新禧。□□輀函肅，□□□□□；□楚江毓秀，漢殿□□□。□度崚嶒，□□□□□□照；才華澈灩，熊

□澄澈朗千尋。文章揮□□之毫，聲揚鶴禁；事□□夔龍之武，采煥□扉。三□寅清，夙夜緝熙規聖學；一心啓沃，後先弼亮潤皇猷。縣冰鑒於胸中，牝牡驪黃，悉歸剪拂；握文樞於掌上，參苓杞梓，盡荷甄收。□□假裝，丹陛行瞻作礪；□調大業，紫綸立聽卜甌。□□晉綿材，荆南冗□。駑蹄□憑，倖邀盼睞以前驅；鷦翮搶榆，謬藉□□而後從。未申涓埃以□妍嫏，乃□采葑而□鎖鑰。□益漢水，幸覯德之非遥；望□□□，□□□□□□。□桃欲笑，倍思化雨於狄門；江柳初眠，□□春風□程座。敢□蟻悃，恭候鴻禧。統冀鑒涵，靡殫銘仰。

答唐大愚司馬郎啓

伏以采振彤闈，光贊鴻樞之重；香含粉署，班聯螭陛之榮。仰斗心勤，開函色喜。恭惟老年臺：秀濯三湘，才雄九辯。摩空獻賦，超東南之實於機雲；游刃發硎，檀銅墨之良於卓魯。稜稜風節，蚤起望以螫鴻；翩翩羽毛，遂升華夫騎省。帷籌勝算，允稱數萬甲兵；樽俎折衝，何止六三韜略。佇觀節鉞之重寄，載欣鉉鼎之先資。某承乏非□，願安是教。道車未熟，望曲惠以司南；筲斗逾□，每披懷而惡内。謬乖瑤翰，繼以珍儀。斗室生春，疑卿雲之璀燦；寸心鏤刻，埒朋錫之崇隆。謹歸璧以爰將，祗肅言而宣謝。伏惟霽炤，曷勝企瞻。

送治院蔣午節啓

伏以虎節疏榮，映九畦之蘭浴；龍標焕采，際五葉之萱開。茂對芳辰，恪申芹曝。恭惟台臺：望高南斗，聲振北宸。風動五絃，萬姓仰嘘植之澤；□嚴三尺，百僚凛震疊之威。眷結艾而省民安，時逢令序；芟甘棠而占歲順，化普泰平。舜日方升，應有延齡之彩□；□□可格，寧煩祓境之靈□。立□□□，□□□□□。

□□□□□，□□□□。□布寅忱，肅將芹獻。用乖六日，深慚
金縷以聯文；望屬二天，聊斑玉蒲而進酒。仰惟海茹，無任□□。

送撫院唐午節啓

伏以化日揚靈，明鏡高縣全楚；熏風奏□，碧幢大轉中天。
喜對昌期，介□□嘏。恭惟老師台臺：斗南碩望，台北英標。萃
河岳之精華，蒼璧與天球並瑞；稟扶輿之正氣，清霜共雛日爭
明。亮采惠疇，適逢乎令節；飭戎振旅，化普乎泰平。周頌宜
男，玉粽祥呈九子；箕書歛福，彩絲邪辟五兵。虎帳天開，行見
袞衣光日月；麟圖帝紀，立聽綦□上星辰。職久切葵私，幸沾蘭
沐。烹蒲進斝，幾思忭舞於臺端；削牘濡毫，徒爾稽棲於漢邸。
敬裁蕪語，上賀崇禧。丙鑒惟榮，寅衷罔既。

賀湖廣宋按臺元旦啓

伏以三陽載啓，卿雲遙繞於紫薇；萬象重熙，□氣畣臨於蒼
角。履端協吉，寰宇丕欣。恭惟台臺：德意春融，威稜冬凜。舌
底吐驚人之語，雁塔流芳；毫端宣育物之仁，花封騰望。青驄夜
秣，共欽風節於埋輪；白簡朝飛，獨揭肝腑於焚草。乃藉西臺之
謨略，特專南國以澄清。茲當白雪消寒，人見青陽布煖。石磨千
丈碣，五風十雨，怳同披拂於堯天；人浸萬家春，七澤三湘，盡
覺舒長於惠日。椒盤開宴，擬生榮戟之華；爆竹鳴雷，振起閭閻
之色。職某對此歲序聿新，縣知崇禧駢集。屬惟遠服，阻賀嚴
毫。敬摘下里之音，頻祝如天之福。伏願祥鍾奕世，佐聖曆於綿
長；新禧千重，應鴻猷而炳赫。

候山西張學憲啓

伏以憲節天開，三晉葑菲沾化雨；文旌日麗，百城桃李舞

春風。莫罄敷宣，祗深企仰。敬披竹素，馳候芝顔。恭惟老公祖台臺：才振關西，望隆斗北。渭源澄澈，人驚滾滾之詞瀾，蓮嶽嚴凝，世仰嵬嵬之氣概。鳧踪縹緲，嘉猷久茂棠陰；雞舌芬芳，令譽丕揚蘭署。載膺法憲，特飭文衡，縣冰鑒於胸中；牝牡驪黃，咸歸剪拂，握玉尺於掌上。參苓杞梓，悉荷甄收。彩筆輝流，已見英標明日月；袞衣寵錫，行聽綦履動星辰。望切垂青，忱殷盼紫。某自慚樗朽，叨邇芳華。昔塵纓綬於漢南，夙懷芝範；今被鈞陶於宇下，深厴冶鎔。曳尾繫匏，莫施敝裾於憲陛；濡毫勒楮，敢馳幽悃於文壇？伏冀鴻慈，俯殫雀臆。

請宋按臺啓

伏以鷺軒南來，江漢挹澄清之氣；□袍正莅，簪紳瞻峻整之儀。徯來深切夫吏民，景式蚤孚於遐邇。恭惟台臺：玉潤金精，春溫秋肅。金粟凝碧，毓成冰雪凜貞操；長水飛黃，敷出經綸光偉伐。花封來暮，柏府崇□。身憑日月，翩翩兩袖晴霞；手握風雲，湛湛一腔甘露。茲聖明之特簡，式陬壤之分靈。爭誇桓馬自天來，社下鼠狐膽落；□藉朱衣而虹燦，湘中禾黍春生。樹崇標於貞度，蕭僚嚴霜比質；秉正色以揚清，激濁烈日生威。近膺斗北新綸，按部荊南要地。分九天之景爍，壯三峴之旌旄。百辟擬承風，矗一角神羊之觸；萬民思覆露，快五花驄馬之來。從容攬轡，而楚山玄嶽將爲動搖；指顧行春，而珮□鴨江佇聞震疊。斗山在望，丰度是欽。某等願垺鵷枝，材同散木。盼龍文之紫氣，久懷擁篲之私；抒燕喜之丹衷，不罄傾葵之想。夙知天高霄漢，心亦慕乎披雲；乃茲水近樓臺，情更殷于得月。端諏某日，肅薦初筵。暫拂薰風，仰睇德星之下照；承懷朗魄，祈挾爽氣以爰臨。佇聽鳴鸞，惟有拱鵠。

賀分守道徐扶搖憲副新任啓

伏以楓陛宣綸，惟著參藩之駿望；臬臺飭憲，榮分攬轡之鴻猷。倚玉增輝，彈冠馳賀。恭惟台臺：鏡湖毓秀，寶崖耀靈。丰度璘珣，筆灑龍門珠萬斛；英標燦灼，品超鼇壑錦千層。績爰茂於花封，平遂章於棘寺。皇華映日，覃敷解網之仁；朱轓聯雲，丕著褰帷之澤。揆文奮武，鎖鑰倚重於北門；貞度肅僚，紀綱聿崇於南國。行聽曳履，立見卜甌。某自愧散樗，叨分憲節。慚穢形之在側，企仰高風；幸芳軌之可遵，光依明月。謹裁蕉札，恪展芹悰。莫殫燕賀之殷勤，尚冀鴻光之鑒納。

答張葆光侍御啓

伏以蘭臺日麗，金陵綉斧生威；柏府霜凝，玉署驄輅振彩。十行遙賁，五內深唧。乃披牘以增慚，聊疏衷而布臆。恭惟台臺：泰階良弼，鼎軸名卿。擘畫精瑩，武緯共文經而並肅；□靈赫濯，內安合外攘以流徽。柱下射雕，習習風凌殿閣；臺中縣豹，巍巍名滿乾坤。斗北宣綸，共切□衡之望；江南聽履，獨高袞烏之榮。某俯愧□踪，仰思斗範。值封疆之受過，身已投於深林；企澄清之鴻猷，心實殷於訓誨。霓械芝簡，訝□□□□宮；瑋意琛情，倍襄章於纖宿。對北隆□，□□□德。臨啓無忉，瞻切感勒之至。

請張鵬海父母啓

伏以治象天開，黼座重親民之寄；循猷風動，山城近化國之春。雄名北斗齊高，福曜西躔獨朗。恭惟老父母年臺：氣涵天寶，才擅國華。雁塔文新五色，燦金鼇於海上；蕊宮譽重一班，試銅虎於山陬。吏仰霓明，有似然犀照水；民稱神牧，不殊五袴興歌。聲施已播於崇朝，政成安俟夫期月。諗見秋霜堪對，潔比冰壺；共欣冬日可親，和同醇醴。蓋胸蟠經濟，暫領斗大一州；將階躋崇高，行看雲開八座。某行山散樗，漢水敗鱗。幸依斗極之光華，願沐天邊之雨露。況系同蘭譜，聲聞豈靳於陳人；抑衷切星臨，晞照寧遺於白屋？謹諏某日，肅庀初筵。微舒對時育物之懷，用展瞻雲就日之悃。野芹可採，爰擎杯酒祝三多；赤臆何窮？且向一趨追四履，情深雀躍，望竚龍光。

賀宋又希中丞啓

伏以日麗旌旄，元老重封疆之寄；天宣綸綍，明廷新錫命之恩。道合明良，欲騰士庶。恭惟老公祖年臺：精忠貫斗，正氣干霄。身繫安危，懋著澄清宏績；威被侯甸，昭宣安攘訏謨。合三關之吏弁，盡倚生成；屹千里之金湯，雄稱保障。威名遄布，簡在愈隆。展龍韜以肅紀綱，固見光生壁壘；除狼跋以歌耆定，將占功勒旂常。治某情殷托庇，喜溢安瀾。匪獨謂正人柄用，欣彈此日之冠；兼慶夫西鄙有緣，近沛崇朝之雨。梟趨未克，雀賀遙將。伏冀台涵，俯垂鑒茹。某臨啓不□□□瞻仰之至。

賀方書田拜相啓

伏以紫庭當軸，經綸維社稷之安；黃閣運籌，指顧致邊陲之靖。萬國函蒙□□，一人眷顧元勳。恭惟老先生台臺：□邦良弼，蓋世偉人。清任和而出之以中，直方大而歸之於正。窮理盡性至命，真傳道統於聖人；責難陳善閉邪，久迪忠規於天子。茲者干旄纚入於鼎司，楓陛頓開乎泰運。繁機悉賴，化瑟更調。洞照隱微，操止水至清之鑒；憂深根本，畫安盤長謐之圖。謀斷並殫厥心，爕和如運於掌。頃當潢池弄梃，旁躪諸藩；兼之海外揚波，洊吞屬國。帝顧東西之堠，人驚赤白之囊。戡定巨艱，允資名相。行將執訊連連，盪洗欃槍祲氣；自宜迓衡穆穆，明章台斗祥光。蓋秉政有人，文事兼有武備；用儒無敵，外寧豈患內憂？當晉錫三公之徽冊，且恒垂萬禩之美談。某屢庸賤質，窳督微踪。馬渤步溲，夙在藥籠之末；鼠肝蟲臂，偕游化育之間。十七年一意茹茶，翻成唾面；一二事妄思忠國，誰亮枯心？生來媚骨都無，何怪謗書遝至？千里懷梟趨之惘，一箋伸燕賀之私。伏願永扶日轂，丕亮天工。調六氣以播鴻鈞，奏中書二十四考；稽五辰而凝庶績，襄上治萬八千齡。某翹首門牆，不勝歡欣企切之至。

賀汾州焦太守啓

恭惟老公祖台臺：天上斗牛，人間星鳳。江花開筆底，揮成錦字生香；郢雪落歌中，調出清聲獨冷。飛鳧標異，常留春意於郊圻；佐郡揚芳，更焫秋毫於蔀屋。甫見握符潞水，再爾剖竹汾濱。蓋惟帝眷此一方民，實勤軫念；故勞君重領二千石，特簡循良。蒼生耳目聿新，赤縣恩膏如舊。治某自分魚鹿，久沐汪洋。昂首仰龍光摳趨，未效於童叟；披忱將燕賀翹企，倍深於主臣。□冀巨雲□庇，慶出尋常；□祈滄海兼容，鑒□□□。臨□不勝瞻切之至。

候周座師啓

伏以日升天和，□□紫□之光；風霜□□，□□彤□之寵。應上□□仰□，在下吏以瞻□。□□門牆，惟勤踴躍。□惟老師：華嶽鍾精，洪流波□。□□名於盛世，□□□□文章；□勛□於熙朝，□□綸濟美□。□皇□志，簡帝□□。□□文衡，必舉□而應器；獨待品藻，惟度德以求賢。握端操乃百寀之宗，秉正笏爲四銓之首。關西夫子，□鴻鈞八表之□；江左夷吾，輔鳳□萬年之統。世□周詩於吉甫，道符虞典之□龍。□□□□，寰區具變。某叨從桃李，久披春日。以呈□□□山川，□切雲霄而展□。荷師座陶甄之力，得王廷□□之榮。鉛刻倍勤，佈荒□之戔戔；□依高厚，祇□□之□□。□□寸函，遥申賀悃。仰□□□，俯賜□涵。臨啓曷任惶悚瞻馳之至。

賀冀南道王賓吾老師初任啓

伏以憲府學勛，久著提綱之譽；臬司重任，時分借箸之榮。地當右輔以臨燕，位陟上賢以鎮晉。有嘉王佐，於赫聖謨。恭惟老師台臺：品正天中，望隆海内。吸六和清淑之氣，貫道義以中存；領熙朝綱紀之權，藉忠貞以外寄。踴躍哲人之崛起，勖勸世運之大亨。寵命頒新，遠動五雲於色燦；德操仰舊，溥和三晉以春温。協天瑞以應人，撫時康而濟國。昔茂棠陰於澴澤，並沾波潤於河汾。匪獨兩地之瞻依，實荷二天之覆育。鴻鈞運力，并州之草木盡屬栽培；鳳翚呈輝，西地之風雲□□鼓舞。允卜昇平之有象，重逢喜豫以無涯。願早發於弓旌，而萬仞雲煙助其脂轄；恭再瞻於山斗，乃百城禮樂賴以持衡。仁霑八郡以承風，恩洽萬家而覆露。帝心簡注，同□□老之殊功；師表光儀，再接歐公之雅訓。某龍門誼[二]

賀許座師壽啓

伏以日麗青陽，佳氣郁旂常之色；春生碧樹，明光發弧矢之祥。思放鴿以酬知，謹裁魚而爲壽。寅惟老師台臺：文章董賈，事業伊周。薦鶚連鷔，丹桂枝頭紅杏放；飛鳧振鷺，緑棠陰裏紫薇芳。一代仰其鳳鳴，凛凛簡霜寒殿陛；九重令之褒典，熒熒卿月貫几筵。拭目看秉鉞之綸，榮疏八座；昂眉覘添籌之屋，瑞啓千秋。人詠生申，觴獻萬年酬北斗；時逢建卯，蕣開七葉燦南山。集繁祉而頌岡陵，依末光以瞻日月。某遇荷國士，才本衆人。戴地天而報無能，久稽犬馬；塗肝腦其身有限，益惡蠛蠓。敬祝三福之先，悵趨庭而阻迹；肅將一介之使，顓函丈以旌心。伏願永茂椿齡，勳伐昭垂乎鉉鼎；頻更月旦，齒牙莫惜於冶錘。某臨啓曷勝，翹祝忭企之至。

賀冀南道公祖啓

伏以三晉春和，協經緯濟時之政；九重寵渥，□勖勸秉節之司。瞻瑞氣於一新，頌德音於四起。閭閻交慶，冠冕沾榮。恭惟老公祖台臺：太華凝神，洪流緒世。一鳴楓陛，掞文華白雪飛揚；千丈松巖，振芬響清風浩蕩。接蒼蒼於上黨，巍然品望崇高；著赫赫於中朝，允矣勳猷遠大。何慮四郊之多壘，久推萬里之長城。振虎旅以前驅，而紫電清霜，悉由鼓舞；握鴻鈞以獨運，而碧桃紅杏，盡屬栽培。藉深心練達以銘功，俱延首治安而在望。某情深踴躍，屬庇姘幪。依鄰日月之輝，彌切斗山之仰。每惓惓而引領，尚阻鳧趨；謹戔戔以函儀，祇由燕賀。伏惟淵照，曷任瞻依。

賀□父母考滿啓

伏以績懋循良，播三載菁英之譽；思頒綸綍，□九重□□之□。□邑歡騰，鄰封忭舞。恭惟老父母台臺：性地昌□，心源朗映。涵今茹古，迥□□□。□□炳外闈內，□燕臺之領袖。天人射□於□□，□□□□於里闤。玉立冰清，□世明□□火；風行雷厲，匠心妙若轉圜。□略夙□，□才□縱。琴鳴堂上，凌宓子以高聲；花滿河陽，擅安仁而競美。德化魯，中牟之馴雉；□調楚，柱史之烹鮮。頃當課最之期，快覯有成之緒。諫垣□左，嘗看內召以拜黃；龍秩翼常，即命上才而拖紫。□□踐斗於指日，且□□節於當年。某等素沐姘幪，仰叨河潤。幸遵鴻範，無繇趨賀臺□；望切龍門，祇恐轜輊記室。謹遣小力，用達微忱；敬□□□，聊申鄙悃。不盡寅誠，統希丙鑒。臨啓無□，□臣依瞻之至。

賀澤州太守韓父母啓

伏以五馬爰驅，欣剖符於天上；雙熊按部，看露冕於晉南。歡重山陬，祥開桑麥。恭惟老父母台臺：清澈壺冰，祥鍾瑄玉。才華磅礴，映瞿塘三峽之流；氣節嶙峋，帶劍閣千峰之秀。頃軾蘇湖而著範，已看桃李盈門；今舉郡國以分猷，更見甘棠充道。一帶汾晉之水，應知清似使君；千秋邵伯之湖，豈容美專前喆？政成不日，福照如天。士民已坐於春臺，鯨鯢將潛乎夜月。牛刀甫試，即聞章衮之歌；鳳詔爰宣，佇下璽書之召。某碌碌劇曹，肌骨化爲糠秕；悠悠塵客，肚腸純是荼蓼。幸台臺夢叶三刀，俾宇下光分半壁。無長鬚可命，愧修賀之已稽；托短楮將虔，冀鑒原其不腆。萬間廣厦，欣無夜雨相侵；徑寸枯荄，尤願春風早到。某臨啓曷勝歡忭遥瞻之至。

校勘記

〔一〕“㣼”，據文意疑作“任”，以下同，不再出校。

〔二〕以下底本缺一頁。

大中丞苗晉侯先生文集卷五

《漢濱舊話》序

予從事漢濱六年，去漢濱又六年，回首前因，不啻莊周之蝶，陽羨書生之轉陰陽爲奇也，夫何足詫□而留作話柄？然朝廷之功令自明，而當事之肝腸各別。風聞其事猶可言也，目擊情形者佯作囈語；挾私嗾誣猶可去也，吠聲逐影者竟爾昧心。樹上螳螂，草間蛇蝎，於今安在哉？予久不談天下事，蓋夙昔之酸咸苦辣，付於雲過天空。一卷書，一床夢，恍如禪定頭陀。而憐予疑予者，每將已陳之芻狗，欲余聱牙。予頻頻稱引，味同嚼蠟。且身已隱矣，焉用文之？因拈舊話數條，以答客問。此舌雖在，不復爭鳴。

噫嘻！伎倆有窮，百年易盡，不可知之功罪，與不可泯之是非，固不出於人力所能强耳。

苗胙土題

漢濱舊話

楚地初被流寇禍也，兵將都無。許總戎成名方□防山寇於衡、永間，撫軍唐中丞飛檄徵之。比許總戎至承天，建旗鼓扁舟中，隨行丁壯纔四十九人。按楚鎮久停，至天啓四年重設，亦必有爲，乃不與一將一卒，良非初意。既而唐撫公多調各土司及鎮篁兵，其來應募者，每一將率三二百人，以之分駐各城，總不能出城一戰。蓋兵分則單，而地方官怵於失陷州邑，聊作保全城垣之策，勢使然耳。

如是者一載有半，余言之唐撫公曰："欲許鎮救城，當先與兵，而後責效。且楚中苦賊已久，州縣守具粗備，兵可合也。"

唐撫公越日謂余曰："昔言良是。"即檄監軍道董其事。余乃遍召諸將領，諭以合力殺賊之意。約期同許鎮點定部伍，得三千四百人。舉冊付許鎮，許鎮受之。笑曰："此某鎮楚二年來，目所未睹也。異日倘少有建立，敢忘所自乎？"維時群寇往來，掠於汝、宛、襄、郾、承、德、漢、黃、廬、鳳之間，動以數萬計。此三四千步卒，安能有濟？然以夙無兵將之區，婉轉招徠，唐撫公亦大費苦心。乃橫被彈章，因之去國。議事任事，其難易蓋霄壤云。

乙亥冬月，余以督秦鎮兵詣麻城縣。時流寇方擾光山、羅山兩邑，皆與麻脣齒也。一夕，夜漏初下，李夢白太宰居北城樓，以蒼頭招余。余騎至，則諸紳、縣令畢集，指正北示余曰："賊來近矣，胡以爲策？"余登樓直視良久，□□□□"無恐，此野火也。非燒荒，則乞兒燎寒，決無賊火。近在二十里，曷往偵之？"劉縣令景曜遍問從人無應者，時舊副將鄧祖禹在側，挺然欲往。至漏下五十刻，還報曰："無他，屬磚窰匠役遺火種也。"遲明，太宰至署，笑曰："公何以知之？"余曰："易見耳。昨夜火平，漫無起伏，自西徂東，廣十餘里，次第延去。安有賊燒民屋若此者？非野火而何？"諸君又笑而去。

乙亥冬月，盧九台屬余點滇兵，蓋滇中一土司兵也。領兵者爲段天成，矯健英爽，將材選也。其兵甫三百人，綵布數尺纏頭，加以皮盔，野猪皮爲之，丹漆銀飾。又以野猪皮裁作條，浸桐油數旬，乃穿作甲，頗足禦刀銃。各兵兩脚盡赤，足板塗油，炙以火，再塗再炙，久而堅硬，不畏棘刺瓦石。內有倭人二，不諳華語，皮膚白皙。又有名黑鬼者，面色深黑，上寬下縮，睛黃齒白，凡六七人，面容色鬚俱相類。其器則交銃、苗刀，無他具也。其馬小而健，剪去鬃尾，極善登山。其鞍轡多以野猪皮爲之，飾以填漆，燦然可觀。鞍之質，玲瓏而實堅牢。刳木爲鐙，如兩鞋然，人居馬上，則雙足插入木鐙內，亦可避刀箭。凡此，皆我內地軍中所未有者。俄而，段天成率兵從盧公赴江北，卒莫見其與寇對壘。余竊料之，人馬器具各稱精好，經費不啻倍焉，在軍前頗堪眩目，若以之旗鼓相當，總非勝賊之具。當年調此兵者，與此兵來應調者，或各有見，余固不識耳。

乙亥孟冬，余監秦總戎、周參戎兵詣麻城，扼光山、英山流寇，既有青泥灣等捷。偶聞別寇近承天，余將疾馳而西，舊太宰李夢白送余曰：「公今行矣，吾麻為受敵之地，脫有警，願公急援。」余應曰：「此某責也，敢不唯命？但以剿賊為事，非可株守一城。然一城之人亦自足為守，曷不為里兵計？如麻邑人戶八十四里，當有八百四十甲，一甲養一兵，當得八百四十兵，人捐銖兩即可足食。此固不煩外取，立可辦者。」太宰稱善。俄麻城令劉景曜以此法，旦夕來請，余為批行，更懲愿該道唐梅臣行之。逾三月，余再抵麻城，則數百人迎余於郊，衣械鮮利。遙問之，則曰：「麻城縣里兵。」頗有軍容，以之守城，蓋稱上選，皆李太宰、周少司馬、劉緹帥主持之力也。

乙亥冬月，余以護陵趨至承天，則直指余二機、總理盧九台率諸軍在焉。先是，總戎鄧玘被焚死，所遺川兵慣作譁譟，屬副將周繼先統領。周故非戰將，而鄧之舊部曲雷時聲、楊世恩，改從總理盧公。乃檄余汰其營中冗官、悍兵，分隸雷、楊作兩營。余心知其指，刻日於元祐宮點汰其官頭四十餘員。呼千總、百總至，令其引兵向後湖，每百人作一隊，務橫直成行，不許少亂，蓋覘其意也。另以解事數人往偵之，還報諸軍色態如常，都無耦語變色狀。余促騎抵後湖，則兩將設公座迎余。余立案後，據冊點一百總，則領百人來，遞分兩將標下而硃注冊中，頃刻即定。時總理、直指及荊西守道坐操塲設宴，數遣人視余分兵。迨余入宴，諸公向余笑揖曰：「固知非公不能辦今日事也。然川兵驕悍善譁，斯日復傳訛嘖嘖，脱有他腸，不知置余何地？諸公固不明言，使余以身嘗試，不然者，胡以不先不後設宴操塲、各官群集以待觀？"笑揖數語，本心半露，每回想之，殊覺汗下。

軍中多有剿賊後，稱路遠難携首級，割耳鼻來報，號爲小功者，余夙疑之。監軍時，遇□□□，其中軍官何雲升來稟事，余固問之。雲升乃曰："洵有之，用馬騾皮之去毛者，割作耳鼻之狀，加石灰揉撚令含糊，亦惟暑月可行。"嗣後，余每驗小功，輒加意視之，悉如其言。軍中假冒若此，良足嘆也。

札委官孫懋昭大干軍法，余特疏糾之。夫白衣委官犯軍令，軍前正法，理也。緣懋昭先奉旨提問耳，其疏略曰：札付守備孫懋昭領楚中鎮篝兵守鄖西縣，輒引兵徑回鄖陽，以致知縣繼逃被參提問，而懋昭擁兵自若也。撫臣王某移咨及鄖委官代管營務，而懋昭與其徒張啓勝輩不納委官，挑衆鼓譟，必勒委官去而後已。及大寇近上津縣，發檄調防，懋昭竟在鄖陽穩坐，寸步不移。夫懋昭一札付守備耳，即擁衆自雄，不遵提問之旨，守城則率衆先逃，易將則挑兵鼓譟，調防則抗令不行，么麽小弁犯律者三，皆軍中之大忌也。尤而效之，縱有將如雲，不止糜餉，且虞滋亂，取以明正軍法，所謂殺一人而千萬人懼者，此類是矣。此疏既上，政府票擬止云："該撫按嚴行究擬連奏。"後二年，聞此弁尚管兵自若也。噫！以撫軍之權，不能行於一札委之白丁，而欲驅將士於鋒鏑之下，與亡命賊徒爭旦夕之生死，不問而知其難已。

直指余二機極惡軍中報假功。有加銜末將張上公，在棗陽殺賊四級，而塘報稱四十級。余公怒甚，立具疏特參，此誠是也。逾半載，余公遣將官楊廷佐等與賊戰於承天。余公乃謂諸將曰："爾等亦須多報功級以示鼓勵，但不欺我以實數便了。"即此可見言事、任事之攸分也。

庚辰八月廿八日，閱邸報，副將楊世恩亡於陣，悲慟久之。因憶歲在甲戌時，寇集襄陽，大將軍鄧玘率川兵赴援，部下副將五人，一時號爲敢戰。雖鄧將軍驕肆特甚，以視他部曲之縮朒，猶爲巨擘。于今鄧將軍被焚死，五人中楊世恩、雷時震、雷應乾陣亡，賈一選以鄧死論遣，獨周繼先以老懦被廢。莊生樗木之喻，信不誣也。

甲戌夏六月，余以分巡荆南副使，從大督陳公、中丞盧公後，剿流寇於竹山縣。縣當萬山之中，殘破後，滿城瓦礫，所留惟佛殿三楹，瓦屋數間耳。時鄧總戎、許總戎、張賀五副戎，兵二萬，馬一萬，糧絕，諸軍買牛羊屠食之，即督撫、大帥亦鮮穀食。諸軍咸以肉勝而病，且頓兵□前。余言之大督，還鄖運米豆。曳小舟，逆流行五日，始達鄖。措糧，措船，措夫，一日而具。糧抵竹山，大督公歡呼，謂同知侯三光曰：“吾生矣。”乃引兵赴興安追賊。

乙亥四月二十五日，襄陽大雨，平地水深二尺，大雹□入屋內傷器，大風聲如巨雷。衙院松枝其粗若碗，頃刻折飛數步。文廟前坊、城隍廟前坊、大街石坊，一時俱傾倒。六月十二日，又大雨，城內水深四尺。襄府前大槐圍可七尺，火從樹中出，片刻爲燼。一小戶家屋內，水浸及人腹，忽地上聲響，裂一大孔，屋內水盡注其中，皆耳目所不經見聞之事。

歲在丙子六月，楚中一鄉紳作知府者，求達官書數函，別借郵符，將入都有所營，取道武昌，爲蔡正庵大參所獲，報各臺使者。時余二機按楚，以柬商之予，欲疏糾。予復云：“綉斧糾一官生知府，未足示風裁，且發人私書，終非盛德事，但以擾驛處其持書之僕足矣。”事乃止。其鄉紳則黃州耿宦，名應昌也[一]。

挑燈寫數行。

早堂，唐梅臣入謁，即以示之，劉乃大恨余。其辭曰：“父母生此身來，胸中止有血，心頭上未曾有紗帽。因血心而漸起血性，立身法恒於斯，建事業恒於斯，養廉恥恒於斯，辯是非恒於斯。如人之至污，莫過盜賊，呼之以盜賊，未有不赤面者；物之至賤，莫過犬豕，擊之以木石，未有不怒聲者。凡此皆血心也。盜賊犬豕且有之，而況五官具備，冠履攸分，忝號爲人者乎？若徵於色發於聲而不能喻，撻於市朝而不知恥，此亦天下之死心人，曾盜賊、犬豕之弗若。乃欲獲上信友，辯是非，養廉恥，以樹身法而圖事業，斷斷不能，徒令人視之以犬馬未也，且視之以草莽。是因紗帽而喪血心，斯亦不智之甚矣。百事愴心，夜不成寐，平旦時偶念及此，敢書以紀之。時爲丙子中秋後七日。"〔二〕

謗疏出矣。

楊司馬初入秉樞，上剿寇方略，爲十面合剿計。內云：晉撫提兵橫截靈陝，此言蓋扼流賊歸關中之路也，非不斐然可聽。按自中州之朱陽關可以達商州，中州之淅川縣可以達商南縣，楚之上津縣可以達山陽縣，光化縣可以達龍駒寨，而鄖、襄所轄地與關中接者，尚比比也。況晉中撫鎮兵，合之不滿三千，胡能越境而禦大寇？晉撫亦曾躬抵陝州，不過一疏報無賊而還軍自顧，理勢宜然耳。司馬今統兵十餘萬，各督撫盡聽節制，所事朝請夕下，群寇尚爾逋誅。余昔所提督者兵二千五百人、馬百餘匹，而司馬責余剿賊無力，正堪對炤。

樞部叙楚中歷年剿寇戰功，於唐□□則復原職，於監司王永祚則如陞一級，□□□則復原降二級，至余則曰："應加一級，俟查案另議。"又叙護陵功，於各官俱有陞賞，至余則曰："免叙。"或謂余已解任，不應叙耶？則唐撫院亦革職者，得復原官，而叙剿南陽土寇功，何以解任之鄖撫陳壺雲復原降三級？閑住之豫撫王軒錄得致仕乎？前後皆楊司馬秉樞時覆疏，請以質之公論。

中州鄉紳之在京者，公疏參總理熊心開以流寇爲害也。楊司馬嗣昌覆疏云：「文燦總理二年，未嘗屠州陷邑，未嘗損兵折將，是其穩處。」至余被楚紳妄糾□□係風聞，亦無失城敗陣諸事，乃楊司馬覆疏則曰：「吏部議官，刑部議罪。」噫！司馬持功罪之衡如此，不知何以服人？

丁丑仲春，余在襄陽候交代，適楊文弱入掌中樞，取道於襄。緣寇掠南陽，楊不敢前，惟日與諸宗侯讌於公署。時余正訪拿巨惡白大中，從道府議，罰其修樊城之牆一百丈。蓋白兇焰非常，各州邑印捕官及襄中富室無不被其吞噬，蓋以訪事爲囮耳。楊以手字及余關説，余免其修城什之七。楊遂大不懌，覆柬來，即露聲色。此余忤楊之始，今楊兩次手札俱存。越一年餘，楚直指查疏至，舉楚人前糾余事盡付風聞。余自可無議，而楊覆疏乃轉換其詞云：「苗某之罪不在原參，而在剿既無力，撫又無謀。」余乃被罪。

戊寅之秋，余事下刑部議罪。余實無陷城喪師諸事，無律可坐。就楊文弱覆疏看，語亦止是才力不及耳。俄黃岡甄錦石縣南中入爲司寇，曾語司官劉桓曰：「苗公祖原無大過，止可擬徒以結前案。」已具稿批訖，適芮城陰太峰在梧垣，應詔陳言，疏內數言波及甄，然明明指名求寬。中牟劉大司寇，非爲余發也。甄旋上疏，有「晉人故云然」句。不數日，立迫劉桓改擬，且暮夜又以手柬促之，余乃得成。甄錦石作大司寇時，擬獄多從重。有一司官曰：「若此定案，如天下後世公議何？」甄笑曰：「此處正好做功名。」長安人士共哂之曰：「與『寧我負人』同一肺腸也。」今甄以鬻獄繫詔獄，不知所謂「好做功名」者安在耳？

丙子仲春，盧九台總理提邊兵入光化、襄陽追剿流寇，兵以九千計，馬以七千計，俱需本色糧料。米尚易辦，乃日支豆二百一二十石。江上豆商聞風鼓棹，□□令殊，且夕莫支，諸軍更曉嘵多口，寢至搜掠村疃。時余尚在監軍也，王撫公屬余調停。余因於襄陽北城樓集同知□□徒、通判祝錫範、推官江禹和、巡道周吉齋，暨鄉紳給諫劉淡持、大參朱完素、湯東泥，共商料豆，各出所見。群稱索之□□行戶，不若分派城中衛官、士吏、商民人等，先給時價，代官糴買料豆，多寡有差，咸以爲善。劉給諫欣然曰："余家有豆四石，今晚即送至縣。"余不合昌言曰："昔余巡襄時，曾立有城內二十一坊戶口册，是可坐名派買也。"又咸以爲善。鄉約取册至，乃按册定買豆之多寡，自五斗至五石止。朱令是夜每豆一石預給紋銀一兩，而徐收其所買之豆。嗣後發銀收豆，余未曾過而問也。彈者乃謂余借邊兵爲名，遍地科斂。不知當日派買料豆，係給價乎？係攫取乎？爲軍興乎？爲私用乎？權宜濟事爲善乎？坐視鼓譟爲善乎？彼立言者或未解"科斂"二字之義耶？

郿陽開府，爲贅疣爲陷阱，人皆知之。至於操議者出語失平，第供一時口吻。可笑者如蔣澤壘，當寇未渡黃河，奉命移鎮於襄，而人謂其遙駐襄陽。宋鹿游值一時無寇，自合還鎮，而人謂其高臥郿陽。余初撫郿，適寇擾荊州，奉旨扼防荊襄。余即介馬溽暑中，而彈者謂不敢赴郿到任。及寇在淅山、內鄉，去郿僅百里。余入郿料理，而彈者謂避賊之鋒。迨丙子秋，邊警狎至，兵部飛檄勤王。余提一千六百步卒，急君父之難，而彈者謂擅離汛地。不知撫郿者必置身何地而後可？昔人云："議事易，任事難。"于今思之，可爲三嘆。

賊首混名闖榻天者，真名劉國能，投狀求撫。其來見之人名曰盧鼎，余賞以紅布、酒飯，亦數年各省撫賊之故套，此外別無他賞也，彈者謂余賞以犀帶。殊不知加劉國能以副將札付，加盧鼎以通判給以札付、冠帶，別自有人，與余無涉也。

郿陽城外多有街市，弓箭、快鞋等物爲軍中必需者。適拿獲一人龔姓者，代賊買面粉、槲椒，余斬之，縣首通衢，即嚴示街市不許□列弓箭等物。印示尚在，而彈者謂余縱賊交易，不知視余爲何如人乎！

當丙子秋賊求撫時，偶別擒一賊至。余審其口語，陡曰："賊待江上橋成，即回陝西也。"余憬然曰："是必祝通判許賊此言。"即移文楚中撫按，嚴飭江防。文內有曰："誰作此搭橋之說者？其人可斬也。"乃彈者謂余許賊搭橋受撫，賴府廳力止，何其作誣乃爾？

丙子秋，畿輔戒嚴。時余方約秦總戎誓師殺賊，而兵部羽書適至，徵兵入衛。余急□鄖兵，得一千六百人，皆步卒也。屬□中有勸余莫行者，余應曰："君父有急，實難坐視，況兵部業有勤王之檄矣。異日清寧，此不入衛之撫臣，當置之何地乎？且一千六百步卒，而冀與戰，衆寡之勢，正較然易見也余行矣。"及引兵渡江，而兵部止兵之文又至，余遂引兵向光化縣剿賊。乃彈者謂余擅離汛地，可嘆也！

撫軍衙門例得受詞狀，然行軍時則不暇也。余提兵經過各城，行止匆匆，委不發放告牌，亦未有軍民馬前投牒者，惟於抵鄖鎮之日，循例放告。而彈者謂余每入城，惟知准狀，不知遍地干戈，誰暇搆訟？且撫軍無自行鞫問之體，是誰承問？不足再剖也。

丙子夏五月三日，余受事撫鄖。除料理大計冊，及得旨解任候代，例不視事外，實止陸閱月。中間一剿寇於荊門州，一剿寇於宜城縣，一剿寇於光化縣，一防寇於鄖陽府，一協同總理剿寇於南漳縣，一整兵入衛。皆身親鞍馬，各有軍行月日載在塘報可考。而彈者謂余不敢出郡城一步，不識軍中躬督大纛者係誰人乎？

余自竹山還郡運糧草，曳小舟逆流行，偶值磬口灘水淺舟膠。余上亂石中立，俯視水內，一清澈底，五色燦然，探水得石，如拳者、卵者、棗者、指頂者，以磨盪久，瑩滑可愛。其色則紅者、紫者、黃者、白者、黑者、藍者，白黑中分如兩物粘連者，一石而半細於脂、半粗如砂者，映水生光，出水則暗。再得一石，長可三尺，廣半之，石質糯若砂石，上作黑竹，文理極細，色膩如脂，勁枝交葉，恍一畫圖，洵目未睹、耳未聞也。載之別舟，置襄陽訓道公署之靜觀堂。越歲，余遷秩去，不知石之所終。

　　書稱丹桂北方之所未有也。乙亥冬十月，余監軍至麻城縣，諸縉紳過從，茶內多以丹桂作果者，色赤黃，味濃郁，質敦厚，倍於黃桂。問其收法，則鮮花加鹽，以冷水浸之罈中，可入春不壞。視金陵用鹽乾醃而色味俱變者，相去遠矣。及游劉金吾園，亭前一株，圍可二尺餘。劉將以一二小者，繇漢江贈余於襄，竟以兵事倥傯不果。

校勘記

　　〔一〕以下底本缺一頁。

　　〔二〕以下底本缺一頁。

大中丞苗晉侯先生文集卷六

言　鏡

楊復所論讀《孝經》曰："每日清晨默坐，閉目存想，從自身見今年歲，逆想回孩提愛親時光景何如？在母胎中母呼亦呼、母吸亦吸時光景何如？到此情識俱忘，只有綿綿一氣，忽然自生歡喜，然後將身想作個行孝的曾子，侍立於孔子之側，無限愛樂。"

問："孝何以爲仁之本？"近溪曰："子不思父母生我千萬劬勞乎？未能分毫報也。子不思父母望我千萬高遠乎？未能分毫就也。思之自然悲愴生焉，疼痛覺焉，即滿腔皆惻隱矣。"

曾子曰："往而不可還者，親也。至而不可加者，年也。是故孝子欲養而親不待也。椎牛而祭墓，不如雞豚之逮親存也。"

皋魚對孔子曰："樹欲靜而風不止，子欲養而親不待。往而不可返者，年也；逝而不可追者，親也。"立哭死。

司馬溫公《家訓》曰："兄弟，手足也。今有人斷其左手，以益右手，庸何利乎？虺一身兩口，爭食相齕，遂相殺也。兄弟爭利而相害，何異於虺？"

己之兄弟，即父母之諸子；己之諸子，即他日之兄弟。故欲吾之諸子和同，須以吾之處兄弟者示之；欲吾子之孝於己，須以吾之善事父與伯叔者先之。蘇氏曰："兄弟，其初一人之身也。"當深味。

人家尊卑、大小、內外、名分固是清肅，然情意常要流暢，無滯碍方好。如衣食、居處、禮儀、疾苦等事，或心有所欲，口難直言，俱要推心體悉，方可久處。一家人如一株樹，爲根，爲幹，爲枝，爲葉，大小固有不同，都要氣脉貫通，方能長養，不然必有枯槁日矣。

袁梧坡《世範》曰："自古人倫賢否相雜，或父子不能皆賢，或兄弟不能皆令，或夫流蕩，或妻悍暴，少有一家之中無此患者，雖聖賢亦無如之何。譬如身有瘡痍疣贅，縱甚痛苦，不可決去，惟當寬懷處之。能知此理，則胸中泰然矣。"

范文正公嘗語諸子弟曰："吾吴中宗族甚衆，於吾固有親疏。然以吾祖宗視之，則均是子孫，固無親疏也，吾安得不恤其饑寒哉？若獨享富貴而不恤宗族，異日何以見祖宗於地下？"

趙清獻公平生日所爲事，夜必衣冠露香拜告於天，不可告者則不敢爲也。司馬溫公嘗言："吾無過人者，但平生所爲，未有不可對人言者耳。"

邵堯夫有"兩不愧"之説，曰："獨行不愧影，獨寢不愧衾。"是真自修也。陽城有"兩不負"之説，曰："上不負天子，下不負所學。"是真作用也。黄洽有"五不欺"之説，曰："居家不欺親，仕不欺君，仰不欺天，俯不欺人，幽不欺鬼神。"是真學問也。

文清曰："大丈夫心事當如青天白日，使人得而見之可也。"又曰："心地乾净，自然寬平。"

王嘉叟别王龜齡曰："吾輩會合不可常，但當常留面目，異日可以相見。"龜齡亦嘆賞此言。吴康齋曰："士君子今日爲事草草，其如後人公議何？不顧後人公議，則非士大夫。"嗚呼！吾輩而誠念及異日面目，後人公議也，其敢草草乎？

倪宗仁書室中有帖子云："德業觀前面人，名位觀後面人。"問："觀之將何如？"宗仁曰："從前觀之，祇見我不如人，益勵思齊之志；從後觀之，祇見人不如我，自銷蹭蹬之憂。"

寇萊公《六悔銘》曰："官行私曲失時悔，富不儉用貧時悔，藝不少學過時悔，見事不學用時悔，醉發狂言醒時悔，安不將息病時悔。"

蔣希魯居姑蘇，延盧仲甫後圃，謂曰："亭沼粗適，恨林木未就。"仲甫曰："亭沼譬爵位，時來則有之；林木譬名節，非素修弗成。"

周濂溪曰："巧者言，拙者默；巧者勞，拙者逸；巧者凶，拙者吉。故凡人傷巧則可悔之事多，全拙則可悔之事少。"

王陽明曰："今人病痛，大段只是傲，千罪百惡，皆從傲起。傲則自是，不肯屈下人。爲子而傲，必不能孝；爲弟而傲，必不能悌；爲臣而傲，必不能忠。象之不仁，丹朱之不肖。總之，'傲'字結果一生。'傲'之反爲'謙'，'謙'乃對症藥也。"

邵康節詩曰："閑居慎勿說無妨，纔說無妨便有妨。爽口物多終作病，快心事過必爲殃。爭先路徑機關惡[一]，近後語言滋味長。揣其病後能服藥，不若病前能自防。"

或問明道："神仙之說有諸？"曰："若說白日飛昇之類則無，若言居山林間保形鍊氣以延年益壽則有之。如一爐火，置之風中則易過，置之密室則難過，有此理也。"

呂伯恭性褊急，因病中讀《論語》，至"躬自厚而薄責於人"，忽覺平日忿懥渙然冰釋。此可爲變化氣質之法，古人"佩韋佩弦"，亦變化氣質之一法也。

大清[二]曰："輕當矯之以重，急當矯之以緩，褊當矯之以寬，躁當矯之以静，暴當矯之以和，粗當矯之以細。察其偏者而悉矯之，久則氣質變矣。"

王陽明曰："變化氣質，居常無所見，惟當利害、經變故、遭屈辱，平時忿怒者到此能不忿怒，憂惶失措者到此能不憂惶失措，始是能有得力處。"

《家語》曰："水至清則無魚，人至察則無徒。察察者有所不見，恢恢者有所不容。"

王陽明曰："凡人言語正到快意時，便截然能忍嘿得；意氣正到發揚時，便翕然能收斂得；忿怒嗜欲正到沸騰時，便廓然能消化得，非天下之大勇者不能也。"

溫公曰："言不可不重也，子不見鐘鼓乎？夫鐘鼓，叩之然後鳴，鏗鍧鐣鎝，人不以爲異也。若不叩自鳴，人孰不謂之妖耶？可以言而不言，猶叩之而不鳴也，亦爲廢鐘鼓矣。"

虛齋曰："有道德者必不多言，有信義者必不多言，有才謀者必不多言，惟見夫細人、狂人、佞人乃多言耳。"

或問伊川曰："言語緊急，莫是氣不定否？"曰："此亦當習，習到言語自然緩時，便是氣質變也。"

□《筆疇》曰："人之病在好談其所長，長功名者動誇功名，長文章者動誇文章，長游歷者動誇游歷山川之勝，長刑名者動誇刑名平讞之情。此皆露所長而不能養所長者也，惟智者不言長，故能保其長。"

復所曰："凡人正當議論人時，一團盛氣，若遽阻他，反不投機。蓋常人習氣自是如此，若十分強激他更多其議，必伸其辯，是增人之過并己之過也。且自繇他，待氣平方纔與説，更□無人處私自化之，尚可使改。"

《筆疇》曰："稠人廣衆中，不可極口議論，逞己之長。非惟惹禍，抑亦傷人，豈無有過者在其中□？議論到彼，則不言而心憾矣。如對官長言清，則不清見怒；對朋友言直，則不直見憎。彼不自責其短，將謂我有意爲之矣。彼或有禍，我能免乎？惟有簡言語和顏色，隨問即答，庶幾可耳。"

凡人燕會交接之際，人品不齊，或行素有玷，或相貌不全，或今雖尊顯而出身本微，或先世昌隆而後裔流落。以類推之，忌諱甚多。須用心默檢一番，切勿犯人所忌，令其愧憤，亦君子長者之厚道也。

傅獻簡言：“以帷薄之罪加於人，最爲暗昧。萬一非辜，則令終身被其惡名，至使君臣父子之間，難施面目。”

淡生堂壁粘曰：“凡一事而關人終身，總[三]實見實聞，不可著口。凡一語而傷我長厚，雖閑談戲謔，慎勿形言。”

老子曰：“凡當今之士，聰明深察而近於死者，好議人者也。”稽叔夜曰：“剛腸疾惡，輕肆直言，遇事便發，甚不可也。”此可三復以當白圭。

唐充之曰：“前輩説後生，不能忍訴，不足以爲人；聞人密語，不能容受，而輕泄之，不足以爲人。”

許魯齋曰：“天地間當大著心，不可拘於氣質，局於一己。貴爲卿相不可驕，當知有天下國家以來，多少聖賢在此位。賤爲匹夫不必恥，當知古昔志士仁人，多少屈伏甘於貧賤者。無入而不自得也，何欣戚之有？”

一切吉凶悔吝皆慎之己，自仰不愧俯不怍。一切是非得喪皆聽之天，自上不怨下不尤。

胡文定公與楊訓曰：“人家最不要事事足意，常有些不足處便是好。人家才事事足意，便有不好事出來。亦消長之理也。”

留有餘不盡之巧以還造化，留有餘不盡之禄以還朝廷，留有餘不盡之財以還百姓，留有餘不盡之福以還子孫。

晁文公曰：“觀彼如意之極，不當健羨，世事皆有倚伏；如意之極，亦有不如意事。事難具述，理可再思。以此對治，自然甘處。”

老子曰：“甚欲必大費，多藏必厚亡。”又曰：“知足不辱，知止不殆。”東坡曰：“蝸涎不滿殼，聊足以自濡。升高不知疲，竟作粘壁枯。”諺曰：“莫使滿風帆，留作轉身地。”皆是留有餘不盡之意。

張文節爲相，自奉養如河陽掌記時。所親諷之，公嘆曰：

"吾今日之俸，雖舉家錦衣玉食，何患不能？顧人之常情，由儉入奢易，由奢入儉難。吾今日之俸豈能常有？身豈能常存？一旦異於今日，家人習奢已久，不能頓儉，必致失所。豈若吾居位去位，身存身亡，常如一日乎？"

文正公嘗言："吾每夜就寢，必計一日飲食奉養之費，及所爲之事，若相稱，則鼾睡熟寐，無復愧耻。苟不然，則終夜不能安枕。"

范仲宣嘗教子弟曰："惟儉可以助廉，惟恕可以成德。"

東坡居士曰："苟非吾之所有，雖一毫而勿取。"此雖豪氣體貼之言，却是狷者有所不爲也底意思。

《教家要略》曰："士人要使王公聞名多而識面少。"是名言，蓋寧使王公訝其不來，無使王公厭其不去。昔唐蕭與丁謂友，宅相對。丁將入相，唐遷居州北。或問之，唐曰："謂入則大拜，數與往還，事涉依附；經旬不見，情必猜疑，故避之也。"

梧坡曰："居鄉曲，輿馬衣服不可鮮華。蓋鄉曲親故居貧者多，在我者狷然異衆，貧者羞澀，必不敢相近，我亦何安之有？"

龜山曰："物有圭角，多刺人眼目，亦易玷缺。故君子處世，當渾然天成，則人不厭棄矣。"

司馬溫公《我箴》曰："誠實以啓人之信我，樂易以使人之親我，虛己以聽人之教我，恭己以取人之敬我，自校以杜人之易我，自反以息人之罪我，容忍以受人之欺我，勤儉以補人之侵我，警悟以脫人之陷我，奮發以破人之量我，遜言以免人之詈我，危行以銷人之鄙我，定靜以處人之擾我，從容以待人之迫我，游藝以備人之棄我，勵操以去人之污我，直道以伸人之屈我，洞徹以解人之疑我，量力以濟人之求我，盡心以報人之任我，弊端切須弗始於我，凡事無但知私於我，聖人每存心於無我，天下之事盡其在我。"

處難處之事愈宜寬處，難處之人愈宜厚處，至急之事愈宜緩處，至大之事愈宜平處，疑難之事愈宜無意。文清曰："惟寬足以容人，惟厚足以載物。"

文清曰："應事最當熟思緩處。熟思則得其情，緩處則得其當。事最不可輕忽，雖至微至易者，皆當以慎重處之。"

李觀察示劉器之居官"勤、慎、和、緩"。同謁一人疑，問"緩"字，李正色曰："何嘗教賢緩不及事來？且道世間甚事，不因忙後錯了。"

人好剛吾以柔勝之，人用術吾以誠感之，人使氣吾以理屈之，天下無難處之事矣。

人之性行雖有所短，必有所長。與人交游，若常見其短而不見其長，則時日不可同處；若但念其長而不顧其短，雖終身與之交游可也。

復所曰："常見人過者，日日只難爲於人，滿目荆棘，以此處世，其苦楚何如？常見己過者，日日只檢點於己，遍處坦途，以此處世，其安舒何如？"

羅近溪每見人有過，輒提起"怪不得"三字在口，謂吾儕日居善地，日親善友，猶不免於有過，此輩或所遇不得其所，或所交不得其人，或未聞善言，或未見善行，其有過也，如何怪得也。

文清曰："或謂人有慢己者，何以處之？曰：使己有可慢之事，則彼得矣。己無可慢之事，則彼失矣。失得在彼，己何與焉？"

好稱人惡人亦道其惡，好憎人者亦爲人所憎。此與"愛人者人恒愛之，敬人者人恒敬之"互發。

與人相處，雖貴情意相投、形迹相忘，然不可狎昵太甚，如長幼還當序齒，尊卑還當明分，內外、男女還當有別，笑語、戲譴還當有節，無攻訐陰私，勿故犯忌諱，斯嫌疑既違，可與久處矣。

當官不接異色人最好，不止巫祝、尼媪宜疏絕，至工藝之人，雖不可缺，亦當用之以時，不宜久留於家。與之親狎，皆能變易聽聞，簸弄是非。儒士固當禮接，亦有本非儒者，或假文辭，或假字畫以媒進，一與款洽，即墮術中。

待富貴人不難有禮而難有體，待貧賤人不難有恩而難有禮。

《□東雅言》曰："凡人施恩於不報之地，便是積陰德以遺子孫；使人敢怒而不敢言，便是損陰德處，隨事皆然。"

《憬然錄》曰："人有德於我，不可不感；我有德於人，不必望感。望感而不遂必責，責則恩反爲讐矣。"善乎！毛公之告信陵君也："人有德於公子，願公子毋忘；公子有德於人，願公子忘之。"三復此言，而"寧人負我，毋我負人"與"寧我負天下人，毋使天下人負我"，其賢奸立辨。

清獻《座右銘》有曰："盛怒中勿答人柬，既形紙筆，溢語難收。"荀子謂："傷人之言，甚於矛戟。"況形紙筆乎？

明道曰："易發而難制者，惟怒爲甚。第能于怒時遽忘其怒，而觀理之是非，亦可以見外誘之不足惡。"

《賓退錄》曰："古人謂怒於室者色於市，方其怒時，與他人言，必不卑遜。他人不知所自，安得不怨？故盛怒之際，與他人言語，尤當自警。前輩有云：'戒酒後語，忌食時嗔，忍難忍事，順不明人，常能持此，受益不淺。'"

庾袞父在，嘗戒袞以酒。後偶醉，即自責曰："余廢先人之戒，何以訓人？"乃於墓前自責三十。陶士行每飲酒，懂有餘而限已竭。或問故，曰："少有酒失，慈母見約，故不敢過。"

如治小人，寬平自在，從容以處之。事已，即絕口不言，則小人無所聞以發其怒矣。

蘇子瞻安置儋州，買地築室，日與幼子過讀書自娛。時負大瓢，行歌田間。有老媼婦，年七十，謂曰："內翰昔日榮貴，一場春夢耶。"子瞻大然之，呼爲"春夢婆"。

李九操少善屬文，晚不復留意。人問故，慨然曰："五十之年倏焉已過，鬢垂素髮，筋力已衰，宦意文情，一時都盡。"

校勘記

〔一〕"爭先"二句，宋邵雍《仁者吟》作"爭先徑路機關惡，近後語言滋味長"。

〔二〕"大清"，據前文應作"文清"。所録語録出自明代薛瑄《讀書録》卷三，薛瑄諡號文清。

〔三〕"總實見"，明劉宗周《人譜類記》卷上《體獨篇》作"縱實見"。

年　譜

萬曆己丑，一歲。

是年，先大夫任四川保寧知府。七月初九日寅時，先高太恭人舉余於保寧府公署。

萬曆庚寅，二歲。

是年，在保寧。

萬曆辛卯，三歲。

是年冬，先大夫先以入覲過澤，余從之。先大夫旋以讀禮家居。

萬曆壬辰，四歲。

是年，在澤州。

萬曆癸巳，五歲。

是年，在澤州。

萬曆甲午，六歲。

是年，在澤州。秋九月，一內親中鄉試，旗扁填門，余問父曰："彼何爲者？"父曰："因讀書耳。"余曰："兒可讀書否？"父喜甚，遂入小學。

萬曆乙未，七歲。

是年，在澤州。從事小學。

萬曆丙申，八歲。

是年，在澤州。從事小學。

萬曆丁酉，九歲。

是年，在澤州。從事小學。

萬曆戊戌，十歲。

是年，在澤州，從事小學。

萬曆己亥，十一歲。

是年，在澤州。從事小學。

萬曆庚子，十二歲。

是年，在澤州。從事小學。

萬曆辛丑，十三歲。

是年，在澤州。從事小學。

萬曆壬寅，十四歲。

是年，應澤州太守童子試，取高等。

萬曆癸卯，十五歲。

是年，再應澤太守童子試，取高等。

萬曆甲辰，十六歲。

是年，在澤州。

萬曆乙巳，十七歲。

是年，應澤太守童子試，列名第五，覆試第一。督學試，取充澤庠附學生員。秋七月，授室，即王恭人。

萬曆丙午，十八歲。

是年，在澤庠。

萬曆丁未，十九歲。

是年，在澤庠。

萬曆戊申，二十歲。

是年夏四月，丁司恭人艱。

萬曆己酉，二十一歲。

是年，守制家居。夏六月，生長女，王出。

萬曆庚戌，二十二歲。

是年秋九月，應督學試，取一等，食諸生廩。

萬曆辛亥，二十三歲。

是年，在澤庠。夏四月，娶次室趙於州。

萬曆壬子，二十四歲。

是年秋，應省試，下第。

萬曆癸丑，二十五歲。

是年，在澤庠。

萬曆甲寅，二十六歲。

是年，在澤庠。

萬曆乙卯，二十七歲。

是年秋，應省試，下第。

萬曆丙辰二十八歲。

是年，在澤庠。

萬曆丁巳，二十九歲。

是年，在澤庠。夏六月，生長子士寅，王出。

萬曆戊午三十歲。

是年，取入河汾書院肄業。秋八月，中鄉試第二十七名。

萬曆己未，三十一歲。

是年春二月，在京會試，聞先大夫訃音，歸里。

萬曆庚申，三十二歲。

是年，守制家居。春三月，生次女，王出。夏六月，生次子士容，趙出。

天啓辛酉，三十三歲。

是年，守制家居。冬十二月，有惡紳逼殺八妹之變。

天啓壬戌，三十四歲。

是年春二月，會試中式第二百九十七名。三月，賜進士出身。夏四月，觀刑部政。秋七月，給假歸省。

天啓癸亥，三十五歲。

是年，以給假家居。冬十月，娶次室劉於州。

天啓甲子，三十六歲。

是年夏四月，授官户部福建司主事，即署本司印。秋七月，管理下糧廳。廳以驗准官吏、軍匠食糧，坐派六倉廒，日爲掌故食糧者蓋二十七萬人。因創立簿籍，冒糧、買廒各弊竇一時俱塞。大司農南和李瞻宇，署考釐奸，吏皆束手，立法人服，精心云時。以覃恩晉先大夫府君中議大夫，嫡母仍贈恭人，生母封太安人，余授階承德郎，室人王封安人，給有誥敕軸。

天啓乙丑，三十七歲。

是年秋七月，下糧廳差報滿。八月，運餉赴延[一]

天啓己巳，四十一歲。

是年，奉先太恭人柩。春正月，發興元，繇漢江至光化縣登陸。二月，抵家。冬十一月，襄葬事。刻有《家乘》。十二月，伯兄河陰令卒於家。

崇禎庚午，四十二歲。

是年，守制里居。先大夫府君從祀鄉賢。

崇禎辛未，四十三歲。

是年，守制里居。

崇禎壬申，四十四歲。

夏五月，入都門補官。

中秋日，奉旨復除湖廣布政司右參議兼按察司僉事，分巡下荊南道，駐襄陽。蓋巡道係臬司分署，因帶僉憲銜也，以是年仲冬廿日，抵襄受事。

初意，出都入楚，可不過家。乃流寇犯吾澤界，大肆蹂躪，風傳特甚。因再至里門，繇順德至磁州，即聞寇在覃懷，至衛輝，戒嚴益急。及上行山，滿目焦灼，死於賊刃者橫屍道旁，殊不忍正視。祁民群要余車前，欲余向官司求寬賦。余入城，值直指李景峰按部，爲婉懇之，得緩催科。余夜登城，椎牛沽酒，大犒守城夫役。再糾孫玉陽、翟心水侍御、孝廉周石蓮、張漢槎諸人，醵金瘞郊外暴骸，以三千軀計。

前爲兒士寅聘王霸州守丹衷女，今倉卒成婚。甫五日，驅車赴楚，時黃河以南尚熙然樂土也。

崇禎癸酉，四十五歲。

春二月，以公務詣常德府。

夏四月，陪按君宋又希巡襄陽。五月，巡鄖陽及抵均州，聞側室趙氏之變，急返襄陽。趙以貧家女從余於諸生時，生兒士容，歷十有二年，有溫德，有慧識，廿年間未嘗忤余，未及一訣，心切痛之。

秋七月，加銜按察司副使，仍分巡荊南道。

九月，入武昌，提調武闈，取武舉尹鍔等七十五人。

冬十一月，流寇履冰過黃河。

十二月，即入鄖地。時蔣中丞允儀方鎮鄖，以賊警移駐襄陽。流賊陡至，鄖屬素無堅城，外邑凡六，悉遭蹂躪，焚掠甚慘。執法者以蔣中丞暨鄖守道徐憲副景麟俱論戍，固爲法受過，然實力不足也。

余聞鄖警，尚遣襄衛兵二百名，俾指揮謝成名領之往救鄖。夫以數十萬馬賊，而二百步兵當之，從後思忖，不啻螳臂抵車轍，何濟毫末？鄰封義急，都不暇計。過此，襄陽遂爲兵賊往來之衝。余隻身支撐於巡道署中者又近兩年，未見他人以隻輪單騎來應援者，良足興嘆！

是歲春，旱，米價甚騰。余發襄倉穀平糶，以冉經歷董之，而知府唐顯悦主其事。余更限以許賣，不許賒；許收錢，不許收銀；許賣一二斗，不許賣石餘，而貧民多得實益。迨本年秋，以糶錢糴穀還倉，多餘至四百石，不爲無益耳。

崇禎甲戌，四十六歲。

流寇犯襄，時余將襄屬七城預爲□□，各保無虞。鄧、許、張、李四總兵，尤、和兩副將，各統兵援剿，孫、謝兩中貴監紀之。余爲定其囂爭，措其芻糧，有司惟有受成。

南中久不見兵燹，一切城守、塘報、營伍皆余躬事條定。夏五月，從陳玉鉉右司馬、盧九台中丞率諸總戎兵入山剿賊，合兵二萬，馬一萬。自鄖陽詣竹山縣，層峰鳥道，有不可輿者，有不可馬者，且有杖而後行者。如是五百餘里，曾三日不火食，晝暴烈日，夜宿頹垣，都不遇賊。諸軍駐竹山，城內已經焚掠，屋宇俱盡絶，無易糧處，日惟煮肉。余遂身任催糧，乘小舸，從雨水大漲中，破浪直前，幾危者數。抵鄖陽，急運米豆千餘石，挽舟逆流，鱗次至竹山。頭船至時，漏下二鼓，陳司馬聞之，大躍於帳中。□□知□三光□〔二〕院□飼增兵，因建鎮南襄兩營，合得六百人，統以劉承胤。高第借七屬馬，得一百三十匹，諸縣賴作聲援。

今寇去，又選襄陽衛六百人，括樊城煙户得三千人，借用北人之商於樊者得五百人，南人之商於樊者得三百人，尹橋之作帽商於樊者得五百人，分合演練，一如軍中法，聲威頓起。

余直指公應桂按部至襄，臨塲縱觀，即上疏云："襄陽巡道化無兵而爲有兵，練鄉兵而爲真兵，備禦頗嚴。"然余雖號兵數千，亦聊固吾圉。余實不知兵，乃以此浪得虛名，私衷愧之。

是年八月，行七女生，韓出。

崇禎乙亥，四十七歲。

春二月，復築樊城，詳見《築樊紀略》《築樊續紀》二篇中。

三月，禦寇於棗陽。時筭將張大節以六百人守棗，流寇數萬擾德安，大節未敢出郊關一步。余帶襄陽馬步兵八十人至，乃演練城內外民兵一千六百人，別白旗號，於城外沙洲親訓之，三日而知坐作進退，因俾魏濂率之，專理守城。別調楚兵之偶駐襄樊者，與張大節輩結隊而出，敵賊衆於野，對壘一晝夜，頗有斬獲，賊夜遁去。時棗多草寇，余以計散之。

夏四月，晉秩參政，改鄖襄興安監軍，即欲束裝入潼關。大督洪亨九以檄至，屬余料理鄖襄本色米豆，并監三總兵、兩副將兵，剿寇於漢中。四月廿九，於襄陽受事，遴中軍、旗鼓等官，改襄營兵三百歸標下，繇鄖陽入秦。比至興安，三總兵、兩副將先已先奉洪大督公檄赴秦州、鞏昌，賊耗亦杳然。居旬餘，聞上津有賊，還軍遏之，斬一百四十九級許，見《豐陽大戰》篇中。復還顧襄陽，賊遁汝寧，會改余全楚監軍。

秋九月，有青泥灣之捷。

冬十月，□寇於麻城。

十一月，承天有寇逼近顯陵，余馳救之。各院鎮道咸集，群賊敗去。按君余二機留余在鄖，重理護陵諸軍。余創爲“分不如合，遠不如近”之説，蓋於時副將王觀國佐余按君，分四千五百人爲八營，環屯陵之四面，各數十里，且有在百里外者，猝難呼應，幾至僨裂。今合作四大營，選將汰兵，分部訓練，視昔改觀。鄧大帥先以兵譁焚死，遺兵三千餘，周繼先統之，驕悍著聞，人莫敢問。盧九臺總理檄余分汰，群議洶洶，咸爲余危。余佯作不知，坐元佑宮。先點閲其官頭汰四十餘人，閉宮中後院，俾無與與諸軍接談。始點兵丁，每百人爲一起，引立後湖沙中。點畢，傳令每百人横直成行，百總執旗領之，預令幹人陰察其舉止。及余單騎入軍中，隨所指揮，分給楊世恩、雷時聲兩副將統之，帖然就伍。盧、余二公方與荊西吳守道坐語演武廳，數遣人偵余行事。及兵已定，余入操塲，諸公拱手曰：“固知非公不能了此也。”

崇禎丙子，四十八歲。

春正月，督秦總戎兵扼賊於麻黄。原擬於黄梅縣出楚，與盧九臺總理會兵夾擊賊於汝寧羅山，盧公止之。會大寇闖塌天、一條龍九股，從光化縣涉江，群聚於襄屬，余從楚撫公王六澤統兵疾馳來援。

二月廿八日，抵襄，盧理公率邊兵九千在焉。邊兵不馴，地方人士畏而惡之。賊避兵入武當山，邊兵憚於登涉，望山而泣，不能進跬步。盧公乃檄余督其半，巡行荊州，實就食耳，詳見余《邊兵入楚紀略》篇中。時盧理公亦知邊兵不欲入山，而專以催本色米豆入山接濟爲詞。王撫公從刑官□禹緒之議，必不運糧，盧公遂引兵還豫。群賊三面阻江，因久毒荊襄矣。至是，余監軍一年，著有《解鞍小録》。

四月，余奉命撫鄖。

五月初三日，接旗牌印信視事。廿七，督兵詣荊州剿寇，合承天兵，與賊大戰累日，共斬級二千餘，詳見余《荊門剿寇紀略》篇中。

六月，奉赦詔，詳見余《奉詔招撫紀實》篇中。

秋七月，盧理公再入楚，與賊戰於南漳，不勝，再議撫。

八月，余改撫爲剿，斬三十二賊，誓師出戰。適以畿輔有警，樞部飛檄勤王，即選郎兵一千六百人，重整衣械以行。夫以步兵一千六百而往當强敵，何恃無恐？但君父有急，豈臣子袖手之時？乃後之持議者，謂余擅離汛地。彼出此言者爲史可鏡，真目無君父矣。

九月，部文止援兵。

冬十月，余入郎陽，始得料理鎮城諸事。駐六日，仍至襄陽，造大計文册。前築樊城告成，而給事中史可鏡、御史陳邑虞相繼糾余。余亦上疏□□，詳見余《辯疏》《辯揭》暨《撫郎日錄》篇中。

十二月，引兵援郎，護陵，還襄，發兵詣棗陽扼賊，著有《撫郎雜錄》《撫郎疏稿》二書。

崇禎丁丑，四十九歲。

春正月，得旨解任，仍料理辦賊候代。時襄陽之東，與新野、唐縣接壤，以饑荒洊臻，鄉民之黠者，假名團練防賊，實則公行殺掠。余計擒其首惡，駢斬二十餘人，遠配二十餘人，長繫二十餘人，皆從鄒郡守議，境内以寧。

三月初十日，得代出境。

夏四月六日，抵里門，適遇澤中宗室漁獵鄉民特甚。群鄉民揭竿而起，持刃持挺入城，與宗室讐殺，日以數千計。署州靳司理復鼓煽之，幾至燎原。余同紳士出而解紛，始得粗安。

秋七月，長孫振之生，士容出。秋冬，建西第。

崇禎戊寅，五十歲。

秋，西第告成。

九月，奉旨革職擬罪。先是，丙子冬，史可鏡、陳邑虞糾余，奉旨以輕撫墮狡令巡按御史查奏。今按君林紫濤奏稱，彈文盡屬風聞，而中樞楊文弱以香火黨史陳，乃覆疏中改換頭面云“剿既無力，撫又無謀”，欲以此坐罪。

噫！寇禍十年，剿撫迭用，余據建牙之空號，僅有步兵二千五百人，而以當每股五七萬之劇賊，且守家，且追殺，求增兵而司馬不許，求留餉而司農不許，力從何來？及赦詔特頒，專官捧至，不敢不一奉行。雖狡賊未就戎索，實未嘗因此別有決裂。以視他督撫之撫而叛，叛而殺人無算者何似？又可嘆者，兵部叙護承天顯陵功，院、道、府、縣各有陞賞，獨至余則曰“免議”。兵部彙叙楚中戰功，與余同事之撫院復原官，各道陞級復級有差，獨至余則曰“查明另議。其連聯功次，存案備查”。

今論罪而不及功，楊文弱固居然平章也，此等斷案，不知何以對君父、對良心耶？

是年秋七月，余長女適孟者病亡，余撰有墓志。冬十一月，七妹適徐者病亡。一歲兩哭，情何以堪？且余及兄及女兄、弟，共十二人，至是止存其四。心匪鐵石，聊付之長慟耳。

崇禎己卯，五十一歲。

春，以邊警狃至內地，晉爲神京右臂，亦甚戒嚴。州父母令鄉紳分汛守城，余及苗慶野、張綠雪、孝廉朱弼成、進士董心素廷元協守兩城。一切籬架、炮臺、旗幟、號帶、燈籠，并整頓器械之類，首捐貲爲之，各有尺籍可查。秋，修築城垣。余首捐百金。又督修南城一面，頗費心力，然亦自爲身家計也，夫何足言？

冬十二月望日，權厝副室趙柩於下磇祖塋之側，撰有墓志。

十二月廿八日，副室劉歿，緣吐血而咳嗽，而變爲癆，已逾一載，至是卒。

崇禎庚辰，五十二歲。

春，奉旨遣戍懷慶衛。先是，楊嗣昌以囑託私憾，借事請治余罪。俄而，黃岡甄淑入掌西曹，適與嗣昌同鄉，欲定罪案，而懾於公議。司官擬余城旦，甄已批允。遇星變，有詔令諸人直言時政，給諫芮城陰太峰應詔陳言，疏內侵及甄。甄大怒，逢人便詈，隨上疏有“晉人所以云然”等語，然陰疏實指名救中牟劉大司寇，非爲余也。甄遂立迫司官劉桓改擬余遣戍，仍促以手柬，劉桓難之。甄云：“時尚嚴切，從重擬罪。吾儕亦可藉此做功名。”噫！是誠何心哉？真與“笑罵由他笑罵”同聲矣。總督孫白谷亦因之重擬，白谷刊《省罪錄》，內有“甄淑修怨晉人”之語，蓋指此耳，議載余《漢濱舊話》中。

是年七月，赴戍所。

十月，生行八女，韓出。

崇禎辛巳，五十三歲。

是歲，在懷慶。春，病疫幾危。夏，病霍亂。秋，病溺結。余素不善病，今若此，蓋無端被陷，抑鬱填胸，安能自解？幸余性耽書史，聊可排遣。而王覺斯宗伯、史念冲太守、史雲岫給諫、王子房大尹，時相過從，少破飄泊之感，因著《寄》篇。

冬十二月，行六女于歸關門。

崇禎壬午，五十四歲。

是年，家居閑靜。方一意杜門攤書培竹，詎意天災頻仍？

七月，長孫振之瀉痢不起，此兒夙慧非常，大是可人。余視之不啻掌上珠，忽爾物化，痛徹心髓。

八月，仲兄揮使公告終。余兩兄暨女兄、弟十二人，昔先大夫歸窆時，執綍送者尚十一人，乃廿年間病亡相繼，僅餘余及兩女兄，而余年逾五十，鬢垂素絲，孫枝忽折，每一念至，忽忽悲苦，因再詣罩懷，稍圖消化。

迨季冬，以會葬仲兄促裝還澤。

　崇禎癸未，五十五歲。

築可園成。余舍前隙地三畝許，久作蔬圃。舊己卯歲，築學圃樓。庚辰歲，築西軒。今增築六宜亭、花林、看雲樓、菊存亭，遍植花木，爲逸老計。且咫尺居邸，即月夜雨晨，不禁目涉也。作《可園記》以紀之。

冬月，秦督余公應桂、秦撫李公化熙、大帥高公杰兵集於澤，士民惶震，各思避地。於時干戈四起矣。

是年，行六女適關者，以產病卒。

校勘記

〔一〕以下底本闕兩頁。

〔二〕以下底本闕一頁。

文峰苗公傳

苗公諱煥，字爾章，號文峰，予同年郿陽巡撫都御史晉侯公之父也。世爲賈皇裔，居澤州大陽里。曾祖銑。祖時雍，以明經爲常熟丞，通七浦塘，費千金以利民。父杰，廩生，加封承德郎公。甲子舉鄉，隆慶辛未進士。有志節，能治劇，除寶豐令，調魯山，左遷鎮江丞，陞户部主事郎中，陞四川保寧府知府。當在寶豐，不數月調魯山。山寇深林隱五刃，招礦徒亡命，洎隸圉之屬，驍驍旄旗，民廢畊墢，李謳其雄長也。結聚數年，有司戴罪，寇益得志，齮齕墳墓。

公曰：“禍好則禍巨，我寧痿人？不能動而制彼乎？”佯若不整旅，乘其紛拏，陰授策桀鷔者降入謳幕。謳弗知也，予之職。志乃襲謳，殺之，衆解。畢收鹵民，免於剥剔之患矣。俗騃悍民之梟，剽賊詗人陰事，竄入上司，因以恫喝大吏。公以事致數人，用法摩切以詢之。少頃，互相詆挫，公鈇之，皆得其狀，多仇少與。公且勸曰：“何樂爲人之蛇蝮？皆叢害人耶？皆郵之以城旦，如悔過自劾以洗舊瘢，吾亦嘉其新而已，不念鷹之目也。”諸凶憚其摘觖，皆稽首。又禁民之死繆以圖利，得渠率扶之以止。汝州軍屯地删卒之攘民田也，勁民折而退，地多□□。卒問之，小則控捲，大則攘臂斫劍，割人肌體。公力請上官，數年之舊地始歸，今二邑猶祠公云。

諸薦剡爭推公，會官廨戒火，有以賂鼎問者，公不之許，曰：“此□漁人也者，乃以此持人短長，吾入拜皁衣，出佩黄綬，不饜本心，奈何爲倉頭廬兒行徑哉？”遂謗以蜚語，主爵者僅移公鎮江郡丞。京口舟□，朝夕不稀，公不苟取，故寡浮費而□于應。某見操江中丞，日爲搏撤，曰："苗郡丞耄矣。"又數日，謁中丞。時公方四旬，爲之驚愕。命殿最諸衛弁，漏三四刻而報，命中丞俾理刑，將薦公。

尋以魯山夙謗爲平山令，於是不殘民以峻刑，而格闌戟以存弱屠，一如治魯山矣。其後陟户部主事，摧河西務，無私獲以累商，商亦不詛。無何，陟郎中，尋陟四川保寧府知府。故事，貿産多以縮價訟，蓋大豪詘其直也。公革之，鬻産，經三載，坐訟者刻石於衢，颺叢曰："革之便其俗，税糧私派無藝，民力窮敝，公一無所羨。"

時安綿道監司某，欲牆官涂，防馬盜，倣北走瘦陶、盧奴道。公持不可，曰："北路平，蜀山路甚險，路倚□窗，樹木哇吟，如俟而畚捣以班事序民，石溜笒崛逆濞以爲人害。必欲爲之，不獨道莿空費訾，是以德爲怨也。土事不成，害且倍蓰于盜，何益于髻懇之薜暴之乎？"大拂某旨，而直指適以它事彈監司。直指固晉人。監司惑焉，出謗書而蜚語又至矣，乃以吏議詿公。公知讒難聖也，公非婬婬無志節者，遂有夷然不屑之意，拂袂歸里。民爲泣留，感動左右。

歸于澤城西爲大椿園，娛丘壑間三十年，不言官政，恥請託，亦冲然無遭螫不平容，人以爲難。大約公爲人，負氣侃侃，不詭隨以易操，眎民利害若己利害，可不謂賢乎？年八十一終，祀鄉賢。子三：長有土，舉於鄉，官河陰令；次廣土，金吾衛指揮；季即巡撫晉侯公胙土。晉侯以戰績嫉于楊武陵，其概亦有似公者。

太史氏曰：予屢與晉侯處，恂恂有經濟才，而被讒中跆，艱于遇人，與文峰公之遭何異？於是驗古來抱才不詘物者，比比然也。蓋次公蕭長倩執金吾與恭、顯爲搆，彼人是哉？而皆屈抑以躓，鷟羽不群。端木無曲影，文峰公非躓非直，天地陰陽且爭，而人復何訧耶？詩人攬心于飄風，興刺於投畀，不過言其焚輪之勢耳，究亦於君子何損而纖介乎？譬之玉，經彫磨則愈光，道之不慁，邛浦後大，作求彌昌。嗚嘑！晉侯公之經濟，又將引之矣。

賜進士、資政大夫、南京禮部尚書、前春坊諭德左庶子、少正詹事、禮部左右侍郎、掌南北翰林院事、纂修實錄撰文、召對講官、紀注會典副總裁、東宮侍班洪洞王鐸撰。

中丞苗晉侯傳

汾陽朱之俊撰

苗姓自楚賁皇入晉，食邑於□，□衣冠望族。當嘉隆之季，若時雍，若杰父子紹衣，倡明道學，著述逼河津。而上雍明經出身，官常熟二尹，有惠政，民德之。杰食國餼久，當次貢宗伯，以子煥成進士，膺貤封，辭禄不仕。

煥生胙土，字叔康，號晉侯，文章經濟，卓絶一代，海內稱爲晉侯公。公垂髫，父正宦達，裘馬輕肥所有也。獨抱膝苦吟，精研理道，不爐不扇，與寒素埒，揮毫灑翰，立就千言，人以是多之。

中天啓二年壬戌科進士，官户部，理新餉，二十七萬人計口仰給咸飽，騰無觖望，著有《新餉志》。且處膏腴，不稍染指，朝野中孚，聲稱甚美。陟陝西關南道布政司參議，秉憲度，激揚有法，再陟湖廣荊南道按察司副使。

時流賊數十萬，由晉豫入楚，姦宄奪攘矯虔，戕吾民如薙氏芟草。既蘊崇之又行火□□，戰守動合機宜，心血殫□，著有《解鞍》等録。功□報最，陟全楚監軍道布政司參政，旋陟都察院僉都御史，撫治鄖陽，旗壁一新。著有《撫鄖雜録》及奏疏、尺牘等書，皆關宗社大計。蓋天子以辦賊專責公，公亦以辦賊自任，躬擐甲冑，不敢言勞。無何，宵人私隙搆禍，借剿撫齮齕，坐誣罷官。公去國後，封疆益僨蹶，兼天不祚明，兵繼以荒，傷心慘目，爲史間所不載。朝廷無失德，馴致社稷丘墟，徒增見聞者惋痛耳。

甲申國變，皇清定鼎，除兇雪恥，元天被格，録用先朝遺老，起公爲都察院僉都御史，巡撫南贛。甫載塗設□，大星忽晝隕，天乎？人乎？

予與公同年譜，昔領光霽，今讀遺書，不覺淚盈盈落也。人臣事君，惟力是視。在《蹇》之"六二：王臣蹇蹇，匪躬之故。"初不言"吉凶悔吝"，蓋使占者但當鞠躬盡瘁而已，至于成敗利鈍非所論也。《象》曰："王臣蹇蹇，終無尤也。"蓋謂事雖不□，亦無所尤。周孔兩聖人，精意微旨，洞悉人心之隱有如此。

公轉饟百萬，□事日棘；戴星□□，寇禍日烈。諸葛無補于漢，余闕有負于元，千古同恨。所可異者，曆數遞更，何代蔑有？或敵國強藩，漸而改玉，未有一夫作難。六合土崩，如有明之亡之忽焉者也。釁起于流賊，賊起于加賦，賦起于防邊。宮中府中，秦越異視；此相彼將，痛癢莫關。外臣朘民脂以潤身家，内臣挾威福以壅視聽。天下嗷嗷，帝王之資，此亦有天數存焉。

惟是封疆之臣，上馬□縆縢，下馬拯凋敝，拮据荼拌。彼緝緝翩翩者，息偃在床，出入風議，從而媒糵其後。止知伍子胥屬鏤于吳，而不知費無極誅夷于楚也；止見汲黯白首于主爵，而不見張湯牛車之禍也；止笑蕭望之跋躓於前，而不懼石顯絞縊於後也。使公當日者，不措餉以任兵之譁，不律師以任師之暴，或不至驕人好好，勞人草草，然於"匪躬"之義謂何？故吾表而出之，以告萬世之鞠躬盡瘁者。

校勘記

〔一〕原刻底本"《兩世本傳》所附《世譜》"之題目失載，此題目據卷首目録補。《文集》僅存《文峰苗公傳》《中丞苗晉侯傳》兩種，所附《世譜》失載。

撫郿雜録[一]

又　叙[二]

天下撥亂反治之機，全賴一人之識見爲搏捖。所謂識者，立於事先，不與衆馳，雖紛然萬應而不出其所見之局。如舟行江海，危風駭浪，踏然而來，而操柁者鎮乎自静，手足之下時有轉移，而終不離其所之之向，然後川可濟也。今天下之用兵，何其紛如耶？兵家之至理如“主客勞逸”之説，語雖至陳，要亦如“治國平天下”之道，必由省刑薄歛，雖千萬世不可動者也。

國初，如宋國公統兵三十萬征納哈，潁國公統蕃漢大軍征雲南，定遠侯提十萬衆深犁虜庭，皆能成功者。不獨一時大將從龍百戰，亦其士卒皆飲食於弓矢，其糧餉皆不求而備，其賞罰皆信必不假借，其號令皆不言而喻，其氣候正當鼎新，故雖用兵萬里而無異於几席之下。

揆之今日，藐不相倫。古之命將者，必問其人能將兵幾何，衡量而與之。如負重者能勝千斤，雖加以百斤而不可也。蓋其用兵之時，全視主將之氣力爲麾舞，而平居訓練尤須主將之精神周到流洽。今不問其爲何路兵，任舉一將而授之，責之以戰，譬如截他人之指附於我手，遂能遇器即執乎？兵之性情與地之夷險概置不問，以爲有兵即可戰，譬如以放牛牧童驟被儒服，令其搦管，彼之文字從何處得來？舉動如此，無惑乎兵日疲而驕，民日儃而盡，盜日多而不可止也。爲今之計，惟有處處守、處處戰，而總其成者，厚集資糧；惟致天下智謀敢死之士，使賊營之情形燎如指掌，用間出奇，以要於成，庶其可幾也。

公之備兵我襄也，賊尚在大河以北。公緫緫然下令，七城盡增高壘，盡浚深濠。襄樊舊無一兵，公以點金手練成八千子弟。以故，賊所過處無不殘破，而襄之七城晏□焉。又能以其暇力，一截賊於吳家店，使賊棄飯而逃；一截賊於雷家壋，傷賊無算。□所謂處處守處處戰之明教，已見於天下矣。其兵用而如不用，故怨咨不作；兵不用而即安於□里，故變故不生。賊至我地，利少而害多，故舊賊畏，新賊不往。此皆公以卓然之識，立於機先，故能未事而防，事至不亂。至公于役監師，與督理大將奔馳于千山萬嶺之間，餽餉不絕，猶能敗賊於豐陽，敗賊於青泥，於萬難措手之中而猶有事機之會。則所謂運附手之指，馭儒服之牧，而建宋、潁諸公之略。英雄手□無處不呈，又在思識之外矣。

予反覆其文詞，至《月下卮言》所謂"事業無盡，血肉有盡；設願無盡，酬心有盡；官階無盡，享用有盡；愁苦無盡，歡娛有盡"，撫然感嘆，此其識豈塵埃中將相所能具？然余故因是有芹曝之進焉。菩提一語，足廣弘願，曰："衆生有盡，我願無窮。上以酬聖明特達之知，下以出斯民水火之厄。"公其許我哉？

賜進士第、徵仕郎、兵科左給事中，年家治生劉安行頓首拜撰

郿鎮兵馬志

我明建制，各省各邊皆以都御史出鎮，蕩寇安民，是其專職。然未有兵馬不備、居重無資而能建威消萌、制勝彌亂者。郿鎮初開，未嘗無兵無馬也。迨文治既久，兵器可銷。王元美先生來撫郿，疏請減兵。嗣後豫大豐亨，渾無事事。此一都御史兀坐

萬山之中，耳無聞，目無見，案牘固簡，聘問更稀。或投壺高吟，或攤書消晝，非朔望謁神，不出轅門一步，蓋亦昔人號大隱之類耳。所以標下兵名標兵者僅三百人，名義勇者僅二百人；新、淅、內、鄧四邑馬兵僅一百三十人，馬僅一百三十匹。其兵其馬俱係按季更番，實則常侍大纛下者不過兵三百，馬七十。而以堂堂都御史，特奉簡書撫治，曾一千夫長之不若，欲以建威消萌[三]

　　□公設處經年，增馬百餘匹。余以監軍遷鄖撫，帶來馬除倒斃外二十九匹，各官丁自備馬而食官糧者百餘匹，共計馬三百餘匹，此鄖馬之大概也。余疏請增西北兵五百名，借問寺馬五百匹，部覆不允。竊念兵以二千五六百計，而隨侍之旗手、刀綁手、夜役亦取用于中焉。馬以三百餘計，而本院之自乘馬，各官之自備馬，亦列于中焉。縱五營兵合併而出，寸步不離，亦不足與一二十萬大寇對壘爭鋒。乃欲分半以居守，分半以剿賊。不知千餘兵、百餘馬，雖兼人之勇，濟得何事？孫吳復出，恐亦費手。況余白面書生，更苦心長力短。昔令居兵備禦寇守城，便爲完策。今叨領節□□在殺賊，而兵馬數目不及賊百分一二；□號建牙之署，難足殺賊之資。擊楫中流，惟有浩嘆。

　　丙子孟冬十七日漏下二鼓，紀於均州舟中。

鄖餉志

　　考鄖陽未開鎮之先，僅一江濱小縣，無兵馬，因無設餉。自成化年間欽命都御史出撫鄖陽，尋加提督軍務，乃議兵議餉，亦僅取給於所轄五府二州，它無協辦也。寇靖既久，勢至銷兵。王元美先生疏請減兵減餉，止存六千餘金，以供全鎮官廩、吏廩、兵糧、馬料、製械、犒賞之需。至天啓初年，遼事孔棘，又抽去六百餘金，而鄖餉遂同乞兒之室，煙斷釜塵。前撫莫可奈何，因將標下五百餘牙兵更番操備。彼時江中波恬，山鳥嗝嗝，何以餉爲？

迨崇禎癸酉，流寇驟掠鄖地，束手坐困，豈曰無因？嗣後客兵日衆，須餉日多。甲戌，盧治院九台每索餉於楚撫唐公，源源而應，名曰"楚濟鄖餉"。是年，楚中鄉紳公疏，請照蜀中例，每田一畝，派采三合，以養防兵。楚撫[四]三百七十餘兩矣，前營則月需九百二十餘兩矣，後營則月需六百四十餘兩矣。以客兵言之，張大節兵駐房縣，則月需一千九十餘兩矣；孫懋昭兵駐上津，則月需六百一十餘兩；鍾鳴高兵暫駐棗襄，則月需六百一十餘兩矣。此皆就丙子夏月所支餉銀略節言之。總計一歲共支餉銀七八萬兩，果可措處否？

余於丙子冬月，再具請定鄖餉疏，內稱臣具鄖餉原無定款疏。户部覆議，一概不許支餉，令該撫措處。臣不知該撫者指楚撫耶？鄖撫耶？若責之楚撫，則撫臣王夢尹新具三十餘萬金，勢難措處。疏其不能措處之狀，字字真實，讀之愴心。若責之鄖撫，則臣之額設公費已歸部充餉，臣之所屬五府二州久遭賊躪，無論臣不爲貪，縱欲貪而誰爲投牒？誰爲追贖者？是贓罰已無涓滴。此外一有徵輸，即[五]屬私派，臣斷不敢舉行，而鄖兵月需之五六千金，則確不可少也。

臣亦不敢以危辭妄瀆天聽，但因户部不准留餉，藩司各府遂不敢解餉至鄖。臣舍藩司各府之外，又安所得餉？餉斷而兵譁，兵譁而禍起。臣即一身被禍，亦無益於封疆。縱臣被禍，後仍須養兵，仍須給餉，不又費廟堂一番條定乎？但乞皇上聖恩，或准照例派米，或准留黔還楚餉於內，每月給臣衙門五千金，以餉鄖兵，俱在鄖、荊、襄三府錢糧內撥解，鄖陽府庫收支。如不足數，則湖廣布政司補發。倘支用混淆，臣執其咎。此疏既上，未見部覆。余已解任，未知作何歸結也。

余解任時，即將收支餉銀顛末册報部科。然余於餉銀一事，頗有頭緒。自丙子五月涖鄖後，即檄守巡下荆南兩道、鄖襄兩府。凡□□支餉，必須該道核實，請詳本院批允，兩府方可支給。本院通不經手寓目，其一切犒賞、製械之費，本院另行捐辦，不動餉內毫釐。道府即已遵行，案卷可查。及余報部科册，載自丙子五月，抵丁丑二月，收過餉銀五萬一兩有零，支過餉銀五萬八千二百九十三兩有零，其支數浮於收數者，皆係那動鄖餉舊存銀兩，有營將領狀存鄖襄兩府。

此鄖餉之實録耳，因念撫治一官秉鉞臨戎，代聖天子鎮此一方，空握兵符，全無操柄。三省藩司、府、縣，各稟成於所專轄，視鄖撫如隔膚之痛癢、異姓之續婆。餉不給而無以養兵，兵不飽而難以行令，令不行而無以殺賊，夫何足怪？蓋緣余行能淺劣，一切條畫都付空言，後之大賢來鎮鄖臺，必有改觀云。

丁丑季春十有四日，紀於南陽公署。

鄖地破殘狀

鄖陽舊未開鎮，國初設鄖縣，隷襄陽府均州。成化元年，劉千斤、石和尚等反于房縣，往來襄、鄧、川、漢之間。守臣不能禦，列其事上。

二年，命兵部尚書白公圭督戎務，撫寧伯朱公永爲平虜將軍，帥兩京及諸路兵往討之，擒千斤等磔於市，寇平，論功行賞。六年，大旱，流民入山者九十萬人，餘孽李鬍子等復倡首。右都御史項忠督兵搜剿，李鬍子爲其黨所殺，斬首出降，計俘斬二千人，編成者萬餘人，遣還鄉者四十萬人。公去，流民復聚。

十二年，敕左都御史原杰處置。公至，則勘流民丁口共四十三萬八千六百有奇，除發原籍外，凡三十九萬二千七百五十二丁口，編附州縣，設鄖陽府縣，行都司及鄖陽衛，此見《鄖臺志》。嗣後始定制，以都御史開府撫治，而割房縣地設保康縣，割竹山縣地設竹谿縣，割上津縣地設鄖西縣，率皆纍山間石片爲城，高不盈尋丈。

當承平時，夜戶不扃，取其有城之具體而止。鄉人糲食短衣，茅檐土穴，蚩蚩睢睢，有老死不入城市、不識官司者。縣令簿書期會外，一惟坐嘯。即撫治都御史，亦止拈筆攤書，優游歲月。鄖陽鎮城居民一千三百家，院、道、府、縣、都司、衛所群集其中，僅賴長江一綫，上達漢中、興安，下控荊州、襄陽，食貨往來，恃作外府，否則如蝸涎半殼，粘壁自枯耳。似此民無多詐，官有餘閑，豈不稱化日舒長乎？余昔分守關南，分巡荊南，皆爲鄖撫轄，猶及見此等景物。

迨崇禎癸酉，黃河冰凍，賊馬南驅，不兩浹月，鄖陽外六縣失陷已盡，文卷、衙宇付之一炬。興安州屬之平利、紫陽、洵陽、白河四縣，與鄖脣齒，亦罕一存者。週環千餘里，無城，無官，無民，止留一鎮城孤懸於漢江岸上，其不爲蝸涎粘壁者幸也。

余撫鄖時，去殘破已近三年，鄖陽府城外，一望瓦礫，四顧無人，斷壁焦梁，破灶寒煙，種種酸鼻；城內官衙、民舍、飯肆、酒帘尚堪妝點。及遍查外邑，如房縣，城中居民止餘二百餘家，室宇無大焚毀，田野厚沃，可以自存。保康縣舊惟斗大，近無一□一屋，縣令寄居山寨。竹山縣建近小河，可達漢江，城內室宇盡焚，止留佛殿一所，民居三區，餘已變爲茂草。竹谿縣寸椽片瓦，莫有存者，視竹山尤甚。上津縣右臨夾河，左逼大山，賊若彎弓山上，俯視城中，斷無人敢措足陴間，城內焚毀十之九。鄖西縣垛口盡壞，城且無門，小民織蓆爲室，甫二十餘楹，且缶鮮米菽，縣令無室可居，寄寓黃連埡舟中。此六縣破殘後之實錄也。至六縣鄉疃白骨盈野，□地滿山。倖生者已難枵腹，更苦催科。守土者一被銓除，如赴鬼域。聞之而不傷心，見之而不動色者，非夫矣。

余昔於甲戌夏月，從大督陳公、治院盧公暨鄧帥玘、許帥成名、楊副將正芳、馬參將科，共率兵二萬，馬一萬，入鄖□諸縣討賊。每行數十里，罕見居民，不火食者三日，夜宿毀壁中或樹下。遇扳援而上，高可插天，石蹬寬僅容足。□沿溝而行，澗水亂流，岈嵯參錯。初用竹兜舁之，間乘馬騾，甚則杖策牽藤，馬失足輒墮崖死，兵馬都無因糧□。若裹糧從之，一兵一馬各需一夫負載，又□得三萬人供此三萬兵馬運糧者，況三萬運糧人更求裹腹，實費商量。山徑每數百步□里，一里許定一轉折，一轉折又有分岐，斷非用兵之地。

余不知兵，想妙有韜略者，□具□〔六〕

邊兵入楚略

崇禎丙子春仲望日，余方以監軍使者督秦總戎兵暫駐麻城，忽聞大寇數股縣光化縣涉江。余遂催兵疾馳而西，取道黃陂、孝感、德安、隨州以抵棗陽。介馬著鞭，雨中月下，都不停蹄。隨、棗官若民，見賊已涉江而南，得免焚掠，怡怡如也。途次傳言，總理盧公九台親提邊兵亦入光、襄，余攜周僉憲六一急趨來會。

先是，邊烽稍熄，賊勢愈張。盧公身任討賊，所統步兵不過六七千。群議以步兵不敵馬賊，張大司馬象風主議暫撤關寧、薊鎮馬兵，得九千，付盧公調度。領兵者爲總戎祖大樂、祖寬，以王少參繼謨監之，自豫中逐賊至江北，復自江北逐賊入豫，入楚，回旋數千里，屢有大捷。如汝州之格料灣，滁州之城下，皆兵興來僅見之殊功。群心壯之，望指日破賊也。

及余入襄，楚撫王公蓼澤亦馳至。晤兩祖將軍，皆桓桓大

帥，料諸兵驍勁慣戰，有馬如雲，短刀插箭，見監軍至，皆肅
立。審視雄起可觀，不復如楚兵之纖秀長矛，市人見所未見，無
不錯愕。但馬以七千計，兵以九千計，俱需本色糧料，日支米一
百三四十石，豆二百一二十，草七千餘束。米尚易辦，獨日支豆
二百餘石，倉無夙儲。江上豆商聞風鼓棹，莫可窮追。朱襄令竭
一日夜之力，不足佐一日之需。殊旦夕莫支，諸軍更嘵嘵多口，
寢至搜取鄉疃。

王撫公因屬余調停，嚮屢奉明旨，原責監軍催辦糧料，乃不
敢辭。三月二日，王撫公以周僉憲、江司李稱貸紳士吏民於昭明
臺，以濟急需，余亦在坐。劉給諫淡持首倡借五百金，紳士吏民
次第登簿，得萬金。三月四日，余乃集程同知門徒、祝通判錫
範、江司李禹緒、朱縣令希萊、唐長史時暨、鄉紳劉給諫淡持、
朱大參完素、湯大參東泥，共商料豆，各出所見。群稱索之縣
官、行戶，不若分派市中衛官、士吏、商民人等。衆擎易舉，先
給時價，代官糴豆，多寡有差，咸以爲善。

劉給諫欣然曰：“余家有豆四石，今晚即送至縣。”余不合昌
言曰：“昔余巡襄時，曾立有城内二十一坊戶口冊，是可坐名派
買也。”又咸以爲善。鄉約取冊至，乃按簿定買豆之多寡，自五
斗至十石止。朱襄令是夜每豆一石，預給紋銀一兩，而徐收其所
買之豆，嗣後發銀及收豆。余未嘗過而問焉，邊兵始稍緝。

三月七日，理、撫兩公檄監軍道督兵南向荆州防賊。余即日
啓行，與祖將軍寬偕，路經宜城縣、荆門州，遍看軍中馬匹脊穿
者什之七，脊穿而病必不起者什之三。鄉民聞邊兵名目，相率
避去。

行□〔七〕

“少不足殺賊也〔八〕，今兵多亦然。是兵多兵少皆無功矣，將
何道而可？”張丞無可答。迨兵不入山，狡賊蟄伏。人視邊兵若

項下之癰，喉間之刺，恐去之不速。盧公冒雨引兵詣南陽，而邊兵入楚，殆虛此行耳。

丙子冬月，乃有彈余以措辦糧料爲名遍地科歛者，不知當日派買料豆係給價乎？攫取乎？出之余乎？出之僉謀乎？爲軍興乎？爲私用乎？權宜濟事爲善乎？坐視鼓譟爲善乎？彼立言者或當深思“科歛”二字之義，公評夜氣尚在，人心不宜若是草草耳。

闕　題〔九〕

門州賊踞獨久，爲鄖撫不轄之地，而界於荊、襄之間，諸事格不能行。余暫督鎮將兵，均非標下勁旅。將將者法難驟用，將兵者隔膚不親，兵家之忌無一不犯，欲以敵十餘萬方張之寇，何術之施？余撫鄖事莫知所終矣。悠悠江水，吾何以濟其命也夫？

崇禎丙子夏六月廿四日紀於舟中。

奉詔招撫紀實

越自流寇橫於秦、晉、畿南、河朔，及黃流冰凍，賊馬南奔豫、楚，江北盡作戰埸。將懦兵驕，蕩掃無日。各文武秉鉞者後先被罪，賊橫如故，以至聖天子避殿易服，下詔省躬，屢勒平賊之限，及取軍令狀，渾鮮成效。行間諸臣亦奚以自解？而赦罪招撫之議起。

崇禎九年丙子六月，包樞曹鳳起捧璽書至楚矣。先是，余於丙子仲夏三日受鄖撫事。時闖塌天九賊首率群賊二十餘萬，已於春月乘水淺過漢江，遍掠荊、襄、承天諸邑，鄖兵以守鄖不至。余謁□陵後，五月廿七日庚午，即躬督秦總戎翼明兵、楊副將世恩兵，再借按院余公二機所遣〔一〇〕

其人，叩見於城西門樓，在坐者爲周僉事六一、朱縣令希萊、鄉官劉給諫。范郡丞問來人姓名，則襄陽鄉人孟麒也，娓娓言賊乞撫之狀。給諫曰："須食之。"朱令遣人取蒸食數枚，酒一盞。給諫曰："非也，須厚食之。"朱令再遣人取大碗肉，大壺酒。孟麒實非賊，亦不敢大嚼。

余乃選一兵之雄偉者張奇，假以戎服，捧刊詔百本往諭賊營。給諫曰："可數明刊冊，不可一毫失信於彼。"數冊，止得九十八本，即補二本付張奇往，而賊即以一盧鼎至。余令張同知引見於官衙，余坐堂上，數其從逆，問其自新，反覆萬言，盧鼎第唯唯。仍令張同知引出，於鍾樓寺賞飯。盧鼎跪久，起行至不能成步。即押出城，未許再見。於時，襄陽市人聚觀者萬千，始終有張大經押送。

己酉，賊首闖塌天親引二十騎於城西□奏帥□上□□不語，即馳去。余謂張大經曰："翌日可伏百十壯士，待闖賊再至，急出擒之。事成給官，賞五百金。"而闖賊不再至。辛亥，余知賊非真乞撫也，發楊副將兵往擊之。賊逸去，斬其一級而返。撫議罷，余即於欽奉詔書疏內，極言不可撫之狀，原疏可按。

甲寅，總理盧公九台引兵入襄剿賊。丁巳，出師。戊午，及賊，戰於□縣□。癸亥，賊復遣盧鼎見盧理院及余於漢江驛。盧公宣諭更明悉，盧鼎跪聽，賞以羊一隻，酒一瓶，乃公遣經歷吳大紀、戴明往撫。

戊辰，兩官來，極言賊首求撫真切。得一正官往宣諭，彼即來見。庚午，盧公接入衛之旨，即日就道，余過江別於仁皇寺。己巳，襄守□□□到任，進謁，同知程門徒、通判祝錫範引□。余言及賊首求撫之意，丞判二官同聲□[一一]耶？別有因耶？同事諸司論具在，襄中童叟直道猶存。余有遵旨招尤疏，再陳撫事揭，載在別刻。

今余身已隱矣，焉用文之？但回思六載嘔心，兩番吐血，爲着何來？余以無兵無餉無事權之贅撫，剿賊不效，深負國恩。彼言者及主之者或亦負余，獨是言者，斥余爲癡愚，則雖詈余，實知余，鍼砭余，敢不謝教？

崇禎丁丑季春十三日，書於宛南公署。

夾河關焚船殺賊錄

崇禎丙子夏秋之交，余方奉旨扼防荆、襄，日與大寇對壘，未及詣鄖。忽中軍游擊李玉華、推官姚士鴻塘報稱，有大賊一股，皆精壯叛兵，數千快馬利器，從興安州擄船九隻，用掠去舟子，每船各裝八槳，助以小槳，其行如飛。馬步賊岸上先馳至村鎮，舟賊隨到。兩岸避難民船，搜劫一空。又東路南化各賊俱奔淅川，一半尚在壘石、白桑關。各賊水陸並犯，人心惶惶，急請余還鄖。

余思狁賊劫擄民船，雖五十餘隻，爲勢非小。然興安船小而薄，俱用竹釘、竹蓬，可計取也。遂飛檄李中軍、姚推官，多備戰船、火炮，選兵以待。隨差效用游擊王先聲，面授以焚船夾擊之法，假本院令箭以行。

比先聲至鄖，船兵、火器齊集鄖河之干。六月十四日，即帥之拽上流去。白河知縣王時賓亦率船十二隻，鄉兵、衙兵二百餘人來會。先聲同守備李茂春、楊明啓等官帶兵船五十餘，號邪許而前，其長三里。十八日，自白河縣發，辰刻即抵大王灘。值賊哨船二隻，被我兵打沉一隻，奪獲一隻，內牛二頭。十九日，遇賊大船二十三隻，岸上馬步賊約二千餘。賊見我兵，即駕槳迎敵，遂被我兵圍裹其中。先聲仍將快船駕至上流放下，火炮、火箭、弓矢齊發。自辰至酉，鏖戰百餘合，收得賊箭五百餘枝，炮打箭傷並溺死賊計一百八十餘。王知縣又令快船十數隻，飛近賊船。先將三眼銃擊賊，賊懼入船，遂將火罐、火球、火箭燃擲其船。火發，賊不能支，乃棄船没水登岸，賊船盡焚。賊避入山，江路始通。

竊念賊起數年，北地郡邑蹂躪幾遍，終不能恣意南嚮者，賴此江流界限耳。乃賊情日狡，漸學[一二]

移民實城紀

襄陽之屬邑曰光化縣，西濱漢江，北聯興沔，爲食貨縣水改陸之會，西北諸商趨之如鶩。僦居者與爲所主者，利於舟車之便，率築室江邊，連雲比櫛，繞城外西北二面，幾無隙地，而食貨委積，尤充棟不若也。城内公署、梵宇外，寥寥屋煙，可以指數。登陴一望，夏則禾黍盈阡，秋則水光照眼，殊不似劇邑。

及寇掠楚中，有司捍禦之力，不能及雉堞以外。光之商若民，視漢水爲命符，各買舟艤之江岸。或兵過賊來，即携婦子輕賚搖櫓波心，自詫謂全策。乃每遇悍兵，搜掠無餘，卒不一悟。

甲戌冬，余任鄖襄監司，創增城濬濠之議，六邑歡應，獨光化諸庠生力排，以爲不可，且群恕之。前治院謂："光本無虞，監司多事。"余遂不能强。越二年丙子孟冬，被流寇闖入光化關廂，鄉兵披靡，商民爭赴小舟，人衆水急，隨波畢命，不可數計，食貨損亡，固已蕩然。其舍宇焚毁，雖總計僅什二，而近城一巷半成瓦礫。

余同唐巡道統兵至縣殺賊退後，父老青衿都來謁見，始悔不聽余言，請余條定。余顧唐君曰："寇氛未靖，吾城吾民，洵屬可念，彼青衿昔日之□，亦書生故態，悉宜置之，當急作移民實城之舉。"乃集多官，召父老商旅之解事者，諭以城内築室，貯貨、營家，止於城外通商貿易，諸商民色喜而嗫嚅無言。余曰："是有因也，必築室之地不易得耳。"商民但稽首，余立命縣官王棟辦木板數十塊，各書"官買建房"四字，不踰時而就。

余同唐巡道、王知縣并光化佐領、教官，俱乘馬遍行城內，凡可築室之地，不問姓氏，即插木板，承行者登記地名。自辰至申竣事，而城內堪築室之地名、畝數載冊無遺矣。始令縣官議價，每地一畝定價若干，每地一畝分作房基若干，每房基一間定價若干。先出曉示，官給地主價銀，俟築室之家按地還官，皆縣令主之。此崇禎丙子十月初三日事也。迨十一月內，縣官王棟報築過房六百餘間，市井倍昔，諸人之過光化者。亦謂城內桑田盡成巷宇。

噫嘻！余於光邑僅一蓬廬耳，即光之存亡，亦僅係余一官耳，何爲疲力枯心，拂情買怨，必欲作此實城之舉？余亦自謂癡愚，然使人人智□，朝廷封疆□□□□□者，況光邑夙稱富厚，皆緣商賈得名。一□□□賊不棄□□，貨積城內，商賈求生，合力捍禦，共保孤城。其視昔之聞□移舟，留空城待賊，於城池於□官，孰利孰害？當必□辨。今後賊不犯光□□，余移民實城爲之；賊再犯光□□□，余移民實城□□。惟立言者加之罪，夫亦何辭？然初若或□之，後若或強之情形，正自了了，光人必有正氣存焉耳。

崇禎丙子長至日紀

闕　題^{〔一三〕}

監軍道親查沿江有司有無江上設備，又委官王先聲、范開世率兵船上下堵截，又移會秦鎮發兵對岸防維，又差官王之佐沿江稽查防江諸事，又差官王承業續查。其時秦鎮已力任領兵防守江北，余乃檄副將賈一選領鄖兵，借委撫院標下副將楊世恩領楚兵合營，急向穀城追剿。時秦總戎、楊副將兵方因被困於隨州，衣械損亡過半，就襄整理，偶一借用，非余部曲也。

仲冬廿五日，賊知穀城縣之羅漢灘，水淺不及馬腹，盤旋江干。見余所發楊、賈二將兵至，賊萬馬齊涉，二將縱兵一擊，群賊大潰，落水隨波者、馘首生擒者以萬餘計，所獲馬、騾、驢亦以萬餘計，僵屍數里，衆目所視。秦鎮所遣防江北岸之李向陽兵，望風奔潰，領兵官朱應雄死之，李向陽尚遥拽船上。

余即疏報，疏云：此一役也，千里淺灘，逐處可涉，蓋地方諸人所共見者；殺溺多賊，橫屍江岸，亦地方諸人所共見者。殺賊之功與過江之咎，原不相掩。縣官職在設防，負罪亦復何辭？兩副將殺賊江干，仍當全以功論。若微臣與鎮臣秦翼明，亦豈□□罪水濱？自合爲地方受過。疏上，蒙聖恩亦不深咎，惟穀城知縣童思聖鐫兩級云。

考自癸酉冬月賊犯楚中，侵尋五載，各撫治、鎮將暨調來土漢諸軍，自郧狙黃千五百里，與賊接戰，不勝屈指，殺賊多級，明白真實，無如此舉，諸將竟未得一查叙。試平心與曾經得叙者較量功績，自有公評。余不能率屬防江，斷無敢以兵單卸責，然豈不令諸多將士嚴寒裹甲，裂膚江干者，灰心短氣哉？

丙子除夕，書於襄陽公署。

闕 題[一四]

特垜口禾布，前貲已罄。余謂巡道唐君顯悅曰：“是不難就，但遴樊人之殷實者人築一垜，磚石土塊皆可作料，費不過青蚨數十文，三五官分督之，不五日畢矣。”唐君至樊，諸青衿以爲不可，力排之。唐君故仁厚，故俟再議。適沈推官起津新受事，持余前議甚堅。樊人負磚石土塊，人築一垜，旬餘畢役。余往視之，笑謂沈君曰：“此本院及巡道所不能得之樊人者，君以十日司理成之，可羨也。”

俄大寇老回回輩數萬衆，自河南新野來，將覷樊城。余時方渡江入衛，暫留保樊。群賊屯四十里外之牛首鎮，秦總戎翼明持重太過，屢促不前。余選所部入衛兵之驍健者，得八百人，夜襲擊之，賊倉惶奔光化。余率游擊周仕鳳，都司秦良憲、陶紹侃、樊寵諸軍往追，同秦鎮兵斬賊數百級，賊遁中州。

　余乃還軍光化，即次疏聞。當斯時也，賊以數萬騎直薄樊城，樊人鄖兵憑城而守，以出奇制勝。樊人向之聞□而婦女踉蹌舍宇一擲者，今一人持挺，闔門守屋，不必如失巢之鳥，伊誰力乎？昔周巡道六一欲踵余前局以保樊城，鄉紳劉給諫與之周行城基上，佈置方隅，皆與余舊畫暗合，可見心有同然。今賊至有雉堞之憑，居恒無鼠竊之擾，則城亦何負於樊？官亦何負於城？況勞在官利在樊，官去而樊存，樊之人更滅心而詈官，則大足悲矣。

　丁丑春，余疏陳襄倅專駐樊城爲修葺居守計，業已得請。及余去楚日，見樊之城堞巍然，市井熙然，不減未被寇時。今寇氛未靖，大剿方始，異日時殊事異，兼之陵谷變遷，或反以枯心於樊者因樊被罪，則不如前。人漠然視樊爲無喪無得。洵若此，築樊之心，不更戚耶？

　崇禎丁丑季春十日，書於新野縣之公署。

解鞍小錄[一五]

小　引

　予非師中料也，方予□□爲先大夫、先恭人所□□，日居小學，習點畫，辨□□，起息飲食，不啻珍之□□中。長，而兩先人督帖括□□。予復癖懶，恒有數浹旬不出户庭者。俄薦賢書，游曲江，對客語，面□作赤色。及版曹分署，涖陝參藩，皆博帶雍容，太平物色也。

予何嘗習師中之事？負□中之具哉？乃以流寇煽焰，頻年不熄，改秩監軍。噫！非其質矣。客曰：“昔留侯貌若處子，武侯羽扇綸巾，亦何必大刀長箭，躍馬提戈，代大匠斲乎？”予心滋戚，夫萑苻弗靖，赤子虔劉，而後借力於靮鞗，□典兵者積習□蒙日甚，而後監之。以文吏猶然，不能躬抱桴鼓以□勵□，□此官定設，僅以載筆□車，報情形，紀功罪，一掾吏之任耳，殊索然無味。但今日剿寇，當作殊觀，彼且無報□，無歸□，無顧忌，無向往，如室中之穴鼠，壁上之飛蠅，此驅則彼集，此滅則彼生者，非《武經》《素書》所可容其妄者。重以將士無殺賊之心，諸司多經域之見，□民喜□，辦餉極艱，皆兵家之忌，責功將於何日耶？

予經年馬上，心口自維，每於解鞍時，篝燈濡墨，紀所見聞，志之盈篋。偶取關切者存之，纔二十二三。然再一取讀諸篇，無功可紀，仍是報情形紀功罪之細事，予心更戚。

今予且改監軍，而撫軍於郧矣。郧處屢殘之後，依然戎馬郊騰，荷戈者解甲何時？扶犁者深耕無力，江邊山谷，維此蚩蚩。免於賊者復死於蝗，免於饑者復死於疫。敢懟陽九，終愧人謀。然郧之開鎮也，託迹萬山之中，□□建牙之署，有司則各有稟成，錢穀則各有主者，事權則各有專屬，兵馬則每多□□。浮寄於楚、豫、秦三隅之□地，控上下二千里之殘疆，以當數十萬出沒之强寇。此即能者亦必棘手，而況予非師中之料者乎？有以可嘔，無□可□。

吁嗟！已矣。回想清案搦管，午夜攤書，廬畔竹聲，花間鳥話，庭草無人自綠，聞者好作□人，亂鴉啼後，歸興濃於酒也。昔坡公鎖院草制，措思良苦。見一老卒午睡花前，展舒甚適，蹴之醒，曰：“汝識字不？”對曰：“不識。”公曰：“便好。”此等平話，却令人爽然穆然耳。

　　崇禎丙子端陽日，冀南苗胙土題

六城增濬紀略

　　流寇披猖，鯨吞豕突，肆毒九載，蔓延七省，攻陷七八十城，戮我生靈，污彼室家，且數十百萬。稽古昔大盜，如東漢之黃巾，西漢之赤眉，宋之方臘，正德間之邢老虎輩，皆不若是烈。蓋數值陽九，殺運侵尋，否則癸酉冬月，黃河冰凍成橋，頃刻度賊數萬，豈人所能爲哉？

　　客曰：「殺運云爾，其將袖手瞪目，立視斯民之塗炭與？」是不然，亦有人之所能爲者。子興氏謂：「鑿斯池也，築斯城也，與民守之。」以用於今日，夫誰禁焉？

　　當酉、戌兩歲之交，巨寇蠭雜、宛直突鄖陽，不三旬間，鄖屬六城並陷。余以全力守襄，襄屬諸邑瀕危者亦屢矣。養兵既已無術，客兵更不易留，殺賊罔功，全城爲上。乃堅意增城濬濠，以固根本。事出非常，決策甚難，紙上商求，徒虛時日。因遍召各邑令集郡城，爲甲戌十月廿三日，會於署內之靜觀堂。范郡丞汝梓、魏別駕士清、江司理禹緒、襄陽朱令希萊、棗陽金令九陛、南漳張令大觀、光化王令棟皆與焉。署均州則經歷蔣奕芳，署宜城則主簿崔文臺，各留居守。

　　余預列各地方諸大要務，縣各一紙，以四虛心，互相講求，而增濬爲第一義。凡增濬內之規制、經費、綱領、條目無不畢具。漏五十下定議，余謂一夜齒牙，費於百紙文書，方以定議者，牒上三院臺，皆報可。大略襄城堅好，稍需補葺，無煩物力而外，六城當同一例，城則增高五尺，以磚爲之；培厚三尺，以土爲之；濠則深一丈，廣一丈五尺。提綱則統於守令，分任則丞簿尉以暨土著之幹濟者。經費則義勸士民，有田一畝捐錢一文。

出納則舉紳士父老之公勤者掌之，不入官庫胥手。諸無難辦，獨經費一節易起波濤。然百畝之家，歲穫籽粒一二百石，僅捐錢百文，纔斗米之值耳，而以固圉衛民全活無算，便民乎？厲民乎？當必有辨。嗣是守令各率其屬，進紳士耆舊，昌言利害得失，鉅細勞逸，國憲陰騭，及余決意增濬之故，群情霍然。

乙亥正月，棗陽金令首報工竣。余馳視之，雉堞巍然，鑿濠得泉，遍灌周城，清波蕩漾，則□□之所不及也。秦人楊廉客於棗，經畫倡□，與有力焉，余爲文勒石紀之。均州蔣幕肇始，胡守承熙繼之。

乙亥秋八月，余自興元旋師，舟過均陽，城工已竣。引別泉入濠，濠水盡滿。東臨大江，居然天塹。馬中貴應辰有事玄嶽，出貲增七百垛，未易少之，余亦爲文勒石。

乙亥冬十月，南漳張令報竣工，紳士耆舊之分力建置者，濠則漳令任之，署穀城魏別駕經營強半，童令思聖終其事宜城，熊令文昌理之。

丙子春七月，余過其地，城頭更新者什七。兩縣以余遷秩去襄，尚未以牒報也。

光化商多於民，聚處西城外之江濱，城內強半化爲□□。蓋大江通秦之漢、興，楚之郢、竹，財貨周行於水次爲便，商民不願城居。城則卑陋單薄，□不能容足處。乃處士橫議，力撓其成。縣宰不能奪，增濬之舉，至光而窮。余不解其爲公爲私，但昔人興作，必權利害。今全利無害，必欲以己意格之。信而後勞，光人不信余，余不足信也，又何尤焉？適許大將軍駐兵於光，余謂其環光城另鑿大濠，注以支流，關廂民居之兩杪處爲二大渠，東接城垣，西連大江，傍引江水。鑄火炮四門置城頭以守渠，俾渠可守，關廂或可無恐，余終不謂善也。

噫嘻！備兵使者銜命而來，監此一方，在城在野，鴻雁熙熙，咸待命焉。不能如龔遂之治渤海，使民賣刀買犢；復不能如皇甫嵩之破黃巾，殺賊動以數萬計，乃斤斤爲嬰城之謀，洵屬下策。然以處於席豐履泰之餘，干盾盡敝，尺籍半空，聊憑兹雉堞以固人心而鞏壯圖，猶愈於無策耳。

築樊紀事

襄陽之樊城，西南一都會也，距襄城僅盈盈一水，兩岸人聲可呼應。屋角相聯，延七八里。群商雜處，以通南北財貨。船帆來江上，邪許聲曉夜不絕。登襄城一望，檣列如竹林，五方僑寓無所不有，殆未易物色。當南宋時，曾守樊與金人壁壘交持者三年，以樊有城可憑，且襄爲犄角，金人不能有樊，乃不敢犯襄。否則衣帶水，豈真一葦難航，可限南北哉？

迨我皇明，履盛席豐，纔一講武，便屬蛇足，其視內地堡寨，只人間籬壁垺耳。久之，樊城就圮。

嘉隆間，江右章公來撫郧，值兵休烽靖，物仞人和，數省協濟，得三十餘萬金。兩閱歲工竣，再閱歲城復於隍。蓋濱江多鹵，沙雜土鬆，非作□之過也，事無可攷。然樊之耄耋父老，猶能述其所見，娓娓言之，於今垂六十年。所周視城[一六]

賊不能離大□□步耳。兹者兩番震動，其苦無枝可棲。□□□道及諸有司起念無他，本道亦謂創築城垣非數萬金不可，且非數年不就，於應急之着無當也，乃變而爲敵臺高牆之説。其制：南面憑江爲險，不必更置外，將東、西、北三面就舊城基，因地酌宜，先建敵臺十餘座，以磚石爲之，上覆以屋，可容一二十人，及炮石、弓弩。週圍聯以高牆，以土爲之，牆留炮眼，可放箭、炮。每牆兩頭，皆與臺聯。至樊城原有六門，今即置門於敵臺之下，榜名於上。牆外濬濠，如城濠之制。如是而濠以衛臺，臺以衛牆，牆以衛居民，或不至爲鼠賊所蹂躪乎？

再照年來每有賊至，即竭襄之兵力，强半注於樊城，雖群寇慴於有備，未敢妄窺一步。而各部精兵遂不能舍樊而遠事征剿，不幾以一樊城沾滯全襄乎？若臺牆一成，兵可四應，至便計也。於今臺牆之築，已勢不容緩，工作之需，在房舍起科，衆論僉同。有封疆之責者，又何憚數月之勞，不爲樊人作百年之逸乎？且也出納之籍，委之土人，即府縣諸司，無嫌可避。董率之責，本道蚤已力肩。及是時鳩工辦料，又何待焉？若夫輸銀之則，市口與委巷有別，高堂與小厦有別，自五錢以至三兩止。彼茅舍數椽及傭屋而居者，皆置毋問。此蓋數月之商確，萬億之同心，不過損諸人匜月之佃租，綽然有餘，揆以情理，酌之時勢，原非厲民，地方士庶，所以都無異議耳。

三院臺俱報可，遂於丁卯春二月十八日，鳩匠興工，同祝神告吉者，爲范太守汝梓、魏別駕士清、江司理禹緒、朱大尹希萊、唐審理時，即以魏別駕董其事。俄而別駕以讀禮南還，唐審理代之。是日，天氣清和，彩雲淡蕩，匠作鼓躍，童叟縱觀，已幸落成之有兆矣。首建五門，五旬而舉之。適余以改秩監軍，遠役興元，歷三月方歸，而五門已土石堅完。朱碧陸離，不減重門設險，其諸牆亦半就版築。余復以菊月望日東赴郢黃矣，代余備兵爲周公吉齋，方大事經營，十倍於余，金湯之固，應在眉睫間矣。

方余之備兵於襄也，七城守具粗備，自恃無恐。獨戒心於樊，其爲樊計者，襄陽衛選録六百，以守備戴時雍、指揮謝成名統之。鎮算兵七百，以總戎旗鼓官湯載恩統之。襄兵鎮南兩營新兵六百，以加官銜游擊劉承胤、武會舉高第統之。樊兵四千，以加銜守備陳國策、千總□□□、□□曾統之。舊民兵二百，以操官劉□蘇統之。再括商於樊者爲北客營五百餘人，以陳國英統之。爲南客營三百餘人，以杜應文統之。爲冠營四百餘人，以劉文友統之。凡十有一營，爲衆八千。每合操燦然井然，恍見敵愾之氣。微晉其意中，盡以有事爲榮，欣欣向往，詎敢曰："果屬戰士，望其□此朝食。"

然襄居孔道，樊有羶名，兩年間大寇肆掠，馳騎如織，卒未嘗正視樊城。豈真厭薄吐棄，却以爲道傍苦李哉？余渡江詣興元，日聚八千衆於樊，各以片言慰勞。衆既依依纛下，余亦悵悵胸中，抵今不忘云。

襄南禦寇摘抄

蠢兹流寇，發始於秦之延安，以及全秦，傳殃於晉，俄而畿南、河北，匪不豕突鴟張。司封疆者聊且驅逐，遞相爲壑，方免冑處堂，首功競上，而起視四境，又見烽煙，賊乃披猖至此。

方其肆行河朔也，與楚、蜀、江北僅黃河盈盈一水，雖稱天塹，每遇冬深冰結，車馬長驅。余每言之，無肯信者，其視河朔之寇，如蕉下之鹿，夢中之蝶耳。癸酉仲冬廿六日，黃河冰凍成橋，頃刻賊渡數萬，汝、雒、裕、宛，所在騷動，□方信流寇之非蕉鹿、夢蝶也。賊騎奔騰，倏而從内鄉之黨子口犯鄖矣，倏而從鄖陽之金魚口渡江矣。不三浹旬，鄖之六城盡陷，漢江以南無復固志。

先是，余初奉命備兵於襄，逆知有今日。討軍實而訓教之，合七州邑舊設新增各兵壯以二千計，皇皇講持，矢彈交加，傷賊無算，以數百步兵對萬賊。金令九陛，方造胡餅餉之，擬遲明接刃，而賊已乘夜遁去。值大雨經旬，雙溝水漲，賊馬不得渡。余飛章請按臺余公，發許將軍兵於郿，再調鍾鳴高兵於光化，劉承胤兵於襄陽，合之可得四千人。水橫於前，兵斷於後，方期大創。乃兵到水消，賊復遁去，彼廢然返耳。

寇狙均州，均守故昏昏，莫知□□，群志動搖，兼城守諸事軍民互諉，因以江司理暫往董之。甫至，而寇逼城下，火光四達，司理閱守具，分□□，宣布號令，調劑州所官，取新擒賊黨斬於城外，一夕而大定，城守乃堅。蓋均州外通內鄉、淅川，內達房縣、竹山，層巒深篝，莫可窮詰。且鳥道幽雜，兵力難施，爲賊所夙窺。然宮觀兼嚴，屬國朝第一香火區。群寇於此，亦羅拜致祝，都無焚毀，豈賊之性亦猶夫人之性歟？

穀城則經歷蔣奕芳守之，郎臺蔣公以澧州兵三百協防。兵聞賊至，先攀堞而上。余嘲之曰："爾作此狀，令賊何爲？"因遣之還。蔣幕經營數日，守具粗備，且薄有斬獲，不謂無勞。光化與鄧爲鄰，鄧則群寇出入秦、豫之要衝，而每禍延於光。光有余新成壕塹在焉，亦時駐兵，賊終未近城。城外濱江一帶，比屋萬家，熙熙如昔也。宜城則主簿崔文臺守之，賊從廣德寺分股南竄，疾走蜀之虁門，而取道於宜，不近城者二十里，未嘗留行。

此七邑禦寇之實錄也，蓋自郡國去兵而武備弛，自衛所空籍而武備愈弛，吏則凝神案牘，民亦專事桑麻，非一朝一夕之故矣。偶當風起塵合，何從秣馬揮戈？人兮何尤？事局固爾。試屈指流寇遍擾秦、晉、豫、楚、西蜀，及畿北、畿南，攻城掠地，所至□□，亦〔一七〕

督兵郎興日録〔一八〕

聖明洞察，一如余言。

是日，飛蝗蔽天，磨翅有聲，群食田中，禾僅餘空莖。大雨兩日夜，遙望太嶽諸峰，翠靄欲滴，恨不飛陟其嶺。余四載間驅車振櫓過均陽凡八度，竟以吏事倥傯，刻期往返，未獲點檢登山屐。舉一方名勝，覿面失之，一行作吏，都無清況，益信閑者方是主人矣。

乙亥，次郎陽，李太守夢麒、涂丞必遷、徐倅養哲、姚理士鴻、蔣令奕芳來謁撫臺盧公、程參寰大參，共商兵食大計，每至竟日。盧公方改撫全楚，先是在郿匝歲，如治兵、造械，如屯田、兵船，如擐甲臨陣，匡時大略，在人耳目，余不勝心折。

六月甲申，發舟入秦。次黃連埡，郿西劉令伯元謁。次白河，王令時賓謁。次洵陽，姚令世雍謁。次興安，攝州張丞從政謁。大參王公肇區方病暑，越三日始晤。許大將軍賓實駐兵於興，有衆三千。是日爲癸巳，挽舟[一九]

渺與諸山迥異。登一虛閣，老樹婆娑，細草翁茸，鳥鳴葉下作百舌聲。山根清泉一脉，汩汩漫流。閣後一洞，僅同石龕，供呂仙石像，此香溪洞之綖來也。對山高可齊雲，玄帝殿宇在焉。拾級而上，俯視群山，村疃歷歷可數，余以一字評之曰"幽"。舊中軍官陳王道指點先日屯賊殺賊及焚燬屠割之象，爲之愴然。

時土寇數百，掠於黑水河，距興二百里，余將幾千兵襲之。偵者謂二百里間絶無居民，必裹糧乃可行。而辦米五十石不能得，坐失事會，於今恨之。嚮三總戎、二副將、一游擊，以賊聚秦、鞏，奉檄往剿，漢興數百里内，賊耗寂然。楚兵不易深入秦地，方苦坐食而再陷，鎮安之賊欲窺楚豫。七月甲寅，遂引兵還楚，駐興兩浹旬，不獲遇賊而返，無績可書，爰可愧也。及歷洵陽、夾河關，以抵上津、豐陽，方一創賊，事見別《紀》。

適朱陽關失守，賊出中州，恐逼襄、光。八月戊子，發上津，泛舟□，浹旬日，易大舟行。庚寅夜半，水入舟，幾蹈不測，幸聯別舟，免於□溺。飛帆南下，乙未入襄陽，賊復東走汝寧，余於是致慨於用兵之不易也。初賊近西北，因賊往興元，比至，而諸帥已他援。既而賊潰，東□，因馳來襄州，比至，而狡寇又他掠。僕僕三千里，徒疲馬力，借非豐陽一戰，豈不令英雄齒冷？然亦僅能遏賊境上，使三湘七澤得免蹂躪，於剿事全局安見有補哉？

總之，幅幀既廣，兼顧實難。千里趨戰，兵家所忌。賊以流徙爲得策，我以追襲而罔功。解絃而更張之，此其時矣。

轉運紀略

楚自用兵來，日辦賊，日苦餉，有司骨髓輸之，軍中泥沙視之，其枵腹猶故也。蓋餉之爲義，從食而不從金，可見堪食者方爲餉，則本色米豆是。而兵士之所需，則每在金而不在食。白鋌入囊，恣意揮擲，及入山披殺，蚤已杖頭無錢，安望釜中有米？此兵士巧用其不欲殺賊之故智也。於今明旨□頒，責監軍道臣以催辦本色，而督部洪公，頻往來鄖襄，料理本色。屬之余，正爲鄖地久爲群賊出没，枯石荒村，寒煙斷壁，決無有張肆發廩供諸軍倚劍盤餐者耳。

時爲崇禎乙亥夏五月，許總戎成名、張總戎應昌、秦總戎翼明、鄧總戎玘、尤副戎翟文並軍於襄，將次第入鄖。余特入山支米，近城支銀，及額定炊數之説，正色相商，諸將軍許之。因集衆人定議，借價於襄庫，派買於襄、荆、承三府，列爲四運，運各有則。其司買辦者爲襄陽范太守、荆州高太守、承天賈太守。司自荆、承、襄運至鄖中者爲荆州朱別駕，司自鄖運至軍前者爲鄖陽徐別駕，舳艫千里，挽拽而上。值大雨，時行逆流洪浪中。灘高水急，輒澎湃入舟，米豆盡濕，又從而秋陽暴之。費力無算，一萬三千石始悉抵鄖，鄖且倉箱俱盈矣。嗣是兵集興元，斗米銀五錢，且匿不入市，屬興守以代糴，遂得惡聲。

余取米五百石餉之，各兵以寧。兵集上津、豐陽關，斗米銀八錢，矧無商販，殺病牛食之。余及大帥在焉，亦居無鹽菜。余取米三千石餉之，更大創賊，借非此也。興元城外以民苦兵，已不能保其忍饑□□。即豐陽關下，數萬賊鋒，挺戈相向，持至旬餘，借非此物飽士秣馬。上津、鄖西一路不知作何景象，其閩入內地，又可揣見矣。按臺余公疏稱，豐陽關倘非楚兵盈萬以扼之，豈能退轉賊趨南召、鎮平，不敢趨郿襄？豈非以稍稍有備耶？是本色之所濟良多也。握珠打算，當日用價僅萬餘金。今米豆散寄郡邑倉廩者仍數千石，其各營兵扣價還襄庫者，猶然官家故物，而諸軍乃不復能以無食難主者，主者亦不至對諸軍無顏色，郡邑所散寄倉廩數千，用物尚弘。

公家之事，余曷敢貪天？聊以志其顛末云爾。

豐陽大戰紀略

崇禎乙亥六月丙午，余同許總戎成名，率鎮箅兵三千駐秦之興安，總督洪公方布四面堵截，中央披殺之局。流賊雖橫，未能傍逸。其焚掠西鳳、商雒間者，以數十萬計，皆眈眈楚、豫。時楚撫盧公方治兵襄陽，郿撫宋公方受事郿陽，楚鎮秦都督翼明駐兵光化，賈副將一選、周副將繼先駐兵豐陽，豐陽蓋秦楚豫之要害也。丙午，鎮安縣再陷，□至興安。七月朔己酉，即發兵詣洵陽，以遏賊鋒。關中無米，諸兵肉食。一兵採道傍之李，至斷人手，余斬於江上，兵民始帖然。居七日，丙辰微明，賊走山陽。余謂許總戎曰：「是賊欲犯楚，逼迫宜促，兵直掩其前，發機貴速，賊必驚沮，大事可定矣。」乃疾趨上津，直出豐陽關。

自興至豐凡六百里山徑，欹仄無以進，一馬墜崖。□□山間，屋椽盡燬，老□□餘，都不得炊爨處。癸亥，抵上津。賊眾十餘萬已逼豐陽，距上津一舍。賈、周兩副將方窘，秦總戎如盧公議提兵來，適與箅兵同至，軍聲大振。賊夜劫營，秦覺而追之，不能及，然相持已旬餘。丁卯，余就秦總戎議進兵，云：「旬日未動，賊防必疏。我已有眾七千，得前所未有，何懼賊乎？」夜傳令會諸將。戊辰遲明，楊廷佐、孫振武、何雲升、賈一選、周繼先、張大節分股出營，直抵賊所，兵刃既接，賊遂披靡，斬首一百四十九級，賊乃夜奔商雒。壬申，上津令蔣宗繡驗功級於市。

此一役也，六百里趨戰，恰與賊值，三部曲兵不期而遇，若或使□□□，未欲再禍三楚云。

月下卮言

秦楚界上有山，高峭而綿亘，中分一支，再□再起，結作峰巒。圍可三里者，大江橫其胸，小河繞其肩背，森森汪汪，日以繼夜。緣川而達峰巒，僅土崗亦丈許，環峰巒聚處者，屋角相聯，生齒亦茂，是爲洵陽縣。舊無城郭，蕭水爲險。

余昔分守興元時，此地熙然化日也。越七載，以督師剿寇，自楚如秦，舟中遙望，則頹門生草，斷壁無煙，什一子遺，慘凄相嚮。蓋甲戌春日，江水枯渴，流寇褰裳策馬，險無可□，□此大創耳。縣令姚世雍方纍石爲城，功未竟也。

時許大將軍成名亦引兵至洵，及餘維舟江岸。是夜炎□初收，□十四□，微月白則水澄銀漢，風清則爽透羅衣。余乃約許公泛小艇游別渚，輕舟漫櫓，信其所之。船頭笛聲清和嘹喨。許公掀髯曰：「藏有斗酒□，□□以行，□三分白。」昂首山巔，有路可陟。

遂舍舟著屐，百步之上，方坪如掌，鋪滿青草。余曰：「此醉月地也。」洗杯更酌，許公抵掌，賊情兵事，娓娓可聽。徐及其四十年疆場勞悴，艱苦備嘗，從事滇、黔，奢酋殄滅，猶自壯心勃勃。既而嘆秋容之已邁，□□之未生，感極悲來，欷歔特甚。

余曰：「請爲公解之。天之生人也，事業無盡，血肉有盡；設願無盡，酬心有盡；官階無盡，享用有盡；愁苦無盡，歡娛有盡。煩惱侵心，面目祇爲可憎。經營俱化，花鳥亦自宜人。蟻蠓朝生而暮死，彼亦恍一世之本末也；靈椿八百歲爲春秋，彼亦埒瞬息之霜露也。推而染紙成字，結水爲冰，市虎易傳，棘蠅亂起，□作雲雨，恩等仇讐，當境認真，轉眼是夢。戲埸響鼓，假參軍之喜怒，原不繇心；政府排衙，真宰官之焦勞，枉自作苦。定須一眼覷破，難容畢世牽魔。”

許公〔二〇〕

鄧帥兵譁紀略〔二一〕

許大將軍成名、楊副將正芳以鎮篁兵鼓棹渡江，誘譁兵來迎。帥從上流十里許戴星暗渡，與許帥刻期掩其後，殺譁兵三百餘人。花么兒諸奸皆與焉，幾以樊城殉，嗣是馬步兵同室仇讎矣。

於時楚中寇靖，重九日帥引兵而北。余偵之，是日漏盡，前發者，輿中馬上，佳麗如雲，或軍中龐雜，帥未及聞乎？

乙亥夏四月，帥自江北入黃麻、德安。廿日己亥，抵樊城，停驂樊城之公館。余以改秩監軍，聞帥私戒所部曰：“監軍未易犯，其各慎之。”果無大擾。樊市人亦幸其部兵之鮮衣釀飲，恣意揮金也。

壬寅，鄖撫盧公會帥暨許總戎成名、張總戎應昌、尤副將翟文，誓師神前，余及江司理禹緒在列。誓辭嚴峻慷慨，令人骨悚。癸卯，預給夏五月餉九千餘金。甲辰，帥陳兵武塲，軍容奪目，余侍盧公按彎遍觀，與帥□談臺上，犒師而別。

是日，漏下三十刻，陡報川營馬兵有變。暮夜隔江，無處措手。余披衣待旦，遲明，聞馬丁結聚陳□□矣。俄聞馬丁欲與步兵爲難矣，俄聞帥墜公館牆外隘巷中被火炙死矣，俄聞馬丁哭數聲向北行矣，俄聞步兵□□寂静矣。余因率各有司集城上，召其中五官。賈一選領步兵官周繼先語起變之繇，兩將漠然，再叩之，即復轉換。余乃與各有司，宣諭將領，安輯多兵，仍遣詣鄖聽盧公部署。過此以往，日求其故而不得。

見於公牒者則曰："諸兵索馬帥，持之嚴也。"夫何戍帥者又出馬下？再則曰："三月無餉也。"楚餉業已預給，豈步兵別有授餐？見於巷議者則曰："一弁之妹中有陰搆也。"而無據之蜚語，亦未易加人。江司理稱："營中事，非營中人，誰能知之？其如不言何？"説者曰："帥兵屢譁，帥亦屢窘。每能絕處逢生，歷歷可指。今不幸，公館牆高，變起之夕，帥登樓陟牆，越牆傷足。適值隘巷如綫，譁兵縱火而帥不保。觀馬丁之哭聲北向，可證其初無殺帥之謀。此或有見，應聽公評。"

噫！帥同豪杰自命者，以素所加□之部曲，一旦挺刃相向，不難屠大將如犬豕，非刺骨傷心，計不出此，豈一□□□反諸瑣屑可易釀成者？余終不大解。然典兵而死於兵，復不得首亂者以伸法瞑目，天下之爲典兵者危矣，聊紀其略。

青泥灣殺賊紀略

崇禎乙亥九月，楚撫臺盧公方以總理五省軍務新命，建纛於武昌。筭川、南鎮諸路帥將軍於棗陽，且六千人。余自襄謁按臺余公於鄖，將約秦大將軍閲兵棗陽，再嚴軍令，馬首西向，抵德安。盧公一檄至，欲余暫止德安，爲東西兼顧計，遂不果入棗。既而又一檄至，欲余督鎮將兵，繇西而東。盧公發標下兵，繇東而西，以夾擊賊於黃、德之交。

是時，流寇方自關中突出朱陽關，直走開封、汝寧，轉掠江北之六安、英山諸處，避實乘虛，所向莫攖其鋒。盧公逆知賊必返入楚中也，豫布夾擊之局。公於行間妙運機先，大都類此。余乃飛騎調軍於棗陽之六千人，從秦將軍來德安會，余并傳檄各郡邑儲糒以待。而賊越英山，犯廣濟，蚤已狎至。九月壬申，盧公以標兵發武昌，截賊於麻城、黃安。十月己卯，副將周繼先兵至德安。□日，聞賊已近黃陂。

接孝感傅少司農告□書，余夜發周副將兵急趨黃陂，與約曰：「遇賊即剿，無賊即前，不得膠於所向。」庚寅，都司何雲升兵至德安。余知黃陂山中有小河司，捷徑可達羅山、信陽、應山、隨州，即發何都司兵潛入小路，暗度小河司，以與周副將接應。壬午，秦將軍以參將劉京、孫振武、守備劉九思兵至德安。

先是兵過之地，閭左騷然。今余與大將軍同在近地，多兵雲集，而雞犬不驚。癸未，大兵發德安，余介馬督之。抵雲夢，適聞賊從黃陂已至小河司。余以追賊尾不如擊賊首，夜就秦將軍決策於文昌閣，改路入山迎剿，合之周副將、何都司前發兵，蓋三路並進也。盧公先於朔日戊寅，遣副將楊世恩、雷時聲，從麻城襲賊。以武昌丞張大經監紀，歷六百里，及賊於青泥灣，距十里。

癸未昧爽，往逼其壘，馬賊迎敵，我兵佯退橋東以誘賊。賊果悉衆來，我兵兩翼直進，賊披靡，獲級二百四十，馬、騾、兵仗稱足。賊即分兩股，半走應山，半走羅山。兩副將及秦將軍會兵於小河司。乙酉，兩副將振旅還麻城。庚寅，盧公犒師，以捷上聞。丙戌，秦將軍引軍出二郎畈，追犯應山賊。時李右轄佐臺守應山，擊賊去之隨州。己丑，秦將軍追至官潭店，大戰。壬辰，再追至蔡陽鋪，又大戰，賊乃竄鄧州。是賊自號蝎子快，於群寇爲極□，從楚東北廣濟入犯，西北襄陽出境，所至遇兵。時經二旬，皆踉蹌山谷間。

盧公豫行清野法，沉釜於水，窖粟於地，彼進無可攻，居無可□，□軍敢戰，視昔有加。賊人自顧不給，亦未暇傍馳，故焚殺獨少，且杅腹去。楚、川兵三載間，當以此役爲最云。

棗陽襲賊小録

棗陽斗大一邑，界於襄、承、隨、宛之衝。南達九、黄，北望□、雒，周行千里，使轍轔轔也。東走郢之松林寺、□之沈宋□，西逼泌之馬政、府平，市鎮蓁莽，一徑鳥道，茫茫也。

山間獵子恒，以短弩藥箭逐鹿爲生活，遂亦有匿身草澤，負嵎而學採赤白丸者。昔恬熙時，直視爲風起青萍之末，不及薄幕即見消化耳。正德間流寇邢老虎、劉六、劉七輩曾軍於此，攻城不拔，焚掠而去，亦近郢中，事見《興都志》。棗爲必爭之地，亦猶夫吳之有徐，豫之有雒也。

崇禎乙亥冬，棗當三載被兵之餘，加以饑饉，粒米幾斷，而東南爲甚。嚮之草澤負嵎者，鼓煽其間，揭竿持挺，一□流寇所爲，群不逞之徒，附者日衆。居民避賊、從賊者埒。前遁宛、泌之流寇，返至鹿頭、白露諸大堡，畫布旌旗，夜灼火光[二二]。

矯杰便捷者四人往，諭之禍福，再以縣□捧嚴檄步其後，僅五騎，反復折辯竟日，群饑民稽顙流涕，納旗爲信，則係敝衣爲之。此輩縱之非法，殺之不祥，頗費安排。甫五日，別盜又起。余始擒亂渠三人，重撻於市，取獄中先獲流寇一人斬之，陽稱爲山賊首也，賊遂屏息。

余以遷秩去，信乎棗爲必爭之地，況叱尺陵園藩維繫焉，設兵而民苦，撤兵而官苦，將何術以可？

東行聞見録

崇禎丙子正月，流寇群聚於安慶、廬州，衆過十萬。總理盧公以大兵縣固始、壽州追擊，大破賊於滁州。檄余從承、襄、德、黄監四副將各部軍，剿賊於楚境上。蓋以江北三面山水，一面進兵，將盡殲賊於此也。

余正月十三日己未發襄陽，詣黄州，曩凡三往返，行三千里矣。耳既順聽，目且從心，每接所知者，驚心寇患，舉以相商，此余見聞之縣出也。襄頻歲苦極，於今屬滿沙塲化爲旱魃，家餘空釜，人鮮完衣，草子、樹皮都無存者，鬻人於市僅青蚨二百文，他尚何言？撫臺王公方議粥政。

襄之東津，濱江一崖中有木室，高下寬長皆丈許，舊亦漠然土中耳，偶現人間。一葉姓者，舉所有剖而藏之。有司窮詰，乃出玉璧者，銅盤者，酒樽者，茶鐺者，刀劍者。大如斗者，小如拳者，□猥屑鄙陋，不足當賞鑒家一瞬，而葉之奔走狼狽，骨立形銷。"匹夫無罪，懷璧其罪"，於今驗之。

庚申，余入棗陽。棗之饑與襄埒，民加獷悍，乃相率爲盜，輒數千計。斷木爲鎗，張布爲旗，當晝行劫，不從者殺之，衆志洶洶。時屆上元，入其城，居人愁黲，景色蕭條，若不復知有傳柑、火樹者，殊覺愴懷。夜視四境，火光亂起，則山寇傲流寇也。

余立發三將，各提所部兵，向東南火多處剿之。中夜兵旋，馘其十四級，詳在別紀。是夜，火乃不舉。棗城經余所增，雉堞聳壯，濠水洋溢，王令予爵嬰城以守。棗東一舍爲紅花店，余入古廟秣馬，父老十餘輩來愬被禍之慘，及指點賊所焚殺處，淚隨語下。又兩舍，爲唐縣鎮，故屬奧區，今亦零落。是日，行九十里，絕不聞雞犬、轆轤聲，人之云亡，餘斷壁焦梁耳。棗、隨間爲楚豫捷徑，受創獨烈。

癸亥，入隨州，涂守世延增城數版，亦若余之增棗城，而饑饉差讓於棗。晤何中翰。乙丑，入德安，則物恬人熙，仍是太平物色。田司理正春方視府篆，日籍煙户爲兵，勸大姓畜馬借作軍資。安陸唐令騰鳳共急綢繆，迎余河干，殆二千人。人亦解頤揚聲，樂爲嚮往，斯德人閒暇舒暢之一徵也。晤李用晦憲副。丙寅，入雲夢，未被賊，都無殘缺。蔡令宗虞獨蹙額於兵臨供億之難。

丁卯，入孝感，其里甲釀磚增城。境內小河巡簡司，距城百里，北走空山二百里，接中州羅山縣，且邪徑委蛇，傍通黃陂、應山、安陸，賊指爲避兵之間道。小河負薪荷末而居，茅舍數千楹悉作寒灰。雍令鳴鑾行清野法，後至賊亦苦無食。城市則歲時舊制，上元張燈合樂，尚自踽行，殘燈仍颯颯□□也。晤傅少司農、程少司農、張中翰。

己巳，入黃^[二三]法。復閱辰州、鎮筸、支羅、南鎮四營兵，其強弱虛實有差。忽報商州巨寇出淅川，犯光化，直抵城下，勢必往援。余約大將軍整兵以往。庚寅，撫臺王公臨麻，唐梅臣復至，即決策發軍詣光化。大將軍躬擐介冑，余仍監之。壬辰，大纛出麻城，緋桃翠柳映帶旌旗，濟以風日清和，軍氣倍揚云。

築樊文抄^[二四]

湖廣按察司分巡卜荆南道副使峀□□，爲急議守樊簡易要着事。

崇禎捌年貳月拾壹日，據襄陽府呈，於崇禎柒年拾壹月拾玖日，蒙本道牌，照得秦中大寇日益蔓延。樊城無城，勢難居守，況夙有商賈輳集之名，爲賊所垂涎。本道議復築城垣，言之兩載，樊城居民無一應者。樊人不自爲樊計，令官此地者亦奈之何？

今本道另作一簡易救急之法，除臨江一面借水爲險，不必另議外，將北一面并東西兩面，酌照地形量明丈數，先築敵臺拾餘座。每臺橫直各廣貳丈，用磚包砌，上作垜口，可施火炮、箭石，仍覆以瓦屋。其兩臺相去之空地，各築土牆，厚叁尺，高壹丈伍尺，覆以瓦片，兩頭俱與敵臺緊接。即以舊城址爲牆基，至於應通門戶處所仍舊設門，用當年舊門名目，覆以小樓。如此做去，用牆以護樊，用臺以護牆，無修城之費而有守樊之實，且措料興工，數旬可成。加以襄兵千餘，民兵叁千餘，斷無有鼠竊賊徒妄思蠶食樊城者。萬一有徹，我兵即上敵臺，彎弓燃炮，縱令賊有鐵騎，亦豈能近牆壹步？

此則樊人百年之計也，合行急議，仰襄陽府會同廳、縣，廣集鄉紳士耆，從長妥議，要見此法果否可行？果否有益於襄樊？錢糧作何設辦？督造當用何官？逐一□確商量。或謂此舉無益，人情欠愜，即取樊城青衿、鄉耆，不願舉行，甘結附卷，定限本月貳拾伍日具詳報奪，萬毋似前番之模稜高閣也。等因，蒙此遵奉，備行廳縣去後。

隨於拾壹月貳拾壹日該本府署印同知范汝梓、通判魏士清、推官江禹緒、襄陽縣知縣朱希萊，會同鄉紳劉給諫、汪給諫、朱參政、湯參政、舉人曾魯得等，府縣兩學生員張洪養、吳士奇等，鄉約耆老萬世英、鄧承祥等，齊集樊城仁皇寺會議。皆稱寇氛震鄰，兵力單弱，樊城必建敵臺，方可備禦，事不容已，勢不可緩等情。隨據府縣儒學居樊生員張洪養、吳士奇、葉進禄、楊令德、王之佐、王印曾、曾楚産等壹百叁拾貳名連名呈，爲仰遵憲諭公議防守事。

襄陽、樊城，勢切齒唇，但樊城城圮多年，毫無保障，且今賊勢孔亟，益難疏虞。幸蒙仁恩大文，宗師示行府縣，公集鄉紳士民人等酌議，建銃臺，濬城濠，練鄉兵，嚴夜巡，保民防賊，俱屬急務。今除團練巡警外，所有城堡條款原係公議，列爲肆款：

一、金城湯池，保障並重。城工難興，則濬濠誠不可緩。今擬離城尋餘，開掘故濠，廣深各壹丈。其土或培舊城，或築銃臺。故城濠近被居民潛種，且傍城□濠□□□□□□□□□□定不□□□□□且恩及枯骨矣。

一、威敵擊遠，無如銃臺。今除西敵臺、水星臺不必修補外，惟缺口止設木欄。東敵臺僅添銃屋，若朝覲門、關王廟、定□門、盧宗門，俱屬孔道。應傍城築臺，上起銃屋，下峻門柵。其餘城缺尚多，宜添窩鋪。

一、公帑既空，必求民間。以樊救樊，無能他諉。萬不得已，請立印簿，協同鄉保，無論鄉紳、官役，及入城人戶，俱照房募蠲，上戶、中戶、次戶，即無房而實有資本者，亦叁等派募銀，徵入官，買辦支費。酌委能幹公正耆老，各□生員，亦公議老成者監紀。但房屋雖壹，而上下地方，僻鬧殊懸，其間店租相去倍蓰，各方募收從公增減，不得徇情，一概比例。

一、無財蠲助，應效力役。今各坊士民，盡充義兵，日則團練，夜則巡警。復起夫役，情實不忍。無奈土工浩繁，計□□□。今擬單丁難招外，其餘無論優免□□丁多寡，挨門輪撥。即在官人役，不得借口希免，亦不得老弱塘塞，違者呈究。至應用鍬鋤箕擔，各夫隨便自備，惟夯杵院板，地方小市借辦等情。

又據樊城鄉約萬世英、鄧承祥、郭暘、胡朝紀、方克配、王文堯、盧國光等連名呈，為懇先急務以預防守事。

樊城為隴市人民，流寇迫矣，□□戰濠正所當修。又有團練義兵兼兩營新兵，各有鋒利火炮，堅守准備，萬無一失。懇乞仁慈詳度施行，深為萬便，唧結具呈等情。

據此，又該本府署印同知范汝梓，會同通判魏士清、推官江禹緒、襄陽縣知縣朱希萊，看得樊城雖有襄兵、鄉兵，足資捍禦，乃舊城久圮，守之實難。今蒙憲檄，議築敵臺拾餘座，以固居守，此誠目前第一緊着，且壹勞永逸，數百年綢繆之石畫也。職謹會同屬郡鄉紳、舉人、生員、鄉約耆老等集議，咸稱樊城之築敵臺計出萬全，勢難再緩，無容另議。

至於所用工料，議於柒地方各照房舍派銀出辦。所派房舍，仍酌分上、中、下叁等，逐户挨查，公定等則。蓋爲樊而築敵臺，即就樊而派工料，情理應得，衆論僉同矣。其工料之細數，房舍之等則，督理之員役，料價之收放，請乞批下允行，另行申報，等因到道，據此又該本道看得。

樊城與襄陽城，南北並峙，僅隔一江。樊城商民輻輳，煙井數萬家，東西延袤，其長柒里。在前代原有堅城，與襄爲犄角，無復可問，已非一日。及嘉隆年間，補建新城，旋即傾圮。今惟有土基高丈許，且半成平地。且前隺苻無儆，即夜户可以不扃。民無戒備，官有餘閑，土木之役，洵屬緩圖，而今非其時矣。試觀兩年來，流寇兩犯楚中，樊人負芨肩輿，惶惶城內，狼狽之狀不忍見聞。夫後隺覓江干，遺[二五]

每有賊儆，即竭襄之兵力强半，注於樊城，計群寇懍於有備，未敢妄窺一步。而各部精兵遂不能舍樊而遠事征剿，不幾以一樊城沾滯全襄乎？若臺牆一成，兵可四應，至便計也。於今臺牆之築已勢不容緩，工作之需在房舍起料，衆論僉同。有封疆之責者，又何憚數月之勞，不爲樊人作百千年之逸乎？且也出納之籍委之土人，即府縣諸司，無嫌可避，董率之責，本道夤已力肩。及是時，鳩工辦料又何待焉？若夫輸銀之則，市口與小巷有別，高堂與小厦有別，自伍錢以至叁兩止。彼茅舍數椽及僦屋而居者，皆置毋問。此蓋數月之商確、萬億之同心，不過損諸人匝月之佃租，綽然有餘。揆以情理，酌之時勢，原非屬民，地方士庶，所以都無異議耳。伏候本院詳允，再將總委、分委官員，併開工月日，另文具報，等因呈詳。

奉治院盧批：樊城巨鎮，築臺以禦寇，集兵□守臺，此日前最喫緊之務也。再加以牆壕，是無城而有城矣。但輸財輸力，此際尚費調劑。既鄉紳士庶衆論僉同，如議舉行，委官開工，該道仍加意董率，另文詳報，仍候兩院詳行。繳。

又奉撫院唐批：樊城重地，防禦宜嚴。據詳多方建造，詢謀僉同。如議速行，仰道不時省試，無容草率塞責，致負苦心，繳切切。

又奉按院余批：樊城富庶之區，賊逆垂涎，綢繆宜早。據詳築敵臺拾餘座，聯垣濠溝，誠保障萬全計也。至工費之需，酌分井井，更不屬民，尤爲救時確畫，如議嚴檄督修，早竣厥工。繳。

崇禎八年三月□日

借鑄文抄〔二六〕

湖廣按察司分巡下荊南道副使苗□□，爲賊氛再犯，要地宜防，謹陳襄南兵餉要務，乞賜裁定以資戰守事。

竊照楚省，地居肆衝，而襄陽一郡，尤爲南北咽喉，古稱戰地，一望平壤，直達中州。間有陵阜，亦按轡可登，非若潼關、太行，一夫當關，丸泥可封之勢者。乃自流寇南奔，叄楚震動，襄以粗有餙備，屬邑瓦全。即曾一犯南漳，輒被創去。然代拾肆郡耽勞作苦，于役經年，襄吏之心血，襄民之膏脂，畚已竭盡無餘。於今流寇再發，逆氛甚惡，視昔有加。舍治兵之外，再無他策。而兵必需餉，量沙畫餅，不足以飽士馬，豈得不亟亟議之？

查襄陽自衛軍之外，別無他兵。而衛軍自漕運班軍之外，亦僅選鋒陸百。然衛軍脆弱，且更替無常，係天下之通弊。自本道蒞任後，始增各縣新兵伍百，又搜簡原設柒屬民壯伍百，以之同新兵分防柒州縣，差有軍容。但分則力單，不足戰也。又招選精銳陸百名，分作襄兵、鎮南兩營，以戰將貳員統之，見在訓練，頗覺可觀。但衛軍民壯有額餉者也，州縣新兵已經各有司奉有派定者也。獨襄兵、鎮南兩營兵餉，歲費須肆千餘金，毫釐無可因藉。

本道同府縣有司，骨上起肌，無中生有，僅及其半，而其半尚無着落。外此，而衣裝、而器械、而犒賞，俱不與焉。今雖遍視襄屬，桑麻無恙。顧南北東西，無非賊壘，將來窮獸狂突，實不可知。此時欲練兵，則苦於巧炊無米；欲散兵，又懼夫捲土重來。計散之不可，必須於練，而委曲那借以餉諸兵，不能不借憲臺之主持。萬不得已，請暫行鼓鑄，復苦無□本，又不得已暫行稱貸。已商同鄉紳借義□叁伍家本銀，若得貳叁千金，道府縣公給□照，而鄉紳公同秤兌收發。本道委官專管□銅鑄錢，所得息銀盡充襄兵、鎮南兩營兵餉。賊平兵散日，即行停止，其本銀仍會同鄉紳各還原主。一切督理譏防事隸本道，而一出一納各立簿籍，以襄刑廳司之再照。

鑄錢，□事也；借銀，惡名也。本道夙號硜硜，寧甘冒□不韙？但寇禍不休，散兵無日。以求之廟堂，未即俞允。而一郡之事，復不敢煩上臺經畫。舍此鑄息，更鮮奇籌。至開鑄後，本道必不嘗鼎一臠，誓諸天日。若夫委官之侵漁，出入之混淆，借本之負欠，鑄匠之欺盜。有一於此，本道願執其咎。倘係此舉難行，惟有散兵一着。然寇逼門庭，恐又空拳莫奮耳。伏乞本院主持，以便奉行等因，於崇禎捌年正月貳拾日呈詳。

巡襄約言[二七]

敕　諭[二八]

聚衆[二九]及草寇猝發，一面馳報巡撫官知會，一面調所在官軍民兵相機撲捕，毋致滋蔓。爾受朝廷簡用，必須公廉勤慎，正己率下，務稱任使。如或因循苟且，不能禁革奸弊，以致豪滑恣肆，鄉民失所，必罪不宥。欽哉。故諭。

嘉靖十一年五月二十六日

敕命[三〇]之寶

敕　諭

敕湖廣分巡下荆南道，邇來軍國繁費，京邊額賦多虧，各省直徵收積欠，起解不時，皆由里排胥吏相習為奸，州縣有司擅行那借，種種弊端，積成宿蠹。向以查盤，概委推官，祇憑文册了事，以致錢糧侵冒，報運遲延。

茲以部議請給，傳敕改屬道臣。今特命爾不妨原務，每歲年終錢糧收完之日，出巡所轄州縣地方，親吊收支文卷，逐一磨對該州縣一歲額徵若干，收解若干，支放存留若干。如有預支借解，即查正項，照數補還。如係小民拖欠，即拘花户，對質完納。至於赤曆改洗，流水總簿互異，尤宜嚴究，徹底清查。務使侵欺無所容奸，拖欠不得借口。每歲該部頒發會派到遲，令州縣官照丁地則例，印造赤曆，呈道鈐印給發。

開徵之日，每次收銀若干，掌印官填注京邊簿內，約足正額，先行起解。即王府禄米、撫按公費、師生廩糧、驛遞支應等項，俱不得踰帙京邊之前，併各項存留錢糧，酌量次第，設法完納。金花、絹布、綿絨、茶蠟等項，皆係上供急需，務完一年額數，毋得多徵，以累小民。各州縣本年徵收起解完日，申報本府，印給歲會書冊帳，該道巡行稽查，某先完，某後徵，某侵尅若干，追完起解，備造文冊，一報撫按，一報戶部查考。其州縣官錢糧清楚，解發如期，即此便是循良，不必更求卓異。倘有糊塗怠玩，不□京邊，多放工食，希充囊橐，自行那借者，呈報撫按，據實參處，各以見在經管之官，實行賞罰。中有陞任、行取、事故等項，查明歷任月日，完欠數目，方許離任。不得仍前以去任，各官及丞簿小吏，薄懲塞責。爾所轄州縣，天啓三年分以前京邊錢糧，定限明年三月中解完。天啓三年分查照前限奏報，□要錢糧，不計年分，止計實徵，京邊期於全完，不得拖欠。

爾受茲委任，宜殫力綜稽，實心振刷，毋避勞怨，務俾額賦不虧，軍國充裕，期稱任使。如或督查疏緩，呈報遲延，聽撫按官一體查參。爾其慎之勉之。故敕。

天啓四年三月初九日

廣運之寶

敕　諭

敕湖廣布政使司右參議兼按察司僉事苗胙土，今命爾整飭鄖襄兵備，兼理撫民，分巡下荊南道，駐劄襄陽，往來各該地方，操練兵馬，鋒利器械，修理城池，禁緝盜賊，稽查奸弊，問理刑名，撫安流民。若遇盜賊生發，一面飛報撫治官，一面調集所屬官軍民兵，相機撲捕，毋令滋蔓。敕內該載未盡者，悉照該部題准事理而行。再照近日部覆科議，清屯田以瞻軍餉，一應操練事宜，加意料理，蚤期底績。爾受茲任使，宜公廉勤慎，勉修職務，以靖地方。如或怠事曠職，縱惡容奸，貽害小民，廢弛武備，責有所歸，爾其慎之。故敕。

崇禎五年九月初六日

廣運之寶

爲申飭吏治以課實效事[三一]

欽差整飭鄖襄兵備兼理撫民、分巡下荆南道、湖廣布政使司右參議兼按察司僉事苗□□，爲申飭吏治以課實效事。

照得本道釋褐十年，半守郎署，閱世雖疏，本心不昧，其不敢自欺以欺人者，惟是“實心拙守”四字，十年一日也。所以口角不能爲文飭，舉止不能爲格套，公移不能爲曲徇，綜核不能爲濡滯，取與不能爲曖昧。私心自知之，亦見於民生榮悴，止爭虛實，功名分定，不關巧拙。況不祥之橫金，即過斗亦有盡日；而循良之尸祝，固入骨莫有磨時。孰得孰失？何去何從？不待知者而後辨也。茲與諸有司戒職約，一洗舊格，獨守官常，毋有呼之而故不應，毋有焚之而故不清，毋置民困於隔膜，毋埒嚴檄爲故紙，毋使提疾徐之索者在吏而不在官，毋使叢城社之神者人知而己不知。行令人誚我實生民，民亦將謂官不浚我。崆山芳躅，豈異人事乎？至於本道之自居，如諸炊□□者言，言根心步步踏地，究竟主於拙守，而不能不以實心望之諸賢者，以相成也。謬爲款件，臚列如左。計開：

重官評第一

天下人不同而愛名之心同，官不同而惡臭之心同，一加以不韙之名，終身莫贖，固不重歟？以美爲惡，陰騭之所不載。若濡墨之際，愛憎爲高下，意見爲執着，情面爲可否。一字褒彈，即霜露殊施，天將鑒之，而鬼將瞷之。以後府、廳、州、縣，將各官考語，事實必核必詳，依期報道，毋得草草應點。本道再加體訪，務如印泥畫沙，絲髮不爽。即以所定之官評爲評官者之斷案，倘各官曠職裂維，徒爾貪緣竿牘，本道血心耿耿，終不能於低昂中作違心語，而本官先呈□□之，而非[三二]

禁餽遺第二

餽遺者，賄賂之別名也。政以賄成，尚可言乎？每聞有司之上交也，到任遷官有賀，生辰育子有賀，令節佳辰有賀，接印交印有謝。初見有贊，陞任有別，筐筐交錯，水陸雜陳。似此繹繁，幾無寧日。差役之追呼於此，大肆其漁獵；行户之苦累於此，欲盡其皮毛。在當之者，念兹一粒一絲，皆是民膏。方且觸目愴懷，何忍過而問焉？乃庀具者，固已□出不貲，付之東流矣。至諛詞駢句，驪驪盈篇，倘潤色倩人，固屬惡套。若珠璣結思，尤苦嘔心。不如一概已之，留此一刻工夫，置於有用之地。庶本道不至與孽作緣，賢有司政可爲嫈嫈下民造無量福耳。如曰有舊例在，未可遽廢，本道必不啓函。

禁耗贖第三

官之操守，猶女之守身也。女即至淫者，語以夜喜目挑，必色赧而不受。官即至墨者，□以羔羊素絲，必氣揚而不疑，此之謂良心。況則壞之賦加之又加，已盡之皮剥無可剥；乃徵收之科或加一或加二，盡是敲骨取髓之心；追贖之票大有力稍有力，無非鬻子典衣之物。凡此不祥之金，必爲鬼神所矚。身口之飽温有限，饕餮胡爲？兒孫之福量易盈，馬牛何苦？清汰贖鍰，當自本道始。一切本道准行詞訟，理冤禦暴而止，斷不在金矢之入。告詞涉虛，定擬反坐，用懲終訟。至於有等奸棍，妝捏可駭可憎之光景，希圖准理。及見問官，另具投狀，方露真情一二。再或捏藉籍貫，牽害柔良，其原告却不復赴理，甚而窩盤蹂躪，得賂和息。此不問而知爲亂民，該問官不必鞫斷，即將原狀、投狀，連人解道，從重究懲。若無藝之贖鍰，拆櫃之火耗，賢守令必不屑此。倘吏書、收頭，偶蹈前轍，本道訪有的據，即坐名提究，毋謂今日不言也。

清錢糧第四

錢糧爲州縣重事，經手錢糧爲守令急務，人而知之。本道舊在版曹，見錢糧之欠額有司受罰者比比也，錢糧之部册、省册不相符者比比也，錢糧之州縣起解解役弊孔旁開者比比也。國賦日詘，豈專在民窮財盡哉？户部新將起解存留錢糧，奉旨刊爲《賦役全書》。從今部有定額而州縣遵行，州縣徵取而符合部額，當無有銖兩舛錯者。本道奉有專額敕書一道，錢糧不清，與有責焉，安得不一過而問之？本道欲將各屬經手錢糧，自崇禎元年起，崇禎五年止，或起解，或存留，或本管官徑自開銷。其間應入應出之額數，及出完未完之實數。某項若干某年月某人起解，獲有批廻；某項若干某年月某人領解，未獲批廻；某項若干徵完在庫未解；某項若干拖欠在民，未完務要分年另算。每項下各備開派額"完數"、"欠數"、"已解"、"未解"、"已給"、"未給"字樣，以及該年庫吏、庫書姓名。每錢糧一項，各爲一葉，照本道另發册式勒限造繳，題其面曰"某府廳衛州縣錢糧清册"。此係方今第一義，幸毋作泛常格套觀也。

急公事第五

語云："需者事之賊也。"需之義，起於《易》"雲上於天"，乃不妨飲食、宴樂，以坐待霖雨耳，非謂漫不事事之爲需也。此之爲需，則近於怠荒矣。況一需而廢時失事者於斯，高下其手者於斯，枝蔓旁生者於斯，贪綠[三三]竿牘者於斯，節節叢奸，愈當棘手。言至此，而需真爲事之賊矣。今立程於此，凡一切關會事宜，本道初以憲牌行之，違限不至則以票初催，又不至則以票再催，又不至則以小木牌急催。該州縣即用□承行吏書各一名，赴道繳牌。間有一事不可刻期告竣者，該印官於憲牌初到日，即具稟預行聲説，務明言不可刻期之故。又必自定一期，明白申詳，以便督催。至於一切前件并前道未結事件，每季終一比，定要承行吏書正身赴道，以便詢問。若查是雇替，即將正身提究。至於齎文赴比之吏書，常以該房科未完前件之最多者，坐名赴道，並於揭帖内明開未完之□語年月，斷不可仍六房倫比之故套，使本道按名敲朴猶同兒戲也。倘累次提比仍爾悠忽，該印官之才力可知，定注劣考。至於一切文移，本道俱于文到，即日批答。倘有逾期，該衙門便另文申請，以彰本道怠緩之過。

成衙官第六

州縣設有佐領官以軍捕等名，皆爲分理宣猷無非事者，明經監行，固經幾許琢磨，即三考事，何不謂盡無人品？惟臨其上者，姑與以寬假，遂生其無忌。以至濫取鋪行，擅受民詞，甚而明通賄賂，顛翻曲直。惡極而不可掩，狼狽以去，此非所以愛之也。願吾儕成人以德，嗣後官有箴，民有口，開報有評品。本道有三尺，佐二首領官，擅受一詞，擅出一票，許鋪行被告諸人，執其拘人取貨之票，徑赴本道告理。輕則提來戒飭，重則注以劣考。若單款可據，定拿問追贓，依律正罪，必不使其拼此么麽一職，飽載而歸。凡此非苛也，繩之於先，所以成之於後。況衙官雖卑，明經厚自砥礪，便可臚入薦剡，以需優擢。即監吏者流，亦可久膺冠裳，舒張眉目。"清白"二字，正未嘗負人也。

剔衙蠹第七

蠹之爲義，從石從虫，是虫所滋害，石且中之，而况其他乎？若彼衙役，一呈身於官府，便有護身之符，方且爲狐假，方且爲鴟張，方且豺狼其心而蜂蠆其手。小則局騙唆訟，大則揑訪窩盜，甚則頤指佐領而惟所欲爲，再甚則把持長令而莫可誰何。至惡貫既盈，容身無地，遂更名匿影，竄入別衙門，如社鼠之不可燻矣。該印官的當開列事款，不時報道，以憑拿究。本道仍不時察訪，或經告發，而該印官尚如充耳，則風力可見一班也。至拿究定罪之後，或城旦，或邊戍，亦必盡法篗楚，然後發遣，斷不使魑魅晝見，三尺無光。倘百千中有一二奉公者，亦宜稍濡沫之以示勸懲。噫！木必先朽也，而後蟲生之。若輩蠹生民，蠹財賦，竟至蠹本官，夫誰啓之釁哉？至於本道各吏役防範更嚴。本道凡批詳呈狀盡是親裁，即公檄曉示亦無代筆。令快承差等役，止聽差遣，別無干預。倘有指稱設騙及奉差科索，各守令密揭報道，以憑究治，慎毋以器鼠爲嫌也。

清監禁第八

刻木畫地，古人不得已而用之者也，在長民者，不過片紙隻語耳。而一人械繫，闔室不寧，獄卒之科索，牢頭之常例，淫刑之侵凌，不知其凡幾。以至祝禱於神明，乞靈於竿牘，借援於叢神，又不知其凡幾。甚而以之比納贖鍰，再甚而以之追償私債，官不酸心，民惟刺骨。本道此約到日，各印官即將見在監倉人犯，人無論多寡，事無論重輕，造監簿、倉簿各一本，要見某人爲何事情，係何衙門事件，何年月日入監倉，今因何未結，務逐件注明，十日內印鈐送道。嗣後各州縣日行未結人犯，責令本犯親戚、族人之有身家者領保。保而脫逃，不妨重處保人，非關係重大，未宜輕寄監倉。若蹈前轍，許該犯之父兄子侄赴本道投告，先將獄吏、倉吏提問，然後窮詰根繇，再行治罪。心田惟人所自種，囹圄豈真是福堂？吾曹其共念之。

禁官價第九

賈人子之熙熙而來，以利言耳。彼日涉於驚濤峻嶺之間，而錙銖必較，尺寸必衡，未必盡取利如寄。獨於官府之取用，若有吝心，非無謂也。至屠肆菜傭，本已無幾，利於何有？彼視作腹內之珠，我忍削鍼頭之鐵，實爲民牧，斷不出此意。或“官價”二字，階之厲乎？一名爲“官價”，勢不得不載之朱票，假之衙役，官發其十，猶恐轉屬而下有不可知。若官止給其六七，承行之侵剋，夫何尤焉？若復經月一算，閱季一算，販子流商，誰是株守者？亦究歸持朱票之衙役耳。而疾首，而飲恨，而□嗟，而膽謗[三四]，獨官受之，皆此物此志也。願“官價”二字立地捐除，從本道始。本道斷不科取於郡邑，並不發一朱票。凡日用米菜、布帛諸物，先發價而後收用，其價悉照民間貿易之常。若有指稱本道取用，或持票，或口傳，或賒欠，或短少，或色銀低錢，各商販即將本人扭稟本道，以憑重治。賢守令愛惜元元，必有同心。至於各屬衙官仍以官價、朱票濫用行戶物件，許諸人執原票指名赴道告理。本道即據以提問其出票之官，持票之役。戒飭斥革，定不姑息。

嚴盜賊第十

綠林鼠竊，自昔患之。況襄陽水陸交通，五方雜輳；鄖陽遠接東川，山深林密。又值鄰封鼎沸，水旱頻災，揆時度勢，未可謂高枕日也。倘作處堂之燕，不爲徙薪之謀，待風起塵合，然後倉卒圖之，必無及矣。今除大創經久之策，如清衛軍，製器械，增勇壯，練鄉兵等事，容本道另行廣諏外。其爲目前寧謐計者，無如嚴窩盜；欲嚴窩盜，無如行保甲；保甲之規則，人人能知之；保甲之□行，亦人人能言之。然牌上寫，不必有人之姓名；架上插，不必有刃之刀鎗。即三令五申，何益於數？惟在賢有司將連坐法，斷在必行。彼盜賊未必負甕裹糧，亦豈能風餐露宿？有賊發覺之處，必窮究其寄食何所？投寓何人？連坐法行，人誰胥溺？當無不得之情形。若得窩盜之家，盡法無赦。至於本地豪棍，如天罡、地煞、大小耗、白虎神等各色，各植黨與，一呼百應，劫人於室，攫金於市，尤而效之，恬不知怪，幾無天日矣。此等奸惡，罪與盜埒，而實情重於盜。本道訪得頭目，或經告發審實，定極力重究。各豪棍縱不畏遣配，獨不愛髮膚乎？各印官仍將前項盜賊奸惡，不時揭報，本道以憑拿問。倘匿而不報，或報而不速，將巡捕衙官提究，仍轉聞各院斥逐。其正印官百里寄命，不應爾爾。本道斷不敢負明旨以徇情面也，願言勖之。

恤驛遞第十一

本道家於晉豫之交，輪蹄四應，郵政之苦，蓋知之逼真者，情理不大懸殊，此中想亦應爾。大都一苦於餓損，則馬夫暗尅料草者是也；再苦於把持，則積棍之侵肥蠹眾者是也；三苦於息錢，則如環不斷之夙債是也。即此是病，即此是藥。今新奉明旨，極其森嚴，本道敢不兢兢欽守？先總其大綱：一曰掛號之必嚴。路經府城者，本道親驗掛號，固其所矣。至道屬該州縣印官，必查係真正勘合、馬牌，或帶有公文，與欽例相符者，方准應付。其與例不合及無公文可憑者，不許濫給，違者提究該吏。一曰工食之必時。凡夫銀、馬食，定於每月朔日支給一次，不得累月總支，亦不得隔月預支。雖司鑰視為稍煩，而張頤待哺者，猶可少甦旦夕。亦有原無額夫旋用旋雇者，定當先給工食，俾以糊口。倘不如約，許夫馬頭將庫吏指名，赴道告理。一曰驛棍之必清。此輩於走遞之窾熟，而於分肥之計多。任其鋪排，一手握定，惡而畏之，莫可誰何？剔而去之，吾儕責也。府、州、縣印官，則盡數開款揭報，本道以憑拿問，郵政其稍瘳乎？顧三者其大端耳，一切興革事，宜加意體恤，出之湯火而存其皮骨，良有司目擊必真，不妨一一敷陳，本道日望之矣。

驅左道第十二

天下有道，聖人之格言也，不應復有左道。然惟左道別具一肺腸，別闢一蹊徑，其説愈奇，其術愈幻，其動人處愈可立見。所以田畯之皈依，村姑之持受。以至市棍之假托，視學者信聖人之道爲尤篤，若遠而黄巾，近而妖蓮是也。而未必遽烈也，必有一二人爲之傳頭，名爲會茶講經，不遠數十百里，結聚數十百人，男女雜坐，邪説横張。間有黠者出，因之起事而斬木爲兵，變在蕭牆矣，允宜嚴禁。各屬印官督率捕衙，時時察探市井鎮店，梵宫道舍。敢有團聚多人，搬演邪術，誦咒書符，會茶講經，或四方烏合之徒，夜聚曉散。凡此皆係左道，不論生監、軍民、僧道人家，捕衙即會同印官，將爲首姓名，聚徒事實，飛申本道，以憑拿究。若該總甲不報印捕官，印捕官不報本道，別有風聞，定將巡捕衙官行提戒飭。倘因而釀成大禍者，印官亦難作袖手充類之盡。凡星人、丹客、羽士、緇衣，踪迹詭秘，以至假稱本道親識族人，袖鬼説夢，包攬設騙，如本道別未所關防者，皆左道之流也，皆在應驅之列者也。必宜立報本道，以免煽惑，亦地方清静之一端耳。本道憂天之見頗類杞人，州縣有司不以〔三五〕

校勘記

〔一〕原書底本失載《撫鄖雜録》之題目。《大中丞苗晉侯先生文集》原書底本“卷八”終後，缺第一至第十頁。底本無《附集·撫鄖雜録》及《解鞍小録》二文之題目，此據底本卷首《大中丞苗晉侯先生文集目録》録補。今存者自後文“又敘”之前，循古人文集編撰體例，當有前序，今缺，僅存“又敘”。再循後文《附集·解鞍小録》體例，當有目録，亦缺。遂據文中題目補足《撫鄖雜録》目録，共十一文，統一移至全書卷首“目録”。十一文中尚有因缺頁而失題目者，惜無補，統一以“闕題”而代之。參見後文《解鞍小録》校記〔一〕。

〔二〕底本作“又敘”，此題目據文意補，參見校記〔一〕。

〔三〕“消萌”以下底本缺一頁。

〔四〕“楚撫”以下底本缺一頁。

〔五〕“即”以下底本缺一頁。

〔六〕“□具□”以下底本缺一頁。

〔七〕“行□”以下底本缺四頁。

〔八〕“少不足殺賊也”句明顯爲問語，“少”字前缺語，故用引號，參見校記〔一〕。

〔九〕“鬥州賊踞獨久”句之前底本缺四頁，前句“人心不宜若是草草耳”之後，底本有六行無文白頁，説明《邊兵入楚略》之文已經結束，下句“鬥州賊踞獨久”當爲另文，因缺頁而失題目。

〔一〇〕“所遣”以下底本缺二頁。

〔一一〕“同聲□”以下底本缺一頁。

〔一二〕“漸舉”以下底本缺三頁。

〔一三〕“監軍道親查沿江”以上底本缺一頁，前句“崇禎丙子長至日紀”，説明前文已經結束，下句“監軍道親查沿江”當爲另文，因缺頁而失題目。

〔一四〕“特垛口禾布”以上底本缺一頁，前句“丙子除夕書於襄陽公署”，説明前文已經結束，下句“特垛口禾布”當爲另文，因缺頁而失題目。

〔一五〕原書底本失載《解鞍小録》之題目。《大中丞苗晉侯先生文集》原書底本“卷八”終後，缺第一頁至第十頁，失載《大中丞苗晉侯先生文集目録·附集》所録《撫鄖雜録》及《解鞍小録》二文題目，此據底本卷首《大中丞苗晉侯先生文集目録》補録。又《解鞍小録》在《小引》後有《解鞍小録目録》，共十二文，此將目録統一移至全書卷首“目録”。參見《附集·撫鄖雜録》校記〔一〕。

〔一六〕“所周視城”以下底本缺二頁。

〔一七〕“亦”以下底本缺三頁。

〔一八〕“聖明洞察”以上底本缺三頁，失題目《督兵鄖興日録》，此據底本《附集·解鞍小録目録》補。參見《襄南禦寇摘抄》校記〔一〕。

〔一九〕"挽舟"以下底本缺一頁。

〔二〇〕"許公"以下底本缺一頁。

〔二一〕"許大將軍成名"以上底本缺一頁，失題目《鄧帥兵譁紀略》，此據底本《附集·解鞍小録目録》補。參見校記〔一〕。

〔二二〕"夜灼火光"以下底本缺二頁。

〔二三〕"入黄"以下底本缺一頁。

〔二四〕原書底本在"湖廣按察司"之前缺一頁，故《築樊文抄》之題目失載。《大中丞苗晉侯先生文集目録·附集》僅列有《撫鄖雜録》及《解鞍小録》二種目録，失載《築樊文抄》及後之《借鑄文抄》《巡襄約言》三種。然《大中丞苗晉侯先生文集》原書底本在"卷八"終後，録有《撫鄖雜録》《解鞍小録》二種之文，其後又録《築樊文抄》《借鑄文抄》《巡襄約言》三種之文，均無題目。三文題目，不詳歸屬，均據版心補録題目，且暫入"附集"。

〔二五〕"遺"以下缺一頁。

〔二六〕原書底本失載《借鑄文抄》題目，此據原書底本版心補録。參見前文《解鞍小録》校記〔一〕。

〔二七〕原書底本失載《巡襄約言》題目，此據原書底本版心補録。參見前文《築樊文抄》校記〔一〕。

〔二八〕《敕諭》之題目，爲編者據文意所擬。以下同，不再出校。

〔二九〕"聚衆"句以上底本缺一頁。

〔三〇〕"敕命之寶"，此爲明代聖旨所蓋皇家方形印章文字。

〔三一〕《爲申飭吏治以課實效事》之題目，爲編者據文意所擬。

〔三二〕"而非"以下底本字迹漫漶。

〔三三〕"黌緑"，據文意應作"黌緣"。

〔三四〕"謄謗"，據文意應作"騰謗"。

〔三五〕"州縣有司不以"以下底本缺失。又《大中丞苗晉侯先生文集目録》在《附集》後，尚列有《别集》九種目録，因有"各有專刻"之説明，故未入《大中丞苗晉侯先生文集》，其存佚不詳。

周易纂

〔明〕朱之俊 撰

王子虎 薛新平 點校

點校説明

《周易纂》六卷，又名《易經纂注》，明末清初汾陽人朱之俊撰。

朱之俊（1594—1671），字擢秀，號滄起，又號羼攝居士。明天启二年壬戌科進士，任國子監司業、翰林院侍講；入清，任秘書院侍讀，後請辭。著有《吴越游草》《峪園近草》《排青樓詩》《硯廬詩》等詩集，另有《歸田尺牘》《碑版文集》存世。其經學方面的著作今存《四書主義會宗》《周易纂》《春秋纂》三種。

《周易纂》共六卷，對《周易》六十四卦每卦的卦辭、象辭、爻辭、象辭以及《繫辭傳》《説卦傳》《序卦傳》《雜卦傳》的内容逐條逐段進行了纂解。卷一前有《上下經篇義》若干條，卷六後有《雜論》若干條。《四庫全書總目提要》概括該書編纂方法上的特點，“是編用注疏本，彙先儒舊説，融以己意，兼主義理象數，亦采來注錯綜之例”；對此書整體評價爲“詞旨頗爲淺顯，而隨文敷衍者多”。胡世安則評價此書“衷輯衆論而折衷一是，務俾四聖心源揭行日月，諸儒筆舌撻答鼓桴，可不謂晷天昭昭而得其浩浩也哉”，“盥誦《易纂》，厥義大備，上之得道而忘器，下之亦援器以證道。吾師羽翼大《易》，功奚啻伯仲漢晉以來諸儒哉”。

今《周易纂》所見是清順治硯廬刻本，有缺頁，《四庫全書存目叢書》經部第 23 册曾予影印，其中缺頁以中國科學院圖書館藏鈔本補。本次點校即以此爲底本，參校來知德《周易集注》、蘇軾《東坡易傳》、焦竑《易荃》等。原文錯印之處已徑改。

　　底本《上下篇經義》前有"門人鄭之璞參"，卷一至卷六的每一卷之前有"男朱臨、觀問業"等字样，今均予删去。

　　需要説明的是，《周易纂》原目録中把《上下篇經義》和前七卦合爲一卷，全書共六卷；書的正文把二者分爲兩卷，《上下篇經義》爲卷一，前七卦《上經》仍爲卷一，該書實有七卷。點校時遵從原版，未作改動。

《易經纂注》叙

叙曰：《易經》六十四卦，分為上下二卷。上卷卅卦，終之以大過，繼之以坎、離。下卷卅四卦，終之以小過，繼之以既濟、未濟。夫坎、離、二濟皆水火也，何以繼於小過、大過之後？若曰人不可以有過，過則入於水火，吾見其蹈水火而死者矣，故曰作《易》者，其有憂患乎？《易》之興也，其於中古乎？其當文王與紂之時乎？吾何以知之？其於憂患知之。伏羲則河圖、洛書而畫卦，於時僅象而已，未有爻辭，未有象占變也。文王羑里演之，此一憂患也。文王有象辭，未有爻辭，周公居東作爻辭，此又一憂患也。周公有爻辭，未有象爻傳，孔子遭匡人，厄陳蔡，作十翼贊之，此又一憂患也。故曰作《易》者其有憂患乎？不獨一人之憂患也，聖人憂之，又與天下人同憂之，故曰聖人洗心退藏於密，吉凶與民同患。又曰顯諸仁，藏諸用，鼓萬物而不與聖人同憂。天地無心而成化，故不與聖人同憂。聖人有以而無為，故能與民同患。若是者何也？民日游於吉凶悔吝之中，而不知所以趨之避之，聖人憂焉，惟恐其昧昧焉而罔覺也，故作為《易》書。如此則吉，如彼則凶；順之則吉，逆之則凶；惠迪則吉，從逆則凶。又曰修之則吉，悖之則凶。若是者何也？凡以退藏於密，吉凶與民同患而已。凡民不能退藏，而聖人則能憂患。吉凶兩物，而悔吝各居其中間。吝自吉而向凶，悔自凶而趨吉，與其吝也寧悔，故聖人行乎吉凶悔吝之外，而與民同憂。凡民日游乎吉凶悔吝之中，不能與聖人同密，此聖與凡之分也。若是，吾人讀《易》當如何？孔子嘗言之矣："加我數年，五十以學《易》，可以無大過矣。"其稱顏子好學，惟曰

"不遷""不貳"。蘧伯玉使人於孔子，孔子與之坐而問焉，曰："夫子欲寡其過而未能也。"孔子嘉之。觀於《論語》，《易》之道，思過半矣。今聽子來，欲余叙朱子《易》，余低回久之，其何以叙之？亦惟曰"夫子欲寡其過而未能"。吾[一]

校勘記

〔一〕底本此後文字原缺。

序《易纂》

　　言天莫辨乎《易》，《易》，筮书也。而道器互有藏用，形上遇之，器遇道；形下遇之，道亦器也。子华氏谓河图之二与四抱九而上跻，六与八蹈一而下沉，五居其中，据三持七，错综之旨象告之矣。孰言象者？天笔示之。继天而以画言，则宓圣；继羲而以词言，则文、周、孔。要期尽立象之意而止错综之义，或具诸图位，或系诸爻象，咸引而未发。后此学《易》诸儒，言人人殊，望洋四圣，洞涉各异，源流遂分。大要穷理者遗象数，倚数者略理诠，得其一端，罔非《易》也，而几不可以若是几。犹夫穴地得空，穿牖入照，天罔不届，而曰："天止是！"岂不诬哉！

　　吾师沧起氏沉潜《易》学，洞晰画前，道器以融，筌蹄不滞，庶几目遇，无不可图、书，即无不可《易》。今涉著述之藩，所云至美至精至神，靡弗备；犹不欲自标坛坫，身质翘长，乃衷辑众论而折衷一是，务俾四圣心源揭行日月，诸儒笔舌捷答鼓桴，可不谓晷天昭昭而得其浩浩也哉！其有取于来瞿唐错综之说者，以其克正卦变之讹，通象数理于一致，千古以来，特拈二字以括《易》义，见诚卓。第析伏羲圆图属错，文王序卦属综，余尚不能无疑焉。窃意伏羲卦位止具错义，故曰"八卦相错"；文王卦位兼具综义，故曰"八卦相荡"。恐非乾、坤、坎、离、大过、颐、小过、中孚云也。载按伏羲横图，始乾终坤，综乾顺坤，逆至复、姤，中交错。圆图对待错流行综，方图四正交错，四隅摄错，纵下综，横上综。此皆天地自然之数，不假安排，仅谓圆图为错乎？文王序卦，参伍以变。盖参此三图，伍此图中

極、儀、象、八卦、六十四卦五事，錯綜其初畫奇偶之數而匪有
加於伏羲也。原夫先天定象，即具天下之至變，惟文王能通之，
以成天下至文。極數定象，極深研幾，非至精至變至神，未易異
也。僅曰《序卦》爲綜，且以反對當之乎？余之所以不能無疑
者此也。盥誦《易纂》，厥義大備，上之得道而忘器，下之亦援
器以證道。吾師羽翼大《易》，功奚啻伯仲漢晉以來諸儒哉！余
仍呶呶錯綜之説以質難，亦何辭於管窺？

　　蜀仙井門人胡世安謹序并書

序

　　《易》有三，曰象，曰理，曰數。數不離理，理不離象，分之則三，合之則一也。四大聖人寄精神於三者之中，遂使千萬世以下之人各及其精神之所至而用之不竭焉，此《易》之所以爲妙也。四聖既往，門户遂分。卜子夏唱演名理，漢晉諸儒遞相效仿。唐孔穎達奉太宗詔定《易正義》，獨宗王弼，至宋伊川、考亭而益著。然弼掃象談理，敢於作俑，范寧比之桀紂，非虚言也。數學始於希夷，終於康節。謂邵子聰明，別有領悟則可，若紐卦以爲圖，創先天、後天之説，考之伏羲、文王、周、孔，殊無此論，即漢馬融、鄭玄之徒亦無此論也。紫陽氏雖爲注釋，他日《答王子合書》云："康節言伏羲卦位，近於穿鑿附會，且當闕之。"則二圖未可爲確據也。至於象教，田何、孟喜以及國端六家之外無聞焉，然皆窺其一隙而未睹其大全。朱子集諸儒大成，尚有"於象理會不得"之説，無可奈何，强作卦變。仙井李舜臣謂舍本卦而論他卦，皆所不取。文山《進講》"賁卦剛上文柔"一段，亦不以卦變爲言，其見卓矣。勝國來梁山，高隱窮年，刻意揣摩，悟得"錯綜"二字，發明象義，大快人心。朱子卦變，益覺其謬，自謂契二千年不傳之秘旨。焦弱侯誚其妄自負許，井蛙之見。及觀弱侯所撰《易筌》，説象説變，大半本瞿塘氏，明斥暗取，忌才習氣，獨不畏識者勘破耶？夫易者，象也。理得象而活，數得象而神。若易象不明，并其所爲理與數者而皆非矣。是故古之至人會其全體[一]

　　駕其説於吾道之上，不知"無思無爲，寂然不動，感而遂通"數語已括盡三大藏之奧旨。近人謂《華嚴》八十一卷不出艮之一卦，良非虚語。柳宗元有云：大《易》一書，盡在佛經。羅泌譏其憒憒，謂其倒言之也。夫冒天下之道者，《易》也，二氏九流不能出道外，即不能出《易》外。吾願世之學者，并精神於一路，以窮大《易》之無窮，功亡本現，行盡源成，行且與三古聖人同會一堂之上，則余考同辯異，惟筌蹄是設者，其猶在蓬蒿之間也哉！

　　時順治丙申陬月汾人朱之俊漫書於峪園頤光堂

校勘記

　　〔一〕底本此後文字原缺。

周易纂卷一

上下經篇義

上經首乾、坤者，陰陽之定位，萬物之男女也，易之數也，對待不移者也。自乾、坤歷屯、蒙、需、訟、師、比、小畜、履十卦，陰陽各三十畫，則六十矣。陽極於六，陰極於六，至此乾、坤變矣。故坤綜乾而爲泰，乾綜坤而爲否，否、泰者，乾、坤上下相綜之卦也。乾、坤既迭相否、泰，則其間萬物吉凶、消長、進退、存亡不可悉紀。自同人以下至大畜，無非否、泰之相推，無否無泰，非易矣。水火者，乾坤所有之物，皆天道也，體也；無水火，則乾坤爲死物。故必山澤通氣，雷風相薄，而後乾坤之水火可交。頤、大過者，山澤雷風之卦也，頤有離象，大過有坎象，故上經首乾、坤，必乾、坤歷否、泰，至頤、大過，而後終之以坎、離。

下經首咸、恒者，陰陽之交感，一物之乾坤也，易之氣也，流行不已者也。自咸、恒歷遯、大壯、晉、明夷、家人、睽、蹇、解十卦，陰陽各三十畫，則六十矣。陽極於六，陰極於六，至此，男女變矣。故咸之男女綜而爲損，恒之男女綜而爲益。損、益者，男女上下相綜之卦也。男女既迭相損益，則其間萬事吉凶、消長、進退、存亡不可悉紀。自夬以下至節，無非損、益之相推，無損無益，非易矣。既濟、未濟者，男女所交之事，皆人道也，用也；無既濟、未濟，則男女爲死物。故必山澤通氣，雷風相薄，而後男女之水火可交。中孚、小過者，山澤雷風之卦也，中孚有離象，小過有坎象，故下經首咸、恒，必咸、恒歷損、益至中孚、小過，而後終之以既濟、未濟。

上經陽爻八十六，陰爻九十四，陰多於陽者凡八。下經陽爻一百有六，陰爻九十有八，陽多於陰者亦八。上經陰多於陽，下經陽多於陰，皆同八焉，是卦爻之陰陽均平也。若以綜卦，兩卦作一卦論之，上經十八卦，成三十卦，陽爻五十二，陰爻五十六，陰多於陽凡四；下經十八卦，成三十四卦，陽爻五十六，陰爻五十二，陽多於陰者亦四。上經陰多於陽，下經陽多於陰，皆同四焉，是綜卦之陰陽均平也。

乾屬陽，其位在五，惟坎可以同之，蓋坎中一畫乃乾也。若艮、震之五，皆陰矣。故居三居初，此陽卦正位，不可移也。坤屬陰，其位在二，惟離可以同之，蓋離中一畫乃坤也。若巽、兑之二，皆陽矣。故居四居六，此陰卦正位，不可移也。

上經首乾、坤者，天地定位也；下經首男女者，山澤通氣也。位欲其分，故天地分爲二卦；氣欲其合，故山澤合爲一卦。八純卦皆不應，否、泰，天地相應；咸、損，少男女相應；恒、益，長男女相應。咸以少男下少女，又應之至者，故首下篇。

李西溪曰：天地之道不過於陰陽，五行之用莫先於水火。上篇首天地，陰陽之正也，故以水火之正終焉。下篇首夫婦，陰陽之交也，故以水火之交終焉。

上《繫》七爻，起於中孚“鳴鶴在陰”。下《繫》十一爻，起於咸“憧憧往來”，卦氣圓。自復至咸，八十八陽，九十二陰。自姤至中孚，八十八陰，九十二陽。咸至姤，凡六日七分；中孚至復，亦六日七分；陰陽自然之類也。此即經分上下，陰陽各有定類之旨。吴幼清欲合上《繫》七爻與下《繫》十一爻，序于乾、坤、《文言》之後，共爲十翼之一篇，蓋未知此理耳。

錯綜説

錯者，陰與陽相對也。父與母錯，長男與長女錯，中男與中女錯，少男與少女錯。八卦相錯，六十四卦皆不外此錯也。八卦既相錯，所以象即寓於錯之中。如乾錯坤，乾爲馬，坤即牝馬之類。又如小畜言雲，因中爻離錯坎也。六四言血，坎爲血也。言惕者，坎爲加憂也。艮卦九三中爻坎，爻辭曰"薰心"，坎水，安得薰心？以錯離，有火烟也。此中爻之錯也。

綜字之義，即織布帛之綜，或上或下，顛之倒之之謂也。如乾、坤、坎、離四正之卦，則或上或下。巽、兌、艮、震四隅之卦，則巽即爲兌，艮即爲震，其卦名則不同。如屯、蒙相綜，在屯則爲雷，在蒙則爲山是也。如履、小畜相綜，在履則爲澤，在小畜則爲風是也。如損、益相綜，損之六五即益之六二，特倒轉耳，故其象皆"十朋之龜"。夬、姤相綜，夬之九四即姤之九三，故其象皆"臀無膚"。綜卦之妙如此。然文王序卦有正綜，有雜綜。如乾初爻變姤，坤逆行，五爻變夬，與姤相綜，所以姤綜夬，遯綜大壯，否綜泰，觀綜臨，剝綜復，所謂乾、坤之正綜也。八卦通是初與五綜，二與四綜，三與上綜。雖一定之數不容安排，然陽順行而陰逆行，與之相綜，造化之玄妙可知矣。若乾、坤所屬尾二卦，晉、大有、需、比之類，乃術家所謂游魂歸魂，出於乾、坤之外者，非乾、坤五爻之正變，故謂之雜綜。然乾、坤水火四正之卦，四正與四正相綜。艮、巽、震、兌四隅之卦，四隅與四隅相綜，雖雜亦不雜也。八卦既相綜，所以象即寓於綜之中。如噬嗑"利用獄"，賁乃相綜之卦，亦以獄言之。旅、豐二卦亦以獄言者，皆以其相綜也。有以上六下初而綜者，剛自外來而爲主於內是也。有以一五而綜者，柔得中而上行是也。

伏羲圓圖雖未名錯，而錯義已備。文王序卦雖未名綜，而綜意已備。孔子讀《易》，韋編三絶，鐵撾三折，窮年兀兀，至於五十，始悟伏羲圓圖爲錯，悟文王序卦爲綜。故曰錯綜其數，極其數，遂定天下之變。

六十四卦，止乾、坤、坎、離、大過、頤、小過、中孚八卦相錯，其餘五十六卦皆相綜也。其實二十八卦耳，并相錯八卦，共三十六卦。

凡相綜之卦，爻辭多同。如未濟之九四即既濟之九三，爻辭同也。損之六五即益之六二，爻辭同也。夬之九四即姤之九三，爻辭同也。綜卦之妙至此。

象　説

易者，盧蝘之名，守宮是矣。身色無恒，日十二變，是則易者本自變也。象者，茅犀之名，豨神是矣。犀形獨角，知幾知祥，是則象者取於幾也。一云：象者，豕也。八卦相值，材全而體備，是以爲豕也。象直取其身形相似，遠近不變，脉有成位，膽應四時而已。爻者，折俎也。古者謂折俎爲爻，其文蓋象折俎之形。後世以易有六爻也，故加肉爲肴以別之。

《易·内篇》曰：日月相逐爲易，故病有陰陽。易者，乃大病之後，交者輒易。男曰陰易，女曰陽易，易者三樵輒死。繇此論之，日月之交易，斯蓋灼矣。《易》曰：日月合爲明，謂明者無逾於日月爾。然明非合也。

日月爲易，謂之日月，而於文正爲勿。勿，月彩之散者也。故月散於日下爲易，散於日上爲昜，相對爲明，對而虧爲昒。易者，朔也。所謂朔易昜者，晦也。明者，望也。昒者，望而食者也。

聖人立象，有卦情之象，有卦畫之象，有大象之象，有中爻之象，有錯卦之象，有綜卦之象，有變爻之象，有占中之象。如咸卦，艮爲少男，兌爲少女。男女相感之情莫如年之少者，故周公立爻象曰：拇曰腓，曰憧憧，曰脢，曰輔頰舌，一身皆感焉。蓋艮止則感之專，兌悅則應之至。是以四體百骸從拇而上，自舌而下，無往而非感矣。此以男女之至情而立象也。又如豚魚知風，鶴知秋，雞知旦，三物皆有信，故中孚取之。又如漸取鴻者，以鴻至有時而群有序，不失其時，不失其序，於漸之義爲切。且鴻不再偶，於文王卦辭"女歸"之義爲切。此皆以卦情立象也。卦畫之象，如剝言宅、言床、言廬之類。卦體大象之象，凡陽在上者，皆象艮、巽，陽在下者皆象震、兌。陽在上下者皆象離，陰在上下者皆象坎。如益象離，故言龜；大過象坎，故言棟；頤亦象離，故言龜也。故凡陽在下者，動之象；在中者，陷之象；在上者，止之象。凡陰在下者，入之象；在中者，麗之象；在上者，止之象。中爻之象，如漸卦九三，婦孕不育，以中爻二四合坎中滿也；九五三歲不育，以中爻三五合離中虛也。錯卦之象，如履卦言虎，以下卦兌錯艮也。綜卦之象，如井與困相綜，巽爲市邑，在困爲兌，在井爲巽，則改爲邑矣。變爻之象，如乾二變離，爲乾之同人，故爲見龍，爲文明，爲利見，皆離象也。占中之象，如武人爲於大君，繫於苞桑之類。又有即陰陽而取象者，如乾爲馬，本象也。坎爲震，皆得乾之一畫，亦言馬。坤爲牛，本象也。離得坤之畫，亦言牛也。又有相因而取象焉，如革言虎者，以兌錯艮上爲虎也。上六即以豹言之，虎次於豹，故相因而言豹也。象也者，像也。像者乃事理之仿佛近似，可以想像者也，非真有實事也，求真有實理也。若以事論，金豈可爲車也？玉豈可爲鉉也？若以理論，虎尾其可爲履？左□腹豈可入？蓋維無此事此理，而爻內有其象也。

龍非惟乾也，而坤亦可爲龍。馬非惟坤也，而乾亦可爲馬。龍與馬，非惟乾與坤也，而坎、震亦取象馬。是故觸類獨可爲其象，合義可爲其變。

《繫》言象者三：剝也、鼎也、小過也。

凡《易》中言包者，皆外包乎內也。蒙曰"包蒙"，泰曰

"包荒"，否曰"包承""包羞"，姤曰"包魚"，皆外包乎內也。泰之初，爲草茅荒穢之象，九二包之，故曰"包荒"。否之"包承"，包乎初也，二乃初之承，猶云"將承包之"也。陰與陰爲群，陽與陽爲群，群自不亂矣。三見二包乎初，三即包乎二，不知二隔乎陽，故包用群，若三親比乎陽矣。不能從陽，可慕之甚。

《易》之象有三：地上有水，地中生木，實象也。天在山中，風自火出，假像也。天下有山，可以遯矣；澤中有火，可以革矣，意象也。

《易億》云：凡卦取象，皆就中原有者而取之。若卦中無此象而强安排以立教，則三百八十四爻何往而不可安排也？

凡《易》中言邑國者，皆坤土也。謙上六曰征"邑國"。升卦坤在外，故曰"升虛邑"。晉卦坤在內，故曰"維用伐邑"。泰之上六曰"自邑告命"。師上六曰"開國承家"。復上六曰"以其國君凶"。訟九二變坤，曰"邑人三百户"。益之中爻坤，曰"爲依遷國"。夬下體錯坤，曰"告自邑"。渙九五變坤，曰"渙王居"。皆因坤土也。

《易》卦命名立象，各有所取。鼎也，井也，大過之棟也，小過之飛鳥也，遠取諸物者也。艮之背也，頤之頤也，噬嗑，頤中之物也，近取諸身者也。

凡《易》言涉川取乾者，以卦德也，以乾天下之至健，德行恒易以知險也。需、同人、大畜也。取水木者，以卦體也。渙、蠱、未濟、謙，或取中爻，或取卦變是也。取中虛者，以卦象也，益、孚、頤是也。

解以陰居陽者象狐，晉以陽居陰者象鼠。九家《易》：坎爲狐。解自初至五，互重坎，上下三陰，故稱三狐。艮爲鼠，晉互體艮，艮上一陽，故稱鼫鼠。狐性疑，解當去其疑。鼠性貪，晉當去其貪。取象各有攸當。況晉晝也，鼠亦晝伏，非能以晝進者。

噬嗑内剛者齒也，外柔者輔也。凡噬物，噬則頤分，嗑則頤合。今未噬之先，内剛外柔，將噬之際，動而明正，噬之際，合而章，先分後合，又何物得以間之？此所以噬嗑而亨也。

凡卦中次序相近者，言膚。剥卦言膚者，艮七坤八也。睽卦言膚者，兑二離三也。噬嗑言膚者，離三震四也。其六爻二言膚者，皮也．三言肉者，皮中之肉也。四言胏者，肉中連骨也。以陽剛也，五陰柔，又言肉矣。爻位以次漸深，噬肉以次漸難。

凡易中言遇者，皆雷與火也。睽九二變震，曰"遇主於巷"。遇元夫者，亦變震也。豐遇配主，遇夷主。小過大象，坎錯離，遇其妣，遇其臣。噬嗑雷火，故亦言遇毒。

火無定體，倏然而活，倏然而没，失得，其常事也。凡《易》中遇離，或錯離，或爻離，皆言失得二字。如比卦九五錯離，曰"失前禽"；隨卦六三變離，曰"失小子"；隨有求得噬嗑九四，曰"得金矢"，六五曰"得黄金"。坎卦錯離，六二曰"求小得"；晉六五曰"失得勿恤"；明夷九三曰"得其大首"；解卦九二錯離，曰"得黄矢"；鼎卦初六曰"得妾"；震卦六二變中爻爲離，曰"七日得"；漸卦中爻離，六四曰"得其桷"；豐卦六二曰"得疑疾"；旅九四曰"得資斧"；巽上九變坎錯離，曰"喪其資斧"。得失，得喪，皆一意也。既濟上九曰"失是"，則或失或得，不以爲事者，乃離之本有也，非戒辭也。凡小象言"未光"者，皆陽比於陰者也。

凡《易》中言兑者，皆勿逐自復，如睽之初九是也。震之六三變兑，亦弗逐七日得；既濟六二變兑，亦弗逐七日得也。

人身出腹中之物皆在於臀。臀字從殿，殿者後也。凡《易》中言臀者，皆坎也。坎爲溝瀆，臀之象也，故夬九四變坎曰臀，姤九三變坎曰臀，困下卦坎初六曰臀。

凡《易》中言酒者皆坎也，言食者皆兑也。需中爻兑言酒食，困九二兑體言酒食，未濟與坎皆言酒也。

凡《易》中言"三"者，離也。同人曰"三歲不興"，未濟曰"三年有賞於大國"，既濟曰"三年克之"，明夷曰"三日不食"，革曰"革言三就"，皆以離居其三也。若坎之三〔一〕"三歲不得"，困之"三歲不覿"，解之"田獲三品"，皆離之錯也。漸之"三歲不孕"，巽之"田獲三品"，皆以中爻合離也。豐之"三歲不覿"，以上六變而爲離也。周公爻辭，其精至此。

孔子大象言"用獄"者五，皆取雷火之意。豐，取其雷火也，旅與賁、艮綜震，亦雷火也。解則上雷而中爻爲火也，下體錯離，亦火也。中孚則大象爲火而中爻爲雷也。

凡易中言"譽"者皆兑也。如蠱卦"用譽"，豐卦"慶譽"，旅卦"譽命"，皆中爻兑也。蹇卦"來譽"，下體錯兑也。

古者立廟必於國之東南，祭享必以血，故《易》凡言廟祭，必取巽、坎，巽居東南而坎爲血也。

數　説

《路史》曰：八卦者，歷數之始也，而本於太極。太極者，至中也。九疇者，歷數之成也，而本於皇極。皇極者，大中也。太極元氣，含三爲一，三才之所基也。稽疑庶徵，五福六極，此鬼神之所同，故屬之天。五行五事八政，此百姓之所用，故屬之地。而三德五紀之與皇極，同居九位之中，然則聖人中道而立者，亦以保其在躬之歷數而已矣。

黃鍾爲宮，下生林鍾徵，又上生太簇商，又下生南宮羽，又上生姑洗角，此天一至天五數也。林鍾爲宮，上生太簇徵，又下生南宮商，又上生姑洗羽，又下生應鍾角，此地六至地十數也。惟虛無射仲吕，爲畸數，故十二律能生六十。

胡孝緒曰：河圖所著明者，成變化而行鬼神之事，故曰先天。而所以則之者，亦言數不言事，畫象不畫理，天道也。洛書禹則之叙疇，明明爲人事而作也，後天之學也，人道也。雖云"彝倫攸叙"，因武王發問而言。然詳考九疇之事，除初一曰五行，不及於用，後八者皆主用，言用者，用此五行而叙之也。王者繼天立極，莫大乎彝倫，九者之事，皆所以叙此彝倫也。又曰神龜所負之文，列五陽數於四正之地，而進五以主其中，所謂陽必舉其全，不全，則禦陰之氣不王，退四陰數於四隅之地，而并裁抑其十，不使之與陽五同處於中宮，則中宮全是純陽之氣，而群陰聽命於四隅。且陰不可使之極饟，饟則必與陽戰，故書之闕十者，天亦明明有扶陽抑陰、進陽退陰之意也。而一三五之位與河圖不相異者，又何也？凡數皆起於一，凡一之起，必從乎内。觀圖與書之一皆不異位，則愈知一圈之爲太極矣。又曰，論五行，則陰陽各有生成之功。論陰陽，則陰原不能自生，而承陽以生。試觀太陰初生，明必在西南坤地，借太陽一綫之光，則知陰之必從陽生也明矣。又曰，洛書原出河圖之後，已將後天八卦見之神龜。禹欲因神物以著人事，故直以之叙疇。文合圖書以參《易》，直先洛書爲後天，故將先天卦位取而變易之。不然，文王豈無所見、無所取則，而憑空易置之也乎？故有洛書而後天八卦之學以開，有後天八卦方位而洛書之理愈明也。

《易》數五十有五，所以成變化而行鬼神，道理盡備於此，并未説到五行生成上。後儒聰明相長，乃有天地五行生成之説。雖道理實是如此，而伏羲當年畫卦却無此論。即孔子之贊河圖，亦未嘗舉五行作用而配乎河圖之位也。舉而配之，始自漢儒，而熾於宋儒。朱子取諸儒之説，附會而折衷之耳。至河圖以相生爲主，洛書以相克爲主，皆陳希夷之徒牽合而爲此論也。

焦弱侯曰：石澗云：伏羲之時未有文字，因圖書之文而畫卦，故曰"河出圖，洛出書，聖人則之"，蓋非圖書有天生之數而聖人就取之也。關子明以五十五數爲河圖，四十五數爲洛書，劉牧雨易之，謂河圖之數四十五，洛書之數五十五。說者以關爲是，劉爲非，其實皆不然。按《書·顧命》云："天球、河圖在東序。"天球，玉也。河圖與天球并列，則河圖亦玉之有文者爾。崑崙産玉，河源出崑崙，故河亦有玉。洛水至今有白石，洛書蓋白石而有文者也。聖人則之，謂則其文以畫卦，初無所謂五十五數與四十五數也。夫五十五數，易數也，易故有之也，易安有所謂四十五數哉？四十五數者，戴九履一，左三右七，五居中而上列二四，下列六八，分布而爲九宮。子華子言之，《大戴禮》言之，《乾鑿度》言之，在《易》則無一語及此，蓋非易數也。洛書則他經無所見，孔安國注《洪範》，乃以爲洛書者，"禹治水時，神龜負文而列於背，有數至九。禹遂因而第之，以成九數"。按《禹貢》但言導洛，不曾言洛之出書。安國何所據而有是說耶？夫孔子曰"河出圖洛出書，聖人則之"，是河圖洛書，伏羲之時具有之也。劉向父子、班固輩皆循安國之說，遂以爲河圖授羲，洛書錫禹。如此，則是伏羲時止有河圖，未有洛書也，不亦謬乎？圖之數十，書之數九，原無所據，蓋皆出於緯書。漢儒多習讖緯之學，其爲義疏，多采諸此。自其有九篇六篇、赤文綠字之說，故班固以"初一至六極"六十五字爲本文，顧野王以"農用敬用"十八字爲神龜所負者，豈不甚可笑哉？蘇東坡、張南軒皆謂鄭康成溺於緯書，乃云河圖有九篇、洛書有六篇，又以河圖爲八卦，洛書爲九疇，要皆怪妄，不足深信。

六二者，一變之數也。以故夷昭不馭，幽厲失國，頹亂惠遷，帶叛襄出，楚子問鼎，晉侯請隧，猶且三十六傳。一變之數，先王定策之驗，不可易也。

太極函三爲一。太極與兩儀即二，兩儀與太極即三。一即三，三即一也，豈惟含三？五十有五，莫不具焉。道得之而爲太一，天得之而爲天一，帝得之而爲帝一。

八衍卦數，七衍蓍數，九六不極其衍，故發揮而爲爻。天地數衍爻數，一不用，二衍四，三衍九，四衍十六，五衍二十五，六衍三十六，七衍四十九，八衍六十四，九衍八十一，十衍百，已上積爲三百八十四爻。

蓍得天數，故能圓而神，卦得地數，曰兩儀，曰四象，曰六爻，曰八卦，故能方以智。

位數也者，合六九而一之也。策數也者，離九六而分之，而又四營之也。《太玄》始於十八，終於五十四，并始終七十二爲一日，與此義同。

天左旋，一日一周，日月五星右旋，期三百六十五度四分度之一。日行一度，月行十三度有奇，一歲日月相會者十有二，故天有十二次，陰陽中分，所以乾、坤皆六爻也。相變而爲六十四，發揮而爲三百八十四爻，所以當期之日，當閏而除小月六日。蓍法四營，蓋法四時也。

周天三百六十五度，亦是聖人建立之，以窮天地之運行，非天實有是度也。蓋上古聖人見得天之運行，至此一日，極乎其短，行之之久，又忽極乎其長，遂從極短之處刻起一畫，今時極短之處，數至來時極短之處，適滿乎三百六十五日，因恍然悟出天之運行。只有此等日，遂爲立此等度，從中四分，分之爲二至，爲二分，各有九十一日，便各分爲九十一度，四其九，爲三百六十四，其一又爲四，共計三百六十四度，是爲四分度矣。後餘一度，爲四分度所餘之一，因而起閏。此全是測天之學，豈天原有是度哉？

易起數以定畫，因畫以生辭，因辭以明象，立象以盡意。蓍數一二三四，策數六七八九，五與十不成。變數九六，卦數七八。陽升陰降，九六者，陽數之窮也。

京房《易積數》曰：初爲下貞，二爲中貞，三爲上貞。四爲下悔，五爲中悔，上爲上悔。二三四爲互體，三四五爲約象。今傳注未有約象之名，惟術家見之。

沙隨程氏作《易占法》，中有天地生成數，配律呂圖。或問："於易何用？"曰："此所以辨六爻圖。"乾初始於寅，舊以黃鍾配初九故也。

蘇子瞻曰：蠱卦先甲三日，後甲三日，則世所謂六甲也。巽卦先庚三日，後庚三日，則世所謂六庚也。先甲三日，子、戌、申也。申盡於巳，而陽盈矣。盈將生陰，治將生亂，故受之以後甲。後甲三日，午、辰、寅也。寅盡於亥，然陰極而陽生。蠱無九五以幹之，則其治亂皆極其自然之數矣。故曰終則有始，天行也。夫巽則不然，初雖失之，後必有以起之。譬之於庚，先庚三日，午、辰、寅也；後庚三日，子、戌、申也。庚之所後，甲之所先也；庚之所先，甲之所後也。故先庚三日盡於亥，後庚三日盡於巳。先陰而後陽，先亂而後治，故曰無初有終。

沙隨程氏曰：蠱卦辭，先甲三日，後甲三日。巽九五爻，先庚三日，後庚三日。蓋日有十，辰有十二，相錯而爲六十，其間甲之日六，故先甲三日，後甲三日。其意義則事物之始必飭，其終必蠱。伊尹曰：始於惟一，時乃日新。先後甲者，屢提其始而飭蠱也。如商人每稱成湯，周人每稱文武，唐人每稱武德、貞觀間，皆此義也。六十之間，庚之日六，先庚三日、後庚三日者，於事物過中則屢施之號令，所以防蠱也。

來注云：蠱卦先甲、後甲者，本卦艮上巽下，文王圓圖：艮、巽夾震木於東之中，故曰先甲、後甲，言巽先於甲，艮後於甲也。巽卦言先庚、後庚者，伏羲圓圖：艮、巽夾兌金於西之中，故曰先庚、後庚，言巽先於庚，艮後於庚也。分甲於蠱者，本卦未變，上體中爻震木，上體巽木也。分庚於巽者，本卦未變，上體綜兌金，下體綜兌金也。十千獨言甲寅者，乾、坤乃六十四卦之祖，甲居於寅，坤在上，乾在下爲泰。庚居於申，乾在上，坤在下爲否。大往小來，小往大來，天地之道不過如此。物不可以終通，物不可以終否。易之爲道亦不過如此，所以獨言甲庚也。曰先三後三者，六爻也。先三者，下三爻也，巽也。後三者，上三爻也，艮也。不曰爻而曰日者，本卦綜隨，日出震東，日没兑西，原有此象。故少不言一日二日，多不言九日十日，而獨言先三後三者，則知其爲下三爻上三爻也明矣。以先甲用辛，取自新；後甲用丁，取丁寧。此説起於鄭玄，不成其説矣。

《易筌》云：巽九五變爲蠱，事至於蠱則當復始，故曰甲。甲者，日之始，事之始也。蠱六五復變爲巽，蠱既始事，而巽又申之。申之者，非更非續，故曰庚。庚，更也，續也。蠱以全卦言，故於卦辭言甲。巽至上卦而復爲重，故於九五言庚。甲庚者，十日十二辰之剛也。戊己分王四時，自甲歷乙丙丁三日而至庚，自庚歷辛壬癸三日而又至甲，故取爲三日之象。又云：周禮治象，浹日而斂之，從甲至癸，謂之浹日，是以易稱先甲三日，先庚三日，皆爲重申命令之義。獨取甲庚者，以甲木主仁，示其寬令也。庚金主義，示其嚴令也。四説拈義俱精，而來説取象卦中，似理猶勝。

蘇子瞻引唐一行之言曰：十有八變而成卦，八卦而小成，則十八變之間有八卦焉，人莫之思也。變之扐有多少，其一變也，不五則九，其二與三也，不四則八。八與九爲多，五與四爲少。少多者，奇偶之象也。三變皆少，則乾之象也。乾所以爲老陽而四數，其餘得九，故以九名之。三變皆多，則坤之象也。坤所以爲老陰而四數，其餘得六，故以六名之。三變而少者一，則震、坎艮之象也。震、坎、艮所以爲少陽而四數，其餘七，故以七名之。三變而多者一，則巽、離、兑之象也。巽、離、兑所以爲少陰而四數，其餘得八，故以八名之。故七八九六者，因餘數以名陰陽，而陰陽之所以爲老少者，不在是，而在乎三變之間，八卦之象也。此唐一行之學也。世之通於數□，論三五錯綜，則以九宮言之。九宮不經見，見於《乾鑿度》，曰：太一行九宮，九宮之數，以九一三七爲四方，以二四六八爲四隅，而五爲中宮，經緯四隅，交絡相值，無不得十五者。陰陽老少皆取分於十五，老陽取九，餘六以爲老陰。少陽取七，餘八以爲少陽。此與一行之學不同，然吾以爲相表裏，二者雖不經見，而其説皆不可廢也。一行之言與九六爲老、七八爲少之説又異。

大衍之數五十，其用四十有九。陸秉曰：此脱文也。當云"大衍之數五十有五，而用四十有九"者，除六虚之位也。古者卜筮，先布六虚之位，然後揲蓍而置六爻焉。如京房、馬季長、鄭康成，以至王弼，不悟其爲脱文，而妄爲之説，謂所賴者五十，殊無證據。

變　説

變者，陽變陰，陰變陽也。如陽卦初變即爲姤，是就於本卦變之。宋儒不知文王《序卦》，如屯、蒙相綜之卦，本是一卦，向上成一卦，向下成一卦耳。訟之剛來而得中，乃卦綜也，非卦變也，而《本義》以爲自遁卦變來，非矣，如姤方是變卦。變，玄之又玄，妙之又妙。蓋爻一動即變，如漸卦九三，以三爲夫，以坎中滿爲婦孕。及三爻一變，則陽死成坤，離絶夫位，故有夫征不復之象。既成坤，則并坎中滿通不見矣，故有婦孕不育之象。又如歸妹九四中爻，坎月離日，期之象也。四一變則純坤，而日月不見矣，故愆，豈不玄妙？

《易》以變易爲書，故爻辭多取變象爲言，今特就乾之二五明之。乾二變離，爲乾之同人，故爲見龍，爲文明，爲利見，皆離之象也。田取德普施普之義，即同人之"同人於野"

也。乾五亦變離，爲乾之大有，故爲飛龍，爲利見，亦離之象也。聖人作而萬物睹，即大有之"得尊位大中，而上下應之"也。坤二變陽爲乾，在坤中有內直外方之象。故孔子釋之曰："六二之動，直以方也。"言不動則有方而無直也。陽爲大，故曰"直方大"。陰得陽則不孤，故曰"德不孤"。陽爲光，故曰"地道光"也。坤三兼常變二事，其曰"含章可貞"，則指其不變之時言之。曰"或從王事，無成"，則指其變時言之。從王即從陽也。六三變艮，爲坤之謙，其"從王事"則謙之"勞"也，其"有終"即謙之"終"也。陽爲光，爲大，故曰"知光大"也。此皆變象之甚明者，雖不盡然，往往有之，可例諸卦。

視不見，聽不聞，循之不得，故曰易。易無所垎，易變而爲一，一變而爲七，七變而爲九。九者，究也。九復變而爲一，一者數之始，而非數也。沙隨程氏曰：一變爲七，其中有六。七變爲九，其中有八。九復變而爲一，其中具天地之數。

乾一爻變者六，姤、同人、履、小畜、大有、夬是也。二爻變者十五，遯、訟、巽、鼎、大過、無妄、家人、離、革、大畜、中孚、睽、兌、需、大壯也。三爻變者二十，否、漸、旅、咸、渙、未濟、困、益、噬嗑、隨、蠱、賁、損、井、既濟、節、恒、豐、歸妹、泰也。四爻變者十五，觀、晉、萃、艮、蹇、小過、蒙、坎、屯、頤、解、震、升、明夷、臨也。五爻變者六，剝、比、豫、謙、師、復也。六爻變者一，坤也。餘卦仿此。程氏《占法》云。

或曰九變六，六變九，非也。九當變八，六當變七。何以言之？《國語》董因爲晉文公筮，遇泰之八，謂初二三以九變八，而四五上不變爲八，故泰之八也。唐人張轅作《周易啓元》曰：老陽變成少陰，老陰變成少陽。蓋與此合。

凡離變乾而應乎乾者，皆謂之宗。蓋乾乃六十四卦陽爻之祖，有祖則有宗，故所應者爲宗。若原是乾卦，則本然之祖，見陰不見宗。惟新變之乾，則新成祖矣，故見陽言宗也。同人六二上應九五，以五爲宗是也。睽卦六五亦曰宗。

凡《易》之所謂剛柔相易者，皆本諸乾、坤也。乾施一陽於坤，以化其陰而生三子，皆一陽而二陰。凡三子之卦，有言"剛來"者，明此本坤也，而乾來化之。坤施一陰於乾，以化其陽而生三女，皆一陰而二陽。凡三女之卦，有言"柔來"者，明此本乾也，而坤來化之。故凡言此者，皆三子三女相值之卦也。

六十四卦不過八卦變而成之，如乾爲天，天風姤，坤爲地，地雷復之類是也。若邵子八分十六，十六分三十二，三十二分六十四，不成其説矣。

占　説

三易之書，其書一，其法異。其爲卦皆六位，經卦皆八而別卦皆六十四。書一也，《易》尚變，《連山》《歸藏》尚不變。法異也，變，老也；不變，少也。《易》用九六，尚老也。《連山》用七，《歸藏》用八，尚少也。尚變之占，三百八十有四，不變之占，亦三百八十有四，凡七百六十有八。其所逆神數而定休咎者備矣。程迥曰：古之筮者兼用三易之法。衛元之筮，遇屯，曰"利建侯"，是《周易》，或以不變者占也。季友之筮，遇大有之乾，曰"同復於父，敬如君所"，此固二易辭也。既之乾，則用變矣。是《連山》《歸藏》，或以變者占也。

大舜志定謀同，然後用筮。楊雄曰："不以其占，不如不筮。"王通曰："驟而語《易》則玩神。"其旨一也。

《隱者書》曰："無窮妙義，盡在畫中。辭外見義，方審易道。"則觀象識辭，可以知占變矣。

六爻不變，以卦象占，內卦爲貞，外卦爲悔。一爻變，以變爻占，二爻三爻四爻變，以本卦爲貞，之卦爲悔。五爻變，以不變爻占。《春秋》穆姜始往東宮，筮之遇艮之八，史曰："是謂艮之隨。"蓋五爻皆變，惟八二不變也。劉禹錫謂"變者五，定者一，宜從少占"，是也。六爻變，以乾、坤二卦爲例，蔡墨對魏獻子曰："在乾之坤，曰見群龍無首，吉。"此六爻皆變也。八二不變者，蓋艮卦六爻，三上以九變，初四五以六變，得二得八，則不變也。

六爻不變，以卦象占。一爻變，以變爻占。此諸家言例之所同也。然巽之九五，變入蠱卦象，履之六三，其凶在所應，此非例之所能占，故古人三人占，許爲別説。蓋易變動不拘，非一理之所能盡也，當因所問而推其義。

《春秋》畢萬筮仕，遇屯之比，辛廖曰："吉。"孔成子筮立衛縶，遇屯之比，史朝曰："孟將不列於宗。"其筮同而占異者，事不同故也。非忠信之事，遇黃裳元吉，反爲凶兆，則占法大概可知矣。

孔子筮《易》，遇賁，愀然。蓋五色不成謂之賁，文彩雜也。然二五皆止而不相應，此聖人道不行當世之象。

凡看《易》，須識辭、變、象、占四字。初九潛龍，辭也。有九則有六，變也。潛龍，象也。勿用，占也。如占得潛龍之象，在天子則當傳位，在公卿則當退休，在士子則當靜習，在賢人則當隱逸，在商賈則當待價，在戰陣則當左次，在女子則當愆期。萬象萬物，莫不皆然。若不知象，一爻止一事，則三百八十四爻，止作得三百八十四件事矣，何以彌綸天地？

伏羲教人卜筮，亦有卦而已。隨其所遇求之，卦體、卦象、卦變無不應者。至卦爻之辭，所該有限，故有時而不應。必如

《左傳》《國語》所載，占卦、體卦、象卦變而推互體，始足以濟辭之所不及，而爲吉凶之前知云爾。

校勘記

〔一〕"三"，疑爲衍文。

上　經

乾　乾下乾上

乾：元、亨、利、貞。

乾備元、亨、利、貞四德，蓋六畫純陽，惟天惟聖足以當之。本大本通本貞，本無不利，故不用戒辭。

初九，潛龍勿用。

此特自其在淵言之。其實二見五飛，即初之潛者耳。勿者，我勿之也。《郫雅》云：蟲莫智於龍，能與細細，能與巨巨，能與高高，能與下下。《易》曰："震爲龍"，以動故也。故乾六爻動，皆謂之龍。

九二，見龍在田，利見大人。

以六畫卦言之，二於三才爲地道。地上即田也。以三畫卦言之，二於三才爲人道，大人之象也。二五得稱大人，皆以三畫卦言也。

九三，君子終日乾乾，夕惕若厲，無咎。

六爻皆君子也。此爻正當人位，故以君子發之，不言龍也。三變則中爲離，離日在下卦之終，終日之象。下乾終而上乾繼，乾乾之象。乾惕正是自强不息，但彼成功，此用功耳。兩漢已前皆以"夕惕若厲"爲句。

九四，或躍在淵，無咎。

或者，欲進未定之辭，非猶豫狐疑也。或躍在淵者，欲躍猶在淵也。九爲陽，陽動，有躍象。四爲陰，陰虛，有淵象。淵雖下於田，田却是個地，淵則虛空無實之處，其氣常與天通，一飛躍，即飛在天。

九五，飛龍在天，利見大人。

六畫之卦五爲天，三畫之卦五爲人，故曰天，曰人。利見，即萬物睹。

上九，亢龍有悔。

上，天際之極，龍之居，杳冥而不能爲雨者，故曰亢。悔者，變也，即《洪範》"曰貞，曰悔"之"悔"。陽盛極而生陰，龍倦飛而思潛，此自然之變。若一向往而不返，□死鰍死鱔不足爲龍矣。

用九，見群龍無首，吉。

凡卦，初爲足，上爲首。上九，即群龍之首也，不見其首，則陽變爲陰矣。此用之妙也。蓋居九而爲九所用，我不能用九，故至於亢。居六而爲六所用，我不能用六，故至於戰。惟見群龍無首，利永貞，此用九用六之道也。昔王介甫常欲繫"用九"於"亢龍有悔"之下，得其旨矣。伊川曰六爻皆用九，臨川謂只在上九一爻，非。

《象》曰：大哉乾元！萬物資始，乃統天。云行雨施，品物流形，大明終始，六位時成，時乘六龍以御天。乾道變化，各正性命。保合太和，乃利貞。首出庶物，萬國咸寧。

乾元，天德之大始，故萬物之生皆資之以爲始。流行者，形生不窮，若水之流也。資始曰萬物，流行曰品物，始猶渾淪，形可區別。爻有定位，故曰六位。陽有變化，故曰六龍。統天者，天爲我屬，如身之統四體。御天者，天待我行，如心之御百官。統天言乾之體，御天言乾之用。聖人元亨，在乘龍御天，見之而必大明終始者，能識時，然後能運時也。乾道，道字即元之道也。性命太和是萬物資始時所受於乾元者，不可分理氣，惟各正，故保全而復相合，是天道之利貞，終於元而始於元也。首即元也，前曰"元首"，此曰"首出"，蓋物首即從元首出也。咸寧之寧，即各正保合也，其文武成康之時乎？

蘇子瞻曰：情者，性之動也。溯而上至於命，沿而下至於情，無非性者。性之與情非有善惡之別也，方其散而有爲，則謂之情耳。命之與性非有天人之辨也，至其一而無我，則謂之命耳。其於易也，卦以言其性，爻以言其情。情以爲利，性以爲貞。其言也互見之，故人莫之明也。

《象》曰：天行健，君子以自強不息。

不息則天，有息則人，天人之分，繫於一息，幾微如此。自強云者，人心之德本自強，猶天德之德本自健，非有所作之而然也。

胡安定云：天者，乾之形；乾者，天之用。天形蒼然，南極入地下三十六度，北極出地上三十六度，狀如倚杵。其用則一晝一夜行九十餘萬里。人一呼一吸爲一息，一息之間大行八十餘里，人一晝夜有三萬三千六百餘息，故天行九十餘萬里，天之行健可知。

"潛龍勿用"，陽在下也。"見龍在田"，德施普也。"終日乾乾"，反復道也。"或躍在淵"，進無咎也。"飛龍在天"，大人造也。"亢龍有悔"，盈不可久也。"用九"，天德不可爲首也。

自上而下爲復，自下而上爲反。九三上下皆乾，故曰反。復道即乾道也，道外無德，故二爻皆德。三以自修，故曰反復。四以自試，故曰進退首事。造制謂之造。"天德"二字即"乾道"二字，天德不可爲首，以天德本無首也。經言"無首"，此言"不可爲首"，以用《易》者言之。

《文言》曰：元者，善之長也。亨者，嘉之會也。利者，義之和也。貞者，事之幹也。君子體人足以長人，嘉會足以合禮，利物足以和義，貞固足以幹事。君子行此四行德者，故曰："乾，元，亨，利，貞"。

文言者，依文以言其理，亦有文之言辭也。亨、利、貞，總謂之善，合亨、利、貞而統於一。元則謂之長，就善之道處，有許多嘉美湊合於此，故曰會。在性體無文上體認義之和，乃當得"利"字，和就在義中。"乾"字內亦有貞，下起元終則有始之意。此四句説天德之自然，下"體仁"四句説人事之當然。體仁者，體即仁也。元無體仁有體，故變元而爲仁。禮以會而後行，會以嘉而合禮，君子完於一亨，嘉者無不會也。不相妨害之謂利，利則必和。無所乖戾之謂和，和則必利。蓋公天下之利，本有自然之和也。貞何以言固？周公曰：冬日之閉，凍也，不固則春夏之長草木也不茂。貞者，元之本也，此《韓非·解老》之言，可以明貞固之説。君子乾無所見，以四德而見，其爲乾行，即天行之行。

初九曰"潛龍勿用"，何謂也？子曰：龍德而隱者也。不易乎世，不成乎名。遯世無悶，不見是而無悶。樂則行之，憂則違之，確乎不可拔，潛龍也。

"不易乎"，字即"丘不與易"之"易"，未能以道變易乎世也。"不成"者，不求知於世以成就我之名也。終日在世中，而意念收斂，人莫能窺，故遯世，與避世異。違者，背也。言不以拂逆爲事，皆置之度外而背之。拔者，躍也，舉而用之也。不可拔即勿用也。

楊中立曰：未忘名，非潛也。四皓不如邵平，郭泰不如申屠蟠。朱新仲曰：見人所行不是，吾無悶焉，此潛心法也。若慟哭流涕，身安能潛？

九二曰"見龍在田，利見大人"，何謂也？子曰：龍德而正中者也。庸言之信，庸行之謹。閑邪存其誠，善世而不伐，德博而化。《易》曰“見龍在田，利見大人”，君德也。

聖德曰龍，聖學曰庸。此乾之所以爲易知也。庸言信，庸行謹，何以有邪？夫於庸處稍加纖毫，便爲邪矣。蘇子瞻曰：堯舜之所不能加，桀紂之所不能忘[一]亡，是謂誠。凡所可以閑而去者，無非邪也。邪者盡去，則其不可去者自存矣。善世原未嘗加，何伐之有？言君德者，明其非君位也。

九三曰“君子終日乾乾，夕惕若厲，無咎”，何謂也？子曰：君子進德修業。忠信，所以進德也。修辭立其誠，所以居業也。知至至之，可與幾也。知終終之，可與存義也。是故居上位而不驕，在下位而不憂。故乾乾因其時而惕，雖危無咎矣。

可與幾不是知幾，謂胸中所德，幾微玄妙，不可以擬議窺也。存有時出不窮，終身取足之意，忠信即是。至不是用忠信以求至，立誠即是。終不是用立誠以求終，至誠無妄，不依情識即是。良知非舍忠信立誠外更覓個知也。二之上，故曰居上。四之下，故曰居下。《易》以辭爲重，上《繫》終於默而成之，養其成也。下《繫》終於六辭，驗其誠不誠也。

九四曰“或躍在淵，無咎”，何謂也？子曰：上下無常，非爲邪也。進退無恒，非離群也。君子進德修業，欲及時也，故無咎。

在田者安於下，在天者安於上，有常者也。進而爲飛，退而爲見，有爲者也。九四之位則不然。及字最重，未及時則爲德意，既及時則爲得施。未及時則爲學業，既及時則爲勳業。上“進”釋“躍”字義，下“進”釋“淵”字義。無[二]“無常”“無恒”釋“或”字義。“非爲邪”“非離群”釋“無咎”義。

九五曰“飛龍在天，利見大人”，何謂也？子曰：同聲相應，同氣相求。水流濕，火就燥。雲從龍，風從虎。聖人作而萬物睹。本乎天者親上，本乎地者親下，則各從其類也。

水者寒之形，濕者土之氣。水之於土，妻道也。夫從妻所好，故水流濕。火者熱之形，燥者金之氣。火之於金，夫道也。妻從夫之令，故火就燥。或以陰求陽，或以陽求陰也。龍，陽中之陰，則能召陰。雲，陰也。虎，陰中之陽，故能召陽。風，陽也。睹之者，親之也。類各有本，本各有親。"親"字正從"類"字看出。"各從其類"，所謂同而應也。

上九曰"亢龍有悔"，何謂也？子曰：貴而無位，高而無民，賢人在下位而無輔，是以動而有悔也。

上在卦外，故無位。去初遠，故無民。二三四皆從五，故無輔。亢亦龍之一位也，處此不得不動，動即變也。悔者，所以通其變也。

"潛龍勿用"，下也。"見龍在田"，時舍也。"終日乾乾"，行事也。"或躍在淵"，自試也。"飛龍在天"，上治也。"亢龍有悔"，窮之災也。乾元用九，天下治也。

此下皆以人事明乾也。舍，去聲，止息也，出潛離隱而止息於田也。自試，"試可乃已"之"試"，非"試其德""試其時"也。非自試則必妄動矣。上治，猶云盛治，時至於亢災矣。然災乃窮之災，非聖人所致之災也，正見亢者時也。元不過四德之一耳，直以用九屬之，以一元該乾道之全也，可見元之統天。

"潛龍勿用"，陽氣潛藏。"見龍在田"，天下文明。"終日乾乾"，與時偕行。"或躍在淵"，乾道乃革。"飛龍在天"，乃位乎天德。"亢龍有悔"，與時偕極。乾元用九，乃見天則。

因二爻變離，故以"文明"言之。革，以卦爻之離下而上言。自試者，正欲與乾道相符合也。乾道乃革，可見或躍之心，惟恐其悖於乾道。乃位天德，見非無德而據也。時行，則與之偕行可也。時極而與之偕極，是不知變也。天以無首爲則，天則之見，正無首之見也。見其無首，則爻爻皆見其天德，亦爻爻見其爲天則矣。

乾元者，始而亨者也。利貞者，性情也。乾始能以美利利天下，不言所利，大矣哉！大哉乾乎！剛健中正，純粹精也。六爻發揮，旁通情也。時乘六龍，以御天也。雲行雨施，天下平也。

《文言》既分元、亨、利、貞爲四德，此又合而爲一也。性情不必分，性是生生之理，情即性中生生之意，性情乃元之性情也。贊乾始之能曰"不言所利"，蓋無所不利，非可指名也。乾德之妙，非一言所能盡，故極形容以贊之。總歸之一精，有不可名言者。聖人以六爻發揮之，而全乾之精蘊旁通無遺矣。情即乾之情，微言之則曰精，顯言之則曰情。情之所向，便是時乘龍御天。即以發揮旁通者，通之乎天下也。

君子以成德爲行，日可見之行也。潛之爲言也，隱而未見，行而未成，是以君子弗用也。

未成，非謂德未成，蓋時猶未可行耳。

君子學以聚之，問以辯之，寬以居之，仁以行之。《易》曰"見龍在田，利見大人"，君德也。

四"之"字，即乾道也。辨者，辨其所聚；居者，居其所辨；行者，行其所居。寬有二，一爲大義，一爲裕義。仁行即天行也。君子純是乾體矣。乾六爻無臣道，聖人恐人以二爲臣位，故再言君德以明之。

九三重剛而不中，上不在天，下不在田，故乾乾因其時而惕，雖危無咎矣。

九四剛而不中，上不在天，下不在田，中不在人，故或之。或之者，疑之也，故無咎。

以乾接乾，故重剛。位非二五，故不中。三四皆人位，然三下履二地，乃人所常居；四則上戴五，天在人頭上空虛之處，故曰"中不在人"。不在天，不在田，又不在人，則無傍泊之處，故疑而未決。或者，未必然之辭也。其躍也，未可必，故以

"或"言之，非以"或"爲"惑"也。仲虎曰：憂所當憂，卒於無憂。疑所當疑，卒於無疑。

夫大人者，與天地合其德，與日月合其明，與四時合其序，與鬼神合其吉凶。先天而天弗違，後天而奉天時。天且弗違，而況於人乎？況於鬼神乎？

此節以"合德"一句爲主。合是吻合之合。創乎事之所未有曰先天，本乎理之所原有曰後天。

亢之爲言也，知進而不知退，知存而不知亡，知得而不知喪，其唯聖人乎！知進退存亡而不失其正者，其唯聖人乎！

進退者身，存亡者位，得喪者物，消長之理。不可不知。九三居下體之極，知至而又知終，所以無咎。上九居上體之極，乃不知退，不知亡，不知喪，所以有悔。知不知之異也。初九"隱而未見"二句，釋一"潛"字，而言君子者再，蓋必君子而後能安於潛也。上九"亢之爲言"三句，釋一"亢"字，而言聖人者再，蓋唯聖人而後能不至於亢也。

坤　坤下坤上

坤：元、亨，利牝馬之貞。君子有攸往，先迷，後得主，利。西南得朋，東北喪朋。安貞吉。

坤之元、亨、利三德，與乾同。貞則獨指一事，曰"牝馬之貞"。蓋乾爲馬，坤爲牝馬，取其爲乾之配，順之至，即健也。君子有攸往，即以坤道往也。後得主，利，言後乾而行，則得其主而利矣。利在得主，不利爲主也。西南，坤之本鄉，與離、兌、巽三女同居爲得朋。震、坎、艮三男同。乾居東北，則非女之朋矣。往而從乾，爲喪朋，非得吉而喪凶也，喪乃爲正矣。

《彖》曰：至哉坤元！萬物資生，乃順承天。坤厚載物，德合無疆。含弘光大，品物咸亨。牝馬地類，行地無疆。柔順利貞，君子攸行。先迷失道，後順得常。西南得朋，乃與類行。東北喪朋，乃終有慶。安貞之吉，應地無疆。

只自坤分内言，亦到極至處。天包乎地，而大不及也。坤之元即乾之元，非乾有一元而坤又有一元也。乾施坤承，交接之間，一氣而已。一於從乾謂順。載物以德言，載物就是合無疆處，"含弘"二句就是載物處。"光大"從"含弘"來，"咸亨"從"光大"來。得朋，不過同類而行耳，未足爲慶。若喪三女之朋，能從乎陽，則有生物之慶矣。剥卦五陰，獨三與上應。孔子言："剥之無咎，失上下也。"言其失却諸陰，而獨應乎乾，所以無咎，即此意。天可言御，地可言應。人君法天，當法其元。人臣法地，當法其貞。

《象》曰：地勢坤，君子以厚德載物。

天以氣言，故曰行。地以形言，故曰勢。

初六，履霜，堅冰至。

《象》曰"履霜""堅冰"，陰始凝也。馴致其道，至堅冰也。

履最下初象。霜，一陰之象。冰，六陰之象。馴，習也，有狎順意。爻曰"堅冰至"，慮其終也。象曰"至堅冰"，防其始也。乾初九復也。潛龍勿用，即閉開之義。坤初六垢也。履霜堅冰至，即女壯之戒。

六二，直方大，不習無不利。

《象》曰：六二之動，直以方也。不習無不利，地道光也。

"直"字即"至柔而動也剛"之"剛"，"方"字即"至静而德方"之"方"，"大"字即"含弘光大"之"大"。無一念不直，無一事不方，所以大也。不揉而直，不矩而方，不恢而大，不必習也。有所習而利，則利止於所習矣。不習元[三]不利，坤以簡能也。六爻不言地，獨此取之，以其爲坤之主爻也。

六三，含章可貞，或從王事，無成有終。

《象》曰“含章可貞”，以時發也。“或從王事”，知光大也。

坤爲文，故三曰“章”，五曰“文”。坤爲帚嗇，含之象也。含之則爲章，發之則爲光大。象言含弘，故光大。象言光大，故含章。互相發明，總之重“含”意也。

六四，括囊，無咎無譽。

《象》曰“括囊，無咎”，慎不害也。

坤中虛，有囊象。坤之初，一索而得巽，巽爲繩，有括象。四處多懼之地，才智稍露，皆足以招尤而賈禍，故言慎不害也。非慎則害必隨之矣。譽者，咎之招，故無咎者，以其無譽也。陽宜在上，故乾以初爲無用之地。陰宜在下，故坤以四爲無用之地。曰“潛”、曰“括”，乾、坤之妙用也。

六五，黃裳元吉。

《象》曰“黃裳元吉”，文在中也。

《大傳》“垂衣裳而天下治”，取諸乾、坤，蓋合二卦。上下相重而取象，乾爲上衣，坤爲下裳。《周官》内司服掌王后六服，四曰鞠衣。注謂黃衣也。《詩》“綠衣黃裳”，綠衣喻妾，黃裳喻夫人。言黃裳於坤六五，則知爲乾九五之配矣。坤純陰，嫌於言君，又不可以臣當之，故取象於后，以存君位。又嫌於敵乾，故象下裳，示坤當下於乾也。聖人謹於君臣之辨如此。

上六，龍戰於野，其血玄黃。

《象》曰“龍戰於野”，其道窮也。

六陽爲龍，坤之錯也，故陰陽皆可以言龍。變艮爲制，陰陽相制，戰之象也。戰於卦外，野之象也。血者，龍之血也。“堅冰至”者，所以防龍戰之禍於其始。“龍戰野”者，所以著堅冰之至於其終。陰質化陽，非君非民，王莽、黃巢之流。

用六，利永貞。

《象》曰：用六“永貞”，以大終也。

坤言貞獨多於他卦，曰“利貞”，曰“安貞”，又曰“永貞”。蓋能安而不能永，猶非利也。陽大陰小，坤何以大終？言坤之永貞，到底從乾而行也。乾以大始，坤以大終。

《文言》曰：坤至柔而動也剛，至靜而德方。後得主而有常，含萬物而化光。坤道其順乎！承天而時行。

坤作成物，故從坤貞説起。動者，生物所動之機。德者，生物所得之質。以乾爲主，坤道之常。化光，言其剛方處。

積善之家必有餘慶，積不善之家必有餘殃。臣弒其君，子弒其父，非一朝一夕之故，其所由來者漸矣，由辨之不早辨也。《易》曰“履霜，堅冰至”，蓋言順也。

由來者漸，言臣子也。辨之不早，責君父也。“順”字即“馴”字。餘慶、餘殃必之於所積，而特發於坤初者，德莫大於陰，禍亦莫大於陰。

直其正也，方其義也。君子敬以直內，義以方外，故義立而德不孤。直方大，不習無不利，則不疑其所行也。

曰“正”，曰“義”，只據現成説。“以”字、“敬義”二字俱不著力。如云“内何以直”，只主敬而内自直矣；“外何以方”，只協義而外自方矣。不孤，就是大了。不疑，兼内外言。乾言進修，坤言敬義。學聖人者本於進修，欲進修者先於敬義。乾、坤二卦備矣。

程回曰：外不方則害内直，義不立則害内敬。敬見於正心，義見於行事。實相爲形，未嘗無體也。

陰雖有美，含之以從王事，弗敢成也。地道也，妻道也，臣道也。地道無成而代有終也。

“陰雖有美，含之”一句，總説下，到底只是含章而已。陰之美，資生之德是也。乾能始物而已，非地何由而生？有終之終，正對乾之始而言。爻言曰"有終"，此曰"代有終"，則并其終亦非坤之所敢有矣。所謂"弗敢成"者如此。

君子黃中通理，正位居體，美在其中而暢於四支，發於事業，美之至也。

"黃"字作"中"字看，兩"中"字作"內"字看。美即中德也。通者，統之無不貫。理者，析之無不精。四肢、事業，已在"通理"二字內，下特指而明之耳。居有平易、慰帖意，體有心安意、肯意。坤無君位，五乃陰之正位，與乾之九五相對，故曰正位居體。五美與三同，但三含之，而五則暢而發之矣，故曰至也。二五皆以君子言，皆居坤體之中也。

潘子醇曰：智慮外通，所見者在彼，故知人者智。黃中中通，所觀者自性，故自知者明。

陰疑於陽，必戰，爲其嫌於無陽也，故稱龍焉。猶未離其類也，故稱血焉。夫玄黃者，天地之雜也，天玄而地黃。

曰"嫌"、曰"疑"，皆似之謂也。陰盛於陽，故與陽俱稱龍。陽衰於陰，故與陰俱稱血。

乾六爻，唯初欲潛，上戒動。其中四爻，曰"見"，曰"惕"，曰"躍"，曰"飛"，皆取動意，陽道也，君道也。坤六爻，初履霜，上龍戰，皆非吉象。中四爻，惟二正居其臣位，無所嫌疑，故曰"不疑"。其他曰"含"，曰"括"，曰"裳"，皆取靜意，陰道也，臣道也。

屯　震下坎上

屯：元亨，利貞，勿用有攸往，利建侯。

"屯"字從中，中音徹，初生草穿地也，鬱結未通，似有險難之意。時屯求亨，其道有三，唯至正爲能正天下之不正，故曰

“利貞”。惟不欲速，故能成功之速，故曰“勿用有攸往”。唯人心有所繫，亂乃可定，故曰“利建侯”。中爻艮止，勿用攸往之象。震，一君二民，建侯之象。

《彖》曰：屯，剛柔始交而難生。動乎險中，大亨貞。雷雨之動滿盈，天造草昧，宜建侯而不寧。

一索得震，故曰“始交”。震爲萑葦，草之象。坎爲月，天尚未明，昧之象。彖中連用兩“動”字，見坎之貴動也。君子經綸，正其動乎險中，處不寧，是建侯外意，謂事所當爲者不止此也。

《象》曰：云雷，屯。君子以經綸。

先定規模，次及事業，經綸也。上坎爲云，故曰“云雷屯”。下坎爲雨，故曰“雷雨解”。

初九，盤桓，利居貞，利建侯。

《象》曰：雖盤桓，志行正也。以貴下賤，大得民也。

卦辭利建侯，獨屬初爻，以爲一卦之主也。盤桓，不遽動之象，非不動也。居貞。如所謂大居貞之義，非靜處爲居也。卦言利建侯者，其事也。爻言利建侯者，其人也。只以濟世安民爲主，便是志行正，便爲居貞。

六二，屯如邅如，乘馬班如，匪寇婚媾。女子貞不字，十年乃字。

《象》曰：六二之難，乘剛也。十年乃字，反常也。

卦爻乘馬者，皆陰爻也。《易》中言馬者自艮，老瘠駁外，皆不屬乾。乘者，卦中四陰爲乘也。班，即“班師”之“班”。班、邅、盤桓，皆屯之象。初九濟屯之主，而以寇視之。豈明識之士見賢不從，世難不救？此女子之貞，非丈夫之事也。不字者，不字於初也。乃字者，乃字於五也。中爻艮止，不字之象也。中爻坤土，土數成於十，十之象也。卦中二陽，皆可爲主，但五坎體，陷而失勢。初震體，動而得時。初又爲屯主，故六爻皆從初立意。

六三，即鹿無虞，惟入於林中。君子幾，不如舍，往吝。

《象》曰：即鹿無虞，以從禽也。君子舍之，往吝窮也。

卦下體震，震，動也。初猶戒其輕動，二則喜其不輕動，三則陰柔相比，遠於陽剛，無應援而妄動，取困必矣，故有即鹿無虞之象。六三互體艮止，聖人於震之動而猶冀其如艮之止，故曰“不如舍”，欲其止也。曰“往吝”，戒其動也。王輔嗣本作“何以從禽也”。

六四，乘馬班如，求婚媾。往吉，無不利。

《象》曰：求而往，明也。

吉以剛柔相得言，利以濟屯之功言。求者，四求之也。往者，初往之也。不獨任以冒險，故曰“明”。

九五，屯其膏，小貞吉，大貞凶。

《象》曰：屯其膏，施未光也。

膏者，坎爲雨也。《詩》曰：陰雨膏之。坎在上，爲云而不爲雨，屯膏之象。凡立事皆當艱難，唯施澤不可。艱於施澤，何以濟屯？故曰“小貞吉，大貞凶”。陽德所施本光大，但陷險中，爲陰所掩，故未光。

上六，乘馬班如，泣血漣如。

《象》曰：泣血漣如，何可長也？

三非其應，而五不足歸也。不知五之不足歸，惑於近而不早自附於初九，故窮而至於泣血耳。卦坎爲血。

蒙　坎下艮上

蒙：亨。匪我求童蒙，童蒙求我。初筮告，再三瀆，瀆則不告。利貞。

乾、坤既定，人居其中，屯以建侯作之君，蒙以養正作之師。亨，言蒙有必亨之理。不往教，不輕教，則師道尊而德成矣。蒙之初心唯一，一者誠也，再三則非一之初，即瀆心也。利貞，謂教以正。

《彖》曰：蒙，山下有險，險而止，蒙。“蒙亨”，以亨行時中也。“匪我求童蒙，童蒙求我”，志應也。“初筮告”，以剛中也。“再三瀆，瀆則不告”，瀆蒙也。蒙以養正，聖功也。

“以亨”者，以我之亨通也。時中，當其可之謂。玩“志應”二字，必此有以感之。庶彼有以應之，應生於感也。若教者兀然自高，學者望風不進矣。聖人教人不倦，豈厭人之瀆我？所以不告者，以至理不容擬議。一言之下，便當領解，苟未領解，吾置之不告。彼雖不達，胸中之天理固完然不動也。若再三瀆告之，彼將入於擬議卜度，反瀆亂其天理，所謂瀆蒙也。不瀆蒙，亦從剛中來，人皆知學當爲聖，亦知聖不外正，却不知養正於蒙纔是聖功。發蒙即養蒙。功乃“功夫”之“功”。

《象》曰：山下出泉，蒙。君子以果行育德。

周子曰：山下出泉，静而清也。正言蒙爲赤子之心，養之即爲聖功，故云以果行育德，言斷然養其本有之德，不必增益於良心之外也。行是逐件行，育是一總育。

初六，發蒙，利用刑人，用説桎梏。以往吝。

《象》曰“利用刑人”，以正法也。

刑者，法也，如“刑於寡妻”之“刑”，故曰“以正法”也。教必以正，己正於上，人觀於小。迷者覺，蔽者解，如械得脱，如囚得釋，何快如之！以往者，不求正於己而求正於蒙，是反增其桎梏耳，未見蒙有可亨之日也，故小象明著之。此蒙乃下民之蒙也。坎爲桎梏，故取象焉。

九二，包蒙，吉。納婦，吉。子克家。

《象》曰“子克家”，剛柔接也。

九二當發蒙之任，正所謂以亨行時中者，故於初曰“包”，於三四曰“納”，於五曰“克家”。敷教在寬，有教無類，故兩稱其吉，而以克家之賢與之。《紀聞》曰：剛柔有上下之分，故屯二之於初，惡其乘。剛柔有往來之情，故蒙二之於五，喜其接。

六三，勿用取女，見金夫，不有躬，無攸利。

《象》曰“勿用取女”，行不順也。

互坤爲女，又變巽爲長女。九二乾爻也，乾爲金，金，夫之象。六三陰柔，易於近比，又坎體趨下，見九二納婦，故舍正應之五而從之。若以蒙論，縱欲滅理，不成其爲蒙矣。故蒙有可發可包，甚而可擊者。此則不屑教矣，故曰“勿用”。

六四，困蒙，吝。

《象》曰：困蒙之吝，獨遠實也。

陰資陽以爲明者，六四質既柔暗，又遠於師友，困於蒙者也。獨者，見諸爻不然。獨自外者，可爲恥也。

六五，童蒙，吉。

《象》曰：童蒙之吉，順以巽也。

艮少男爲童，又互坤，兼坤順艮止二德，故能順巽。內無知識之萌，外無聞見之雜，蒙者之求而有初筮之誠者也。正遠實之反，故爻獨善之。

上九，擊蒙。不利爲寇，利禦寇。

《象》曰：利用禦寇，上下順也。

艮手爲擊，坎爲盜。爲寇之寇在我，禦寇之寇在蒙。明者以擊之道禦之，師之順道也。蒙者因其擊而自禦，蒙之順道也。焦弱侯曰：“初六之蒙自二發之，內障也。見少有著。即性之牿，必脫之而天乃不鑿。六三之蒙自上擊之，外障也。見有可欲。即躬之賤，必禦之而人乃不侵。二得中，故治之以寬；上不中，故治之以猛。初上二爻有三'用'字，三爻有'勿用'字。"可參。初取刑人象，上取禦寇象。聖人之用刑與兵，無非爲弼教計耳。

需 乾下坎上

需：有孚，光亨，貞吉，利涉大川。

坎中實，孚也。中爻離，光也。坎爲通，亨也。五陽剛中正，爲需之主，正也。需非不決之需，見險而未可動，能動而能不動者也。孚者，以誠待詐，詐窮而誠自達。貞者，以正待邪，邪詘而正自伸。是惟無動，動則亨吉，雖大川可涉矣。大川者，坎也。

《彖》曰：需，須也，險在前也，剛健而不陷，其義不困窮矣。"需，有孚，光亨，貞吉"，位乎天位，以正中也。"利涉大川"，往有功也。

需、訟二卦同體，文王綜爲一卦。位天地以正中者，訟。下卦之坎，往居需之上卦，九五又正而又中也。如在訟下卦，止可言中，不可言正矣。正即貞，中即孚而亨。涉川雖就乾健取象，然其意實承孚貞來。

《象》曰：云上於天，需。君子以飲食宴樂。

飲食宴樂，乃内孚外正，居易俟命，涵養待時之象也。

初九，需於郊，利用恒，無咎。

《象》曰"需於郊"，不犯難行也。"利用恒，無咎"，未失常也。

乾爲郊，郊之象也，故同人、小畜皆言郊。需之時，實能需爲恒；豫之時，不溺豫爲恒；益之時，不求益爲恒：故皆用"恒"字。"不犯"字可味，我不犯難，難何能及我？常者，心之孚貞是也。

九二，需於沙，小有言，終吉。

《象》曰"需於沙"，衍在中也。雖小有言，以吉終也。

初可以遠害，而不可以濟時，故止得無咎而已。三則太過，險而致寇。使非敬慎，敗且不免，況望其他乎？唯二進不入泥，退不在郊，處將用未用之際，而又以剛處中，與五相應，異日濟險者必是此人，需之至善者也。然日前所處，未免致人之疑。初則是疑其不能退而遠有所避，三則疑其不能進而大有所爲；所以小有言，卒之天下之險，賴以有濟，故曰"終吉"。王輔嗣所云：近不逼患，遠不後時，此爻之義也。坎爲水，近水則有沙。楊用修云：衍，寬平之地也。

九三，需於泥，致寇至。

《象》曰"需於泥"，灾在外也。自我致寇，敬慎不敗也。

坎爲盜在前，寇之象。險爲灾坎上，爲灾在外。健體敬慎惕若，故占者不言凶。薛仁貴曰：郊遠難，沙近難，泥涉難。

六四，需於血，出自穴。

《象》曰"需於血"，順以聽也。

坎爲隱伏，穴之象。險難迫切而能出焉，以其順也。坎爲耳，聽之象也。聽者，聽乎初也。蔡虛齋曰：剛之能需，乾之健而知險也。柔之能需，坤之順而知阻也。順之至，亦自健。

九五，需於酒食，貞吉。

《象》曰：酒食貞吉，以中正也。

坎爲血，爲酒。四陰柔，則取象於血，五陽剛，則取象於酒。其義在養天下上説，從容不擾，無爲而化之謂也。中正，即象正中，治又本於德也。

上六，入於穴，有不速之客三人來，敬之，終吉。

《象》曰：不速之客來，敬之終吉。雖不當位，未大失也。

四與上，坎之二陰，故皆曰"穴"，猶坎卦初與三皆曰"坎窞"也。不速之客，即剛健不陷能需之人也。不速，言其徐徐而來也。欲速者不需，能需者不速。敬之，而溺可拯矣。陰居險極，才與時不相當，故曰"不當位"也。敬者，接納豪傑之要道。以陽呼陰曰寇，自陰稱陽曰客。

訟 　坎下乾上

訟：有孚，窒惕，中吉，終凶。利見大人，不利涉大川。

需以有實故需，無實而需，時至何用？訟以有實故訟，無實而訟，情得必窮。故二卦皆以有孚爲主。

《彖》曰：訟，上剛下險，險而健，訟。"訟，有孚，窒惕，中吉"，剛來而得中也。"終凶"，訟不可成也。"利見大人"，尚中正也。"不利涉大川"，入於淵也。

晁氏曰：上以剛淩下，下不險，則未必訟。下以險陷上，上不剛，則未必訟。故曰上剛下險。此訟之事也。外健而內不險，未必生訟。內險而外不健，未必能訟。故曰險而健，此訟之人也。剛來得中者，需、訟相綜。需上卦之坎來居訟之下卦，九二得中也。終凶只是成訟，即凶矣。況不孚乎？尚是大人自尚，與"好尚"之"尚"同。難未有不始於爭，今又欲以爭濟之，是使相激爲深而已。

《象》曰：天與水違行，訟；君子以作事謀始。

天一生水，始本一氣，一麗于形。天上行，水下潤，天道西转，水流東注，是天與水相違而行也。爭訟之端起於微眇，亦如天水然。女子爭桑，而吳越連兵；羊斟爭羊，而宋師敗績是已。能自訟於心，不爲形區類別之見，而一反於始，如天水同氣，原不違悖，訟端自息矣。

初六，不永所事。小有言，終吉。

《象》曰"不永所事"，訟不可長也。雖小有言，其辨明也。

所事，有四交爭之事。初柔在下，四剛在上，初非四敵，何敢永事？唯小有言，聊以自白。幸四渝變其命，乃終得吉。使初以機巧肆辨，必激四之剛，而終凶矣。《象傳》"訟不可成"，言訟之通義，不欲其成。爻傳"訟不可長"，以初爲訟端，不欲其長也。

九二，不克訟，歸而逋，其邑人三百户，無眚。

《象》曰"不克訟，歸逋"，竄也。自下訟上，患至掇也。

二知五之勢不可敵，故逋而不敢訟，非既訟而勢不克也。退處小邑，示屈服之意。坤爲隱伏，故逋；坎爲眚，變坤則無眚矣。焦弱侯曰：《周禮》："憑弱犯寡則眚之。"眚，四面削其地也。九五諒其伏辜，不奪其邑，故得無眚。亦確。

六三，食舊德，貞厲，終吉。或從王事，無成。

《象》曰"食舊德"，從上吉也。

坤卦原舊是坤，以乾再索而成坎，遂失坤之順而爲陰矣。六三在二既歸之後，復變成坤，故曰"舊德"，以守坤從乾，無成之舊德也。貞即坤之貞。厲者，以其介二剛之間也。"上"字不可解作"君"字，只是隨人，不能自做。

九四，不克訟。復即命，渝，安貞吉。

《象》曰"復即命渝"，安貞不失也。

即，就也。命，天命之正理也。外而去其忿爭之事，内而變其忿爭之心。心變則事正矣。四變巽，命之象也。二與五訟，四與初訟，而皆曰"不克"者，二以下訟上，其不克者，勢也。四以上訟下，其不克者，理也。二見勢之不可敵，故歸而逋竄。四知理之不可渝，故復而即命。二四皆以剛居柔，故能如此。

九五，訟，元吉。

《象》曰“訟，元吉”，以中正也。

古人不貴聽訟，而貴無訟。初“不永訟”，三“不訟”，四、二“不克訟”，在下皆無訟，此九五所以於“訟，元吉”也。非中正之德服人，何能如此？

上九，或錫之鞶帶，終朝三褫之。

《象》曰：以訟受服，亦不足敬也。

上正犯凶終之戒者，周公以爲雖勝必奪，孔子以爲雖不奪，亦不足敬。思“不足敬”之辭，甚於三褫矣。

師　　坎下坤上

師：貞，丈人吉，無咎。

師者，聖人不得已而用之，故不言元、亨、利，而止言“貞”也。兵出有名，將得其人，則有戰勝之吉，而無窮兵之咎矣。秦穆用蹇叔則吉，用孟明則敗，是其事也。

《象》曰：師，衆也。貞，正也。能以衆正，可以王矣。剛中而應，行險而順，以此毒天下，而民從之，吉，又何咎矣？

衆者，即《周官》五人爲伍，積而至於二千五百人爲師也。以者，將以之也。可以王，乃是命將者。以正，“正”字與卦象“正”字不同。象屬君，以師出有名爲正，此以節制爲正。剛中是將才之善。應是信任之專，順是秋毫無犯。毒，如毒藥之攻病，非有沉疴堅瘕不輕用也。

《象》曰：地中有水，師。君子以容民畜衆。

水行地中，不見其有水也，鑿之則爲水。兵寓於農，不見其有兵也，用之則爲兵。不曰“治”而曰“容”，樂利之意多。不曰“用”而曰“畜”，窮黷之情少。容有工夫，畜無工夫。是一時，是一事，在平日説。李隆山曰：於師得古人井田之法，於比得古人封建之法。

初六，師出以律，否臧凶。

《象》曰："師出以律"，失律凶也。

律，只能以衆正内一件。臧者，奇勝之謂。否即失律，失律，勝亦凶也。《象》義曰坎爲律，師貴人和。太史公作《律書》，先言兵，即此意。蓋律爲元聲，軍法紀律皆取法於此，故曰律。

九二，在師中，吉，無咎。王三錫命。

《象》曰："在師中，吉"，承天寵也。"王三錫命"，懷萬邦也。

《彖》之言"無咎"，惟九二備之。四、五但得《象》之無咎耳，不能得《象》之吉也。在師中者，剛中也。錫命者而應也。三錫只是恩禮頻數之謂，乃寵任其將，非褒其成功也。天字作王字解，即《春秋》"王必稱天"之意。承天寵，懷萬邦，皆推原二、五之詞。懷萬邦，正是錫命中事。

六三，師或輿尸，凶。《象》曰：師或輿尸，大無功也。

或者，未必然之詞。輿者，多也，即今"輿論"之"輿"。以坤坎二卦皆有輿象，故言輿也。尸者，主也，言爲將不主而衆人主之。如《春秋傳》趙穿撓史駢之謀，樂黶違荀偃之令是也。若師徒撓敗，輿尸而歸，何消更言凶與？大無功耶。

六四，師左次，無咎。

《象》曰"左次，無咎"，未失常也。

兵家尚右，故以左爲退，今人言左遷是也。蓋乾先坤後，乾右坤左，如明夷六四陰也，曰左腹；豐卦九三陽也，曰右肱是也。三四皆副將，三以陰居剛，故躁動而有輿尸之凶。四以陰居柔，故左次以聽主帥之令。

六五，田有禽，利執言，無咎。長子帥師，弟子輿尸，貞凶。

《象》曰"長子帥師"，以中行也。"弟子輿尸"，使不當也。

上下皆陰，與小過同，禽之象。坎爲豕，錯離爲雉，又禽象也。中爻震，長子之象。坎爲中男，震之弟也，弟子之象。言者，聲罪以致討也。長子即丈人。象言師用老成，則既貞又吉。爻言用老成，而以新進參之，雖貞亦凶。夫初之所以敢棄帥律者，恃其臧也。弟子之所以敢侵帥權者，恃其正也。六五陰柔，恐其任將無定見，故有此戒。一"使"字，繫民命之死生，國家之安危。

上六，大君有命，開國承家，小人勿用。

《象》曰"大君有命"，以正功也。"小人勿用"，必亂邦也。

坤爲地，爲方，國之象。變"艮"爲門闕，家之象。開者，封也。承者，受也。是一起事，不可以國家分大小。命則命其有功，用則用其有德，各不相蒙也。用小人，維恐亂邦，亦是明王善保全功臣處。張雨若曰：師之始則在於懷邦，師之終則恐其亂邦，聖人心乎！爲民如此。宋人有策問，謂种明逸以《易》學名，而其後世衡至師道，累葉爲名將。郭逵以將帥顯，而其後兼山、白雲皆明《易》。蓋《易》書、兵書其理一也。

校勘記

〔一〕"忘"，疑爲衍文。

〔二〕"無"，疑爲衍文。

〔三〕"元"，據文意當作"無（无）"。

易經纂卷二

比　坤下坎上

比：吉。原筮，元永貞，無咎。不寧方來，後夫凶。

凡卦六爻，貴於正應，惟此不論應否，而專以比五爲義。原者，再也，與《禮記》"未有原"之"原"同。蒙之剛中在下卦，故曰"初筮"。比之剛中在上卦，故曰"原筮"。非真以筮草筮之也。古謂諸侯之不朝貢者爲"不寧"，《考工記》"母或若女不寧侯"是也。晉卦"來朝諸侯"，亦曰"康侯"，康即寧意。"不寧方來"，比我以求寧也。坎險而多憂，亦爲不寧之象。

《彖》曰：比，吉也。比，輔也，下順從也。"原筮，元永貞，無咎"，以剛中也。"不寧方來"，上下應也。"後夫凶"，其道窮也。

輔者，比之義；順從者，又輔之義。以者，因也。因有此剛中之德，即元永貞也。上下，猶言遠近。應即順從也，亦根剛中來。

《象》曰：地上有水，比。先王以建萬國，親諸侯。

《莊子》"水之守地也審"，正此意。子夏《傳》云：地得水而柔，水得地而流，故曰"比"。建公、侯、伯、子、男之國而有朝聘往來之禮，所以親之也。象則人來比我，象與諸爻皆我去比人。

初六，有孚，比之，無咎。有孚盈缶，終來有他，吉。

《象》曰：比之初六，有他吉也。

此君之初，第一要勿欺爲主。盈缶只是孚之積而至於盛耳。初之吉，得於五者也。非正應，故曰"他吉"，若六二，不言他矣。缶，坤土之器；坎，下流之物。初變成屯，屯者盈也，水流盈缶之象。小象重“初”字。筮仕在初，考終亦在初。他吉之來，不待終乃見也。

六二，比之自内，貞吉。

《象》曰“比之自内”，不自失也。

内者，素履往之意。二在内，故曰内，兩“自”字正相應。

六三，比之匪人。

《象》曰“比之匪人”，不亦傷乎？

三之所比者上也，舍五而比上，故曰“匪人”。

六四，外比之，貞吉。

《象》曰：外比於賢，以從上也。

九五外卦，故曰外，謂從五也。樂得賢主而致身以事，略無内顧念頭，方是外比之義。從上謂分義當然，不但以其賢也。

九五，顯比。王用三驅，失前禽，邑人不誡，吉。

《象》曰：“顯比”之吉，位正中也。舍逆取順，“失前禽”也。“邑人不誡”，上使中也。

前禽斷然指上六，邑人指六二。坤有邑象也。陽明爲顯，五中心無爲，顯然以“元永貞”之德親比天下，如太陽中天，而來者後者皆無容心焉。其象爲王者之田。用三驅，失前禽，而邑人不誡也。三驅者，因田教戰，凡馳驅進趨以三爲節。《周官·大司馬》“仲冬大閱，立三表”是其法也。舍逆取順，失前禽也，是倒解。逆者，如覆盆不見天日，非光景之不明。舍者，如鳧雁不計去來，非鄙夷而不納。謂之“使”者，上有是德，下因而化之，實非有以使之也。

上六，比之無首，凶。

《象》曰“比之無首”，無所終也。

乾爲首，九五陽剛之君乃首也。上六不能與比，是爲無首，即所謂“後夫”，此田横、公孫述之徒所以罔終也。竇融、錢俶能知此義，故免於難。師以九二一陽統衆陰，比以九五一陽爲衆陰所歸，皆以剛中。貞者，尤師、比之善物也。戒不貞於師之初，莫如律。戒不貞於比之初，莫如孚。而師以小人亂，比以匪人傷。師之五利於田禽之執，比之五貴於前禽之舍。師貴其有名，比欲其無心也。

小畜　乾下巽上

小畜：亨。密雲不雨，自我西郊。

“亨”字與別處不同，言以一陰畜五陽，陽還有可亨之望也。凡云自西而來東者，水生木泄其氣，故無雨。二句正所以亨處。中爻兑，西之象，下卦乾，郊之象。

《彖》曰：小畜，柔得位而上下應之，曰小畜。健而巽，剛中而志行，乃亨。“密云不雨”，尚往也。“自我西郊”，施未行也。

八卦正位，巽在西，故曰得位。柔得位，是陰畜陽；上下應，是陽受陰畜。剛中，即健。志行即巽之“志行”，所謂巽以行也，故亨，觀“乃”字可見。往者陽往，施者陰施。曰“志行”，曰“未行”，以見巽畜乾之難如此。味一“尚”字，一“未”字，所謂幸之而實危之者。

《象》曰：風行天上，小畜。君子以懿文德。

君子大則道德，小則文德，故體象以美其文。德之小曰文，而必曰德者，見文乃德之輝，非粉飾也。

初九，復自道，何其咎？吉。

《象》曰“復自道”，其義吉也。

自下升上曰復，剛本在上之物，志欲上進，而爲陰所畜止，故曰“復”，言進乎上乃陽之正道，何咎之有？三陽同復曰牽，二與初牽連而進，陽剛在中，非苟從人者。故初合於義，不自失矣。二亦不自失，與初同也。

九二，牽復，吉。

《象》曰：牽復在中，亦不自失也。

復卦"不遠復""休復"者，乃六陰已極之時，喜陽之復生於下。此卦之"復自道""牽復"者，乃一陰得位之時，喜陽之復升於上。

九三，輿説輻，夫妻反目。

《象》曰："夫妻反目"，不能正室也。

三本欲上往，如輿之方行，二止而不進，則三脱其輹矣。只得近比於四而悦之，如夫妻然。然躁動之性始而與之合，既而與之爭，進退皆失之矣。四止畜得九三一爻，諸爻皆不能畜，亦三之自取也。乾錯坤，輿之象，變兑爲毁折，脱輻之象。中爻離爲目，巽多白眼，反目之象。

六四，有孚。血去惕出，無咎。

《象》曰：有孚，惕出，上合志也。

九四爲畜之主，以畜君言"有孚"，"孚"，五也。畜止其君之欲，未免傷害憂懼，然一片精誠，合志於上，有血去惕，出之象。蓋巽以行健者，唯四可以當之。焦弱侯曰：《易》於陰陽相際處多言血。六四所以能固結於九五者，蓋血陰物也。血去則雖純陰而絶無陰血之累。惕，乾惕也。惕出，則雖非乾而終日皆乾惕之心矣。來注曰：曰去、曰惕，以變爻言也。蓋本爻未變，錯坎有血，惕之象。既變則成純乾矣，豈有血惕？

九五，有孚攣如，富以其鄰。

《象》曰"有孚攣如"，不獨富也。

四、五二孚，"孚"字正相應。五與四以一誠相攣結，而衆陽歸之，所以爲富。然五之富，四之力也。柔濟剛，弱濟强，陰陽相資，畜道乃成。故曰"富以其鄰"。鄰單指六四説。攣，綴也。綴者，緝績也。巽爲繩，攣之象。又爲近市，三倍富之象。四以孚而結君子，五以孚而化小人，意正互發。

上九，既雨既處，尚德載。婦貞厲，月幾望。君子征凶。

《象》曰“既雨既處”，德積載也。“君子征凶”，有所疑也。

上爻總論一卦之義，如大有之上爻，非獨以上言。上九畜道已成，陰盛陽衰，昔之不雨者，今既雨矣；昔之尚往者，今既處矣；昔之反目者，今爲婦矣。上九一於巽順調停，失防至是，故以尚德載罪之。婦不可抗夫，曰“貞厲”，抑之也。月不可抗日，曰“幾望”，危之也。若更有所往，則必爲彼疑忌，而君子受害矣。此卦欲畜君子，止六四一爻，其能使君子不受畜，全在九五之孚合四之孚，使他潛消。然化則上下君子皆可免於畜而得遂其進矣。來注曰：《易》中言“月幾望”者三，皆對陽而言。中孚言從乎陽，歸妹言應乎陽，此則抗乎陽也。

履　　兌下乾上

履虎尾，不咥人，亨。

履尾分明是乾剛在前，兌柔躡其後而進。天下有難事，君子處之，無難事也。乾爲虎，四乃其尾，三言“履虎尾”，謂三往履四。四言“履虎尾”，謂適處尾之地也。不然，何諸爻都不言虎、言尾哉？

《象》曰“履”，柔履剛也。説而應乎乾，是以“履虎尾，不咥人，亨”。剛中正，履帝位而不疚，光明也。

以至柔履至剛，危之之辭。然而不危者，以柔與剛相應則悦也。悦是不激不隨，非諧媚苟合之謂。帝位未易履，猶虎尾也。剛而中正，德足配位，故不疚。不疚於位，即不疚於履。光明，在事業上説。臣而和悦，君不恃剛，得亨以此。易以乾居上者，不獨一卦，於履獨言帝位，蓋履辨名分之卦也。人之涉世，動有危機，不爲所傷，學術乃見。危莫危於履虎尾之辭矣，故九卦爲處憂患之道，以履爲首。

《象》曰：上天下澤，“履”。君子以辨上下，定民志。

古者君臣之際，分嚴而情通。上天下澤，其分嚴也。澤雖在地下，而其氣上通於天，其情通也。定民志，即在辨上下內。定者，如澤之悦，無所勉强之意。六爻俱是“踐履”之“履”，唯此作“禮”字看。禮者，人之所履也。

初九，素履，往，無咎。

《象》曰：素履之往，獨行願也。

兑居西方，爲白，初未爲紛華所染，故稱“素履”。初往上旋相應，上能考祥其旋，正不改其素履之謂，如言不變塞也。

九二，履道坦坦，幽人貞吉。

《象》曰“幽人貞吉”，中不自亂也。

二臣位而言幽人者，以無應於上也。幽以心言，雖處富貴，淡然不以世味自亂也。坦坦，從履道來，分明有自得氣象。素履者，宜安於素，而反謂之往；謂之行事坦坦者，若可平行無礙，而反謂“幽人之貞”，蓋以爻位之剛柔言之也。初重剛，其志能行，不能使之不往，但能不失其素，則無咎矣。二履柔行中，無所欣羨，有坦坦寬閑之意，故曰“幽人之貞”。

六三，眇能視，跛能履。履虎尾，咥人，凶。武人爲於大君。

《象》曰“眇能視”，不足以有明也。“跛能履”，不足以與行也。“咥人之凶”，位不當也。“武人爲於大君”，志剛也。

以陰居陽，志非不剛，才則陰柔而不能有爲也。夫和悦應剛，有能不自以爲能，則有不咥之亨。柔而志剛，無能而自以爲能，則有咥人之凶。三爲人位，人而不免於人道之患者，必得志肆暴之武人也。剛而欲有立於當世，猶武而欲有爲於大君。此又占中之象也。志剛，正是位不當處。王介甫曰：武人以有爲爲大君用。蘇長公曰：九二有之而不居，故爲幽人。六三無之而自矜，故爲武人。

九四，履虎尾，愬愬，終吉。

《象》曰"愬愬終吉"，志行也。

四多懼，故曰"愬愬"。初曰"獨行"，遠君也；四曰"志行"，近君也。柔順以事剛決之君，而得行其志也。柔而志剛，剛而能柔，此三四吉凶之所以異。

九五，夬履，貞厲。

《象》曰"夬履，貞厲"，位正當也。

夬履者，在履而當夬位也。夬只是決斷之義。夫以履虎尾爲履，有危心矣，故曰"不疚"。以夬履爲履，有易心矣，故曰"貞厲"。雖貞亦厲，危之之辭。人主可恃才妄作乎哉？正者，夬之才。當者，夬之權。在下位者不患其不憂，患其不能樂，故喜其履坦。在上位者不患其不樂，患其不能憂，故戒其夬履。

上九，視履，考祥，其旋元吉。

《象》曰：元吉在上，大有慶也。

"視履"作一句，與"素履""夬履"同例。視者，回視而詳審之。中爻離目，視之象。祥者，善也。三凶五厲皆非善也。旋者，周旋、折旋也。凡禮以義合，而截然不可犯者，謂之方，猶人之步履折旋也。禮以天合，而怡然不可解者，謂之圓，猶人之步履周旋也。周旋中規，折旋中矩，豈不元吉？元吉就在考祥內，其旋就在視履內。夫初上，履之始終也。初言"往"，上言"旋"，一進一反，而履之象見矣。終如其始，不失吾素履之善道也。楊廷秀曰：履主於行。然初尚素履，不苟於行；二尚幽貞，不輕於行。三勇於行則凶，四懼於行則吉，五決於行則厲，上旋於行則慶。然則履不處也，未嘗忘於處也。

泰 　乾下坤上

泰：小往大來，吉，亨。

否、泰二卦相綜。小往大來者，言否內卦之陰往而居泰卦之外，外卦之陽來而居泰卦之內也。魏文靖事宋穆陵，進講泰卦，嘗曰："內君子，外小人，固爲泰也。第在外而心腹是寄，不爲外。在內而情意不親，不爲內。"一時聞者莫不歎賞。

《彖》曰："泰，小往大來，吉，亨"，則是天地交而萬物通也，上下交而其志同也。內陽而外陰，內健而外順，內君子而外小人。君子道長，小人道消也。

"則是"二字直管到底，聖人讀《易》至泰，不覺爲吾道慶幸，所以將卦辭一口說盡，是《彖傳》中變例。古稱君臣之際若朋友焉，言乎其交也。小人道消，非消小人也，化小人爲君子也。

《象》曰：天地交，泰；后以財成天地之道，輔相天地之宜，以左右民。

道，就體之自然而言。宜，就用之當然而言。財成者，因材成就之謂。輔相者，變通盡利之謂。左右，夾扶植立之謂。陽左陰右，故有此象。

初九，拔茅茹，以其彙，征吉。

《象》曰"拔茅，征吉"，志在外也。

君子之朋，牽連并進，如茅一拔，則其根茹同類而起也。"以其彙"爲句，彙者，類也。泰之"征吉"，引其類以有爲。否之"貞吉"，擇其人以有待。志即上下交而其志同之志。

九二，包荒，用馮河，不遐遺。朋亡，得尚於中行。

《象》曰"包荒""得尚於中行"，以光大也。

包荒作一頭，馮河、不遐遺、朋亡，三件皆包荒内事。《玩辭》云：九二剛而能柔，其道中平，洞達大度。聯在外之三陰，與之相應。如徒步涉河，無所疑忌。陰雖遠而不之遺，陽雖近而不之比。獨離其朋，上合於六五之中行，二五相易，遂成既濟。以此處泰，何光大如之？五交二成離，有光大象。二致五成坎，有馮河象。

九二，無平不陂，無往不復。艱貞無咎，勿恤其孚，於食有福。

《象》曰"無往不復"，天地際也。

"無平"二句，只是一個循環的道理，即所謂孚也。孚者，信然之謂。艱貞分内外言，人事不失，天運可回。平而思陂，可無陂矣。往而思復，可無復矣。天地可交而不可際，此際正否泰相接之會，一斷不可復續，挽回全在未際時耳。

六四，翩翩，不富以其鄰，不戒以孚。

《象》曰"翩翩，不富"，皆失實也。"不戒以孚"，中心願也。

翩翩，飛而向下之象。小畜曰"富"者，陽爻也。此曰"不富"者，陰爻也。陽欲交泰乎陰，故初曰"征"，二曰"尚"。陰欲交泰乎陽，故四曰"不富以鄰，不戒以孚"，言心願乎陽也。五曰"帝乙歸妹"，言行願乎陽也。此四爻正陰陽交泰，所以說兩個"願"字。若三與上雖正應，然陰陽之極，不成交泰矣。故三陽之極，則曰"無往不復"；六陰之極，則曰"城復於隍"。二"復"字相應。否泰二卦，以内卦爲當，權用事之地，居外者爲失實。

六五，帝乙歸妹，以祉元吉。

《象》曰："以祉元吉"，中以行願也。

六五、九二，上下相交，其志同於中行，故二曰"尚"，五曰“歸”。一往一來，所以爲泰也。治泰之事皆九二主之，六五獨享其成而已。故九二爻辭言事而不及福，六五爻辭言福而不及事。君臣之相與有成如此，居尊下賢，見諸行矣，故曰“行願”。陸氏曰：泰之君願爲賢者婦，蒙之君願爲賢者童，中孚之君願爲賢者子，尊賢之義何其隆也！

上六，城復於隍。勿用師，自邑告命，貞吝。

《象》曰“城復於隍”，其命亂也。

泰極生否，聖人於三示其端，於上要其極，警戒之意，亦消長之理。斂師勿用，告戒邑人，僅僅自保，能守中則止於吝，未必遽喪亡也。勾踐之棲會稽，蓋用此道。命之不行，自近者始，故告命自邑也。惟其命亂，故告命以治之。

否　坤下乾上

否之匪人，不利君子貞，大往小來。

正道之不利者多矣，但君子不以不利而失其正。來注云：否之匪人，與“履虎尾”“同人於野”“艮其背”同例。卦辭唯此四卦與卦名相連。否之匪人者，言否之者非人也，乃天也。甚有理。

《象》曰“否之匪人，不利君子貞，大往小來”，則是天地不交而萬物不通也，上下不交而天下無邦也。內陰而外陽，內柔而外剛，內小人而外君子。小人道長，君子道消也。

否、泰反其類，故否之時皆與泰反。

《象》曰：天地不交，否。君子以儉德辟難，不可榮以禄。

乾、坤始交而難已生，但屯之難屬之天，故其道宜用動。否之難屬之人，故其道宜用辟。“儉”不必作“斂”，化書云“儉於聽可以養虛，儉於視可以養神，儉於言可以養氣”是也。不可榮以禄，不可得而親，不可得而疏，非戒君子也。

初六，拔茅茹，以其彙，貞吉，亨。

《象》曰：拔茅貞吉，志在君也。

君子小人無定，止在正不正之分耳。誠幡然從正，則否之初猶然泰之初矣。志在君，正其貞處，《易》之爲小人謀如此。其爲小人謀者，所以爲君子謀也。泰初有征而否初無征，示抑陰之意。

六二，包承，小人吉，大人否，亨。

《象》曰："大人否，亨"，不亂群也。

泰之二言"包"，否之二亦言"包"，非真能包也，徒順承於外，有相容之迹耳。此雖小人之善，我安可入牢籠而中其計乎？唯安守其否，乃亨也。否，亨，非大人不能。儉德之君子豈不與小人爲群哉？特不亂耳。

六三，包羞。

《象》曰"包羞"，位不當也。

小人欲害君子，彼亦自知其非，而有所不安者，故曰"羞"。位不當，非鄙小人之無才，猶幸君子之有此耳。

九四，有命無咎，疇離祉。

《象》曰"有命無咎"，志行也。

否終泰初，命實爲之，無咎者，所以凝厥命也。天人交會，此四之泰也。善類蒙福，此衆陽之泰也。"疇"字與"彙"字相應。志即濟否之志。一云：四不敢專擅，能宣九五之命於天下也。亦有味。

九五，休否；大人吉。其亡其亡，繫於苞桑。《象》曰：大人之吉，位正當也。

否亂之勢，欲休息之，非一朝一夕之力。若休而復變，只須轉盼呼吸間耳，故以其亡之慮戒之。叢生曰苞，桑之方苞而不可繫物，此正如朽索之喻。休否，唯大人則吉，非大人當五位，否未易休。與六二"大人否亨"正相應。

上九，傾否，先否後喜。

《象》曰：否終則傾，何可長也？

否曰"休否"，猶未盡也。道則盡矣。傾者，倒也。否爲泰之倒體，否極則倒而成泰。馮氏曰：自乾、坤之後始涉人道，經歷六坎，險阻備嘗，內有所畜，外有所履，然後致泰，而泰之後，否即繼之。可見天下治之難而亂之易也。

同人　　離下乾上

同人：同人於野，亨，利涉大川，利君子貞。

同人卦，只味"人"之一字，便見大公無私之意。曰"於野""君子貞"，俱同裏面事，文王特就同人中抽出言之。

《彖》曰"同人"，柔得位得中而應乎乾，曰同人。"同人於野，亨，利涉大川"，乾行也。文明以健，中正而應，君子正也。惟君子爲能通天下之志。

全象重"乾行"二字，同人以柔爲主，然徒柔不能同人也，必以天德行之，故柔雖得位得中而必應乎乾，乃可以同人。至"利涉大川"，又曰"乾行"也，明非柔之所能辦也。凡卦以柔爲主，如履、小畜、大有者皆然。惟乾行，故明健，明健故正，正故通。通者，同之神也。天下人不同而志同，志不同而正同。同出於正，雖同以四海不爲多，同以一二人不爲寡。"通"字極有味，金石不能間，水火不能隔。方爲之通，不正如何通得？

《象》曰：天與火，同人。君子以類族辯物。

看一"與"字，以天之無所不覆，合火之無所不照，而後可言同也。當大同之世而不能辨別，釁孽必生。士與士類，農與農類，謂之類。張與張族，李與李族，謂之族。君子以類族分辨物之同異，乃處同之道。

初九，同人於門，無咎。

《象》曰：出門同人，又誰咎也？

門以内爲宗，門以外爲野。凡人不能同，以其隔藩牆，分門户也。一出門則無所限隔矣。象加一"出"字，其義愈明。

六二，同人於宗，吝。

《象》曰"同人於宗"，吝道也。

宗指五言，二、五雖正應，然在同人，則承乘應比，皆所不論，只是一味大同而已。二欲同五，所私在一人，未免有繫者矣，故吝。然吝而不以吝爲嫌者，此吝之合乎道者也。

九三，伏戎於莽，升其高陵，三歲不興。

《象》曰"伏戎於莽"，敵剛也。"三歲不興"，安行也。

伏戎於莽，俟五之兵也。升其高陵，窺二之動也。對五而言，三在五之下，故曰"伏"。對二而言，三在二之上，故曰"升"。自三至五歷三位，故曰"三歲"。不興者，終不與五爭也。始雖妄覦，終安分而行，故不言凶。

九四，乘其墉，弗克攻，吉。

《象》曰"乘其墉"，義弗克也。其吉，則困而反則也。

九三爲六二之墉，九四在上，故曰"乘"。三、四皆争奪，非同人矣，故不言同人。三惡五之親二，故有犯上之心，然而勢不可也。四惡二之比三，故有陵下之志，然而義不可也。不當同而不同，便是義，便是則。義上去不得故困，因困而止之曰"反"。天下有本同而不得同者，以同爲則，五是也。有本不同而妄同者，以不同爲則，困是也。

九五，同人，先號咷而後笑，大師克相遇。

《象》曰"同人之先"，以中直也。"大師相遇"，言相克也。

二、五正應，皆中皆直。以三、四爲間，有先號咷之象。以其中直，終必得同，有後笑之象。三、四皆剛，非易克者，九五獨能克之，有大師克相遇之象。二、五同心同德，物猶間之。從來君臣父子間以間而離者，可勝道哉！故師莫大於君心，而兵革爲小克，莫難於小人，而敵國爲易。

上九，同人於郊，無悔。

《象》曰"同人於郊"，志未得也。

於郊，是無可與同之人矣。志未得，與通天下之志正相反。然與其爲三、四之妄同，又不如上之不苟同也。

大有　乾下離上

大有：元亨。

《彖》曰："大有"，柔得尊位，大中而上下應之，曰大有。其德剛健而文明，應乎天而時行，是以元亨。

五陽皆一陰所有，故曰大有，猶豫之言，大有得也。司馬君實曰：夫柔而不明，則前有讒而不見，後有賊而不知。明而不健，則知善而不能舉，知惡而不能去，二者皆亂亡之端也。明以燭之，健以決之，居不失中，行不失時，然後能保有其衆，元亨也。大中，中之極也。剛之應柔，以其德也。柔之應天，以其時也。時字從中字生來。

《象》曰：火在天上，大有。君子以遏惡揚善，順天休命。

休命，是"命德討罪"之"命"。

初九，無交害，匪咎。艱則無咎。

《象》曰：大有初九，無交害也。

大有、同人相綜，大有之初九即同人之上九，皆遠於柔者也。故同人六爻，獨上九爲不得志。大有六爻，獨初九爲無交。初雖無交，交從此始矣。無交故無害，則知有交必有害也，故戒之以艱。恐其有易心，而令慎終如始也。

九二，大車以載，有攸往，無咎。

《象》曰"大車以載"，積中不敗也。

大有之時，上下皆應，而任天下之重者，九二而已。上句是任天下之重，下句是勝天下之任，而又曰"積中"者，言積陽而居中也。使積之不厚，冒然負荷，必有破轅折軸之患矣。不敗，解"無咎"二字。乾錯坤爲大輿，大車之象。陽，上行之物，車行之象。乾三連，陽卦之多，皆曰"積"，積聚之意。小畜亦五陽一陰之卦，故有"積德載"之文。二應五，乾金遇離火，必受剋而敗壞，曰"積中不敗"，火不能燒金矣。

九三，公用亨於天子，小人弗克。

《象》曰"公用亨於天子"，小人害也。

三居下卦之上，故曰"公"。五居天位，非三正應，故稱"天子"。九三剛而得正，不以大有自私，有亨於天子之象。若小人不知奉上之道，則不能矣。害即"無交害"之害，但初之害在己，此之害在人。事君止有兩路，不以嘉謨嘉猷獻，即以蠹國害民獻，且并公之所亨者而害之矣。同人、大有，相綜之卦，同人三四皆欲同於二，所以大有二三皆欲共濟五之大有也。

九四，匪其彭，無咎。

《象》曰"匪其彭"，無咎，明辯晢也。

九四近君同事，勢不震而盛，權不招而集，咎所歸也。能以匪其彭居之，可以無咎。彭，鼓聲，又盛也。四居離之初，有明之象。明辯晢者，言其處嫌疑之際，於上下分義能明辯而晢也。

六五，厥孚交如，威如，吉。

《象》曰"厥孚交如"，信以發志也。"威如之吉"，易而無備也。

"交如"之"交"即"無交害"之"交"。人臣有交則私，故害大。君有交則虛，故孚。威是"德威"之"威"，非"作威"之"威"，孚自生威也。應五六者雖衆陽之志，必五之孚有以發之，然後衆志調一，歸於大同，故曰"信以發志"。"易"字全照初爻"艱"字來。處大有者，自始至終斷宜艱不宜易，所以必威如而後吉也。

上九，自天祐之，吉無不利。

《象》曰：大有上吉，自天祐也。

大有上吉，明事關全卦，非止上爻而已。此猶師之上六論師之事，至此而終。其言大君，蓋指六五，非謂上六爲大君。小畜上九論畜之道，至此而成。稱月與婦，亦指六四，非謂上九爲婦也。

謙　　艮下坤上

謙：亨，君子有終。

有而不居乃謂之謙。有終，言其久也。謙之道，衆人不能久，而君子能之也。曰"亨"，曰"有終"，皆自謙之始決之。

《彖》曰"謙"，亨。天道下濟而光明，地道卑而上行。天道虧盈而益謙，地道變盈而流謙，鬼神害盈而福謙，人道惡盈而好謙。謙尊而光，卑而不可逾，君子之終也。

謙之道是天地自處之道，亦即天地所以處物之道。盈者，謙之反，既拂天地神人之情，自難免天地神人之禍。尊而光，一天之下濟而光明也。卑不可逾，一地之卑而上行也。

《象》曰：地中有山，謙。君子以裒多益寡，稱物平施。

君子體象，自平其心。心平而心之施於物者無不平矣。上人之心恒多，下人之心恒少。裒在多，自益在寡也。不曰人，曰己，而渾之曰物，不特無己見，并無人見。此雖君子自謙之象，亦君子治一世，使謙之象也。

初六，謙謙君子，用涉大川，吉。

《象》曰"謙謙君子"，卑以自牧也。

謙謙，初六居下卦之下也。即如乾三之"乾乾"，夬三之"夬夬"，坎二之"坎坎"，皆有所取。謙謙君子，用無不利，特借涉川以形其妙。牧，養也。時時馴擾，則客氣驕心自消融矣。

六二，鳴謙，貞吉。

《象》曰"鳴謙，貞吉"，中心得也。

人道好謙，未有謙而不發爲聲聞者。實德所致，原非過情，便是貞。三以謙爲唱首，二承之，上應之，故皆曰"鳴謙"。蘇子所云"雄鳴則雌應"者是也。鳴謙嫌於外飾，故表之曰"中心得"，諸家多主此説。

九三，勞謙，君子有終，吉。

《象》曰："勞謙君子"，萬民服也。

居上下之際，接兩體焉，非勞不可，亦"乾乾"之義也。以其在艮之終，故以象辭"君子"屬之。萬民服，正是人道好謙之公心。

六四，無不利，撝謙。

《象》曰"無不利，撝謙"，不違則也。

四處三勞臣之上，三雖不疑四忌己之功，不嫌四位居己之上，而四殊不自安，故曰"撝謙"。撝者，由中達外之謂也。孔子恐人疑撝謙爲諂，故又以"不違則"明之。焦弱侯曰：《説文》云：撝，裂也。又如人手之撝。四居近君用事之位，若一味謙下，誰與擔當？故於初之謙謙裂去之，言在初則可，在四則不可，此正合則處。下三爻爲益寡，上三爻爲裒多。大有見。

六五，不富以其鄰，利用侵伐，無不利。

《象》曰"利用侵伐"，征不服也。

五之謙，在"不富"二字上看出。富者，驕盈之象。不富，是去驕去盈，故臣民皆樂從之。即侵伐亦利，他無不利可知。師克在和，五以柔居剛，故利侵伐。上體用皆柔，故利在征邑國而已。征不服者，以五得尊位，而無服故也。

上六，鳴謙，利用行師，征邑國。

《象》曰“鳴謙”，志未得也。“可用行師”，征邑國也。

曰“侵伐”，曰“行師”，似與謙不類，不知以退讓爲謙，在下位則可，治國平天下者不然。苟無好大喜功之心，即四征九伐，無非謙也。上謙德雖盛，才力不足，懷德者多，畏威者寡，故曰“志未得”，惜之也。

豫　坤下震上

豫：利建侯行師。

豫取和樂之義。一陽爲卦主，侯之象。五陰順之，師之象。屯有震無坤，則言建侯。謙有坤無震，則言行師，此震、坤合，故兼言也。

《彖》曰：豫，剛應而志行，順以動，豫。豫，順以動，故天地如之，而況建侯行師乎？天地以順動，故日月不過，而四時不忒。聖人以順動，則形罰清而民服。豫之時義大矣哉！

全《彖》重“順、動”二字，天地如之，如我之順動耳，下正明所以如之之故。順字實，動字虛。豫者，時也。以順而成，其豫者義也。

《象》曰：雷出地奮，豫。先王以作樂崇德，殷薦之上帝，以配祖考。

他事非不用樂，然必郊祀天地，配以祖考，大合衆樂，極於九變，始足以擬“雷出地奮”之象。履爲易中之禮，豫爲易中之樂。履本於素，素，禮之質也；豫止於介，介，樂之静也。故易，禮樂之大宗也。

初六，鳴豫，凶。

《象》曰：初六"鳴豫"，志窮凶也。

四爲豫主，而初和之，故曰"鳴"。然其豫由人，其得志而不勝張大者，即其失意而不勝追悔者也。易凡相孚者皆言"心"，不相孚者皆言"志"。

六二，介於石，不終日，貞吉。《象》曰："不終日，貞吉"，以中正也。

凡物兩間爲介，介，所以分也。當豫之時，初與四應，三與四比。惟二，下不爲鳴，上不爲盱，居中守正，如石之不可轉。中爻艮，石之象也。有此定静堅確之德，所以知幾而先覺耳。心無物而後能觀物，心無事而後能應事。

六三，盱豫悔，遲有悔。

《象》曰"盱豫有悔"，位不當也。

六三逼近權臣，仰其鼻息，有惟恐失之之意，故曰"盱豫"。二言如爲鄙夫寫照，大氐盱豫與介石相反，遲與"不終日"相反，中正與不中正故也。三四上下之交，故兩爻有遲疑之戒。

九四，由豫，大有得。勿疑，朋盍簪。

《象》曰"由豫，大有得"，志大行也。

大有得者，一剛得五柔。朋盍簪者，五柔合一剛。志大行者，剛應而無他爻以分其權也。爻本豫主，而柔應皆邪。二獨貞，貞者難致，邪者易昵。昵者聚而難去，致者望而不至。夫惟開誠布公者，不以樂己而附，不以守貞而違。權在己，應在人，而無己私之與焉，則吾朋其有不同者乎？古冠服無簪。按《鹽鐵論》曰"神禹治水，遺簪不顧"，即弁服之笄是也。

六五，貞疾，恒不死。

《象》曰：六五"貞疾"，乘剛也。"恒不死"，中未亡也。

古者有疾謂之不豫，疾者，豫之反也。五以失位之柔乘得時之剛，有貞疾之象。如周以五伯疾，魯以三桓疾也。未亡，以先王之德澤言。蘇子瞻曰：二與五皆貞者也。貞者，不志於利，故皆不得以“豫”名之。其貞同，其所以爲貞者異。又曰：卦有二貞三豫。三豫者，皆内喪其守而外求豫者也。故小者悔吝，大者凶。

上六，冥豫，成有渝，無咎。

《象》曰“冥豫”在上，何可長也？

世道不可無豫，人心不可有豫。成者，極也。豫極則昏，故曰“成”。上變爲晉，晉則無冥暗之咎，故曰“成有渝”。無咎，所謂彼將惡始而美終，以晚蓋者也。何可長，如云“此時更之猶可及”也。冥於豫而勉其有渝，開遷善之門也。冥於升而勉其不息，回進善之機也。

隨　震下兑上

隨：元亨，利貞，無咎。

隨兼人、己二意，然必己足以致人之隨，而後人隨之也。隨以貞而成，不貞便不成隨矣。

《彖》曰：隨，剛來而下柔，動而説。隨，大亨貞，無咎，而天下隨時。隨時之義大矣哉！

柔能下人，故人亦下之。臣隨於朝，民隨於野，總不出一“貞”字。貞者，天下人同然之心，即隨時之義也。貞無定體，隨時而在，故曰“時”。即楊氏所云“隨其動而貞之時”者是也。

象曰：澤中有雷，隨。君子以向晦入宴息。

爻言隨時而動，象言隨時而息，皆隨也。震，東方卦也，日出暘谷。兑，西方卦也，日入昧谷。八月正兑之時，雷藏於澤，向晦之象。互卦。巽入艮止，人而止息之象。放下身心，安閒自在者，宴也。萬緣俱寂，一念不生者，息也。勿謂宴息與自強不息有二，寧神於定，養氣於恬，其中有惺然兢業之意在。雷藏澤為隨，雷入地為復。向晦宴息，所以養陰也。至日閉開，所以養陽也。

初九，官有渝，貞吉。出門交有功。

《象》曰"官有渝"，從貞吉也。"出門交有功"，不失也。

履以履其後為義，隨以下隨上為義。乘承比應，皆所不論。初九為隨之主，故曰"官"。既有所隨，非本來廓然無主之心，故曰"渝"。渝亦何妨？要在得所從之正耳。大公由於大正，故又以出門交言之。游於野之公，還空洞之體，故曰"不失"，謂不失其心之初也。

六二，係小子，失丈夫。

《象》曰"係小子"，弗兼與也。

以剛隨人者謂之隨，以柔隨人者謂之係，剛有以自立而柔不足以自立也。陰爻稱小子，陽爻稱丈夫。六二以六三為小子，初九為丈夫。六三以九四為丈夫，六二為小子。於二則惜其與之非，於三則許其舍之是。弗兼與者，如里克之中立，鄧析之兩可，終於邪而已，非隨之善也。

六三，係丈夫，失小子。隨有求得，利居貞。

《象》曰："係丈夫"，志舍下也。

隨以隨上為貴，隨陽為得，故曰"隨有求得"。然六三與九四皆不正，恐其隨為詭隨，求為苟求，得為苟得，故戒之曰"利居貞"。

九四，隨有獲，貞凶。有孚在道，以明，何咎！

《象》曰"隨有獲"，其義凶也。"有孚在道"，明功也。

九四之隨九五，獲乎上有道者也。臣從君，陽從陽，故曰"隨有獲"。四居君側，初其所應，三其所係，二又係於三，天下無不隨之。若位過而勢大，守而不變，其凶宜矣。四多凶，近也。當是時，唯有孚可以結君，唯在道可以持己，如此則得以自明而無咎矣。明功者，大臣處功名之地，唯明可以保之。初以變爲貞，故曰"吉"。四以不變爲貞，故"凶"。義即所謂貞也。

九五，孚於嘉，吉。

《象》曰"孚於嘉，吉"，位正中也。

嘉謂二也，六二繫小子者也。五何以與之孚而稱嘉？蓋負俗之累，賢者不免，在明主捐其形迹，釋其猜疑，而一心相信，則嘉會成矣。正中是孚之本，五先自處於嘉者也。

上六，拘係之，乃從，維之。王用亨於西山。

《象》曰"拘係之"，上窮也。

擇隨在初，固隨在終。忠誠固結，即神可格，況人乎？"窮"字只作"終"字解。初爲內卦之主，不言隨。五居尊位而受天下之隨，上居極，無可隨者，故亦不言隨。隨人之道，正與孚盡之矣。

蠱 巽下艮上

蠱：元亨。利涉大川。先甲三日，後甲三日。

物久不用而蠱生，謂之蠱。天下久安無爲而弊生之謂蠱。蠱乃有事，須打起精神以幹之，涉川，正幹之意。中爻震木在兌澤之上，故有此象。十干以甲爲首，蠱之時，凡事從新做起，故曰甲。先後者，只是徹始徹終，圖維周到之意。三日，指六爻之數言。下卦爲先，上卦爲後。

《象》曰：蠱，剛上而柔下，巽而止，蠱。蠱，元亨而天下治也。"利涉大川"，往有事也。"先甲三日，後甲三日"，終則有始，天行也。

蠱非一時所遽致，亦非一時所能亨。須自終而始，事事振飭，庶元亨而天下治也。蘇子瞻曰：《易》云蠱者，事也。夫蠱非事也，以天下爲無事而不事事，則後將不勝事矣，此蠱之所以爲事也。器欲常用，體欲常勞，天下欲常事事。愚謂諸爻之幹是往而有事，不諉之天行者也，故吉。六四之裕，是往而無事，全諉之天行者也，故吝。夫有人事之終，而後有天行之終。有人事之始，而後有天行之始，不盡人事便是違天。往事，對巽止看。巽者不欲往，止者不能往也。

《象》曰：山下有風，蠱。君子以振民育德。

初六，幹父之蠱，有子考，無咎，厲終吉。

《象》曰：“幹父之蠱”，意承考也。

蠱由乾、坤之變而成，則非獨由父，亦有母之蠱焉。六五以柔居尊，爲母象，如晉六五爲王母、小過六五爲妣，皆是也。陰性安於無爲，言蠱之深者多歸之。《易傳》曰：蠱之災，非一日之故也，必世而後見，故爻皆以父子言之，明父養其疾，至子而發也。幹父蠱，方稱有子，不然與無子同。有子，考始無咎，不然咎終不無矣。子以承父，豈樂改其道？不承其事而承其意，乃所以爲善承也。

九二，幹母之蠱，不可貞。

《象》曰：幹母之蠱，得中道也。

卦辭言“元亨”，不言“貞”，二爻直言“不可貞”，此在他人視之，若過於有爲，聖人以爲適得其中而已。得中道，即在不可貞看出。

九三，幹父之蠱，小有悔，無大咎。

《象》曰：“幹父之蠱”，終無咎也。

九三處巽之極，以極順行過剛，故過而不過。小有悔，過剛也。無大咎，極順也。然幹蠱須得陽剛之才，故周公僅許之，而孔子深許之。

六四，裕父之蠱，往見吝。

《象》曰"裕父之蠱"，往未得也。

三好事而終成事者也，四避事而終壞事者也。君子寧爲三之悔，無爲四之吝。

六五，幹父之蠱，用譽。

《象》曰"幹父用譽"，承以德也。

子有幹蠱之名，則過歸於親矣。幹蠱而親不失其令名，止爲用譽以幹之也。既曰"蠱"矣，何德之可承？夫使人不曰"承敝"而曰"承德"，若不知其爲前人之蠱然者。一云：五雖言幹蠱，然專委之二，不自然也，故曰"用譽"。二多譽也，德亦就二説。

上九，不事王侯，高尚其事。

《象》曰"不事王侯"，志可則也。

高尚其事，非以高尚爲事也。含和葆貞，曠然獨與造物游，彼其事有出經世之外者矣。"其事"二字當味，上處外，猶不能無事，聖人之不貴漫無事事者如此。上與五二爻，以家事言，則上爲父，五爲母，衆爻爲子，觀諸爻以幹父母言可知矣。以國事言，則五爲君，下四爻爲用事之臣，上一爻爲不事之臣。觀上一爻以王侯言，可知矣。此易之所以不可爲典要也。任事而幹蠱者，操巽命之權而行其所當行。謝事而高尚者，則體艮止之義而止其所當止。

臨　兑下坤上

臨：元亨，利貞。至於八月有凶。

臨，十二月之卦，二陽雖長，倒轉爲觀，則四陰長於下，二陽消於上，故曰"至於八月有凶"。觀，八月之卦，故言"八月"。無凶而言有凶，蓋當陽方長、陰猶盛之時，預爲他日陰長陽消之憂也。

《彖》曰：臨，剛浸而長，説而順，剛中而應。大亨以正，天之道也。"至於八月有凶"，消不久也。

剛浸而長，《陰符》云：天地之道浸，故陰陽勝。二"浸"字甚有味，《列子》云"一氣不頓進，一形不頓虧"是也。正非獨君子臨小人之道，乃天之道也。非以人臨之，以天臨之矣。

《象》曰：澤上有地，臨。君子以教思無窮，容保民無疆。

取兑之講習而施教，亦若兑澤之不竭。取坤之含弘而容保，亦若坤德之無疆。

初九，咸臨，貞吉。

《象》曰"咸臨，貞吉"，志行正也。

二陽臨四陰，出於陰陽之相感，故曰"咸臨"，咸感也。正，有守正，有行正，此以行爲正者也。中爻震足，故初行五亦行。

九二，咸臨，吉無不利。

《象》曰"咸臨，吉無不利"，未順命也。

二有剛中之德，而又有上進之勢，所以初必戒以貞，二不必戒而自無不貞也。六五在二陰之間，德雖知臨，命豈皆當？二體兑説，嫌於一味順從矣。不知二五本剛中而應，有都俞吁咈焉。《孔疏》所爲"斟酌事宜，有從有否"者是也。故曰"未順命"。

六三，甘臨，無攸利。既憂之，無咎。

《象》曰"甘臨"，位不當也。"既憂之"，咎不長也。

三柔而與兩陽同體，故甘爲其所臨，無相拒之意。如"甘節"之"甘"。《玩辭》曰"甘臨，無攸利"，見二陽之難説。既憂之無咎，見二陽之易事。憂則不甘，甘則不憂。坤土味甘，故云"甘"。

六四，至臨，無咎。

《象》曰"至臨，無咎"，位當也。

六四爲坤兑之交，地澤相比，蓋臨，親切之至者。

六五，知臨，大君之宜，吉。

《象》曰"大君之宜"，行中之謂也。

卦主二爻，剛長，五與正應，故爲知臨，專重陽剛言。舍甘而親咸，五之所以爲知也。宜，謂得人君之統體。用賢爲中，不自用就是行中。五變坎爲通，智之象。

上六，敦臨，吉，無咎。

《象》曰"敦臨之吉"，志在内也。

爻本坤土，又變艮土，敦厚之象。厚德臨人，始終如一。所謂教思無窮，容保民無疆者，内指天下國家言，一云"志在内"。卦二陽，曰"志"者，非正應也。以大臨小者，初與二也。以上臨下者，上卦三爻也。兑終爲説，甘臨者，小人之事。艮終爲厚。敦臨者，君子之德。既憂之者，反甘臨而爲至臨、敦臨也。六爻皆言臨：咸者臨之□〔一〕，至者臨之情，知者臨之體〔二〕，敦者臨之誠，甘者臨之賊。

觀　坤下巽上

觀：盥而不薦，有孚顒若。

自上示下曰觀，去聲。自下觀上曰觀，平聲。本卦陰取下民，陽取君子。"盥而不薦"二句，正人君所以爲觀處，是即所謂神也。貢士之體〔三〕，惟主人盥而獻賓，賓盥而酢主人，設薦則弟子也。

《象》曰：大觀在上，順而巽，中正以觀天下。"觀，盥而不薦，有孚顒若"，下觀而化也。觀天之神道，而四時不忒。聖人以神道設教，而天下服矣。

全《象》重"中正"二字，順巽説他性情中正，則其養成之德也。下觀而化，推出一層語，觀即觀中正也，中正之所在即是神。大觀之道即貞觀之道。君與天無異觀，正無異神也。神道設教，猶云聖人設教，皆神道耳。以教顯神，非以神爲教也。上神而下化，觀真大矣哉。

《象》曰：風行地上，觀。先王以省方觀民設教。

風行天上，人不見其迹也。風行地上，則所加者偃，所觸者動，夫人而見之矣。先王俯就其民而教示之，其象如此。方輿、民屬坤，省之、觀之、教之，屬巽。

初六，童觀，小人無咎，君子吝。

《象》曰：初六“童觀”，小人道也。

六二，窺觀，利女貞。　《象》曰：“窺觀，女貞”，亦可醜也。

觀卦一爻勝於一爻，所觀漸高，所見漸別，大抵臨主二，觀主五。臨利遠而不利近，觀利近而不利遠。鄙初爲小人者，所以勵君子也。誚二爲女子者，所以激丈夫也。當大觀之時者，可不進觀中正之道哉！初居陽，象男童；二居陰，象女子。

六三，觀我生，進退。

《象》曰“觀我生，進退”，未失道也。

六三隔四，不能觀國之光，但當觀我不息之生理，以爲進退耳。巽爲進退，爲不果，故有進退之象。道即觀之道也。

六四，觀國之光，利用賓於王。

《象》曰“觀國之光”，尚賓也。

六三未決於進者，六四有進之象矣。六四之進，乃觀國光而進。九五陽明中正，在尊位。上九亦賢明，在師傅之位。國多賢聖，有道之光。《象》曰“尚賓”者，明其門尊賢禮士，可以進也。又以明士不可自賤，必有禮賓之道而後可進。《象》言“盥而不薦”者，正指此爻。下坤土，國之象；中爻艮，光之象。

九五，觀我生，君子無咎。

《象》曰“觀我生”，觀民也。

五居尊首出，天下無不觀之如天，觀之如神，而五之自觀則惟有一我而已。觀我而曰"生"者，謂必得我之所以生，而後可與人并生也。我之所以生者何？中正而已。觀民亦只是觀我生以內意。象之觀民，觀之立教之先。五之觀民，觀之成教之日。胡雲峰曰：國之光，即九五所謂"我生"者也。自五而觀則曰生，謂方出於我也。自四而觀則曰光，謂已達於國也。君子無咎，對初爻"小人無咎"言。下四陰爻皆小人，上二陽爻皆君子也。

上九，觀其生，君子無咎。

《象》曰"觀其生"，志未平也。

上九處賓師之位者，君子垂世立教，爲觀於天下之心不能自已，故曰"志未平"。蘇子瞻曰：蔽賢者無後。賢者，民之所以生也，而絶之，是絶民也，無後不亦宜乎？此與京房《易傳》語合。京房以上九居大臣之位，不敢偃然自安，日與九五求賢，如不及也。又是一解。

噬嗑　震下離上

噬嗑：亨，利用獄。

利用獄，噬嗑中之一事。

《彖》曰：頤中有物，曰噬嗑。噬嗑而亨，剛柔分，動而明，雷電合而章。柔得中而上行，雖不當位，"利用獄"也。

凡頤噬物，先分後合，故內剛外柔，有仁有義，分乎其所不得不分。明爲動本，動爲明用。合乎其所不得不合，分合得宜，用獄之妙於中也。柔得中上行者，言以賁下卦離之柔中上而行，居於噬嗑之上卦也。若依舊注，自益卦來，則非柔得中而上行，乃上行而柔得中矣。雖以柔居上爲不當位，然以其得中，故利用獄也。剛與動有別，剛者不姑息假貸，動者無猶豫淹滯。章謂顯其能，行謂申其志。

《象》曰：雷電，噬嗑。先王以明罰敕法。

罰者，一時所用之法。法者，平日所用之罰。用獄者，有問而後合之。明敕者，未問而先防之。

初九，屨校滅趾，無咎。

《象》曰“屨校滅趾”，不行也。

初上二爻，受刑之人。中四爻，用刑之人。校，足械也。震爲足，趾之象。變坤不見其震，滅趾之象。無咎者，因其刑而懲創以爲善也。屨校不懲，必至何校滅趾，不懲，必至滅耳矣。滅者，没也，掩没之義。

六二，噬膚，滅鼻，無咎。

《象》曰“噬膚，滅鼻”，乘剛也。

中四爻有上下齒，噬嗑之象，故四爻皆言噬。治獄如噬膚，可謂易矣。然必滅鼻者，所遇剛暴之人，非嚴刑峻罰不足以服其心也。中爻艮爲鼻，二變則中爻爲離，不見其艮之鼻，滅鼻之象。“滅”字與初上同，即《朱子語録》所謂“噬膚而没其鼻於器中”是也。

六三，噬腊肉，遇毒。小吝，無咎。

《象》曰“遇毒”，位不當也。

腊肉，乾肉，言其藏骨而不易齧，以喻□情之難求者[四]。遇毒，喻人之不輸服也。

九四，噬乾肺，得金矢。利艱貞，吉。

《象》曰“利艱貞，吉”，未光也。

四、五在離位，故曰“乾肺”，曰“乾肉”。肺，大骨連肉，物之至難噬者，喻大獄之難服也。卦之當噬，全在此爻。噬乾肺而得金矢，金取其剛，矢取其直。九陽德，本自剛直，以剛克強，以直理枉，有得金矢之象。然以剛遇剛，易失之暴，必利艱貞，乃可得吉。以四爲離初，才雖剛直，明有未融，故以艱貞爲戒。象以爲未光，正以此也。四合一卦言之，則爲問，以六爻言之，居大臣之位，則爲去問象。大司寇掌邦刑者，二三皆刑官也。從來訟納矢，獄納金，四兼大小之獄而得金矢，五聽專大獄而止得黃金，君相之位不同也。九四以剛噬，有司執法之公也，故貴貞。六五以柔噬，人君不忍之仁也，故貴厲。象以柔爲主，故利用獨歸之五；爻以剛爲主，故吉獨歸之四。

六五，噬乾肉，得黃金。貞厲，無咎。

《象》曰："貞厲，無咎"，得當也。

五成離之主，剛位而柔中，能斷獄者也。以其柔體，故戒其貞固而危厲，乃得無咎。離初，故未光；離終，故不明。此離之中，故得當。象言不當而爻言當，猶漢獄"失當、得當"之云。位與事之分也，在一卦，柔居五位本不當，在一爻，則居中用剛而貞厲，故用獄則得當。歸震川曰：威明中正，治獄之道；艱貞貞厲，治獄之心。

上九，何校滅耳，凶。《象》曰："何校滅耳"，聰不明也。

此怙終不悛之人，故滅耳以罪之。中爻坎爲耳痛、滅耳之象。明即"明法"之"明"，言不能審法，故有此禍。

賁　離下艮上

賁：亨，小利有攸往。

《彖》曰：賁，亨，柔來而文剛，故亨。分剛上而文柔，故小利有攸往，天文也。文明以止，人文也。觀乎天文，以察時變。觀乎人文，以化成天下。

柔來而文剛，是以剛爲主也。剛往文柔，必曰分剛上。文柔者，亦以剛爲主也。蓋一陰下而爲離，則陰爲陽之助，而明於內。一陽上而爲艮，則陽爲陰之主，而止於外。是知皆以剛爲主。小利有攸往，陰進而反於陽也。復歸於樸，所謂至文。夫文出於天，不過剛柔交錯而已；文成於人，不過文明以止而已。離文燦然，倘不法艮止，於禮義流蕩之敝不可勝言。禮以節文爲訓，即此意也。時變，指文質之運説。細察其變，因時挽回，雖至變而有不變者在。化成天下，正根察時變來。質極濟之以文，文極又救之以質，使天下不知不覺範圍於文明以止之内，故曰"化成"。

《象》曰：山下有火，賁。君子以明庶政，無敢折獄。

獄以求情，焉用文之？故賁毋無敢折獄。火在山上，則不留獄。火在山下，無敢折獄。來注云：賁與噬嗑相綜。噬嗑利用獄者，明因雷而動也。賁不敢折獄者，明因艮而止也。

初九，賁其趾，舍車而徒。

《象》曰："舍車而徒"，義弗乘也。

車乘，正與四之白馬相應。四互坎爲車，初當上賁於四。以四與三比，遂甘心徒行，弗屑與合。其理最正，故曰"義弗乘"。凡《易》中言乘者，皆在上也，初在下，無乘之理。

六二，賁其須。

《象》曰"賁其須"，與上興也。

在頤曰須，在口曰髭，在頰曰髯。須不能以自動，隨頤而動，則須雖美，乃附於頤以爲文者也。三在上，頤象；二在下，須象。六二一陰施於二陽之間，爲離之主，所謂柔來而文剛者。卦言文剛，爻實之曰：此與上俱興者也。二三皆無應，與近而比，附從得其人，何愧於賁？

九三，賁如，濡如，永貞吉。

《象》曰：永貞之吉，終莫之陵也。

以二柔文一剛，文彩之盛，自生潤澤，是大臣而操文治之柄者也。聖人恐其溺於賁，故以永貞戒之。九三本貞，教之以永其貞也。貞者，反雅還淳之謂。吉，即雅道不至凌夷也。

六四，賁如，皤如，白馬翰如。匪寇，婚媾。

《象》曰：六四當位，疑也。“匪寇，婚媾”，終無尤也。

四正賴初以成賁者，而爲三所隔，是未成其賁而成其皤也；非賁如而又皤如也。然四求初之心，如飛翰之疾，不以三之隔而遂已也。使非三之寇，則與初成婚媾，而相爲賁矣。四所居之位遠於初，近於三，遠則疑其疏也，近則疑其親也。六四守正，三不能求，故終無尤。

六五，賁於丘園，束帛戔戔。吝，終吉。

《象》曰：六五之吉，有喜也。

上居艮極，艮爲山丘象，在卦外，園象。束帛卷爲二端五匹，表屈折隱淪之意。

上九，白賁，無咎。

《象》曰“白賁無咎”，上得志也。

上居艮體，其篤實本於艮之止，其光輝不借離之明，故能以無色爲色，無文爲文。白賁云者，言白即賁也，故曰“賁”，無色也。得志，《孔疏》所謂“守志任真，得其本性”者也。孔子謂子貢曰：“夫白而白，黑而黑，夫賁何好乎?”又謂子張曰：“質有餘者不受飾。”聖人之不貴文如此。

剥　坤下艮上

剥：不利有攸往。

“剥”字就陽説，謂陽氣至此將剥落也。一陽在上，五陰旁列，有宅象、床象、廬象、輿象，專以卦畫取之。

《象》曰：剥，剥也，柔變剛也。“不利有攸往”，小人長也。順而止之，觀象也。君子尚消息盈虚，天行也。

夬曰“剛決柔”，剥曰“柔變剛”，君子去小人，名正言順，聲其罪以逐之，曰"決"。小人去君子，日銷月鑠，深其謀以害之，曰"變"。今人受人之害，言遭變者是也。"變"字、"觀"字俱可味。"尚"字從"觀"字生來。順時而止，正是不敢違天處。有今日之順止而後有異日之順行。不輕往，乃所以善於往也。消息盈虛，皆以陽言。復者，陽之息。姤者，陽之消。乾者，陽之盈。坤者，陽之虛。此正陽消而將虛之時也。

《象》曰：山附於地，剝。上以厚下安宅。

地惟厚而後可以載山，下惟厚而後可以安宅。用賢以厚下民，乃治剝之道也。剝賢所以剝民，剝民所以自剝，欲安宅得乎？宅者，所居之位，非宅舍也。

初六，剝床以足，蔑，貞凶。

《象》曰"剝床以足"，以蔑下也。

人以床爲安，床以足爲安。剝始自下，故爲床剝以足。蔑者，滅也。

六二，剝床以辨，蔑，貞凶。

《象》曰"剝床以辨"，未有與也。

鄭玄云：足上稱辨，謂近膝之下，屈則相近，伸則相遠也。二俯則聯初，仰則望五，正辨之象。然皆陰類而無應，故曰"無與"。危之中有幸之意。

六三，剝之，無咎。

《象》曰"剝之，無咎"，失上下也。

剝之，無咎，言當剝之時而無咎也。三以失上下而無咎，猶坤以喪朋而有慶，共四小人得一君子，此失之善者也。

六四，剝床以膚，凶。

《象》曰"剝床以膚"，切近灾也。

膚，崔憬謂薦席也。剝床及膚，灾近於身。小人近尊，灾切於君，故曰"切近灾"也。若謂體之膚，豈止切近而已？

六五，貫魚，以宮人寵，無不利。

《象》曰"以宮人寵"，終無尤也。

貫魚，則以次及而無競進之意。以宮人寵，則率群陰，均承上九之寵而無剝陽之意。所謂順而止也，以在艮體，故能爾。曰"無不利"，誘之也。破小人之疑情，明君子之大度也。三力小，僅能以身應上，不免失其上下。五尊位，其力大，乃能率群陰以聽於陽。此無咎與無不利所以分也。洪覺山曰：《易》中所言魚，皆指巽也。巽體至五陰爲剝，則巽始亡，故曰"貫魚"，指下四爻，皆從巽來，如魚駢頭而貫也。

上九，碩果不食，君子得輿，小人剝廬。

《象》曰"君子得輿"，民所載也。"小人剝廬"，終不可用也。

衆木搖落，一果獨留，食之則斷絕其種，故不曰"未食"而特曰"不食"。輿者，在下而載上之物，衆小人順一君子之象也。廬者，在上而覆下之物，一君子庇衆小人之象也。君子得輿則與小人俱存，小人剝廬則上無蓋庇，小人亦無以自容矣。惟有五之貫魚，乃得存上之碩果。觀碩果不食，天地之心見於復而已，存於剝矣。剝以近陽者爲善，應陽者次之。應陽者，六三是也，故無咎。近陽者，六五是也，故無不利。

復　　震下坤上

復：亨。出入無疾，朋來無咎。反復其道，七日來復。利有攸往。

聖人快陽之復，既許目下，又許將來，既幸今日，又追前日。曰"亨"，曰"無疾"，曰"無咎"，曰"利往"，慶幸許可，未有如彼其詳者也。出者，剛長也。入者，剛反也。疾者，遽迫也。無疾，即臨卦"剛浸而長"之"浸"，言陽生有漸也。

朋來者，一陽生，則諸陽以漸而生。陽與陽爲朋，陰豈其類耶？故晁公武曰：自剝至復，入也；自復至夬，出也。臨、泰，復之朋也，爲内卦。曰"來反"者，復與剝相反。剝卦倒而成復，故曰"反復其道"。剝之初升爲上，上降爲初，一與六爻，則其數七，故曰"七日來復"。兩句皆以剝言之，不必泛指他卦也。

《象》曰：復，亨，剛反。動而以順行，是以"出入無疾，朋來無咎"。"反復其道，七日來復"，天行也。"利有攸往"，剛長也。復，其見天地之心乎！

不曰"剛來"而曰"剛反"者，以見初本陽位，若從此而還也。惟有剝之順正，所以有復之順行。剛反者，天之開人；順行者，人之承天。然則七日以前，天之逆行；七日以後，天之順行乎？李子思曰：復剛長以日云者，幸其至之速。臨陽消以月云者，幸其消之遲。復其見天地之心，時解多主生生不息之義。獨焦氏《易筌》不然，曰文王以"一陽來復"取義。孔子既以"天行""剛長"釋之矣。至雷在地中，動極復靜，寂然至無，乃其本體，故他卦言天地之情，此獨曰天地之心，其意明甚。輔嗣解獨得之，曰：復者，反之謂也，天地以無爲心者也。凡動息則靜，靜非對動者也。語息則默，默非對語者也。然則天地雖大，富有萬物，雷動風行，運化萬變，寂然至無，是其本矣。故動息地中，乃天地之心見也。若其以有爲心，則異類未獲其存矣。此解最爲玄妙。

《象》曰：雷在地中，復。先王以至日閉關，商旅不行，后不省方。

先王則天地而行者也。動復則靜，行復則止，事復則無事，不行不省，正贊化育之一端。

初九，不遠復，無祗悔，元吉。

《象》曰"不遠之復"，以修身也。

楊敬仲曰：意起爲過，不繼爲復。不繼者，不再起也。是謂不遠復，復於意不起之始也，意起即覺，覺即泯然無際，如氣消空，不可致詰。人心自善，自神，自明，應酬交錯，如鑒中萬象，鑒不動而萬象森然，意微起焉，即過矣。微過即覺，覺即泯然無際如初，是謂不遠復。復必起於悔，然有悔而不復者矣。能不遠而復，不但悔而已，斯元吉之道也。祗如坎"祗既平"之"祗"，猶言但也。沈德培曰：濂溪以貞論復，伊川以元論復。觀元吉之説，伊川爲有據。

六二，休復，吉。

《象》曰"休復之吉"，以下仁也。

二近於初，親賢以爲復者。休，兼寬容安閒二意。《易》二百八十四爻，未嘗言仁，此獨言之，誠有深意，所謂復其見天地之心也。復初爻本碩果不食，窮上反下，其核又生仁，所以取此"仁"字。復禮爲仁，初陽復，即復於仁也，故曰"以下仁"。文中子曰：學莫便乎近其人。

六三，頻復，厲，無咎。

《象》曰"頻復之厲"，義無咎也。

三處震極，將離内卦矣，故有厲象，而猶未離乎内，與初同體，故有復象。上下兩界之際，頻失頻復，所謂日月至焉者。

六四，中行獨復。

《象》曰"中行獨復"，以從道也。

四在群陰之中，下應初九，憬然獨覺，從初之善道而行，其復與休者等矣。初之象曰"以修身也"，二曰"仁"，四曰"道"。修身以道，修道以仁，仁與道皆修身之事。二比而近，故曰"仁"；四應而遠，故曰"道"。小象之精極矣。楊用修曰：金谷二十四友有劉琨，八關十六子有劉棲楚，其中行獨復者乎？余謂二子未可言從道，然亦不困於鈎黨者矣。

泰二、夬五曰"中行"，二、五上下之中也。益三、四曰"中行"，三、四一卦之中也。此曰"中行"，六四在五陰之中也。《易》之無典要如此。

六五，敦復，無悔。

《象》曰："敦復，無悔"，中以自考也。

敦者，信道之篤，始終不移，久暫不變之謂。中者，天地之心，終以自考，以本體爲工夫也。二、四皆有資於初，以成其復。惟五以中德自成，不資於初，故曰"自"。辨賢人之復者以從違，證聖人之復者以成虧。蘇紫溪曰：天之動者莫如雷，故惟復爲得乾之精。地之靜者莫如山，故惟艮爲得坤之精。復曰敦復，艮曰敦艮，皆終身不違也。"敦"字皆因坤土。

上六，迷復，凶，有灾眚。用行師，終有大敗；以其國，君凶，至於十年不克征。

《象》曰：迷復之凶，反君道也。

坤本先迷，今居其極，則迷之甚矣。迷復者，非迷而不復，以其求復而失其主，愈求而愈遠也。以者，與也，并及之意。十年不克征，正七日來復之反。乾無十，坤無一。陰數極於六，而七則又爲乾之始。陽數極於九，而十則自爲坤之終。凡言十年者，坤終之象。復卦何以言行師？以其敵陽也。剥復相綜。陽初復，陰極盛，正龍戰於野之時，曰"終有大敗"者，陽上進，知其終之時，必至於夬之無號也。

王介甫曰：以卦言之，陽反爲復；以爻言之，陽以進爲復，陰以退爲復。以進爲復，初九是也；以退爲復，六二、六三、六四是也。

六十四卦，復爲見天地之心，至於《繫辭》，則曰"復以自知"。有自知之知，然後能見天地之見。天地之外更無人心，吾心之外更無天地。天地非遠，而吾心豈遠耶？

無妄　震下乾上

無妄：元亨，利貞。其匪正，有眚，不利有攸往。

無妄，《史記》作"無望"。夫有所期望，皆是妄矣。無妄，猶言無妄想也。然妄之妄易見，而無妄之妄難明。《程傳》曰：雖無邪心，苟不合正理，則妄也。有眚二字極下得好。目病生翳曰眚。人心原無妄，稍着念便是妄。不惟妄念不可着，即無妄之念亦不可着。

卦辭重"正"字。九居初，六居二，正也。六三不正，故有災。九四可正，故免於咎。九五得中正，故疾而有喜。卦辭"其匪正，有眚"，則上九當之。

《彖》曰：無妄，剛自外來而爲主於內，動而健，剛中而應。大亨以正，天之命也。其匪正，有眚，不利有攸往，無妄之往，何之矣？天命不祐，行矣哉！

無妄之卦以剛爲主，"剛自外來"句最重。無妄自復來，故分個內外。夫無內無外者，性[五]之之無妄也。由外而內者，反之之無妄也。天德之剛，原是吾心之主，正天命之所以爲命者也。吾得其主，動應何妨？所主之剛，自不因動而奪，不因應而累也。動之以天，應之以天，大亨可知。而又曰"以正"者，無妄而正，則合天命之初，而主得其主矣。道天命只就自己身上說。若不正而違乎天，而猶曰"無妄"也，又安所往哉？

剛自外來，以卦綜言，若謂自訟來，則非自外來，乃自內來矣。

《象》曰：天下雷行，物與無妄；先王以茂對時，育萬物。

雷之行，傳乾健之一脉，敷布於物，物各具一乾體，故曰"無妄"。對時育物，一以無妄爲主。對即"對越上帝"之"對"。茂者，篤實感發之意。若在我者不茂，則時不可得而對。

對時者，有爲主於内者也。内與外相對，吾心之萬物皆備，則天下之萬物皆可得而育也。是物生以前之無妄，天與之；物生以後之無妄，先王與之也。

初九，無妄，往吉。《象》曰：“無妄之往”，得志也。

初九剛主於内，上應九四，兩剛不相繫，直心而往，此心之本體，故曰“得志”。“初”字要看，心無妄，初體也。

六二，不耕獲，不菑畬，則利有攸往。

《象》曰“不耕獲”，未富也。

無妄卦中獨不取應，爲其有所繫也。二之“利有攸往”，往與五應。五之“有喜”，喜與二應。本皆中正，而聖人慮其有所繫著，故曰“不耕獲，不菑畬，則利有攸往”，言無所營爲，則飄然一身，無適不可。不然，方戀戀於田疇積倉之不暇，何往之能利？所以深絕其妄種也。乃知無所妄并無所爲者，妄也；有所爲，因有所望者，亦妄也。有所爲，無所望，而猶知有無望之心者，亦妄也。二、四明其道，不計其功，并不計之心亦無之，可謂聖學之絕者矣。陰虛不富，聖人不欲其本虛而實之，故曰“未富”。

六三，無妄之灾，或繫之牛，行人之得，邑人之灾。

《象》曰：行人得牛，邑人灾也。

或，假設之辭，凡《易》象多如此。或繫之，或得之，皆無與邑之人，而灾不免焉，謂之“無妄之灾”。六三處不中正，以無妄致灾，以其有所繫也。繫雖正而亦妄，得非真得，失則自失矣。此爻變離，離爲牛，牛之象。中爻巽爲繩，又艮爲鼻，繩繫牛鼻之象。三爲人位，人在震之大塗，行人之象。三居坤土，得稱邑，又居人位，邑人之象。此爻居震動之極，失牛之象。彦陵氏曰：我有以取之，不可諉之於天；我無以取之，惟當盡其在我。

九四，可貞，無咎。

《象》曰"可貞，無咎"，固有之也。

九四陽德陰位，本非正也。以乾體承二陰之上，而於震初無所繫，不至匪正，故有可貞之象。可貞亦未必貞也，貞則免於咎矣。此即坤六三"可貞"之義。曰"固有之"，所謂食舊德也。無妄乃四之本有也。

九五，無妄之疾，勿藥有喜。

《象》曰"無妄之藥"，不可試也。

九五之疾與二應也，然五以中正居尊，二亦以中正應之。應而無害於應，如太虛云影，自去自來，豈足病哉？若以此爲疾而攻治之，是自生妄也。勿藥即是藥。鄭氏曰：在無妄之時，若有意於無妄，亦妄也。當知幻從真生，亦從真滅。如漚從水生，亦從水滅。勿藥而自愈矣。楊敬仲曰：起意於善，是謂無妄之疾，若又治此，則於意上生意，疾中加疾矣，故曰"不可試"。

上九，無妄，行有眚，無攸利。

《象》曰"無妄之行"，窮之災也。

二猶可委其災於天，上實造其眚於己。上九乾之窮，匪乾之正，乃天道極而必變之時。蘇子謂無妄之世有大妄之人，此爻是也。

大畜　　乾下艮上

大畜：利貞。不家食，吉，利涉大川。

大畜有三義，一曰止畜，一曰蘊畜，一曰養畜，卦《象傳》就蘊畜上說。學術純正，畜之體；出施濟變，畜之用。故曰"貞"，曰"利涉"。

他卦取陰陽相應，此取相畜。內卦，受畜者也；外卦，能畜者也。獨三與上居內外卦之極，畜極而通，不取止義。焦弱侯曰：畜陽者，陰也；所以畜陽者，非陰也。艮之一陽也，巽二陽而柔，故爲小畜，艮一陽而剛，故爲大畜。

《彖》曰：大畜，剛健篤實輝光，日新其德。剛上而尚賢，能止健，大正也。"不家食，吉"，養賢也。"利涉大川"，應乎天也。

全彖重"天"字。畜極之應天，而畜始大耳。不有天德，安有天行？剛健，乾象。篤實，艮象。自强不息，身體力行，二體相磨，而神明見。輝光發越，與日俱新矣。以此剛德，進居上位，自能格君。禮賢下士，戢暴禁奸，信非大正之學不能也。下皆根正來。養賢應天，復就卦辭而推明之。天以時言。

剛上者，大畜綜無妄。無妄下卦之震，上而爲大畜之艮也。後仿此。

《象》曰：天在山中，大畜；君子以多識前言往行，以畜其德。

天，積氣也，虛空中無往非氣，則無往非天。山之虛處皆氣，則皆天也，雖謂之天在山中可也。德寓言行内，畜德工夫，全在一"識"字上。這"識"字，剛健也有了，篤實也有了，故能畜德。畜德便是日新，何也？前言往行者，吾故物，自我畜之，則新也。

初九，有厲，利已。

《象》曰"有厲，利已"，不犯灾也。

初九受六四之畜者。健者欲進，而止者不欲其進也。子夏曰：居而俟命則利，往而上進則厲。灾即厲也。内卦以自止爲義。以陰陽論，若君子之受畜於小人也。外卦以止人爲義。以上下論，若在位之禁止强暴也。

蘇子瞻曰：小畜之畜乾也，順而畜之，故始順而終反目。大畜之畜乾也，厲而畜之，故始厲而終亨。君子之愛人以德，小人之愛人以姑息。六四之厲，所謂德也。此“厲”字又指四説。

九二，輿説輹。

《象》曰“輿説輹”，中無尤也。

九二時止則止，具知幾之哲者也。輹與輻不同，輹者車下横木，行則繫之，止則説之。輿而説，暫止而可旋進之義。非若小畜説輻之毀其輪也。且小畜之説輻在人，而大畜之説輹[六]在己，義亦不同。蘇子瞻曰：小畜之説輻，不得已也，故反目。大畜之説輹，其心願之，故無尤。無尤者，以其中也。

九三，良馬逐，利艱貞。日閑輿衛，利有攸往。

《象》曰“利有攸往”，上合志也。

三居下卦之上，有止極而通之象。九三得位，而初二從之。三陽上進，爲良馬逐，止久驟行，易於恣肆，故以艱貞戒之，恐其輕進而致泛軼也。輿衛正艱貞之□。閑，習也，習其車輿與其防衛也。閑習有優游自得之意。上合志，謂上九之志與之相合也。

六四，童牛之牿，元吉。

《象》曰：六四元吉，有喜也。

四之所畜者，初也。防惡於始，故有童牛之象。牿，即今之以圈穿牛鼻者也。牛之觸在角，不在角上治；人之横以惡，不在惡上治。童而牿之，得治之原。四蓋以禮防民者也。下爻皆乾，乾爲馬，故取象於馬。此爻變離，離爲牛，故取象於牛。

六五，豶豕之牙，吉。

《象》曰：六五之吉，有慶也。

五應九二，而剛已近，猶豕之能躊躅者也。豶者，豬子也，見《爾雅》。牙者，畜豶豕之杙，以杙繫豕謂之牙。古詩賦中有漿牙、戟牙、詹牙，又將軍之旗曰牙。《考工記》有輪牙，今“牙門”之“牙”，亦指門前横木而言，所以止行人者。非牙齒也。豶豕正與童牛對，"牙"字正與"牿"字對。大象離，離錯坎，豕之象。牛馬豕皆人所畜者，故大畜并言之。來注云：觀童牛之牿，則當知有屬利已矣。觀豶豕之牙，則知當輿説輹矣。觀何天之衢，則知當良馬逐矣。

上九，何天之衢，亨。

《象》曰"何天之衢"，道大行也。

此爻主治化説。何者？驚喜之詞，謂反側盡平，王道四達，不悖之時也。連四五二爻看，更醒。藏於心謂之德，顯於政謂之道。

焦弱侯曰：何，音賀，古"荷"字，即前"何校滅耳"之"何"。《詩》"何蓑何笠"。《魯靈光賦》引此直作"荷天衢，以元亨"可證。來注亦云：何，胡可反，音荷，儋也，負也。儋即擔子，《楊子》"擔石"是也。上陽一畫象擔，二陰垂鞕於兩邊，有擔挑之象。即陳白沙所謂"明月春風作兩頭，一挑挑到魯尼丘"是也。

王伯厚曰：大畜爲學，賁爲文，能止健而後可以爲學。文明以止，而後可以爲文。止者，篤實而已。不以篤實爲本，則學不足以成德，文不足以明理。

頤　<small>震下艮上</small>

頤：貞吉。觀頤，自求口實。

卦外實中虛，頤象，養則頤之義也。養之貴得其貞。貞者，止而不動之謂也。口容止，所以下三爻養於動者皆凶，上三爻養於止者皆吉。《程傳》以觀頤爲觀其養人，自求口實爲觀其自養。朱子既服程説之勝，何故不從？張中溪[七]亦云：觀頤主上下二爻言。陽爲實，惟實，故能養人。自求口實主中四爻言。陰惟虛，故求以自養。

《象》曰"頤，貞吉"，養正則吉也。"觀頤"，觀其所養也。"自求口實"，觀其自養也。天地養萬物，聖人養賢，以及萬民，頤之時大矣哉。

養之貴正，全在觀察。然觀其正，在觀其所養者何如；觀其所養，在觀其自養者何如。兩句一申說下，正是解養正則吉。民不得比於物，聖人恫焉，故養賢以及之，所以法天地之正也。天地之養寄之六子，大君之養寄之六官。時者何？正而已矣。頤之道，不但養人自養，極之天地養物，聖人養賢，豈不大哉？

《象》曰：山下有雷，頤。君子以慎言語，節飲食。

雷之聲爲言語，山之養爲飲食。言語一出而不可入，故貴慎。飲食一入而不可出，故貴節。

初九，舍爾靈龜，觀我朵頤，凶。

《象》曰"觀我朵頤"，亦不足貴也。

离爲龜，頤與益大象皆离，故皆言龜也。朵頤者，頤朵朵然下垂貌。初陽在下位，本有靈知自養之龜，而居動之初，未免有口體之欲，冀上之餘潤而反失我之可貴矣。爾、我者，設爲四之詞也。九，陽德，故曰"貴"。

六二，顛頤，拂經於丘，頤，征凶。

《象》曰：六二"征凶"，行失類也。

丈夫無資身之策，才德不足動人，人不求我，而我求人。無論在上在下，皆不可也。故求之下則拂，求之上則凶。

《易筌》云：顛，《說文》曰：頂也。指上九言。丘指五言。拂，《說文》："過擊也。"經，猶歷也。五無養人之德，而位在焉。二求頤於顛，至拂經於五而不顧，知由頤之爲利，而不顧凌上之非義矣。二五皆陰，爲同類。二歷五而求於上，爲失類。五之逐逐，言率初以求養於上也。如良馬逐，亦指三爻言之。一爻難以言逐，其說與來注合。

六三，拂頤，貞凶，十年勿用，無攸利。

《象》曰"十年勿用"，道大悖也。

養正宜靜，三居動極，雖與上正應，而舍五從上，自處悖道，故曰"貞凶"。卦二奇四偶，其數十，言在頤之時，不可用也。無攸利，言在頤之位，無往而利也。道大悖者，惡其極動於欲也。

六四，顛頤，吉。虎視眈眈，其欲逐逐，無咎。

《象》曰"顛頤之吉"，上施光也。

上之於下，以自養則不可求，以養人則不可不求。此四頤雖顛而吉也。然相臣任賢，惟恐信不專而求不繼，故又以虎爲喻。爲相者，爲君養民，而君上之德施光於天下矣。艮篤實光輝，故曰"光"。天下之物，自養於內者莫如龜，求養於外者莫如虎。龜自養於內，內卦初合之，故凶。虎求養於外，外卦上施之，故吉。艮爲虎，虎之象。

六五，拂經，居貞吉，不可涉大川。

《象》曰："居貞之吉"，順以從上也。

五才德不足，賴上九以爲養，於君之常道似拂，然養賢及民，拂經正是貞處。居者，無自用之心也。不可涉大川者，言不自用以濟人也，正是居貞之意。順字正發明居字。

《易筌》云：二、三趨上，必經歷乎五而後達。五能居正自守，置之不問，庶幾少安。若不平而起爭之，不惟不得，凶且至焉。如高貴鄉公是已。此卦與豫卦同，權不在君，強臣擅國之象也。可參。

上九，由頤，厲吉，利涉大川。

《象》曰"由頤，厲吉"，大有慶也。

上九當養天下之任，是天下之養皆由上以養之也。使其心微有驕肆，則君疑衆怨，上下交謫，故以厲戒之。利涉，正是由頤中大經濟處見得任大責重，不是小小德澤便補塞於萬一耳。涉大川一也，在上利而在五不利，方見五賴九以養人。

陸君啓曰：初違潄流枕石之心，二極乞墦登壟之態。初二處下，以上交而凶。四五處上，以下求而吉。四純陰，嗜善之專，比之饕虎。五居陽妄動之戒，類於馮河。三雖貞而凶，不善自養者，有性命之憂，上必屬而吉。善養人者，不忘"猶病"之儆，養己養人之道備矣。

黄成孫曰：今夫天地也，萬物也，上動而下止者也。物之下動而上止者，惟頤焉爾。是其所以爲頤者，震也。震不自動，繫於艮而後動焉。艮不止之於其上，則震雖動，不能也。則其所以爲頤者，艮也，非震也。故動不自動，其静者動。静不自静，其止者静。夫能止其所止，則頤之道盡矣。

大過　　巽下兑上

大過：棟撓。利有攸往，亨。

大宜壯，不宜過，大者一過，勢將偏矣。歐陽永叔曰：大過者，撓敗之世，可以大有爲矣。當物極則反，易爲之力時，是以往而必亨也。卦棟撓，太柔則廢；爻棟撓，太剛則折。

《彖》曰：大過，大者過也。棟撓，本末弱也。剛過而中，巽而説行，利有攸往，乃亨。大過之時大矣哉！

本、末二字皆從木，以一陽畫藏於木之下，而根株四暖[八]，故爲本。以一陽畫散於木之上，而枝葉向榮，故爲末。大過之卦，四陽畫積於中，二陰畫處於上，猶之木焉，上缺下短，本末弱也。"中"字最重，過則不中，中則不過。剛而不中，則爲壞事之剛，大過之所以生也。剛過而中，則爲成事之剛，大過之所以濟也。巽説亦根剛中來。剛過而中則可立，巽而説行則可權，故往而亨也。剛過者，四陽也，而中者，二、五也。即三、四亦可言中，故復卦四曰"中行"，益卦三、四皆曰"中行"也。

《象》曰：澤滅木，大過。君子以獨立不懼，遯世無悶。

澤能滅木而不能使仆，以其植根固也。君子以之立大過人之行。

初六，藉用白茅，無咎。

《象》曰"藉用白茅"，柔在下也。

初用以爲棟，則撓，用以爲籍，則無咎，顧用之者何如耳。巽陰木爲茅，故泰卦變巽曰"茅"。巽爲白，白茅之象也。

九二，枯楊生稊，老夫得其女妻，無不利。

《象》曰"老夫女妻"，過以相與也。

木生於澤邊者楊爲多，故取此象。楊乃木之弱者，四陽之剛皆稱爲木，但二、五近本末之弱，故以楊言。曰"枯"者，取"大過於時"之義，故二、五皆言枯也。至三、四則成乾之堅剛，故言棟。稊，木稚也。二得陰在下，故言"生稊"。稊者，下之根生也。五得陰在上，故言"生華"。華者，上之枝生也。根生則生生不息，枝生則一發，生意盡矣。下卦巽錯震，長男也，老夫之象，應爻兑。兑，少女也，女妻之象。九五兑錯艮，少男也，士夫之象，應爻巽，爲長女，老婦之象。一説取所比之爻，自爲老少。謂二高於初，故二爲老而初爲女。上高於五，故上爲老而五爲士。非也。

《夏小正》"正月柳稊。"注曰："發孚也。"即陸德明所謂秀也。此言柳之發榮，在末不在本。存以備□。

九三，棟撓，凶。《象》曰："棟撓之凶"，不可以有輔也。

三、四二爻在一卦之中，故皆取棟象。雜卦云：大過，顛也。大廈之顛，非一本所支。三以剛居剛，過剛則折，故以棟撓屬之。下卦上實而下弱，下弱則傾，故三曰"棟撓"。上卦上弱而下實，下實則可載，故四曰"棟隆"。不可有輔，言三剛愎自用，不肯受人輔助也。

九四，棟隆，吉。有它，吝。

《象》曰"棟隆之吉"，不撓乎下也。

九三有應在上，而曰"不可有輔"。九四有應在下，而曰"不撓乎下"。凡卦皆上下相應，唯大過以所比爲親，不貴相應。四若應初，過於柔矣，棟安得隆？

九五，枯楊生華，老婦得其士夫，無咎無譽。

《象》曰"枯楊生華"，何可久也？"老婦士夫"，亦可醜也。

枯楊非可久之物，況又生華？是速之敝也。五君驕亢而臣無能，雖目下偷安，終無濟變之功矣，并其無咎，而亦可醜也。

上六，過涉滅頂，凶，無咎。

《象》曰"過涉之凶"，不可咎也。

楊敬仲曰：見危授命而功不濟，亦有議其非者，聖人曰"無咎"，又曰"不可咎也"。過涉滅頂而又咎之，則鄉原之道行，而見利忘義者得志矣。

坎　　坎下坎上

習坎：有孚，維心亨，行有尚。

坎以陽陷陰中而名。内外二卦俱陷，故曰"習坎"。陽實曰"有孚"。陽明在中，心之象。"維"字要看，處陷中不亨矣。維心則亨，不爲所陷也。吾心之險既平，世界之險何不可平？故行有尚而險可出也。

程迥曰：北方之氣，至陰之中而陽生焉。《象》曰：習坎，重險也。於物爲龜爲蛇，於方爲朔爲北，於太元配罔與宜[九]。所以八純卦中獨冠以習。

《象》曰"習坎"，重險也，水流而不盈，行險而不失其信。“維心亨”，乃以剛中也。“行有尚”，往有功也。天險不可升也，地險，山川丘陵也，王公設險以守其國。險之時用大矣哉！

蘇子曰：坎，險也。水之所行而非水也。惟水爲能習行於險，故不直曰“坎”，而曰“習坎”，取於水也。不盈，就是水之信，即水以明人心。“行險”句實作君子說，亦可。信之所以爲信，亨之所以爲亨，全在“剛中”上見得。心亨由於剛中，往有尚，由於心亨，行而上往則能出險，止而不行，則終於坎矣。坎以能出爲功也。險之心不可有，險之用不可無，故推言之而贊其大。

《象》曰：水洊至，習坎。君子以常德行，習教事。

歐陽永叔曰：坎因重險之象，以戒人之慎習也。習高山者可以追猿猱，習深淵者至能泅泳出没以爲樂。天險可習，則天下之事無不可爲也。是以聖人於此戒人之習惡而不自知，誘人於習善而不倦，故君子亦以常德行習教事也。德必實備於躬，故不僅曰德，而曰德行。教必頒布於民，故不僅曰教，而曰教事。洊，再也。

初六，習坎，入於坎窞，凶。

《象》曰“習坎入坎”，失道凶也。

窞，《說文》：坎中小坎也。初處重險之下，陰柔無以自援，故凶。失道凶者，猶言得道則猶可免。蓋處坎之時，往則有功，不能往而入於坎中，已失其道，難以盡委於時也。道者何？孚是也。

九二，坎有險，求小得。

《象》曰“求小得”，未出中也。

其求出險也，以剛中僅可以小濟，不至如初之陷於深險而已，未能出於險中也，可能者人，不可能者天。

六三，來之坎坎，險且枕，入於坎窞，勿用。

《象》曰「來之坎坎」，終無功也。

上下皆坎，故言「坎坎」，所謂進退惟谷也。險且枕者，言而[一〇]臨乎險而頭枕乎險也。初與三皆入坎窞，而二止言有險者，二中而初與三不中正也。

六四，樽酒，簋貳，用缶，納約自牖，終無咎。

《象》曰「樽酒簋貳」，剛柔際也。

君臣同處險難之時，宜略儀文而尚誠質。室之暗也，設牖以通室之明。君之蔽也，納約於明，以開君之志。剛柔際，重剛際柔邊。蘇子瞻曰：「樽酒，簋貳，用缶」，薄禮也。「納約自牖」，簡陋之至也。夫同利者不交而歡，同志者不約而信。四非五無與爲主，五非四無以爲蔽。饋之以薄禮，行之以簡陋，而終不相咎者，四與五之際也。

貳者，副也。言一樽之酒而簋即副之，樂用瓦缶也。在屋曰囱，在牆曰牖。

九五，坎不盈，祇既平，無咎。

《象》曰「坎不盈」，中未大也。

此即《象傳》所謂「水流而不盈」也。水之性，行則亨，止則盈。水以亨爲用，不以盈也。盈則有泛濫之虞，不盈，所以祇於既平。祇，適也。蘇氏曰：九五可謂大矣，在坎而不自大，故「不盈」也。「不盈」，所以納四也。夫盈者人去之，不盈者人輸之。故不盈，適所以使之「既平」也。未大釋「不盈」，言九五剛中，處險之用耳。

上六，係用徽纆，寘於叢棘，三歲不得，凶。

《象》曰：上六失道，凶三歲也。

上爻已在險外，然柔暗而居險極，在上而乘五剛，乃自投於罟獲陷阱之中而莫之知避者，象旨，坎上變巽爲繩。三股曰徽，兩股曰縲。上不附五，故繫用徽縲也。坎爲叢棘，則在地上，非坎窞矣，此坎之終也。李隆山曰：坎之一陽居中而中實，即精藏於中而水積於淵之象也。離之一陰居中而中虛，即誠寓於心而火明於薪之象也。坎之中實是爲誠，離之中虛是爲明。中實，坎之用；中虛，離之用也。作《易》者因坎、離之中而寓誠明之用，誠明起於中者，易之妙用，古聖人之心學也。

離　離下離上

離：利貞，亨。畜牝牛吉。

火無常形，麗物而有形。臣必麗君而道可行也。麗君莫先於正，故卦先言貞，而後言亨。不正無取於麗，不順亦非所以爲麗也。牛，順獸；牝牛，順而又順。畜牝牛者，養順德也，養順德於中者，正所以消其炎上之燥性也。坎水闕下，愈下則陷矣，故以行爲尚。離火炎上，愈上則焚矣，故以畜爲吉。

《彖》曰：離，麗也。日月麗乎天，百穀草木麗乎土。重明以麗乎正，乃化成天下。柔麗乎中正，故亨，是以畜牝牛吉也。

釋離不言明而言麗者，教人以用明之道也。火得其所附，則一可以傳千萬；明得其所寄，則一耳目可以盡天下。天下之續吾明者衆矣。在天者，以氣麗氣；在地者，以形麗形。明者君之道，而明貴麗乎正，不然，苛察非明也。柔者臣之道，而柔貴麗乎正，不然，阿諛非順也。

《象》曰：明兩作，離；大人以繼明照於四方。

六十四卦，獨此稱大人，其古之明明德於天下者歟？“繼”字正發明“作”字，日新又新，緝熙不已，自光被四表也。

初九，履錯然，敬之，無咎。

《象》曰“履錯之敬”，以辟咎也。

初恃剛明之才，過於躁急，新進喜事之流也，履安得不錯？

聖人教之以敬，敬者，醫錯之藥也。不急於敬〔一〕之謂敬，豈不進之謂乎？故小象以"辟咎"明之，若曰敬乃辟咎也，非辟事也。焦弱侯曰：初居離始，未有所離，一味所從，其咎大矣。初承二而應四，二可麗也，四不可麗也。敬之，不過決擇於此二者而已。

六二，黃離，元吉。

《象》曰"黃離元吉"，得中道也。

二本坤之中爻，故稱黃。臣麗乎君，故稱离。黃中也，麗乎中道，故曰"黃離"。中者，不激不隨，不偏不倚之謂。

九三，日昃之離，不鼓缶而歌，則大耋之嗟，凶。

《象》曰"日昃之離"，何可久也？

時不可爲，只合修身以俟之。不樂即哀，皆動心而失其常矣，故"凶"。蘇子瞻曰：火得其所附則傳，不得其所附則窮。初九之於六二，六五之於上九，皆得其所附者，以陰陽之相資也。惟九三之於九四，不得其傳而遇其窮，如日之昃，如人之耋也。君子之至此，命也。

九四，突如其來如，焚如，死如，棄如。

《象》曰"突如其來如"，無所容也。

火性炎上，最燥而銳。故前明之始，有錯之象；後明之始，有突之象。四當兩火相接之時，三火既上，而不能回於其三；四火又發，而不能犯乎其五。上下兩無所容，則火止於四而已。以人事論，正天命初回，人心甫向之日。爲大臣者，不敬謹順動，而恃剛妄作，施爲大驟，是速禍也。來注云：坎性下，三在下卦之上，故曰"來"，此來而下者也。火性上，四在上卦之下，故曰"來"，此來而上者也。來而下，必至坎窞而後已；來而上，必至死棄而後已。

六五，出涕沱若，戚嗟若，吉。

《象》曰：六五之吉，離王公也。

出涕、戚嗟，以離明之。主洞燭民隱，惻然有恫瘝乃身之意，不必以諒闇之禮言。觀象曰“離王公也”，正言麗王公之位，自當憂王公之憂，不容視民瘼如不相干耳。五正離明之大人也。

上九，王用出征，有嘉折首，獲匪其醜，無咎。

《象》曰“王用出征”，以正邦也。

上九陽居離極，威明及遠，能敵王所愾，以正邦國，有王用出征之象。折首，獲匪其醜，正可嘉之事。若不分首從而盡殲之，是火炎崑崗，安得可嘉哉？焦弱侯曰：離折其首，則變而爲豐，宜照天下，所以爲可嘉。

鄭孩如曰：火之所麗以明者，薪也。火未嘗息於天下，而薪有盡。空中之火一傳千萬而不窮，以無而用有也。三四者，火之所用也，能爲用而不能久。而二五獨以無明用天下之明，故離獨二五爲善也。二五者空火，三四者薪火也。

乾體本實，而離爲之用；坤體本虛，而坎爲之用；所以坎、離得陰陽之中。

陳仲醇曰：火無體，附麗而見。離者，麗也。火以用行，故外光。水有形，就下而流。坎者，窞也。水以體行，故內照。

校勘記

〔一〕“□”，當作“體”。明潘士藻《讀易述》卷四：“咸者臨之體，言公也；至者臨之情，言密也；知者臨之道，言明也；敦者臨之誠，言久也；甘者臨之賊，言邪也。”

〔二〕“體”，當作“道”。同上文。

〔三〕“體”，據文意當作“禮”。

〔四〕“□”，據文意當作“獄”。

〔五〕“性”，據文意當作“往”。

〔六〕“輻”，據文意當作“輹”。

〔七〕“張中溪”，當作“張仲溪”。

〔八〕“四”，據文意當作“回”。

〔九〕“宜”，據文意當作“冥”。

〔一〇〕“而”，據文意當作“面”。

〔一一〕“敬”，據文意疑當作“進”。

下 經

咸 艮下兑上

咸：亨，利貞。取女吉。

咸以交感爲義，然有心爲"感"，便非廓然大公之初，故去心而爲"咸"，所謂心無其心也。亨即在此，貞亦在此。感通莫大乎取女，故特舉以明貞之義。

《彖》曰：咸，感也。柔上而剛下，二氣感應以相與。止而説，男下女，是以"亨，利貞，取女吉"也。天地感而萬物化生，聖人感人心而天下和平。觀其所感，而天地萬物之情可見矣。

咸雖訓"感"而有"皆"意，無心於感者不能感，有心於感者不能皆感。惟心雖感之，而無所容心於其間，則無所不感矣。故卦去其心而象加其心。兑柔艮剛，二氣相與，相與於無相與也。感主於説，必止而説，始無拘情縱欲之私。止與説，不得公而爲二。如水鑒萬象，水嘗止而萬象自動也。以止行説，所謂以誠感者即此。是和即此是平和。平者，人心所同，天地萬物之情也。寂然不動者性，感而遂通者情。

焦弱侯曰：動而説則爲隨，隨以善隨，交道也。善無常師，故動止而説則爲咸。咸以情感，婦道也，終身不改，故止。

《象》曰：山止有澤，咸。君子以虛受人。

人心寂而能感者，虛故也。以私實之，則先入者爲主，而感應之機室。雖有至者，皆捍之而不受矣。故山受澤，山之虛；心受人，君子之虛。

初六，咸其拇。

《象》曰"咸其拇"，志在外也。

卦以感爲義，爻以靜爲善。此爻當卦之初，處艮之始，宜靜者也。以在下體，有拇之象，足未行而拇已動，是事未來、物未交而先起將迎之意，故曰"志在外"，所應之四在外卦也。

六二，咸其腓，凶，居吉。

《象》曰：雖凶居吉，順不害也。

腓，足肚也。離腓而上，其感不甚淺矣。然本體艮能止其所者，故以居戒之。居者，非寂然不動也，但不總動耳。小象言"順"，正發明"居之"之義。若順理而不動，則居反爲害矣。

九三，咸其股，執其隨，往吝。

《象》曰"咸其股"，亦不處也。志在隨人，所執下也。

三居二上，猶股居腓上，躁動妄逐，如股之隨腓而動者。然志在所隨，故執其隨而下比二也。"執"字要看，執其所不當執，隨波逐流，氣節安在哉？ "處"節[一]六二"居吉"之"居"，因艮之故，言"吉"言"處"。處即不隨，隨即不處。曰"亦"者，承二爻而言。

九四，貞吉，悔亡。憧憧往來，朋從爾思。

《象》曰"貞吉，悔亡"，未感害也。"憧憧往來"，未光大也。

六爻之中，四爲心位。此獨不言"咸其心"，蓋不獨心無其心，抑亦咸而無感，虛之至也。從事於同歸一致之原，所謂反一無迹而真光大者，從此出矣。故不言"咸"而直言"貞吉"，悔亡不待言矣。若憧憧不緣之心便非貞體。以思窮物，適以物窮思，則朋類之來僅思之所及者從之耳。爾者，呼其心而名之也。

未能忘機息照，任天自然，還何思何慮之初，豈得爲光大？“貞”之一字，正其所以爲虛處。

九五，咸其脢，無悔。

《象》曰“咸其脢”，志末也。

脢，背脊肉，不動者也。諸爻動而不動，非所感者也。此爻靜而不動，不能感者也。絕情逃虛，志亦末矣。夫艮體爲止，止宜居而二失之。兌體爲悦，悦宜感而五失之。程新安曰：初與四應，故拇與心皆在前。二與五應，故腓與拇皆在後。三皆在前。二與五應，頰皆在兩旁，而舌居中，有至理存焉。陸佃云：脢在口下心上，即喉中之梅核，今謂之三思臺是也。旁注云：脢居後中，動而迎飲食以咽，有他思則噎。與常説異。

上六，咸其輔、頰、舌。

《象》曰“咸其輔、頰、舌”，滕口説也。

輔者，近牙之皮膚，與牙相依，所以輔相齒舌之物，故曰輔。頰，面旁也。輔在内，頰在外，舌動則輔應而頰從之。三者相須用事，皆所用以言者，故周公兼舉之。焦弱侯曰：咸上艮五，皆以輔爲象。聖人恐其無別也，咸曰“頰舌”，見其動也。艮曰“言有序”，見其靜也。滕，古作“騰”，即播傳之義。事自有當用口説之時，訓誥誓命皆是所謂播告之修也。但專恃口説，則不可耳。胡氏曰：諸爻各取一象，獨上取象有三，其惡佞也深，故取頰也遍。

咸之爲義，去心而不去口。夫有以爲咸者，口未必不用，而恃口以爲咸則不可。

恒　　巽下震上

恒：亨，無咎，利貞，利有攸往。

《易經》恒字無下一畫，左旁從立心，右旁從一日，言立心如一日，久而不變也。一言恒，已包貞意，文王復明之，世容有不貞之恒也？不貞之恒，無適而可。恒而果貞，往無不利。貞者恒之體，往者恒之用。有□□□□常，方可應天下之大變也。咸，少男在少女之下。恒，長男在長女之上。論交感之情則少爲親切，論尊卑之序，則長當嚴謹。

《象》曰：恒，久也。剛上而柔下，雷風相與，巽而動，剛柔皆應，恒。"恒，亨，無咎，利貞"，久於其道也。天地之道，恒久而不已也。"利有攸往"，終則有始也。日月得天而能久照，四時變化而能久成，聖人久於其道而天下化成。觀其所恒，而天地萬物之情可見矣。

剛上柔下，分之常。雷風相與，氣之常。内巽外動，理之常。此剛彼柔，相應相濟，事之常。四者皆爲可久之道。人知不恒，不可以爲道。不知不貞，不可以爲恒。則貞即道也。是道也，天地先得之矣。恒久不已，正在終始不窮上見之。凡人事之攸往，至於終而不能恒久者，以其終而不能又始也。終則有始，方爲恒久而不已之道。可見恒以不易爲義，而妙於變易。日月四時，聖人皆其變易而不易者也。所以恒者在此，而情亦見於此，情即所以恒也。彼不能恒久者，皆無情之人耳。情字從貞字看出。

《象》曰：雷風，恒。君子以立不易方。

雷風言恒者，至變之中有至常者在。君子體之，立不易方。立不是恒，不易乃是恒。妙用無方，確然有一定之理在，是即方也。

初六，浚恒，貞凶，無攸利。

《象》曰"浚恒之凶"，始求深也。

定其交而後求。初與四交淺言深，不信而諫，勢必讒口交加，疑忌并作矣，雖貞亦凶。

九二，悔亡。

《象》曰"九二悔亡"，能久中也。

九二剛而不正，當有悔，以其中也，故悔亡。程可久曰：大壯九二、解初六及恒九二，爻皆不著其所以然，蓋以象明之也。

九三，不恒其德，或承之羞，貞吝。

《象》曰"不恒其德"，無所容也。

此貞而不恒者也。初節可觀，晚節頓改，可恥甚矣。羞之者衆，不知爲誰，故曰"或"。善惡各有徒，惟無恒者無徒，故曰"無所容"。

九四，田無禽。

《象》曰：久非其位，安得禽也？

此恒而不貞者也。異端曲學，亦安所成就哉！震爲大塗，田象。巽爲雞，禽象。所應陰虛，無禽之象。

六五，恒其德，貞。婦人吉，夫子凶。

《象》曰"婦人貞吉"，從一而終也。夫子制義，從婦凶也。

二、五皆久於中者也。二悔亡而五凶，何也？居下當固守，而居上當專制，始當堅守，而極當變通，位與時自不同也。《易》於恒而發此義，以見久於其道乃爲恒，非執一不通之謂。猶《中庸》本言常道，必時中而後爲君子。此爻以上下論，是受制於臣，主權旁落者。夫以貞爲恒可也，以恒爲貞則失之矣。

上六，振恒，凶。

《象》曰"振恒"在上，大無功也。

居動之極，一意振作以爲常。雖以求明作之功，而驟擾太甚，反至無補，故曰"大無功"。此王安石之流也。下入乃巽之性，浚恒也。上動乃震之性，振恒也。方恒之始，不可浚而乃浚。既恒之終，不可振而乃振。深入者刻，振作者擾，故兩爻皆凶。象加"始"字、"上"字，甚明。

恒言夫婦之道，下三爻皆以妻言，上三爻皆以夫言。初入而求深，四動而上進，夫妻之不相得者也。二剛中可以濟夫，五柔中止於從婦，夫妻之易其道者也。三過剛而爲捍戾之婦，上震極爲躁動之夫，夫妻反目者也。卦體本善，而爻顧如此，乃變之所爲也。丘行可曰：損雖二少，而男不下女，咸感之義微矣；益雖二長，而女居男上，恒久之義悖矣。

遯　艮下乾上

遯：亨，小利貞。

遯即"遯世不見"之"遯"。雖日與人周旋，而心神內斂，人莫能窺，不專就退避說。亨爲君子謀，貞爲小人謀。

《彖》曰"遯，亨"，遯而亨也。剛當位而應，與時行也。"小利貞"，浸而長也。遯之時義大矣哉！

遯而亨，加一"而"字，便見不遯則不能亨也。剛當位而應，君子尚操得爲之權，小人猶有包承之意。明決之士亶已見幾而作。在我泯其遯之之迹，而小人亦不解其遯之之由，所謂與時偕行也。遯之妙處全在行上，君子所以善藏其用耳。時義云者，以遯爲義也。

《象》曰：天下有山，遯。君子以遠小人，不惡而嚴。

君子以遠小人，謂君子遇小人，常當體遯之義也。不惡待彼之禮，嚴者守己之節。惟爲君子者如天斯高，而後爲小人者如山斯靜。夫天無意於絕山，而山自不能及。君子無心於遠小人，而小人自爲之遠。

初六，遯尾，厲，勿用有攸往。

《象》曰"遯尾之厲"，不往何災也？

初與二非遯者，驅陽以遯者也。往而迫陽，聖人所惡，故戒以勿往。"遯"字從"豚"，故初六言尾，上九言肥，皆象豚也。

六二，執之用黄牛之革，莫之勝説。

《象》曰"執用黄牛"，固志也。

執與係相應，執如《詩》"執之維之"之"執"，望其留賢也。剥卦陰剥陽矣，而取宫人之寵以順上。遯卦陰驅陽矣，而取黄牛之革以留賢，《易》之扶陽抑陰每如此。

九三，係遯，有疾厲。畜臣妾，吉。

《象》曰"係遯之厲"，有疾憊也。"畜臣妾，吉"，不可大事也。

九三爲二陰所拘繫而不得脱，將爲陰柔所薄，而元氣危矣，惟用畜臣妾則吉，甚言處遯之不可也。

九四，好遯，君子吉，小人否。

《象》曰：君子好遯，小人否也。

無好而遯不難，能絶所好以爲遯，是第一人物。否，兼不能遯、不得遯言。

九五，嘉遯，貞吉。

《象》曰"嘉遯，貞吉"，以正志也。

九四剛而不正，遠小人以情。九五剛而中正，遠小人以禮。此好遯、嘉遯之别也。二固五之志，五則自正其志，不爲二之所留。

上九，肥遯，無不利。

《象》曰"肥遯，無不利"，無所疑也。

四之好不如五之嘉，五之嘉不如上之肥。上與二陰，無繫無應，故肥。肥者，疾憊之反也。四陽中三繫於陰，四五應乎陰，皆不能不自疑，至上則疑慮盡亡，無不利矣。

《玩辭》云：下三爻，艮也，艮主於止，故爲不往，爲固志，爲係遯。上三爻，乾也，乾主於行，故爲好遯，爲嘉遯，爲肥遯。在下位而不往者，柳下惠也。在内而能固其志者，季札、子臧也。

<h1 style="text-align:center">大壯 下乾上震</h1>

大壯：利貞。

"大壯"以勢言，"利貞"以理言。不言"元亨"而言"利貞"者，欲保其終也。六爻以不用其壯者爲貞，以用其壯者爲匪貞。

《彖》曰：大壯，大者壯也。剛以動，故壯。大壯，利貞，大者正也。正大而天地之情可見矣。

柔不能壯，剛則壯。剛而不動，亦無以見其壯，唯動故壯，"故"字有力。然動非恃勢而激於氣，乃率性而裁於理。大者，自無不正也。天地無情，正即其情。君子不用其壯，而以禮自治，就是正。

《象》曰：雷在天上，大壯。君子以非禮弗履。

"雷在天上"，以聲勢而見其壯也。"非禮勿履"，以克私而見其壯也。故曰：勝一世之邪易，勝一心之邪難。

初九，壯於趾，征凶，有孚。

《象》曰"壯於趾"，其孚窮也。

初九在下而壯於進，故凶，以上無正應，不若退處於下，猶有九二同德之孚也。然此不得已而然，非其本心，故曰"其孚窮"也。一云：孚者，自恃其陽剛之正德也。

九二，貞吉。

《象》曰"九二貞吉"，以中也。

二乾之主，乃君子之領袖也。不言壯而言貞，正以不恃其壯爲貞也。貞指事，中指心。内有中德，自不意氣用事矣。爻言"九二貞吉"者三，此言"以中"，解言"得中道"，未濟言

"中以行正"，意實相類，但各叶韻耳。

九三，小人用壯，君子用罔。貞厲。羝羊觸藩，羸其角。

《象》曰"小人用壯"，君子罔也。

大壯之壯本屬君子，反爲小人所用者，以君子之用罔，有以受之柄也。太恃壯者，小人將乘而用焉。故君子自謂用壯，不知我之壯已爲小人用，而我所用乃罔也。罔，無也。壯反用於小人，故無。九四者，衆陽之藩也。一以防陰，使不得入；一以閑陽，使不得輕進。三不合衆君子之力，獨觸其藩而往，子瞻所謂"衆皆觸非其類，三獨觸其類"者是也。三而觸藩，自羸其角，君子已自相戾，何以驅小人？孔子曰：小人用壯，君子罔也，正責備君子之辭。本卦大象兑，中爻爲兑，故諸爻皆以羊言之。

九四，貞吉，悔亡。藩決不羸，壯於大輿之輹。

《象》曰"藩決不羸"，尚往也。

九四震動而又不正，豈能無悔？然爻剛位柔，不極其壯，故戒之曰"貞吉，悔亡"。下二句正悔亡之象。三前尚有四之藩焉，四前二陰，則決藩而更無阻我者矣。乾輿本可以行，又有震力助之，若輿之有輹矣。輹壯則車強，以此大輿之輹行此決藩之塗，更何所阻？四陽并往，將爲夬之決、乾之純矣。

六五，喪羊於易，無悔。

《象》曰"喪羊於易"，位不當也。

羊群行而喜觸，四陽并進，五一以柔道待之，雄心客氣，忽爲消除。是人皆設藩以御羊，而己倏然不覺其無也，安有羸角之悔哉？以柔居中，本爲當位，在壯之時，則爲不當矣。僅曰"無悔"，其如陽德之壯何！

王輔嗣曰：世未有違謙越禮能全其壯者也，故陽爻皆以居陰位爲美。用壯處謙，壯乃全也；用壯處壯，則觸藩矣。

上六，羝羊觸藩，不能退，不能遂，無攸利。艱則吉。

《象》曰："不能退，不能遂"，不詳也。"艱則吉"，咎不
長也。

六五已喪羊矣，而上六又羝羊觸藩者，蓋六五以一爻言也，
上六則合一卦而言也。上志壯而才弱，皆由不度時勢而有易心，
故戒之以艱。詳者，慎密也。不艱由於不詳，詳則能艱矣。一云
上六之羊即指三爻，上乃其藩也。上有應於三，不能抑之而使
退，懼剛之長，又不能遂之而使進，遲疑不決，何所利耶？
亦通。

陰之進不正，則小人得以陵君子，故遯言"小者利於貞"。
陽之進不正，則君子不能勝小人，故大壯言"大者利於貞"。

晉 坤下離上

晉：康侯用錫馬蕃庶，晝日三接。

康侯，安國之侯也，即《考工記》所謂寧侯者也。惟侯進際
明主，有保邦安民之功，用此受大君之寵也。坤爲牝馬，馬象。
坤爲眾庶象。三陰在下，三之象。中爻艮，艮爲手相接之象。

《彖》曰：晉，進也，明出地上。順而麗乎大明，柔進而上
行，是以"康侯用錫馬蕃庶，晝日三接"也。

康侯之所以善其進者，以其順也。明主聽察，須順以事之。
人臣雖有順德，尤以麗明爲善。然君之待臣，不宜自有其明也。
曰"柔進上行"，則英裁不露，而謙沖之意多矣，柔正善用其明
處。惟善用其明，故曰"大明"。

《象》曰：明出地上，晉。君子以自昭明德。

至健莫如天，故君子以之自強。至明莫如日，故君子以之自
昭。"自"字重，有所借資於耳目者，非本體也。

初六，晉如摧如，貞吉。罔孚，裕無咎。

《象》曰"晉如摧如"，獨行正也。"裕無咎"，未受命也。

初六，進之始，遇嫉賢之四，恍若有摧折之者。然摧之者四也，罔孚者，二、三不相信也。蓋弗獲乎上，惟守貞則吉；不信乎朋友，惟寬裕則無咎。獨行正，所以見摧，安可因摧而自失其正？初無官守之責，所以綽綽有餘裕也。

六二，晉如愁如，貞吉。受茲介福，於其王母。

《象》曰"受茲介福"，以中正也。

二有可進之德，無援引之人，所以愁也。五陰柔，愁其不斷。四邪僻，愁其見傷。貞者不枉道以求容也。自重者上必重之，故吉，下句正是吉處。君而曰"王母"者何也？明主虛懷下士，臣而以順附之，交孚之至，故親而云"母"耳。初六之貞，未有貞而勉之也。六二之貞，因其本有而教以守之也。中爻坎，爲心病，愁之象。

六三，衆允，悔亡。

《象》曰"衆允"之志，上行也。

三近乎離明，有順麗大明之志，衆皆信之。夫初"罔孚"，未信也。二"愁如"，猶恐未允也。三則允矣，何有"摧如""愁如"之悔乎？

九四，晉如鼫鼠，貞厲。《象》曰："鼫鼠，貞厲"，位不當也。

鼠以晝伏，非能以晝進者。三陰并進，四以非類忌之，必爲正人之害，故曰"貞厲"。中爻艮，變爻亦艮，鼠之象。

六五，悔亡，失得勿恤。往吉，無不利。

《象》曰"失得勿恤"，往有慶也。

五爲明之主，諸賢并進相麗，何悔之有？四爻來麗爲得，上在卦外爲失。五大明中天，無所不容，何必屑屑於其間哉？夫英主所以庸心於失得者，專是好大喜功耳。孰知惟不計失得，乃所以無不得也。往成文明之化，慶不大歟？往者，本此失得勿恤之心往也。

上九，晉其角，維用伐邑。厲吉，無咎，貞吝。

《象》曰"維用伐邑"，道未光也。

晉極明終，日已晚矣。角在首之上，言欲進而前無其地矣。以其極剛，惟有自治之一法耳。未光，正與大明相反。卦以柔進得名，故卦內柔爻多吉，晉之道不利於剛也。初極下，二猶在地，皆欲進而未能。至三始出地上，率衆柔與之俱進。晉之爲晉，六三當之。五爲接柔之主。四以剛居下，畏伏如鼠。上以剛居外，進極如角。六爻之情如此。陸庸成曰：處遯惡後，故尾者厲。處晉惡先，故上者厲。當晉之時，聖人最喜用柔而不用剛，故四陰吉，悔亡。二陽厲且吝，何也？剛則兢進，臣道貴順，君道貴柔也。

明夷　　離下坤上

明夷：利艱貞。

"艱貞"二字相連，是艱難以行之貞，非艱難以行其貞也。直遂之貞，艱難之貞，各有分曉。

初爻指伯夷，二爻指文王，三爻指武王，四爻指微子，五爻指箕子，六爻指紂。

《彖》曰：明入地中，明夷。內文明而外柔順，以蒙大難，文王以之。"利艱貞"，晦其明也。內難而能正其志，箕子以之。

大難關天下之難，內難一家之難。彖獨取文王、箕子者，《易》《洪範》道統在焉。用晦，所以明道也。象數相爲經緯，皆演於商之世，引文王以釋"明夷"，引箕子以釋"艱貞"，非謂文王、箕子用此道以處明夷也。蒙大難，"蒙"字要看。蒙者，明之反，不用明乃蒙也。

《象》曰：明入地中，明夷。君子以莅衆，用晦而明。

壯非可用也，用壯則羸，故乾之用九以無首。明非可用也，用明則察，故明夷以用晦而明。夫明而明者不能晦，晦而晦者不能明。君子終日用明而明不至於傷者，晦而明也。

初九，明夷於飛，垂其翼。君子於行，三日不食。有攸往，主人有言。

《象》曰"君子於行"，義不食也。

《王注》：初處卦始，最遠於難。而明能遠遁，絕迹匿形，不由軌路，故曰"明夷於飛"。懷懼而行，行不敢顯，故曰"垂其翼"。尚義而行，故曰"君子於行"。志急於行，飢不遑食，故曰"三日不食"。殊類過甚，以斯適人，人必疑之，故曰"主人有言"。離爲雉，鳥之象。

六二，明夷，夷於左股，用拯馬壯，吉。

《象》曰：六二之吉，順以則也。

股在足上，去暗不若初之遠矣。惟速以匡救其失，則忠順之節昭耳。股肱之臣，義不可去故也。"順"字正明其用之妙處。救禍者，莫若順也。此爻變乾爲健，爲良馬，馬健壯之象。

明夷初二爲股，三四爲腹，五上爲首，蓋以人身上下爲前後也。雖在亂世，亦可見君臣一體之義。凡《易》中言左者皆"後"字，言右者皆"前"字。

九三，明夷於南狩，得其大首。不可疾，貞。

《象》曰"南狩"之志，乃大得也。

分明指武王之事，大氐離明在下，欲以拯闇。初二欲拯之而不得，乃至於此，不可疾，惟在於貞。若亟亟以富天下爲心，是疾而不貞矣。離爲火，火居南方，南之象。離爲兵戈，中爻震動，出狩之象。坤錯乾，乾爲首，首之象。

六四，入於左腹，獲明夷之心，於出門庭。

《象》曰"入於左腹"，獲心意也。

坤爲腹，自離入坤，有入左腹之象。微子肺腑至親，得紂傷善之心，遂去而避之，故曰“獲明夷之心，於出門庭”。明夷之心者，紂之心意也。“出”字與“入”字對。

六五，箕子之明夷，利貞。

《象》曰“箕子之貞”，明不可息也。

言箕子以見六五明夷之象。利貞，謂宜如箕子之貞也，“艱”字即在内。箕子之晦其明者，時也，權也。然其明隱然自在，何嘗滅息？則一篇《洪範》從何處得來？“不可”二字重。

上六，不明晦。初登於天，後入於地。

《象》曰“初登於天”，照四國也。“後入於地”，失則也。

明夷五爻，皆晦其明以遠害，是明而晦也。上六處坤之終，險之極，是不明而晦也。明而晦者，始雖晦而終必明。不明而晦者，始雖明而終必晦。順則失則，二則相應。六二受人之傷者，以其順則，故自全其明而免禍。上六傷人之明者，以其失則，故至於墜命而喪邦。

蘇子瞻曰：君子有責於斯世，力能救則救之，六二是也；力能正則正之，九三是也。既不能救，又不能正，則君子不敢辭其辱以私便其身，六五之“箕子”是也。若初九之遠、六四之近，皆無責於斯世者。夫上六不明晦，正與君子晦而明相反。唯不明而晦，所以五爻之明皆爲所夷矣。

家人　　離下巽上

家人：利女貞。

女貞乃家人之本，正雖在女，而所以正之者則男也。家人離下巽上，卦中誰言明者，以家人非用明之地也。

《象》曰：家人，女正位乎内，男正位乎外。男女正，天地之大義也。家人有嚴君焉，父母之謂也。父父，子子，兄兄，弟弟，夫夫，婦婦，而家道正，正家而天下定矣。

　　“男女”二字，一家之人盡之矣，父母亦男女也。位分内外之謂正，内外各正之謂義。然天地大義自尊者始，故又推本於父母之嚴。嚴與正無二義，正即所以爲嚴也，舍正以爲嚴，則嗃嗃矣。天下定，不作效説，甚言正家所閑之大。

　　《象》曰：風自火出，家人。君子以言有物而行有恒。

　　言行可以欺於人而不可欺於家，故非有物與有恒不可。有物者，言之不虛也。言孝則實能孝，言弟則實能弟也。有恒者，行之不變也。孝則終身孝，弟則終身弟也。

　　初九，閑有家，悔亡。

　　《象》曰“閑有家”，志未變也。

　　凡教在初而法在始，家瀆而後嚴之，志變而後治之，則悔矣。閑於初，故悔亡。

　　六二，無攸遂，在中饋，貞吉。

　　《象》曰：六二之吉，順以巽也。

　　女不言外，維酒食是儀而已。不徒曰“順”而又曰“巽”者，巽德之制也。中爻坎，飲食之象。蒙六五曰“順以巽”，事師之道也。漸六四曰“順以巽”，事君之道也。家人六二曰“順以巽”，事夫之道也。

　　九三，家人嗃嗃，悔厲，吉。婦子嘻嘻，終吝。

　　《象》曰“家人嗃嗃”，未失也。“婦子嘻嘻”，失家節也。

　　以嗃嗃爲未失，而嘻嘻爲失節，蓋欲乘其未失而戒之。一云九三重剛，無嘻笑理。“嘻”，如《禮》“嘻其甚矣”之“嘻”，謂歎息也。

　　六四，富家，大吉。

　　《象》曰“富家大吉”，順在位也。

　　陽實陰虛，四，陰也，何以言富？四以柔得剛，以虛受實，故有富象。又變乾爲金、爲玉，亦富之象，故曰“富家”。孔子恐人以財爲富，故釋之曰“順在位也”，即男正乎外，女正乎內之謂也。以此爲富，如《禮運》云“父子篤，兄弟睦，夫婦和，家之肥”也。諺曰：“十人十心，無財市鍼。十人一心，有財市金。”信矣。

九五，王假有家，勿恤，吉。

《象》曰“王假有家”，交相愛也。

五正所謂“刑於寡妻，至於兄弟，以御於家邦”者也。五之有家，即初之有家。但彼爲家道之始，此爲家道之成。初閑三厲，未免憂恤而後吉；而五則至此，勿恤而吉矣。如文王以太姒爲妃、王季爲父、太任爲母、武王爲子、邑姜爲婦，有不交相爲愛者乎？孔子曰：“無憂者，其惟文王乎！”所謂“勿恤”也。蘇子瞻曰：五者以天下爲家，家人之家近而相瀆，天下之家遠而相忘，知其患在於相瀆也，故推嚴別遠，以存相忘之意，知其患在於相忘也。故簡易勿恤，以通相愛之情。君臣欲其如父子，父子欲其如君臣，聖人之意也。

上九，有孚，威如，終吉。

《象》曰“威如”之吉，反身之謂也。

孚與威無二道，威正所以善成其孚也。孔子恐人誤認“威之”之義，故以“反身”言之。反身，即“言有物，行有恒”之謂也。陸氏曰：女之正唯順，男之正唯威。然女子無才即是順，男子有德乃爲威。

睽 兑下離上

睽：小事吉。

睽，就人心説。當睽之時，有德有位有輔，睽庶可合耳。故“小事吉”。火澤無相用之理，故相遇則革，不相遇則睽。革亦二女同居，而大亨者，以九居五，六居二，以其正也。睽胥反焉，是以小事吉也。

《彖》曰：睽，火動而上，澤動而下。二女同居，其志不同行。說而麗乎明，柔進而上行，得中而應乎剛，是以小事吉。天地睽而其事同也，男女睽而其志通也，萬物睽而其事類也。睽之時用大矣哉！

火澤之睽，動而益見；二女之睽，同居乃彰。睽所由生，緣不和說，主有說德，去睽之善道也。而麗乎明，則不苟說，尤說之善者。有德患無其權，而兹柔進上行矣。有權患無其輔，而兹得中應剛矣。柔進上行，以卦綜言。“進”字、“應”字重看。無形之睽不可有，有形之睽不可無，故又以天地、男女、萬物言之。合在睽之中，不睽無以爲合也。當此時，就有此用，故歎其大。

象曰：上火下澤，睽。君子以同而異。

象言異中之同，象言同中之異。天下無不同之理，而而〔二〕有不同之事。

初九，悔亡。喪馬，勿逐，自復。見惡人，無咎。

《象》曰“見惡人”，以辟咎也。

卦名睽，而爻則欲合，睽則悔，合則悔亡。四互坎爲馬。初動而下，四動而止，舍我而去，有喪馬之象。初能聽其去而勿逐，須其定而自復也。惡人亦指四言，坎爲盜，惡人之象。離爲目，見之象。卦中“見輿”“見牛”“見豕”，皆取象於離也。初九能不以避爲避，而以見爲避，是以無咎。蓋睽離之時，兩窮相遇，終以類合耳。

九二，遇主於巷，無咎。

《象》曰“遇主於巷”，未失道也。

主謂五，離中虛，爲巷，有絀其剛，迂其身，而從於君之象。二五皆不當位，卦由此成睽。然睽未有不求其黨者，注家謂之"出門同趣，不期而會"是也。蓋二本五之所求，正《彖傳》所謂"得中而應乎剛"者。得其正應，又何咎耶？遇乃君臣之道，遇巷乃睽時君臣之道。

六三，見輿曳，其牛掣。其人天且劓。無初有終。

《象》曰"見輿曳"，位不當也。"無初有終"，遇剛也。

輿所以載，牛所以行也。三欲應上，而心疑目眩，若見其輿在後而爲二所曳，牛在前而爲四所掣。仰受傷於上，而其人天且劓。若此者，以三柔居剛位，已本不正，而承乘應，又皆不正之陽，是以邪見之群起也。人心懷疑，意見橫生，皆非實事，然睽極則合，疑甚則解，故曰"無初有終"。離爲牛，中爻坎爲輿，兌錯艮爲手，曳之象。又爲鼻，鼻之上有戈兵，劓之象。其人，輿中之人也，謂三也。天，指上九也。三居人位，故曰"人"；上居天位，故曰"天"。見者，六三與上九并見之也。

九四，睽孤。遇元夫，交孚，厲無咎。

《象》曰"交孚，無咎"，志行也。

初以四爲惡人，四以初爲元夫。初四皆無應，而四稱睽孤在下，猶可獨立，在上不可無輔也。處無所安，比非吾與，以氣類相求，故曰"遇"。初陽德，故曰"元夫"。未遇之時，失位而孤立，不免於厲。遇則彼得所依，此得所助，是以交孚。一云：厲者，危心以處之，唯恐交孚之不至也。

六五，悔亡，厥宗噬膚，往何咎？

《象》曰"厥宗噬膚"，往有慶也。

凡陰，以陽爲宗。二依五以爲主，尊之也，下當以分嚴上也。五親二以爲宗，親之也，上當以情親下也。同心相倚之機，其合也，猶噬膚之易然。必君求賢，而後賢從之，故五當先往。

上九，睽孤，見豕負塗，載鬼一車，先張之弧，後說之弧；

匪寇，婚媾。往遇雨則吉。

《象》曰：遇雨之吉，群疑亡也。

九四之孤，以人而孤也，因左右皆陽爻也。上九之孤，自孤也，因猜疑而孤也。三上兩“見”字，皆疑心爲之妄見也。見六三牽輿之牛，妄以爲負塗之豕；見六三載人之輿，妄以爲載鬼之車。疑情所結，怪妄橫生，非實事也。有疑則諸境現前，疑亡則諸妄消殞。離錯坎，坎爲豕，又爲水，豕負塗之象。又爲隱伏載鬼之象。雨則三之象也，三居澤之上，乃雨也。

蹇　　艮下坎上

蹇：利西南，不利東北。利見大人，貞吉。

見險而止爲蹇，不是險，便爲蹇。靖難之道，一在擇地利，一在得賢佐，一在大居正。彖言“大人”，是在下之大人；爻言“大人”，是在上之大人。

艮，東北也；坎，北也。難在東北，則西南者無難之地。君子有意犯難以靖人，必先自立於無難之地，以觀難之所在，勢之可否，見可而後赴之。六爻以往來爲義，皆非安於蹇者。蓋觀天下之變而審處之也。胡氏曰：睽取目有所見義，離在前也。蹇取足不能進義，坎在前也。跛於行者曰蹇，契於言者亦曰蹇。

《象》曰：蹇，難也，險在前也。見險而能止，知矣哉！“蹇，利西南”，往得中也。“不利東北”，其道窮也。“利見大人”，往有功也。當位貞吉，以正邦也。蹇之時用大矣哉！

蹇以止爲知，非不往也，止之中，時用出焉。置身事外，而居靜以觀動，乃可從容而爲之謀。故“止”之上加一“能”字，所以贊其知也。當蹇之時，不先求其可進，而先求其可守，故貴得中道。窮，正是英雄無用武之地。地利雖得，獨往無功，必資大人以同往。大人者，即投足分輕重之人也。真主圖功，不宜逆取，倡大義以激發人心，而邦可正矣。

蘇子瞻曰：大人者，不擇地而安，是以立於險中而能正邦也。是豈惡東北而樂西南者哉？利西南，爲四爻言也。

《象》曰：山上有水，蹇。君子以反身修德。

反身取艮之背，修德取坎之心。治身之蹇，而後能濟世之蹇也。

初六，往蹇，來譽。

《象》曰“往蹇來譽”，宜待也。

下三爻皆以止爲義。譽獨歸初者，以初在見險之始，當止即止故也。爲世所待之人，正是待世而不輕進之人。“待”字十分鄭重，“宜”字十分斟酌。一云來則與二比，二多譽，故因之。宜待者，有待而往，蓋待四之連三也。亦妙。

六二，王臣蹇蹇，匪躬之故。

象曰“王臣蹇蹇”，終無尤也。

蹇蹇者，“蹇其時”之“蹇”也。初六、九三、六四、上九，彼四者，或遠或近，皆視其勢之可否，以爲往來之節。獨二有應於五，君臣之義深矣。是以不計遠近，不慮可否，無往無來，蹇蹇而已。君子不以爲不智者，以其非身之故也。有臣如此，事終必濟，故曰“無尤”。

九三，往蹇，來反。

象曰“往蹇來反”，内喜之也。

諸爻惟三有剛實之才，可以濟蹇。但與五非比非應，惟反而就二，則可與同往而濟蹇，故爻言“來反”，而象以内喜釋之，言二亦喜三之來也。在四而“來連”者，比三也，故言“當位實”。在上而“來碩”者，應三也，故言“志在内”。

六四，往蹇，來連。

《象》曰“往蹇來連”，當位實也。

連，即《孟子》“連諸侯”之“連”。四陰柔無應，豈能濟蹇？幸有九三陽實之才，故傾心而依附之也。

九五，大蹇，朋來。

《象》曰“大蹇朋來”，以中節也。

一身一家之蹇，其蹇小；天下之蹇，其蹇大。九五以陽剛中正之德立乎險中，而來譽、來反、來連、來碩之朋群然而趨之，同心協力，何難不濟？“朋來”之“來”，與諸爻異。諸爻之“來”自外反內，“朋來”之“來”自下趨上也。中節者，前此當艮之時尚當有待，此則善類協心，可以有爲。若失此機會，又難著力矣。曰“中節”者，不先不後，恰當機宜之謂。

上六，往蹇，來碩。吉，利見大人。

《象》曰“往蹇來碩”，志在內也。“利見大人”，以從貴也。

四與上皆賴三以爲援，以其爲內體。艮之主爻在下，二陰皆倚以爲重也。實與貴皆指陽言，六四以九三爲實，以九居三，非當位實乎？六四則連之而已。上九以九五爲貴，以九居五，非貴乎？上六則從之而已。若但言當位，則六四亦當位也，故加“實”字以別之。六爻之中獨上言吉者，蹇極則變而爲解也，即卦之所謂“貞吉”。上六之往猶初六之來，上本無往，特以不來爲往耳。初本無來，特以不往爲來耳。凡往皆坎，凡來皆艮。

解　坎下震上

解：利西南。無所往，其來復吉。有攸往，夙吉。

難未解，利用動；難既解，利用靜。“西南”云者，取“致養”之義，下正明利西南也。解、蹇二卦相綜。解九二即蹇九五，向往而在上，今來而在下，是爲“來復”。解九四即蹇九三，向艮止不動，今則進而在四，變爲震體，是爲“利有攸往"。蓋塞難解散之時，若無所往，則以來復安静爲吉；若尚有當解之事，則以早往早復爲吉。

《彖》曰：解，險以動，動而免乎險，解。"解，利西南"，往得衆也。"其來復吉"，乃得中也。"有攸往，夙吉"，往有功也。天地解而雷雨作，雷雨作而百果草木皆甲坼。解之時大矣哉！

處安而惡擾者，物之情也。當解之時，平易近民，民必歸之，故曰"得衆"。外無煩擾之政，由内有安静之得，而兹來復得中矣。兩"得"字正相應，得中是内無好事之念，外無廢事之憂，不得已而往，則往爲功，方往而夙來，則來又爲功，功從中得來也。天地解者，雨出於天，雷出於地，氣之解也。有氣之解而後有形之解，曰"作"，曰"甲坼"。又主動邊説。

《象》曰：雷雨作，解。君子以赦過宥罪。

初六，無咎。

《象》曰：剛柔之際，義無咎也。

初但言無咎而無其辭，蓋即爻位之象見之。《象傳》曰"剛柔之際"，甚明，重柔得剛際上。一云剛指九二相比，故言"際"。

九二，田獲三狐，得黄矢，貞吉。

《象》曰：九二貞吉，得中道也。

三狐者，初六、六三、上六也。九二應五，國之重臣，操舉直錯枉之權者也。小人可化則化之，不可化則除之而已，故有此象。田獲三狐者，以其得黄矢也。黄，中色。矢，直物。惟有中直之君子，方能去邪曲之小人。

六三，負且乘，致寇至。貞吝。

《象》曰："負且乘"，亦可醜也。自我致戎，又誰咎也？

三於四爲負，於二爲乘。小人冒濫爵禄，難容於公論昭明之日。"且"字、"致"字宜玩。小人明知爲公論所棄，而恬然不顧者，恃己之爵禄出自朝廷也，雖貞而吝。

九四，解而拇，朋至斯孚。

《象》曰"解而拇"，未當位也。

拇最下，正指初言；觀咸初爻，取拇象自見。四與二同功，皆陽爻，故以二爲朋。相心無人，而天下已有人矣。

六五，君子維有解，吉，有孚於小人。

《象》曰"君子有解"，小人退也。

五類三陰，周公恐爲小人所牽引，故歆之以君子之名。曰"維有解"，見一解之外無餘術也。又恐其不力，故又以"有孚於小人"警之。當解之時，百姓之罪過可原，而小人之奸惡難恕。

小人之情狀不一。狐以言其柔媚，隼以言其鷙害，拇以言其附麗，負且乘以言其僭竊。

上六，公用射隼於高墉之上，獲之，無不利。

《象》曰"公用射隼"，以解悖也。

上六高而無位，其象隼棲王宫之高墉，如城狐社鼠有所憑依，人不敢射者，惟公能之，所謂除君側之奸者也。小象言"悖"，正著其叛逆之罪。九二地位，故曰"田"，狐則地之走者也。上六天位，故曰"高"，隼則天之飛者也。公指二言，隼指上言。

卦主於静，而自二以上皆用動者，以解小人，固無妨於來復也。陸氏曰：難以陽濟，以陰静。蹇之五，解之四，皆陽也，卦俱賴之。蹇未出險，故喜其往而中；解既出險，故喜其來而中。

損 兌下艮上

損：有孚，元吉，無咎，可貞，利有攸往。曷之用？二簋可用享。

損、益二卦俱就下言。損下謂之損，益下謂之益。"有"字是樽節愛民之心素見信於人者也。四者之應，應其孚也。二簋之享，享其孚也。曷之用，言何以用損。若問辭也。二簋至薄，亦可享神，若答辭也。

《彖》曰：損，損下益上，其道上行。損而有孚，元吉，無咎，可貞，利有攸往。曷之用？二簋可用享。二簋應有時，損剛益柔有時。損益盈虛，與時偕行。

文王示人損所當損，故舉"二簋用享"以見例，言不可概損也。孔子復舉三"時"字以明之，見有時而不然也。其意了然。且解"有孚"以上五句，只加一"而"字，義理益明。解"曷之用"二句，却用四語，悠揚不已，意味深長。"其道上行"之"道"，即所謂時也。損剛益柔，言卦畫；損益盈虛，言物理。盈有時損，虛有時益也。

《象》曰：山下有澤，損。君子以懲忿窒欲。

忿起象山，剛惡也，當懲其勢。欲流象澤，柔惡也，當窒其源。忿不懲，必遷怒；欲不窒，必貳過。

初九，已事遄往，無咎，酌損之。

《象》曰："已事遄往"，尚合志也。

初與四應，四有疾，初往救之。已事者，已疾之事也。已人之疾，不速則緩，不及事而有咎，遄往則可免。四言"損其疾，使遄有喜"，正與此應。初在下而剛不中，故可損之。損之過則亦不平，故當酌損。

九二，利貞，征凶。弗損益之。

《象》曰：九二利貞，中以爲志也。

五雖柔而居剛，非不足；二雖剛而居柔，非有餘。所以損剛，不能益柔也。初以剛居剛，且爲酌損，況二居柔乎？何以弗損而能益？人臣端方剛直，正色立朝，豈不有益於君？是損則不益，弗損則能益也。

蘇子瞻曰：以損己者益人，則其益止於所損，以無損於己者益人，則其益無方。故損之六三，益之六四，皆以損己者益人；而損之九二，益之九五，皆以無損於己者益之。以其無損於己，故受其益者皆獲"十朋之龜"也。

六三，三人行，則損一人。一人行，則得其友。

《象》曰"一人行"，三則疑也。

六三人位，故以人取象。下卦乾體，三陽本同行也。損一爻以益上，是損一人也。一人既行，則六來居三，得其友也。兌爲朋友，故取友象。下乾上坤，陰陽皆應。何待三上二爻相易而後爲兩相與哉？蓋下體三陽無陰，上體三陰無陽，疑於不相交者。今一陽既行而之上，一陰又來而之下，其相友之象益明。而初與四，二與五，不待言矣。故孔子以"天地絪縕""男女搆精"釋之。絪縕者，氣之交也。搆精者，形之交也。

六四，損其疾，使遄有喜，無咎。

《象》曰"損其疾"，亦可喜也。

物不得剛柔之中者，皆謂之疾。偏於剛者，忿之疾也。偏於柔者，欲之疾也。四之疾全在柔，得初九之剛以爲應，是損其疾者也。陰柔之獘，常失之緩，故遄則有喜而無咎。蓋初之遄，四實有以使之也。

六五，或益之十朋之龜，弗克違，元吉。

《象》曰：六五元吉，自上祐也。

六五虛中下賢，不求益者也。不求益而物自益之，十朋之龜，則九二弗損之益也。龜之益人也，豈有以予人，而人亦豈有所取之？我亦效其智而已。十朋之來，出於不可知，故曰"或"。上天之錫，非出於不可知，故曰"自"。大象：离，龜之象。十者，土之成數，中爻坤，十之象。坤土兩兩相比，朋之象。五曰"上祐"，得天也；上曰"得臣"，得人也。

上九，弗損益之。無咎，貞吉，利有攸往，得臣無家。

《象》曰"弗損益之"，大得志也。

諸爻之損，至上而盡。上九非獨無損也，且變而爲益矣。弗損之益，所謂惠而不費也。不事小補之術，而澤無不被，所臣服者廣矣。象辭全屬之上九者，以上爲卦之主爻也。上弗損益之，與九二同。二益其上，上益其下，義不同也。損本取民，而損、益十二爻中未有言及財賦者，獨益之上九，甫求益而凶立至，聖人之不言有無如此。

益　　震下巽上

益：利有攸往，利涉大川。

益合上下言，無民富君貧之理也。惠澤既普，動而無違，處常應變，無所不利矣。他卦言利往者，不言涉川，益兼之，蓋益以興利也。

《象》曰：益，損上益下，民説無疆。自上下下，其道大光。"利有攸往"，中正有慶。"利涉大川"，木道乃行。益動而巽，日進無疆。天施地生，其益無方。凡益之道，與時偕行。

民説無疆，益在民也；其道大光，益在君也。益民而至於無疆大光，天下俱蒙慶矣。然何以得此？以二五君相，俱有中正之德故也。是中正之德，處常固慶，處變亦慶。濟難必以才，猶濟川必以木。卦具大材，則許大經綸，皆從此出，故曰"木道乃行"。木道即中正之道，以德而運爲才者也。震在五行爲水，巽在八卦爲木。"乃"字有味，遇盤根錯節方別利器也。動到巽時，學便日益；天到施時，生便日益。巽主沉潛深入，"益動而巽"，重"巽"字。"天施地生"，重"天施"上。此又因益道之大而推言之。

象曰：風雷，益。君子以見善則遷，有過則改。

遷善當如風之速，改過當如雷之猛。

初九，利用爲大作。元吉，無咎。

《象》曰"元吉無咎"，下不厚事也。

初既變坤而爲震，自當大有所爲，不復以坤厚從事，僅僅代終而已。初得四之信任，以成大功，是受上之益而報禮之重者。

六二，或益之十朋之龜，弗克違，永貞吉。王用享於帝，吉。

《象》曰"或益之"，自外來也。

六二虛中處下，誠敬以事一人，本無求益之志，而自得君之寵渥者。故有或益十朋之龜之象。二本自貞，又以永貞戒之，必事君如事天，而後可以受此益也。益之六二即損之六五，皆曰"十朋之龜"者，大君以得賢爲寶，人臣以得君爲寶也。君如六五，天且祐之，況民乎？誠如六二，帝且享之，況君乎？二自外來，與上九同。二則吉來，上則凶來。

六三，益之用凶事，無咎。有孚中行，告公用圭。

《象》曰"益用凶事"，固有之也。

二有外來之益，故曰"或益之"。三守固有之益，故曰"益之"。凶事，險阻艱難之事。凶事之益，正望其有孚中行也。果精白乃心，以中道可行之事告於公，如用圭通誠信焉，此正無咎之道也。固，猶本也。言三之爻位多凶，則凶事乃三之本有也。孔子"三多凶"之句，本原於周公之爻辭。六十四卦，惟謙卦三爻有"吉"字，餘皆無，故三多凶。

六四，中行，告公從，利用爲依遷國。

《象》曰"告公從"，以益志也。

三、四在一卦中爲中，故皆言"中行"。六四近臣，遷國重事，必告之公，上得從而後行之。如周公營洛，以國及獻卜之意告而即從者，以遷國益民乃上之志，正所欲聞也。古者遷國必有所依，《左氏》"周之東遷，晉鄭焉依"是也。六三告公在用凶之後，用而後告也。六四告公在遷國之先，從而後遷也。

九五，有孚惠心，勿問元吉。有孚惠我德。

《象》曰"有孚惠心"，勿問之矣。"惠我德"，大德志也。

三、四皆言"告公"，九五乃言"勿問"，正與相應。《象傳》加"之矣"二字，言問則猶有未孚者。此以見三、四乃盡事上之禮，非九五吝於施惠，必待請問而後得行也。諸家皆單指五益下説。德即是心，自施之者言曰心，自受之者言曰德。惠我德，即《康衢之謠》所謂"粒我蒸民，莫非爾德"者。亦説得去。

上九，莫益之，或擊之。立心勿恒，凶。

《象》曰"莫益之"，偏辭也。"或擊之"，自外來也。

上處巽之成，進退無常。當益之極，益終當變。不能益三，非四、五之志，故擊之者，至三、四、五互艮，手有擊象。四、五非上應，故稱"或"。震、巽爲恒，巽、震則非恒矣，故有"勿恒"之象。損《彖》曰"損剛益柔有時"，損下之時暫而已。益《彖》曰"日進無疆""其益無方"，益下則宜恒，故上九"立心勿恒凶"。或益之，自外來也，人皆得以益之也。或擊之，自外來也，人皆得以擊之也。孔子讀易至損、益，喟然而歎，子夏避席而問，答曰："夫自損者益，自益者缺。吾是以歎也。"又《淮南子》引孔子讀《易》至損、益，喟然而歎曰："或欲利之，適足以害之；或欲害之，適足以利之。禍福之門不可不察。"《易筌》解云：六二，王用享於帝，謂是使之主祭，而百神享之。六三益之凶事，是凶荒之事。初大役，二大禮，三大災，四大遷，皆國重事。故曰"益以興利"。大奇。

夬　乾下兑上

夬：揚於王庭，孚號有厲。告自邑，不利即戎。利有攸往。

於剝見去一陽之易，於夬見去一陰之難。揚於王庭，小人在君側，得意肆志之狀。三與上應，則九三者，上六之孚也。號者，上呼之也。三在衆正之中，雖不敢與交，然亦危矣，故有厲。告自邑，告同類之陽也。若依舊注，明正其罪，相與合力，乃是即戎矣，且與象中“決而和”、爻辭“遇雨若濡”如何説得去？

《彖》曰：夬，決也，剛決柔也。健而説，決而和。“揚於王庭”，柔乘五剛也。“孚號有厲”，其危乃光也。“告自邑，不利即戎”，所尚乃窮也。“利有攸往”，剛長乃終也。

上六以一陰居五陽之上，與九五同爲兑體而相悦，小人之無忌憚者也。九三在衆君子之中，不幸與上六相應。上恃其孚而以之號三，二爲大臣，志清君側之惡，能無厲乎？二能危厲，陽道必昌，故曰“孚號有厲，其危乃光”也。上六所恃者，九三之孚也；所尚者，口之號呼也。今二之惕，但告自邑，而不即就之，則上之孚不終，而其技窮矣，故曰“告自邑，不利即戎，所尚乃窮”也。剛長乃終，與“終有凶”相應。剛長未終，陰猶在上；剛長既終，則陰有凶矣。卦中三號皆指上六，此姚小彭之説，與孔象合。孚號有厲，即“惕號”之“惕”。其危乃光，即“未光也”之“光”。決小人者，能以時惕厲而徐去之，君道之未光者亦可光也。《易》於“剛乘柔”不書，“柔乘剛”則書，志變也。一柔乘五剛，變甚也。此罪之所以當決也。

象曰：澤上於天，夬。君子以施禄及下，居德則忌。

施禄及下，固是君子之德，然不可以是爲我之德而自居也，居之則忌。此二句生於“澤”字，非生於“夬”字也。程朱

"潰決"意，不必泥。

初九，壯於前趾，往不勝爲咎。

《象》曰：不勝而往，咎也。

壯者，大壯也，大壯之長則爲夬。前者，初欲急進於四陽大壯之位也。近九五以決上六，故不曰"趾"，而曰"前趾"也。位卑與寡，舉動輕於一擲，利害及於衆朋，咎不止在我而已，故曰"爲咎"。楊誠齋曰：勝在往先者勝，往在勝先者負，況不勝在往先乎？故周公言"往不勝"，而孔子斷之曰"不勝而往咎"也。

九二，惕號，莫夜有戎，勿恤。

《象》曰"有戎勿恤"，得中道也。

惕號者，因上六之號而惕屬戒備。申儆軍實，雖暮夜有戎，惟靜以待之，勿憂可矣。上六恃與三孚，而因以號之，此小人之挾君以令下者。二與三鄰，安得不惕？暮夜有戎，與"即戎"相應。上欲興戎以驚二，二但守中而勿恤。如周亞夫軍中夜驚，堅臥不動是也。如是則五必自光，上必自窮，何能爲乎？惕即是中所決者，中即是決而和。

九三，壯於頄，有凶。君子夬夬獨行，遇雨若濡，有慍，無咎。

《象》曰"君子夬夬"，終無咎也。

天下不患有難夬之小人，而患無善夬之君子。九三即大壯之九三也。有不中之失，又有得正之美，故二卦皆兼君子小人言之。與小人處而壯見於頄，有凶之道矣。夫三之所以壯見於顏面者，避私其配之嫌也。故告之以不然。曰九三之君子以陽居陽，夬之尤者也，何嫌於私其配哉？苟舍其朋而獨行，與上相遇，若雨之和，以至於濡，吾黨亦有不知而慍者，而其用始密矣。此正與壯頄相反，所謂決而和也。

九四，臀無膚，其行次且。牽羊悔亡，聞言不信。

《象》曰"其行次且"，位不當也。"聞言不信"，聽不明也。

以九居四，迫於群剛，欲止則不能安，居位之柔，欲進則不能遂，是當進而不果者也。猶幸居三陽之先，能率之而前，以助九五之決，則不果之悔可免。其如繫於兑體，遲疑不斷，雖聞言而不信，何哉？四居上體之下爲臀，兑爲羊。九四兑之下畫，羊之在後者。九五兑之中畫，羊之在前者。牽者，牽連而進。四隨九五以進爲牽。

九五，莧陸夬夬，中行無咎。

《象》曰"中行無咎"，中未光也。

莧謂上六也。三應五比，嫌於不決，故皆以夬夬策之。五比於陰，而能自決，以保其中，僅可免咎而已，未光大也。蓋五原爲上所深入，谷永所云"公志未專，私好頗存"者也。諸菜秋冬皆可種，獨莧菜三月種之。夬三月之卦，故取莧象，亦如瓜五月生，姤取瓜象也。來注云：地之高平曰陸，所以生莧者。夬夬，猶俗言斬草除根之意。言欲決去其莧，并其所種之地亦決之。上"夬"者，夬莧也；下"夬"者，夬陸也。亦如"王臣蹇蹇"，上"蹇"，王之蹇也；下"蹇"，臣之蹇也。亦快。

上六，無號，終有凶。

《象》曰"無號之凶"，終不可長也。

上六始與三有遇雨之好，欲援之爲黨，以苟旦夕之安，終以九三婉而絶之。其奸計無處控訴，而五剛相比以同決之，有凶而已。

姤　　巽下乾上

姤：女壯，勿用取女。

復一陽生，聖人未敢爲君子喜。姤一陰生，聖人乃遽爲君子懼。建一陰月曰蕤賓，則陰爲主而陽已爲之賓矣。故衆人之於姤也微之，而君子之於姤也大之。

《彖》曰：姤，遇也，柔遇剛也。勿用取女，不可與長也。天地相遇，品物咸章也。剛遇中正，天下大行也。姤之時義大矣哉！

《象》曰：天下有風，姤。后以施命誥四方。

據彖辭，本爲不美，孔子又別成一段嘉話。蓋遇而不善，則犯“女壯，勿用取女”之戒；遇而善，則有“品物咸章，天下大行”之美。此時此義不可一端求，亦不可一事定也，故大之。姤爲五月之卦，萬物皆相見，故曰“咸章”。柔之遇剛，未必不善，顧剛所以遇之者何如耳。如天地相遇，品物咸章，剛遇中正，天下大行，亦何惡於遇哉？剛遇中正，指陽剛居二五而言，使剛不遇中而柔遇之，則不爲姤而爲遘。剛不遇中正而柔遇之，則不爲姤而爲剝，斯有難爲力者矣。此時此義所關甚大，聖人欲深以爲戒，故丁寧之。

初六，繫於金柅，貞吉。有攸往，見凶。羸豕孚蹢躅。

《象》曰“繫於金柅”，柔道牽也。

先戒小人，恐其傷君子；後曉君子，恐其忽小人。金柅所以止車，不欲其往也。初變乾，金象；巽爲木，柅象。陰雖微，殊未易制伏。如豕雖羸而中心實欲蹢躅也。孚，實也。牽，即繫。小人言女，言豕，言魚，言瓜，皆以中君子之欲言也，故防其進莫如止，而化其惡莫如包。

九二，包有魚，無咎。不利賓。

《象》曰“包有魚”，義不及賓也。

初與四正應，魚本四之有也。今二與初遇，以陽納陰，包而有之？則二爲主而四爲賓矣。姤在求民之時，近而先者則得之，何咎之有？近者利，則遠者不利，此理勢之必至也，故曰“義不及賓"。來注云：五月包裹之魚，必餒而臭矣，所以不及賓也。

九三，臀無膚，其行次且。厲，無大咎。

《象》曰"其行次且"，行未牽也。

益之六二即損之六五，故皆曰"或益之十朋之龜，弗克違"。姤之九三即夬之九四，故皆曰"臀無膚，其行次且"。夬之九四，志欲上行，而後迫於三，前阻於五。姤之九三，志欲下行，而後迫於四，前阻於二。其實一耳。徐氏曰：夬一陰在上，故下之五陽皆趨而上。姤一陰在下，故上之五陽皆反而下。其陰陽相求之情則然也。夫九三志亦在初，但初比二應。四與三無繫，三介乎其間，求與之遇，而承乘皆剛，進退不能，故曰"臀無膚，其行次且"。坐則臀在下，故困於初言之；行則臀在中，故夬、姤於三、四言之。柔爻爲膚，剛爻爲無膚。

九四，包無魚，起凶。

《象》曰：無魚之凶，遠民也。

見凶者爲彼所傷也，往在陰，凶在陽也。起凶者，凶自此始也。事在今，災在後也。二剛得中，以比而得初之從；四剛不中正，以遠而失初之應。民可近不可遠，亦一證也。

九五，以杞包瓜。含章，有隕自天。

《象》曰：九五含章，中正也。"有隕自天"，志不舍命也。

以，用也。杞，枸杞，小木也，指二言。瓜指初言，瓜得所附而後止，故受之杞，則能籠而有之。九五者，姤之主，以初六之遠不相及，故以九二包之。包即含，瓜即章。物相雜曰文，以陽包陰，故曰"含章"。二之包初，實五以之，是二之含章即五之含章也。蓋五與初非比非應，無由而遇，今因以二比初，雖非正應，而忽然相遇，如物之自天而隕於下也。非五中正，與二相遇，何以有此？巽爲命令之象，即所謂"施命誥四方"也。初至爲微小，皆君命所逮，不敢暫舍，非若四之遠民，上之窮吝比也。舊作"盡人事以回天命"説，有云：命即據我，不能當志之舍；命即棄我，不能當志之不舍。亦可參。杞與瓜，皆五月所有之物。

上九，姤其角，吝，無咎。

《象》曰：姤其角，上窮吝也。

《孔疏》：角者，最處體上。上九進之極，無所復遇，遇角而已，故曰"姤其角"。角非所安，與無遇等，故曰"吝"。然不與物爭，其道不害，故無凶咎也。

萃　坤下兑上

萃：亨，王假有廟。利見大人，亨，利貞。用大牲吉，利有攸往。

未萃要致萃，既萃要保萃。王與大人皆指九五言。當萃之時，王者宜格廟，上以萃祖宗之精神，下以萃天下之人心。而天下之人則利見此大人，方得亨通也。用大牲吉承"王假"句來，物聚可以備禮。利有攸往承"利見"句來，人聚可以集事。

《彖》曰：萃，聚也。順以説，剛中而應，故聚也。"王假有廟"，致孝享也。"利見大人，亨"，聚以正也。"用大牲吉，利有攸往"，順天命也。觀其所聚，而天地萬物之情可見矣。

天下形聚非聚，情聚乃聚。民順以從君，而君以悦道先之；君誠以接下，而臣以中順應之：皆有一段肫懇篤摯不可解之情在。是情也，從天命來者也。王假有廟，竭孝以致享，親親之情也。利見大人，從正爲靖獻，尊尊之情也。人情之克盡，即天命之不違。若損之"時用大牲"、剥之"時有攸往"，是逆天命矣。命以君親爲大，情以忠孝爲至。忠臣孝子之情見於所聚，天地萬物之情亦見於所聚矣。

《象》曰：澤上於地，萃。君子以除戎器，戒不虞。

《王注》：聚而無防，則衆心生。水聚則決，必有以防之，水乃瀰。人聚則亂，必有以制之，人乃定。

初六，有孚不終，乃亂乃萃。若號，一握爲笑。勿恤，往無咎。

《象》曰"乃亂乃萃"，其志亂也。

初之孚，孚於四也。以其比於二陰，恐其孚之不終，爲同類所亂而妄相萃也。誠呼號於四，陰陽正應，有握手之歡。雖不免爲同類所笑，然必勿恤而往，與四爲聚，故無咎。

六二，引吉，無咎。孚乃利用禴。

《象》曰"引吉無咎"，中未變也。

二與五正應，居中得正，爲三陰之主，必引初六。六三同萃於五，乃得君臣之大義，故吉而無咎。孚者，二孚於五也。誠以格君，何君不格？誠以感神，何神不格？雖禴祭甚薄，用無不利，則用大牲可知已。中未變，言二得中道，與初之"有孚不終"者異。此所謂剛中而應者。

六三，萃如嗟如，無攸利。往無咎，小吝。

《象》曰"往無咎"，上巽也。

萃如，萃於四也。然知五爲萃主，終屬不安，故有嗟如之象。中心惶惑不定，何利之有？往者，欲其因四以萃於五也。三、四、五爲巽，故曰"上巽"。孔子於此爻，明以互體示人矣。

九四，大吉，無咎。《象》曰："大吉無咎"，位不當也。

九四近臣居多懼之地，非其位而衆萃之，咎所歸也。以其體兑，能部率三陰，順而萃五，故有大吉無咎之象。蓋初九在下而任厚事萃，九四無位而得衆心，皆曰"元吉無咎"。非元吉，咎必隨之矣。

九五，萃有位，無咎，匪孚。元永貞，悔亡。

《象》曰"萃有位"，志未光也。

六二、九五，二"孚"字相應。九四位不當，九五萃有位，二"位"字相應。五，萃之有位者也。有位而得民之萃，豈有咎哉？然五之所孚者，六二耳。初則四之應，三則四之比，皆匪孚於我者也。必反身修德，如比之"元永貞"，然後群陰歸之，而悔可亡，故曰"志未光"，有待也。此唯九五一陽，天下皆知比於五，故"元永貞"言於象。萃有二陽，天下莫知所萃，故"元永貞"言於五。

上六，齎咨涕洟，無咎。《象》曰："齎咨涕洟"，未安上也。

上六處萃之終，求萃而不可得，惟齎咨涕洟哀求於五而已。求萃亦不爲過，故無咎。中爻艮手，故初曰"握"。握者，手持之也。二曰"引"，引者，手挽之也。上曰"齎"，齎者，手持而遺之之義也。人之真情，莫真於求聚，曰"號"，曰"笑"，曰"咨"，曰"涕"，曰"洟"，此皆真情所發見也。觀內三卦，見下萃上之爲難；觀外三爻，見上萃下之不易。然諸爻皆得無咎者，萃雖難而志不分也。涕自鼻出，洟自目出。

升　巽下坤上

升：元亨。用見大人，勿恤。南征吉。

此卦有能升之德，又遇可升之君，故得元亨。不曰"利見"而曰"用見"者，九二雖大人，乃臣位；六五之君欲用九二則見之也。南征者，文王圓圖與東南之卦，過離而至坤，是巽升於坤，故"南征吉"。若東行，則至震，非升矣。

《象》曰：柔以時升，巽而順，剛中而應，是以大亨。"用見大人，勿恤"，有慶也。"南征吉"，志行也。

萃與升皆剛中而應。萃剛中在上，其衆必聚；升剛中在下，其勢必升。故萃以五爲大人，升以二爲大人。全象重"柔"字。升貴於時，而乘時莫善於柔；巽以入之，升以出之；剛而以中劑之，皆非柔不能也。慶莫大於得君，志莫切於行道。

象曰：地中生木，升。君子以順德，積小以高大。

順德，坤也。積小以高大，巽也。坤爲順，巽爲高。物之高必以積，其積必以順。非順不可積，非積不能高。木之生也，克土而後能生，而土以生物爲功，未有木生而土不願者也。

初六，允升，大吉。

《象》曰："允升大吉"，上合志也。

允謂二信從之也。初得二之信從，而因升於五，所謂"上合志也"，與五"大得志"相應。初之允，二之孚，是一意。二、三皆有應，獨初無應。然初動而爲乾，即泰之"拔茅"矣。下三爻同於求升，上三爻同於容其升，故曰"上合志"。一云：晉三"衆允"，下爲二陰所信也。升初"允升"，上爲二陽所信也。以陰信陰，不過悔亡；以陽信陽，故大吉。孚合二三兩爻説。亦是。

九二，孚乃利用禴，無咎。

《象》曰：九二之孚，有喜也。

主升之君而才弱，當升之臣而質剛，天下之所疑也。孚而用禴，質諸鬼神且不疑，而況於人乎？今而後喜可知也。當升之世，以剛德有爲之臣輔柔順謙冲之主，中心相孚，乃可盡誠以有爲，而盡去外飾之虛文。楊廷秀所謂臣有所當然，則遂事而不爲專；上有所重發，則衡命而不爲悖：皆用禴之義也。

九三，升虛邑。

象曰：升虛邑，無所疑也。

陽實陰虛，六四坤體，所謂虛邑也。九三自巽而入坤，以實升虛，故曰"升虛邑"，疑無阻礙之謂。來注云：君弱臣强，使

四乃陽剛而三升之，則逼其五矣，安得不疑？今升虛邑，陰土與
五同體，故無所疑也。

六四，王用亨於岐山，吉，無咎。

《象》曰"王用亨於岐山"，順事也。

王指五，亨訓通。岐山者，四也。王用亨於岐山者，即用見
大人也。言六五欲用乎九二，乃通於四而求之也。四爻皆言升，
獨二與五爲正應，故曰"用禴"。四與五相比，故曰"用亨"。
蓋君位不可升也，二用禴而五用亨，上下相用，正所謂剛中而應
也。四惟順事乎五，故五欲用二，而四通之。來注云：物兩爲
岐，故曰"岐路"。坤土兩析，岐之象也。隨卦兌爲西，故曰
"西山"。此兩析，故曰"岐山"。中爻震綜艮，山之象也。則
三、四、五皆山矣，皆因有此象，故以"岐""西"二字別之。
先儒不知象，乃曰岐山在西，失象之旨矣。

六五，貞吉，升階。

《象》曰"貞吉升階"，大得志也。

六五即《象》言"柔以時升"，能應乎剛者。五既用四以通
下，則下皆由四而上，有階級之象，故曰"升階"。先言"貞
吉"而後言"升階"者，謂升而不正則不吉，雖有升階之象，
未可以升也。

上六，冥升，利於不息之貞。

《象》曰"冥升"在上，消不富也。

此卦六五爲升之主，下四爻皆來升者也。上處極地，無復可
升。坤爲迷冥之象，惟用之於道，可以常升而不息，將成富有之
業矣。若升其人欲之私，則日消而[三]

困　　坎下兌上

困：亨。貞，大人吉，无咎。有言不信。

彖曰：困，剛揜也。險以説，困而不失其所，亨，其唯君子乎！貞，大人吉，以剛中也。有言不信，尚口乃窮也。

象曰：澤无水，困。君子以致命遂志。

初六，臀困于株木，入于幽谷，三歲不覿。

象曰：入于幽谷，幽不明也。

九二，困于酒食，朱紱方來，利用享祀，征凶，无咎。

象曰：困于酒食，中有慶也。

六三，困于石，據于蒺藜，入于其宫，不見其妻，凶。

象曰：據于蒺藜，乘剛也。入于其宫不見其妻，不祥也。

九四，來徐徐，困于金車，吝，有終。

象曰：來徐徐，志在下也，雖不當也，有與也。

九五，劓刖，困于赤紱，乃徐有説。利用祭祀。

象曰：劓刖，志未得也。乃徐有説，以中直也。利用祭祀，受福也。

上六，困于葛藟，于臲卼，曰動悔，有悔。征吉。

象曰：困于葛藟，未當也。動悔有悔，吉行也。

校勘記

〔一〕“節”，據文意當作“即”。

〔二〕“而”，據文意當衍。

〔三〕以下原缺。

易經纂卷四

井　　巽下坎上

井：改邑不改井，無喪無得，往來井井。汔至，亦未繘井，贏其瓶，凶。

井，德之地也，以不變爲體，故曰"改邑不改井"。井以不窮爲用，故曰"無喪無得"。"往來井井。汔至，亦未繘井"，未及于用也。"贏其瓶"并失其用也。老子云："民之從事常于幾成而敗之。慎終如始，則無敗事"，其亦贏瓶之戒歟？"改邑不改井"者，巽爲市邑，在困卦爲兌，在井爲巽，則改爲邑矣。若井，則無喪無得。在井卦，坎在于上，在困卦，坎在于下，剛居于中，往來不改，故曰"往來井井"。

《彖》曰：巽乎水而上水，井，井養而不窮也。"改邑不改井"，乃以剛中也。"汔至，亦未繘井"，未有功也；"贏其瓶"，是以凶也。

"井養不窮"句，是推井之用而著聖人之養。然不窮之養原本于剛中之德，使剛而不中，則志變于一旦，業敗于垂成矣。

《象》曰：木上有水，井。君子以勞民勸相。

勞者，即勞之也。勸者，即來之也。相者，即匡直輔翼之也。言君子勞之不已，從而勸之；勸之不已，又從而相之也。勞民勸相者，君子之井也。

初六，井泥不食，舊井無禽。

《象》曰："井泥不食"，下也。"舊井無禽"，時舍也。

九二，井谷射鮒，甕敝漏。

《象》曰："井谷射鮒"，無與也。

谷之水以注而下爲功，井之水以汲而上爲功。九二有陽剛之德，上無應，與無人汲引，而乃牽溺于初，不爲井而反爲谷矣。故以井言，有旁水下射，僅射其鮒之象；以汲水言，有破甕漏水之象。"鮒"謂初也。

九三，井渫不食，爲我心惻。可用汲，王明并受其福。

《象》曰"井渫不食"，行惻也；求"王明"，受福也。

九三，陽剛清潔之井也。泥固爲人所棄，渫宜爲人所用矣，而胡不食也？上之所舍，下之所傷，非惻其遇，惻其道也。惻士之不用，亦惻王之不明也。如有王明出焉，身用道行，上下俱受福矣。求王明者，五非正應，故以"求"字言之。孔子以周公爻詞忽然説起王明，恐人不知指五，所用加一"求"字也，不求正應而求王明，此易之所以時也。雖然，井道静止，汲者有得喪而井無得喪，用者有往來而井無往來，則是井無求也，亦以不求求之而已。

六四，井甃，無咎。

《象》曰"井甃無咎"，修井也。

初爲泥；三之渫，渫其泥也；二射鮒；四之甃，甃其谷也。修治其井，以瀦畜。九五之寒泉，井養寧有窮乎？夫道有體有用，井甃所以立其體也。

九五，井洌，寒泉食。

《象》曰"寒泉之食"，中正也。

洌，甘潔也。五變坤爲甘，以陽居陽爲潔。寒泉，泉之美者。以人事論，洌者，天德之純也；食者，王道之溥也。

上六，井收勿幕。有孚，元吉。

《象》曰"元吉"在上，大成也。

收者成也，猶物成于秋，謂之秋收也。坎口在上，勿幕之象也。無喪無得，應用不竭，如人之誠信也。周公曰"收"，孔子曰"成"，一意也。蓋井而渫，井道之小成。井而收，則井道之大成矣。以人事擬之，初二如巢許，三四如孔孟，五上則堯、舜、伊、周之流也。世有君欲用賢、賢欲上進而不能遂者，以大臣爲之幕也。聖人之垂戒，其爲慮遠矣。

坎上之卦八，惟井不言險，以水上出爲利也。他卦上爻爲窮極，惟井、鼎爲成，成則能養人也。胡氏曰：澤無水爲困，命也。澤雖無水，而井則有水，性也，知困之義，則知安命；知井之義，則知盡性。《易》，性命之書而言之明且切者，莫困、井二卦若也。

革　離下兑上

革：已日乃孚，元亨，利貞，悔亡。

初革而人心疑，已革而人心信。悔亡者，即已日乃孚也，由革之盡善也。蘇子瞻曰：卦以離火革兑金而名。夬火者，金之所畏也。而金非火則無以就器用，器成，而後知火之利也。故夫革不信于革之日，而信于已革之日。以其始之不信，是以知悔者，革之所不能免也，特有以亡之爾。

焦氏《易筌》云：“已日”讀如“戊己”之“己”，十日至庚，而庚更革也。自庚至己爲浹日，己者，浹日也。湯之伐桀，猶曰“舍我穡事，而割正夏”。故“割”即日不孚，浹日乃孚，乃難辭也。來注亦作己土説，謂惟信屬土，故以己言之。不言戊而言己者，離、兑皆陰卦，故以陰土言。離火燒金土，居其間，方可孚契，月令甚明。其説又異。

《象》曰：革，水火相息。二女同居，其志不相得，曰革。已日乃孚，革而信之。文明以説，大亨以正，革而當，其悔乃亡。天地革而四時成，湯武革命，順乎天而應乎人。革之時大矣哉！

水以木生火，火以金生水，有生息之道焉。至澤與火則不然。澤，女也，火，亦女也，二女同居，無生息之理。離火至秋，爲澤所變，故謂之革。凡男女相遇，皆有相濟之義，故交則爲既濟，分則爲未濟。二女相值，無相得之情，相牽則爲革，相違則爲睽，皆不相得之象。少女志在艮，中女志在坎也。湯武之革，革以時耳。"時"字重看。因時則當，不因時則不當；合時則信，不合時則不信。

《容齋四筆》云："大衍之用四十有九，一行以之起曆，而革卦之序，在《易》正當四十九。"然則專爲曆明甚。且上云：天地革而四時成，尤極顯白。諸儒贊《易》皆不及此，何耶？

《象》曰：澤中有火，革。君子以治曆明時。

天時變革，無不以火爲候。火出于震，藏于兌。澤中有火，火藏澤中。寒當革暑，陰當革陽。時序變遷，改革之象。聖人革命之後，當革之事不一，而先以治曆明時爲務。曆者，歷也，次也，數也，行也，過也，蓋日月五星之躔次也。時有變，曆無變，曆治而時明矣。晝夜者，一日之革也。晦朔者，一月之革也。分至者，一年之革也。元會運世者，萬古之革也。

初九，鞏用黃牛之革。

《象》曰"鞏用黃牛"，不可以有爲也。

革之終，可與樂成，故取虎豹之變。革之始，不可輕動，故取黃牛之順。初位卑無與，必不可有爲，但陽性上行，火性上炎，恐不能固守其不革之志，故戒之鞏，以及束物也。本卦以離火革兌金，下三爻，主革者也，故二、三言革。上爻受革者也，故四言改，五言變。

六二，巳日乃革之，征吉，無咎。

《象》曰"巳日革之"，行有嘉也。

此爻正"巳日乃孚，革而信之"者也。二五雖有澤火之異，同處厥中，陰陽相應，往必合志，不憂咎也。《玩辭》謂伊尹就湯、二老歸周之爻。徐氏曰：凡卦中言嘉者，皆二與五應，如隨之“孚于嘉”，遯之“嘉遯”是也。

九三，征凶，貞厲。革言三就，有孚。

《象》曰“革言三就”，又何之矣？

九三當上下之際，凡此爻皆具二義，故言征凶。又言貞厲，時未可爲，不可遽爲，征則凶也。事有當革，不可不革，貞則厲也。以其遇剛不中，欲其從容詳審而爲之，故曰“革言三就”，謂謀之再三而後成也。將革而謀謂之言，革而行之謂之命。“又何之”者，決之之辭。

九四，悔亡。有孚，改命吉。

《象》曰“改命之吉”，信志也。

改命者，到此已革矣。離交于兌，改夏之命令于秋矣。所以不言“革”而言“改命”，即《彖》之“湯武革命”是也。信志之信，即《彖》“革而信之”之“信”。信志正解“有孚”。孟子所言“非富天下也”。信事者，孚在事後。信志者，孚在事先。

九五，大人虎變，未占有孚。

《象》曰“大人虎變”，其文炳也。

九五，大人虎變，乃創制立法，與民更始之象。占當在未革之先，而孚又在未占之先，則其孚也久矣。乾之五曰“龍”，革之五曰“虎”，揖遜者見其德，故稱“龍征”。誅者見其威，故稱“虎”。文炳者，改正朔，易服色，殊徽號，變犧牲，制禮作樂，炳乎其有文章。

上六，君子豹變，小人革面。征凶，居貞吉。

《象》曰“君子豹變”，其文蔚也；“小人革面”，順以從君也。

上六，天下化成之象。漢人所謂回面內向，革面之謂也。來注云：君子豹變者，變其舊日之冠裳也。小人革面者，革其舊日之詐僞也。蔚，本益母草，其花對節相開，亦如公侯相對而并列，故以蔚言之。蘇氏曰：虎，有文而能神者也，豹，有文而不能神者也。故大人言"虎"，君子言"豹"。

鼎　巽下離上

鼎：元吉，亨。

六爻皆鼎也，當其處，有其象，故以初爲趾，二、三、四爲腹，五爲耳，上爲鉉。耳爲君位，趾、腹與鉉皆臣也。故鼎得所輔而器可保，主有德而輔始聚。

《彖》曰：鼎，象也。以木巽火，烹飪也。聖人亨以享上帝，而大亨以養聖賢。巽而耳目聰明，柔進而上行，得中而應乎剛，是以元亨。

諸卦多以義名，如頤、井、鼎以象名，故曰"鼎"，象也，即鼎以示其例也。所云象事，知器者如此。亨飪之事不過祭祀、賓客而已，祭之大者無過于上帝，賓之重者無過于聖賢。享上帝貴質，故止曰"享"。享聖賢貴豐，故曰"大亨"，所以享帝用特牲，而享聖賢有饗牲牢禮也。《玩辭》曰："以二卦言，巽入乎下，則鼎之足腹也；聰明于上，則鼎之耳鉉也，象其形也。以二五言，柔進而上行，水氣之上蒸也；柔得中而應剛，火氣之下濟也，象其用也。故曰鼎，象也"。上離爲目，離五中虛爲耳，非心能下下。巽入稱隱，耳目蔽矣。巽以爲主，然後能成離明之德。離體柔順，進而上行，德之凝而鼎命新也；離體中虛，下應乎剛德之助，而鼎養行也。皆主五言。

《象》曰：木上有火，鼎。君子以正位凝命。

革曰"改命"，鼎曰"凝命"，即凝其所改之命也。

初六，鼎顚趾，利出否。得妾以其子，無咎。

《象》曰"鼎顛趾"，未悖也。"利出否"，以從貴也。

顛趾非利，出否爲利。得妾非重，有子爲重。初在下而偶，鼎趾象。柔居下，妾象。四陽在上而不中正，妾子象。初上應四，如妾因子之貴而得以上達。去故而納新，瀉惡而受美，從貴之義也。

九二，鼎有實，我仇有疾，不我能即，吉。

《象》曰："鼎有實"，慎所之也。"我仇有疾"，終無尤也。

陰陽相配爲仇，初自顛趾。有疾也，不能就二，是我仇有疾，不我能即也。慎愛吾鼎，終無比匪之傷矣。

九三，鼎耳革，其行塞。雉膏不食，方雨虧悔，終吉。

《象》曰"鼎耳革"，失其義也。

耳指五也。三居木之極，二應火之極。火既極，則鼎中騰沸，并耳亦熾熱，革變而不可舉矣，故其行塞；而其中雉膏之美味不得其食，寧無悔乎？計惟救之以水，乃可虧損其騰沸熾熱之勢，故"方雨而悔"者，不至于悔矣。義即君臣之義。舉鼎在耳，行道在君，三越五而應上，是失其義也。離爲雉，雉之象；坎爲膏，膏之象，三變則內坎水，外亦坎水，方雨之象。

離、巽二卦成鼎，下體巽，有足而無耳，故曰"耳革"；上體離，有耳而無足，故曰"折足"。

九四，鼎折足，覆公餗，其形渥，凶。

《象》曰"覆公餗"，信如何也？

亨以養上帝聖賢，故曰"公餗"。"其形渥"，言鼎折而流溢之象。九四，才地本非不美，折足覆餗，過在應初而已。初六，洗鼎也，洗面顛趾，同舍舊而圖新。九四，升鼎也，升而折足，則鼎毀而用廢。《紀聞》曰："顛趾，爲四而顛也；折足，爲初而折也；耳革，爲上而革也。相因而取者也"。王介甫盡逐群賢，而專任呂惠卿輩，卒致靖康之禍，正所謂"大臣誤陛下，而大臣所用者誤大臣"也，此爻之謂矣。

六五，鼎黄耳金鉉，利貞。

《象》曰"鼎黄耳"，中以爲實也。

金鉉，指上九。鉉所以舉鼎，在耳上方可貫耳，非九二在下者之任也。然上九又自謂玉鉉者，豈六五視上九爲金鉉，上九自視則爲玉鉉耶？金象以九爻取，玉象以爻位剛柔相劑取，皆無不可。實即"鼎有實"之"實"，虚不往則實不來，耳虚而鉉實也。

上九，鼎玉鉉，大吉，無不利。

《象》曰：玉鉉在上，剛柔節也。

凡物之行以足，而鼎以耳，其行在上也。上九一陽，横亘乎鼎耳之上，有鉉象，亨飪之事，以剛柔得節爲功。水火、冬夏、寒暖，皆剛柔也。亨人曰："掌共鼎鑊，以給水火之齊"。"齊"即"節"也。《易》中"節"字，皆爲度數之宜，非以裁省爲節也。此爻變震，震爲玉，亦玉鉉之象。玉豈可爲鉉？有此象也。

震 震下震上

震：亨。震來虩虩，笑言啞啞。震驚百里，不喪匕鬯。

聖賢學問，莫妙于震。人心能震則生，不能震則死。如平時兢惕，無事若有事，即偶值不測，有事皆無事矣。"震來"二句正言其亨，"震驚"二句即足上二句之意。人君于祭之禮，親匕牲薦鬯而已，其餘不親爲也。此特舉其象，非實有是事。

《象》曰：震，亨。"震來虩虩"，恐致福也。"笑言啞啞"，後有則也。"震驚百里"，驚遠而懼邇也。出可以守宗廟社稷，以爲祭主也。

"笑言啞啞"即"震來虩虩"之福，"不喪匕鬯"即"笑言

啞啞”之則，相承説。“後”者，恐懼之後，非震驚之後也。福
由恐致，然福非外至也。意思安閒，笑言啞啞而已。啞啞又非佚
然自放也。循其法則，不失常度而已。聖人之所謂福者如此。
“笑言啞啞”即在“震來虩虩”中。“震驚百里”，虩虩也。“不
喪匕鬯”，笑言啞啞也。原不可分先後，至《象傳》與初爻，加
一“後”字，又是一意。蓋非恐懼無以致安樂，所以足前言之
未備，互相發也。震爲長子，主器，固有匕鬯之象。

《象》曰：洊雷，震。君子以恐懼修省。

初九，震來虩虩，後笑言啞啞，吉。

《象》曰“震來虩虩”，恐致福也。“笑言啞啞”，後有則也。

初九、九四，陽也，乃震之所以爲震者，震動之震也。
二、三、五上陰也，乃爲陽所震者，震懼之震也。初九，陽動
乎下，爲震之主，足以當全卦之義，故爻詞與象同，而以吉
贊之。

六二，震來厲，億喪貝，躋于九陵，勿逐，七日得。

《象》曰“震來厲”，乘剛也。

二當震之時，乘初九之剛，卒然自失，有大喪貝之象，億即
大也。“躋于九陵”，避于震厲所不及之處矣。無妄之災，喪可
復得。其始也，墮甑弗顧；其終也，去珠復還。二變，則中爻離
爲蟹，爲蚌，貝之象。中爻艮爲山，陰之象。陵乘九剛，九陵之
象。又艮居七，七之象。

六三，震蘇蘇，震行無眚。

《象》曰“震蘇蘇”，位不當也。

蘇即甦，死而復生也，言下初之震將盡，而上四之震復生。
上蘇下蘇，故曰“蘇蘇”。所以然者，以二不能震行耳，故以震
行策之。

九四，震遂泥。

《象》曰"震遂泥"，未光也。

初之剛能上達，故亨。四之剛不能達，故泥。震之亨在初不在四。

初九始震也。得位而在初，故甚大而可畏。九四溽震也，失位而在四陰之中，故沉滯而不得，遂泥。言泥而不返也。陽本剛明，陷于重險之中而遂泥，故曰"未光"。

六五，震往來厲，億無喪，有事。

《象》曰"震往來厲"，危行也。其事在中，大無喪也。

初始震爲往，四溽震爲來，五爲震之主，往來皆厲矣。然遂泥之威，不復如二之喪貝，故億無喪，即不喪匕鬯也。有事，即恐懼修省之事，補偏救弊，以有爲也。中謂中德。

上六，震索索，視矍矍，征凶。震不于其躬，于其鄰，無咎，婚媾有言。

《象》曰"震索索"，中未得也。雖凶無咎，畏鄰戒也。

雷之聲入耳不入目，上六懾于餘威，則不但聽之而驚，視之且矍矍然不寧矣。方寸既亂，往則見凶，故教以患未至而預防之。三必行，方無眚。上則居可免咎。然與三無應，未免婚媾有言。可見善震者震于心不震于事，震于鄰不震于躬。

艮　　艮下艮上

艮：艮其背，不獲其身。行其庭，不見其人。無咎。

人之耳、目、口、鼻皆有欲，惟背爲無欲。因身有欲，無欲無身。因有己見，乃有人見。己見既無，人見何有？須知艮背非離身，但無獲心耳。亦非絕人，但無見心耳。

《象》曰：艮，止也。時止則止，時行則行，動靜不失其時，其道光明。艮其止，止其所也。上下敵應，不相與也，是以不獲其身，行其庭，不見其人，無咎也。

“時止則止”四語，正聖人發明艮止之義。蓋恐人以純空守寂爲止，故爲説破。時静而静，時動而動，而無容私焉。思亡智現，定亂總無如谷響然，有應物之音而無可尋之迹，是之謂“止”。不然，行固非止，止亦非止。陽明先生所謂“惡動之心非静也，求静之心亦動也。一絲未净，太虚之翳，去光明之體遠矣”。“止其所”正解艮背，乃無方所之所，思不出位之位，坤卦正位居體之位，豈有定體之可言哉？“不獲其身”，莊生所謂“吾喪我也”，“不見其人”，“嗒然似喪其耦”矣。《内典》云“三心了不了得”，即此意。《周子易通》取以終四十章之旨，而二程以來，皆以喜怒哀樂未發，爲相傳指訣，其義微矣。嗚呼！此孔子所以惜顏子之未見其止也，豈易爲俗人言哉？

八純卦六爻皆敵應，獨于艮言之者，蓋艮之象，兩人相背而立，兩不相見，故有各止其所之義。夫陰陽交謂之和應，不和則不交，謂之絶應。敵應者，應而未嘗應也。和應，俗學也；絶應，禪學也。惟敵應不墮二見，乃爲聖學。鄭孩如曰：卦不言“艮其心”，而曰“艮其背”，以見艮不在心也。《象傳》不言“艮其背”，而曰“艮其止”，又以見艮不在背也。皆所以交互發明心學無方無體之妙。

《象》曰：兼山，艮。君子以思不出其位。

時之所在即是位。思者，以時而行乎其位也。凡出其位者，不思者也。

初六，艮其趾，無咎，利永貞。

《象》曰“艮其趾”，未失正也。

大足動則趾先，艮其趾，止之于動先也。知壯于趾之征凶，則知艮其止之無咎矣。即此是貞，以其居位不正，恐變其守，故以“永”戒之。

六二，艮其腓，不拯其隨，其心不快。

《象》曰"不拯其隨"，未退聽也。

腓，活動之物，以此爲止，自非株守之士。但所隨者爲限列之人，二亦欲拯之，使其知絶物之非。以三居下體之止，爲下卦之主，行止在三而不在二，二不能拯，只有隨之而已。其隨之也，非心之所快，故曰"未退聽也"。未退聽，解"其心不快"四字。

九三，艮其限，列其夤，厲薰心。

《象》曰"艮其限"，危薰心也。

九三一奇横于卦中，有"限"之象。一陽間隔四陰，有"列夤"之象。限，上下體之際，虞翻謂"束帶處也。"夤曰脊，是爲脊骨，身之能屈伸處，此非可止之所，若恃其剛而强止焉。限分而爲上下，夤列而爲左右，心居其間，無所依託，分崩離析之象也。憂危之屬，豈得不薰灼而及其心乎？坎錯離，火烟之象，故曰"薰"。絶行以爲止，其心終不止也。

六四，艮其身，無咎。

《象》曰"艮其身"，止諸躬也。

爻各指身之一處，惟四爲心位，于身無所不統，故曰"艮其身"。《象傳》恐人誤認身爲正面，故以"止諸躬"釋之。傴身爲躬，正人之背也。咸亦以九四爲心位。六二"艮腓"，役于有動之心也。九三"艮限"，倚于有静之心也。惟四"止諸躬"，所謂"静亦静，動亦静"耳。伯厚云："傴身爲躬，見躬而不見面。"《説文》"躬，從吕，從身。吕，背膂也。"其説與"艮背"合，屈爲躬，伸爲身也。

六五，艮其輔，言有序，悔亡。

《象》曰"艮其輔"，以中正也。

輔謂輔頰，自背視之，但見其兩輔之不動，則知其言必有序矣。六五以陰居陽，疑于有悔。然居得其中，言而能止，故悔可亡。夫不待動之煩舌，而先止其輔，是止在言前也，以有序爲止，見止非緘默也。

上九，敦艮，吉。

《象》曰："敦艮之吉"，以厚終也。

《易因》曰：艮趾者，步亦步之學也。艮腓者，欲止而恨其不能止之學也，此可望者也。艮限者，艮于動地而强欲其不動，告子"强制其心"之學也。艮其身，飭躬者也。艮其輔，謹言者也。背艮也，而非其所，不足以言艮。不艮不足以言學，故以"敦艮"終焉。處艮之極而能厚其終，故吉。《爾雅》"丘再成爲敦"，亦厚意。五爻皆象人之身，上獨不言，所謂不獲其身、不見其人者歟？楊敬仲曰：人精神盡在乎面，不在乎背，故聖人教之艮其背。使其面之所向一如其背，則應用交錯，擾擾萬緒，未始不寂然矣。

震體在初，故震之初全予以震，而義不及四者，動于其初也。艮功在終，故艮之上全予以艮，而義不及三者，上止其所也。文王次艮于震之後，以見動不背乎止，止不悖乎動也。

漸 艮下巽上

漸：女歸吉，利貞。

《彖》曰：漸之進也，女歸吉也。進得位，往有功也。進以正，可以正邦也。其位，剛得中也。止而巽，動不窮也。

漸不是進，漸乃所以進也，"之"字宜味。正邦之功，惟進以正者收之，而況爲剛中之君乎？卦止于下而巽于上，爲不遽進之義。以此而進則得位，以此而往則有功。惟不苟于動，故動而不括也。

《象》曰：山上有木，漸。君子以居賢德善俗。

君子法漸進之象，必居于賢德善俗之間，以漸摩而成其學，即"里仁爲美"之意。艮有居義。巽，風，有風俗義。

初六，鴻漸于干，小子厲，有言，無咎。

《象》曰"小子之厲"，義無咎也。

雁，木落南翔，冰泮北徂，其往來有時，其先後有序，漸之義也。又鴻之隨陽，如女之從夫，故取爲女歸之象。鴻始進于水涯，近人多驚，驚則鳴，有"厲"與"言"之象。艮爲少男，小子之象。新進之士，名實未孚，已不得其安，而人亦不見是也。然當漸之時，進亦理之所宜，故無咎。

六二，鴻漸于磐，飲食衎衎，吉。

《象》曰"飲食衎衎"，不素飽也。

觀五之"三歲不孕"，則二猶未過者，如需之飲食宴樂，以待時而進耳。象恐人不達，故以"不素飽"明之，言其從容涵養，待時而動，非徒甘豢養而妄進者比也。以仕路論，"委蛇委蛇，退食自公"，正合此爻之義。志所自適，可以成正邦之功。磐，大石也，艮爲石磐之象。

九三，鴻漸于陸，夫征不復，婦孕不育，凶。利禦寇。

《象》曰"夫征不復"，離群醜也。"婦孕不育"，失其道也。利用禦寇，順相保也。

夫征不復者，少男無應而上比于四，務進而妄動，故征則不還。婦孕不育者，長女無應而下比于三，失守而私交，故孕不敢育。互坎爲寇盜，互離爲兵戈，故曰"利禦寇"。凡行上爲逆，下爲順，剛止于外，下蔽二陰，與之相保，其禦寇賊，順道也。三爲艮主，本能止者，以在上下之際，故戒勉之。一云：能自禦其過剛之寇，順夫止巽之道，故人相保助，其進而不終于陸矣。亦快。地之高平曰"陸"，此爻變坤，陸之象。離，附著也。子雲《解嘲》云：丁、傅、董賢用事，諸附離之者，起家至二千石。即此"離"也。

六四，鴻漸于木，或得其桷，無咎。

《象》曰"或得其桷"，順以巽也。

四方入于巽，故曰"鴻漸于木"，木中桷之用者曰"桷木"，中渠之用者曰"梁木"，此時四翔木杪，其飛漸高，何所不至？然或得平柯，猶暫爲棲息，可進而不遽進，漸之最善者也。由巽體柔爻，才性時位，參合皆宜，乃能如此。象曰"順以巽也"，全是許之之詞。乘剛不安之説，殊無干涉。

九五，鴻漸于陵，婦三歲不孕，終莫之勝，吉。

《象》曰"終莫之勝，吉"，得所願也。

五剛得中，與二正應，二乃五之婦也。二欲漸進于五，爲艮所止，歷三位而後至，故有"三歲不孕"之象。然本爲正應，後不正者，終莫能勝之，故吉。五與二應，乃夫婦之正配，故吉。三與四比，乃夫婦之邪匹，故凶。"終莫之勝"，從"五心自勝"來，君心不能自勝，奸邪終得而勝之矣。高皋曰"陵"，此爻變艮爲山，陵之象。二四爲坎，坎中滿，故曰"孕"，三五中虛，故曰"不孕"。此言"不孕"，以其未交也。與三之孕而不育者異矣。

上九，鴻漸于陸，其羽可用爲儀，吉。

《象》曰"其羽可用爲儀，吉"，不可亂也。

上九進之極也，進而不已必亢。上九知進而又知退，下即同德之三，故亦曰"鴻漸于陸"，上與三相應故也。以其進退有序，容止可觀，故曰"可用爲儀"。以其恬于仕進，不爲榮利所惑，故曰"不可亂"。此在其體，乃能如此。巽爲進退，非一于進也。當漸之時，不少事功而少節義，故周公特表之以風世。鴻之爲物，不失其時與序，于漸之義爲切；婚禮用雁，取不再偶，于女歸之義爲切。故六爻皆取象焉。

歸妹　　兑下震上

歸妹：征凶，無攸利。

漸曰"女歸"，自彼歸我也，取女之家也。此曰"歸妹"，自我歸彼也，嫁女之家也。漸，女歸之正者，聘則爲妻者也。歸妹，女之不正者，奔則爲妾者也。故卦爻皆以妾取象。凡説而動，皆不正之事，以長男慕少女，未有不爲禍者，故"征凶，無攸利"。

《彖》曰：歸妹，天地之大義也。天地不交而萬物不興。歸妹，人之終始也。説以動，所歸妹也。"征凶"，位不當也。"無攸利"，柔乘剛也。

説以動者，説以動人之挑己也。男所歸在妹，乃妹之自爲也。"所"字有味。二、四以陽居陰，有男以不正從女之象。三、五以陰居陽，有女以不正從男之象，故"征凶"。三乘二之剛，五乘四之剛，有夫屈于婦、婦制其夫之象，故"無攸利"。蔡子木曰："動以説爲歸妹，止以説爲咸，無非情之欲也。"而動、止別焉。咸曰"取女，吉"，吉在取也。以取屬男。歸妹征凶，凶在征也，以征罪女。

《象》曰：澤上有雷，歸妹。君子以永終知敝。

雷震澤中，水氣隨之而升，女子從人之象。君子觀其象之不正，即知其終之有敝，知久遠有敝，而始必合之以正矣。重在謹始意，"知"字要看。

初九，歸妹以娣，跛能履，征吉。

《象》曰"歸妹以娣"，以恒也。"跛能履"，吉相承也。

娣之爲言第也，言以次第御于君也。古天子一娶九女，諸侯一娶三女，同姓媵之。初處下而無正應，有娣之象，此古今常禮，不爲貶損，故曰"以恒"，言以常禮而行也。跛者不能自行，依人乃可，如娣妾承正室以行，則吉，故曰“跛能履”，相承也。

九二，眇能視，利幽人之貞。

《象》曰“利幽人之貞”，未變常也。

九二，承上“歸妹以娣”之辭。初在下，履象。二在初上，視象。婦道行不逾域[一]，窺不出戶，象跛能履，眇能視，履不直前，視不逮矚也。幽人，猶曰“静女”。二居兑中，處于三下，亦幽人象。女賢而配不良，命也。兑爲常，“恒常”二字，乃兑之性情，故釋之以此。

六三，歸妹以須，反歸以娣。

《象》曰“歸妹以須”，未當也。

賤妾爲“須”，指六三。三處兑説之極，不中不正，而居九二之上，此妾之佞媚而上僭者也。歸妹而用須以從，豈所宜哉？不若反而歸之，惟用初九、九二之娣，雖跛與眇，蓋剛正賢女也。未當，言從妹當以娣姪，不當用須。《天文志》有“須女四星”，故古人以婢僕爲餘須。

九四，歸妹愆期，遲歸有時。

《象》曰：愆期之志，有待而行也。

二類莊姜，四類孟德曜，皆不以悦而妄動者，愆期者數，有時者理。

六五，帝乙歸妹，其君之袂不如其娣之袂良。月幾望，吉。

《象》曰“帝乙歸妹”，不如其娣之袂良也，其位在中，以貴行也。

袂，衣袖也，所以爲禮容者也。帝乙之妹下嫁民間，略貴賤之分也。帝乙之妹而袂不良，賤容飾之文也。女德之盛無以加矣。故有“月幾望”之象，不如其娣之袂良也。“也”字當“者”字讀，四句一氣説。若就人主言，好善忘勢，純心任賢，以中德而行，自是可貴也。

上六，女承筐，無實。士刲羊，無血。無攸利。

《象》曰：上六無實，承虚筐也。

兑爲女，震爲士，上與三不相應，故不曰"夫婦"，而稱"士女"焉。古女歸廟見，必有祭禮，女無承筐之實，士廢刲羊之禮，則未常告廟，而夫婦之禮不成也。

蘇子瞻曰：天地之情，正大而已，大者不正，非其至情，其終必有名存實亡之禍。

咸、恒男女，少長自爲配偶，夫婦之正。蠱、隨歸妹，男女少長，非其配偶。夫婦之變，長女惑少男爲蠱，少女悦長男爲歸妹。女下于男，女爲主，故凶。長男先少女爲隨，少女適長男爲漸。男下于女，男爲主，故吉。

豐　　離下震上

豐：亨。王假之，勿憂，宜日中。

豐自有亨道，非豐後方亨也。必以王言者，蓋王者車書一統，而後可至此也。徒憂無益，宜日中，正其憂之實。此卦離日在下，日已昃矣，所以周公爻辭言"見斗""見沬"者，皆此意。

《象》曰：豐，大也。明以動，故豐。"王假之"，尚大也。"勿憂，宜日中"，宜照天下也。日中則昃，月盈則食，天地盈虚，與時消息，而況于人乎？况于鬼神乎？

致豐與保豐，始終一明而已。動者明之用，明者動之資。日中能遍照天下，日昃則不能矣。故宜日中。

照亦日中也，菩亦日中也，昃亦日中也。盈則必虚，息則必消，爲昃；以盈處盈，以息處息，爲菩；知盈守虚，知息守消，爲照。

《象》曰：雷電皆至，豐。君子以折獄致刑。

噬嗑動先于明，猶慮未當。故曰"明罰敕法"。豐明而後動，刑可施矣，故曰"折獄致刑"。

初九，遇其配主，雖旬無咎，往有尚。

《象》曰："雖旬無咎"，過旬灾也。

初以四爲配，四以初爲夷，上下之辭也。自下并上爲配，如妻配于夫，君配于天也。自上并下爲夷，如山之夷而入于川，日之夷而入于地也。十日爲旬，言初之豐，以一月論，當一旬也，正言豐之時也。文王象豐，以一日象之；周公象豐，以十日象之。一云初因四得五，非可遽也。故雖遲遲旬日而無咎，亦通。他卦兩剛相敵而不相得。在豐則明動相資，故初往而與四合，自可因四以遇五，明良會而功業成，故可嘉尚。然初往有尚，二往得疑疾者，以陽從陽，雖非正應，猶稱配主，以陰從陰，非特暗者不能開，明者亦自失矣。

六二，豐其蔀，日中見斗，往得疑疾。有孚發若，吉。

《象》曰"有孚發若"，信以發志也。

蔀蔀，草名。震爲蕃，本卦離日在下，震雷在上，言草木蒙翳蔽塞，不見日而惟見斗也。震仰盂，斗之象，天文斗星，亦以似量得名。明者無疑，暗則多疑。二既陰暗，又往求陰，必得疑疾，須積誠以動之。孚則消其疑，發則撤其蔀矣。"貞"字、"孚"字乃六十四卦之樞紐，聖人于事難行處，不教人以貞，即教人以有孚。

大有之君，患在君之不信乎臣，故信以發臣之志。豐之臣，患臣之不信乎君，故信以發君之志。一云純陰不可言孚，二若不往，則有三四二陽自來孚，而發其昏暗也。極是。

九三，豐其沛，日中見沬；折其右肱，無咎。

《象》曰"豐其沛"，不可大事也。"折其右肱"，終不可用也。

日中見斗，已非所宜。至見沬，則又甚矣，上六陰柔愈昏故也。三有正應，乃不足恃。如人折其右手，無與爲援者矣。然失不在己，故無咎。王弼以“沛”爲“旆”，後儒引《公羊傳》“草棘曰沛”，謂沛亦蔀之義。沬，子夏以爲小星，薛氏謂斗之輔星，皆非也。沛乃“沛澤”之“沛”，沬乃“水沬”之“沬”。此爻不變，中爻兑爲澤，沛之象。既變中爻，成坎水矣，沬之象也。二爻巽木，故以草象之，三爻澤水，故以沛、沬象之。

九四，豐其蔀，日中見斗，遇其夷主，吉。

《象》曰“豐其蔀”，位不當也。“日中見斗”，幽不明也。“遇其夷主”，吉行也。

四與二同爲蔀、斗，而意實不同。二之暗在五，四之暗在己，以陽居陰，又不在明體故也。遇其夷主，因初之來，而得相遇。既遇，則以明而動矣，故吉。幽不明者，六二日中見斗，是明在下而幽在上，二之身猶明也。若四居中爻巽木之上，身當蔀位，則純是幽而不明矣。

六五，來章，有慶譽，吉。

《象》曰：六五之吉，有慶也。

凡卦自下而上者謂之往，自上而下者謂之來。此“來”字非各卦之“來”，乃“君來”之“來”也。六二有章美之才，五求而致之耳。二五居兩卦之中，明動相資，又非豐蔀見斗之説矣。此《易》不可爲典要也。一曰五與離日相對，故不言蔽也。有慶方有譽，未有無福慶而有譽者，故象單舉慶言，而譽在其中矣。此爻變兑，兑爲口譽之象。

一云“章”指九四，六五下求九四，剛柔交錯，乃成章也。凡《易》之“章”，皆指陽爻，坤之“含章”，亦以三言之，以六二爲“章”者非。

上六，豐其屋，蔀其家，闚其戶，闃其無人，三歲不覿，凶。

《象》曰“豐其屋”，天際翔也。“闚其戶，闃其無人”，自藏也。

蔀其家者，草上于屋，非復如前日之炫耀而豐矣。上應九三，不爲所用，則上雖欲見之而不得，故窺其戶，寂静無人，至三年之久而未見其人也。震之動極必反其静，故有此象。“天際翔”，如《詩》所云“如翬斯飛”之意。照心，本人所自有，自有而自蔽之，故曰“自藏”。蘇子瞻曰：“九三自折其右肱而莫爲之用，豈真無人哉？畏我而自藏也。”亦順。從來權臣得罪披離之後，多有此氣象。

《易》言治有四：曰泰，曰豫，曰萃，曰豐。豐者，治之盛也。然泰變而否，豫變而謙，萃變而升，豐變而旅焉。旅，日中則昃之所致也。

旅　兌下離上

旅：小亨，旅貞吉。

本卦山内火外，内爲主，外爲客。山止而不動，猶舍館也。火動而不止，猶行人也。故曰“旅”。他卦止言貞，旅獨加一“旅”字，謂貞不可須臾離旅，雖暫時托處，而貞亦不可少也。

《彖》曰：旅，小亨，柔得中乎外而順乎剛，止而麗乎明，是以“小亨，旅貞吉”也。旅之時義大矣哉！

“柔得中乎外而順乎剛”，此以六五釋“旅，小亨”之義，“止而麗乎明”，此以重卦釋“旅貞吉”之義。知止則所處者正，麗乎明則所依者正，旅之亨小而時義則大，蓋義莫大于貞，當旅之時而益著也。

《象》曰：山上有火，旅。君子以明慎用刑而不留獄。

恃明則不能慎，知慎則遲疑而易留。惟明而慎，則獄審而刑可用矣。用即不留矣。"明慎"二字連看，夫獄者，亦罪人之旅也，安可留？

初六，旅瑣瑣，斯其所取災。

《象》曰："旅瑣瑣"，志窮災也。

羈旅之時，物無正主，近則相依。初六陰柔，雖有正應，志弱而不能往從，但瑣尾流離，自取災禍而已。"志窮災"，言非別有災，志窮即災也。

六二，旅即次，懷其資，得童僕，貞。

《象》曰："得童僕，貞"，終無尤也。

鄭司農云"資作齎，行用也"。二即陰之本位，爲即次之象。柔巽在中，以虛承實，爲懷資之象。初爲小子，而二履之，爲得童僕之象。貞，處旅之正道也。初六以不正而取災，六二以正而無尤，小象重童僕邊，若曰"即次懷資"，皆童僕爲之也。

九三，旅焚其次，喪其童僕，貞厲。

《象》曰："旅焚其次"，亦以傷矣。以旅與下，其義喪也。

三近離火，焚次之象。三變爲坤，則非艮之男矣，喪童僕之象。待人不巽，御下寡恩，故上失所安，下無所賴。雖居心自正，而所行亦危厲矣。驕亢之行，平居且不可，況處旅乎？"義"字重看，下字即童僕。

九四，旅于處，得其資斧，我心不快。

《象》曰："旅于處"，未得位也。"得其資斧"，心未快也。

"旅處"與"即次"不同。即次者，就其旅舍已得安也；旅處者，行而方處，暫棲息也。艮土性止，離火性動，故"次"與"處"不同。陽實爲資，足以自利。剛斷爲斧，足以自防，皆九四之自有者，故曰"得其資斧"，然未得位，上不足以發五之志，下不足以致二之賢。如孟子國中授室，養以萬鐘，猶一旅人耳，故“我心不快”。中爻上兑金，下巽木，木貫乎金，有斧之象。

六五，射雉，一矢亡，終以譽命。

《象》曰：“終以譽命”，上逮也。

離爲雉，雉之象，錯坎，矢之象。命，命令也。六五王者無外，不可言旅，故以射雉爲象。射雉者，以一矢亡之，不煩再發，如王者于文明之賢求無不獲，而以譽命終之也。上即六五，言譽命自六五而及乎下也。解二“田獲三狐，得黃矢”，坎中陽畫象矢，故云“得”；旅五“射雉一矢亡”，離中虛，故云“亡”。

上九，鳥焚其巢，旅人先笑後號咷。喪牛于易，凶。

《象》曰：以旅在上，其義焚也。“喪牛于易”，終莫之聞也。

鳥高飛而不知息，人遠征而不知歸，皆自棄其所安也。旅人先以遠行爲喜，後以途窮爲悲。秉剛而不知變，失柔順之道，正與夫子所言順剛麗明者相反。上九之凶，只因喪牛于易。夫羊壯而喜觸，不可不喪。牛順而能守，不可或喪。故喪羊無悔，而喪牛有凶。羈旅之人不能柔順，固譽命所不逮也，故曰“終莫之聞”。“易”即場，田畔地也，音“亦”。

胡氏曰：旅不當用剛，故三陽皆不利，二順柔中正，五柔順文明，皆得其道者也。

巽　<small>巽下巽上</small>

巽：小亨。利有攸往，利見大人。

以陰爲主，小者之卦也。陰不利往，故教之以從陽。從不可不擇，故又教之以所從之人也。

《彖》曰：重巽以申命，剛巽乎中正而志行。柔皆順乎剛，是以小亨，利有攸往，利見大人。

內巽者，命之始。外巽者，申前之命也。卦體陰陽雖不交，而陰皆承陽，有命令下人之象，若剛不順乎中正，則將褊隘而爲邪；若柔不順乎陽剛，則將柔媚而爲諂，故剛順乎中正，柔皆順乎剛，所以爲巽之體也。若徒以一陰潛伏謂之爲巽，而不究乎陰畫在二陽之下，有順乎陽剛之象；陽畫在二五之位，有順乎中正之德，則巽之所以致亨者不可得而見矣。程氏曰：命之入人也，有在未伸之先者也。

人有思慮，必斂而向內。蓋陽之有謀，假陰之潛隱以爲用，思慮非出于陰也。人有喜悅，必見而在外，蓋陽之舒散，假陰之和柔以爲用，喜悅非由于陰也。故二陰一陽，則陽爲之主，二陽一陰，則陰非爲主，但爲陽之用耳。

《象》曰：隨風，巽。君子以申命行事。

前風去而後風隨之，故曰"隨風"。申命者，隨風之象也。申命者，曉諭于事先；行事者，踐言于命後，非有兩件，巽止合而蠱生。故行事者，所以治蠱而防巽也。商之《盤庚》，周之《洛誥》，可謂申命行事之證。

初六，進退，利武人之貞。

《象》曰"進退"，志疑也。"利武人之貞"，志治也。

初承二而應四，重巽之卦，剛柔皆無正應，故從四從二。進退不能自決，非矯之以剛不可，所謂"文人治身，當如武人"是也。進果于進，退果于退，故曰"利"。兩可不決之謂疑，一定不亂之謂治。疑即不治，治即不疑，總在志耳。初變乾純剛，故曰"武人"。

一云民可與樂成，難與慮始，非斷而行之，不足以有爲。《周官》凡出教令，必徇以木鐸，曰不用法者，國有常刑。此其事也。可參。

九二，巽在床下，用史、巫紛若，吉，無咎。

《象》曰：紛若之吉，得中也。

二無應于上，退而比初，心在于下，故曰“床下”。然其巽也，非用以要主之歡，乃用以達己之誠也。巽在床下，正是用史、巫紛若處。象言“得中”，正謂其本于中心之誠耳，非不詔不亢之謂也。古尊者坐于床，卑俯伏拜跪于床下。史，善祝者。巫，善禳者。一陰在下，二陽在上，床之象。中爻兌爲巫，史、巫之象。初陰居陽位，故教以男子之武。二陽居陰位，故教以女人之紛。

九三，頻巽，吝。

《象》曰：頻巽之吝，志窮也。

九三居兩巽之間，一巽未已，一巽後來，故曰“頻巽”。九三以剛處剛，卑巽非其本心，而勉强至此。伯厚曰：柔而剛則能遷善，剛而柔則能順理。復六三柔而不中，勉爲初之剛而屢失，故“頻巽”。“頻復”者，終于能復也。“頻巽”者，終于不巽也。

六四，悔亡，田獲三品。

《象》曰“田獲三品”，有功也。

三品，指下三爻，四居五下，巽順而盡事君之禮，故初六、九二、九三莫不巽順之，如田獵而有三品之獲也。大臣謙恭下士，收拾天下之人才如此，其有功于國大矣。三品者，初巽爲雞，二兌爲羊，三離爲雉也。解曰“田獲三狐”，去小人也。巽曰“田獲三品”，親君子也。三損三益之辨，其嚴哉！

九五，貞吉，悔亡，無不利，無初有終；先庚三日，後庚三日，吉。

《象》曰：九五之吉，位正中也。

巽爲疑卦，九二中矣，猶以不正自疑，紛紛而不決。九五中而且正，其巽之疑悔至是盡亡。又曰“無不利”者，決之也。

巽卦惟此爻爲美，其多疑猶若此。巽之止于小亨，有以也。九五之吉，位正中也。言其吉獨此一位耳。九五制命之主，故于此統論一卦之義，先庚後庚，庚變更也，續也。凡事之變，必其初不善，故曰“無初”，變而歸善，故曰“有終”。既欲變更，必告人以欲變之意，先後反覆，不一而足。所謂重巽申命也。觀《盤庚》三篇可見。

先後甲三日，重甲也。甲者，始也。先後庚三日，重庚也。庚者，更也，巽之弊終于蠱，非甲不足爲事端。蠱之害始于巽，一庚已足以善後。蠱亂而治，有復之道，故曰“終則有始”。巽變而蠱，有凶終之道，故曰“無初有終”。

上九，巽在床下，喪其資斧，貞凶。

《象》曰“巽在床下”，上窮也。“喪其資斧”，正乎凶也。

上九與九二皆以陽居陰，失位之象，巽而又巽者也，故皆爲“巽于床下”。陽本能斷，過巽則失其斷，故曰“喪其資斧”，斧，武人器也。能斷，則其貞爲利，初是也。不能斷，則其貞爲凶，上是也。爻柔位剛，猶望其斷；爻剛位柔，則并其斷失之矣。謙與巽皆美德，謙之過而取其行師征國邑，巽之過而至于喪資斧，皆不欲其過也。本卦中，爻兑金，又離爲戈兵，有斧之象。

巽與謙相類而不同，謙主惕，中實而若虛，其至也，德盛而禮恭。巽主陰，內柔而性入，其弊也，詔長而失己。

兑　兑下兑上

兑：亨，利貞。

柔在外爲利，剛在內爲貞。

《彖》曰：兑，説也。剛中而柔外，説以利貞，是以順乎天而應乎人。説以先民，民忘其勞。説以犯難，民忘其死。説之大，民勸矣哉！

兌，説也，與"咸，感也"同。咸去其心，兌去其言，故咸則無心之感，兌則無言之説也。剛中指二五，柔外指三上，説本柔道，宰之以剛中，是情依性而出，所謂貞也。貞也者，天之命而人之心也，故上順天，下應人。順天者，上兌也。應人者，下兌也。天之視听寄之民，故下單言應人，以天在人中也。勸民與民勸相去遠矣，是以聖人大之。

《象》曰：麗澤，兌。君子以朋友講習。

兌取無言之説，朋友何以講習爲也？蓋講明義理而習之不輟，説自生矣。説固在語言文字外也。

初九，和兌，吉。

《象》曰：和兌之吉，行未疑也。

兌自有和義，獨于初爻言者，以其居下無應，世故未著，情欲未牽，率性而行者也。和者，天下之達道，故吉。空空洞洞，任天而行，何疑累之有？

初去三遠，不特志可信，而行亦未涉于可疑。二去三近，行雖不免于可疑，而志則可信。

九二，孚兌，吉，悔亡。

《象》曰：孚兌之吉，信志也。

本卦無應與，專以陰陽相比，言二剛中之德，孚信內充，雖比小人，自守不失，正所謂和而不同也。"信志"即"誠心"二字，此與革九四異，彼則人信，此則己信。

六三，來兌，凶。

《象》曰：來兌之凶，位不當也。

三抑己而從初二，曰"來"，上無所之也。上牽四、五而從己，曰"引"，下有可動也。三説不以道，求親而反疏也。如弘霸嘗元忠之糞，彭孫濯李憲之足，丁謂拂萊公之鬚，皆爲人所賤，豈不是凶？

九四，商兌未寧，介疾有喜。

《象》曰：九四之喜，有慶也。

四上承九五，下比六三，所説商量未定，以其爻剛位柔，半動半靜，故其象如此。四于此未能如初九之無疑也。聖人謂其道惟有一疾，而其疾惟有一介，毅然絶匪類而從大君，則名義正而可喜矣。喜猶一身之遇合，慶則社稷生靈之福也。

九五，孚于剝，有厲。

《象》曰：“孚于剝”，位正當也。

陰來比陽爲兌，陽往比陰爲剝。五密近于上，爲其所惑而不知，是大奸而誤認爲忠者也，故曰“孚于剝”，可危甚矣。“位正當”者，傷于所恃也。英察之主自謂能制其命，正倒授之以權矣。明皇之李林甫、德宗之盧杞似之。

五不言兌，君不可心乎説。心乎説則害者紛至，可勝道哉？諸爻皆有義而無象，辭亦簡嚴，與他卦異。

上六，引兌。

《象》曰：上六“引兌”，未光也。

此卦以二陰爲悦主，四陽爻則皆其所説者。三以柔居剛，爲下兌之主，動而求陽之悦，故曰“來兌”。上以柔居柔，爲上兌之主，靜而致陽之説，故曰“引兌”。“引兌”與“來兌”不同，無心于人而人自悦之，如莊生所云“形渫成光，不能使人不保汝”者也。“來兌”者，其心易知，其爲害淺。“引兌”者，其心難知，其爲害深。味“未光”二字，小人之心術大可畏矣。

渙　　坎下巽上

渙：亨。王假有廟，利涉大川，利貞。

萃因民之聚，立廟以堅其歸向之心，懷保之道也。渙憂民之散，立廟以收其蕩析之心，招携之術也。"貞"字單承"涉川"言。

一云假廟、涉川皆以象言，非真假廟、涉川也。如沛公約法三章，以聚天下之人心，即假有廟之象。涣時若不如此，雖立千萬廟，以聚祖考之精神，亦何益哉？《易》蓋有此象而無此事、無此理也。

《彖》曰"涣，亨"，剛來而不窮，柔得位乎外而上同。"王假有廟"，王乃在中也。"利涉大川"，乘木有功也。

二以剛在險中，力能濟險，四以柔在險外，而上同于五。動無違道，故亨。《彖傳》之意，全重二、四兩爻，在中，言其念茲在茲，無言之奏，有出儀文之外者。"乘木有功"，言其巽時順勢，一往無前，險失其所爲險矣。十三卦舟楫之利，獨取諸《涣》者以此。

《象》曰：風行水上，"涣"。先王以享于帝立廟。

享帝而與天神接，立廟而與祖考接，皆聚己之精神，以合天人之涣也。全在"涣"字上取義。

初六，用拯馬壯，吉。

《象》曰：初六之吉，順也。

濟險之具，在川用木，在陸用馬。初入坎未深，反而登岸。用二美脊之馬以救之，則吉矣。若非順二，豪傑肯降志以相從耶？凡陰有資于陽者，皆曰"拯"。

蘇子瞻曰：明夷之六二，有馬不自乘，而以拯上六之傷。涣之初六，有馬不自乘，而以拯九二之險。彖、象皆以爲順，言忠順之至也。此又以初爲馬矣。

九二，涣奔其机，悔亡。《象》曰"涣奔其机"，得願也。

二在險中，急急出奔，以五爲机而就之，舍危而趨安，所謂剛來而不窮也。五爲巽木，中爻震爲足，木而有足，机之象。時説多主據上游，羆要害言，机木出蜀中，似榆。《山海經》云：
"大堯之上多机"。

六三，渙其躬，無悔。

《象》曰"渙其躬"，志在外也。

六三以坎體之上渙其躬，險將脱也。諸爻獨三應于上，三能
求援而出險，所謂志在外也。坎上則當渙之時，應上則得渙之
助，故無悔。夫惟渙其躬，而後可明匪躬之道矣。

六四，渙其群，元吉。渙有丘，匪夷所思。

《象》曰"渙其群，元吉"，光大也。

六四巽主出坎險之上，渙所由濟，所謂内掌機密、外宣化命
是也。四與下二陰爲群，而獨居正位，志在上同。心無私繫，能
渙險類之群，所以大善而吉也。大聚曰丘。人知群之爲群，而不
知群之當渙。知群之當渙，而不知渙之爲聚，故曰"匪夷所
思"。四既不應初，又不比三，故以"渙其群"屬之。朝無私
人，何等光大！

九五，渙汗其大號，渙王居，無咎。

《象》曰"王居，無咎"，正位也。

散人之疾而使之愈者，汗也。解天下之難而使之安者，號
令也。當渙之時，上下猜疑，須渙汗其大號，宣朝廷之德意，
然布告之具文又不足以感父老也。又渙王居焉，上不屯其膏，
而可收天下之心矣。唯以正居位，故能如此。巽爲風，有號
令象。

上九，渙其血去逖出，無咎。

《象》曰"渙其血"，遠害也。

上以陽居渙極，人事天運，兩得之矣。故將前日之傷害者而
渙去之，使斯民皆遠出于湯火之外，拯渙之責盡矣，故無咎。

當渙之時，惟剛柔相合而不散可以拯之。初柔二剛，合于下

也。五剛四柔，合于上也。上剛三柔，合于應也，渙豈有不濟者哉？彖辭因渙以求聚之義，爻辭因渙以明散之義。

節 兑下坎上

節：亨。苦節不可貞。

澤上之水，其容有限。增之則溢，故爲節。五行以甘爲正味，稼穡作甘者，以中央土也。若火炎上，則焦枯所以作苦。不可貞者，謂不可以之爲貞也。六爻以當位爲善，不當位爲不善。初九、六四、九五，當位者也，故無咎，亨吉。九二、六三，不當位者也，故凶嗟。至上當位而亦凶者，以其當節之極，處上之窮，其取義又自不同也。

《彖》曰"節，亨"，剛柔分而剛得中。"苦節不可，貞"，其道窮也。説以行險，當位以節，中正以通。天地節而四時成，節以制度，不傷財，不害民。

剛柔當"豐""險"〔二〕二字看。剛之體實爲儉，柔之體虛爲豐。"剛得中"者，二五也，言剛柔雖分内分外，而剛皆得中，唯中故亨。若苦節則不中矣，不中故窮。窮者亨之反，亨則不窮，窮則不亨也。下言不窮之道，説則易流，遇險則止，此聖人之所爲節也。九五當位，主節之權，其節天下，一以大中至正節之，中正以通，非即説以行險者通之乎？是道也，發之天地矣。制者，法禁也。故天子之言曰"制書"。度者，則也，分寸尺丈引爲五度。"節以制度"，是量入爲出，如《周禮》九賦九式，有常數常規是也，則不至匱乏，故不傷民；不苦誅求，故不害。

《象》曰：澤上有水，節。君子以制數度，議德行。

古者之制器用、宮室、衣服，各有多寡之數，隆殺之度，使賤不逾貴，下不侵上，是之謂制數度。得于中爲德，發于外爲行。議之者，商度其無過不及，而求歸于中，如直、溫、寬、栗之類是也。制者，節民于中；議者，節身于中。坎爲矯輮，制之象；兑爲口舌，議之象。

初九，不出户庭，無咎。

《象》曰"不出户庭"，知通塞也。

居節之初，知前爻蔽塞，又所應艱難不可以行，故不出，此知節之時者也。初本知塞，而象言通者，蓋時當塞，而通之理寓焉，見初非知塞而不知通者也。

九二，不出門庭，凶。

《象》曰"不出門庭，凶"，失時極也。

二非初之時矣。前無蔽塞，正可尚往，乃失位無應，昧進止之宜，亡君臣之義，節之失時者也。

六三，不節若，則嗟若，無咎。

《象》曰：不節之嗟，又誰咎也？

初與二皆以不出爲節，然初無咎而二凶者，以初知塞，而二不知通也。六三坎至此入澤，乃成節之主爻。然陰柔無能節之德，自取困窮，唯嗟歎而已。嗟者，財以費而傷，德以縱而敗也。自作之孽，何所歸咎？

六四，安節，亨。

《象》曰：安節之亨，承上道也。

安者，順也。上承君之節，順而奉行之也，故其象爲安。數度德行，舉其大者而言耳。若臣安君之節，則非止二者。道即甘節之道。

九五，甘節，吉，往有尚。

《象》曰：甘節之吉，居位中也。

他卦之節，節其在我者。九五之節，以節節人者也。節天下而使天下甘之，化行俗美，恭儉廉讓之風成矣。以此而行，聖人之所尚也，中可以兼正，故止言中。

在臨之三，則我求説于人，故無攸利。在節之五，則人自説于我，故行有尚。

上六，苦節，貞凶，悔亡。

《象》曰"苦節，貞凶"，其道窮也。

五得中，故甘。上過中，故苦。苦節不可貞，貞則凶矣。凶，故苦節者所自甘也，聖人哀其志曰"道窮"，是不以非道而窮，殆以道而窮者與？貞凶者，無甘節之吉，以事言也。悔亡者，無不節之嗟，以理言也。《易》以禍福配道義，而道義重于禍福。故大過，上六過涉滅頂無咎，而此曰悔亡，見理之得失重于事之吉凶也。

爻各相比而相反。初與二比，初無咎而二則凶，二反乎初者也。三與四比，四亨而三嗟，三反乎四者也。五與上比，五甘而上苦，上反乎五者也。

中孚　　兌下巽上

中孚：豚魚吉。利涉大川，利貞。

中孚兼虛、實二義。然一絲不掛者，即萬理咸備者也，實非有兩。江豚吹浪，則必有風，無或爽者，言人之中孚如豚魚則吉矣。涉川，正是中孚得力處。豚魚知風，鶴知夜半，雞知旦，皆物之有信者，故中孚取爲象。朱子言：中孚乃疊畫之離，離爲飛鳥，故六爻多取象飛鳥也。

《象》曰：中孚，柔在内而剛得中。説而巽，孚乃化邦也。豚魚吉，信及豚魚也。利涉大川，乘木舟虛也。中孚以利貞，乃應乎天也。

全象只重"柔在内"三字，柔在内，是吾人太虛之本體，即天體也。空洞無我，物莫能干，偏倚俱融，和説自出。剛中以此，説巽以此，故極孚之所至，而邦可化，險可濟，合乎天命自然之正，而相應不違矣。信及，"及"字只作"等"字看。

《象》曰：澤上有風，中孚。君子以議獄緩死。

用刑者中心有毫髮之疑，受刑者中心有毫髮之憾，即非中孚。

初九，虞吉，有他不燕。

《象》曰：初九"虞吉"，志未變也。

虞者，度也。燕者，喜也，安也。定交在初，防心亦在初。初之與四孚也，不患交不固，而患心不一。虞者，防心之法也。虞之心，斷無有他。倘其志不定，而他求所應，初之心，豈能燕然而已乎？志未變，正言其初念最純，繫心于一，竟其志于終可也。

九二，鳴鶴在陰，其子和之。我有好爵，吾與爾靡之。

《象》曰"其子和之"，中心願也。

"子"與"爾"皆指五。好爵，懿德也，因中孚感應極至，而無以加，所以不論君臣，皆呼"子爾"也。鶴鳴子和者，天機之自動。好爵爾靡者，天理之自孚。

中二陰如鳥卵，二與五如鳥之抱卵，故曰"靡"，曰"攣"，皆抱卵象。靡即好爵，鳥雛也。"孚"字從爪，從子，其義更明。

六三，得敵，或鼓或罷，或泣或歌。

《象》曰"或鼓或罷"，位不當也。

以六三應上，位居不正，此爲説之極，彼爲信之窮，皆相敵矣，故曰"得敵"。謂之敵，原非配而助我者，我不能自主，而惟敵是從，是以作止哀樂。漫無常度，而顛倒舛錯乃爾。

六四，月幾望，馬匹亡，無咎。

《象》曰"馬匹亡"，絕類上也。

六四以柔乘剛，竭精白以事君，如幾望之月，于日光無所不受，下絕黨與，一心從上，又有馬匹亡之象。匹者，配也，指初九也。坤以喪朋爲吉，中孚以絕類爲無咎。

九五，有孚攣如，無咎。

《象》曰"有孚攣如"，位正當也。

六爻不言孚，唯九五言之，九五孚之主也。"攣"字與"靡"字皆有真誠固結、終不可解之意。靡者，繫戀也；攣者，相連也。如合九二共成一體，包二陰以成中孚，故有此象，正所謂剛得中，説而巽者，故無咎。

上九，翰音登于天，貞凶。

《象》曰"翰音登于天"，何可長也？

上居中孚之極，極則中孚變矣。蓋聲聞過情，不能長久于中孚者也，故其象爲"翰音登于天"，蓋音飛而實不從之謂也。雞鳴必先振拍其羽，故曰"翰音"，雞巽象，巽爲高，又在卦上，登天之象。袁了凡曰："鶴有實德，則鳴在陰而遠聞；雞本卑棲，則音登天而非實。"中孚之所以孚者，以中虛也。如其不虛，則人懷其心，方扞格之不暇，而何孚之有？儒者率以"實"訓"誠"，獨《中庸》以天道爲誠，以不思不勉爲天道。思爲不行，浮華盡剥，此虛之至也。虛則誠，不虛則不誠。觀中孚卦體，尤爲較著，善哉。

朱太祖論"誠"：如浮雲之馳空，漚花之汎水，電影之逐風，睡酣之幽夢。可謂得之。

小過　　艮下震上

小過：亨，利貞。可小事，不可大事。飛鳥遺之音，不宜上，宜下，大吉。

陰柔之人多謹密周慎，故亨，然必利于正也。蓋大過則以大者爲貞，小過則以小者爲貞，雖小事，亦宜退斂居下，如飛鳥之遺音然，方吉也。可不可，宜不宜，文王判出一公案以示人耳。不可大事，猶云若大事則俟大者爲之耳。

小過錯中孚，未錯中孚象離。離爲雉，乃飛鳥也。既錯變爲小過，則象坎矣。見坎不見離，則鳥已飛過，但有遺音也。上則乘剛，故不宜上，下則承陽，故宜下。中爻兌爲口舌，遺音之象。

蘇氏曰：小過有鳥之象，四陰據用事之地，其翼也；二陽因于內，其腹背也。翼欲往，腹背不能止；翼欲止，腹背不能作也。故飛鳥之制在翼。愚謂六爻惟初與上言飛鳥，正謂初六、上六爲兩翼也。

《彖》曰：小過，小者過而亨也。過以利貞，與時行也。柔得中，是以小事吉也。剛失位而不中，是以不可大事也。有飛鳥之象焉："飛鳥遺之音，不宜上，宜下，大吉"，上逆而下順也。

過無小大，皆所不宜，不得已而小過，亦當知止。宜下者，貞之所在，即時之所在也。小事用柔，柔得中正，是合時宜處。大事用剛，剛失位不中正，是不合時宜處。故不宜上而上，逆時者也。宜下而下，順時者也。

《象》曰：山上有雷，小過。君子以行過乎恭，喪過乎哀，用過乎儉。

山上有雷，其聲漸遠，故爲小過。恭以救誚，哀以救易，儉以救其過，以補其不足，趨于平而已。所謂時中也。

初六，飛鳥以凶。

《象》曰"飛鳥以凶"，不可如何也。

初柔而處下，本順也，乃上應于四，不安艮止之常而妄徹震動之事，如小鳥高飛，力盡必墮，其凶何疑？故曰"飛鳥以凶"。"不可如何"者，即莊生所言"速成不及改"也。以者，因也，因飛而致凶也。夫子即以文王之不可爲不可也。

六二，過其祖，遇其妣。不及其君，遇其臣，無咎。

《象》曰"不及其君"，臣不可過也。

三爲父，四爲祖，四尊于三也。妣指六五而言，三爲艮主，故爲君。二之柔，不敢越過三之剛，而隨與初遇，故曰"不及其君，遇其臣"。初爲臣者，初在二下也。二得臣道之純，去驕亢而崇謙抑，爲過祖遇妣之象如此，則于君無僭逼之嫌，于己明在道之分，是爲"不及其君，遇其臣"也。

九三，弗過防之，從或戕之，凶。

《象》曰"從或戕之"，凶如何也！

小過乃陰過之時，故二陽爻皆稱"弗過"，言陽弗能過也。"防之"，防陰也，弗能過之，則當防之，若不防而反從之，則彼得以戕我而凶矣。《春秋》臣弑其君，故曰"弑"，或曰"戕"，弑者，其所從來有漸，而戕者，一朝一夕之故也。

九四，無咎，弗過遇之。往厲必戒，勿用，永貞。

《象》曰"弗過遇之"，位不當也。"往厲必戒"，終不可長也。

弗過者，弗過乎陰也。遇之者，反遇乎陰也。三之陰在下，其性止，故惟當防。四之陰在上，陽性上行，且其性動，與之相比，故遇也。往者，往從乎陰也。永貞者，貞實之心長相從也。陰而可長從乎？故既戒其往，而又戒其永也。本卦陰過乎陽，陰陽不可相應，六爻以陽應陰者皆曰"弗過"，以陰應陽者皆曰"過之"。

六五，密雲不雨，自我西郊。公弋，取彼在穴。

《象》曰"密雲不雨"，已上也。

二陽，君也，祖也，乃降而居下。二陰，臣也，妣也，乃升而居上。二與五應，故往而求之，然必過三與四而始見六五，故爲過祖與君而遇妣與臣之象，臣不可言"過君"，故曰"不及"，如言不相值云耳，其實即過也。"密雲不雨"，則無陽也。"自我西郊"，陰爲唱也。已上言過上已甚，即《象》所言"上逆"也。卦體重畫之坎，坎爲穴，二陽在穴中，五自上臨之，故又有公用取彼在穴之象。非陰陽正應，故曰"弋取"。夫鳥避于穴，是不飛者也，取而用弋，是不能取者也，猶雲之自西而東，不能成雨也。總言其不能成小過之事。夫小畜以小畜大，而諸陽不爲六四用；小過以小過大，而二陽不爲六五用，其義一也。"在穴"指六二者，非小畜終于既雨者，陽之極爲陰也。小過終于已亢者，陰之極爲陽也。二卦皆陰得志之時，故周公小過之爻辭同文王小過之卦辭。

上六，弗遇過之，飛鳥離之，凶，是謂災眚。

《象》曰"弗遇過之"，已亢也。

此爻正與九四相反，弗過遇之者，言陽不能過乎陰，而與五相比，是弗過乎陰而適遇乎陰也。此曰"弗遇過之"者，言上六乘五，不能遇乎陽，而居于上位，反過乎陽也。離之者，高飛遠舉，不能聞其音聲，正與飛鳥遺之音相反。凡陰多于陽者，聖人皆曰"有災眚"，故復卦上六亦言之。本卦宜下不宜上，至六五則上矣。上六已亢，則更上矣，故皆不能成小過之事。

既濟 　離下坎上

既濟：亨小，利貞。初吉，終亂。

"小"字從"既"字生來。

《象》曰"既濟，亨"，小者亨也。"利貞"，剛柔正而位當也。"初吉"，柔得中也。"終止則亂"，其道窮也。

初吉，終亂，以柔在二則吉，在上則亂。卦象離明在內，坎險在外，亦有初吉終亂之象。蘇氏曰：柔皆乘剛，非正也，以濟變則可。既濟變而反其正，以此終焉，止而不變則亂矣。張氏曰：卦曰“終亂”，而象曰“終止”，則亂非終之所能亂也。于其終而有止心，此亂之所由生也。大凡常人之情，處多事則戒心生，處無事則止心生。若知戒而不止，則濟可常保。

《象》曰：水在火上，既濟。君子以思患而豫防之。

患者，蹇難之事，象坎險。防者，見幾之事，象離明。夫未雨而撤桑土，未火而徙積薪，天下之事莫不皆然，非但既濟當如是也。一念之止即爲患，一念之不思即爲止。

初九，曳其輪，濡其尾，無咎。

《象》曰“曳其輪”，義無咎也。

坎爲輪，爲狐，爲曳。輪、狐、曳之象也。若專以初論，輪在下，尾在後，皆初之象，與賴輪以行，曳其輪則不前。狐必揭其尾而後濟，濡其尾則不濟，皆不輕動之象。

六二，婦喪其茀，勿逐，七日得。

《象》曰“七日得”，以中道也。

離文明，有翟茀之象。五上二下，男不下女，不以茀來迎，則婦喪其茀，不可行矣。然二五正應，終必相合，故勿逐自得。七日者，陰陽極于六，七則變矣。特變則自得。《爾雅》“輿革，前謂之鞎，後謂之茀”、《詩》“翟茀”“簟茀”是也。

喪，但失其在外者，逐則失其在我者。

九三，高宗伐鬼方，三年克之，小人勿用。

《象》曰“三年克之”，憊也。

九三，离日將昃，剛得正而位不中，聖人深致警焉。若曰“以高宗之賢，其用兵之難如此，而況既濟無事之世，任用小人，舍內治而幸邊功，未免窮兵厲民矣”。故既言兵不可輕動，而又言任人之當審也。坎爲隱伏，又位居北，故曰“鬼方”，鬼方極遠之國，即莫靡之屬也。一云九三剛毅，可用征伐。爲君者勿以旦夕期功，勿以小人參任，方得。亦通。

六四，繻有衣袽，終日戒。

《象》曰"終日戒"，有所疑也。

六四出離入坎，濟道將革，當涉險之始，居多怪之地，故有此戒。"有衣袽"而又"終戒"者，謂豫防而仍思患也。《説文》："繻，繪采也"。凡帛皆可言繻。袽，絮緼也，一作帤，塞漏孔之敝帛也。《黄庭經》"世事紛紛如臭帤"，即此。四變中爻爲乾，衣之象；錯坤爲帛，繻之象。

九三善用其剛，防在外患。六四善用其柔，防在内治。

九五，東鄰殺牛，不如西鄰之禴祭，實受其福。

《象》曰"東鄰殺牛"，不如西鄰之時也。"實受其福"，吉大來也。

九五既濟久矣，禮樂文物，制度儀等，依然如舊也。然行法者非夙心，守法者非舊人，僅有文具而已，此何足以感人而格神也？享神者在誠不在物，保治者以實不以文，故曰"東鄰殺牛，不如西鄰之禴祭，實受其福"，此蓋教五以艱難保濟，祈天永命之道，非君失其時，不如臣得其時之説也。時，即"二簋應有時"之"時"。

上六，濡其首，厲。

《象》曰"濡其首，厲"，何可久也？

上六在既濟之終，已出坎水之上矣，下應九三，則又浸于坎水之中，豈不危厲？既濟一變，則倒轉爲未濟，首反向下，故其象如此。初九思患豫防者也。上六終止則亂者也。大過上六，澤水之深矣，故滅頂；既濟上六，坎水之深矣，故濡首。

未濟　坎下離上

未濟：亨。小狐汔濟，濡其尾，無攸利。

未濟終于必濟，然未可輕于濟也。如不度德量力，冒然而往，如小狐見水邊之淺洞，果于必濟，及至中流之深，乃濡其尾而不能濟矣。不利安得亨？坎爲狐，居下卦，故曰"小狐汔濟"也。

《象》曰"未濟，亨"，柔得中也。"小狐汔濟"，未出中也。"濡其尾，無攸利"，不續終也。雖不當位，剛柔應也。

未濟之亨，全由陰得陽以爲助，而剛柔之應，唯柔中者能之，故既濟保濟，未濟求濟，亦此柔中也。"未出中"與"不續終"相呼應。濟而得濟謂之終。不續終者，言其敬慎之心終與始不相續也。《經繹》曰：既濟敬終，未濟亦敬終。

《象》曰：火在水上，未濟。君子以慎辨物居方。

火炎上，水潤下，物不同也。火居南，水居北，方不同也。慎辨物，使物以群分，慎居方，使方以類聚。履有天澤之辨，同人有族物之辨，未濟有居方之辨。

初六，濡其尾，吝。

《象》曰"濡其尾"，亦不知極也。

極者，終也，即不續終之謂。

九二，曳其輪，貞吉。

《象》曰：九二貞吉，中以行正也。

初之濡尾，欲進而不能者也，故吝。二之曳輪，能進而不欲者也，故貞吉。二本非正，以中故得正也。

六三，未濟，征凶，利涉大川。

《象》曰"未濟，征凶"，位不當也。

既濟登岸，乃可征行。未濟而行，有没身而已。此自用不足之象也。水深必賴木以渡，才弱須藉人以濟。利涉大川，任人則裕之象也。未濟上三爻皆善，與否同。

九四，貞吉，悔亡；震用伐鬼方，三年有賞于大國。

《象》曰"貞吉，悔亡"，志行也。

未濟之爲卦也，以水火不交也，是以居中者，其資重。三出坎而承離，故以涉川爲利。四居離而履坎，故以伐國爲功。三以位，四以才，拔難樹功，上下所倚籍也。既濟之世利用静，故九三伐鬼方，而憂其憊。未濟之世利用動，故九四伐鬼方，而得其賞。九四蓋以震爲貞者也。志，即濟險之志。履之九四，否之九四，睽之九四，皆言志行，以四多懼故也。悔亡與無悔不同，無悔者，自無悔也；悔亡者，有悔而亡也。

六五，貞吉，無悔。君子之光，有孚吉。

《象》曰"君子之光"，其暉吉也。

貞吉，與咸九四"貞吉"同，虚中無我之義也。光，與謙"尊而光"之"光"同，下濟光明之義也。有孚，謂五孚于二，六五雖不當位，而與九二剛柔相應，同心以濟難者也。離爲光，而人君之光非一人所能獨成，乃因與賢臣有孚，以致其光，故其光也吉，而非剛明自任之光也，故曰"君子之光，有孚吉"。《象》曰：君子之光，其暉吉也。管輅曰：日中爲光，朝日爲暉。夫中則日在上，朝則日在下，在上之光以在下之暉而獲吉，則五以二而獲吉明矣。舊説謂"暉爲光之散，且云貞吉，一身之吉；暉吉，天下之吉"，殊欠理會爻中兩"吉"字，上指大五，下指九二。

上九，有孚于飲酒，無咎。濡其首，有孚失是。

《象》曰"飲酒，濡首"，亦不知節也。

既濟之終，有亂之理，故上六以濡首爲人事之危。未濟之終，有濟之理，故上九以濡首爲人事之失也。六五以九二爲孚，則上九之孚者，六三也。濟以孚爲美，然而所以用此孚者，不可忽也。三以坎從離，則得其濟，有燕飲之樂矣。若上自離入坎，縱而忘返，則必墮落于坎陷之中，自濡其首，所有孚酒食者不是矣，安得無咎？節，即所謂是也。王氏曰：《易》之始終皆陽也。

始乾之初九，終未濟之上九。

校勘記

〔一〕"域"，據文意當作"閾"。

〔二〕"險"，據文意當作"儉"。

繫辭上傳

　　上、下傳二十四章，言乾坤、剛柔、天地者十有七，皆所以發明乾坤之理。《易》首乾坤，而六十四卦皆在其中，凡陽皆乾，凡陰皆坤也。

　　天尊地卑，乾坤定矣。卑高以陳，貴賤位矣。動靜有常，剛柔斷矣。方以類聚，物以群分，吉凶生矣。在天成象，在地成形，變化見矣。

　　夫《易》之始于乾坤何也？以乾坤之卦本天地所自有，非聖人安排布置之也。方乾坤之未畫，觀天之尊，地之卑，而乾坤已定于此矣。而天地中所有之卑高動靜、方物象形，亦先乾坤中；所有之貴賤剛柔、吉凶變化，而位、而斷、而生、而見矣。此節只重“乾、坤”二字，見得六十四卦總是一乾坤，而貴賤等乃其中所具之物件。夫子闡論乾坤而并及之耳，不可以此等與乾坤并列也。卑高動靜俱兼天地萬物言，斷是判然不渾，方是四方之方，先儒謂事情所向，恐不然也。此條言天地對待之體。

　　是故剛柔相摩，八卦相盪。鼓之以雷霆，潤之以風雨。日月運行，一寒一暑。乾道成男，坤道成女。乾知大始，坤作成物。

　　惟天地萬物有此對待，故剛柔八卦相摩相盪。八卦者剛柔之體，剛柔者八卦之性。總則剛柔，分則八卦。惟兩間之氣自爲摩盪，于是鼓雷霆，潤風雨，日月寒暑運行往來，形交氣感，男女于是乎生矣。分之則乾男而坤女，合之則乾始而坤終。蓋未成之物無所造作，故言“知”。已成之物曾經長養，故言“作”。萬物始于坤，坤又始于乾，故曰“大始”。此條言天地陰陽流行之妙。風不可以言潤，《樂記》作“奮之以風雨”，《釋典》引鼓之以雷霆，陽動也，潤之以風雨，陰隨也。

乾以易知，坤以簡能。易則易知，簡則易從。易知則有親，易從則有功。有親則可久，有功則可大。可久則賢人之德，可大則賢人之業。易簡而天下之理得矣，天下之理得，而成位乎其中矣。

乾惟知始物，別無所知。坤惟知成物，別無所能。此所以易簡也。凡人之知，屬氣屬魂；凡人之能，屬形屬魄。故乾以知言，坤以能言也。人若法乾之易，則易知矣；法坤之簡，則易從矣。易知者，我易知乎此無私之理也；易從者，我易從乎此無私之理也。非人知、人從也。有親有功，皆屬于己。《易》盡于乾坤，乾坤盡于易簡，故易簡而天下之理得。易中三才，成其六位者此也。"易則易知"，上"易"字，"平易"之"易"；下"易"字，"難易"之"易"。此條言人成位乎天地之中，這章原《易》所由作，通未説到易上，至下章方言易。

右第一章

聖人設卦觀象，繫辭焉而明吉凶，剛柔相推而生變化。

上章明《易》之乾坤，觀天地之象而得之，此則言聖人所以繫詞之故亦出于觀象也。聖人指文、周言。伏羲始畫八卦，重之爲六十四卦，所謂八卦以象告，而吉凶變化之理未之詳也。至文王觀六十四卦之象而繫之象辭，周公觀三百八十四爻而繫之爻辭，吉凶明，變化生，易之理始大備矣。于是以二端折〔一〕爲四類而言之。吉凶者，得失之已定者也，其憂虞之初則謂之悔吝。變化，易之用也。其所以變化，則剛柔二物而已。故觀吉凶者必自悔吝始，觀變化者必自剛柔始。文、周觀此四者而繫之以辭，讀《易》者亦當觀此四者而玩文、周之辭，則静居動作無利而不入矣。孔子作《大傳》一篇，全爲此事，故學者以繫辭名之。吉凶者，占也，占以静而明。剛柔相推者，象也，變由象而出。

是故吉凶者，失得之象也；悔吝者，憂虞之象也；變化者，進退之象也；剛柔者，晝夜之象也。六爻之動，三極之道也。

于事爲得失，于辭爲吉凶，于事爲憂虞，于辭爲悔吝。得失憂虞以人事言，進退晝夜以造化言。進退不常，晝夜一定，變化剛柔，不是兩件，活看爲變化，煞看爲剛柔。進退晝夜，還説個"象"字。太極無象，下不得"象"字，故曰"道"。未動爲爻，既動爲道，動處就是道，不動不可以爲道也。要之，進退晝夜就是三極中事體，非有精粗。蘇子瞻曰："理出于一而至于無窮。人之觀之，以爲有無窮之異也。聖人觀之，則以爲進退晝夜之間耳"。見其今之進也，而以爲非向之退者，可乎？見其今之明也，而以爲非向之晦者，可乎？聖人以進退觀變化，以晝夜觀剛柔。二觀立，無往而不一也。此即以死生爲寤寐之説，大有妙理可參。

陰陽，天之極。剛柔，地之極。仁義，人之極。三才皆以道而立，猶屋之有極而立爲屋也。屋極之極，有形也。無極之極則曰太極，猶莊子之言"大塊"也。塊有限，而塊之無限曰"大塊"。

是故君子所居而安者，《易》之序也；所樂而玩者，爻之辭也。

以下言學《易》之事。"居"指身所處言，"安"有不遷意。《易》兼卦爻，序即消息、往來、時宜之理。爻辭旨遠辭文，言曲理中，真足供人樂玩。

是故君子居則觀其象而玩其辭，動則觀其變而玩其占。是以"自天佑之，吉無不利"。

辭因象而繫，占因變而決，靜而未卜筮時，易之所有者，象與辭也。動而方卜筮時，易之所有者，變與占也。易之道，一陰一陽，即天道也。如此觀玩，則所趨皆吉，所避皆凶，靜與天俱，動與天游矣。

聖人係詞，全是借象以顯道，道之所在即天也。君子學《易》，全要得道而忘象，得道忘象則與天爲一矣。君子與天合一，方完學《易》工夫。

右第二章

《象》者，言乎象者也。爻者，言乎變者也。吉凶者，言乎其失得也。悔吝者，言乎其小疵也。無咎者，善補過也。

此章統論卦爻所繫之辭之通例也。首節解《繫辭》之文，下節讀《繫辭》之法。蓋象辭所言之象，即下文所用卦也。爻辭所言之變，即下文所謂位也。吉凶、悔吝、無咎皆辭也，獨辨吉凶謂之辭者，悔吝可以介而免，無咎可以悔而致，非有憂虞之心者不能識其微。至于吉凶，得失之大者，讀其辭皆可辨也。此而不悟，聖人亦末如之何也已。《象》《爻》各有象變，獨于《象》言象，于爻言變，取其尤著者耳。凡言動之間，盡善之謂得，不盡善之謂失，小不善之謂疵。覺其小不善，欲改而尚未改，于是乎有悔。覺其小不善，不能改，或不肯改，于是心有吝。悔未至于吉，向于得而不可言得，而猶有小疵也。吝未至于凶，向于失而不可言失，而已有小疵也。過即咎也，善，嘉其能也。吉凶，得失之大，不如悔吝之小。悔吝，疵病之小，又不如無咎之謂善。

是故列貴賤者存乎位，齊小大者存乎卦，辨吉凶者存乎辭，憂悔吝者存乎介，震無咎者存乎悔。是故卦有小大，辭有險易。辭也者，各指其所之。

五存應四言一善，六爻上體爲貴，下體爲賤。齊者，有所統一之謂。陰小陽大，雖若不齊，惟當其時位者能爲一卦之主而用事焉，故曰“齊”。介者，分也，于善惡初分之時而憂之，則不至于悔吝矣。震者動也，欲動補過之心，必自悔中來也。介在事前，悔在事後。吝者，吉凶悔吝無咎，五者各不同也。“其”字指卦言，各指其所往，如吉凶則趨之避之，如悔吝則憂乎其介，如無咎存乎悔也〔二〕。此教人觀玩之功夫。

右第三章

《易》與天地準，故能彌綸天地之道。

此章言聖人作《易》之事。準者，均平也。惟《易》之作與天地準，故《易》之成也，彌綸乎天地。天地陰陽之用，不能無不足，亦不能無有餘。彌者，補其不足而彌縫之；綸者，約其有餘而條理之也。下文申言彌綸之事，皆就聖人言，而以《易》無體□□□之。聖人即《易》也，彌即下範圍之意，綸即下曲成之意。

仰以觀于天文，俯以察于地理，是故知幽明之故。原始反終，故知死生之說。精氣爲物，游魂爲變，是故知鬼神之情狀。

三知皆申言易所以與天地準也，天地陰陽而已。陰陽之大者，幽明、死生、鬼神而已。聖人知此三者而摹寫於《易》。天地之道，舉該括無餘矣，此《易》所以與天地準。聖人何以知幽明之故也？天之文，地之理，炳如秩如，此其明也，形而下者也。至文理之所以然者，則幽而非耳目之所及，形而上者也。衆人或執器而昧道，或見道而遺器。聖人即器而見道，以道而利器，有無俱妙，真妄兩實，而天地幽明之理盡之矣，此其所以知幽明之故也。何以知死生之說？衆人生不知所從來，死不知所從往，成然寐，冥然覺，所謂流浪生死者也。聖人原之而知生之所以始，反之而知死之所以終，即始終而知其所無始無終者在，即生死而知其有不生不死者存，萬物死生之說盡之矣。此其所以知死生之說也。何以知鬼神之情狀？精氣所聚之物，必有靈焉以主之。精之靈，魄是也。氣之靈，魂是也。其合也，精氣可見而魂魄不可見；其離也，魄之降可測，魂之游不可測。聖人知魂不自變而必生于物，物不終物而必游于變，造化鬼神之情狀盡之矣。

此其所以知鬼神之情狀也。季路之問及此，可謂窮深入微矣。或者謂夫子不答其問，不知實所以深答之也。

與天地相似，故不違。知周乎萬物而道濟天下，故不過。旁行而不流，樂天知命，故不憂。安土敦乎仁，故能愛。

聖人于天地之道，豈特知之而已哉？聖人即與天地相似也，唯相似，故不違。此句總言之，下乃詳其實耳。知周萬物似天也，道濟天下似地也。“不過”即不違。“旁行”者，達變之權，“不流”者，守正之經也。行權而不離于經，智之用也。樂天知命，智之體也。此又自智周萬物而推言之也。“土”者，即其所居，貴賤、險夷、順逆皆是也。身在是，心不在是，不可以言安，不安則厭棄之心生，而所存者薄矣。故安土而後能敦乎仁，而後能無所不愛也。此又自道濟天下而推言之也。

範圍天地之化而不過，曲成萬物而不遺，通乎晝夜之道而知，故神無方而《易》無體。

範如鑄金模範，圍如匡郭之周圍。範圍天地之化，則宇宙在手，造化生身，而天地中之萬物皆可曲成而不遺。聖人之彌綸天地如此，非神無方而《易》無體者，其孰能之？所以然者，只是通乎晝夜之道而知故耳。晝夜之道即幽明、死生、鬼神之謂，唯其通知，所以有此知周道濟、範圍曲成之妙。唯有此知周到濟、範圍曲成之妙，所以爲通知也。張子曰：語其推行故曰“道”，語其不測故曰“神”，語其生生故曰“易”，其實一物，指事易名耳。

葉少蘊曰：凡“易”見于有爲者，皆言用。用之者何？體也。而易不以體對用，故別而論之曰“易無體”。龔深之曰：流行于天地之間者，無不受命于陰陽而從役于晝夜。其微有消息，其著有盈虛，其分有幽明，其數有死生，隨流轉徙未常，知其爲晝夜也，故成然止，冥然行，唯晝夜之所驅耳。通乎晝夜之道者則異此，雖與之來而有所謂不來，雖與之往而有所謂不往。故其體爲神，其用爲易。

右第四章

一陰一陽之謂道。

此言天地之道不外于陰陽，而聖人摩之以作易。莊生所謂"易以道陰陽"是也。一陰一陽循環不已，若道路然，故曰"道"。因兩"一"字纔見生生，纔見不測。

一陰一陽之道不可名狀，其在人則謂之仁智，在天地則謂之德業，在《易》則謂之乾坤。占事而終贊其神也。

繼之者善也，成之者性也。仁者見之謂之仁，知者見之謂之知，百姓日用而不知，故君子之道鮮矣。

天人相接處爲繼，人所稟賦處爲成。曰"善"，曰"性"，孟子之説實原于此。仁智者多却一見，百姓又少却一□，於本來面目遂爲有間耳。"繼"字還是兩個"一"字，所謂天命不已也。

顯諸仁，藏諸用，鼓萬物而不與聖人同憂，盛德大業至矣哉！富有之謂大業，日新之謂盛德。

試觀天地之顯仁藏用而鼓萬物也，業謂之富有，德謂之日新，大且盛矣，實是陰陽自然之妙。以聖人較之，未免有憂，尚有一塵之隔。聖人能以其有憂法天地之無憂，而《易》作焉。仁曰"顯"，用曰"藏"，見陰陽之互根也。

生生之謂《易》，成象之謂乾，效法之謂坤，極數知來之謂占，通變之謂事，陰陽不測之謂神。

何以謂之易？生生也。何以謂之生生？乾之成象，坤之效法也。乾本陽，而名爲乾者，以其健而成象。坤本陰，而名爲坤者，以其順而效法。有乾有坤，則有六子，相生不已。八卦定吉凶，吉凶生大業，而天下之亹亹成矣。何者？極其數而知來者，占也。占則可以知吉凶之兆。通其變而前用者，事也。事則可以盡趨避之方，苟徒知占而不知事，一切俛首以聽于數，則文王當殪于羑里，仲尼亦殯于桓魋矣，何貴于易哉？然占也，事也，一陰一陽，其體雖若有定，而或陰或陽，其變實不可測。知陰陽不測之神，則聖人之無爲與天地之無心始相脗合。而成位乎中者，無媿矣。

右第五章

夫《易》廣矣大矣！以言乎遠則不禦，以言乎邇則静而正，以言乎天地之間則備矣。夫乾，其静也專，其動也直，是以大生焉。夫坤，其静也翕，其動也闢，是以廣生焉。廣大配天地，變通配四時，陰陽之義配日月，易簡之善配至德。

此極贊易之廣大。而所以廣大者，則由其易簡也，不禦也，静而正也，備也。皆易之廣大，而獨以乾坤明之者，乾坤，衆卦之父母，乾坤具而諸卦在其中矣。"其静也專"，"其静也翕"，乃乾坤之本體，所謂"静而正"也。静而正則動無不正，而廣生、大生皆自此出。《易》□廣大，其根原實不逾此，非易簡而何？極言易之廣大，而以此結之，欲求易者，不在于廣大，而在于易簡也。配天地，配四時，配日月，以易配天。配至德，以易配人也。易配天地，可謂廣大矣，而本之易簡之至德。求易者不知易簡而求之廣大，是不知要也。易簡則天下之理得而成位乎其中，配天地、四時、日月之妙，皆在于我也。至德即《大學》之至善，中庸之不顯，無聲無臭，至矣，無以復加矣。

動者，乾坤之相交也。專者絶意于動，直者不可復回，翕者斂之無餘，闢者發之必盡。配者相似也，非配合也。義者，名義也。卦爻中剛者稱陽，柔者稱陰，故曰"義"。

右第六章

子曰："《易》，其至矣乎！夫《易》，聖人所以崇德而廣業也。知崇禮卑，崇效天，卑法地。天地設位，而《易》行乎其中矣。成性存存，道義之門。"

上贊《易》之廣大，此贊《易》之至。至者，無以加之謂也。聖人德崇業廣，擅一時之盛，而實自《易》得之。此《易》之所以為至也。德崇於知，聖人之知，日游于高明而進進不已，故知崇，而德與之俱崇。業廣于禮，聖人之禮日就于平易而步步着實，故禮卑，而業以之益廣。是崇也，天之體固然，聖人特效之，而非其自為崇也。是卑也，地之體固然，聖人特法之，非其自為卑也。蓋自天地設位，卑高以陳，而易之此道已行乎兩間矣，聖人不過因之而已，豈有所安排勉強為之哉？當是時，真性純固，緜緜若存，而冲漠之中，衆妙而已，道義無不自此而出。若曰天之崇如何，而知必如何以效之；地之卑如何，而禮必如何以法之；則亦支離瑣屑，而不足以言《易》矣。

知識貴乎高明，踐履貴乎着實。知崇即尊德性，禮卑即道問學。易行乎中，"易"字即知禮也。知禮在人，則謂之性，而所發則道義也。

右第七章

聖人有以見天下之賾，而擬諸其形容，象其物宜，是故謂之象。

此章言象爻所以立名，原取于天下之言動，而學者之言動必擬議于象爻而後可，此聖人作易之本意也。

"有以"字、"見"字，俱可玩。常人不能見，而唯聖人有以見之也。"擬"是擬其所象，"象"是象其所擬，如天地有陰陽，至純之形容，則畫乾坤以象之。萬物有陰陽，相襍之形容，則畫諸卦以象之，是之謂"物宜"。

聖人有以見天下之動，而觀其會通，以行其典禮，繫辭焉以斷其吉凶，是故謂之爻。

天下之理雖有萬殊，其肯則至要如人一身，得其百節所會，而血氣流通何所不貫？“會”者，事勢之湊合，似有難通之處，實無不可通者。通自可行，不可行者非通也。“通”即典禮所存，以事勢而言則曰“通”，以聖人常法而言則曰“典禮”。聖人論通，極其要妙，至于踐履處，不過一體。如上言禮卑，下言禮恭是也。後人不見到玄妙處，便流蕩而不法。

言天下之至賾而不可惡也，言天下之至動而不可亂也。擬之而後言，議之而後動，擬議以成其變化。

象自賾之不可見處名之，是言天下之至賾。辭自變之不可窮通處通之，是言天下之至動。至者，理之極至處也。賾之至處有至一者存，所以不可惡。動之至處有至常者存，所以不可亂。學易者擬其所立之象以出言，則言之淺深詳略必各當其理；議其所合之爻以制動，則動之仕止久速必各當于時，而易之變化成于吾身矣。成其變化，“成”字指易言。舉鶴鳴以下七爻，皆擬議之事。以爲三百八十爻之凡例也。

凡乾道資始者，皆有可見之象也。鳴鶴在陰，則擬易而爲言者也。籍用白茅，則擬易而爲動者也。下文七爻乃發明其變化之義，不必求之于深遠。

上章存存，本原之功也。此章擬議，言動之功也。存存，則擬議者自明；擬議，則存存者益熟，相須爲用者也。首篇易簡，學《易》之要也，非存存何以能至？二章觀象玩辭，觀變玩占，學易之功也，非擬議于言動，則所謂觀玩者，亦空言耳。四章蓋互相發也。

“鳴鶴在陰，其子和之。我有好爵，吾與爾靡之。”子曰：“君子居其室，出其言善，則千里之外應之，況其邇者乎？居其室，出其言不善，則千里之外違之，況其邇者乎？言出乎身，加乎民。行發乎邇，見乎遠。言行，君子之樞機。樞機之發，榮辱之主也。言行，君子之所以動天地也，可不慎乎？"

居室，在陰之象。出言，鳴鶴之象。千里之外應之，子和之象。"出身加民"四句，好爵爾靡之象，或誠或不誠，便是善與不善。"出身加民"四句，汎言感通之速，勿着善不善，及應違意，榮辱與應違相照。戶以樞爲主，樞動而戶之闢，有明有暗。弩以機爲主，機動而弩之發，或中或否，亦如言之出，行之發，有榮有辱也。謂之主者，應者賓而發者主也。

"同人，先號咷而後笑。"子曰："君子之道，或出或處，或默或語。二人同心，其利斷金。同心之言，其臭如蘭。"

爻辭本始異終同，孔子則釋以迹異心同也。斷金者，物不能間也。

"初六，藉用白茅，無咎。"子曰："苟錯諸地而可矣，藉之用茅，何咎之有？慎之至也。夫茅之爲物薄，而用可重也，慎斯術也以往，其無所失矣。"

茅之爲物，靈不如蓍，臭不如蘭，至微薄也。然用之藉物，慎賴以將，患賴以免，其用不亦重耶？孔子教人以慎術，即孟子教人以仁術也。

"勞謙，君子有終，吉。"子曰："勞而不伐，有功而不德，厚之至也。語以其功下人者也。德言盛，禮言恭。謙也者，致恭以存其位者也。"

勞者，功之未成。功者，勞之已著。以功下人，方指三説，德，謂及人之德。纔與功勞相應，言猶念也。致恭以存位者，禮極其恭，所以存其分義，而不敢逾越，非如後世固位持祿之謂。

"亢龍有悔。"子曰："貴而無位，高而無民，賢人在下位而無輔，是以動而有悔也。"

亢者，謙之反。知聖人深予謙之九三，則知聖人深戒亢之上九。

"不出户庭，無咎。"子曰："亂之所生也，則言語以爲階。君不密則失臣，臣不密則失身，幾事不密則害成。是以君子慎密而不出也。"

害成，害其成也。言語者，一身之庭户。語曰："國有五寒，而冰凍不與焉。"又曰："泄謀不密之謂也。"

子曰："作《易》者其知盜乎？《易》曰：'負且乘，致寇至。'負也者，小人之事也。乘也者，君子之器也。小人而乘君子之器，盜思奪之矣。上慢下暴，盜思伐之矣。慢藏誨盜，冶容誨淫。《易》曰：'負且乘，致寇至'，盜之招也。"

知盜，言其知致盜之由。負者，以身負物。物貴而身賤，故曰："負也者，小人之事也"。乘者，以身乘車，身尊而物卑，故曰："乘也者，君子之器也。"誨盜云者，盜非能盜小人之有也，小人實教盜以盜己之有也。不歸罪于盜，而歸罪于招盜之人，此所謂知盜。

右第八章

天一，地二，天三，地四，天五，地六，天七，地八，天九，地十。

陽數奇，故以一、三、五、七、九爲天。陰數偶，故以二、四、六、八、十爲地。天地者，陰陽對待之定體。一至十，則陰陽流行之次序。以五行言之，不過一、二、三、四、五，蓋正數也；六、七、八、九、十，乃其配耳。一屬水，其位居北。二屬火，其位居南。三屬木，其位居東。四屬金，其位居西。五屬土，其位居中央。以五加北方之一則爲六，加南方之二則爲七，加東方之三則爲八，加西方之四則爲九，復以四方之一、二、三、四會而歸于中央，則成十。或曰：自一至十，天地之全數也。五十居中，天地之中數也。以五十有五去其五，餘得五十，是爲大衍之數。以五十有五去其六，餘得四十有九，是爲揲蓍之數。舊説以此爲河圖洛書，皆無所據，今不取。

蘇子瞻曰：五臟六腑，無胃脉則死，而脾脉不可見，如雀之啄，如水之漏下，是脾之衰見也，故曰土無定位，無成名，無專氣。水、火、木、金四者成而土成矣，故得水之一，得火之二，得木之三，得金之四，而成十。言十，則一、二、三、四在其中；而言六、七、八、九，則五在其中。

天數五，地數五，五位相得，而各有合。天數二十有五，地數三十，凡天地之數五十有五，此所以成變化而行鬼神也。

天數五，指一、三、五、七、九之五者，皆陽也。地數五，指二、四、六、八、十之五者，皆陰也。氣有二而行有五，二非五不能變化，故天數有一、三、五、七、九，地數有二、四、六、八、十。五非二不能自行，故一、三、五、七、九則爲天，二、四、六、八、十則爲地也。五位相得者，一、二也，三、四也，五、六也，七、八也，九、十也，五者之陰陽皆相得也。各有合者，一、六也，二、七也，三、八也，四、九也，五、十也，五者之陰陽各有相合也。天數二十有五，謂一、三、五、七、九，積而爲二十五也。地數三十，謂二、四、六、八、十，積而爲三十也。總而計之，爲五十有五，是皆天地之數也。一、三、五、七、九乃天之五行，二、四、六、八、十，乃地之五材。一生一成，一往一來，造化功用皆不出此。故曰“此所以成變化而行鬼神也”。

數始于五而盡于十，故十之後而五其十者，天地之終數也。數盡于十而復起于一，故五十之後而五其一者，又天地之始數也。

大衍之數五十，其用四十有九。分而爲二以象兩。掛一以象三。揲之以四，以象四時。歸奇于扐以象閏。五歲再閏，故再扐而後掛。

宋咸《易辨》曰："天地之數是自然之數，大衍之數是推衍之數。推衍者，自太極生兩儀，則陽一陰二，衍而爲三。兩儀生四象，則太陽一，少陰二，少陽三，太陰四，衍而爲十。四象生八卦，則乾一、兌二、離三、震四、巽五、坎六、艮七、坤八，衍而爲三十六。通太極之一，兩儀之三，四象之十，八卦之三十六，則其數五十。今曰大衍之數五十，其殆是乎？"鄭武子《揲蓍古法》云："天地之數五十有五，而大衍不盡天地之數者何也？蓋太極生兩儀，兩儀生四象，四象生八卦，所衍者不及五也。"又云："大衍之數五十，其用四十有九，言於五十中虛一不用也。"蓋蓍四十九合成一圍，譬如混沌未分，乃所處之一是其用之本也。此《易》之太極也。太極之一非數也。數自此而起，是謂數之體，非數之用，故不用而虛其一，所以存太極之本體，而其用則惟兩儀、四象、八卦所衍之數，則其用四十九也。聖人用四十九蓍，如下文所云之法：掛其一而四揲之，則四其九而爲三十六，四其六而爲二十四，四其七而爲二十八，四其八而爲三十二，蓋出于理勢之自然，非人之智力所能增損也。此大衍之數五十而蓍用四十有九，是爲不可易之法。"分而爲二"，謂以四十九蓍信手分而爲二，以置左右也。"象兩"謂自一而生二，凡所謂"兩"者無不象之，非特象兩儀也。掛懸也。"掛一"者，于所分右邊蓍中取一蓍，懸于前，與左右蓍折立而爲三也。"象三"者，自二而生三，凡所謂三者亦皆象之，不特象三才。夫掛一者何？有所待也，以待兩手回揲之餘，併歸而爲一也。舊法：掛一乃于小指間，則與扐同矣。既有中指、兩扐，又加以小指，則爲三扐，是五歲之中不特在[三]閏，乃有三閏矣，豈理也哉？"揲"，連數之也。《説文》云："揲，閲持也。""揲之以四"者，先取又左蓍四四而數之，置于左；次取右蓍亦四四而數之，置于右也。"象四時"者，象一歲之春、夏、秋、冬也。奇與時同。奇者，所揲四數之餘也。歸者，并而爲一也。既四四而數左右之蓍，而得正策之數，則其四四之後必有餘數，或一或二或三或四也。扐者，勒也，"歸奇于扐以象閏者"，先以左揲所餘之數勒于左手中指外，以象三歲一閏，次以右揲所餘之數勒于右手中指外，以象五歲再閏也。閏者，明之餘日積分而成月者也。五歲再閏者，三歲一閏之後，再積日而成月，則五歲之間有再閏也。故再扐而後掛者，一變之中有五節，掛一爲一節，揲左爲二節，扐爲三節，扐右爲四節，再扐爲五節。一節象一歲，三節之扐象三歲一閏；五節之再扐象五歲再閏，是爲第一變也。既再扐而象再閏，然後置前掛扐之蓍于一處，而以所扐見存之正策合而爲一，是爲第二變。如初法再分再掛，再揲再扐也。不言分揲而獨言掛者，以明再變、三變，以至十有八變。每變皆當掛也。

"其用"二字直貫到底。自分二掛一，至于爲三百六十，爲萬有一千五百二十，皆此四十九變化，而一不與焉，以明十、百、千、萬，無非生于一，然一不化而爲十、百、千、萬也。故一正用之所從出，豈曰置之無用之地已哉？

乾之策二百一十有六，坤之策百四十有四，凡三百有六十，當期之日。二篇之策萬有一千五百二十，當萬物之數也。

前四營之法一一有所象，此過揲之策，亦一一有所當，不特有用之策象造化之功，即勿用之策亦象一歲之運。筮法初變，卦扐之數不五則九，再變不四則八，三變亦不四則八。凡三變之後，得五與四四，通計十三策。此外過揲者，四九三十六，合十有八變，總乾六爻而計之，則得二百一十有六焉，得九與八八，通計二十五。此外過揲者，四六二十四，合十八變，總坤六爻而計之，則得一百四十有四焉。合之凡三百六十六，寧不當期之日乎？以氣盈言之，則有三百六十六日；以朔虛言之，則有三百五十四日，今舉氣盈、朔虛之中數而言，故曰“三百有六十”。“當”者，適相當也，非以彼準此也。若以上下經乾坤之策三百八十四爻總論之，陽爻百九十二，每一爻三十六，得六千九百一十二策；陰爻百九十二，每一爻二十四，得四千六百八策，合之萬有一千五百二十。當萬物之數也。

蓍數生于河圖之中數，策數生于河圖之外數。

兼山郭氏曰：“以畫言之，雖六子亦皆乾坤之畫，無六子之畫也。如震之初，乾畫也，乾策也。震之二三，坤畫也，坤策也。在震初無是畫，無是策，乾畫不得不稱九，坤畫不得不稱六也。故唯乾坤有用九、用六之道，諸卦之得奇畫者皆用乾之九也，得偶畫者皆用坤之六也。終無用七用八之道，故九、六有象，七、八無象。”

是故四營而成《易》，十有八變而成卦，八卦而小成。引而伸之，觸類而長之，天下之能事畢矣。顯道神德行，是故可與酬酢，可與佑神矣。子曰：“知變化之道者，其知神之所爲乎？”

營，求也。用蓍之法，以四而揲之。成易之數，亦以四而求之也。分二卦一，揲四歸奇，歷四番經營，則或五與四，或九與八，成了一變，故曰：“易由一變而三變，由三變而九變，由九變而十有八變。”然後內外貞悔具備，或爲純陰、純陽之卦，或爲雜陰、雜陽之卦，故曰“成卦”，是成六畫之卦也。八卦乃三畫之卦，小成謂內卦成于下也。小成之卦不足以盡天下之能事，唯引此八卦而伸之外卦。又成于上，而爲六十四卦，觸此八卦之類而長之，每卦皆可變爲六十四卦，則吉凶趨避之理悉備於中。天下之能事畢矣。“能事”者，盡天下事皆人所能爲，聖人成能，百姓與能，故謂之“能事”。道即能事中吉凶之道。道隱于無也，而辭則顯之。“德行”即能事中趨避之用，德滯於有也，而數則神之道顯，故可與酬酢。德行神，故可與祐神，“變化之道”即上文蓍卦之變也。陰陽不測，人莫得而知之，故曰“神”，言此數出于天地，天地不得而知也。模寫于蓍卦，聖人不得而知也，故以神贊之。

前言天地之數成變化而行鬼神，後言聖人本天地之數而大衍之，能盡天下之變化而祐鬼神。

右第九章

《易》有聖人之道四焉：以言者尚其辭，以動者尚其變，以制器者尚其象，以卜筮者尚其占。

此章贊《易》有聖人之道。道不外占、辭、象、變，而一歸于神。然《易》之所以神者，正聖人有以神其神也。

以，用也。尚，取也。擬之後言，尚辭也。議之後動，尚變也。象事知數，尚象也。占事知來，尚占也。辭者，《彖》辭也。如“乾，元亨利貞”是也，問焉以言者尚之，則知其元亨，知其當利于貞矣。變者，爻變也，動作有爲者尚之，主于所變之爻也。制器者，結繩網罟之類是也。尚象者，網罟有離之象是也。占者，占辭也。卜得初九潛龍，則尚其勿用之占是也。

是以君子將有爲也，將有行也，問焉而以言，其受命也如嚮。無有遠近幽深，遂知來物。非天下之至精，其孰能與于此？

此尚辭之事，將有行，言有所往也。問即命也，受命者，受其問也。以言該動在内，未有有爲有行而静默不言者。如嚮，言應之速。遠近，兼時與地言。幽者，謀慮之潛藏。遠者，事機之隱伏。二句言應之周。精者，潔净精微也。

參伍以變，錯綜其數。通其變，遂成天地之文。極其數，遂定天下之象。非天下之至變，其孰能與于此？

此尚變、尚象之事。參伍其蓍之變，錯綜其卦之數。參伍只是一變，猶未通也。至合三變而皆用此參伍，則變通矣。文，即老少之文。錯綜只是一爻，猶未極也。至合十有八變而皆用之錯綜，則數極矣。象，即動靜之象。變者，象之未定；象者，變之已成，故象與變二者不離，蓍卦亦不相離。故參伍言蓍，錯綜言卦，所以十一章言“圖而神”，即言“方以知”也。至變者，變之無以加也。《易筌》云：每爻三揲爲三變，每揲有象、兩象、三象、時象閏，再閏爲五小變，此參伍以變也。三揲之奇分而計之，則得三少三多，一少兩多，一多兩少之數，去三揲之奇，以左右手之正策合而計之，則得四九、四六、四七、四八之數，此錯綜其數也。

來矣鮮曰：錯者，陰陽相對，陽錯其陰，陰錯其陽也。如伏羲《圓圖》，乾錯坤，坎錯离，八卦相錯是也。綜，即今織布帛之綜，一上一下者也。如屯、蒙本是一卦，在下則爲屯在上則爲蒙之類，載之文王《序卦》者是也。定天下之象，如乾坤相錯，則乾馬坤牛之類各有其象。震、艮相錯，則震雷、艮山之類各有其象是也。“錯綜”二字，宜從來所未發，可謂名通。

《易》無思也，無爲也，寂然不動，感而遂通天下之故。非天下之至神，其孰能與于此？

此尚占之事。“無思無爲”句在寂感之上，寂然固無思爲，感通亦無思爲，此《易》之神所以無方也。上數“遂”字已含有“神”字意，非精變之外別有一神也。無思無爲即不疾不行。“寂然”二句，即連而至。《玩辭》云：未占之時，如鑒之明，如谷之虛。及其占也，如鑒之照形，谷之應聲，有何思、有何爲乎？體雖寂，故無不通。其無不通處常是寂，“故”者，吉凶禍福之謂。

韓康伯曰：非忘象者無以制象，非遺數者無以極數。至精者，無籌策而不可亂。至變者，體一而無不周。至神者，寂然而無不應。斯蓋功用之母，象數所由立，故曰非至精至變至神，不得與于斯也。

夫《易》，聖人之所以極深而研幾也。唯深也，故能通天下之志；唯幾也，故能成天下之務；唯神也，故不疾而速，不行而至。子曰"《易》有聖人之道四焉"者，此之謂也。

極深者，探賾索隐，鈎深致遠，通神明之德，類萬物之情，知幽明、死生、鬼神之情狀是也。研幾者，吉凶悔吝、茫昧微渺者，盡研磨出來，履霜而知堅冰之至，剥足而知滅貞之類是也。此言"四"者，所以爲聖人之道，由聖人以其極深研幾之所得，而寓之蓍卦之中也。聖人之深能通志，而《易》之至精出焉。聖人之幾能成務，而《易》之變出焉。聖人之神，不疾而速，不行而至，而《易》之至神出焉，是聖人之道皆《易》之所有，故復以"《易》有聖人之道四焉"一語結之。"通天下之志"與"受命如嚮"相應，"成天下之務"與"成天下之文，定天下之象"相應。

就聖人辭上説，故曰"精"；就蓍卦上説，故曰"變"；就草與龜上説，乃物也，故曰"神"。

右第十章

子曰："夫《易》，何爲者也？夫《易》，開物成務，冒天下之道，如斯而已者也。"是故聖人以通天下之志，以定天下之業，以斷天下之疑。

此章贊神物之用，而歸功于聖人之興。若無聖心之神以爲興，亦不能神神物之神，而使天下共神其神也。然舍卜筮，亦無以見聖人之神，故以卜筮爲主。

人所未知者開發之，曰"開物"，晰理也。人所欲爲者成全之，曰"成務"，適變也。物不過吉凶，務不外趨避。下三句是聖人作爲卜筮也。頂上三者言，疑兼心與事説。

是故蓍之德圓而神，卦之德方以知，六爻之義易以貢。聖人以此洗心，退藏于密，吉凶與民同患。神以知來，知以藏往，其孰能與于此哉？古之聰明睿知神武而不殺者夫。

此言聖人心易之妙，爲作《易》之本也。蓍數七七四十九，象陽之圓也。變化無方，開于未卦之先，可知來物，故"圓而神"。卦數八八六十四象，陰之方也，爻位各居，定於有象之後，可藏往事，故"方以知"。六爻之義隨其時位變易，以吉凶告人，故曰"易以貢"。人知蓍卦爻備于聖人之易，而不知具于聖人之心。聖心如江漢以濯的一般，具此三者之德，所以謂之"洗心"，洗心猶言道心、古心之類，非心有私而洗其心也。人心最潔淨，則愈收斂，故又退藏于密，密即寂然之體，神知之含也，所云"未始出吾宗者"是也。此句合動靜而言，藏非與顯對也。鬼神莫窺之內，自具物我一體之心，故吉凶與民同患。患者，恐百姓之有凶而無吉也。吉凶之未至則曰"來"，聖人洗心之神足以知之。吉凶之一定則曰"往"，聖人洗心之知足以藏之。藏往者，了然蘊蓄於胸中也。此則用神而不用蓍，用智而不用卦，無卜筮而知吉凶，非吉之聰明睿知神武而不殺者，不足與于斯也。通志是其聰明，定業是其睿知。以二字言則曰"神知"，不落字義言，則曰"洗心"耳。

是以明于天之道而察于民之故，是興神物以前民用。聖人以此齊戒，以神明其德夫。

"是以"二字承"洗心"來，惟其有洗心之《易》，是以有蓍卦爻之《易》也。明察即上神知之用。以自然者言，蓍龜在萬物，亦動植之常耳，唯聖人知其爲神，提掇出來，遂爲卜筮之大用，故曰"興神物"。先占而後事，故曰"前民用"。有思則與物雜，故欲齊；有爲則與物敵，故欲戒。齋戒所以神明其德，而與鬼神合其吉凶者也。德神而蓍卦之用神矣。

是故闔户謂之坤，闢户謂之乾；一闔一闢謂之變，往來不窮謂之通，見乃謂之象，形乃謂之器，制而用之謂之法，利用出入、民咸用之謂之神。

百姓見《易》之用神，或以爲深遠而難知，而非然也，是故《易》有乾坤，有形象，有法神，即今取此户譬之。户一也，闔之則謂之坤，闢之則謂之乾。又能闔，又能闢，一動一静，不膠固於一定，則謂之變。既闔矣而復闢開，既闢矣而復闔，往來相續不窮，則謂之通。得見此户，則涉于有迹，非無聲無臭之可比矣。則謂之象。既有形象，必有規矩、方員，則謂之器。古之聖人制上棟下宇之時即有此户，則謂之法度。利此户之用，一出一入，百姓日用而不知，則謂之神。即一户，而易之理已在目前矣。《易》雖神，豈深遠難知者哉？

是故《易》有太極，是生兩儀，兩儀生四象，四象生八卦，八卦定吉凶，吉凶生大業。

夫神物以前民用，使無卦爻以立其體，亦何以自神其用乎？未有蓍龜，先有卦爻。未有卦爻，先有太極。太極謂天地未分之先，元氣混而爲一，即太初太乙也。老子曰“道生一”，即指此。太極無形而形生焉，太極無數而數生焉，故兩儀、四象、八卦以至大業，《易》之所有固自然而有，易之所生亦自然而生也。

房審權云：“太極生兩儀，兩儀生四象、八卦，非今日有太極而明日方有兩儀，後日乃有四象、八卦也，又非今日有兩儀而太極遁，明日有四象而兩儀亡，後日有八卦而四象隱也。太極在天地之先而不爲先，在天地之後而不爲後。”此可補注疏之遺。《玩辭》云：“凡擊辭之稱八卦，即六十四卦也。”

是故法象莫大乎天地，變通莫大乎四時，縣象著明莫大乎日月，崇高莫大乎富貴。備物致用，立成器以爲天下利，莫大乎聖人。探賾索隱，鉤深致遠，以定天下之吉凶，成天下之亹亹者，莫大乎蓍龜。

八卦既設，蓍龜之功用行，故極言其功用之大。參天地，配四時，并日月，與富貴同其尊，與聖人合其德也。天成象，地效法之，故曰"法象"。物是天地所生者，有一物自備一用。器是人之所成者，立一器自興一利。《漢紀》引《易》作"立象成器，以爲天下利"，今脫一"象"字。賾與隱爲一類，以理之不可見者言也。深與遠爲一類，以理之不可窮者言也。"成天下之亹亹"即上所生之大業也。夫以小而同諸一户之心，大而同諸天地之大。此《易》之所以冒天地之道也。

是故天生神物，聖人則之。天地變化，聖人效之。天垂象，見吉凶，聖人象之。河出圖，洛出書，聖人則之。《易》有四象，所以示也。繫辭焉，所以告也。定之以吉凶，所以斷也。

蓍龜之神雖制于聖人，而實原於造化。天之于神物，能生而不能興也，聖人則之，蓍列四營，龜分五兆矣。有神物則有變化，是變化也，效之天地者也。有神物則有吉凶，是吉凶也，象之天者也。有神物則有儀象八卦。是卦也，觀圖書而作者也。下總言卜筮，以前民用。四象老、少、純、雜，設卦立象，示之以意而已。恐後世不能與知也，于是繫其辭以告之，定其詞以斷之。曰告曰斷，皆所以終示之之意也。仍要歸重蓍龜上。示之，告之，斷之，皆蓍龜之功也。聖人之通志決疑定業，必寄諸無心者而後神。不然，豈聖人之神知盡出敗甲枯莖後哉？

《易》圖書并舉，注圖而不注書。卜筮并舉，注筮而不注卜。蓍龜并舉，注蓍而不注龜。

姚氏曰："通于天者，河也，而河出圖。中于地者，洛也，而洛出書。圖以五生數，統五成數，其位主于合，而其序主于生。書以五奇數統四偶數，其位主于離，而其序主于剋。圖著其方，以象而存數之體，對待之易也。書著其圖，以數而呈象之用，流行之易也。此皆諸儒傅會而爲此説。"

右第十一章

《易》曰："自天祐之，吉無不利。"子曰："祐者，助也。天之所助者，順也。人之所助者，信也。履信思乎順，又以尚賢也，是以'自天祐之，吉無不利'也。"

易言"祐"，夫子釋以"助"，見祐非無因而至也。易言"天"，夫子合以"人"，見天不出人之外也。順則不悖于理，信則不欺于人。信在心而曰履，順在事而曰思。内外交至，信順之極也。"賢"指六五，尚賢根信順來，賢者，天所簡在，人所屬意者也。信順合之，尚賢而益，真獲福于天，豈偶然哉？

子曰："書不盡言，言不盡意。"然則聖人之意，其不可見乎？子曰："聖人立象以盡意，設卦以盡情僞，繫辭焉以盡其言，變而通之以盡利，鼓之舞之以盡神。"

此章重"立象盡意"句。其作易者原借象以顯意，故學易者貴得意而忘象，反覆發明一"象"字，而著落在神明默成之人也。

象即下乾坤，意即吉凶與民同患之意也。意不可勝言，惟象爲能盡之。"情僞"猶言善惡，即卦中之陰陽淑慝也。既立其象，因設爲六十四卦，以觀愛惡之相攻，遠近之相取，以盡其情僞。情爲君子，僞爲小人也。既云"書不盡言"，則繫辭亦書矣，何以又能盡言？不知百家之書，一事只言一意，故不能盡。《易》之繫辭，全是稽實待虛，自一事以至千萬事，一人以至千萬人，一時以至千萬世，其辭用之不窮，故足以盡言。象立而卦辭興，有變可占矣。變即卦爻之變，變之所適，有可行之理，便是通。利是利用出入之利，吉利于所趨，凶利于所避也。既有象辭以立其體，又有變通以達其用，民皆成其亹亹，行事不倦，如以鼓聲作舞容，鼓聲疾舞容亦疾，鼓聲不已，舞亦不已，自然而然，不知其孰使之者，所謂盡神也。

乾坤，其《易》之緼邪？乾坤成列，而《易》立乎其中矣。乾坤毀則無以見《易》。《易》不可見，則乾坤或幾乎息矣。

此正言立象。緼，舊就"包蓄"處説。來注云：緼者，衣中所著之絮也，"乾坤，其《易》之緼"者，謂乾坤緼于《易》六十四卦之中，非謂《易》緼于乾坤兩卦之中也。成列者，一陰一陽對待也。既有對待，自有變化。"毀"謂卦畫不立，"息"謂變化不行。《易》中所緼者皆九六也，爻中之九皆乾，爻中之六皆坤也。不下個"緼"字，就説在有形天地上去矣。此解最精。

是故形而上者謂之道，形而下者謂之器，化而裁之謂之變，推而行之謂之通，舉而措之天下之民謂之事業。

乾坤之象，一乾坤之形也，但寓于形者原不囿于形，超于形者又不離乎形。故陰陽者，器也，所以陰陽者，道也。如四體者，器也，所以使四體者，道也。以無形而使有形，故曰"形而上"。以有形而使無形，故曰"形而下"。因陰陽自然之化而裁爲七八、九六之數，便變動不居也。"推行"，謂將已裁定者推其變而行之也。"通"者，達也，如乾卦當潛，而行潛之事，則潛爲通，如行見之事則不通矣。當見而行見之事，則見爲通，如行潛之事則不通矣。"舉"者，舉此乾坤變通之理也。"事"者，業之方著。"業"者，事之已成。此節正言象之盡意。此五謂以作《易》言，下六存以用《易》言。謂者，名也。存者，在也。

是故夫象，聖人有以見天下之賾而擬諸其形容，象其物宜，是故謂之象。聖人有以見天下之動而觀其會通，以行其典禮，繫辭焉以斷其吉凶，是故謂之爻。

"是故夫象"四字，提掇極妙。見象不徒象，是象而寓乎道者也。所以見賾設爲象，是象一道也。見動而著爲爻，是爻一道也。

極天下之賾者存乎卦，鼓天下之動者存乎辭，化而裁之存乎變，推而行之存乎通，神而明之存乎其人。默而成之，不言而信，存乎德行。

惟見道于賾而立卦，故卦可用以極賾。惟見道于動而繫辭，故辭可用以鼓動。上謂之變，謂之通，變通因化裁推行而後有也，此存乎變，存乎通，化裁推行因變通而後施也。使非聖人制變，天下之人要裁裁不來。使非聖人制通，天下之人要行行不去矣。此本諸爻，善于用易者也。若夫不本諸卦爻而自能變通，運用不測，昭灼精瑩，則歸之神明之人矣。是人也，未有《易》而先有其神明，既有《易》而《易》待之以神明者也。"默成"二句正神明之妙處。成者，我自成其變通之事也，無所作爲謂之默。信者，我自孚其變通之理也，不煩擬議謂之不言。"德行"者，得于心以爲行，渾心皆易，渾身皆易也，此之謂神明之人。故有造化之"易"，有《易》書之"易"，有在人之"易"。德行者，在人之易也。有德行以神明之，則易不在造化，不在四聖，而在我矣。

楊廷秀曰：聖人作易之意，其散在六十四卦之爻象，其聚在乾坤之二卦。聖人用易之道，其散在天下之事業，其聚在一身之德行。

右第十二章

繫辭下傳

上係首章舉天地易簡知能之德，而繼之以聖人之成位。見聖人有以克配于天地，此作易之原，易之體也。下係首章舉天地易簡貞一之德，而繼之以聖人之仁義。見聖人有以參贊乎天地，此行易之事，易之用也。

八卦成列，象在其中矣。因而重之，爻在其中矣。剛柔相推，變在其中矣。繫辭焉而命之，動在其中矣。吉凶悔吝者，生乎動者也。剛柔者，立本者也。變通者，趣時者也。

此章全重一“動”字，聖人之辭原元天下之動而擊之，非當動卦爻之謂也。方寂然不動，無可言者。只是纔動，便有吉凶悔吝之不同。聖人作《易》，不過教人慎動，以趨吉避凶而已。欲慎動，莫若以正，故獨提“貞”之一言，雖天地日月不能外之，況人之不正，而欲以獲吉，萬萬無是理也。

太極有名而無畫，儀象有畫而無文，故此言作《易》斷自八卦始，八卦以卦之橫圖言，成列者。乾、兌、離、震，陽在下者，列于左。巽、坎、艮、坤，陰在下者，列于右。伏羲八卦雖不言象，然既成列，而文王之象已在卦之中。伏羲重卦雖未言爻，然既重爲六十四，而周公六爻已在重之中。卦爻既立，則卦爻一剛柔也，剛推乎柔而陰變爲陽，柔推乎剛而陽變爲陰。雖非占卜卦爻之變，而卦爻之變已在其中。卦爻時位之息而當者，繫辭以命其吉。卦爻時位之消而否者，繫辭以命其凶。雖未嘗見之動而占者，所值當動之卦爻端不出此，則動在其中矣。卦爻之動固因吉凶之辭而著，而吉凶悔吝之辭又實因卦爻之動而生。復言立本趣時者，見有不動者以立其體，然後有變動者以神其用。夫陰多而陽少則以剛爲本，陽多而陰少則以柔爲本，所謂成卦之主也，故曰“立本”。有一卦之時，有一爻之時，隨時而趨，即變通之道。《正義》云：卦既總主一時，爻又就一時之中各趨其所宜之時。是也。

吉凶者，貞勝者也。天地之道，貞觀者也。日月之道，貞明者也。天下之動，貞夫一者也。

剛柔妙於變通，則吉凶見。然吉凶不同，惟貞者勝。貞者，固守以正也。正則吉，不正則凶。正則凶者亦吉，不正則吉者亦凶，蓋以道義配禍福也。貞則未有不一者，故天地以觀爲貞，是即天地之至一也。日月以明爲貞，是即日月之至一也，而天下之動可知矣。動之屢遷者不窮，動之至正者不易，其所貞勝而有常者，止有吉無凶，有順無逆，不外至一而已矣。"觀"字即下文"示"字。來注云："一者，無欲也，無欲則正矣。自孔子没，後儒皆不知一字之義，獨周廉溪一人知之"。

夫乾，確然示人易矣。夫坤，隤然示人簡矣。爻也者，效此者也。象也者，像此者也。爻象動乎内，吉凶見乎外，功業見乎變，聖人之情見乎辭。

一者何？易簡是也。天得一而貞，所以示人者，略無艱深阻滯，一易而已矣。地得一而貞，所以示人者，絶無作爲勞擾，一簡而已矣。但天下智者少而愚者多，觀天而不知易，觀地而不知簡，天地亦無如之何也。故聖人作《易》，因重有爻，百九十二之陽爻。效乾之易，百九十二之陰爻。效坤之簡，成列有象。凡象陽息陰消者，象夫乾之易。陰息陽消者，象夫坤之簡。是爻象不徒體天地之損，而實摩乾坤之德矣。然爻象之體由乾坤而立，而爻象之用因著卦而行，故著方揲而卦方求，此時猶未有爻象也。闔闢之機已兆，是爻象動于著卦之内，迨著已揲而卦已求，象中全體之吉凶與爻一節之吉凶皆昭然于辭命之際而見于著卦之外矣。"功業"即吉凶生大業之謂，聖人吉凶同患，無己之情，不可因辭而見乎？辭以闡明貞勝之理，使天下之動盡歸于一，而聖人之情始釋然也。

天地之大德曰生，聖人之大寶曰位。何以守位？曰仁。何以聚人？曰財。理財正辭，禁民爲非曰義。

聖人之情即天地生生之情也，聖人孕德于天地而有動，則曰情。天地寄情于聖人而無爲，則曰德。大德兼長養收藏説，生固生，殺亦生也，聖人正所以行天地好生之德。其生者，仁也，其所以善其生者，義也。理財者，富之也，九賦九式之類是也。禁非者，既道之以德，又齊之以刑，五刑五罰之類是也。

天下有大本三：仁者上之命，義者下之命，而財者上下之所共也。

右第一章

古者包犧氏之王天下也，仰則觀象于天，俯則觀法于地，觀鳥獸之文，與地之宜，近取諸身，遠取諸物，于是始作八卦，以通神明之德，以類萬物之情。

此章先言包犧觀物制《易》，中言聖人觀《易》制物，皆尚象之事。聖人經世大法，取于十三卦之象然後成，又必歷五聖人而後備，斯人生生之道如此其難，而聖人所以生生斯人者，如此其勞也。

天象日月星辰，地法山陵川澤。鳥獸之文，有息者根于天，飛走之類也。地之宜，無息者根于地，草木之類也。如書言兗之漆、青之檿、徐之桐是也，非高黍下稻也，伏羲時尚鮮食，安得有此？通者，理之相會合也。類者，象之相肖似也。神明之德，不過健順動止者之德。萬物之情，不過天地雷風八者之情。德者，陰陽之理。情者，陰陽之迹。德精而難見，故曰"通"。情粗而易見，故曰"類"。

作結繩而爲網罟，以佃以漁，蓋取諸離。

網以佃，罟以漁。离爲目，網罟之兩目相承者似之。离德爲麗，網罟之物麗于中者似之，"蓋取諸离"者，言網罟有離之象，非睹離而始有此也。离卦中爻爲巽，繩之象。教民肉食自包犧始。自此至結繩而治，有取諸卦象者，有取諸卦義者。

包犧氏沒，神農氏作。斲木爲耜，揉木爲耒，耒耨之利，以教天下，蓋取諸益。

耒耜者，今之犁也。耜者耒之首，斷木使鋭而爲之，今人加以鐵鑱，謂之"犁頭"。耒者耜之柄，揉木使曲而爲之。二體皆木，上入下動，中爻坤土，木入土而動，耒耜之象。教民粒食，自神農始。

日中爲市，致天下之民，聚天下之貨，交易而退，各得其所，蓋取諸噬嗑。

天下之人，其業不同。天下之貨，其用不同。令不同者皆于市而合之，有無相易，各得其所，亦猶物之有間者齧而合之也。夫市人惟利是嗜，必噬而後嗑者，争多寡，權子母之謂也。此通財之用。

神農氏没，黄帝、堯、舜氏作。通其變，使民不倦。神而化之，使民宜之。《易》窮則變，變則通，通則久。是以"自天佑之，吉無不利"。黄帝、堯、舜垂衣裳而天下治，蓋取諸乾坤。

風氣漸開，時當變矣。民不安于固陋，是即倦者機也。聖人因而通其變，而民不倦矣。由之而莫知其所以然者，神也。以漸而相忘于不言之中者，化也。神化，即變通之妙于無爲。民宜，即民之所以不倦。着兩"使"字者，若或使之而兩不知也。聖人之心則曰"神明"，聖人之治則曰"神化"，是通也，易道也，天道也。"吉無不利"即民不倦而宜之謂。"垂衣裳而天下治"，正變通之實。蓋取諸乾坤者，上衣下裳，乾坤之分；玄衣黄裳，乾坤之色；變化無爲，乾坤之義也。制器尚象，凡十三卦，獨乾坤合而不分。上古衣裳相連，乾坤相依，君臣一體也。後世衣裳離而爲二，尊君卑臣，上下判隔，失古意遠矣。今獠川苗寨多衣統裙，上下相連，猶是古法，所謂"禮失而求諸野"也。

刳木爲舟，剡木爲楫，舟楫之利以濟不通。致遠以利天下，蓋取諸涣。

衣裳既垂，則遠邇觀化，然川澤阻塞則文教不通，故爲舟楫以通致之，取《渙》之卦象也。以濟不通，指近者言。

服牛乘馬，引重致遠，以利天下，蓋取諸隨。

雖有涉川之利，猶病負載之勞，故穿牛之鼻，馴而服之；絡馬之首，駕而乘之。引重必曰牛者，爲其力也；致遠必曰馬者，爲其敏也。蓋取諸隨者，人欲服牛，牛則隨之而服；人欲乘馬，馬則隨之而乘，取此義也。

重門擊柝，以待暴客，蓋取諸豫。

良民仁而奸民暴。在内者爲主而外乘者爲賓，是不可無以待之。重門擊柝，取諸豫者，豫者逸也，又備也，謙輕而豫怠，逸之義也。恐逸豫，故豫備。

斷木爲杵，掘地爲臼，臼杵之利，萬民以濟，蓋取諸小過。

前此雖知粒食，而不知脫粟，得此杵臼而治米精矣。此乃小有所過，而民用以濟者也。夫人欲無極，聖人以《小過》見意，其即箕子象箸之歎乎？

弦木爲弧，剡木爲矢，弧矢之利，以威天下，蓋取諸睽。

重門險矣，可以待非常，而不可以制非常。故弦木使曲，剡木使銳，制爲弧矢，其利與耒耜、舟楫、臼杵等。何也？爲其可以威天下也。非聖人之耀武，特以人之乖睽不服耳，故取諸睽。

上古穴居而野處，後世聖人易之以宮室。上棟下宇，以待風雨，蓋取諸大壯。

大壯四陽相比，壯而且健，棟宇之象，上文著數“爲”字，始爲之制也。此下着三“易”字，始易其制也，皆變之不可已者。

古之葬者，厚衣之以薪，葬之中野，不封不樹，喪期無數。後世聖人易之以棺槨，蓋取諸大過。

喪期無數，無裮練祥禫之日數也。易以棺槨，則封樹之禮，喪期之數，從可知已。大過者，過于厚也。小過養生，大過送死，唯送死可以當大事也。

上古結繩而治，後世聖人易之以書契，百官以治，萬民以察，蓋取諸夬。

結繩者，以繩結兩頭，中割斷之，各持其一，以爲他日之對驗也。書，文字也。契，合約也。言百官以書契而治萬民，以書契而察，非以書契治之察之也。取夬者，有書契則考核精詳，稽驗明白，亦猶君子之決小人，小人不得行其欺矣。

上古雖未有《易》之書，然造化人事本有《易》之理，故所行事暗合《易》書，正所謂畫前之《易》也。

右第二章

是故《易》者象也，象也者，像也。《彖》者材也，爻也者，效天下之動者也。是故吉凶生而悔吝著也。

“是故”二字承上章取象而言，文王因象而《彖》之，周公因象而爻之。吉凶悔吝，莫不由象而出，以明象之無所不該也。蘇子瞻曰：像之言似也，其實有不容言者，故以其似者告也。達者因似以識其真，不達則又見其似似者而日以遠矣，彖、爻其可已乎？一卦之材，德體象變是也。天下攻取、利害、得失之類，動本至煩，聖人一一效其動而模寫出來。爻蓋闡象之一節，而本會通，據典禮以爲言者也。效者，效力也，有發露之意。象具辭係，而占自顯矣。吉凶在事本顯，故曰“生”。悔吝在心尚微，故曰“著”。悔有改過之意，至于吉，則悔之著也。吝有文過之意，至于凶，則吝之著也。原其始而言，吉凶生乎悔吝。要其終而言，則悔吝著而爲吉凶也。

右第三章

陽卦多陰，陰卦多陽，其故何也？陽卦奇，陰卦偶。其德行何也？陽一君而二民，君子之道也。陰二君而一民，小人之道也。

《王傳》曰：衆不能治衆。治衆者，至寡者也。凡卦以少爲主，陽卦所少者是陽，則以奇畫爲主，故多陰。陰卦所少者是陰，則以偶畫爲主，故多陽。然陽卦、陰卦何以爲君子、小人之辨？奇爲君，偶爲民，則陰陽之理順而君民之分正，故曰“君子”。偶爲君，奇爲民，則陰陽之理悖而君民之分亂，故曰“小人”。“一、二”字只作奇偶字看。德行即道之別名，兼善惡淑慝言。數有奇偶而不相離，道有上下而不可亂。

《本義》：陽卦皆五畫，陰卦皆四畫，其意以陽卦陽一畫、陰四畫也，陰卦陽二畫、陰二畫也。若如此，則下文“陽一君二民”，非一民，乃四民矣。“陰二君一民”，非一民，乃二民矣。嘗聞畫一以象陽，畫一以象陰，故曰“一陰一陽之謂道”，未嘗聞此一可分爲二畫也。

右第四章

《易》曰：“憧憧往來，朋從爾思。”子曰：“天下何思何慮？天下同歸而殊塗，一致而百慮，天下何思何慮？”

感有往來，咸無思慮。如日用思慮于往來之間，則心雜而身亦不安矣，是未窺乎同一之原也。誠知其同歸，則殊塗皆同也，塗殊于所由，不殊于所歸。知其一致，則百慮皆一也，慮百于所思，不百于無思。慮者，思之深也。試觀日月寒暑，日日往來，歲歲往來，何常以往來爲病？而明生歲成之利以生，此造化之妙用也，寧有思慮于其間哉？乃知同歸一致處，正安身立命之所，如尺蠖之屈、龍蛇之蟄，其伸與存身皆自此得，此即寂然不動之神也，非工夫粗淺者可入，須精義之功極細極微，方得欛柄入手，到此如屈必伸，蟄而存身，其致用不期然而然，用無不利，身無不安，即崇德也。但此等境界猶可以知知，何也？以其有神在也。過此以往，百尺竿頭更進一步，始而入神，至此神已窮矣，始而可知，至此知已化矣，非盛德，何以及此？謂之盛德，則崇不足言矣，此之謂自然，適還其何思何慮之初而已。

理統于同，數生于一。一部《易》書，説數即説理。《内典》引《易》曰：殊塗而同歸，若千徑九逵。王城不二，九流百氏，聖道寧差？

"日往則月來，月往則日來，日月相推而明生焉。寒往則暑來，暑往則寒來，寒暑相推而歲成焉。往者屈也，來者信也，屈信相感而利生焉。尺蠖之屈，以求信也。龍蛇之蟄，以存身也。"

屈伸相感，屈感而伸應也。利者功也，日月有照臨之功，歲序有生成之功也。人皆知伸之利，而不知屈之所以利，故以尺蠖龍蛇明之。

《漢志》曰：蠖之義蓋取諸尺，矧[四]之義蓋取諸引。蠖[五]于尺，伸于引。今人布指求尺，一縮一伸，如蠖之步，其尺蠖之謂乎？

"精義入神，以致用也。利用安身，以崇德也。"

精義，正在同處，精一處精也。利用，正在殊處，利自處利也。致用，纔詣于其用，發乎邇也，利用則見乎遠矣。所謂"放之國焉而準，放之天下焉而準也"。

"過此以往，未之或知也。窮神知化，德之盛也"。

"此"字指精義致用言。凡事不可過，而學不可不過。理之新無日不來，而學之心俱已成往。神，不窮者也，而曰"窮神"，則神由我主矣。化，不可知者也，而曰"知化"，則化自我出矣。

《易》曰："困于石，據于蒺蔾。入于其宮，不見其妻，凶。"子曰："非所困而困焉，名必辱。非所據而據焉，身必危。既辱且危，死期將至，妻其可得見邪？"

卦以剛見揜爲困，爻以柔承剛爲辱，爲危。吾人欲身名兩全，必度德量力，知彼知己，而後可。

《易》曰："公用射隼于高墉之上，獲之，無不利。"子曰："隼者，禽也。弓矢者，器也。射之者，人也。君子藏器于身，待時而動，何不利之有？動而不括，是以出而有獲，語成器而動者也。"

君子不患無獲，患無時。不患無時，患無器。不患無器，患不能藏，唯藏器而後成器也。天地藏諸用，聖人藏于密，皆以藏而成也。"公用射準[六]"，蓋二用貴矢以射上也。《傳》中"弓矢者，器也"，正指二言。不然，此語無著落矣。矢頭曰鏃，矢末曰括，書曰"若虞機張，往省括于度，則釋"是也。括有四義：結也，至也，檢也，包也。《詩》"牛羊下括"，至之義也。楊子或問士曰"其中也弘深，其外也肅括"，檢之義也。《過秦論》"包括四海"，包之義也。此則如坤之括囊，取閉結之義，言動不遲疑滯拘也。

子曰："小人不恥不仁，不畏不義，不見利不勸，不威不懲。小懲而大誡，此小人之福也。《易》曰：'履校滅趾，無咎。'此之謂也。"

小人仁義之見雖昏，利害之關猶辨。勸者，勸其爲仁爲義也。懲者，懲其不仁不義也。

善不積不足以成名，惡不積不足以滅身。小人以小善爲無益而弗爲也，以小惡爲無傷而弗去也，故惡積而不可掩，罪大而不可解。《易》曰："何校滅耳，凶。"

上言小人致福之由，過改于小。此言小人取禍之由，惡成于積。兩小人不同，上猶是可教者，此則是不可教戒之人也。

子曰："危者，安其位者也。亡者，保其存者也。亂者，有其治者也。是故君子安而不忘危，存而不忘亡，治而不忘亂，是以身安而國家可保也。《易》曰：'其亡其亡，繫于苞桑。'"

常以爲危，所以安其位。常以爲亡，所以保其存。常以爲亂，所以有其治。此三句是論其理，是故以下方就君子言之。安危以身言，存亡以家言，治亂以國言，所以下文云"身安而國家可保"也。

子曰："德薄而位尊，知小而謀大，力小而任重，鮮不及矣。《易》曰：'鼎折足，覆公餗，其形渥，凶。'言不勝其任也。"

德之薄，知之小，力之小，皆限于稟而不可強，聖人豈厚責以必能哉？責其貪位而不量己，過分而不能勝任爾。量力而負，其人不跌。量鼎而受，其足不折。今鼎足弱而實豐，有不折足、覆公餗者乎？"不勝其任"，言其不勝而自以爲勝也。

子曰："知幾其神乎？君子上交不諂，下交不瀆，其知幾乎！幾者動之微，吉之先見者也。君子見幾而作，不俟終日。《易》曰：'介于石，不終日，貞吉。'介于石焉，寧用終日？斷可識矣。君子知微知彰，知柔知剛，萬夫之望。"

事莫不有幾，幾原自神，故知幾即神。其知幾者，其見幾者也。韓康伯曰：幾者，去無入有，隱而未形，不可以名尋，不可以相覩者也。此時純乎理，不雜以欲，是動之微，吉之先見者矣。君子唯神也，故能朗然玄照，鑒于未形，一見事幾之微兆，遂動作而應之，不待終其日也。"作"有斡旋意在。"介于石"三句，所謂"定生慧，虛生白"也。夫知彰者衆矣，唯君子于微而知其彰。知剛者衆矣，唯君子于柔而知其剛。故萬夫望之，以爲進退之候也。孔《疏》曰：凡物之體，從柔以至剛。凡事之理，從微以至彰。知幾之人既知其始，又知其終，是合于神道。

子曰："顏氏之子，其殆庶幾乎？有不善未嘗不知，知之未嘗復行也。《易》曰：'不遠復，無祇悔，元吉。'"

殆者，將也。庶，近也。知幾其"神"，即窮神之神也。聖人所以窮神者，知幾而已。顏之不遠，復將近于聖人知幾之神者歟？聖心無動無静，止體自如。顏子或不免微動于意，然動即覺，覺即止，所以爲"不遠復"。韓退之云："顔子之過，非發于行、彰于言之謂也。生于其心則爲過矣，顔子止之于始萌，絶之于未形，所以爲庶幾。"先儒乃謂退之過許顔子，夫孔門之改過者不少矣，何以獨稱顔子爲好學哉？復從剝來，故不言善而言不善。知之未嘗復行，故不貳過。最初一念，是爲惟微，故有吉先見，稍後一念，便涉唯危，遂吉凶互見。能見于先見者，行與吉會，知幾者也。能見于互見者，趨吉避凶，庶幾者也。在豫貴守，故曰"貞吉"；在復貴覺，故曰"元吉"。

天地絪縕，萬物化醇。男女搆精，萬物化生。《易》曰："三人行，則損一人。一人行，則得其友。"言致一也。

子曰："君子安其身而後動，易其心而後語，定其交而後求，君子修此三者，故全也。危以動，則民不與也。懼以語，則民不應也。無交而求，則民不與也。莫之與，則傷之者至矣。《易》曰：'莫益之，或擊之，立心勿恒，凶。'"

曰"安"，曰"易"，曰"定"，皆立心之恒。安者，身無愧怍也，危則行險矣。易者，平易近人也，懼則恐喝矣。以義相與爲定交，以利相與爲無交。"全"對缺言，謂我體益之道全也。上"與"字，黨與之與。下"與"字，取與之與。"莫之與"，即上文民不與、不應不與也。上九不能益人，而反求人之益，其身心之危懼可知，其交、其求又可知。

右第五章

子曰："乾坤，其《易》之門邪？乾，陽物也；坤，陰物也。陰陽合德而剛柔有體，以體天地之撰，以通神明之德。"

通章明聖人濟民之意，以"陰陽"二字爲骨，乾坤二畫有形質，便是物，故曰"陽物、陰物"。物則分而德則合，所謂交相摩盪者是也。此句正見所以爲《易》之門處。陰陽，指兩儀之奇偶。剛柔，指六十四卦之奇偶，天地之□雷風之類也，可得而見者也，《易》則以此二物體之。神明之德，動止之類也，不可測者也，《易》則以此二物通之。形容曰"體"，發越曰"通"，立象固已盡意矣。

其稱名也，雜而不越，于稽其類，其衰世之意邪？

有畫無文，民用弗彰，故文、周出而繫以辭，一卦有一卦之稱名，一爻有一爻之稱名，或言物象，或假事變，可謂雜矣。然一事一物，總不違陰陽之理。凡稱名必取類，試稽考其體之通之之類，如言"龍戰于野"、"入于左腹"等。種種煩稱，似非上古民淳俗樸、不識不知之語也，故曰"衰世之意"。"稱名"該得廣，與下"稱名"不同。

夫《易》，彰往而察來，微顯闡幽，開而當名辨物，正言斷辭則備矣。

夫《易》根稱名之易來。往者，天之道，陰陽消息，卦爻之變，象有以彰之。來者，民之故，吉凶悔吝，卦爻之辭，占有以察之。顯的偏要幽，幽的偏要顯，所謂"顯道神德行"也。"開而當名辨物"者，開釋卦爻之義，使當所象之名而辨其物，如乾馬坤牛、乾首坤腹之類，不至于混淆也。"正言斷詞"者，所斷之辭吉則正言其吉，凶則正言其凶，無委曲，無回避也。備，謂備天下之事也。

其稱名也小，其取類也大，其旨遠，其辭文，其言曲而中，其事肆而隱。因貳以濟民行，以明失得之報。

此就其備之中而詳論其妙。"牝馬""遺音"之類，卦之稱名者小也。"負乘""喪茀"之類，爻之稱名者小也。然無非陰陽之至理默寓其中，取類固已大矣。道之顯者謂之文。"肆"，陳也。既小又大，既遠又文，既曲又中，既肆又隱，聖人之意非無因而然也。天下之動貞夫一，奚疑二之有？但古之為民者一，今之為民者二。民既二矣，則趨避必惑，民行將何以濟？民行二矣，則得失必迷，豈可不明？明失得之報，則吉可趨，凶可避。
所以濟民之陷溺，實在于此。故曰“衰世之意”。

　　右第六章

校勘記

　　〔一〕“折”，據文意當作“析”。
　　〔二〕“如無咎存乎悔也”，依文例，“咎”後當脫一“則”字。
　　〔三〕“在”，據文意當作“再”。
　　〔四〕“矧”，據文意當作“蚓”。
　　〔五〕“蠖”，據文意當作“蔓”。
　　〔六〕“準”，據文意當作“隼”。

繫辭下傳

《易》之興也，其于中古乎？作《易》者，其有憂患乎？

《易》之興，指周所繫之辭，惟有其憂患，故所言皆處憂患之事。見文王又不以一己之憂患爲憂患，而以天下之憂患爲憂患也。襲[一]深之言：三陳，九卦，初德，次體，次用，其説出九家《易》。

是故履，德之基也。謙，德之柄也。復，德之本也。恒，德之固也。損，德之修也。益，德之裕也。困，德之辨也。井，德之地也。巽，德之制也。

基，如基址。人之踐履，自下而上，以漸積累，步步皆實，則德有其基矣。柄者，以此自持，如言以謙爲欛柄。豁然而還其本心之謂"復"。韓康伯曰："夫動本于静，語始于默，復各返其所始，故爲德之本。所謂立天下之大本是也"。不恒則雖得之，必失之。欲其堅固，非恒不可。自此而本無者日損，則曰修。本有者日益，則曰裕。雖遭非意之變，而所造因以日精日徹，故曰辨，非自他人觀之也。井之德安静而不動，所以爲德之地。巽之德柔順而深入細微，事至而隨宜斷制，所以爲德之制。此九卦無功夫。

履和而至，謙尊而光，復小而辨于物，恒雜而不厭，損先難而後易，益長裕而不設，困窮而通，井居其所而遷，巽稱而隱。

禮之和非强世，正天理人情之至也。道心惟微，動以天，不淆以人，故曰"辨于物"。有云"微陽可以制群陰，群陰不可以雜微陽"，此以大分定理言，非以衆寡鉅細言也，甚切。能恒者，雜自在境，厭不在心，兩不相涉也。損，去其所本無也，克治之功，固甚難矣。從無因生者還從無因滅，何其易也？益，返其所本有也。無疆之進，見爲充長矣。從不滅而得者還從不增而完，何其不設也？不設，是無待助長之意。井，居其所而遷，體靜而用動也。安定不搖，自可待天下之感。巽，稱而隱，用顯而體微也，謂裁制斟酌妙于一心，不可測識也。

心之本體不可目窺，故謂之小，如道心惟微之微也。能得此心，何物不辨？老子云「見小曰明」，即此意。

潘子醇曰：人心，心之變體也，有思而有爲。道心，心之本體也，無思而無爲。有思有爲，其慮宜深，惟頻復始屬而無咎，故惟危。無思無爲，其藏宜察，以復小而辨于物，故惟微。

履以和行，謙以制禮，復以自知，恒以一德，損以遠害，益以興利，困以寡怨，井以辨義，巽以行權。

上節數「而」字，見其妙也。此節數「以」字，見其用也。凡事依禮而行，便無乖戾。從容順適之謂和，禮截然不可犯，依此行之，易失之亢，唯謙可以制服之。自知之知即良知之知，所謂「燭孤燈而照破衆昏」者也。知不外借，故曰「自」。唯自知，然後見天地之心。厭則不一，不厭則一。恒久不變，始終唯一，勿二勿三，是也。遠害者，遠其德之所本無也，潛消默奪，不得不用損。興利者，興其德之所本有也，引伸不匱，不得不用益。處困而亨則寡怨。唯至靜者，觀衆動而不亂，故曰「井以辨義」。唯善人者，妙出機而不詭，故曰「巽以行權」。三卦稱辨者三：困之辨辨于己，復之辨辨于物。井則人己之間，兩極其辨也。稱制者三：巽曰「制」，所以制英心銳氣而取衡之平也；謙亦曰「制」，所以制矜心傲氣而歸禮之節也。

象山先生曰：復而先以履、謙，蓋履上天下澤而人居其中，先辨一身，所以舉錯動作之由。謙以自持，使精神收聚于內，則此心斯可得而復。本心既復，謹始克終，以得其常，而至于堅固。私欲日以消磨，而爲損，天理日以澄瑩，而爲益，雖涉危蹈險，所遭或至于困，而此中卓然不動，然後于道有左右逢源之妙，至此則順理而行，無纖毫透漏，如巽風之散，無往不入。

右第七章

《易》之爲書也不可遠，爲道也屢遷。變動不居，周流六虛，上下無常，剛柔相易，不可爲典要，唯變所適。

此章言易之用存乎變，易之體存乎常，易之行存乎人。“懼”字最重。作《易》者懼，而後有《易》之書。體易者知懼，而後能行易之道。“行”字正與“不可遠”相應。人能行易，則變不在易，而在我矣。

不可遠，猶云不可須臾離也。“屢遷”句正言不可遠，變動以下正言其屢遷也。六虛者，六位也，虛對實言。卦雖六位，然剛柔往來如寄，非實有也，故曰“六虛”。在此卦爲剛上柔下，在彼卦又爲柔上剛下，是上下無常。在此卦則此爻爲剛，在彼卦則此爻又爲柔。在此卦則此爻爲柔，在彼卦則此爻又爲剛。是剛柔相易。典者成憲，要者成約，皆畫然一定之法。易唯屢遷，不可以典要拘，唯變所適而已。變適在上則爲上，變適在下則爲下。變適在剛則爲剛，變適在柔則爲柔。體事而無不在，體物而不可遺，此易道之所以不可遠也。

其出入以度，外内使知懼。又明于憂患與故，無有師保，如臨父母。

出入外内以卦言。出者，出内而之外，往也。入者，自外而之内，來也。度者，所繫之辭也。上言《易》不可爲典要，若無一定之法度，而人不知懼矣。不知變之適出適入即道之宜出宜入，其吉凶悔吝之辭有確然不逾之則，所謂度也。順則吉，逆則凶，即欲不懼而不得。若《易》之變有以使之，而實無其使也。明于憂患者，于出入以度之内又能明之也。明其可憂，又明其可憂之故。明其可患，又明其可患之故。如勿用取女，明其憂患也。見金夫不有躬，明其故也。如是則無師保而自律，遠父母而自嚴，《易》道有益于人大矣。

初率其辭而揆其方，既有典常，苟非其人，道不虛行。

夫變之能使懼者，以有聖人之辭在也。初對既言。率，由也。揆，度也。方，道也，或出或入，或憂或患之方道也。始由其辭以揆知懼明故之方，始見《易》之爲書，有典可循，有常可蹈，而向之不可爲典要者，于此有典常矣。神明默成之人即率辭揆方之人，苟非其人，未免拘于方不能盡其變。曰度，曰故，只虛設耳。道豈虛行哉？不虛行，行不去也。典要是煞字，典常是活字，自有分曉。

右第八章

《易》之爲書也，原始要終，以爲質也。六爻相雜，唯其時物也。

通章重“時物”二字。物以從乎其時，時以妙乎其物。論爻處正是論卦，爻之時物即卦之時物也。自爻統論則爲卦，自卦分論則爲爻。

質爲卦體，物爲卦象。初者卦之始，原其始，則二三在其中矣。終者卦之成，要其終，則四五在其中矣。卦必合始終以爲體，文王象辭亦必合始終以爲辭。“相雜”非相間之謂，如初爻剛居之，柔亦居之是也。周公爻辭亦惟取時物以爲辭，如乾之龍，物也，而有潛、見、飛、躍之不同者，時也。

其初難知，其上易知，本末也。初辭擬之，卒成之終。

此言初上二爻。始爻爲卦之本，其事未成，故難知，亦惟初之時，故難也。終爻爲卦之末，其事已成，故易知，亦唯上之時，故易也。所以聖人于初爻象占之辭，經幾番擬議，而後係焉。至于上爻之辭，不過即始見終以成之耳，如乾初九曰“潛龍”，上爻即曰“亢龍”是也。“卒”對“擬”言，言不必擬也。

若夫雜物撰德，辯是與非，則非其中爻不備。

此以下言中四爻。辨是與非者，辨物與德之是非也。蓋爻有中有不中，有正有不正，有應與無應與，則必有是非矣。故辨是與非，非中爻不備。

中爻二至四，三至五。兩體交互，各成一卦，爲互體。内外有正卦之體，中爻又有合卦之體，然後其義無遺。若無錯陳陰陽，撰述其德，以辨别其是非，使徒以正卦觀之而遺其合卦所互之體，則其義必有不備者矣。前後六爻俱已説過，此段分明指互體説。

噫！亦要存亡吉凶，則居可知矣。知者觀其彖辭，則思過半矣。

“噫”者，歎中爻之妙也。中四爻者，六爻之要，而彖者，又一卦之要。人欲究天道之存亡與人事之吉凶，但玩中爻之辭，可坐而得也。若夫神明之智者，并無待于爻，惟觀文王之彖辭，而吉凶存亡之理已思過半矣。正見天下不皆智者，而中四爻不可不備也。

二與四同功而異位，其善不同。二多譽，四多懼，近也。柔之爲道，不利遠者，其要無咎，其用柔中也。三與五同功而異位，三多凶，五多功，貴賤之等也。其柔危，其剛勝耶？

此論中爻之本體。二、四同功，謂同以陰而居陰也。三、五同功，謂同以陽而居陽也。“位”與六位之位不同，彼以陰陽言，此以遠近貴賤言也。“善”字照下看，譽與懼隨其位而自盡其事，皆人臣之善物也。譽、懼雖不同，而皆可言善，凶則不可爲善矣，故不言善。“多”謂卦未必盡然而若此者，居其强半也。知二之無咎以柔守，則知四之懼又不獨以近矣。其柔危，其剛勝，此三、五之所同也。柔則賤危而貴亦危，剛則貴勝而賤亦勝。

王本作“四多懼”，注云“懼，近也”，今誤以“近也”字爲正文，而注中又脱“懼”字。“三多凶”者，六十四卦唯謙卦九三一爻，許之以吉。六十四卦中，亦有柔而吉，剛而凶者。

右第九章

《易》之爲書也，廣大悉備。有天道焉，有人道焉，有地道焉。兼三才而兩之，故六。六者，非他也，三才之道也。

廣大者，體統渾淪。悉備者，條理詳密。易之三畫本具三才，又因重爲六，而兩其天、兩其人、兩其地者，以獨而無對，不成其爲道也。天以陰陽爲道，五爲陽，上爲陰也。人以仁義爲道，三爲仁，四爲義也。地以剛柔爲道，初爲剛，二爲柔也。“兼”者，通也。“才”者，能也。天不能覆非才也，地不能載非才也，人不能一體萬物，是不才也。希聖人，法天地，庶幾免于不才而已矣。

道有變動，故曰“爻”。爻有等，故曰“物”。物相雜，故曰“文”。文不當，故吉凶生焉。

張氏曰：“曰‘爻’，曰‘物’，曰‘文’，曰‘吉凶’，指六畫摹寫三才之變態。‘道有變動’，如天地人之變化。‘爻有等’，如天位乎上，地位乎下，人處乎中。‘物相雜’，如星辰昭回，山川錯落，仁義經緯。‘文不當’，如天文、地理、人事，精粗相盪，休咎相推，而吉凶生，故曰‘廣大悉備’。”按：“等”者，剛柔、大小、遠近、貴賤之類，爻不可以言物，有等則謂之物矣。“文不當”，非專指陽居陰位、陰居陽位也，卦情若淑，或以不當爲吉，剥之上九、豫之九四是也。卦情若慝，反以當位爲凶，大壯初九、同人六二是也。要在隨時變易，得其當而已，一變動間，即有物，有文，有吉凶，非有先後也。胡雲峰曰：“前章始以質言，此章末以文言，卦必舉始終而成體，故曰

‘質’。爻必雜剛柔以爲用，故曰‘文’”。

右第十章

《易》之興也，其當殷之末世，周之盛德邪？當文王與紂之事邪？是故其辭危。危者使平，易者使傾。其道甚大，百物不廢。懼以終始，其要無咎。此之謂《易》之道也。

文王身歷憂患，見其君之逸樂肆志，將有傾亡之禍，以其不知危故也。因紂之危而欲防天下之危，故爲此危辭，正欲人由危以致其平。危言之不足，又反其辭而爲易傾，益以惕人之危也，此危平易傾之理。天下無人無事不出其中，故曰“百物不廢”。懼以終始者，危懼自始至終，唯恐其始危而終易也。夫福莫大于平，平莫平于無咎。“無咎”二字是千聖涉世之身法，“懼”之一字是千聖寡過之心法。

右第十一章

夫乾，天下之至健也，德行恒易以知險。夫坤，天下之至順也，德行恒簡以知阻。

此章重“易”“簡”二字。知險知阻，由于易簡。聖人作《易》，不過欲天下皆知險阻，而同歸于易簡之情也。易與險相反，唯中心易直者能照天下險巇之情，所謂“通志”也。簡與阻相反，唯行事簡靜者能察天下煩壅之機，所謂“成務”也。阻者，窒隘填塞之狀，與險惡不同，石澗云：自上視下，所見爲險。自下升上，所向爲阻。乾自上而臨下，故知險。坤自下而升上，故知阻。此節止論其理，未説到聖人與《易》上，下文悦心研慮，方説聖人。八卦象告，方説《易》書。

能説諸心，能研諸慮，定天下之吉凶，成天下之亹亹者。是故變化云爲，吉事有祥。象事知器，占事知來。

此正明聖人知險阻之實而因乎天人之自然也。所説所研者，皆知險知阻，易簡之理也。此二“能”字與下二“能”字相應，下二“知”字與上二“知”字相應。百姓之能本于聖人之能，而聖人之能又本于聖人之知也。説心研慮，是易簡中自然之能事。是以險阻之吉者知其爲吉，險阻之凶者知其爲凶，自有以定之而通志。吉則趨而凶則避，自有以成之而定業矣。此聖人易簡自然之功用，只就本身説。試觀天道之變化，人事之云爲，皆自然而然，不外易簡之理。若人事與天道相符，其初動處有易無險，有簡無阻，所謂吉之先見者。人事吉于下，天事吉于上，這有祥是斷然必有者矣。自吉事之有形迹而一定者言，則曰“器”，聖人即其事而比象之，一定之吉何以迓？不則一定之凶何以銷？自吉事之無形迹而未著者言，則曰“來”，聖人即其事而占決之。未來之吉何以凝？不則未來之凶何以銷？知字内有挽回意在，此聖人不假卜筮而知險阻也。

天地設位，聖人成能。人謀鬼謀，百姓與能。八卦以象告，爻《彖》以情言。剛柔雜居，而吉凶可見矣。

知器知來，聖心具有全易。此唯易簡之聖人能之，而險阻之百姓不能也。《易》之作，烏可已乎？天地設位，非不以易簡示人，而不能使人之歸于易簡也。自聖人作《易》，以成天地之能，百姓亦得以與聖人前知之能矣。聖人象事知器，百姓則以易知器。聖人占事知來，百姓則以易知來。而知險知阻，不獨聖人爲然矣。書曰：“謀及乃心，謀及卿士，謀及庶人，謀及卜筮。”先心而後人，先人而後鬼，故此人謀在鬼謀之先也。以下正是成能處。八卦即六十四卦也，八卦以象告，非先天之止于畫而不能言也。爻象以情言，非後天無所因而强爲之言也。象告情言，無非這吉凶，吉凶必于剛柔之維居乃見。此句兼卦爻説，其實自象而觀則謂之剛柔，自情而觀則謂之吉凶也。

變動以利言，吉凶以情遷，是故愛惡相攻而吉凶生，遠近相取而悔吝生，情僞相感而利害生。凡《易》之情，近而不相得則凶，或害之，悔且吝。

此以象變占詞，推演聖人之知能也。蓍卦以變爲主，故以利言。其言吉者，利人也。其言凶者，人則避之亦利也。情遷之"情"即上文情言之"情"，情具于外爻之中，屢遷而不定。情向于得，則吉詞隨之。情向于失，則凶辭隨之。卦爻無定情，則吉凶亦無定辭。自此以下皆言吉凶以情遷之事，而以六爻之情與辭明之。情只得愛惡二種，而遠近、情僞皆自愛惡生也。吉凶未判曰"悔吝"，吉凶方萌曰"利害"，然總不外吉凶也。愛相攻，家人九五是也。惡相攻，同人九三是也。此句以德言，謂相與之中正、不中正也。遠相取，恒之初六是也。近相取，豫之六三是也。此何專說不好？以位言。情相感，中孚九二是也。僞相感，漸之九三是也。此句以應言，正應爲情，不正應爲僞也。情者，實也，對僞而言，凡此皆足以致吉凶，而所居之位猶要，故近而相得爲貴。遠不相得無害，唯近而不相得，便不可也。"或"字、"且"字宜玩。

將叛者其辭慚，中心疑者其辭枝。吉人之辭寡，躁人之辭多，誣善之人其辭游，失其守者其辭屈。

上言四情，此復舉六詞者，言人之辭因情而遷，則易之辭因情而遷益明也。楊廷秀曰：學《易》而有得者可以知言。大抵歉于中者必愧于外，秦武陽色變而荊軻爲之辭謝是也，故曰"將叛者其辭慚"。將有言于人，而逆疑其不售也，必左右其說以嘗之，此不有售焉，則彼必售矣，商鞅之說孝公是也，故曰"中心疑者其辭枝"。直情無所煩言，至正無所揣摹，申公之對武帝是也，故曰"吉人之辭寡"。人唯無躁兢也，人而躁兢，則危言以眩世而無所忌，強眩以撼人而不能已，能令人厭，亦能令人喜。厭者察其空空，而喜者意其有挾也，淳于髡之見梁惠王，連語三日三夜是也，故曰"躁人之詞多"。小人之疾君子而欲毀之也，必深匿其毀之之迹，疾之愈甚則毀之愈緩，或顯譽其人而陰寓其忮，或泛爲之説以旁見其意，故毀行而人不悟，公孫弘之讚董仲舒、汲黯是也，故曰“誣善之人其辭游”。人之心未有無所主者，所主者義乎，攻之者愈衆而主之者愈堅。所主者不義乎，外必周爲之防而内必堅室其隙，幸而遇庸人，雖欲攻之，莫知其所以攻之者。不幸而遇智者，先得其隙而入之，逆奪其防而據之，則一語而折，夷之之見孟子是也，故曰“失其守者其辭屈”。吾安得天下皆吉人，與之圖吉事，盡出險阻而歸易簡也哉？

右第十二章

説卦傳

昔者聖人之作《易》也，幽贊于神明而生蓍，參天兩地而倚數，觀變于陰陽而立卦，發揮于剛柔而生爻，和順于道德而理于義，窮理盡性以至于命。

聖人作《易》，有蓍有數，有卦有爻，皆非無因而起也。生蓍，謂創立用蓍之法。神不能言，以蓍言之，所以贊神出命，故謂之“幽贊”。“神”即大衍所謂祐神也。凡蓍必藏于廟中，人即而筮焉，示受命于神也。河圖一二三四五者，五行之生數也。六七八九十者，五行之成卦也。生數居圖之内，乃五行之發端，故可以起數。成數居圖之外，則五行之結果，故不可以起數。參之者，三之也，天一天三天五之三位也。兩之者，二之也，地二地四之二位也。倚者，依也，一依三，三依五而爲九，二依四而爲六也。聖人用蓍以起數，九變皆三畫之陽，則三其三而爲九，此九之母也。則過揲之策，四九三十六，此九之子也。參之是三個十二矣，九變皆二畫之[二]命之理于爻。分陰分陽，以爻位言，分初三五爲陽位，二四上爲陰位也。既分陰分陽，乃迭用剛柔之爻以居之。

右第二章

天地定位，山澤通氣，雷風相薄，水火不相射。八卦相錯，數往者順，知來者逆，是故《易》逆數也。

此章言伏羲八卦逆數方得相錯，理主順，數主逆。理不順，無以契性命之真。數不逆，無以極生成之用。"薄"訓"迫"，又附蕩也，勢相迫而成震盪之功也。"射"，犯也，言相濟爲用，不相犯害也。相錯者，伏羲《圓圖》，陽與陰相對待，一陰對一陽，二陰對二陽，三陰對三陽也。故一與八錯，二與七錯，三與六錯，四與五錯。八卦不相錯則陰陽不相對待，非《易》矣。宋儒不知"錯綜"二字，故以爲相交而成六十四卦，殊不知此專説八卦逆數方得相錯，非言六十四卦也。唯八卦相錯，故順數圖前四卦，震四至乾一，往者之順也。逆知圖後四卦，巽五至坤八，來者之逆也。是故《易》逆數者，言因錯卦之故，所以《易》逆數，巽五不次于震四而次于乾一也。使不逆數，而次巽五于震四之後，則八卦不相錯矣。

右第三章

雷以動之，風以散之，雨以潤之，日以烜之，艮以止之，兑以説之，乾以君之，坤以藏之。

此章言八卦相錯，生物成物之功。上章先之以乾坤，此章終之以乾坤。蓋上章先言天地之無爲，後言六子之互用，言天地之用六子也。此章先言六子之職，復言乾坤之道，言六子歸功于父母也。乾坤始交而爲震、巽，震、巽相錯而爲動爲散，生物之功也。中交而爲坎離，坎離相錯而爲潤爲烜[三]，長物之功也。終交而爲艮、兑，艮、兑相錯而爲止爲説，成物之功也。若乾則爲造物之主，坤則爲養物之府，六子不過各分一職以聽命耳。胡炳文曰：自動至烜，物之出機。自止至藏，物之入機。出無于有，氣之行也，故以象言。入有于無，質之具也，故以卦言。子醇發坤藏之義云：夫物云云，各歸其根。歸根曰静，静曰復命。復命曰常，蓋歸藏于坤也。身心有所退藏，寤爲無思，寂爲無夢，一致同歸，渾然全體，即龍蛇之蟄也。夫藏用之項即未生之前，酬酢之項即既生之後，一動一静即出生入死，聖凡皆然。但燭歸根之爲常，而泛應之爲變，則有偏必反，乃能造物，認出應之爲常而忘歸宿之所在，則降本流末，乃物與物。此其異耳。

右第四章

帝，出乎震，齊乎巽，相見乎離，致役乎坤，説言乎兌，戰乎乾，勞乎坎，成言乎艮。

此文王《圓圖》，言八卦之流行各順四時五行，自然之序也。"帝"字宜一讀，不可連下作一句。蓋八者乃帝之所爲，故以帝冠之。出乎震者，帝以震出萬物也，故曰"萬物出乎震"。"致"者，委也。坤乃順承天，故爲陽所委役。"戰乎乾"者，非與乾戰也，陽與陰戰于乾之方也。至坎則肅殺相戰之後，適值乎慰勞休息之期。陽生于子，故曰"勞至艮方"，陽已生矣，所以既成其終，又成其始。

萬物出乎震。震，東方也。齊乎巽，巽，東南也。齊也者，言萬物之潔齊也。离也者，明也，萬物皆相見，南方之卦也。聖人南面而聽天下，嚮明而治，蓋取諸此也。坤也者，地也，萬物皆致養焉，故曰"致役乎坤"。兌，正秋也，萬物之所説也，故曰"説言乎兌"。戰乎乾，乾，西北之卦也，言陰陽相薄也。坎者，水也，正北方之卦也。勞卦也，萬物之所歸也，故曰"勞乎坎"。艮，東北之卦也，萬物之所成終而所成始也，故曰"成言乎艮"。

潔齊，即姑洗之意。春三月，物尚有不出土者，或有未開花葉者，彼此不得相見。至五月，物皆暢茂，彼此皆相見矣，故曰"萬物皆相見"。諸卦皆可配聖人，而獨言离者何？蓋天地若無出震繼离之功，不成造化。聖人若無出震繼离之治，不成治化。況後天之离位即先天之乾位，明乎以乘乾之大人爲繼离之大人，故尊之曰“聖人”也。“地”字當“土”字看，坤于方獨不言西南，坤土之用不止西南也。水非土亦不能生木，故艮土次坎水之後，水土又生木火也。胡炳文曰：离明以德言，八卦之德可推。坤地坎水以象言，八卦之象可推。兌秋以時言，八卦之時可推，以互見也。按，木金土各二者，以形王也。水火各一者，以氣王也。坤陰土，故在陰地。艮陽土，故在陽地。震陽木，故正東。巽陰木，故近南，而接乎陰。兌陰金，故正西。乾陽金，故近北，而接乎陽。此其序甚明，坤既歸藏，抑又致養，順冲氣而出，則養以平和之味。順冲氣而入，則養以中和之氣。在物則龍蛇之蟄蟄，在人則無思無爲之境也。

　　右第五章

　　神也者，妙萬物而爲言者也。動萬物者莫疾乎雷，橈萬物者莫疾乎風，燥萬物者莫熯乎火，説萬物者莫説乎澤，潤萬物者莫潤乎水，終萬物、始萬物者莫盛乎艮。故水火相逮，雷風不相悖，山澤通氣，然後能變化，既成萬物也。

　　始言六子之才各有所長，終言六子之情各有所合。神即雷風之類，妙即動橈之類。澤，地土中之水氣皆是也。水，天降雨露之屬皆是也。

　　歸震川曰：或謂後天流行之用本于先天對待之體。不知伏羲《圓圖》卦氣之運，獨非流行者乎？文王《方圖》之設，獨非對待者乎？二圖本自合一，强而分之，支離甚矣。王子衡曰：《易》自文王、孔子，以至漢唐，并無以圖爲説者，獨邵子云然。焦弱侯曰：世儒托言出于邵子也。夫對待流行皆《易》所具，聖人反覆推明之。有對待，其氣運必流行而不已。有流行，其氣數必對待而不移。如男女相對待，其氣必相摩盪。不然，則男女爲死物矣。此處安得有先後之分，伏羲、文王之異耶？來矣鮮曰：先儒不知對待流行，而倡爲先天、後天之説。所以《本義》于此節皆云未詳。

右第六章

乾，健也。坤，順也。震，動也。巽，入也。坎，陷也。离，麗也。艮，止也。兑，説也。

此章斷八卦之德。其下三章，乃以物、以身、以家，依八卦之類而分主之，使占者用之以知來物也。

動、陷、止皆屬健，入、麗、説皆屬順。凡物健則能動，順則能入。健、順，其體也。動、入，其用也。健遇順則陷，順遇健則麗，陷麗者，其勢也。健者始于動而終于止，順者始于入而終于説。陽之動，志于得所止。陰之入，志于得所説，此所謂神明之德也。

右第七章

乾爲馬，坤爲牛，震爲龍，巽爲雞，坎爲豕，离爲雉，艮爲狗，兑爲羊。

此以八物擬八卦也。健者爲馬，順著爲牛，善動者爲龍，善伏者爲雞，質躁而外污者爲豕，質野而外明者爲雉，前剛而止物者爲狗，内狠而外説者爲羊。《埤雅》云：乾，陽物也，馬固蹄圓。坤，陰物也，牛故蹄坼。陽病則陰勝，故馬疾則卧。陰病則陽勝，故牛疾則立。馬，陽物也，故起先前足，卧先後足。牛陰物也，故起先後足，卧先前足。學者以爲坤牛取順，乾馬取健，蓋知其一而已。

右第八章

乾爲首，坤爲腹，震爲足，巽爲股，坎爲耳，离爲目，艮爲手，兑爲口。

此以身之八體擬八卦也。首會諸陽屬乾，腹藏衆陰屬坤。陽動陰静，動而在下者足也，且足主下，六經爲震。動而在上者手也，且手主上，六經爲艮。陽連陰坼，坼而在下者股也，故屬巽。坼而在上者口也，故屬兑。坎陽在内，猶耳之聰在内也。离陽在外，猶目之明在外也。余氏曰：足動股隨，雷風相與也。耳目通竅，水火相逮也。口與鼻通，山澤通氣也。

右第九章

乾，天也，故稱乎父。坤，地也，故稱乎母。震一索而得男，故謂之長男。巽一索而得女，故謂之長女。坎再索而得男，故謂之中男。离再索而得女，故謂之中女。艮三索而得男，故謂之少男。兑三索而得女，故謂之少女。

此以家之八位擬八卦也。純陽爲父，純陰爲母。陽先求陰，則陽入陰中而爲男。陰先求陽，則陰入陽中而爲女。陰陽在初者爲長男、長女，在中者爲中男、中女，在末者爲少男、少女。三男本坤體，各得乾之一陽而成男，陽根于陰也。三女本乾體，各得坤之一陰以成女，陰根于陽也。看八個"故"字，見稱名之不苟。

右第十章

乾爲天，爲圜，爲君，爲父，爲玉，爲金，爲寒，爲冰，爲大赤，爲良馬，爲老馬，爲瘠馬，爲駁馬，爲木果。

上章合八卦爲一，而分爲四類。此章復合四類爲一，而分八卦以八門，所以反覆推廣象類，以資占者之決也。性情形似，義理事類取各不同。

天大而無外，圓運而不已。在國則君，在家則父。純粹爲玉，堅剛爲金。寒冰在子，以陽之始言之。大赤在年，以陽之終言之。良取其善，老取其久。瘠取其骨峻而堅，駁取其鋸齒而猛，皆健之義。木果取其實而圓，似陽之體也。

坤爲地，爲母，爲布，爲釜，爲吝嗇，爲均，爲子母牛，爲大輿，爲文，爲衆，爲柄，其于地也爲黑。

積陰爲地，作成物爲母。旁有邊幅而中廣平，南北經而東西緯，皆布象也。釜能熟物，百物生而坤熟之也。吝嗇其靜之翕，均則其動之闢，物均受栽培也，一云均虛而造物者也，均即造瓦之鈞，戴土以成器物者。最是性順而蕃育爲子母牛，厚而能載爲大輿。乾質，故坤文。乾一，故坤衆。皆就畫上取。柄主于執，在下而承物者，與乾元相反。坤之色何以不言黃？黃者坤之離，玄者乾之坎，皆中爻之色也。若論其極，則乾正爲赤，坤正爲黑。

震爲雷，爲龍，爲玄黃，爲旉，爲大塗，爲長子，爲決躁，爲蒼筤竹，爲萑葦。其于馬也爲善鳴，爲馵足，爲作足，爲的顙。其于稼也爲反生。其究爲健，爲蕃鮮。

雷動地下，龍動淵中。玄黃，乾坤始交之色。旉，氣之亨。大塗，物之亨，旉通作“敷”，華蒂也。一奇動于下而四偶開張，亦大塗之象也。長子爲繼乾父之事。躁者，陰也，陽決陰爲決躁。蒼言其青，筤言其美，震之本色也。萑葦取下本實而上幹虛，象下陽上陰也。凡聲屬陽，震陽在內爲聲，上畫偶，開口出聲爲善鳴。馵足，《爾雅》曰：“左足白，馵。”震居左也。作足，猶《詩》“思馬斯作”之作，雙足并舉也，皆言在下之陽畫也。的顙，額有旋毛而中虛，如射者之的然，言上畫之虛也，舊訓爲“白”，非。吳□白與震色相別。反生，以剛反言。一云反生者，死而復生，一歲再熟之稻也。陽長不已，究爲乾健。蕃即《文言》“草木蕃”之“蕃”，鮮即書“奏庶鮮食”之“鮮”。震之三爻俱變則爲巽，故爲蕃鮮。震居東，得木正氣，巽居東南，得水餘氣，故震變巽爲革。

巽爲木，爲風，爲長女，爲繩直，爲工，爲白，爲長，爲高，爲進退，爲不果，爲臭。其于人也爲寡髮，爲廣顙，爲多白木曰曲直，巽入之象也。木根巽入于地，地氣亦巽入于木，故風與氣臭，皆與木同也。斜木之曲而取直爲繩，引繩之直而制木爲工，謂德之制也。白以金方言，陽長陰短，陽高陰卑，二陽一陰，又陽居上，陰居下，故爲長，爲高。人柔則多疑，剛則多決，故巽疑而震決。進退不果，巽者之性也。臭以風而傳，陰伏于重陽之下，鬱積不散，故爲臭。姤卦"包魚不利賓"者，以臭故也。一云蘭臭爲馨，惡臭爲腥，皆入人最深者。陰氣盛者血多，寡髮者，陰血不上行也。陽體盛者額潤，廣顙者，陽氣獨上盛也。陰血盛者髮多，陰體盛者額狹也。眼之白者爲陽，黑者爲陰，所以離爲目，巽二白在上，一黑沉于下，故爲白眼。陰主利，又巽本乾體，爲金爲玉，利莫利于乾也。巽性入，則乾之所有皆入于巽矣。故"利近市三倍"。震爲決躁，巽三變成震，爲躁卦。震、巽以究言者，剛柔之始也。震得陽氣之先，巽得陰氣之先，故其卦皆有究極之意。

坎爲水，爲溝瀆，爲隱伏，爲矯輮，爲弓輪。其于人也爲加憂，爲心病，爲耳痛，爲血卦，爲赤。其于馬也爲美脊，爲亟心，爲下首，爲薄蹄，爲曳。其于輿也爲多眚，爲通，爲月，爲盜。其于木也爲堅多心。

中實而行有常爲水，水流而不盈爲溝瀆。溝注于川，瀆注于海。一云欲行水者用溝，所以爲澇之備。欲停水者用瀆，所以爲旱之備。矯者直而使曲，輮者曲而使直，水流有曲直也。弓與輪皆矯輮使成，亦取中勁義。弓中勁則善發，輪中勁則善運也。陽陷陰中，心危慮深，故爲加憂。心、耳皆以虛爲體，坎中實，故爲病爲痛。蓋有孚則心亨，加憂則心痛矣。《素問》：金在志爲憂，水在志爲恐，恐則甚于憂，故爲加憂。訟之"有孚，窒惕中"，即加憂也，加憂即心病也。艮之"厲薰心"，以五體有坎也。又曰"室無空虛"，則婦姑教㑋，心無天游，則六鑿相攘，其心病之説乎？水藏在腎，開竅于耳。而水在志爲恐，恐則傷腎，故爲耳痛。水行地中，猶血行四體，故于卦爲血。爲赤者，得乾之一畫，與乾色同，但不大耳。美當馬之中者爲脊，及其純也，則爲乾之艮馬。剛在內而躁，故爲亟心。柔在上，故首重而不昂。柔在下，故蹄薄而不厚。仰不爲乾之首，俯不爲《震》之蹄，而獨當脊與心。在內則心爲中，在外則脊爲中也。因下柔，故又爲曳，蓋陷則失健，足行無力也。車行險道，故多眚，且柔在下，不能任重也。通者水之性，月乃水之精。坎之隱伏在君子爲隱，在小人爲盜。木屬巽，天一之水常行于木之心，故爲堅多心，亦中實，木多心堅也。

离爲火，爲日，爲電，爲中女，爲甲胄，爲戈兵。其于人也爲大腹。爲乾卦，爲鱉，爲蟹，爲蠃，爲蚌，爲龜。其于木也爲科上槁。

火日內景，金水外景，火與水反。坎陽爲月，离陰爲日，陰陽互藏其宅也。陽在外而堅，爲甲胄。陽在上而鋭，爲戈兵。水流淫，故稱皿。火就燥，故稱乾，坎离者，乾坤之精氣。乾爲首，故坎爲下首。坤爲腹，故離爲大腹，离非能大于坤也，大腹、下首，故疾證也。鱉性静，取中畫柔。蟹性躁，取上下畫剛。蠃形鋭而善麗，蚌中虛而孕珠，龜文明之象，离爲火，而取水中之物者，水火還相生也。木中空，則科上槁矣。或以枝幹之間爲科上也。

《爾雅》："山罍謂之坎，大琴謂之離"。萬物之象，無非《易》也。

艮爲山，爲徑路，爲小石，爲門闕，爲果蓏，爲閽寺，爲指，爲狗，爲鼠，爲黔喙之屬。其于木也爲堅多節。

大而爲山，微而爲小石，皆堅而止者也。一陽塞于外，不通大塗，與震相反，故爲徑路。上畫相連，下畫雙峙而虛，故爲門闕。徑路、門闕二物，皆有行有止，成始成終之象也。木實植生曰果，草實蔓生曰蓏，實皆在上也。震爲旉，草木之始。艮爲果蓏，草木之終也。閽止外之人，寺止內之出。人之止物者指，物之指物者狗，一云虎子曰狗，見《爾雅》。《漢律》“捕虎一，購錢三千，其狗半之”是也。鼠剛在齒，鳥剛在喙，□□黑色，鳥喙多黑，□屬者，不可枚舉也。狗鼠黔喙，皆謂前剛也。坎陽在內，故木堅在心。艮陽在上，故木堅多節。木枝在上方有節。

《兌》爲澤，爲少女，爲巫，爲口舌，爲毀折，爲附決。其于地也爲剛鹵。爲妾，爲羊。

以言說神爲巫，以言說人爲口舌。兌爲金、爲秋，皆毀折之氣也。剛乃決柔，兌非能自決，乃附于剛而決也。鹵者，地之死氣也。坎水絕于下而澤見于上，則足以爲鹵而已。《說文》云：“鹵，西方鹹地。”兌正西，故云。少女從娣爲妾，喜群相說爲羊。鄭司農本“羊”作“陽”。陽者，無家之女，行賃炊爨，賤于妾者。郭璞云：“巴濮之人，自稱阿陽。”即此。

少男少女，艮、兌之正也，而乃至爲妾，爲閽寺。閽寺，男之賤。而妾者，女之賤也。彼以一陰爲悅乎外，此以二陰爲阻乎內。陰幽險陂，其事正如此也。

按，乾父、坤母、長子、三女皆見于象，而中男、少男獨不然。乾馬、坤牛、震龍、艮狗、兌羊皆見于象，而巽雞、坎豕、离雉獨不然。巽爲躁卦，坎爲血卦，离爲乾卦，而五卦皆不然。震、巽言究，而六卦皆不稱究，蓋互見也。周公以乾爲龍，孔子却取馬象，而以震爲龍。文王以坤爲馬，孔子却取牛象，而以乾爲馬，其廣象之義，正恐人之泥于象也。說者乃謂諸象求之于經不盡合，不知《易》果經之所能盡否耶？

序卦上篇

有天地，然後萬物生焉。盈天地之間者唯萬物，故受之以屯。屯者，盈也。屯者，物之始生也。物生必蒙，故受之以蒙。蒙者，蒙也，物之稚也。物稚不可不養也，故受之以需。需者，飲食之道也。飲食必有訟，故受之以訟。訟必有衆起，故受之以師。

文中子贊《易》，至《序卦》曰："大哉！時之相生也。達者可與幾矣"。不言乾坤而言天地，天地即乾坤也。諸卦言受而乾坤不言受，乾坤，衆卦之父母也。屯不訓盈，言萬物始生之時，天地絪縕，雷雨動盪，見其氣之充塞也。需不訓飲食，人之所需，飲食爲急。飲食之道，在養之以中正而已。如飲食不以道，所需不如所欲，則必爭，乾糇以愆，豕酒生禍，故訟。小爭聽以訟，大爭平以師。

師者，衆也，衆必有所比，故受之以比。比者，比也，比必有所畜，故受之以小畜。物畜然後有禮，故受之以履。履而泰，然後安，故受之以泰。泰者，通也，物不可以終通，故受之以否。

爭起而彼此之黨類必衆，故繼之以師。由庶而富，由富而教，然後可以成天下之治也。禮蓋人之所履，非以禮訓履也。人有禮則安，無禮則危，故安則泰，而危則否。

物不可以終否，故受之以同人。與人同者，物必歸焉，故受之以大有。有大者不可以盈，故受之以謙。有大而能謙必豫，故受之以豫。豫必有隨，故受之以隨。以喜隨人者必有事，故受之以蠱，蠱者，事也。

否則思通，人之同志，故出門同人不謀而合。物通則大有矣，大有者，大者皆爲我所有也。物皆歸我，我奄而有之也，舜禹之有天下是也。謙者，居有之善道，君不自恃廣大，故百姓蒙休，富庶安樂，此謙能致豫也。豫必有隨者，喜樂而出，人必隨從，如孟子"吾王不游，吾何以休"是也。臣之隨君，必以官守言責爲事。有隨，治人從也。有事，治法修也。

有事而後可大，故受之以臨。臨者，大也。物大然後可觀，故受之以觀。可觀而後有所合，故受之以噬嗑。嗑者，合也。物不可以苟合而已，故受之以賁。賁者，飾也。致飾然後亨則盡矣，故受之以剥。剥者，剥也。物不可以終盡，剥窮上反下，故受之以復。

可大，治功成也。可觀，治道盛也。有合，治道洽也。臨不訓大，臨者以上臨下，以大臨小。凡稱臨者，皆大者之事也，故以大釋之。若豐者大也，則真訓大矣。是以六十四卦有二大而不相妨焉。張敬夫曰：天下皆山也，唯泰山則可觀。天下皆水也，唯東海則可觀。臨反而爲觀，則二陽之大者在上，故可爲四陰之觀也。在上無可觀，在下者引而去矣，非可觀而能有合乎？凡物之所以不散者在合，而所以保其不散者，在合之不苟。蘇子瞻曰：直情而行之謂之苟，禮以飾情謂之賁。苟則易合，易合則相瀆，相瀆則易離。賁則難合，難合則相敬，敬則文。此"飾"字是文明以止之飾，不好全在"致"字，致則忠信日彫，誠愨日漓，而亨盡矣。虛美薰心，秦亂之萌。浮文妨要，晉衰之兆。故賁後繼以剥也。"合也"以下就文質説。

復則不妄矣，故受之以無妄。有無妄然後可畜，故受之以大畜。物畜然後可養，故受之以頤。頤者，養也。不養則不可動，故受之以大過。物不可以終過，故受之以坎。坎者，陷也，陷必有所麗，故受之以離。離者，麗也。

"復則不妄"至"以大過"。就聖學説，復則不妄，要味一

"則"字，復就是不妄，所謂辨于物也。無妄則誠，然後可以畜德而至于大。德既畜于己，則可以優游涵泳而充養之，以至于化矣，是可養也。"可"字極妙。聖賢要在所養。中心有妄，所畜皆非，即欲養而成其爲聖賢也，得乎？需之養，養之小。頤之養，養之大。不養則不可動，故上九"由頤"，然後利涉大川。有大涵養方有大設施也。終過，猶云大悖于理，畢竟做不去，而陷于險。既在險中，方仗人之勢力而後可出也。

序卦下篇

有天地，然後有萬物。有萬物，然後有男女。有男女，然後有夫婦。有夫婦，然後有父子。有父子，然後有君臣。有君臣，然後有上下。有上下，然後禮義有所錯。

君臣所指者狹，上下所指者廣。上下既立，則有步趨坐立之節，有宮室車馬之等。小而繁縷之微，大而衣裳之垂，其制之必有文，故謂之"禮"。其處之必得宜，故謂之"義"。錯者，言禮義於是而施，非因上下而後有也。禮義尚往來，故謂之"錯"。

夫婦之道不可以不久也，故受之以恒。恒者，久也。物不可以久居其所，故受之以遯。遯者，退也。物不可以終遯，故受之以大壯。物不可以終壯，故受之以晉。晉者，進也。進必有所傷，故受之以明夷。

夫婦之道以恒爲貴，禄位所居不可以恒。遯者知幾而退，壯者時至而顯。晉則立俊偉之業，明夷則被擯斥之患。進必有所傷，亦物不可久居之意也。唐應德曰：日出于積陰之下而升至陽之位，如人之破乎障塞而極于高明，非强有力者不能，此晉之所以次大壯也。晉與漸皆進而有別。進必有歸者，先以艮。進必有傷者，先以壯也。進極則後入于地，故繼以明夷，日中則昃也。

夷者，傷也。傷于外者必反其家，故受之以家人。家道窮必乖，故受之以睽。睽者，乖也。乖必有難，故受之以蹇。蹇者，難也。物不可以終難，故受之以解；解者緩也。緩必有所失，故受之以損。

傷于外者，其禍必及于家。家因困窮而相怨，乖睽則内難作矣，故繼以蹇。屯、蹇卦皆有坎，故皆爲難義。屯動乎險中，爲患難之難。蹇見險而止，則是艱阻而不得前耳，與屯自異。大凡人之患難，畢竟皆有解散之日。解者，緩之之謂也。緩用于難未解之先，則爲和緩之緩，其緩爲得。緩用于難既解之後，則爲怠緩之緩，其緩爲失。失謂國事廢也，損即“失”字之義。

損而不已必益，故受之以益。益而不已必決，故受之以夬。夬者，決也。決必有所遇，故受之以姤。姤者，遇也。物相遇而後聚，故受之以萃。萃者，聚也。聚而上者謂之升，故受之以升。升而不已必困，故受之以困。

損、益主理學説。兩“不已”字重，到不已地位，損既深則益日長，理積于中，光發于外，此“決”即“若決江河”“決”字，此下就君子進退説。小人既決，君子相遇矣。君子相遇則合志同方，豈有不聚？同志既聚，則乘時遭會，以類而升矣。《玩辭》曰：升主騰上而言，從上不足以擬之，故曰“聚而上者謂之升”。如雲之升，烟之升，魂風之升，皆聚而上者也。若象之地中生木，爻之升階，則但以上爲言耳。升而不已必困，如《詠蝸牛》云“升高而不知止，竟作黏壁枯”是也。

困乎上者必反下，故受之以井。井道不可不革，故受之以革。革物者莫若鼎，故受之以鼎。主器者莫若長子，故受之以震。震者，動也。物不可以終動，止之，故受之以艮。艮者，止也。物不可以終止，故受之以漸。漸者，進也。進必有所歸，故受之以歸妹。得其所歸者必大，故受之以豐。豐者，大也。窮大者必失其居，故受之以旅。

困上反下，則衆賢相繼而去井里矣，故次井。井久則穢濁不可食，必當革去其故。革物之器，去故取新，莫若鼎。以治道言，常法既久，不能無弊，必有以革之，更化非位，則不尊不信，故次鼎。鼎者，人君之位也。鼎爲重器，廟祭用之，而震爲長子，則繼父而主祭者也。馮氏曰：自乾坤四十有九卦，而革去故，五十卦而鼎取新，震乃長男，代父易之序也。震、艮以氣機言。晉者，進而明也，徒晉不足以盡之。漸者，進之方，而漸非進也。凡卦皆取其大義，以明卦之序，非以卦義爲盡于此也。得其所歸者必大。細流歸于江海則江海大，萬民歸于帝王則帝王大，至善歸于聖賢則聖賢大。故次豐。如求道者，過高則陷于異端，旅而無所容，若人君豐極，必失所居，唐明皇、宋徽宗是也。

旅而無所容，故受之以巽。巽者，入也。入而後説之，故受之以兑。兑者，説也。説而後散之，故受之以渙。渙者，離也。物不可以終離，故受之以節。節而信之，故受之以中孚。有其信者必行之，故受之以小過。有過物者必濟，故受之以既濟。物不可窮也，故受之以未濟終焉。

旅者寡親，非巽順則無所容，巽順則何所不入？若主進道言，當云旅既阽杌不安，必下沉潛功夫。至于人，則理與心融而悦矣。悦則根心生色而散矣。故次兑、次渙。節正所以止離。節者制之于外，孚者信之于中，節得其道，上信守而下信從，所謂節而信之也，故次以中孚。有者，自恃其信而居其有也，必者，不知詳審而必于行也。若自恃其信而必行之，則小有過矣。有過人之才，必有過人之事，故濟物無終窮之理，未濟則不窮矣。物不可窮，乃一部《易經》之本旨。《序卦》上下二篇，言物不可者十一，皆此意也。晁氏曰：未濟之終，復始于乾坤。玄以將準。未濟曰：陰氣濟物于上，陽信將復始于下，明此理也。來矣鮮云：序卦非爲理設，乃爲象設也。孔子本意，專恐後儒雜亂文王之卦也。

雜卦序

《雜卦》者，雜亂文王之《序卦》也。孔子恐後儒以序卦爲定理，故雜亂其卦，前者居于後，後者居于前，錯綜以釋其義，使非有此雜卦，象失其傳矣。

乾剛坤柔，比樂師憂。

剛柔主造化言，純陽方可謂之剛，純陰方可謂之柔。比以一人親萬民，是樂以天下。此固得坤之柔而陰用之者也。師以六軍平萬邦，是憂以天下，此固得乾之剛而大用之者也。

臨、觀之義，或與或求。

臨以悦道悦民，主上施而爲與。觀以順德從君，主觀上而爲求。曰：或者二卦皆可言與、求也，蓋求則必與，與則必求。以義言者，其義當如此也。

屯見而不失其居，蒙雜而著。

見者，經緯也。不失其居者，貞也。以出仕言。坎幽暗者，雜也。艮體光明，天心不昧者，著也。以心體言。

震，起也。艮，止也。損、益，盛衰之始也。

起者生于動，陽在下也。止者生于静，陽在上也。損者盛之始，益者衰之始。

大畜，時也。無妄，灾也。

乾非可止，而能止之者，適然之時耳。無妄不宜有禍，而有禍者，意外之灾耳。此皆非常之事。

萃聚而升不來也，謙輕而豫怠也。

聚猶下伏，升則上往。仕人之相反。謙則敬勝，豫則怠勝，君心之相反。

噬嗑，食也。賁，無色也。

噬嗑，武以戡亂。賁，文以飾治。頤中有物，食其所有，白賁無色，文其所無。

兑見而巽伏也。

卜子夏曰：“兑剛内而柔外，見其情而説人也。巽剛外而柔内，隱其情而巽物也。”皆就一陰上説。

隨，無故也。蠱，則飭也。

隨以無故而偷安，蠱以有壞而修飭。故聖人不畏多難而畏無難。

剥，爛也。復，反也。

爛謂一陽消亡于上，反謂一陽復生于下。剥極而復，如碩果不食，爛而墜地，核中之仁復生也。

晉，畫也。明夷，誅也。

明出地上則功臣見賞，明入地下則忠臣蒙戮。

井通而困相遇也。

養而不窮，通也，即不困。剛過其揜，遇也，即不通。自乾坤至此凡三十卦，咸、恒以下三十四卦，各應上下篇之數。蓋有不雜者存。

咸，速也。恒，久也。涣，離也。節，止也。解緩也，蹇難也。

咸、恒，以王道至神、至久言。涣，無所統一而不止，節。有所防範而不離，涣、節皆有坎水，風以散之則離，澤以瀦之則止也。解已在險外，安舒寬緩之時。蹇方在險中，大難切身之際。

睽，外也。家人，内也。否、泰，反其類也。

睽六五在外爲主，家人六二在内爲主，睽于外而不相親，親于内而不相睽。

大壯則止，遯則退也。

壯不恃壯而宜止，遯則見幾而遠避，皆爲君子謀也。

大有，衆也。同人，親也。

大有、同人皆以離之中爻爲主。主在上則人歸于我，勢統于一，所愛者衆。在下則我同于人，情通于同，所與者親。

革，去故也。鼎，取新也。小過，過也。中孚，信也。

水火相息，有去故之義。木火相烹，有從新之理。一曰革以火鎔金爲去故，鼎以木鑽火爲取新。小過即謂之過，君子不可忽于小。中孚纔謂之信。君子不可貳于中。

豐，多故也。親寡，旅也。

雷電俱至，其黨盛。山上有火，其勢孤。人處豐盛，自多故舊。人在窮途，故寡親識。曹顏遠詩："富貴他人合，貧賤親戚離"，即此意。

离上而坎下也。小畜，寡也。履，不處也。

火，陰物而附于陽，故炎上。水，陽物而藏于陰，故潤下。小畜欲止而未能即止，履則不能進而反遂其進。一曰履以往爲義，故不處也。天水相上下，安分待時，故不進。越理求勝，故不親。

需，不進也。訟，不親也。大過，顚也。姤，遇也，柔遇剛也。漸，女歸待男行也。頤，養正也。既濟，定也。歸妹，女之終也。未濟，男之窮也。夬，決也，剛決柔也。君子道長，小人道憂也。

以下不拘拘反對，又雜之雜者。若依蔡氏大過與頤對，既濟與未濟對，既濟六爻當位，未濟三爻失位。水能留火，故定。火不能留水，故窮。陰陽不交而男獨受窮者，生道屬陽，死道屬陰也。歸妹與漸對，歸妹女事之終，待男女嫁之禮。姤與夬對，不曰"小人道消"而曰"小人道憂"者，若以五君子臨一小人，徒能使之憂而已。惟其有憂，則將圖之，無所不至矣。王伯厚曰：“小人道消，嘉佑是也。小人道憂，元祐是也。”

俞玉吾曰：圖始乾而終坤，伏羲之《易》也。《周易》始乾而終未濟，文王之《易》也。《雜卦》始乾而終夬，孔子之《易》也。《易》貴變，變則不窮矣。夬以五陽夬一陰，夬復爲乾，周流不息，即六十四卦，終以未濟，亦此意也。

上三十卦，雜下經十二卦于其間。下三十四卦，亦雜上經十二卦于其間。此亦雜卦之義也。

雜　論

大《易》一書，明言中者五十有五，所不言者，否剝、屯、頤、咸、革、賁、遯、明夷九卦而已。內之中六十有四，外之中亦六十有四。得其中，動罔不吉。失其中，動罔不凶。是故否剝之五亦獲其吉，而復、泰之三不免于凶。唯其中之不可失也。

六陽乘位而始于復，六陰乘位而始于姤。陰成于坤，陽成于乾。乾卦已而位亥，坤位申而卦亥。亥者，乾、坤之交，陰之極而陽之所由起也。引於申，該于亥，是故亥爲陽月，水之位也。人之孩，草之荄，皆自此始矣。乾爲大赤，坤爲大黑，赤入黑以成玄。玄中生白，造化出焉。核于亥，根于艮，而三曰“生”，乾、坤媾于亥而三統出，三統曆之原也。六十四卦，莫非時也。而孔子贊天地之大德，極之理財，而乃總之以十三卦之象，是理財之說也。畋漁之離，耒耜之益，與交易之噬嗑，必先于垂衣裳之乾坤者，是主財爲君之說也。上漏下溢，割鼻飴口，豈聖人之爲也哉？文王之卦，乾父西北，坤母西南，中男近父，中女近母，少女介乎父母之間，而長男獨居于父母之外，遠于父母，所以成其德、多其能也，故一朝出震，向明取離，而天下治矣。雒陽年少，蓋知其一而未悉其二也。

伏羲出於庖，神農出於耆，黄帝出於熊，少昊出於清，高陽出若水，帝嚳出高辛，俱自遠方以涉帝，旋致昭泰。古有道之君未有不養成于潛者。

易者遏也，日月更遏而相貿者也。象者遂也，瘦去匿邃而迹焉者也。至于象，則象此而已。景兆仿佛，而未有形焉者也。

月行乎天。三日而成震，初見乎庚，故震納庚。八日而成兑，初見乎丁，故兑納丁。十五日而成乾，乾納甲壬。十六日成巽，始退于辛，故巽納辛。二十二而成艮，爰進于丙，故艮納丙。三十日而成坤，坤納乙，而消長之道成矣。故曰“日月爲易”。

易，變易也，而乾坤以爲首。連山者，重山也，故重艮以爲首。艮，山也。歸藏者，萬物藏焉故也，故重坤以爲首，坤者，藏也。從時配位，是三統之政也。夏得人統，故用《連山》。商得地統，故用《歸藏》。周得天統，故用《易》。

伏羲氏之小成，神農易之爲中成。神農之中成，黄帝易之爲大成。伏羲氏之先天，神農易之爲中天。神農之中天，黄帝易之爲後天。豈非易道廣大不窮有非一法之所能盡乎？

傅説之初，赭衣而賃舂于岩，既夢乘雲遶日而行，于是筮之，得“利建侯”，是則前有豫矣。“滿招損，謙招益”，益稷之言，不自後世畋漁之离，謂之小成可也。耒耨之益與交易之噬嗑，此小成哉。

正者，静而正。悔者，動而過。動于外，豈皆有悔哉？曰有戒懼之義焉。

乾初爻在寅位，上九至未，而陽已極。坤初爻在申位，上六至丑，而陰已極。三《易》無異也。夫明夷之謙，初九變也。《左氏》載卜之言，以爲旦之日。古人以寅配初，其來尚矣。醫家《難經》爲百刻圖，曰：“一歲陰陽升降，會于立春一日。陰陽昏曉會于艮。”此説與《易》合。

王曰“元后”，諸侯曰“群后”，后通諸侯言，《春秋》公行。書“至自某”者八十三，復卦先王于至之日閉關，后于至之日不省方。方，事也。如今之歇泊假是也。然則何爲商旅不行？曰：出入關者給納傳符，關吏有假，則商旅不得行矣。

《漢志》曰：“商道弛，文王演《周易》。周道敝，孔子述《春秋》”，必有所傳也。《繫辭》曰：“其衰世之意乎？”

“無祇悔”，“祇”字即“示”字。《中説》：薛收問地祇，子曰“示之以民”，此其義也。《詩序》以“鰥”爲“矜”，《漢書·刑法志》“哀鰥折獄”，却以“矜”爲“鰥”。古書以“祇”爲“示”，今復以“示”爲“祇”，亦如“矜”“鰥”二字可以互用也。韓康伯曰：“祇，大也”。古無有以“祇”訓“大”者。

天地之大德曰“生”，此天地之心達于外者也。復其見天地之心，此天地之心蘊于内者也。不必論動靜。

以六居五，以九居二者，爲卦一十有六，雖爲時不同，其十有五皆吉。謂人君柔中虛也，任剛德之臣，其臣亦以剛中應之。惟恒卦則不然，恒從所應，漢元帝似之。

天形如雞子，二十八宿布于中規，半覆地上，半繞地下，故天行健，所以寓重乾之義。大河出戎虜，經中國，注渤海，西北高，東南下也。故地勢坤，所以寓重坤之義。

《記》曰：“不耕獲，不菑畬，凶。”《荀子》曰：“括囊，無咎無譽，腐儒之謂也。”皆未見《彖》《象》《文言》時爲此異論。

《易》有辭同而旨異，前發而後明，舉此而見彼者多矣。大抵有類于《春秋》。

乾坤之下，六卦皆有坎，乃聖人防患備險之意乎？謂屯、蒙未出險者也，訟、師方履險者也，戒之宜矣。若夫需者安樂之象，比者親附之象，乃亦有險焉。蓋斧斤鴆毒多在于衽席杯觴之間，詡詡笑語未必非關弓下石者也。

凡卦詞總一卦之大義，爻則探《卦辭》之所指，因六爻析而明之。如屯爻之"吉無不利"，則"亨利"之義。"磐桓""班如""幾不如舍""小貞"，皆"勿用有攸往"之義。初之建侯，則明卦辭。利建侯，專爲初發，餘卦可推。

卦爻之辭皆古人已行之事，故曰"彰往"。蓋以高宗、帝乙、岐山、箕子之事微見其端。如恒之九二、解之初六、萃之九四、大壯之九二，皆未有辭，小象略發其義。

《繫辭》多古先聖人爲《易》之辭，如"大衍之數五十，其用四十有九"之類是也。"子曰"以別孔子之文。

卦反對者理亦反，如否泰、既濟、未濟，是其章著者也。爻之變者理亦變，一爻變六十四卦，雖初不出初，二不出二，然乘承而有愛惡，應否而有用舍，各隨其時，非一理之所能該。故曰："言天下之至動，而不可亂也。"

荀爽于《說卦》添物象，以足卦爻所未載者。查元章曰："通倫理，則不須添。不然，更多添亦不盡。"

《說卦》于乾坎艮、震四陽卦爲馬者，三獨艮不爲馬，以艮止非馬之性，《說卦》震爲長男，于坎、艮不列中男、少男，有尊嫡之義。

漢儒引《易》，曰君子正其始，萬事理，差之毫釐，謬以千里。此緯書《通卦驗》之文也，亦猶先儒引《左傳》爲《春秋》也。

蜀人馮時行嘗言《易》之象在畫，《易》之道在用。

《易》與太元皆以道義配禍福，故爲聖賢之書。陰陽家獨言禍福而不配以道義，故爲技術。如李林甫之得君，彼則曰"吉"。顏魯公以正行乎患難，彼則曰"凶"。故文中子曰："京房、郭璞，古之亂常人也。"

隨之初九曰"官有渝，貞吉，出門交有功"，此文王之時二南國君從周、召者也，故上六曰"王用亨於西山"。

兩儀者，乾坤之初畫也。四象者，乾坤初與二之相錯而成也。方其爲兩儀、四象時，安得有乾坤之名曰[四]？《春秋公羊傳》當隱公時，公子翬謂桓公曰："吾爲子口隱矣。"《漢紀》"高祖嘗游咸陽"，蓋借後來定名稱于前日也。

《易》冒天下之道，則辭、象、變、占皆易中之一體，主于一則用其三。至秦指爲卜筮之書，豈秦人以巽言對暴君，俾得不焚耶？近世郭兼山乃曰："《周易》，古者卜筮之書。"是襲秦人之謬也。

比之初六曰："終來有它，吉。"子夏《傳》曰："非應稱'它'也。"子夏《易傳》，京房爲之箋，先儒疑非卜商也。

未濟之九四應于初六，患在内也。既濟之九三應于上六，患在外也。患在内者，如"伐獫狁，至于太原"。患在外者，如"抵掌伊於吾之北矣"。

"碩果不食"，"井渫不食"，兩"不食"字，辭同而旨異。前謂不寢食于衆陰，後謂才不爲時用。前爲美，後爲恨。

解九二曰"田獲三狐"，劉彝《傳》曰："狐者，性疑而情奸，晝伏夜動，小人之道也。"説有思致。然未濟《象》曰"小狐汔濟，未出中也"，蓋謂九二，則不見情奸之義。

先儒以西鄰禴祭爲文王，東鄰殺牛爲紂。然文王與紂非既濟之時。

張芸叟疑"大觀在上"之文，且言陸希聲深病《爻辭》之不類，輒欲去取。歐陽公《童子問》、王景山《儒志》亦疑于《易》文，聖人之言遠如天，固難知也。謂不類，非也。

玉泉先生屢言"君子有天下之私，小人有一己之公"，其言本王景山《儒志》所載。

初九曰“潛龍勿用，何謂也”，此文章問答之祖也。屈原“漁父見而問之”，楊雄《法言》用“或問”，皆從此出。

凡一陽五陰之卦，其陽不論位之當否，皆尊其陽而卑其陰，如履之“元吉”，師之“錫命”，豫之“大有得”，比之“顯比”，剝之“得輿”，皆尊其陽也。

蘇子瞻曰：光者，物之神也，蓋出于形氣之表矣。故《易》凡言“光”、言“大光”者，皆其見遠知大者也。

凡乾初皆有“潛而勿用”意。需“利用恒”，訟“食舊德”，可見矣。他卦他爻自可類推。

六十四卦，時而已矣。事若淺而有深意。曰“時義大矣哉”，欲人思之也。非美事，有時或用之，曰“時用大矣哉”，欲人別之也。大事大變曰“時大矣哉”，欲人謹之也。

凡一陽統五陰之卦，《彖傳》皆指出一“剛”字。復曰“剛反”，師曰“剛中而應”，豫曰“剛應”，比曰“剛中”，剝曰“柔變剛”。唯謙不然，謙不貴剛也。

《易傳》解隨上六云：居上無應，而不下隨，故拘係之而從。從而又維之，則強之而後從也。強之而後從，則其從也不固，故教之曰“當如文[五]王之通於西山”。王，文王也。西山，山戎也。文王之通西戎也。待其自服而後從之，不強以從也，故曰“大時不齊”。隨之世，容有不隨者也。來注則云：上六不能隨于世人，見九五維係之極，則必歸之山矣。隨、蠱相綜，故蠱上九“不事王侯”，亦有歸山之象。亨者通也，王用亨于西山，用通于西山以求之也。俱有意義。

臨以二陽逼四陰，觀以四陰逼二陽，聖人卻謂二陽在上，爲天下所瞻仰，不作凌逼解。其扶陽抑陰，往往如此。蘇子瞻曰：物之相服者，必以其天。魚不畏網而畏鵜鶘，畏其天也。故乾在艮下，未有不止而爲之用者也。物之在乾上者，常有忌乾之心，而乾常有不服之意。需之上六，小畜之上九是也。忌者生于不足以服人爾，不足以服人而又忌之，則人之不服也滋甚。若夫大畜、艮，自知有以畜乾，故不忌其健而許其進。乾知艮之有以畜我而不忌，故受其畜而爲之用也。

《習學記》云：剥者漸剥，復者頓復也。卦之反此爲彼，無不然者，而莫盛於復。方其衆陰類進，幾于無陽，窮秋大冬，摧折皆盡，而孰知其復哉？世謂復特陽之萌芽，此尤爲不知復者。使其果待于萌芽而漸長，則何名于復？故曰“出入無疾，朋來無咎。反復其道，七日來復”，又曰“剛反，動靜以順行”，又曰“先王以至日閉關，商旅不行，后不省方”，皆以明陽之頓復，非萌芽而漸長所能當也。本諸人心，其爲不善以消其善，如剥之消陽者曰“漸”可也。及其一念捷疾，克己復禮，亦猶陽之頓復也。然則漸而迷者，人之過也。頓而復者，人之心也。故剥者，天地之過也。復者，天地之心也。嗚呼！獨陽無陰，豈獨聖人以義理尊之哉？乃天地之正性也。此與舊解異。

《易》中“大矣哉”有二：有贊美其所係之大者，豫、革之類也。有稱歎其所處之難者，大過、遯之類是也。

蘇子瞻注咸卦曰：咸者以神交。夫神者，將遺其心，而況于身乎？身忘而後神存。心不遺則身不忘，身不忘則神忘。故神與身非兩存也，必有一忘。足不忘履，則履之爲累也甚于桎梏。要不忘帶，則帶之爲虐也甚于縲紲。人之所以終日躡履束帶而不知厭者，以其忘之也。道之可名言者，皆非其至。而咸之可分別者，皆其粗也。是故在卦者，咸之全也，而在爻者，咸之粗也。

天地自然之利乃可長久，故恒與益皆取象風雷。風以氣，雷以聲，天地間聲氣皆雷風也，而萬物橐籥于其間。怒生不窮，非造化自然之機歟？

大壯之長則爲夬，故夬之初九與大壯之初九無異也。大壯之初九施壯于震，震吾朋也，觸而遇其朋，是以夬藩而遂之，因以爲朋。夬之初九施壯于兌，兌非吾朋也，苟不能勝，則往見牽矣，豈復夬藩而遂我哉？

魏晉之間，張掖出石圖，文字粲然，時無聖人，莫識其義爾。

張乖崖云：凡事未著字前則屬陽，陽主生也，通變由之。若字後屬陰，陰主刑也，刑貴正名，名不可改。乖崖所言陰陽，即《易》所謂“蓍圓卦方”耳。

史稱郭璞洞五行、卜筮之術，禳災轉禍，通致無方，而不能逃王敦之難。性輕易，嗜酒好色，干寶嘗戒之，璞曰：“吾所受有本限，用之恒恐不盡。卿乃憂酒色之爲患乎？”夫其溺于欲而不能自克，所謂禳災轉禍者安在？宜其及也。

心腎皆屬坎，水火未嘗離也。今人以《素問》所載坎離爲心腎，乃易坎言心亨，又言心病，於木亦爲堅多心，而离不言心，何也？中孚《彖》：“柔在內而剛得中。”柔在內者中虛，信之本也。先儒云：天下惟一無對，唯中無對。坎離無對，中也。乾坤無對，一也。中孚無對，以其似离。小過無對，以其似坎。以此推之，离雖不明言心，中虛之義該之矣。易坎爲心，离亦爲心。坎中實，心之體。离中虛，心之用。所謂有主則實，無主則虛也。坎爲耳，离亦爲耳，鼎“黃耳”，噬嗑上爻“滅耳”。《象傳》云：“聽不明也。”聽之不明，視之不聰，耳目同用也。《列子》所謂能以耳視而目聽，即此。

十翼：《上經象傳》一，《下經象傳》二，《上經象傳》三，《下經象傳》四，《上繫辭傳》五，《下繫辭傳》六，《文言傳》七，《說卦傳》八，《序卦傳》九，《雜卦傳》十。古者《經》《傳》各爲一書，至王弼始以《象傳》移綴每卦彖辭之後，又以

"《彖》曰"二字冠之。後之人遂不謂之《彖傳》，而直謂之《彖》。夫以孔子之《彖傳》爲《彖》，則文王之彖辭當復謂之何哉？

《連山》，艮也，《夏易》首艮。《歸藏》，坤也，《商易》首坤。夏時講學者所重在止，商時講學者所重在靜。二書不傳，無從考其說矣。桓譚《新論》云：《連山》八萬言，《歸藏》四千三百言，《夏易》詳而《商易》簡。《連山》藏于蘭台，《歸藏》藏于太卜。是漢猶有此書，偶未見于《藝文志》耳。

黃潤玉云：易動而圓，範方而靜。八卦中虛，故圓。九疇中實，故方。

《抱朴子》曰：八卦生，鷹隼之所被。六甲出，靈龜之所負。謂鷹隼羽文亦有八卦之象也。歸熙甫曰：聖人見轉蓬而造車，觀鳥迹而製字。後之人求爲車之説與夫書之義則足矣，而必孳孳焉轉蓬、鳥迹之求，有不笑其愚者乎？然歐陽子至以爲怪妄，并《大傳》皆有所不信，則又矯之而過焉者也。

韓宣子適魯，見《易象》，曰："吾乃知周公之德。"則《爻辭》作于周公無疑。其後馬融、陸贄亦云。唯班固謂人更三聖而周公不與。蓋文王、周公，父子一道，序父不序子，尊父也。而諸儒泥于三聖之說，遂以《爻辭》爲文王所作，誤矣。

陳仲醇曰：天地之道浸，故寒之極也，不繼之以暑而繼之以溫。暑之極也，不繼之以寒而繼之以涼。四月爲夏，其卦乾，爲純陽，陽生暑，而月令之交，大暑在六月。十月爲冬，其卦坤，爲純陰，陰生寒，而月令之交，大寒在十二月。寒暑之氣，以漸而進也。

又曰：陰陽二氣氤氳交互，則能爲雲作雨。或陰氣少而陽多，或陰氣多而陽少，皆不能爲雨。小畜之五陽一陰，陰氣少也。小過之四陰二陽，陽氣少也。故皆不雨。

校勘記

〔一〕“襲”，據文意當作“冀”。

〔二〕“九變皆二畫之”後原缺兩頁。

〔三〕“烜”，原作“暄”。

〔四〕“曰”，據文意當作“目”。

〔五〕“文”，疑爲衍文。

春秋纂

〔明〕朱之俊　撰

王子虎　薛新平　點校

點校説明

　　《春秋纂》含《春秋纂》四集（卷）、《提要》一卷、《叢說》一卷，是朱之俊教導兒子朱觀、朱臨學習《春秋》的講義。存世兩種版本：一種是中國科學院圖書館、山西省圖書館藏順治十七年刻本（簡稱“順治本”），於版心標“元、亨、利、貞”四集（元集自隱公至閔公，亨集自僖公至宣公，利集自成公至襄公，貞集自昭公至哀公）；一種是山西大學圖書館藏康熙三十七年朱之俊孫朱士弘重刻本（簡稱“康熙本”），未標卷數，書版頁有“歲次戊寅孟夏孫朱士弘印行”牌記，書序除胡世安、周士章和作者自序，多一方拱乾序，書末有康熙三十七年王正心跋。順治本經山西巡撫采進，乾隆年間列入《四庫全書存目》。20 世紀 90 年代，由《四庫全書存目叢書》編纂委員會編纂出版，收入經部第 124 册。

　　朱之俊在《春秋纂》自序中說本書：“依四傳（左丘明、公羊、穀梁、胡安國）及劉子（劉歆）董子（董仲舒）和近代雜著，羅列幾面，錯綜折衷，或以一是破三非，或於四非標一是。有時依例以合凡，有時畔凡而乖例，各有所采，取長補短。”明末清初的經學大師、大學士胡世安指出“滄起先生起而厘之，有《纂》，理准參衡，義嚴一揆。《提要》之精詳，《叢說》之簡密，其見於各疏者略。《凡例》以表微，其是非之允當。一事分志，端委有條；一人附標，初終靡忒……前賢多所未及。”乾隆四十六年（1781）彙編成的《四庫全書存目提要》說“是書大抵隨文生義，罕所根據，如‘成風請救須句，乃婦人左袒母家之常態，遽以繼絕美之’，如斯之類，所見頗淺。又如芮伯萬母事，引隋獨孤后以責其妒，與經義了不相關。至於災異，必推事應，尤多穿鑿。"是耶非耶，相信讀者自有明斷。

　　本次點校，以順治本爲底本，康熙本爲校本，并參考《公羊春秋》原文。書中原於每卷前有"春秋纂　汾陽朱之俊著　秣陵後學周士章□□"，省去。

　　爲更好地體現原書特色和方便編輯審核，本次點校的《春秋》經文用黑體字，原文注解用小五號宋體字，《春秋提要》、《春秋叢説》、對經文的解釋用小四號宋體字。

序

　　屬辭比事，《春秋》教也。事莫核於《左》，辭莫辨於《公》《穀》，雖傳會支離糅見，主於定名分，其義一也。胡文定折衷以就感箴，豈必盡符聖經？而名義貞肅，國維待張，或亦夫子所心許。迫制義翹長，劂經訰傳，而筆削之旨益晦。

　　滄起先生起而厘之，有《纂》，理准參衡，義嚴一揆。《提要》之精詳，《叢説》之簡密，其見於各疏者略。《凡例》以表微，期是非之允當。一事分志，端委有條；一人附標，初終靡忒。述十二公與國者，述東周十二王陵替之迹也。其曰“義之中有不義，不義之中有義”與夫“欲盡人以回天，而天卒不可回”，歔戲論世，識洞然犀，俯仰研情，氣餘裂眦，前賢多所未及。《春秋》匪徒作纂，豈徒述哉！

　　竊意先生詳於天道，乃所以深責人事也。人事莫先於仁孝，賊仁孝莫大於亂本而習偷。抑昔聞吾研老宿之説《春秋》者，曰：訖始於隱，以教孝也；訖於獲麟，傷仁厚之澤不克終也。或問之曰：志在《春秋》，行在《孝經》，夫子不云乎？周以仁厚肇基而統集於止孝，達孝之接武，有以生之，有以成之，雖天道，實人事也。東遷以還，振振公姓，纂服無聞，且淪斁多端，仁孝道喪，以致乾綱解紐，夫子冀因魯史義正之。蓋周公之裔切企一變至道者，隱當平秊，尚襲賢聲，惟大義未明，祈嚮稍舛。或謂其貴惠信邪，遂父之惡；或謂其内不承國於先君，上不受命於天子。若然，奚翅賢智之過？徒徇名以貽身戮，與於不孝之大者。不書即位，疑亦削之。夫《關雎》《麟趾》之意漸即淪亡，寧復望其行周官法度乎？《春秋》之作，所以救仁孝之失，盡人事以挽回天道，烏容已也！循是説，亦有合於董子"不通《春秋》，必蒙首惡，蹈纂弑"之義。今觀先生之《纂》，於紀仁孝暨反是者，娓娓言之，當亦行夫子之志爾，僅侈屬辭比事，無誣失也哉！

　　蜀仙井授易弟子胡世安頓首書

讀《春秋纂》小叙

眼光高出萬世，始可著天下之書；亦必眼光高出萬世，乃可讀古人之書。使讀古人書而不能浩乎有所得，發所未發，指所未指，引端立說以自著於書，類匪眼光高出萬世者也。孔子作《春秋》，游夏之徒一辭莫贊，匪眼光高出萬世者乎，誰復起而纂之者？況《春秋》三家，言多回舛。公孫弘用董生之議，韋賢進蔡千秋之說，賈逵作《左氏條例》二十一篇，橫見側出，動尋極至，若王儉之自比謝安而先無辭於何點矣。迨宋紹興，以《左氏傳》屬胡安國，點句正音，發明傳注，始見宣尼之旨。粤稽光武，詔定《春秋》章句，去其復重，以授太子諸王，删於儵者爲樊侯學，張霸又減其繁辭，名張氏學。已既各出眼光矣。

滄起先生奮迹西河，蚤年置身天祿石渠間，通貫乎天人之學，周治乎古今之籍。至是趦卧東山，著作可盈筥，毅然志在乎《春秋》，其眼光高出萬世。取而纂之，表章微言，崇獎絶業。古人所未言，而深切著明之；古人所已言，而委曲旁暢之。不惟功在一經，而精群經之旨；不惟功在一日，而洩百代之藏。或映發乎四傳之中，或疏觀乎四傳之外，羽翼聖經，得曾未有。曷纂乎爾？顯者纂，微者纂，無顯微不纂，無顯顯微微不纂云爾，洵眼光有高出萬世者矣！

小子章，令吐京者可四稔，距汾不過三百里，以公事詣郡，輒朝夕奉先生教，出《春秋》秘旨，指陳商確，且庭訓兩大賢，同炙經義。蓋以章尚家業，爲可與言，是以侍先生久，沐浴先生之教者深也。歲春，章以讀禮南歸，拜辭，先生惓惓以《春秋纂》公之海内，授資以佐殺青，垂教苦心，於兹可見。初匪眼光高出萬世而能發所未發指所未指乎？先生真能讀古人書以著天下書，天下萬世行知俎豆無已也。仙井胡先生、龍眠方先生讀先生書而序已詳哉。言之小子，於兹唯有服先生之教澤、仰先生之高深而已！

　　順治庚子八月江東私淑後學周士章熏沐拜手識

序

　　《春秋》之有四傳，猶天之有四時也。四時各行一令以奉天，四傳各持一説以表聖。以言乎得，各有得也；以言乎失，各有失也。曷言乎得也？《左氏》事該而撰密，《公》《穀》志約而識尊，《胡氏》思微而本徹。曷言乎失也？《左氏》竭情而礙於理，《公》《穀》好奇而局於見，《胡氏》砭時而傷於鑿。妍媸并陳，瑕瑜難掩，譬柤梨橘柚不同味而皆可於口，步咢修蹇不同聲而皆適於聽，奈何祖《公羊》者排《左》《穀》，嗜《穀梁》者黜《左》《公》，治《左氏》者亦如之？甚矣，何休、范寧、杜預之偏也！自宋迄今，五百年來復宗胡文定公《傳》，妝諸學官，瓣香是奉，彼三傳者直高閣庋之，眼不一瞥矣。夫一家之説固難以窮聖經之變，而亦無以服三子之心。於是後起之彥廣稽渉涉，斥異扶同，此盾彼矛，盈庭坐訟。其意止於辯傳而不專於明經，其咎不在以傳解經而在於强經從傳，宜學士家童而習之白首懵然也。余謂古今善讀《春秋》者無過子車氏，其言曰“春秋無義戰”，又曰“其義則丘竊取之矣”，旨深哉！春秋之事，以爲義，義之中有不義焉；以爲不義，不義之中有義焉。隨時以制宜，因勢以合變，遠求之不得，近求之不得，合求之不得，離求之不得。聖人所以貴微言，學者所以貴意逆也。

　　余老耄無知，鹵莽從事，妄取四傳及《劉子》《董子》、近代雜著，羅列幾面，錯綜折衷。或以一是破三非，或於四非標一是，有時依例以合《凡》，有時畔《凡》而乖例，各有所采，不没作者之苦心；見不敢拘，冀乎經中之妙旨。敢曰有得無失？庶幾殊途同歸云爾。雖然，天生聖人，使明天之道而終不令擅天之權；聖人作經，但著天之常而終不能測天之變。故二百四十二年之間，紀聞見寓褒譏，實欲盡人以回天而天卒不可回，至天不可回而《春秋》可以不作矣。何也？亂臣賊子，孔子所必誅也，而天固宥之，不惟宥之，且張之矣。夷狄，孔子所必却也，而天固進之，不惟進之，且尊之矣。是故鸜鵒夏來，昭公秋孫，主君將去，天蚤示兆於夷禽焉。即宋公昭子叔詣輩，各欲納公而皆斃，而意如固無恙也。彗孛東垂，靈麟西獲，鼎移命革之象，天業於三百二十四年之先告之。後來即六國之衆，謀臣策士之多，併力以圖，終不能得志於狄秦也。人固無如天何，聖人亦無如天何也，孔子所以反袂拭面，嘆吾道之窮而絶筆也。文中子曰："《春秋》其以天道終乎？"得之矣。

時順治癸巳中夏五日汾人朱之俊撰

春秋提要

周十二王悼王立未逾年，敬王崩在春秋後，故不與。平王四十九年入春秋，隱公之元年也：平王、桓王、莊王、僖王、惠王、襄王、頃王、匡王、定王、簡王、靈王、景王。

列國見於年表者十九：魯、蔡、曹、衛、滕、晉、鄭、齊、秦、楚、宋、杞、陳、吳、邾、莒、薛、許、小邾。

魯十二公：隱公不書即位。桓公四年、七年去秋、冬二時。莊公不書即位。閔公不書即位。僖公不書即位。文公、宣公、成公、襄公、昭公、定公元年無正月。哀公。

五伯春秋終，入吳：齊桓公、宋襄公、晉文公、秦穆公、楚莊王。

周來聘七，錫命三，歸脤一，賵葬四，來求三。魯君臣朝聘於周八。

公如齊十有二桓、莊四如，皆非朝，故不數。如晉二十，如楚二。魯大夫聘列國五十有六因事而往非專行聘禮者，不數。

諸國朝魯四十。齊聘魯五，晉聘魯十有一，宋聘魯四，衛聘魯四，陳、鄭、秦、吳聘魯各一，楚聘魯三。

盟一百有九。凡盟、會、侵、伐，內爲主，書"及"；外爲主，書"會"。所以別首從而謹善惡之首也。

特盟、參盟、同盟始終：石門、于鹹，特盟之始終也。瓦屋、鄢陵，參盟之始終也。于幽、平丘，同盟之始終也。

同盟十有六。齊盟二，皆同尊周也；晉盟十有四，皆同外楚也。

殊盟二，莅盟四，來盟五，外大夫聘而遂盟五。

會九十七，殊會四，平五，來七。

遇七志內之遇者四，而皆書"及"，若曰"以此及彼"然也。志外之遇者三，而皆以爵，若曰“以尊及卑”然也。

人自爲盟三：惡曹之盟，中國未有伯也；鹿上之盟，中國殆無伯也；清丘之盟，中國又將無伯也。

侵六十潛師掠境曰侵。伐二百十有三聲罪致討曰伐。戰二十三僖公井陘之戰，諱不書，敗。莊公乾時之敗，以與仇戰，雖敗不諱。圍四十四，入二十七，遷十，滅三十内兵，書“滅”曰“取”，若取鄟、取郜、取鄆是也。惟僖公滅項，乃公在會而季孫滅之，故不諱。

敗師十有六詭道而勝之曰“敗”。取師三悉虜而俘之曰“取”。取國邑十有六。襲一輕行而掩之曰“襲”。追二，戍三。

以一國而用晉侯之師三以弱假强而能左右之曰“以”。城二十有九勞民故書。内城二十三。齊伯外城三，獨城邢爲美。晉伯外城二，獨城周無譏。築八築者，創始也。

執三十有一齊五、晉十五、宋三、邾一、楚七。獲八君生禽曰“獲”，大夫生死皆曰“獲”。降二降者，脅服之辭。潰四民逃其上曰“潰”。獻捷二獻者，下奉上之辭。

講武二桓大閱非其時，莊治兵非其地。蒐五。狩四。乞師五如楚一，晉來四。次師十有三齊次者四，魯次者四，齊、衞次者三，晉、楚次者各一。伐而書“次”，其“次”爲善；救而書“次”，其“次”爲貶。

制楚得失七：召陵以義勝，城濮以威勝，鄢陵以幸勝，蕭魚以善勝。於泓以不度德不量力而敗，於邲以將不用命而敗，召陵以求貨弗得而還。

救二十三：救在王室則罪諸侯，子突救衞是也。救在遠國則罪四鄰，晉陽處父救江是也。救在夷狄則罪中國，楚貞救鄭、狄救齊、吳救陳是也。

雩二十有一旱祭也。書“秋”者七，“八月”者四，“七月”者二，“九月”者七，“冬”者一。郊九“鼷鼠食牛角”者四，“牛災”者四，“非時大不敬”者一。望三。烝嘗三冬秋之祭也。

土田十餽一，取五，歸我一，歸之於一，疆一，來歸一。

灾異一百二十三：日食三十六。星孛三。星隕、隕石各一。不雨七。無冰三。大雨震電一。雨雪三。大雨雹三。地震五。山崩二。大冰九。有年二。大旱二。饑三。無麥苗一。大無麥禾一。隕霜不殺草，李梅實一。隕霜殺菽一。雨水冰一。多麋、有蜮、有蜚、蝝生各一。六鷁退飛一。螟三。螽十。牛傷四。牛死二。宮室灾六。震廟一。屋壞二。齊大灾一。宋、陳、衛、鄭灾各一。宋、陳灾各一〔一〕。

齊桓衣裳之會十有一：北杏、兩鄄、兩幽、於檉、于貫、陽穀、首止、寧母、葵丘。

齊桓兵車之會四：於洮、於鹹、牡丘、於淮。

晉文五書爵。晉襄退三強：秦、狄、許也。晉悼五會三駕。晉平七合諸侯、五合大夫。

春秋五始：元者，氣之始；春者，四時之始；王者，受命之始；正月者，政教之始；即位者，一國之始。

孔子相魯：會於夾谷。齊人來歸鄆讙龜陰田。叔孫墮郈。季孫、仲孫墮費。石尚來歸脤。

王人三救衛，於洮，翟泉。命大夫三魯單伯、鄭祭仲、陳女叔。

魯三家所始：僖元年，公子友敗莒於酈，公賜汶陽之田及費，而季孫氏始。公孫茲侵陳，叔孫氏始。公孫敖救徐，孟孫氏始。

校勘記

〔一〕前文中已有“宋、陳灾各一”的表述，後句當爲衍文。

　　春秋分十二世，以爲三等：有見，有聞，有傳聞。有見三世，有聞四世，有傳聞五世。故哀、定、昭，君子之所見也；襄、成、文、宣，君子之所聞也；僖、閔、莊、桓、隱，君子之所傳聞也。所見六十一年，所聞八十五年，所傳聞九十六年。於所見微其辭，於所聞痛其禍，於所傳聞殺其恩，與情俱也。是故逐季氏而言“又雩”，微其辭也；子赤殺，弗忍言，痛其禍也；子般殺而書“乙未”，殺其恩也。屈伸之志，詳略之文，皆應之。

　　三統合於一元，故《春秋》書“春王正月”者九十三，“王二月”者二十一，“王三月”者一十九。明此乃時王之正月，所以通三統也。

　　治國之端在正名，名之正，興五世。非其位而即之，雖受之先君，《春秋》危之，宋穆公是也。非其位不受，不受之先君而自即之，《春秋》危之，吳王僚是也。

　　《春秋》所重在民，故戰攻侵伐雖數百起，必一二書，傷其害所重也。然何爲無惡戰伐之辭？曰：會同之事，大者主小；戰伐之事，後者主先。苟不惡，何故使起者居下？是其惡戰伐之辭已。

　　春秋無義戰，蓋盡惡之也。故盟不如不盟，然而有所謂善盟；戰不如不戰，然而有所謂善戰。不義之中有義，義之中有不義也。

　　霸王代興，直與周爲終始。周之不至爲夷狄，猶幸有霸也，而周之不得行天子，亦不幸有霸也。

　　春秋之聽獄也，必本其事而原其志。故逢丑父、轅濤塗、魯季子、吳季子四臣者，罪同異論，其本殊也。逢丑父當斬，則解揚蹶山，不宜赦矣。轅濤塗雖不忠於齊而忠於本國，猶當曲赦之也。魯季子不能正慶父之罰於身前而討於身後，君子不取焉。吴季子之歸吴，闔廬之弑已成矣，若追而責之，其力不足以討而徒自殺其身，季〔一〕子不爲也。

春秋之立法，罰多於賞，作《春秋》之意亦戒多於勸。

爲尊者諱耻，爲賢者諱過，爲親者諱疾。

春秋弑君三十二，亡國五十一，細惡不絶之所致也。惡始於微，善失於滿。原其亂之所起，未有不由於意也。

春秋器從名，地從主人。權雖反經，亦必在可以然之域。不在可以然之域，故雖死亡終弗爲也，公子目夷是也。故諸侯父子兄弟不宜立而立也，《春秋》視其國與宜立之君無以異也。此皆可以然之域也。至於鄫娶莒女以同居，目曰“莒人滅鄫”，此在不可以然之域也。

春秋有經禮有變禮。爲如安性平心者經禮也。至有於性雖不安，於心雖不平，於道無以易之，此變禮也。是故天子三年然後稱王，經禮也。有物故則未三年而稱王，變禮也。婦人無出境之事，經禮也。母爲子娶，奔喪父母，變禮也。明乎經變之事，然後知輕重之分，可與適權也。

書“殺大夫某”者，明大夫之不當殺也。惟欒盈、良霄不書“大夫”，以其絶於國也。雖然，書殺大夫亦非一律矣，有盗，有人，有名，有國。書名者三，書人者七，書國者三十有二。稱國以殺者，君殺之；稱人者，衆殺之；而其名賊，則大逆者也。苟非弑君則不名賊，孔父、仇牧、荀息三大夫皆由弑君見及，故及其賊之名。

弑必書君，而蔡侯、吴子則不君，忽暴客，狎刑餘，濁斯濯足，不戒履霜之漸也。

郑人滅須句，成風請封之。婦人不出户庭，猶存繼絶之心焉。

列君平居則正其爵，至葬則從其稱。從其稱，所以副臣下之尊敬；正其爵，所以存王度於不凋也。雖然，正其爵矣，而於會盟總稱惟曰"諸侯"；世族所稱，猶曰"公子""公孫"。魯君，侯也，卒以稱"公"，至於盟會，亦或"侯"之。吳楚，子也，僭，故不葬，然至世族，亦稱"公子"，惟其爵之貴爾。

徐人取舒，何也？舒者，屬徐，今屬魯而徐人取之也。取，非易之謂；滅，非用大師之謂也。衛侯滅邢，可謂易矣，而不書"取"；公以楚師伐齊取穀，用大師矣，而不書"滅"。知預例之妄。

徐之初也稱"戎"，盛而稱"徐"，又盛而"人"之，又盛而"子"之。楚之初也稱"荊"，盛而稱"楚"，又盛而"人"之，又盛而"子"之。已而有使通矣，已而有大夫矣，因其進而進之也。王道衰，諸侯僭，一再降而政逮於大夫，又再降而制歸於夷狄，因其退而退之也。

書"來朝"者三十有六，皆邾杞曹滕之君，未有一大國也。"來聘"者三十有一，皆晉宋齊秦之人，無一小國也。二百四十二年之間，魯之朝楚者屢，而楚未始一朝魯。其來聘也，偃然以大國自居，而聖人亦因以大國書之矣。始其來聘，進而"人"矣，未名通也。其再至也，進而名矣，未氏通也。又至而名氏通，於是始與中國諸臣儕無別矣。聖人豈不欲中國盛而夷鎮郤哉？不得已也。

書"以國遷"者凡七，邢衛蔡各居一，而許處其四，悉譏其輕動而不能自反也。

熊侶圍宋九月，熊招圍宋五月，熊當圍宋十月，凡楚三圍宋矣，而不能亡，以宋攻楚無時止也。

季姬許嫁邾，鄫子請強委禽焉。既歸邾矣，而鄫子復往而參其會。其取死者，固非以其道也。

豕韋禍蔡，大梁凶楚，玄枵見饑於宋鄭，星紀定占於吳越，有不可誣者。師曠、梓慎、裨灶言天道在西北而晉不害，在越而吳不利，皆以歲言之也。

春秋有三盜：微殺大夫謂之盜，非所有而取之謂之盜，辟中國之正道以襲利謂之盜。

春秋無通辭，從變而移。邲之戰，晉變而爲夷狄，楚變而爲君子，故移其辭以從其事。

季札廢遺言而立王僚，亂者四世。宋宣公舍與夷而立穆公，亂者三世。隱桓之胥賊之，噲之失國，可以監〔二〕矣。是皆樂爲堯舜之禪而不知其所以禪之所致者也。

宋襄公將遜目夷，目夷不聽；鄭穆公將遜去疾，去疾不聽；及楚昭欲遜公子閭，子閭亦不聽：後皆無亂，是知一臂之爲重而國爲輕也。

晉文公之出亡也，歷者七國。齊桓女之，楚成享之；宋襄公贈之馬而秦穆公厚待之。此四國者，皆異姓也而能維之。衛成公、曹共公、鄭文公，皆同姓也而皆不禮焉。

《詩》於衛取木瓜、秦取渭陽，所以訓齊、晉之美也而桓、文不與焉。

公子與夷之復其君，其心可信，此真權也。祭仲之與而後改，其心不可信，此非權也。荀息之死，成君之亂命，此非權也。曼姑之拒，全君之亂命，此真權也。四臣事異而心同，而義則各殊矣。

《春秋》是非長於治人，異失同貶，有使人見之者，有使人思之者。明徵其義於此，自著其罪於彼矣。在惡不能服人，在位欲使自服，不必遍舉其詳也。

《春秋》戰不言“伐”，圍不言“戰”，入不言“圍”，滅不言"入"，書其重者。楚子縣陳，蓋滅之矣，而《經》止書"入"。於其鄭也，入自皇門，至於逵道，蓋即其國都矣，而《經》止書"圍"。曷爲悉從輕典乎？蓋諸侯有罪，中國不能討而夷狄討之，故《春秋》取其大□而略其小過也。

息伐鄭而亡，蔡敗楚而滅，紀犯魯而危，鄭勝蔡而懼，皆以小仇大，不度德量力之過也。

《春秋》之予奪若權衡然。一參一絫，自有輕重，權隨之而移爾，烏可膠權而求其分兩之當哉！

伐而書"次"，其"次"爲善；救而書"次"，其"次"爲貶。蓋救患宜急不宜緩也。

蕢聵見書必以"世子"，明當立也。圍戚必書，以罪輒也。

夷狄不"卒"，"卒"，少進也；"卒"而不"日"，"日"，少進也。

《春秋》録內而略外。於外，大惡書，小惡不書。於內，大惡諱，小惡書。隱公取郜、取防，以鄭歸於我，視成公取鄆、襄公取邿、昭公取鄟，絕人之嗣者猶輕也。

三軍六師，萬二千人，足以陵敵伐寇，橫行天下，令行禁止，未必有所法也。孔子作《春秋》，紀魯十二公，猶三軍之有六師也；士衆萬二千，猶年有二百四十二也。六師萬二千人，足以成軍；十二公二百四十二年，足以立義。

校勘記

〔一〕"季"，當爲"君"之訛。

〔二〕"監"，疑爲"鑒"之訛。

元　集〔一〕

隱公名息姑，惠公繼室聲子所生。惠公以手文而立仲子爲夫人，生桓公。在位十一年

元年春，王正月。

　　不書即位，攝也。攝者何？將致之桓而成先君之志也。沒而謚隱公，公不欲成其爲君而國人君之也。故隱十年無正，隱不自正也。此不書即位之意也，自處之道也。元年有正，所以正隱也。此沒而謚隱公之意也，人處隱公之道也。

　　殷革夏命，以丑爲歲首，仍謂之十二月，改時不改月也。周以子月爲歲首，時月併改矣。故此正月乃周之子月、夏十一月也，與《周禮》正月同，《周禮》正歲乃夏正月耳。

三月，公及邾儀父盟于蔑。

　　此私盟之始。及者何？與也，會、及、暨，皆與也。及，我欲之。暨，不得已也。邾，魯之附庸，故稱字。不日，其盟渝也。又，卑者之盟不日。

夏五月，鄭伯克段于鄢。

　　觀《詩·叔于田》二篇，段，一馳馬試劍公子耳，非有大志如晉曲沃武公也。其徒諧媚從臾，非如武公之徒深謀隱衷。所謂“我聞有命，不敢以告人”者也。鄭伯日以殺弟爲事，不過追恨於姜氏之愛段而惡己瘝生耳。予之京，之西鄙、北鄙，之廩延，知段之無能爲也。祭仲、公子吕切切進諫，猶以曲沃武公待段，

公豈不內笑其腐哉！《左氏》譏“失教”，《穀梁》曰“緩追逸賊”，若夢然不知公之謀者，又何其腐也。“姜氏欲之，焉辟害”二語怨極，母子義絕，不待黃泉之誓矣。氣盈意滿，惡有絕母之名，以“悔”之一字愚潁考叔，考叔亦不深求，以“闕地及泉”一語愚之，益足明鄭伯之凶而狡矣。叔段之亂，其子公孫滑出奔衛，衛人爲之伐鄭，取廩延，亦深惡莊公也。

秋七月，天王使宰咺來歸惠公、仲子之賵。

　　以天王之尊而下賵諸侯之妾，非禮也。前賵仲子，則名冢宰，後葬成風，王不稱天，其法嚴矣。

九月，及宋人盟於宿。私要尋叛，信安在乎？

冬十有二月，祭伯來。

　　奔者往而不反，來者出而旋歸，特以人臣例無私交，故病其越竟耳。《春秋》有三來：例者內女，貶者中國，略者夷狄。

公子益師卒。書內大夫，略外大夫，以別內外也。

二年春，公會戎於潛。書會之始，亦書外交之始。

　　內爲主，我有以制彼；外爲主，彼有以制我。危公之幾爲戎所誘也。

夏五月，莒人入向。書入國之始。

　　非我之國都而擅入之，違義而逞，無天王矣。我之國都使敵入之，弛備以應，無宗社矣。兩失之辭也。

無駭帥師入極。未賜族，故不字。

此大夫專兵之始。向，我邑也。人入我，不報而入，非所入之人，是遷怒也。莒之猶在，於極何爲？

秋八月庚辰，公及戎盟於唐。書盟戎之始。

盟之不已而請婚，請婚不已而求援，納幣稱臣皆自此始。蓋戎入內地便於窺伺，塞外無防矣。故他盟不書，此盟獨書也。

九月，紀履緰來逆女。冬十月，伯姬歸於紀。

不親迎而遣大夫，失在紀也；遽使伯姬歸紀，失在魯也。夫世子而親迎，文王有《文定》之詩；諸侯而親迎，韓侯有《梁山》之咏。不親迎而遂往者，歸之道亦微也。

紀子伯、莒子盟於密外相盟之始。十有二月乙卯，夫人子氏薨。隱公母也。

三年春，王二月己巳，日有食之。

京房《易傳》：凡食二十占，其形二十有四，改之輒除；不改，三年；三年不改，六年；六年不改，九年。推隱三年之食，貫中央上下，竟而黑，臣弒從中成之也。天變之待人改過如此而不悟，宜有州吁之變矣。

淮南人衛樸精於曆數，唐一行之流也。《春秋》日食三十六，諸曆通驗，密者不過得二十六，惟一行得二十七，樸乃得三十五。惟莊公十八年一食，今古算皆不入《蝕法》，疑前史誤耳。

三月庚戌，天王崩。不書葬，魯不會也。夏四月辛卯，尹氏卒。

尹氏，周大夫，世執朝權，“家父所賜，秉國之均，不平謂何者”是也。《經》於周書“尹氏”“武氏”“仍叔之子”，於魯書“季友”“仲遂”，皆志其非，譏世卿也。

　　周鄭交質，周人將畀虢公政，鄭祭足帥師取周之麥，秋，又取成周之禾，而周鄭交惡。此何等世界！而左氏猶以“信不由中，質無益也”一段迂話評之。又曰“君子結二國之信”，“二國”兩字其忍出諸口哉！鄭莊公，小人之雄者也。射王中肩，猶曰“君子不欲多上人，況敢凌天子乎”，作此瞞心之語。使祭足勞王且問左右，與司馬懿誅曹爽，車駕宿伊水，促送幈幔大官食具詣行在，及司馬昭哭高貴鄉公之死，千古亂賊，面目可想，不甚相遠也。

秋，武氏子來求賻。

　　周雖不求，魯不可以不歸；魯雖不歸，周不可以求之。求之，失在周也，然不共奉王喪而致令有求，魯亦與有罪焉。

八月庚辰，宋公和卒。

　　諸侯卒，大宗伯爲上相，司服爲王制緦麻而王哭之，禮也。諸侯別於天子，在薨而名，天王崩則不名。大夫別於諸侯，在生而名，諸侯生則不名。

冬十有二月，齊侯、鄭伯盟于石門。

　　合於石門，散于醻，春秋之始終也。蓋斯時無霸主，有同事，無主事。

癸未，葬宋穆公。

　　與夷在宣公時當立者也，宣公廢之而立弟穆公，穆公既已爲君，則與夷可立可不立者也，穆公又逐二子而立之，卒爲莊公所弒，是與夷之禍宣公爲之而穆公成之也。夫以宣公之愛穆公，至廢其子而立之，穆公焉得不廢己之子而立宣公之子以報宣公乎？其意俱未爲失也。孰知立與夷適所以殺與夷也。穆公之失不在不立其子，而在逐其子爲已甚耳。然穆公已非所當立，莊公又弒與夷而篡之，莊公之甚也。季札爲知幾矣。

葬或日或不日，不及時而日，渴葬也。不及時而不日，慢葬也。

四年春，王正月，莒人伐杞，取牟婁。諸侯相伐取邑之始。

戊申，衞州吁弒其君完。

州吁有寵好兵，莊公不教以義方，以《衞詩·綠衣》諸篇考之，所謂前有讒而不見，後有賊而不知者矣。石碏諫之是也，而曰「將立州吁，乃定之矣」，此憤而爲此反語也。若不補一段正論於後，「老成」一語將爲口實。楚鬭伯比料莫敖必敗，見楚子曰「必濟師」，此亦反語也。若非夫人鄧曼捷悟，發明「濟師」二字，作何歸著乎？蓋桓公之弒，莊公之過也。

夏，公及宋公遇於清。書特相遇之始。

宋公、陳侯、蔡人、衞人伐鄭。

齊鄭爲一黨，魯宋陳蔡衞爲一黨。有東天子而周衰，有東諸侯而天下分矣。

秋，翬帥師會宋公、陳侯、蔡人、衞人伐鄭。

四國合黨，惟翬主師，知其得魯權而四國畏之也。

九月，衛人殺州吁于濮。<small>吁弒君，故不稱公子。</small>

　　吁之所以弒君無忌者，以有衛耳，去衛而已失其據矣。故書
“殺吁于濮”以識其愚也。

　　石碏使其宰殺子厚於陳。

冬十有二月，衛人立晉。<small>晉，宣公也。</small>

　　國家多難，惟賢是先。衛有州吁之變，石碏立賢以鎮之，且
衆之所欲立也，得衆可以靖難，故《經》獨善其得衆，不書
“入于衛”，變文以示義。

五年春，公觀魚于棠。<small>觀，《左》作“矢”。</small>

　　常事曰視，非常曰觀。觀魚猶觀社也，大惡之辭。公實爲非
禮，托言略地，使果能略地，則武靈之胡服不爲非，而公非其人
也。大惡之者，以其文過也。

夏四月，葬衛桓公。秋，衛師入郕。<small>著其暴也。</small>

　　衛以亂緩於葬，而以非王命之公公其侯，謚法亂矣。

九月，考仲子之宮，初獻六羽。

　　考者，始成而祀之也。隱爲桓立，故爲桓祭其母也。將萬
焉，用六羽。《尸子》曰：“初獻六羽，始厲樂矣。”然爲仲子
羽，雖減而亦僭也。

邾人、鄭人伐宋。<small>邾主兵，故序鄭上。</small>

　　邾人告鄭而鄭即助之伐宋，宋人告魯而魯不能救之却鄭。後
七年，公雖伐邾，晚矣。

螟。食苗心曰螟。冬十有二月，辛巳，公子彄卒。

　　隱公思其忠，故葬之加一等。然不能用其言，何益？

宋人伐鄭，圍長葛。

　　前書"圍"而後書"取"，宋人之惡彰矣。

六年春，鄭人來輸平。

　　納成也。狐壤之戰，隱公獲焉。鄭人將解怨釋仇，且離宋魯之黨也。

夏五月辛酉，公會齊侯，盟於艾。秋七月。冬，宋人取長葛。

　　此齊魯交好之始。

　　陳桓公不受鄭成，失善機而長惡念，卒受鄭侵。五父之諫，可謂先見。鄭伯如周朝桓王，王不禮焉，周桓公亦以爲非。

七年春，王三月，叔姬歸於紀。滕侯卒。夏，城中城。譏不時也。

　　叔姬，伯姬之娣，待年於宗國，不與嫡俱行，非禮之常，所以書也。

齊侯使其弟年來聘。

　　兄弟，先公之子，不稱公子，貶也。書盟、書帥師而稱兄弟者，罪其有寵愛之私。書出奔、書歸而稱兄弟者，責其薄友恭之義。

秋，公伐邾。

　　始焉，宋救公，公可以有宋而不救，失宋矣。繼焉，鄭來盟，公不當有鄭而可以有鄭，公又致而渝焉，失鄭矣。今見鄭與宋盟，兩國俱失而復伐邾也。

　　始慮不定，顛蹶若此，可不慎哉！

冬，天王使凡伯來聘，戎伐凡伯于楚丘以歸。

　　此王聘之始。凡伯，周公之胤，《詩·板》與《瞻卬》皆其所賦，蓋世爲王臣。楚丘，衛地。一人而言伐，見其以衆。天子之使聘還，取道于衛，戎以衆伐之，衛不能救，其罪可知。言“以歸”，則非凡伯有失節之罪。

　　陳五父盟歃如忘，洩伯知其不免。

八年春，宋公、衛侯遇于垂。

　　鄭之怨衛因公孫滑，宋之怨鄭因公子馮，而瓦屋之參盟不及。鄭戴之役，又三國合以仇鄭。宋衛意者從齊黨甚勇，而釋鄭憾甚難也。

三月，鄭伯使宛來歸祊。庚寅，我入祊。

　　天子有事於泰山，諸侯從之。山下皆有湯沐之邑：許田，成王賜周公者；祊田，宣王賜鄭伯者。祊近于魯，許近于鄭。鄭不思所承受而歸祊于魯，以祀周公爲辭，隱然致易許之請，魯受而墮其術中，其罪均也。《經》書“來歸”者五，善惡不同。

夏六月己亥，蔡侯考父卒。辛亥，宿男卒。

秋七月庚午，宋公、齊侯、衛侯盟于瓦屋。

　　外盟不日，此其日，何也？諸侯之參盟於是始，故謹而日之也。誥誓不及五帝，盟詛不及三王，交質子不及二伯，《春秋》謹參盟，善胥命，美蕭魚之會，以信待人而不疑也，如此盟誓方舉。明年會防之後，伐宋取邑，不復顧忌，信安在哉！

八月，葬蔡宣公。九月辛卯，公及莒人盟於浮來。<small>盟及微者，失禮甚矣。</small>螟。<small>《經》書螟三，公有其二。</small>

冬，十有二月，無駭卒。<small>未賜族，故稱名。</small>

九年春，天王使南季來聘。

　　隱公十年之間，宰咺、凡伯、南季三至魯庭。公朝聘之禮不行於王室，及武氏子來求賻，又不奔喪會葬，其罪大矣。若曰"攝而不君"，何是歲出會齊侯於防？謀伐宋耶？

三月癸酉，大雨震電。庚辰，大雨雪。挾卒。夏，城郎。<small>譏不時也。</small>秋七月。

　　周三月，夏正月也。雷電大作，八日之間，既雨又雪，非災而何？然發於九年者，陽數已極，隱可以返國矣。惜不寤矣。

　　鄭伯禦戎，彼徒我車，懼其侵軼我也。公子突曰："使勇而無剛者嘗寇而速去之，君爲三覆以待之。戎輕而不整，貪而無親；勝不相讓，敗不相救，乃可以逞。"從之，盡殪戎師。"輕而不整"一段，千古夷情不能出此。

冬，公會齊侯于防。

　　謀伐宋也。雖鄭人以王命來告，實則假王命以行其私。鄭主其意，齊主其事，而公主其役也。愈下矣。

十年春，王三月，公會齊侯、鄭伯於中丘。<small>爲師期也。</small>

夏，翬帥師會齊人、鄭人伐宋。

何以不稱公子？貶也。曷爲貶？羽父始而會宋以伐鄭，固請而行。今而會鄭以伐宋，先期而往，不待鍾巫之變。知其有無君之心矣。

六月壬戌，公敗宋師於菅。辛未，取郜。辛巳，取防。

齊鄭後期，公獨敗宋，蓋公爲翬所用矣。公敗，則以爲公罪，必謀害於行間；公勝，使宋致其怨，齊鄭忌其功而乘間圖公耳。郜、防近於魯，魯能有之，鄭不能有也。鄭特人之以示武於諸國，而又以示德於魯，未必其中心讓也。

秋，宋人、衛人入鄭。宋人、蔡人、衛人伐戴，鄭伯伐取之。因人之力而易取之，罪也。

冬，十月壬午，齊人、鄭人入郕。

王命討宋，鄭假之也，惡可信乎！郕人不會，鄭怒之也，惡足罪乎？曰"入"者非順詞也。

十有一年春，滕侯、薛侯來朝。夏，公會鄭伯於時來。謀伐許也。

二君不特言者，譏旅見也。滕、薛爭長，周之宗盟，異姓爲後，乃長滕侯。

王取田於鄭，而與鄭蘇忿生之田。君子知桓王之失鄭也。鄭、息有違言，息侯伐鄭，鄭伯大敗之，君子知息之將亡也。

秋七月壬午，公及齊侯、鄭伯入許。

三國共役，齊魯無功而不敢受，鄭伯有功而不敢專。觀"使許大夫百里奉許叔以居許東偏"之辭，鄭莊之智術過人遠矣。

冬十有一月壬辰，公薨。

不書“葬”，隱之也。先是，翬請殺桓公以求太宰，公明其讓之實，營菟裘，將老焉。翬懼，反譖於桓公而請弒之。使公當日即殺翬以正其讒佞之罪，安有今日之事哉！仁有餘而義不足，惜夫！

翬反言以探隱公者，欲以居功於桓也。使隱許之殺桓，彼必即以殺桓爲隱罪而弒之矣。蓋隱已爲君者也，殺桓，於隱無所增，不德翬也。桓未爲君者也，弒隱，于桓有所利，翬可以德桓而恣其意矣。

桓公 名乾，惠公子，隱公弟，母仲子，夫人文姜。在位十八年

元年春，王正月，公即位。

繼世君不言即位，此其言即位何？如其意也。隱當斷而不斷，仁者之過；桓當忍而不忍，不仁者之過。君子甚痛隱而惡桓矣。

三月，公會鄭伯於垂，鄭伯以璧假許田。

許田，魯朝宿之地也。鄭伯以祊易許，祊薄於許，故加璧焉。禮，天子在上，諸侯不得以地相與，故諱易言假也。事不近情者，宜拒而絕之。鄭爲周公祊，豈其情哉！

夏四月丁未，公及鄭伯盟於越。地近垂。

垂之會，鄭爲主，故稱會；越之盟，魯志也，故稱及。既假之田，又要之會，鄭大亟矣。勢亟將爲人所制。

秋，大水。冬十月。

骨肉之變，氣化爲水。以周公之東征而零雨也，隱桓之間何如哉？後宋督弒君，諸侯會，將討之。桓受宋賂而歸，又皆宋。諸侯由是伐魯，交兵結仇，伏尸流血，故十三年夏復大水。

二年春王正月戊申，宋督弒其君與夷及其大夫孔父。滕子來朝。

滕，侯爵，降而稱子，罪之也。

督之欲殺孔父，欲取其妻也。然不殺孔父，妻終不可奪；不兼殺殤公，孔父終不可得而殺也。不宣言其數戰疲民，君亦不可得而弒也。以一婦人之故，禍及國君，賊臣無忌甚矣！然孔父亦不能無過焉。使戰息民安，督安得借口？其妻不出，督亦安得見之而欲之？是役也，孔父實累君矣。雖然，督欲奪人妻，其心已先無君。既動於惡，不至弒君不止。是殤公之變，宋督弒之也。弒之而招莊公于鄭而立之。《公羊》又以爲莊公弒與夷，豈非以其不討亂而目之乎？或曰："殤公之亟與鄭戰，以馮在鄭也。馮或疑而憾之，未可知也。故督借是弒殤公以媚馮耳。"

三月，公會齊侯、陳侯、鄭伯于稷以成宋亂。

此爲賂，故立華氏也。臣弒君，在官者殺無赦。子殺父，在官者殺無赦。壞其室，使無形；洿其宮，使無影。凡民懲之，諸侯賂以成之乎？

夏四月，取郜大鼎于宋。戊申，納于太廟。

督未死而賜族，督也妄之甚矣。魯受賂而立華氏，魯也貪之甚矣。庇亂人，取亂器而又立亂族也。

秋七月，紀侯來朝。蔡侯、鄭伯會于鄧。始懼楚也。

　　桓公身行弑，又成人之弑，身受賂，又爲人責賂，欲使天下胥爲逆焉，宜杞侯之不敬也。公爲齊陳鄭三國討賂。

　　此等大事，當鳴鼓攻之，披髮救之，而臧哀伯乃以迂腐之說進。哀伯不足論，何《左氏》之暗于裁也？

九月入杞。公及戎盟于唐。冬，公至自唐。

　　來朝方一月，而興兵以入之，其何辭以責杞乎！

三年春正月，公會齊侯于嬴。

　　自是以後，《經》不書"王"，見桓公無王，與天王之失政而不王也。會於嬴，成昏于齊也。逆女者，公子翬也；送姜氏者，齊侯也；娶姜氏者，魯桓也。聚好亂禍淫之人以爲藪矣。桓公宜逆而不逆，齊侯不宜送而送，直以夫婦委之齊侯矣。鄭公子忽之力辭婚也，豈真以"齊大，非我耦"哉？蓋亦聞其風矣。

夏，齊侯、衛侯胥命于蒲。相命也，盟不插〔二〕血，善之也。六月，公會杞侯于郕。杞求成也。秋七月壬辰朔，日有食之，既。楚僭、鄭逆之應。公子翬如齊逆女。非禮也。九月，齊侯送姜氏于讙。公會齊侯於讙。夫人姜氏至自齊。

　　公輕姜氏而重齊侯，齊侯來，乃迎而會之，非逆姜氏也。齊侯輕公而重姜氏，姜氏至，故來而會之，兼會公也。君子曰：有私焉！敝笱兆而雄狐綏矣。

冬，齊侯使其弟年來聘。有年。

　　桓書"有年"，是反常也。

　　芮伯之母芮姜惡芮伯之多內寵也，故逐之，隋獨孤后亦然。

代人行妒，真造化戾氣也。

四年春正月，公狩於郎。

　　此蒐狩之始。武不足威敵，孝不足格先，徒遠地害物，春氣傷矣。昭公之九年築郎，豈非桓公作法之涼乎？

夏，天王使宰渠伯糾來聘。非正也。

五年春，正月甲戌、己丑，陳侯鮑卒。二日者，傳疑也。夏，齊侯、鄭伯如紀。詐朝而欲襲之。

天王使仍叔之子來聘。葬陳桓公。

　　伊陟爲相，不以父榮；禹作司空，不以父辱，惟其材耳。稱子而因父，是以父使子也。非德非勛，惟大臣之意耳。

城祝丘。

　　齊將襲紀，而畏齊，故爲之備也。

秋，蔡人、衛人、陳人從王伐鄭。

　　鄭莊公既質王子，取麥禾矣，則又率齊而朝之，伐宋而説之。政不可得，於是以左右二拒抗王師于繻葛。射王中肩，三國先奔，故王亦卒亂，是敗王者蔡、衛、陳也。《左氏》序兵事如均敵然，當時不知有天子久矣。且曰“王亦能軍”，是天子同於一將，王亦不以天子自處也。故《經》不書“戰”，書“敗”者，存天下之防也。

　　將有亂整，兵有堅瑕。鄭之與王戰也，計在避整趨亂以分整者之神，妙於攻整者也。隨之禦楚也，計在避堅擊瑕以分堅者之力，妙於攻堅者也。惜鄭子元之計行而隨季梁之計不從也。

大雩。螽。冬，州公如曹。州，小國，過我，故書。

　　魯宜雩山川，不宜雩上帝。雩因旱而見，以明雖雩亦旱耳。

六年春正月，寔來。夏四月，公會紀侯於郕。謀齊難也。秋八月壬午，大閱。宜冬而秋，非時；觀婦人，非義。蔡人殺陳陀。

　　寔者何？州公也。寓公有名有不名。失國不幸者不名，如譚子在莒，弦子在黃，溫子在衛是也。失國自取者名之，如蔡獻舞、邾益、曹陽、州寔是也。

　　陳侯淫獵於蔡，與蔡人爭禽，蔡人不知其是陳君也而殺之，陀殺太子而蔡人報之矣。

九月丁卯，子同生。冬，紀侯來朝。欲因公以請王命求成於齊也。

　　子而命名，必取於父爲類。申繻之言，其有諷乎？莊公以同物命之曰“同”，子不受父而可同他人乎？《齊詩》所以賦“我甥”也。

七年春二月己亥，焚咸丘。所謂焚林而田也。

夏，穀伯綏來朝，鄧侯吾離來朝。

　　二國爲楚所逼，失地而奔，諸侯不能救之而以失地賤之。虛其來朝之意，以名稱者，見無國而止存其人也，哀之也。

　　《春秋》無事必書首時，秋、冬獨於四年、七年闕焉，志當世之失刑也。

八年春正月己卯，烝。

　　夏則冬烝，周則春烝，魯從周也。五月復以夏承春，敬時之典亂矣。黷不必言也。

天王使家父來聘。夏五月丁丑，烝。秋，伐邾。

冬十月，雨雪。

　　周十月，今八月也，不可以雪而雪。夫人恃齊而淫，猶雪恃雨而驕也。凡雨，陰也，雪又雨之陰也。

祭公來遂，逆王后于紀。

　　此書遂之始。往則自王命，故稱逆后。歸則由父母，故稱紀季姜。不沒其所自來也，亦不以貴驕其親也。

九年春，紀季姜歸于京師。夏四月。秋七月。

冬，曹伯使其世子射姑來朝。

　　曹伯有疾，故使其子來朝。何譏焉？曰：朝魯非朝周，父疾而出，誰其嘗藥？父疾不起，誰其受命？得無有因疾而奸大位者乎？子亦憂之，又畏魯不敢不來，故受享奏樂而嘆耳。父雖疾而以子代，不廢公也。子來朝而獻樂嘆，不忘親也。傷哉，世子也！

十年春，王正月。十年，盈數。書王紀，常理也。夏五月，葬曹桓公。秋，公會衛侯于桃丘，弗遇。惡衛侯之失信。

冬十有二月，丙午，齊侯、衛侯、鄭伯來戰于郎。

　　此鄭釋班餼獨後之憾也。鄭主兵而序在下者，以王爵次之也。書來戰者，不與三國加兵於我也。

十有一年春正月，齊人、衛人、鄭人盟于惡曹。

　　自興師而自爲盟，靦顏矣。結怨固黨，故奪爵以貶之。

　　虞公求玉於虞叔，又求寶劍焉，故伐之，公奔共池。

夏五月癸未，鄭伯寤生卒，秋七月，葬鄭莊公。

九月，宋人執鄭祭仲。此書執之始。突歸于鄭，鄭忽出奔衛。

　　祭仲始立忽爲昭公，以爲公娶鄧曼也。繼立突爲厲公，以解其執也。《公羊》以爲行權何哉？若善行權者，許之而歸，背之可也。君爲重，則一己之信爲輕矣。不害人以行權而害君以行權乎？雖然，鄭莊公殺弟，自謂常保其國。身沒未幾，公子五争，忽、儀、亹、突之際，其禍憯矣。此亦莊公之報也。

　　惟和惟斷，鬭廉敗鄖師於蒲騷。

柔會宋公、陳侯、蔡叔盟于折。大夫會盟之始。公會宋公于夫鍾。冬十有二月，公會宋公于闞。愈盟愈叛，愈會愈疑。

十有二年春正月。夏六月壬寅，公會杞侯、莒子，盟于曲池。

秋七月丁亥，公會宋公、燕人，盟于穀丘。

　　宋以立厲公故，多責賂於鄭，鄭人不堪，故不平，則何如不逐昭公以拒之？然宋之無信極矣，一時而三會焉，卒辭而不與平，何哉？

　　楚莫敖伐羅，舉趾高蹻，鬭伯比決其必敗，卒雉經於荒谷。

八月壬辰，陳侯躍卒。公會宋公于虛。冬十有一月，公會宋公于龜。丙戌，公會鄭伯，盟于武父。丙戌，衛侯晉卒。

十有二月，及鄭師伐宋。丁未，戰于宋。

　　來戰于郎，宋貪戰也；往戰于宋，魯貪戰也。安得責人而不責己乎？戰稱人，敗稱師，重衆也。鄭資其力以篡國，魯取其賂以立督，宋人無厭無信者，魯鄭有以致之也。

十有三年春二月，公會紀侯、鄭伯。己巳，及齊侯、宋公、衛侯、燕人戰，齊師、宋師、衛師、燕師敗績。

　　或稱“人”，或稱“師”，以其戰之不整，故亦以不整爲辭也。衛宣公未葬，惠公稱侯以援鄰國，非禮也。不和而戰，非戰之道也。大崩曰敗績，可恥也。

三月，葬衛宣公。夏，大水。秋七月。冬十月。

十有四年春正月，公會鄭伯于曹。修十二年武文之好也。無冰。

　　桓不能治內而務外，故當冰不冰。董仲舒曰：“周失之舒，秦失之急。故周衰亡寒歲，秦滅無燠年。”漢武元狩六年亦無冰，故有衛后巫蠱之禍。

夏五。鄭伯其弟語來盟。

　　孔子曰：“聽遠音者，聞其疾而不聞其舒；望遠人者，察其貌而不察其形。”立乎定哀以指隱桓，隱桓之日遠矣。夏五，傳疑也。

秋八月壬申，御廩災。乙亥，嘗。

　　旬粟而內之三宮，三宮米而藏之御廩，所以奉宗廟者也。夫嘗必有兼旬之事焉，御廩以火，不如勿嘗而已矣。此與漢惠帝四年未央宮凌室災、織室災相類。天戒若曰：“內無奉宗廟之德，將絕祭祀。”桓公不能制夫人，以貽痛於莊公；漢高不能制其后，以貽弱於惠帝。一而已矣。

冬十有二月，丁巳，齊侯禄父卒。宋人以齊人、蔡人、衛人、陳人伐鄭。以與國而用諸侯之師於是始。

宋怨鄭突之背己，故以四國伐鄭；魯怨齊人之侵己，故以楚師伐齊；蔡怨囊瓦之拘己，故以吳子伐楚。蔡弱於吳，魯弱於楚，宋與蔡、衛、陳敵而弱於齊。

伐鄭之役，焚渠門，取牛首，以太宮之椽歸爲盧門之椽。

十有五年春二月，天王使家父來求車。非禮也。三月乙未，天王崩。夏四月己巳，葬齊僖公。

五月，鄭伯突出奔蔡，鄭世子忽復歸于鄭。

突患祭仲之專，使其婿雍糾殺之，雍姬泄謀而糾反被害，是突之奔，祭仲逐之也。陸淳曰：“凡諸侯之奔，皆不書所逐之臣而以自奔爲名，儆君也。”祭仲方廢忽而立突矣，又逐突而立忽焉，如此其反覆不足恃也。忽又不備，爲人所弑，爲世子時何其勇，爲君何其懧哉！

許叔入於許。非復國之義也。公會齊侯于艾。謀定許也。邾人、牟人、葛人來朝。稱人，狄之也。

秋九月，鄭伯突入于櫟。

櫟非國都，何爲城之？突非正君，何爲入之？末大必折，大都耦國之害見矣。

冬十有一月，公會宋公、衛侯、陳侯于袤，伐鄭。將納厲公，弗克而還，譏之也。

十有六年春正月，公會宋公、蔡侯、衛侯于曹。

　　此先蔡於衛，下後蔡於衛、陳者，以蔡後至也。

夏四月，公會宋公、衛侯、陳侯、蔡侯伐鄭。

　　突未出而有責於鄭，則伐之；突既出而恐無得于鄭，則又納之。此宋之失也。鄭不和，用鄭以伐宋。突既出，又用宋以伐鄭，此魯之失也。

秋七月，公至自伐鄭。冬，城向。書，時也。

十有一月，衛侯朔出奔齊。

　　初，衛宣公烝母而奪子婦，倫理絕矣。殺其急、壽二賢子，朔實與構焉。以是得君，天道能無報乎？二公子立黔牟而逐惠公。

十有七年春，正月丙辰，公會齊侯、紀侯，盟于黃。二月丙午，公會邾儀父，盟于趡。夏五月丙午，及齊師戰于奚。六月丁丑，蔡侯封人卒。

秋八月，蔡季自陳歸于蔡。癸巳，葬蔡桓侯。

　　去以道，歸以禮，劉敞謂：“行權不亂，得國不居，遠不攜而邇不迫也。”

及宋人、衛人伐邾。冬十月朔，日有食之。

十有八年春，王正月，公會齊侯于濼，公夫人姜氏遂如齊。復書王者，著桓之罪，身雖殁而王法不赦也。

齊侯淫其妹而殺其夫，夫又魯君也，使彭生殺之，又以彭生除之，其後襄受殺而見彭生，彭生猶能爲厲哉，何魯侯之不鬼若也？

鄭太子辭師昏而魯人拜撝幹之賜，姜安所不慊於桓，譖而戕之？豈隱之殺，實不逞於鬼神，墨墨報報若迷亂乃志以快其毒與？

高渠彌弒鄭昭公而立公子亹，首止之會，齊人殺子亹而轘渠彌。祭仲迎子儀於陳而立之，是行也祭仲知之，故稱疾不往，人曰祭仲以智免，仲曰："信也。"

夏四月丙子，公薨於齊。丁酉，公之喪至自齊。秋七月。冬十有二月己丑，葬我君桓公。

莊公 名同，桓公子，母文姜，夫人哀姜，年十四即位，在位三十二年。不書即位，繼弒君也

元年春，王正月。三月夫人孫于齊。

不稱姜氏，絕不爲親，禮也。人之於天也，以道受命，於人也以言。受命不若於道者，天絕之也；不若於言者，人絕之也。

夏，單伯逆王姬。秋，築王姬之館於外。冬十月乙亥，陳侯林卒。

天子嫁女，必使諸侯同姓者主之，然諸侯同姓者多矣，何必

使有喪者，況又仇也。《穀梁》於逆，以爲義不可受；於築，以爲仇讎之人不可以接婚姻。切切然猶存一復仇之義也。

　　楚王伐隨，王心蕩，夫人鄧曼知其禄盡，又曰：“若師徒無虧，王薨於行，國之福也。”此社稷爲重君爲輕之説，已先孟子看出矣。

王使榮叔來錫桓公命。

　　此書錫之始。桓弑君篡國而王不能討，反追錫之，桓無王，王無天矣。

王姬歸於齊。齊師遷紀、邢、鄑、郚。

　　王姬歸於齊，我主而歸於仇，故獨書之，以著桓公忘親釋怨之罪。後齊告王姬之喪，莊公爲之大功，竟忘父仇矣。

二年春，王二月，葬陳莊公。夏，公子慶父帥師伐于餘丘。

　　餘丘，邾邑也。慶父事幼主，掌兵權，故殺子般，成季不能遏其惡矣。前翬弑隱公而鳥氏不能明其罪，後仲遂殺惡及視而叔仲、惠伯不能免其死，皆猶主兵故也。

秋七月，齊王姬卒。冬，夫人姜氏會齊侯于禚。乙酉，宋公馮卒。

　　姜氏初會齊侯于禚，次饗于祝丘，又次會于防于穀，又次于莒，而如齊不與焉，皆著公不能防閑其母以至此極耳。衛女嫁於諸侯，父母終思歸寧而不得，故《泉水》賦。許穆夫人閔衛之亡，思歸唁其兄而阻於義，故《載馳》作。視齊《雄狐》《敝笱》《載驅》之什何如哉！

三年春，王正月，弱會齊師伐衞。

不稱公子何？惡其會仇讎伐同姓，故貶而名之也。

夏四月，葬宋莊公。五月，葬桓王。

《穀梁》曰："獨陰不生，獨陽不生，獨天不生，三合然後生。"故曰母之子也可，天之子也可。尊者取尊稱焉，卑者取卑稱焉。其曰"王"者，民之所歸往也。周桓王七年而後葬，爲子者罪後王之罪，爲臣者罪天下之罪也。

秋，紀季以酅入于齊。冬，公次于滑。欲救紀而不能也。

紀侯命之，故用地而不以爲盜，去國而不以爲奔。《經》於諸侯兄弟，貶則書名，宋辰、秦鍼之類是也；不貶則書字，蔡季、許叔之類是也。

春秋有一國而二君者，鄭突與儀、衞衎與剽是也。突、衎始終爲君，儀君鄭十有四年，剽君衞十有一年，皆能爲君者也。故《春秋》因其實而君之。

四年春，王二月，夫人姜氏享齊侯于祝丘。三月，紀伯姬卒。

夏，齊侯、鄭伯遇於垂。紀侯大去其國。

紀侯賢而齊滅之，不曰"滅"而曰"大去其國"，爲賢者諱也。而《公羊》大其復九世之仇。齊襄能爲祖復仇，不愛于紀侯之賢，魯莊不能爲父復仇，何愛于齊侯之亂乎？復仇一事借齊侯以愧魯侯也。紀侯使弟服罪於齊，請立五廟。齊襄非真復九世之仇，而紀侯則已存九世之主矣。

六月己丑，齊侯葬紀伯姬。秋七月。

冬，公及齊人狩于禚。

　　齊侯稱“人”，卑公之敵也。仇者無時焉可與通，通則爲大譏。今不惟爲之主婚且與之狩矣。忘父而縱母，此禽荒也。他人荒於事，公獨荒於心。

五年春，王正月。夏，夫人姜氏如齊師。秋，郳黎來來朝。冬，公會齊人、宋人、陳人、蔡人伐衞。

　　中國附庸例書字，邾儀父、蕭叔是也。夷狄附庸例稱名，郳黎來、介葛廬是也。人諸侯，所以人公也。人公何也？逆天命也。

六年春，王正月，王人子突救衞。

夏六月，衞侯朔入于衞。

　　朔既絕於天子矣，衞不可一日無君，二公子立黔牟正也，焉能保其後之必固而始立之耶？諸侯伐衞而王人救衞，王不勝諸侯，故朔入耳。朔恃諸侯而勝，有勝勢無勝理。黔牟恃王而敗，無勝勢有勝理。書名書入，著其惡也。至齊人來歸衞寶，則四國貪賂之罪彰矣。

秋，公至自伐衞。螟。

　　凡螟，其國有儆。蟲焉蠢動，非我出即彼入也。

冬，齊人來歸衞俘。

七年春，夫人姜氏會齊侯于防。魯地。

　　文姜數與齊侯會，至齊地者奸發文姜，至魯地者奸發齊侯也。既至魯地，何不計取而殺之哉？

　　三甥于楚文爲兄弟，於鄧爲甥舅。仕於鄧，故謀滅楚。區區一享，烏足延渭陽之餘祀耶！鄧侯不殺楚子而楚卒滅鄧，三甥噬臍之言驗矣。

夏四月辛卯，恒星不見夜中，星霣如雨。秋，大水。無麥苗。

　　恒星不見，夜明也。如雨者，非雨也。

　　秋大水，淫而無極，禍水盛也。無麥苗，子非其種也。"倚嗟昌兮"之咏，譏之矣。

冬，夫人姜氏會齊侯于穀。

八年春，王正月，師次於郎以俟陳人、蔡人。甲午，治兵。

　　郎之次，欲要擊陳蔡，反爲所覺而不至，徒暴師耳。故爲國者不師，善師者不陳，善陳者不戰，善戰者不死，善死者不亡。

夏，師及齊師圍郕，郕降於齊師。秋，師還。

　　無故伐同姓而人不降我，可恥孰甚！

冬十有一月癸未，齊無知弒其君諸兒。

九年春，齊人殺無知。公及齊大夫盟于蔇。

　　襄公背瓜期之言，紲無知之寵，故無知帥連稱等怨恨之徒攻襄于田所。襄有豕行，彭生即見豕身而索報。足見戶下，意魯桓爲之推也。殺無知者，雍廩也，而曰"齊人"者，討賊之辭也。

　　貝丘之亂，孟陽代公死床上，石之紛如死階下，徒人費死門中。夫費鞭血方新，不惟無憾而反祖示以緩賊，入匿君而出鬥死，慷慨從容，費實兼之，視二子更奇矣。胡文定反曰「逢君致亂，死不償責」，冤哉！襄公鳥獸行，大臣若高國，賢智若管鮑，無一言焉，而僅以田獵畢弋之細故，株連波及于徒隸服役之人，是遵何法乎？夫孔父、仇牧皆大夫也，故從赴得書。費微乎其微，誰其赴矣？沉獄久錮，無平反者，故特表而出之。

夏，公伐齊，納糾。齊小白入于齊。

　　糾之不稱公子者，以桓公之功奪之也。夷吾自秦先入晉，則重耳讓之；子糾自魯緩入齊，則小白先之。蓋先則得勢，非速乘其機，寧待之於後耳？子糾生竇之慘，失勢故也。鮑叔稅仲堂阜之囚，使相桓公，踐先達相救之約耳。

秋七月丁酉，葬齊襄公。

八月庚申，及齊師戰于乾時，我師敗績。

　　不言公，貶也。是役幸有秦子、梁子以公旗避於下道以誤齊師，故二子獲而公免耳。安可與沙隨之不得見、平丘之不與盟為比哉。

九月，齊人取子糾殺之。取者，不義之辭。冬，浚洙。畏齊也。

十年春，王正月，公敗齊師于長勺。

　　察獄以情可以戰，長勺之勝是也。曹劌之論精矣。鼓三而竭，彼竭我盈，故克之。其轍亂旗靡，故逐之。肉食者何足以語此！

二月，公侵宋。三月，宋人遷宿。夏六月，齊師、宋師次于郎，公敗宋師于乘丘。

　　宋師不整，公子偃竊出，蒙皋比而先犯之，故敗之也。

秋九月，荊敗蔡師于莘，以蔡侯獻舞歸。

　　此荊滑夏之始。蔡侯以慢息嬀故，息侯誘楚伐之，獲其君歸。蔡侯又卒譽息嬀於楚，動之滅息。兩國之相仇極矣。凡書“敗”、書“滅”、書“入”而以其君歸，皆名者，爲其服爲臣虜，故絶之也。若潞嬰兒、沈嘉、許斯頓、牂胡豹、曹陽、邾益之類，亦猶是矣。獨楚人滅夔，以夔子歸，不書名者，楚子無罪見討故也。

冬十月，齊師滅譚，譚子奔莒。

　　譚子、弦子、温子皆書爵者，不比於失地之君也。獨吳滅徐，徐子章羽奔楚，書名者，以徐子斷髮携夫人以逆吳子，既已屈服而後奔也。

十有一年春，王正月。夏，五月戊寅，公敗宋師于鄑。秋，宋大水。

　　時魯宋比年爲乘丘、鄑之戰，百姓愁怨，陰氣大盛，故二國俱水。劉向以爲宋閔公驕慢，明年與其臣宋萬博戲，婦人在側，矜而罵萬，萬弑公之應。嗚呼，此真禍水也！婦人以揚其波，萬則逆而激之矣。四國火，不吊者，許人也。二國水，不吊者，又許人也。許無灾而以不恤灾先亡。魯人吊宋，怨不廢禮，蓋猶行古之道也。

冬，王姬歸于齊。

十有二年春，王三月，紀叔姬歸于酅。夏四月。

不歸於父母，而往守宗廟，此知大義者也。其卒其葬悉書，可比衛之共姜矣。

秋，八月甲午，宋萬弑其君捷及其大夫仇牧。冬十月，宋萬出奔陳。

南宮萬既爲魯獲，則歸不宜復爲大夫。萬稱魯侯之美，閔公又何爲妒其言也。萬怒搏公，絕其脰，仇牧聞而趨至，手劍而叱之。萬臂掇仇牧，碎其首，齒著乎門闔，仇牧可謂不畏彊禦矣。萬弑君於婦人之前；宋人請萬於陳，飲之酒而以犀革裹送，見醢於宋者，亦陳之婦人也，巧矣哉！

猛獲奔衛，宋人請之，衛人欲勿與。石祈子曰："不可，天下之惡一也。惡於宋而保於我，保之何益？"此極平之言，從極怒之心出之。石勒何物？亦能以此意對祖士雅，可爲千古邊吏之法。

十有三年春，齊侯、宋人、陳侯、蔡人、邾人會于北杏。齊地。夏六月，齊人滅遂。秋七月。

衣裳之會一。序齊於諸侯之上，獨書爵，始霸之辭。雖無王命，然以謀王事，諸侯奉之，不正猶正也。自是無相會矣。《王風》之什，絕筆於莊公，僖王之立、齊桓之霸皆在是年，王霸興衰之機也。是會始平宋亂，後宋人背會，故伐宋。

北杏，霸之始也。遂人不至，齊滅遂而戍之，遂因氏、頜氏、工婁氏、須遂氏饗齊戍，醉而殺之，齊人殲焉。遂滅五年矣，餘黎殘喘，猶能爲怒臂之一逞，視彼請後存酅，稱臣降虜者何如哉！君子曰："紀季、宋高不足以存亡；三甥、四族不足以亡存。"

冬，公會諸侯，盟于柯。

桓之盟不日，其會不致，信之也。曹子知管仲之爲君圖霸也，必不以小利失大信，故手劍劫之。魯所求者地，齊所求者霸，魯之求小而齊之求大也。曹子可謂審勢矣。桓公見小臣稷，一日三至不得見也，五往而後得見。天下聞之，皆曰："桓公猶下布衣之士，而況國君乎？其下曹沫而讓魯君，不待言矣。"

鄭厲公獲傅瑕於大陵，與之盟而赦之。瑕殺子儀納厲公，應蛇鬥南門之妖也。厲公入，反殺傅瑕。瑕以賊君死，何如原繁之以不貳死乎？瑕謀類祭仲，而仲得終身專鄭者，幸也。

十有四年春，齊人、陳人、曹人伐宋。夏，單伯會伐宋。宋背北杏之會也。

秋七月，荊入蔡。冬，單伯會齊侯、宋公、衛侯、鄭伯于鄄。宋服也。

荊，州名也。州不若國，國不若氏，氏不若人，人不若名，名不若字，字不若子。楚以蔡滅息，故入蔡。

十有五年春，齊侯、宋公、陳侯、衛侯、鄭伯會于鄄。夏，夫人姜氏如齊。

秋，宋人、齊人、邾人伐郳。鄭人侵宋。冬十月。

既成霸則論專征者，未成霸則論主兵者。齊桓成霸，在盟幽之後，故是師先宋也。

十有六年春，王正月。夏，宋人、齊人、衛人伐鄭。秋，荊伐鄭。

鄭無故侵宋，以致諸侯之師，又以緩告楚而致楚師，不能病宋，徒自病耳。而南北諸侯從此共爭鄭，鄭不得息肩矣，自取之也。

冬十有二月，會齊侯、宋公、陳侯、衛侯、鄭伯、許男、曹伯、滑伯、滕子同盟于幽。

不言公，著疑也。疑與齊仇，不知可事不可事也。周之宗盟，蓋同姓爲重，陳班在衛下，齊桓長之在衛上，終於春秋，何也？蓋齊桓始霸，方欲收諸侯，楚亦方彊，陳介於兩大，齊不進陳，陳將附楚矣。此桓公之用權也。況三恪之後，周亦以爲客乎！

北杏以後，有會無盟，至此服鄭而始爲盟。曰同者，猶未敢專主其權也，至僖二年盟貫齊始爲盟主。

邾子克卒。

十有七年春，齊人執鄭詹。夏，齊人殲于遂。

鄭不朝也，旋執之而旋釋之。詹自齊逃來，《公羊》曰："佞人來矣，佞人來矣。"叛同盟而受佞人，是魯爲藏佞也。

秋，鄭詹自齊逃來。冬，多麋。

京房《易傳》曰："廢正作淫，大不明，國多麋。"劉歆曰："麋之爲言迷也。"蓋牝獸之淫者也。是時公將取齊之淫女，其象先見，天戒若曰："勿取齊女，淫而迷國。"夫《靈臺》之咏，麋爲瑞；毛蟲之孽，麋爲灾，麋何異哉！然既有雄狐，自有牝麋以相應矣。

十有八年春，王三月，日有食之。

夜食也。日在魯衛分，魯有齊姜，衛有南子，宜示變也。

夏，公追戎于濟西。秋有蜮。冬十月。

　　不覺其來，已去而追之也。

　　蜮生南越，含沙射人，淫亂之氣所生，似淫婦之爲害，何公不寤而必娶齊女乎？

　　鬻拳以兵諫楚子，繼而自刖。楚人以爲大閽，《左氏》謂其愛君，暗於義矣。

十有九年春，王正月。夏四月。

秋，公子結媵陳人之婦于鄄，遂及齊侯、宋公盟。夫人姜氏如莒。

　　重事可以兼輕事，輕事不可以兼重事。媵，淺事也。結在鄄，聞齊宋有會，權事之宜，遂與二君爲盟，本非魯公意，而又失媵陳之好，故冬各來伐。

　　《春秋》之書“遂”一也，而有善惡存焉。公子結擅生事，《春秋》不非，以爲救莊公危也。公子遂擅生事，《春秋》非之，以爲僖公無危事也。

冬，齊人、宋人、陳人伐我西鄙。

二十年春，王二月，夫人姜氏如莒。夏，齊大灾。

　　齊桓好色，以妾爲妻，適庶數更，犯葵丘之盟矣，故致大灾。過成於人者，其灾淺；過成於己者，其灾深也。

　　鄭伯、虢公納惠王，殺王子頹及五大夫。鄭王[三]享王於西辟，王與之武王之略。自虎牢以東，虢公爲王宫於玤，王與之酒泉。先是，王以后之鞶鑒予鄭伯，以爵器予虢公，鄭伯由是惡王。

秋七月。冬，齊人伐戎。

二十有一年春，王正月。夏，五月辛酉，鄭伯突卒。秋，七月戊戌，夫人姜氏薨。冬，十有二月，葬鄭厲公。

二十有二年春，王正月，肆大眚。癸丑，葬我小君文姜。

　　五刑之疑，有赦而不及大眚。赦若妄下，則奸人得志矣。孔明治蜀，軍旅繁興而赦不妄下，得《春秋》之旨。

陳人殺其公子御寇。夏五月。秋七月丙申，及齊高傒盟于防。

　　衆人擅殺，國政亂矣。公子完奔齊，後反以有齊，存亡吉凶之幾不可測也。其象先見於周史之筮，後陳亡而陳桓子始大於齊。敬仲辭一卿之秩而開一國之基，辭卜夜之宴而創數百年之業。敬仲即公子完也。

　　盟於防，不言公，高傒忼也，此來議婚事也。

冬，公如齊納幣。

　　母喪未再期而圖昏，母雖不成母，子亦難為子。雖曰因母之親，實忘父之仇。父不親迎而得母，子親納幣而得婦。不親其所當親，親其所不當親也。

二十有三年春，公至自齊。祭仲來聘。

夏，公如齊觀社。公至自齊。荊人來聘。

　　《墨子》云：“燕之社，齊之社稷，宋之桑林，男女之所聚而觀之也。”《公羊》以為尸女也，信矣。主於觀女，以社為辭。曹劌之諫，曰“君舉必書”，四字悚然，使人主不敢妄動，見史之有權。善累而後進之，荆即稱"人"者，舉道不待再。

公及齊侯遇于穀，蕭叔朝公。秋，丹桓宮楹。

遇於穀，盟於扈，皆要結姻好也。公爲文姜所制，使必娶於母家，而齊女待年未及。此時計莊公之生已三十六年，越禮甚矣。朝於外，非正也。嘉禮不野合，此爲委大典於草莽矣。

丹楹刻桷，無益於桓公之見殺，欲以誇大仇國之女，非禮也。

冬十有一月，曹伯射姑卒。十有二月，甲寅，公會齊侯，盟于扈。結姻好也。

二十有四年春，王正月，刻桓宮桷。葬曹莊公。

夏，公如齊迎女。秋，公至自齊。八月丁丑，夫人姜氏入。戊寅，大夫宗婦覿，用幣。大水。

姜氏不從公而來，非禮也。不書"至"而書"入"，宗廟勿受之，國人勿受之矣。宗婦與大夫同見，雜然使人之夫見其妻，雜然使人之妻見其夫，無別甚矣，不太辱夫人哉？且男女同贄，非禮也。

不敬鬼神，政令不時，則水失其性。哀姜入而先公恫矣，湯湯之水，其有極乎？

冬，戎侵曹，曹羈出奔陳。赤歸于曹。赤即郭公也。

郭公。

齊桓公之郭，問父老曰："郭何以亡？"曰："以善善而惡惡也。善善不能用，惡惡不能去，所以亡也。”

二十有五年春，陳侯使女叔來聘。夏，五月癸丑，衛侯朔卒。

六月辛未朔，日有食之。鼓用牲于社。伯姬歸于杞。秋，大水。鼓用牲于社于門。冬，公子友于陳。

天灾有幣無牲，不鼓於朝，而鼓於社於門，則非禮矣。《穀梁》曰：“救日以鼓兵，救水以鼓衆。”

大旱，陽勝也。拜而請之，以柔制剛之道也。日食、大水，陰勝也。朱絲營而脅之，鳴鼓而攻之，以剛治柔之道也。

二十有六年春，公伐戎。夏，公至自伐戎。曹殺其大夫。_{不書名，爲羈賢諱。}秋，會宋人、齊人伐徐。冬十二月癸亥朔，日有食之。

二十有七年春，公會杞伯姬于洮。_{愛女之過也。}

夏六月，公會齊侯、宋公、陳侯、鄭伯，同盟于幽。

書“同盟”，陳鄭服也。晉文致人，以必戰爲武；齊桓致人，以不戰爲武。故桓公衣裳之會十有一，未嘗有歃血之盟也；兵車之會四，未嘗有大戰也。

秋，公子友如陳，葬原仲。冬，杞伯姬來。

友與公子慶父、公子牙皆莊公之母弟也。二叔通乎夫人以脅公，友於是借朋友之喪避兄弟之變。不得已也，然終非臣禮，故譏之。其他如祭伯來朝，祭伯來聘，尹氏來告其喪，皆誣上行私，《春秋》所不許矣。

莒慶來迎叔姬。杞伯來朝。公會齊侯于城濮。

二十有八年春，王三月甲寅，齊人伐衛，衛人及齊人戰，衛人敗績。

　　衛立子頹，齊奉王命，聲其罪以討之，而衛直與交戰，故齊主兵，而以爲衛主之也。齊稱人，將卑師少也。

　　晉獻公烝齊姜，生太子申生，娶二女於戎，生重耳、夷吾，又得驪姬，生奚齊，其娣生卓子。驪姬嬖，欲立其子，賂外二五，詭言於公，令申生居曲沃，重耳居蒲城，夷吾居屈，惟二姬之子在絳。二五卒與驪姬譖群公子而立奚齊，晉人謂之二五耦。初，史蘇爲獻公卜伐驪戎之兆，曰“挾以銜骨，齒牙爲猾，戎夏交捽”，“晉以男戎勝戎，而戎以女戎勝晉”。交捽之驗也。

夏四月丁未，邾子瑣卒。

秋，荊伐鄭。公會齊人、宋人救鄭。

　　楚令尹子元欲蠱文夫人息嬀，夫人泣而言，謂子元不尋諸仇仇而振萬於未亡人之側也，子元借此伐以飾慚耳，原無戰志，鄭人桐丘之奔，宜不待楚幕有烏而止矣。書救鄭，善之也。

　　初，楚子滅息，以息嬀歸，生堵敖及成王焉，未言。其答楚子之問，可謂正矣。及責子元，情辭俱屬，知其至性也，但欠息侯一死，死之難也。李陵之降虜也，楊雄之爲莽大夫也，息嬀哉！子完伐鄭歸，處王宮，亦烝息嬀矣。

冬，築郿。大無麥禾。臧孫辰告糴于齊。

　　麥熟於夏，禾成於秋，書於冬者，以冬總計歲入，倉廩虛實俟冬知之耳。凶年造邑，告糴于齊是已，爲其有餘而使他人代其不足也。且告糴之後，又新延厩焉，其用民力爲已悉矣。韓昭侯作高門，屈宜臼謂其時詘舉贏，築郿新厩，何爲乎？方文仲之如齊也，以彎圭玉磬往，齊人歸其玉而予之糴。

二十有九年春，新延厩。夏，鄭人侵許。秋，有蜚。

　　蜚爲蟲，臭惡，性不食穀，食穀爲灾，女淫禍國之兆。

冬十有二月，紀叔姬卒。城諸及防。<small>無譏，時也。</small>

　　紀自亡而姬自存，何傷乎一抔之土自在也？

三十年春，王正月。夏，師次于成。<small>欲救郳也。</small>秋七月，齊人降郳。八月癸亥，葬紀叔姬。九月庚午朔，日有食之。鼓用牲于社。冬，公及齊侯遇於魯濟。

齊人伐山戎。

　　齊桓越千里之險，北伐戎而後南征楚；德行於邇，威及於遠也。《史記》曰：山戎伐燕，燕人告急於齊，桓公救燕，遂伐山戎。制令支，登卑耳之山，斬孤竹而南道。莊公送桓公入齊境，桓公曰：“非天子，諸侯不相送出境，吾不可以無禮於燕。”於是分溝，命燕君復修召公之業，納貢於周。

三十有一年春，築臺于郎。夏四月，薛伯卒。築臺于薛。

六月，齊侯來獻戎捷。秋，築臺于秦。冬，不雨。

　　此夷狄將動，中國將衰之時也。獻戎捷以振之，使人民知有華夏，諸侯，知有天子，可以警懼夷狄矣。而《左氏》以不相遺俘病之，迁矣。《經》曰齊侯之來獻捷，快之也，是《經》固不以爲病也。

一年而三築臺，冬之不雨，其爲是乎？

三十有二年春，城小穀。

爲管仲也。或曰：齊自有穀，昭十一年，齊桓城穀而置管仲焉者是也。

夏，宋公、齊侯遇于梁丘。

宋爲先恪，故桓公賴宋爲多。北杏之會，不得宋則不能主諸侯會鄄伐鄭堅其心而悦其意也。至死而以孝公屬宋，則齊之用宋久矣。

神降於莘，虢公享之，神賜之土田，史嚚知虢之將亡也。

秋七月癸巳，公子牙卒。八月癸亥，公薨于路寢。冬，十月己未，子般卒。公子慶父如齊。

如齊不言奔，何？慶父主兵，得自致也。初，莊公割臂以盟孟任而生子般，公疾季友欲立般，而牙有一生一及之説，且牙弑械成，友和藥鴆牙於針巫。慶父乃會圉人犖，報鞭之辱，殺般於黨氏焉。友於是暗於計矣，於叔牙操之已慼，以激慶父之亂；於慶父防之甚疏，以致般之死。設没後牙語友曰："我爲子受藥矣，奈何不以飲圉人，併飲慶父也？"友何辭以應之哉！

狄伐邢。

閔公名啓方，莊公子，母叔姜，年九歲即位，在位二年。不書即位，亂也

元年春，王正月，齊人救邢。夏六月辛酉，葬我君莊公。

遠國救而四鄰不救者，宜受下罰。京師救而列國不救者，宜受中罰。夷狄救而諸侯不救者，宜受上罰。如齊之勇於救難，可嘉也。

齊仲孫來省魯難，歸謂君曰：“魯秉周禮，未可動也。”

秋八月，公及齊侯盟於落姑。季子來歸。

不謀討慶父而謀納季子，季子忠有餘而權不足。而霸國又不以靖難爲事，君子病之矣。其曰“來歸”，喜之也。季子避難出奔，何不赴於周，赴於霸國以訴其罪？知季子心畏慶父矣。恐討賊不成，不得歸也。季子不書“奔”，爲賢者諱也。

虢公敗犬戎於渭汭，舟之僑曰：“無德而祿，殃將至矣。”遂奔晉。

冬，齊仲孫來。

二年春，王正月，齊人遷陽。夏五月乙酉，吉，禘於莊公。

天子曰禘，諸侯曰祫，魯僭不足言矣。獨異其不禘於太廟而禘於莊公，是太廟群廟之主，反爲莊公屈。□前人而尊後人，并其所爲失禮者而又失之，殆哉！

藉以重禮報周公，周公之廟行之可也，而郊祀天，雩祀帝，周公何與哉？雩之僭始於桓，禘之僭始於閔，郊之僭始於僖。魯

之好僭非一君也，而其臣效之。伯禽而下十八世，未嘗有郊祀樂歌而獨自僖始。又安見爲成王之所賜哉！

秋八月辛丑，公薨。九月，夫人姜氏孫於邾。公子慶父出奔莒。

是年八月，慶父使卜齮報奪田之恨，賊公於武闈，故一孫一奔也。夫人不歸齊，畏桓公也。夫人孫於邾，內失一賊；慶父出歸莒，外失一賊。蓋邾莒相邇也。慶父通於哀姜，亂而復淫，身弒二君，謂莒小不能制，孰知卒斃於莒，得謂非天道哉？

季子以賂求慶父於莒，使公子魚哭而往，慶父曰："奚斯之聲也。"乃縊。一曰齊人取而殺之於夷。僖元年，桓公取哀姜而縊之於夷。此千古快事，《左氏》謂齊人之殺哀姜爲已甚。魯不能討而罪齊之討乎？

冬，齊高子來盟。

桓公使高子將南陽之甲立僖公而城魯。或曰自鹿門至於爭門者是也，或曰自爭門至於吏門者是也。魯人至今以爲美談，曰："猶望高子也。"當時內無季子外無高子，慶父直篡魯矣。僖公非桓公不能立，故子之美稱獨施於二子也。

十有二月，狄入衛。

衛懿公好鶴，鶴有乘軒者。狄入，國人受甲者皆曰"使鶴"，皆潰走，所存者五千人耳。若非齊侯戍曹，衛幾無國矣。故齊之平魯難，不足以美桓；齊之定衛難，深以服桓也。或曰："穆王乘八駿西游而不亡，懿公以禽荒而身死，豈非國人實甚乎？"曰："非也。鶉之奔奔，此載衛爲狄所滅之因也。"

衛公釋民而愛鶴，叱諫而貴優，禍出者禍反，惡人者人亦惡之。《管子》曰："不行其野，不違其馬。"此違其馬者也。

鄭棄其師。

　　高克好利，文公惡之，使將兵禦狄於竟，久而弗召。衛之望救如望雨焉，而克翱翔河上，《詩》所謂賦《清人》也。師衆離散，克不勝誅矣。鄭君其何以爲國哉！

　　優施教驪姬夜半泣諫晉公遠太子申生，於是使伐東山皋落氏。衣之偏衣，佩之金玦。先友曰“親以無災”，狐突曰“敵不可盡”，梁餘子養、罕夷曰“逃”，羊舌大夫曰“死”。人申其說，各自有理，如聚哭一堂，千載之下聲有餘痛，況哀怨之氣在於一時，不足招眚而致灾乎？獻公滅耿、滅霍、滅衛、滅虞虢，何其得志於外！女戎潰内，父子兄弟間，釀亂無已，此可爲不修内治之戒也。里克諫君，謂嗣適不可帥師，及見太子，又教之以共命。與人父則言慈，與人子則言孝，尤可爲事君之法。

　　僖之元年，齊桓公遷邢於夷儀，二年，封衛於楚丘。邢遷如歸，衛國忘亡。

　　衛文公大布之衣，大帛之冠，務材訓農，通商惠工，敬教勸學，授方任能；元年革車三十乘，季年乃三百乘。

校勘記

　　〔一〕《春秋纂》正文分爲“元”“亨”“利”“貞”四卷，原稿在書縫中標識，爲方便識別，今作爲卷名置於卷首，並將原“春秋纂”三字删去，下文不再説明。

　　〔二〕“插”，根據文意，疑爲“歃”之訛。

　　〔三〕“王”，疑爲“伯”之訛。

亨　集

僖公名申，閔公庶兄，母成風，夫人聲姜，在位三十三年。不書即位，繼弒君也

元年春，王正月，齊師、宋師、曹師次於聶北，救邢。

　　狄滅而齊救之，桓公之義也。亂則救之，滅則封之，遏亂繼滅之道也。而《公羊》以專封罪之，謂實與而文不與，甚矣，《公羊》之苛、《公羊》之迂也！

夏六月，邢遷於夷儀。齊師、宋師、曹師城邢。

　　遷邢而無私，城邢而用眾，美齊侯也。

秋七月戊辰，夫人姜氏薨於夷，齊人以歸。楚人伐鄭。八月，公會齊侯、宋公、鄭伯、曹伯、邾人於檉。

九月，公敗邾師于偃。冬十月壬午，公子友帥師敗莒師于酈，獲莒拏。

　　邾受姜氏，宜特討，不宜因檉之會敗其師。同會者懼矣。

　　莒人求賂伐魯，公子友紿莒拏，屏左右而相搏也，公子友處下，左右曰：“孟勞！”孟勞，魯之寶刀也。公子友取而殺之。

十有二月丁巳，夫人氏之喪至自齊不稱姜，貶也。

二年春，王正月，城楚丘。

魯與衛，兄弟。衛有狄難，魯之城之宜爲諸侯先，顧獨後期者，以魯有内難也。然有内難亦宜急外難，我急人，人亦急我矣。

夏五月辛巳，葬我小君哀姜。

虞師、晉師滅下陽。

此用荀息假道之謀也。虞、虢已處必亡之勢，晉之滅虢滅虞未必皆假道之力。特論其正，則虞仍拒晉而亡，無假道而亡也。下陽，虞虢之塞邑，猶秦有潼關、蜀有劍閣，失守則易破矣。虢失下陽不懼而又敗戎，卜偃謂"虢亡不可以五稔也"。

秋九月，齊侯、宋公、江人、黃人盟于貫。

得江黃以離楚之内交，合宋以生江黃之外懼。齊以敵楚，宋以敵江黃。制江黃者在宋也，而即用江黃以制楚。二國來盟，而楚人失其右臂矣。

冬十月，不雨。楚人侵鄭。

三年春，王正月，不雨。夏四月，不雨。徐人取舒。六月，雨。

舒從楚，徐從齊，齊未能取楚而徐取舒者，徐亦以齊之力取之也。是伐楚之先聲也。

秋，齊侯、宋公、江人、黃人會于陽穀。

謀伐楚也。齊宋在外，江黃在内，二國雖小，爲楚腹心之患，道諸侯以入腹，而江黃乘其背，此必勝之謀也。

　　齊侯與蔡姬乘舟於圃，蕩公，公怒，歸之，未之絕也，蔡人嫁之。齊侯合八國之師侵蔡。

冬，公子友如齊莅盟。楚人伐鄭。

四年春，王正月，公會齊侯、宋公、陳侯、衛侯、鄭伯、許男、曹伯侵蔡。蔡潰，遂伐楚，次于陘。

　　蔡，楚之門戶也。齊欲攘楚，不得蔡，無由入也。楚何以不救蔡，有江黃以牽之也。楚恃蔡以拒齊，不如齊用江黃以制楚也。

夏，許男新臣卒。楚屈完來盟于師，盟于召陵。

　　楚使屈完如齊，非以求盟，完睹齊之盛而盟者，畏齊也，此屈完之權也。桓亦因其求盟而退舍以禮楚者，畏楚也，此桓公之權也。

齊人執陳轅濤塗。秋，及江人、黃人伐陳。

　　濤塗欲齊桓循海而歸，為齊謀不忠，為陳謀忠也。鄭申侯教齊桓取道陳鄭之間，為齊謀忠，為鄭謀則不忠也。

　　陳鄰於蔡，懼楚而不懼齊，東循以歸，焉知非誤齊以為楚？乘楚之服還師伐陳，所以堅其事齊之心耳。陳成，歸轅濤塗，濤塗怨申侯。召陵之反，已勸申侯城虎牢之賜邑，遂譖諸鄭伯。申侯由是得罪，詐遇詐矣。

八月，公至自伐楚。葬許穆公。冬十有二月，公孫茲帥師會齊人、宋人、衛人、鄭人、許人、曹人侵陳。齊恨未已。

五年春，晉侯殺其世子申生。

　　驪姬一泣而太子有東山之行，再泣而太子有新城之縊。婦人之毒泪能變丈夫之慈心，可畏也哉！初，獻公欲立驪姬，卜之不吉，筮之吉，筮短龜長，公從其短，故有此禍，卜繇驗矣。

　　申生不拜繞輪之蛇，不辨毒胙之譖，將死而以重耳爲屬，又使猛足請狐突出而匡君，其愛父爲恭，其成弟爲讓，嗚呼，至矣！

　　里克聽優施"吾吾"之歌，欲中立以自免。丕鄭惜其言，使疏以間之，里克弗從，稱疾不朝，三日而難作，克之終不免也宜哉！

杞伯姬來朝其子。與其子俱來。夏，公孫茲如牟。

公及齊侯、宋公、陳侯、衛侯、鄭伯、許男、曹伯會王世子于首止。秋八月，諸侯盟于首止。

　　王在而世子蒞盟，是蔽父也。諸侯尊世子以抗王，是蔽君也。皆非正也。惟是王有以愛易世子之意，而桓公合諸侯以控扶之。是即四皓之羽翼天子也。有止亂之權而無其迹，此齊桓所以難也。

鄭伯逃歸，不盟。

　　王使周公召鄭伯，以從楚叛齊，鄭伯喜于王命而懼其不朝於齊也，故逃歸。我不以鄭爲咎而爲王咎矣。楚以夷犯夏，乃命叛其尊王室者，而從其猾諸夏者，何以示天下乎？

楚人滅弦，弦子奔黃。九月戊申朔，日有食之。

冬，晉人執虞公。

　　下陽不當書“滅”而書“滅”者，以其系二國之存亡也。虞當書“滅”而不書“滅”者，以其爲敵國之鄉導也。“不臘”之嘆，宮之奇已先知之矣。

　　虢君好諛誅諫，自取滅亡，不待鶉奔之謠也。出亡而猶信己之獨賢，竟不知其所以亡，豈不悲哉！

六年春，王正月。夏，公會齊侯、宋公、陳侯、衛侯、曹伯伐鄭，圍新城。秋，楚人圍許，諸侯遂救許。

　　楚因諸侯伐鄭，故圍許。諸侯移師以救之，楚子退舍武城，忿未息也。而諸侯已罷兵矣，致使蔡逞其奸，將許君以見楚，可以愧諸侯之不勤於討矣。遂則若同至然，然許君以銜璧見楚子，人以爲遂，我猶以爲緩也。

冬，公至自伐鄭。

七年春，齊人伐鄭。夏，小邾子來朝。

鄭殺其大夫申侯。秋七月，公會齊侯、宋公、陳世子款、鄭世子華盟于寧母。

　　申侯自楚而來，鄭之從楚或申侯之謀，未可知也。異國之人而效謀，徒使人疑耳。既爲鄭而又欲忠於齊，齊未必信而鄭疑矣。不疑其用齊以敝鄭，則疑其用楚以敝鄭，故殺之以説於齊也。初，楚文王寵申侯，謂其專利無厭，恐其不免，言果應矣。

　　寧母之盟，衣裳之會也。子華欲去三族以求成，管仲以其奸父命而辭之，子華歸而得罪。

曹伯班卒。公子友如齊。冬，葬曹昭公。

八年春，王正月，公會王人、齊侯、宋公、衛侯、許男、曹伯、陳世子款盟于洮，鄭伯乞盟。乞，請服也。

　　兵車之會也。王命而不正，則宰輔之貴夷於士庶，仲子之賵是也。王命而正，則下士之微夷乎方伯，洮之盟是也。

夏，狄伐晉。秋七月，禘於太廟，用致夫人。

　　先是，里克敗狄於采桑，梁由靡欲逐之，里克恐其速禍。虢射曰：“示之弱矣，狄必來。”夫怨不可深而威不可不立，威立則自不敢怨矣。一創永安之道也。待中國不宜使之怨，而待夷狄不宜使之易。易我者，侵我之漸也。

　　禘廟已非諸侯之禮，致姜亦非祀享之宜。僖公崇其母而輕宗廟乎？不稱姜氏，貶也。

冬十有二月丁未，天王崩。

九年春，王正月丁丑，宋公御説卒。夏，公會宰周公、齊侯、宋子、衛侯、鄭伯、許男、曹伯于葵丘。

　　管仲不敢當上卿而宰孔顧兼三公乎？王雖重其使，孔實不量其力矣。是會，齊桓拜天子之胙，晉侯請隧，色無慚乎？宋子在喪，與外事，非禮也。

　　宰孔以齊侯不務德而勤遠略，故北伐山戎，南伐楚，西爲此會。夫齊桓之霸業全在伐戎與伐楚耳，又以勤遠而病之，則天下何貴於霸哉！孔奉王命而教晉侯以渝盟，己實無禮，又敢責人乎？

秋七月乙酉，伯姬卒。九月戊辰，諸侯盟於葵丘。

　　是會，桓公震而矜之，叛者九國。宋儒趙鵬飛云：葵丘之會惟六國，會鹹、牡丘皆七國，會淮八國，寧有九國乎？九國云者，猶《國紀》云“叛者九起”耳。

　　勢有盛必有衰。桓之救邢衛，其勢方盛，中國之憤方深，而狄銳已盡，故易為功。桓不救陳，齊勢將衰，諸侯之志將渙，而楚勢方張，故難為力。管仲亦知其無可奈何而聽之矣，況仲旋沒也。

甲子，晉侯佹諸卒。

冬，晉里克殺其君之子奚齊。

　　其君之子云者，國人不子也。其為子而弗子者，莫能使人弗之子也。非所子而子之者，莫能使人之亦子也。夫太子申生死非其罪，則齊與卓不宜為君者也。荀息從君之昏而立之，斯時獨無夷吾、重耳在乎？里克以申生屬重耳而欲納之，故殺齊於次，明年殺卓于朝，荀息死焉，惜謀之不就而夷吾入也。夷吾入而里克死矣，里克死而弒君之名成矣。或曰：克之失在不應迎夷吾而立之耳。夫夷吾長於重耳，又有秦助，克安能拒之哉！《經》書弒其君卓者，以為一日為君亦君，為萬世之綱常計也。里克之勇於殺者，以為殺世子而奪之君，誰則君之？為一時之國本論也。

　　丕鄭謂里克曰：“我無心事君者，君為我心，制不在我。”至哉言也！

十年春，王正月，公如齊。狄滅溫，溫子奔衛。晉里克弒其君卓及其大夫荀息。夏，齊侯、許男伐壯戎。晉殺其大夫里克。

冬，大雨雪。

董仲舒以爲公脅於齊桓公，立妾爲夫人，不敢進群妾，故專一之象見諸雹。

晉侯改葬共太子。狐突遇太子於下國，責夷吾無禮，請帝降罰，敝於韓，惠公果有韓原之禍。所謂妖夢也。

十有一年春，晉殺其大夫丕鄭父。

此郤芮之謀也。丕鄭曾言於秦伯，出惠公而納重耳，秦使來誘，晉疑之，故殺鄭及七輿大夫等，以其爲克之黨也。

天王賜晉侯命，受玉惰，内史過決其無後。

夏，公及夫人姜氏會齊侯于陽穀。

兩侯爲會，婦女廁其間，如日月會而妖星來犯也。前大雹，後大雪，意天示儆乎？

楚人伐江滅黃，齊不能救，貫澤之會，管仲不欲受江黃之盟，政慮此耳。齊不救黃而狄來侵衛，不兩强之勢也。

齊侯使管仲告平於王，王以上卿之禮饗之。仲辭曰："有天子之二守國、高在。"受下卿之禮而還。穎東世祀，皆其謙德所致也。

秋八月，大雩。冬，楚人伐黃。

十有二年春，王三月庚午，日有食之。夏，楚人滅黃。秋七月。冬十有二月丁丑，陳侯杵臼卒。

十有三年春，狄侵衛。夏四月，葬陳宣公。公會齊侯、宋公、陳侯、衛侯、鄭伯、許男、曹伯于鹹。淮夷病杞且謀王室也。秋七月，大雩。冬，公子友如齊。

十有四年春，諸侯城緣陵。

　　杞未亡而先城緣陵以遷之，是以杞舊封與夷也，避夷也，前勇而今怯矣。

　　泛舟之役，秦不閉晉糴也。及秦饑而晉不與糴，虢射之謀也，見不及秦子桑矣。夫丕豹在秦，勸秦伐晉者，為父仇也，虢射何為者？無故而陷其君以不義乎？

夏六月，季姬及鄫子遇于防，使鄫子來朝。

　　公愛其女，使自擇配，故有此遇。夫季姬方為內女而先遇其夫，失其貞矣。未成婦禮而遂使其夫，失其順矣。鄫子主國而為內所使，何以禦外難乎？姬與魯鄫皆不能無過。觀後年書歸，則知《左氏》“先歸寧，怒止”之說誣也。

秋八月辛卯，沙鹿崩。晉地。

　　沙鹿崩，劉向以為臣下背叛，散落不事上之象也。

狄侵鄭。冬，蔡侯肸卒。

十有五年春，王正月，公如齊。楚人伐徐。

三月，公會齊侯、宋公、陳侯、衛侯、鄭伯、許男、曹伯盟於牡丘，遂次于匡。公孫敖帥師及諸侯之大夫救徐。

　　楚滅黃，諸侯莫恤，故楚安然伐徐。諸侯雖救徐，徐卒敗于楚，豈其救之不力乎？蓋亦霸業將衰，華夷相半之勢也。

夏五月，日有食之。

秋七月，齊師、曹師伐厲。八月，螽。

　　厲在秦楚之間，欲楚之必救以解徐，而不知楚委厲以餌之，而專於伐徐也。諸侯名爲伐厲而實多畏，竟委徐于楚以敗徐也。故攻其所必救，不若實救其所必攻耳。

　　螽者，時魯兵三年未歸，師困于敵，在外求糧，如蟲蔽于野，在外索食，此其應也。

九月，公至自會。季姬歸于鄫。己卯晦，震夷伯之廟。夷伯，魯大夫。

　　劉向以爲人道所不及，則天震之。展氏有隱慝，故天加誅于其祖，以譴告之也。

冬，宋人伐曹。楚人敗徐於婁林。

　　徐服齊而諸侯不能救，敗徐者，敗齊也。非夷狄之相敗，而霸業之將敗也。

十有一月壬戌，晉侯及秦伯戰於韓，獲晉侯。

　　惠公入而背内外之賂，是以有輿人之誦，此一役也。晉先賂秦伯，幾獲秦伯，慶鄭以救公誤之，遂失秦伯，而秦獲晉侯以歸。然秦伯獲晉侯，能舍而服之，若晉侯獲秦伯，必殺之矣。出因其資，入因其力，饑因其粟，三施而無報，天所不容，故有此敗。是晉侯之爲秦獲，非戰之失，而其所以爲君者有獲之道也。

　　初，郤芮使夷吾重賂秦以求入，曰：「人實有國，我何愛焉？」二語所謂借衣者被之，借馬者馳之也。方惠公被獲未歸，呂甥作爰田，作州兵，皆順民心而爲之，二子之才，何減狐、趙？惜事非其主，殺身而名不顯耳。余謂芮敏勝偃，甥文勝衰，忠勤則頡頏焉。

十有六年春，王正月戊申朔，隕石於宋五。是月，六鷁退飛，過宋都。《左氏》曰：風也。

石五，後數，散辭也，耳治也。六鷁，先數，聚辭也，目治也。五者奇數，遇奇而變。六者盈數，遇盈而退。是謂宋得諸侯而不終之象矣。後五年有盂之執，又明年，有泓之敗，其兆於此乎？

三月壬申，公子季友卒。

友以文在其手而賜字，命爲世卿。生有異姿，故獲異賞耳。仲遂何祥，而亦賜字乎？季欲定魯而不足，遂乃亂魯而有餘，故人君不宜私賞也。

夏四月丙申，鄫季姬卒。秋七月甲子，公孫茲卒。叔牙子也。冬十有二月，公會齊侯、宋公、陳侯、衛侯、鄭伯、許男、邢侯、曹伯于淮。

會淮而謀鄫伐厲以救徐，諸侯亦多故矣。所討者多，故力分而罔濟。

十有七年春，齊人、徐人伐英氏。夏，滅項。秋，夫人姜氏會齊侯于卞。九月，公至自會。

冬十有二月乙亥，齊侯小白卒。

管仲先公死，五公子遂爭立。鮑叔牙、隰朋、賓胥無皆賢者，又先後繼仲以死。易牙、竪刁、開方三人，無一人死者，若留以亂齊國，豈非天哉！或謂桓公好内致亂，則文公之妻懷嬴獨何辭乎？文公霸業與晉終始，靈公亂而悼公以興，晉亦非無亂也，而霸業不衰。桓公止於其身，頃公亦有求霸之志，而無其臣。景公有能霸之臣，而無其時，豈非天哉？

十有八年春，王正月，宋公、曹伯、衛人、邾人伐齊。夏，師救齊。五月戊寅，宋師及齊師戰于甗，齊師敗績。狄救齊。秋八月丁亥，葬齊桓公。

　　桓伐淮夷，魯頌未嘗不私以爲己功，則齊桓之卒，魯僖當爲之立後而定亂矣。齊桓以孝公屬宋而未納之，宋公之伐齊，爲孝公也，而魯固救齊，非桓公之志矣。《穀梁》不知何以予魯與狄之救而罪宋也？當時齊師幸有甗之敗耳，不然，孝公不得立矣。又幸狄不大勝耳，不然，廢立之事將狄主之矣。周平王借犬戎以誅伯服，而戎卒亂周，狄何可使之救也。孝公立而桓公始得葬，則宋之有功於齊也大矣。

冬，邢人、狄人伐衛。

　　昔狄滅衛，齊桓救之。今桓死而狄復伐衛，以救齊爲名，欲因齊之亂，乘衛之不備耳。齊之衰，狄之橫也。狄之強，衛之灾也。何善而進之？然則何以稱人也？狄而如人，惡之極矣。

　　鄭伯始朝楚，賜之金鑄三鐘焉。

十有九年春，王三月，宋人執滕子嬰齊。夏六月，宋公、曹人、邾人盟於曹南。鄫子會盟於邾。己酉，邾人執鄫子用之。秋，宋人圍曹。

　　宋有霸佐無霸主。司馬子魚勝於狐趙，襄公不用其言。執滕子嬰齊而盟曹南，執鄫子而用於次睢之社，口血未乾而今復圍曹也。威既不立，信又不成，德闕而動，其誰服之?

衛人伐邢。

　　邢衛皆受狄患，邢何爲佐狄以伐衛哉！衛深菟圃之憾，所以報也。是時衛大旱，師興而雨。

冬，公會陳人、蔡人、楚人、鄭人盟于齊。

　　桓公没而楚無忌，正欲借盟會以窺伺中國，而鄭伯甘心朝之，引之來會，何無恥哉！邢之助狄，鄭之助楚，居中國之地而長夷狄之心，罪之首也。卒也衛受狄禍，宋受楚禍。諸夏之君不宜恨狄、楚，而恨邢與鄭耳。

梁亡。

　　亡於秦也。梁好土功而耽酒色，嚴刑峻法，自亡之也。

二十年春，新作南門。譏之也。夏，郜子來朝。五月己巳，西宮災。鄭人入滑。

秋，齊人、狄人盟于邢。

　　邢助狄伐衛，宜衛之見伐也。狄與邢盟，齊何爲而亦盟之乎?稱齊人、狄人者，言狄人之無異于齊人也，齊人之無異于狄人也。桓公之霸業蕩然矣。

冬，楚人伐隨。

二十有一年春，狄侵衛。宋人、齊人、楚人盟于鹿上。

　　邢衛同受狄難，而邢先伐衛，衛復伐邢，左右手自相鬥敵，狄坐而視焉，安得不起而侮我乎？

鹿上之盟，宋人求諸侯于楚也。

夏，大旱。

公欲焚巫尫，以文仲之諫而止。

秋，宋公、楚子、陳侯、蔡侯、鄭伯、許男、曹伯會于盂，執宋公以伐宋。

在會而執其君以伐其國，夷狄之所爲，何無道也？宋方恃齊，齊既不至，五國皆楚之黨也。不量敵而無備以往，宋之不智甚矣。他日楚滅陳滅蔡，皆自此會始也。

宋公不從目夷“兵車往會”之言，中楚之伏，幾於亡國。幸而不亡者，以目夷守之於內，子魚戰之於外也。

冬，公伐邾。楚人使宜申來獻捷。十有二月癸丑，公會諸侯，盟于薄，釋宋公。

楚伐宋而魯不與，魯之正也。楚來獻捷以威魯，魯爲之盟於薄，請釋宋公，爲宋屈也。

楚執宋公而釋之，子魚謂：“未足以懲君。”及宋伐鄭，子魚曰：“禍在是矣。”

二十有二年春，公伐邾，取須句。夏，宋公、衛侯、許男、滕子伐鄭。怒鄭如楚也。

秋八月丁未，及邾人戰于升陘。不書公而書及，爲內諱也。

魯之伐邾，從成風之請。徇母意以求服敵，敵其可服乎？而又忘備焉，其僅失胄，猶幸也。

初，平王之東遷也，辛有適伊川，見被髮而祭於野者，曰："不及百年，此其戎乎！"其禮先亡矣。是年，秦晉遷陸渾之戎於伊川。

冬十有一月己巳朔，宋公及楚人戰于泓，宋師敗績。

是役也，大司馬固不欲戰，而公欲戰，戰又不乘其未濟未列而擊之，必待其陳，是惟恐敵之不勝己之不敗也。而曰："君子不重傷，不禽二毛。"昔之執滕子、用鄫子者誰乎？是何異盜跖以分均後出爲仁義哉！善戰無如子魚也，利用以致志，阻隘而鼓儳，惜宋公之不用也。

心不外者，乃能集大衆；智不鑿者，乃能處大事。

二十有三年春，齊侯伐宋，圍緡。

齊侯忘宋定亂之德，受指於楚而圍其邑，且乘人之敗，不可以爲威，徒彰己之惡耳。

晉太子圉爲質於秦，欲與嬴氏逃歸，嬴氏遺慰數語，情理俱至，而終之曰："不敢從亦不敢言。"事君事夫之道盡於此矣。季隗待重耳二十五年，不爲不貞；齊姜殺桑下之女，不爲不俠。然其從容詳妥，似皆遜之。惜乎懷公歸而復事文公也。

夏五月庚寅，宋公玆父卒。

楚救鄭，公與之戰，傷股，七月而死。夫宋襄避大侵小，茹柔吐剛，其不得爲霸主明矣。楚則夷也，秦則狄也。況秦穆未嘗主盟也，故謂五霸爲宋襄、秦穆、楚莊者皆非也。應邵謂是夏昆吾、商大彭、豕韋氏與齊桓、晉文而五也，其說近之矣。蓋霸以扶王，五霸者，三王之羽翼也。昆吾扶夏，彭韋扶商，齊晉扶周，各有其時矣。以宋襄之昏暴，興殷既不足，扶周又不能，身擒於楚，又再敗於泓，天下有囚虜而稱霸者乎？

秋，楚人伐陳。

楚以其貳於宋而伐之。然其貳也，從後見者也。其始從楚伐宋，未見其貳也。以伐宋之後朝楚稍後於鄭，故疑之耳。天下有不貳於伐人之時而貳於伐人之後者乎？卒以取焦城頓爲子玉之功，謂能靖國，使爲令尹而終敗於晉，豈非伐陳之功誤之哉？

重耳初出奔於狄，狄人納二女。公子取季隗，以叔隗妻趙衰。歷七國，齊、宋、秦、楚或贈馬，或納女，或饗禮，而鄭、衛、曹不禮焉。乞食於衛五鹿，拜與塊之賜。裸浴於曹，曹伯薄觀其駢脅，智不及負羈之妻，奇從者而具飱寘璧也。齊姜恐泄公子桑下之謀而殺蠶妾，醉遣公子，是亦羈妻之流也。及河，與舅犯爲白水之盟。公子入，殺懷公於高梁，伐不禮者。

蒲城之役，寺人披速於君命，重耳逾垣，猶斬其袪。及吕郤謀焚宮害文公，披告難，公潛會秦師，火發而公不獲，吕郤乃如河上，秦伯誘而殺之。二子亦足以報惠懷矣。

初，晉侯守藏之豎頭須竊藏以逃，盡用以求納公，忠也。公入，聞言而遽見。文公之霸也宜哉！若鄭屬之於傅瑕，衛獻之於寧喜，是皆不沐而心覆者歟？

冬十有一月，杞子卒。

二十有四年春，王正月。夏，狄伐鄭。

其始在鄭伯怨惠王不與厲公爵，又怨襄王與衛滑，故不聽王命，執伯服游孫，王怒而以狄伐鄭。鄭以臣怨君，執天子之使，固罪也；王用夷伐夏，可乎？況又以狄女爲后，召久逃之叔帶，歸而復與隗后通。后既亂而後廢之，晚矣；出居於鄭，自絕於周。於鄭，失君臣之義，君臣同罪也；於后，亂夫婦之經，夫婦同罪也；於帶，構兄弟之難，兄弟同罪也。而王有其三矣。《春秋》譏王蔽於匹夫之孝，不顧天下之重也。

秋七月。冬，天王出居于鄭。

王紬狄女，頹叔懼狄之怨己，遂奉叔帶以狄師攻王，王適鄭。王方伐鄭而出居其地，不爲鄭所困者，幸也。不有晉文，孰與興陽樊之甲哉！

叔帶之有寵于惠王，猶子頹之有寵于莊王也。叔帶之攻王，猶子頹之伐王也。襄王之適鄭處于氾，猶惠王之適鄭處于櫟也。然惠王之處櫟不書而襄王出居于鄭特書之者，所以罪襄王也。

秦伯欲納王，晉文公辭秦師而下，次於陽樊，迎王入于王城，取大叔于温，殺之，乃朝王。請隧，不許。

晉侯夷吾卒。

二十有五年春，王正月丙午，衛侯毀滅邢。夏四月癸酉，衛侯毀卒。

滅同姓，故名。晉滅虞、虢，非同姓乎？而不名！衛何以名？以衛幾失其國，不懲而復入人之國也。虞、虢則有虞以任過，故略晉之君耳。先是，衛二禮請仕於邢，至是掫殺國子，爲内應云。

宋蕩伯姬來逆婦。宋殺其大夫。

秋，楚人圍陳，納頓子於頓。圍陳，使納頓子也。葬衛文公。冬十有二月癸亥，公會衛子、莒慶，盟于洮。

二十有六年春，王正月己未，公會莒子、衛甯速盟於向。齊人侵我西鄙，公追齊師至酅，弗及。齊人伐我北鄙。衛人伐齊。公子遂如楚乞師。

衛急兄弟之難，故甫葬舊君而即爲我伐齊焉。可以愧魯矣。魯畏齊之甚，方使展喜犒師，而又乞師於楚矣。

齊桓公之子七人，爲七大夫於楚。

秋，楚人滅夔，以夔子歸。冬，楚人伐宋，圍緡。爲師晉故。

諸侯之祀，無過其祖者。夔祖熊摯，故祀之。安有祀祝融、熊鬻之禮哉！楚反以是讓而滅之，非其罪矣。

公以楚師伐齊，取穀。公至自伐齊。

二十有七年春，杞子來朝。夏六月庚寅，齊侯昭卒。秋八月乙未，葬齊孝公。乙巳，公子遂帥師入杞。

杞先代之後，迫于東夷，不能以侯伯禮見，以子禮見，故魯秋入杞以責之。然不能庇其患而責其禮之薄，杞安藉於魯哉？

冬，楚人、陳侯、蔡侯、鄭伯、許男圍宋。十有二月甲戌，公會諸侯，盟于宋。

夷主盟而諸夏從之，主者僭矣，故終僖之篇，貶而稱人也。

晉侯始入而教其民，三年，欲用之。子犯以民未知義，於是乎出定襄王；以民未知信，於是乎伐原以示之信；以民未知禮，於是乎大蒐以示之禮。三段本皆好事，被《左氏》三用“於是乎”字標之，説得事事有心，霸者行徑和盤托出矣。

二十有八年春，晉侯侵衛，晉侯伐曹。

　　未有君不得其國人可以成事者。衛侯知國人不與楚，何不改圖於晉以求釋怨，而乃有襄牛之出乎？晉欲以曹衛怒楚，意在致楚，不在衛服不服也，特假曹衛爲用耳。

公子買戍衛，不卒戍，刺之。以不卒戍刺之，知無罪也。楚人救衛。三月丙午，晉侯入曹，執曹伯，畀宋人。

　　曹、衛雖得罪晉文，然同姓之國，執曹伯當歸京師，而以與宋。晉故欲怒楚耳，執同姓之君以畀異姓，而曰"將以致敵"，是愈曲也。我曲彼直，晉、楚行師之分，豈但譎於齊桓哉！

夏四月己巳，晉侯、齊師、宋師、秦師及楚人戰于城濮，楚師敗績。楚殺其大夫得臣。衛侯出奔楚。

　　是役也，其謀舅犯始之，先軫中之又終之。總以善用曹、衛爲主。楚之有曹、衛，猶晉之有宋也。楚伐宋，晉不救宋而執曹伯，分曹、衛之地畀宋，以淡楚人之心，而宋之圍自解。及楚人請復衛侯而封曹，乃私許復曹、衛以攜之。曹、衛告絕於楚而晉有曹、衛矣，晉有曹、衛而楚孤，楚孤而晉之勝楚不待戰而決矣。其顛倒不測之機，能使我之伐曹、衛者收曹、衛，楚之庇曹、衛者反以失曹、衛。用與國、用敵國，又用敵國之與國還以困敵國，其綫索皆在我而不在人。譎則譎矣，然而自妙也。

　　中軍不敗，得臣不應死，應死者左右軍將耳。晉能赦荀林父而楚不能赦得臣，過於爵也。

五月癸丑，公會晉侯、齊侯、宋公、蔡侯、鄭伯、衛子、莒子盟於踐土。鄭地。陳侯如會。公朝于王所。

　　晉侯以臣召君，是爲何心？蓋晉侯挾天子之靈以討許、衛，即以討許、衛之勢震天子。王與諸侯兩爲所用，君體與臣體俱傷矣。衛侯出奔，叔武攝位以受盟，故稱"子"。

六月，衛侯鄭自楚復歸于衛，衛元咺出奔晉。

　　晉侯逐衛侯而立叔武，叔武辭立而他人立，則恐衛侯之不得反也。於是己立以攝之，己立而謀反衛侯。衛侯之反，叔武反之也。何意其篡我哉？然元咺愈爭，則衛侯愈疑，以爲叔武之黨也，故殺之。衛侯不有其有功之弟，元咺亦不有其無禮之君，而不知己之無臣禮也。晉侯無霸道，衛侯無兄道，元咺無臣道，惟叔武全其弟不全其身，遇亂行權，難哉！

陳侯款卒。秋，杞伯姬來。公子遂如齊。

冬，公會晉侯、宋公、蔡侯、鄭伯、陳子、莒子、邾子、秦人于溫。

天王狩於河陽。即溫。壬申，公朝于王所。

　　晉侯召王，欲王賞其功，借以威諸侯也，自尊之意甚於尊王。顧踐土之會，猶天王自來，溫則召王矣。王始畏晉侯，出而就之，其後遂不復至。君制於臣，君子爲天王諱，若諸侯相與朝王也。公朝于王所者再，而不知所朝者之非其地也。若幸之，實傷之，傷之故諱之也。

　　天王下勞於踐土，削而不書，去其實以全名也。晉侯以臣召君，則書"天王狩于河陽"，正其名以統實也。

晉人執衛侯，歸之于京師。

　　使人兄弟相賊，又寵其臣以虐其君，快心於衛。晉文蓋喜於致人之亂，非靖亂者也。故書“人”以貶之。

衛元咺自晉復歸于衛。

　　衛侯歸，元咺出矣；衛侯執，元咺復矣。然訟君得勝，元咺知忠於叔武，不知忠於衛君也。寧武諸臣知忠於衛君之被執，不知力爭於叔武之被殺也。元咺復立公子瑕。

　　晉文公出畋，前有大蛇，高若堤，橫道而處，退而修政。居三日，夢天誅大蛇，曰：“爾何敢當明君之路！”劉向之言也。

諸侯遂圍許。<small>許不往會，討不臣也。</small>

曹伯襄復歸于曹，遂會諸侯圍許。

　　晉侯有疾，曹豎侯獳貨筮史曰：“以曹爲解。”晉侯恐，反曹伯。然衛與曹偕命而不偕復，非信也。

　　晉侯作三行、五軍以禦狄。

二十九年春，介葛盧來。

　　以未見公，故冬復來。葛盧聞牛鳴，曰：“是生三犧，皆用之矣。其音云。”問之而信。

夏六月，會王人、晉人、宋人、齊人、陳人、蔡人、秦人盟于翟泉。

　　公侯當天子之卿，與天子之大夫盟，降一等矣。然其分猶可勉而及也。至諸侯之大夫違禮盟公侯，則逼上矣。王子而違禮下盟，則昵下矣。尊不成尊，卑不成卑，無等則皆人也。

秋，大雨雹。冬，介葛盧來。

　凡雹，皆冬之愆陽，夏之伏陰也。是時季氏世卿、公子遂專權，大夫擅政之萌。

三十年春，王正月。夏，狄侵齊。

秋，衛殺其大夫元咺及公子瑕，衛侯鄭歸于衛。

　律以君臣之義，殺元咺正也。既失事君之禮，誰存守國之功？特不應殺公子瑕耳。衛侯始歸而殺叔武及咺之子角，再歸而殺元咺與公子瑕，是晉夷吾之屬，葛藟之不若也。初，晉侯使醫鴆衛侯，寧俞貨醫使薄其鴆，不死。魯公爲之請納王與晉侯玉各十毅，乃得歸。夫使衛侯有罪，當請於王而誅之，不宜以醫殺也；使衛侯無罪，當即釋之，不宜受玉也。

　《國語》載，晉侯執衛侯歸周，請殺之。王曰：“不可。”夫君臣無獄，今元咺雖直，不可聽也。然則衛侯之不死而得歸，皆王之力也。咺雖不敢以其直加於衛侯，而衛侯終不得辭不直之名於天下矣。

晉人、秦人圍鄭。介人侵蕭。

　晉人先侵鄭，以觀其可攻與否，方合秦圍之。是晉之圍鄭，實恃秦爲强也。秦師退，鄭不懼晉矣，晉亦知鄭未可攻而去之。佯欲擊秦，托言報秦，以美其名。借晉果擊秦，秦攻之於外，鄭要之於内，晉必敗矣，晉其敢乎？

　燭之武見秦伯曰：“焉用亡鄭以倍鄰？鄰之厚，君之薄也。”利害了然。楚黃歇上秦昭王書，止其伐楚，全用此意。戰國人多持此説以解圍。

冬，天王使宰周公來聘。公子遂如京師，遂如晉。

　　三公而兼冢宰，重其使也。公所聘者周，所畏者晉。天子之使先至，則聘周自不得遲；而聘周則聘晉又不得緩，故命其自周聘晉耳。以二事歸，臣之罪也。公子遂如京師，身至而心去之；遂如晉，身至而心至之。其心已無王矣。

三十有一年春，取濟西田。公子遂如晉。拜曹田也。

夏四月，四卜郊，不從，乃免牲，猶三望。秋七月。

　　三卜，禮也。四卜，非禮也。牛卜日始改名曰牲。蓋郊定而卜牲，以明敬也。未卜郊而卜牲，是郊爲牲後矣。望細而郊重，以辨時也。重不舉而行細，是望爲郊先矣。不郊亦無望可也。猶者，可以已之辭也。

冬，杞伯姬來求婦。

　　伯姬以姑而爲子求婦於魯，親親之道亦有辭矣。特書於策，戒防其漸。婦則有夫，姑則有舅。婦人夫死尚從子，顧制子之事乎？且杞以伯姬來求，我亦將以夫人應之。兩國之妃，自行婚媾，其曠然無男子與？

狄圍衛，十有二月，衛遷於帝丘。

　　作楚丘爲狄難，遷帝丘以避狄難，思桓公不置矣。衛兩爲狄所困，康叔不寧，見夢成公，欲其自强於政治耳。若云相奪予祀，夫狄不奪予祀，相奪予祀乎？寧武子獨請改祀於狄至之日，其識不可及也。遷帝丘，卜曰三百年，次年，狄與衛平。

三十有二年春，王正月。夏四月己丑，鄭伯捷卒。衛人侵狄。秋，衛人及狄盟。冬十有二月己卯，晉侯重耳卒。

　　晉文速於勝楚而致其失，不如齊桓之緩於盟楚而俟其服也。敢於召王而要其狩，不如齊桓遜於下拜而成其節也。桓公會不邇三川，盟不加王人，文則會畿內而盟子虎。桓公不納子華，不以子抗父，而文公則聽元咺，直以臣虐君。功速而罪愈彰，勢盛而迹愈逆。晉文直齊桓之罪人，非其匹也。

　　文公將殯於曲沃，出絳，柩有聲如牛。夫晉執牛耳，故有聲如牛。秦師來軼，將以戎事興焉。馬強牛弱，牛所為嘆也。

　　秦將襲鄭，蹇叔諫之，不聽。蹇叔哭送秦師，且言收子骨於二陵之間，後果敗歸。秦穆素服郊次，向師而哭，始悔不用忠言也。

三十有三年春，王二月，秦人入滑。鄭地。

　　為杞子所誘也。蹇叔所辯，在賓主勞逸耳。夫勞逸之不敵，遠近之形也；遠近之不敵，賓主之勢也。此時鄭實不知，而蹇叔曰：“鄭必知之。”及弦高矯命犒師，示鄭之有備，蹇叔之言若先設為弦高誑秦之地，妙矣哉！此一役也，蹇叔以一老人知之，王孫滿以一稚子知之，而秦穆、孟明不知。甚矣，利之沒人也！

　　弦高以賈人而倉卒應變，消禍卻敵，智敏功大，殆先於佚狐、燭武矣。不聞鄭賞而用之，何哉？余謂鄭有三異賈焉，或謀知罃於脫楚，或靳韓起之請環，足參弦高而鼎立矣。彼陽翟居奇，貪買凶終，烏足道哉！

齊侯使國歸父來聘。

夏四月辛巳，晉人及姜戎敗秦于殽。癸巳，葬晉文公。

　　用姜戎者，示以夷狄攻夷狄之意也。初，先軫獻要擊之謀，襄公曰：“秦伯與吾先君有結，不可。”先軫以不吊贈不假道爲辭，從之。殽之役，秦匹馬隻輪無返者。穆姬在秦，曾免夷吾；文嬴在晉，安得不免三帥？先軫不顧而唾，何哉？晉不念舊而詐虐以逞，結怨強國，四被秦寇，禍流數世，先軫之罪也。

秦穆公晚年，弃百里奚、蹇叔不用，而用其子，至貪忿勤民，淫兵暴骨，安在與人之一，用人之周乎？濟河封尸，幸晉不出耳，何功之有？而以不替孟明爲美談耶？西戎之霸，本由二老，而幾喪於三子。夫三子者，以謀國則不忠，以承考則不孝，不是之殉而殉三良，甚哉，其相蒙也！

狄侵齊。公伐邾取訾婁。秋，公子遂帥師伐邾。

公報升陘之役也。再伐則已甚矣。平王不撫其民，而遠成於母家，詩人刺之。公爲成風報怨，而殘民以逞耶？

晉人敗狄於箕。狄伐晉及箕。冬十月，公如齊。十有二月，公至自齊。乙巳公薨于小寢。公用公子友，則治有可稱。用臧文仲，則事无可採。

敗狄而稱“人”，何也？以狄侵齊國，衛晉不能救，於其見伐而勝之，是爲狄所加而後應之也，罪其遲也。

冀缺耨，其妻饁之，相敬如賓。文公因曰季言，宥其父罪。箕之戰，郤缺獲白狄子，襄公以三命。命先軫免冑入狄，死焉。狄人歸其元，面如生。

隕霜不殺草，李梅實。

此草妖也。《記》曰：“不當華而華，易大夫；不當實而實，易相室。”考《竹書記年》，亦冬隕霜，不殺草木，大禹以興。雖君德盛衰不同，臣伐其君，其象則一。是時僖公死，公子遂專權，文公不悟，後有子赤之變。

晉人、陳人、鄭人伐許。爲貳于楚也。

文公 名興，僖公子，母聲姜，夫人出姜，在位十八年。書即位，繼正也

元年春，王正月，公即位。二月癸亥，日有食之。

　　據《曆法》，閏當在去年，誤於今年三月置閏，是不歸餘於終也。日食者，天時儆人事也。誤閏者，人事失天時也。

天王使叔服來會葬。夏四月丁巳，葬我君僖公。

　　穆伯聞叔服之能相人也，使見二子焉。曰：「穀也食子，難也收子。穀也豐下，必有後於魯國。」

　　葬僖公，緩作主，非禮也。虞主用桑，練主用栗，以栗易桑，埋虞主於兩階之間，此殷禮也。

夏，天王使毛伯來錫公命。

　　既非敵王所愾，又非歲時來朝，且喪制未畢也。即終喪矣，亦必以士服入見，後賜之冕璧，以見無天子命，不敢遂爲諸侯也。王賞之重如此，奈何自褻其命，喪制未畢而錫之？受者虧孝，錫者傷恩矣。

晉侯伐衛。

　　以不朝王也。然晉亦幾不朝王矣，何以責人之不朝？故先且居勸君朝王而己從師也。

叔孫得臣如京師。衛人伐晉。公孫敖會晉侯于戚。

冬十月丁未，楚世子商臣弒其君頵。

　　商臣蜂目豺聲，忍人也。況既立而又欲黜之，不速禍乎？激
江芉而泄其謀，環宮甲而肆其毒，至王請食熊蹯死而不許，真忍
矣。夫多置宮甲，益以叛具；廢長立少，與以叛名，皆失在父也。
若商臣之惡，人人知之矣。稱世子，以見其有父而無父；頵稱君，
以見其有君而不君也。潘崇畫策，師亦不成其爲師，又何誅焉？

　　王縊，謚之曰“靈”，不瞑，曰“戈”，弓瞑[一]。王生而以
亂取弒，死而以瞑爭謚，異矣。楚共王將死，自請謚“靈”與
“厲”，群臣以其知過而謚之曰“共”。成王以爭得之，孰若共王
以讓得之之爲美也。

公孫敖如齊。

二年春，王二月甲子，晉侯及秦師戰于彭衙，秦師敗績。

　　晉知秦懷必報之志，狼瞫以死馳之，其氣勝秦矣。瞫被黜而
以死自奮，成國之勇，真得死所者，君子哉！先軫死狄而晉不勝
狄，不如狼瞫死秦，晉即勝秦耳。

　　敗於殽而用孟明，人所能也；敗於彭衙又用之，人所不能
也。不以成敗論英雄，我於秦穆見之矣。

丁丑，作僖公主。

三月乙巳，及晉處父盟。

　　晉以大夫盟公，恥辱魯也。出不書，反不致，爲公諱也。然
不貶處父稱人者何？貶之稱人，則惡名不見。貶其族，留其名，

所以惡處父也。

夏六月，公孫敖即穆伯會宋公、陳侯、鄭伯、晉士縠盟於垂隴。_{討衛也}。自十有二月不雨至於秋七月。

八月丁卯，大事於太廟，躋僖公。

　　國廟論統不論分，雖以叔繼侄，叔不得以先侄，況兄弟乎？夏父忌爲宗伯，欲尊僖公而謬言有所見"新鬼大故鬼小"。夫以年則新鬼大故鬼小也，以分則故鬼大新鬼小也。僖公雖長，已爲臣；閔公雖小，已爲君矣。子雖齊聖，不先父食。臣繼君，猶子繼父也。

冬，晉人、宋人、陳人、鄭人伐秦。

公子遂如齊納幣。

　　譏喪娶也。按三年之喪二十五月，文公四十一月乃娶。娶時無喪，何謂喪娶？蓋納幣之月在喪分，故謂之喪娶也。居喪之禮，不可以吉事雜其心。娶後於喪而欲娶之，心先於喪，心無喪矣，故譏之。

　　《春秋》之義，屈民而伸君，屈君而伸天。以君行禮而臣民之情爲小，以天行政而君之禮又爲小。文公以秋祫祭，以冬納幣，皆失於大蚤。即曰"恐他國納之，先期而往"，不可謂非行權，君子有以誅其志矣。

三年春，王正月，叔孫得臣會晉人、宋人、陳人、衛人、鄭人伐沈，沈潰。_{此大夫會伐之始}。

　　潰者，如積水然，放而無所閑也。其君憤於心，其民匱於財，而後衆潰敵也。

夏五月，王子虎卒。

秦人伐晉。秋，楚人圍江。

　　秦伯伐晉，濟河焚舟，秦計固必勝晉，而晉亦不當復勝秦矣。晉人不出，自處甚高，封殽尸而還。使秦勝而晉不見其敗，持功守威，人知秦之勝晉，而不知晉之妙於待秦也。秦三敗之後而僅得一不戰，《左氏》之譽秦，稍過其實矣。

　　秦敗於殽，歸作《秦誓》，庶幾能改過者；而復起彭衙之役，今又取王官及郊，其名爲憤兵，故貶而稱“人”。自後知悔，見伐不報，君子善之。

雨螽于宋。

　　劉向以爲宋先殺大夫，而無罪之應。董仲舒以爲宋三世內娶之應也。後八年十月，魯亦螽，公伐邾，取須、胊，城郿矣。在宋爲既而螽已死，在魯爲將而螽未生，其機則已動矣。

冬，公如晉。十有二月己巳，公及晉侯盟。

　　晉襄公悔前盟之非，請改盟焉。自恥之甚於恥人也。

晉陽處父帥師伐楚以救江。

　　楚伐江，故晉伐楚。伐楚則楚自歸而江之急解矣。孫臏之伐衛救韓、伐衛救趙，皆此術也。是役，王使王叔桓公助之。《經》不書者，以示夷狄非天子之所親伐，有諸侯在焉。

四年春，公至自晉。夏，逆婦姜于齊。

　　禮宜卿逆而卿不往。在齊而稱婦，入國不書至，君子知出姜之不允於魯也。

狄侵齊。秋，楚人滅江。晉侯伐秦。衛侯使寧俞來聘。

　　秦伯以同盟滅，素服、避寢、降饌，有矜恤之心焉。晉其何以爲情哉？江不能救而再伐秦，何也？

　　寧俞來聘，不答賦《湛露》，不敢干天子宴樂之章也。不答賦《彤弓》，不敢干諸侯獻功之禮也。

冬十有一月壬寅，夫人風氏薨。

五年春，王正月，王使榮叔歸含且賵。三月辛亥，葬我小君成風。王使召伯來會葬。

　　成風以莊公之妾僭稱夫人，僖公崇禮厚母之意也。天子亦以夫人之禮待之，可乎？含兼事者，以其實非夫人而稍簡之也。去天稱王以示貶也。

　　王又使會葬，夫婦以祔姑廟成婦，雖別爲立宮，甚厚之矣。而廟中猶無妾也，奈何既葬之後，遂有二夫人乎？天子順成其禮，何以爲法？

夏，公孫敖如晉。慢王事霸。秦人入鄀。爲貳於楚。秋，楚人滅六。冬十月甲申，許男業卒。

六年春，葬許僖公。夏，季孫行父如陳。聘於陳，且娶焉。

秋，季孫行父如晉。

　　季文子求遭喪之禮以行，果遇喪焉。意亦聞晉侯之疾而往乎？不然使大國知之，其罪甚矣。

八月乙亥，晉侯歡卒。

斯時，秦強於西，楚強於南，狄強於北。晉襄一年之内三退強敵，殽之戰敗秦也，箕之戰剪狄也，許之戰離楚也，霸業不墮，在斯乎？

冬十月，公子遂如晉。葬晉襄公。

晉殺其大夫陽處父，晉狐射姑出奔狄。

晉將與狄戰，使狐射姑爲將軍，陽處父言而易之，公泄其言，致有此變。夫處父當言於未命帥之前，不當言於既命帥之後。既命易之，爲侵官矣。處父任剛虛誕，寧嬴知其不可從而去之，而今果自速其禍乎！雖然，公家之利，知無不言。射姑刺人於朝，凶暴如此，其可使爲將乎？處父之自爲謀不足，而爲國謀忠也。

閏月不告月，猶朝于廟。

不告閏朔，非禮也。有朔則告，雖閏亦朔，且告朔者，謹月之始而以月之所行終之也。若不告朔，將是月爲廢月矣。故以朝於廟幸之，以猶朝於廟危之。蓋幾幾不朝矣。

七年春，公伐邾。甲戌，取須句。遂城郚。夏四月，宋公王臣卒。宋人殺其大夫。

戊子，晉人及秦人戰于令狐。晉先蔑奔秦。

令狐之戰，趙盾之罪也。夫人、太子猶在而外求君乎？如曰“國利有長君，公子雍長而且賢，故迎立之”，則立之耳。又以穆嬴之逼，背先蔑而立靈公，以禦秦師，曲在晉矣。求公子於秦，秦送之而晉拒之，其迹不可居，其心不可信也。今幸晉勝耳，若秦勝則公子雍必入，趙盾必誅矣。然晉雖勝而外招敵國，内弃良臣，晉國之難從此始。靈公又不賢，而成篡殺之禍。雖非趙盾弑君，而盾立之者所以弑之也。士會從先蔑奔秦，居秦三年而不相見，同罪故也。

狄侵我西鄙。秋八月，公會諸侯、晉大夫，盟于扈。冬，徐伐莒。公孫敖如莒涖盟。

八年春，王正月。夏四月。秋八月戊申，天王崩。冬十月壬午，公子遂會晉趙盾，盟于衡雍。

乙酉，公子遂會雒戎，盟于暴。

　戎可會乎？亂生於會盟者，而戎之僭不必言也。以祖宗之所營，爲戎醜之所處，傷哉！《左氏》以兩稱公子爲襃，則公子遂如京師，遂如晉，又何以貶也？

公孫敖如京師，不至而復。丙戌，奔莒。螽。

　初，穆伯如莒，爲襄仲聘婦，見其美而自娶之，亂兄弟之倫矣。兹復弃君命而從己氏焉。人之無良，至此極矣。

宋人殺其大夫、司馬，宋司城來奔。

　司馬不能主兵，司城不能守土，而其君不能禦臣也。權歸於大夫，惡得不亂？死與去有三道，死則一道耳，去則二道，或幾或遽。去於幾者，或同於死，而去於遽者，不得同也。蕩意諸，殆去於幾者也。司馬公子卬握節而死。

九年春，毛伯來求金。求車猶可，求金甚矣。夫人姜氏如齊。三月，叔孫得臣如京師。辛未，葬襄王。

晉人殺其大夫先都。三月，夫人姜氏至自齊。

晉人殺其大夫士穀及箕鄭父。

　　初，晉襄公搜於夷，將登先都、箕鄭父，而以士穀將中軍，克先阻之。克先，趙盾之黨也。自趙盾代士穀當國，諸大夫不平。三子報失職之恨，陰使賊殺克先，而三子亦被殺於群下矣。書曰“晉殺其大夫”者，謂不明正其罪而盾擅殺之也。

楚人伐鄭。以晉君少而不在諸侯也。公子遂會晉人、宋人、衛人、許人救鄭。夏，狄侵齊。秋八月，曹伯襄卒。九月癸酉，地震。

　　京房《易傳》曰：“臣事雖正，專必震。其震於水則波，於木則搖，於屋則瓦落。”夫臣下而專，雖正且震，而況邪乎？正則小震，邪則大震矣。

冬，楚子使椒來聘。秦人來歸僖公、成風之襚。

　　夷狄無禮，則嚴以拒之，拒之使不與中國同。夷狄有禮，則寬以進之，進之使不與夷狄等。雖然，拒之者常也，進之者暫也。君書爵，臣書名，進之矣。

　　送死不及尸，緩也。而自秦來，則以為禮矣。取其慕通中國之好也。

葬曹共公。

十年春，王三月辛卯，臧孫辰卒。

夏，秦伐晉。

　　晉伐秦，取少梁；秦伐晉，取北徵。書秦伐而不書晉伐者，華伐戎，正也；戎伐華，不正也。

楚殺其大夫宜申。

　　宜申雖欲弒弒君之君，遲之十年矣。君臣之分已定，而乃謀弒，其義不足稱也。似宜受無將之誅，而以國殺大夫書，聖人之意深矣。

自正月不雨至於秋七月。及蘇子盟于女栗。_{頃王立故。}冬，狄侵宋。楚子、蔡侯次于厥貉。

　　楚欲伐宋而宋知之，先爲其弱以避伐也。楚司馬無畏以宋違載燧之命，至抶其僕以殉，辱極矣。麇子恥之，逃歸。失位降爵，故均不列於諸侯。

十有一年春，楚子伐麇。夏，叔仲彭生會晉郤缺于承筐。_{宋地。}秋，曹伯來朝。公子遂如宋。

狄侵齊。冬十月甲午，叔孫得臣敗狄于鹹。

　　《穀梁》謂長狄兄弟三人佚宕中國，瓦石不能害。得臣善射，射僑如目，身橫九畝。而《左氏》云，富父終甥摏其喉，以戈殺之。一不同也。《公羊》謂三人一殺於魯，一殺於齊，則未知其晉者也。而《左氏》謂晉滅潞而獲僑如之弟焚如。二不同也。《左氏》又云，代齊之役，長狄退走至衛，衛人又獲其季弟簡如，是又非三人。三不同也。榮如以魯桓十六年死，至宣十五年，一百三歲矣，其兄尚在乎？且狄世爲國主，綿歷四代，支屬實繁，止獲數人，乃云其種遂絕耶？蘇氏謂迸放不使在中國，故云遂亡。總之，記獲於戎狄，不妨誕其詞以誇後，而各述所聞也。

十有二年春，王正月，郜伯來奔。爲齊所逼。杞伯來朝。請絕叔姬而無絕昏。二月庚子，子叔姬卒。

夏，楚人圍巢。秋，滕子來朝。

秦伯使術來聘。

　　西乞術敗於晉，故使之來聘，以言伐晉也。

冬十有二月戊午，晉人、秦人戰于河曲。

　　河曲之戰，秦晉志皆不在堅戰，故交綏而止。勝負既不分，曲直亦無據矣。

　　史騈謂“秦使目動而言肆，懼我也”，與郤芮謂“秦使幣重而言甘，誘我也”。同見。昔彭衙之役，晉人謂秦“拜賜之師”。

季孫行父帥師城諸及鄆。

十有三年春，王正月。夏五月壬午，陳侯朔卒。邾子遽蒢[二]卒。文公卜遷於繹，利民而不利君，公以利民遷之，五月卒。君子謂之知命。

自正月不雨至於秋七月。

　　三時失矣。春無望於夏，夏無望於秋也。不雨而五穀熟，是地不承天澤，而私自行令也，必有臣下欲得民以勝君者。劉向以爲二年之間，五國趨之，內城二邑，炕陽失衆之報也。

趙宣子恐以謀臣資敵國，故使壽餘偽叛，誘復隨會於秦。秦伯明知晉計而從之還。臨行，繞朝贈之以策，曰：“子無謂秦無人，吾謀適不用也。”秦穆明知故縱之意，不自言而其臣代言之。晉自譎，秦自正矣。

世室屋壞。

　　譏不修也。劉向以爲金沴木，木動也。木動者，大本傾也。周公之祀忽諸，以逆祀而壞也。周公稱太廟，魯公稱世室，群公稱宮。《公羊》曰：“魯祭周公，何以爲盛？周公盛，魯公燾，群公廩。”盛，新穀。廩，新舊雜也。

冬，公如晉。衛侯會公于沓。狄侵衛。

十有二月己丑，公及晉侯盟，還自晉。鄭伯會公于棐。

　　自文公以朝晉，服楚之國皆至，是魯輔晉伯也。

十有四年春，王正月，公至自晉。邾人伐我南鄙，叔彭生帥師伐邾。夏五月乙亥，齊侯潘卒。

六月，公會宋公、陳侯、衛侯、鄭伯、許男、曹伯、晉趙盾。癸酉，同盟于新城。

　　同外楚也。獨蔡不與，果有背華即夷之實矣。

秋七月，有星孛入于北斗。公至自會。

　　按，孛一名欃槍。欃，雲中牛；槍，雲中馬。周史服曰：“不出七年，宋、齊、晉之君皆將死亂。”斗七星，故曰“不出七年”。《天官》曰：“衡殷南斗，魁枕參首。用昏建者杓，杓自華以西南。夜半建者衡，衡殷中州河濟之間。平旦建者魁，魁海岱以東北也。"布度定記，分州繫象。史服所占，或非絕學。

晉人納捷菑于邾，弗克納。

　　齊妃生貜，晉妃生捷菑。邾文公卒，國人立貜爲定公，捷菑奔晉，故晉納之。及蒲城，服其立長之言，引兵而去之。君子善趙盾之能徙義。

九月甲申，公孫敖卒于齊。

齊公子商人弑其君舍。宋子哀來奔。不義宋公而來賢也。

　　不以國氏，誅止其身也。商人弑舍而讓其兄元，使元爲君，并元而弑之矣。元知之，故漫語以辭之，俟商人死而後立也。商人以弑得之，亦以弑失之，可不畏哉！

冬，單伯如齊，齊人執單伯，齊人執子叔姬。單伯，周卿，爲魯如齊。

　　齊君舍，魯甥也。商人弑舍，故忌魯矣。單伯以王命求昭妃於齊，齊人執單伯并子叔姬，而誣之以罪焉。

　　先君之女則稱"伯叔姬"，時君之女則系之以子。今曰"子叔姬"，宜爲文公之女矣。然文公逆婦姜才十年，而其女遂爲昭公妃，又生子舍，可疑也。故或以爲僖公女耳。

十有五年春，季孫行父如晉。三月，宋司馬華孫來盟。夏，曹伯來朝。

齊人歸公孫敖之喪。

　　穆伯幸有穀、難二子，得蓋愆而歸喪焉。仲尼因而不削者，蓋曰：“父之醜雖不可掩，而子之哀又不可没也。”書之以風夫孝者耳。

　　禮曰：不足則資之宗。穀也舍子蔑而立難，斯其資不足之義與？惠叔毀請待命，故國之公族聽其歸殯耳。

六月辛丑朔，日有食之，鼓用牲于社。單伯至自齊。_{守節不移，終達王命。}

晉郤缺帥師伐蔡，戊申，入蔡。

　　不服而入之，或獲大城，得而弗有，直以出入爲辭。

秋，齊人侵我西鄙。季孫行父如晉。

冬十有一月，諸侯盟于扈。

　　爲齊也。齊執王使，且數伐魯，而晉以受賂不能討齊，罪在晉，不在魯也。

十有二月，齊人來歸子叔姬。

　　出姜無罪而使不安於魯，故叔姬無罪而亦使不安於齊。男子不能定國難，顧使婦人當其凶乎？

齊侯侵我西鄙，遂伐曹，入其郛。

　　齊侯無禮而討有禮者，恃晉之受賂，無人責之也。晉之無禮可知矣。

十有六年春，季孫行父會齊侯于陽穀，齊侯弗及盟。

夏五月，公四不視朔。

有疾不視朔，正當無疾而勤於視朔以解之。無疾不視，前之有疾者，盡不可信也。公厭政，人厭公矣。

六月戊辰，公子遂及齊侯盟于郪丘。納賂也。秋八月辛未，夫人姜氏薨。

毀泉臺。

泉臺在囿中，公母姜氏嘗居，蛇從之出，如先君之數。數十七。象宮將，不居也。是月，聲姜卒。魯人以爲妖而毀之。信禍福之説，忘祖宗之勞，非毀其居，直自毀其行矣。

蛇有龍性，未馴，故其象不見於宮壼，即徵於國君。《詩》咏虺蛇之祥，而褒姒亂周。鄭內蛇與外蛇鬥而屬公死，赤帝子、白帝子又復何異乎？漢高斬白帝子而先主亡於白帝城，其應甚可畏也。

楚人、秦人、巴人滅庸。

楚雖饑而勝，以饑誤庸而出其不意也。庸不饑而敗，以饑輕人而己則無備也。

冬十有一月，宋人弑其君杵臼。杵，《公》作“處”。

此襄夫人使甸殺之也。夫人欲騁其淫，而要公子鮑以行弑君，則無道。宋之諸臣獨不愧於司城乎？然則何以罪國人也？以國人貪夫人不義之施，而遂成無制之禍也。

胡文定責蕩意諸不能止弑，不能正君，坐待其及而死，與孔父、仇牧、荀息三子，閑其君以死職者不同，故《春秋》削之，豈其然乎？夫三子從君於昏，安見其閑？昭公雖無道乎，不如殤閔之甚與？晉獻之嬖溺貽禍也，徒以欲盡去群公子，不能其國人，以予鮑隙而構殺之。今釋鮑弗誅，而獨引繩峻削於效節之司城，何居？且意諸有父之命，有君之寵，是一死而兩授之也。張柳朔不負王生，況君父乎？康侯感憤時事，慷慨效忠，而動引高哀以裁死節，固矣哉！

十有七年春，晉人、衞人、陳人、鄭人伐宋。

　　趙宣子請師討逆，謂明聲之，猶恐不聞也。備鐘鼓以先之，卒立君而還，不成其爲討矣。其稱人，賤之也。夫鮑雖未與弑，不能討賊而立乎其位，其情若與知之者。我以爲鮑可廢也。

夏四月癸亥，葬我小君聲姜。齊侯伐我西鄙。

六月癸未，公及諸侯盟于穀。

　　晉不能救魯故也。自此魯專事齊矣。

諸侯會於扈。秋，公至自穀。冬，公子遂如齊。拜穀之盟。

　　復合諸侯以平宋也。晉不能平宋亂，而復責鄭，殆多求而鮮成事矣。

十有八年春，王二月丁丑，公薨於臺下。秦伯罃卒。

　　齊侯戒師期而醫者知其將死，卜者知其死不以疾。襄仲因其語偷，又謂不能食魯之麥。魯畏齊師，而卜者知其先齊侯終。惠伯以卜事告龜，而卜楚丘，又知惠伯之有咎，何所遇之，皆死人哉？公因隙而薨，死不以正也。

　　周甘歜敗戎於邧垂，乘其飲酒也。

夏五月戊戌，齊人弒其君商人。

　　懿公刖邴歜之父而使歜僕，納閻職之妻而使職驂乘，二人申池相嘲，乃殺公而納之竹中。夫既以爲君而殺之，是用賊爲君，效君爲賊也。

六月癸酉，葬我君文公。

秋，公子遂、叔孫得臣如齊。

　　一時兩使偕行，一賀惠公立，一謝齊來會葬。魯不敢失禮於齊，欲以親齊，齊侯亦欲以新立親魯也。使爲遂，介爲得臣，使實無禮，介不能爭。君卒於弒而如齊謀婚，義不應從也。惜乎，叔孫之懦也！

冬十月，子卒。

　　文公夫人生子赤，敬嬴生宣公。敬嬴嬖而私事襄仲，宣公長而屬之襄仲。襄仲請於齊而立之，弒子赤。弒不忍言，於不日見之。

　　公子肸，宣公之同母弟也，非宣公殺子赤，終身不食宣公之食。

夫人姜氏歸于齊。

　　出姜無罪而宣公殺其子，襄仲實助庶以篡嫡，魯不能討，齊亦不能討乎？市人皆哭，而朝之人無聞焉。嫡已在喪而弒之，弒其子，自不能安其母也。

　　襄仲欲立宣公，叔仲不可。及立，襄仲以君命召叔仲，入而殺之，埋馬矢中。胡氏謂死非君命，失其所也。夫叔仲持之正，爭之强，可謂義形於色，不畏強禦矣。彼殺世適者，既與奚卓庶孽殊，而仲叔侃侃以殉殆兼三大夫之節，而猶謂死非其所耶？夫所稱君命，論當否，不論有無。若荀息從昏，雖命亂也，猶有取焉，而奚罪夫殉適者？東門氏之逐也，季孫猶憾之，曰："使我殺適[三]立庶者，仲也！"夫知行父之遺恨，斯彭生爲得所矣。

季孫行父如齊。

　　書二卿如齊於子卒之前，始謀也。夫人歸齊於子卒之後，成謀也。終以行父如齊而謀大露矣。

莒弒其君庶其。

　　魯專弒君，故弒君之賊來奔。季文子欲逐莒僕以諷宣公，未可知也。宣公不能去莒僕，而行父能去之。獨惜襄仲之惡近在目前而不能正，奈何復與之先後如齊以求婚會哉？

　　行父逐莒太子僕于境外，自比于舜功二十之一。

宣公名接，文公妾敬嬴之子，夫人穆姜，在位十八年。書即位，如其意也

元年春，王正月，公即位。公子遂如齊逆女。

　　魯於出姜之歸，恐齊見討，故結昏於齊，以自釋其罪。喪禮之不守而議昏焉，無其母并忘其父。導君爲惡，如仲遂者，不勝誅也。

三月，遂以夫人婦姜至自齊。婦，有姑之辭。

　　出姜甫歸而婦姜復至，魯之無禮甚矣。齊不責魯逐母之罪，而許其納婦，何耶？以者，急之詞，亦輕之詞也。至者，異魯之

詞，亦異齊之詞也。

夏，季孫行父如齊。

晉放其大夫胥甲父于衛。

　　放者，猶不放者也。河曲之戰不用命者，穿與胥甲也，穿何以不放？趙盾庇之也。故桃園之罪，他日亦不歸穿而歸盾也。盾何以庇穿也？穿，其族子也。晉放胥甲而立其子克，是舜所以待鯀也，克乎其何以當之！

公會齊侯于平州。公子遂如齊。

　　方會平州以拜成也。仲遂敢於逐嫡而嫡又齊之女，逐齊女而又敢於聘齊之女，不獨視君如奕，抑視夫人如戲矣。如齊者，亦見齊之無人，而弒立之臣往來無忌也。

六月，齊人取濟西田。秋，邾子來朝。

　　受弒子赤之賂也。出姜大歸而不問，敬嬴求婦而即從，是鬻一女復鬻一女也。

楚子、鄭人侵陳，遂侵宋。

　　魯以弒君賂齊而諸侯爲魯討齊，又皆取賂而還。兩會於扈皆受賂，鄭穆公所以不足於晉而受盟於楚也。

　　齊桓有事於楚，道先由蔡；楚莊有事於宋，道先由陳。雖其興師之正不若齊桓，而行師之謀則一也。

晉趙盾帥師救陳。宋公、陳侯、衛侯、曹伯會晉師於棐林伐鄭。

　　是時楚師已在鄭矣。盾帥師救陳，又自陳而次於棐林，安得反尾楚師而至於宋哉！《左氏》何以言救宋？蓋諸侯伐鄭，則楚伐宋之圍自解，雖不救，實救之也。

冬，晉趙穿帥師侵崇。晉人、宋人伐鄭。

崇，秦之與國也。晉欲求成於秦而侵其與國，非求成之道也，宜秦之勿與也。

二年春，王二月壬子，宋華元帥師及鄭公子歸生帥師戰於大棘，宋師敗績，獲宋華元。

華元生獲也。以其獲而復歸之，故知其生獲也。誰使華元敗者？羊斟也。羊斟愛羊，元不與食，故以元入鄭師也。誰使華元歸者？文馬也。其敗也，非馬也，其人也。其歸也，非人也，其馬也。然則樂呂何以不歸？呂爲司寇，非元帥，宋不欲歸，故鄭亦不歸之也。不歸故不書也。《穀梁》曰：“盡其衆以救其將，華元雖獲，不病矣。”然而於思“弃甲”之謳，何以當城者之誚哉？

秦師伐晉。以報崇也。

夏，晉人、宋人、衛人、陳人侵鄭。

秦伐晉，圍焦，以報崇也。晉以救焦，遂侵鄭；不能敗秦而遷怒於鄭也。楚鬥椒不辭其難以救鄭，而趙盾又畏楚而去也，僞言欲示弱以驕之。既欲驕楚，則不侵鄭可也。鄭獲宋之大夫，晉爲宋報恥而不能獲其一卒。然則始公伐鄭，必爲秦所遂[四]而飾詞也。

秋九月乙丑，晉趙盾弑其君夷皋。靈公不君，故稱名。

晉侯欲殺趙盾，鉏麑往刺而觸槐，彌明擊獒而救主，靈輒倒戟以禦免。君之殺臣如此其難也；而桃園之弑，曾不須臾，臣之弑君如此其易也。夫靈公彈人而犯共惡，趙盾驟諫而觸公威，故穿起乘之。然則，書穿弑君可矣。穿之弑不待書而知也。盾也亡不越竟，反不討賊，若與於弑者，故以弑君歸之也。

　　凡弑君而卿在，不討者，或弑君之人於卿無與，而卿之權又不足以討之也。若穿之弑君，盾雖不與其謀，而穿之所恃無畏者，盾也。是盾不假手於穿，而穿實代手于盾也。使盾歸而執之，直一宰夫事耳。而盾又不問，豈得為無罪乎？盾之罪，情不勝法也。若止以勿嘗藥為弑父，則太嚴矣。危而不慎，亂其中也。以弑罪止者，欲為子之慎也，豈止一嘗藥遂能救父之死哉！止不能禁父之病而使之勿死，故旋罪而旋赦之。盾實能防穿之變而使之勿弑，故既罪而難出之也。假使石厚從州吁弑君，而石碏勿討，惡得為純臣耶？

　　士會諫靈公，三進及溜，而後視之，曰："吾知過矣。"猶不改，宣子驟諫。夫"驟諫"二字豈所以待庸暴之主乎？盾之殺機萌於此矣。公子慶忌亦驟諫吳子，吳子不聽，慶忌出君於艾，卒殺之。呂氏謂盾實主弑，故亡不出境以待其變，反不討賊以安其仇。得誅惡之旨。

冬十月乙亥，天王崩。

三年春，王正月，郊，牛之口傷，改卜牛，牛死，乃不郊，猶三望。

　　牛之口傷，改卜，又死，此其為人之不虔也。當悔過懺罪，再改卜焉可也。郊不可廢，慢郊而病牛，牛廢而廢郊，無禮甚矣。不郊而望，前此譏之，今又若是，何魯之專行望而不行郊也？《左氏》曰："無望可也！"非欲其無望也，疾其無郊也。

牛耻其後而傷於口，食者病自口入，謀者禍自口出也。至後而有牛足出於背者，則下妖上益甚矣。

葬匡王。楚子伐陸渾之戎。

楚子遂欲問鼎，逼周而取天下，而諸侯曾無有討者，知諸夏之無能爲矣。幸有王孫滿正言以折之。

夏，楚人侵鄭。秋，赤狄侵齊。宋師圍曹。冬十月丙戌，鄭伯蘭卒。葬鄭穆公。

四年春，王正月，公及齊侯平莒及郯，莒人不肯。公伐莒，取向。秦伯稻卒。

二國亂矣，魯人又以亂平之，是益亂也。

夏六月乙酉，鄭公子歸生弑其君夷。

不書"公子宋"而曰"歸生"者，以禍實始于歸生也。宋食指動，此細事也，何爲乎以聞於君乎？公食黿，因以不召宋；宋染指，因以謀弑公。先公爲難，此大事也，何爲乎而不以聞于君乎？歸生權不足以禦亂，始以畜老憚殺比方君父，繼懼反譖而遂從之，獄有所歸矣。一鼎之臠，君臣死焉，禍機所動可畏哉！

赤狄侵齊。秋，公如齊。公至自齊。冬，楚子伐鄭。

五年春，公如齊。夏，公至自齊。

秋九月，齊高固來迎子叔姬。

大夫娶而公爲主，非禮也。大夫而敢於欲公之主者，以公多求於强國，强臣得而制之也。鄭能却公子圍，使卑行卑禮；而公不能辭高固，使卑行尊禮。委禽而非其願矣。

叔孫得臣卒。冬，齊高固及子叔姬來。

固來逆，公不宜爲主而爲主。遣使反焉，固不宜親來而親來者，以報公也。然歸寧之禮，在逾歲之後；叔姬亟來者，其亦以夫傷父之志，而亟於歸寧也。

楚人伐鄭。

去冬之伐稱楚子，與其討弑君之罪也。今稱人，又罪其數犯中國也。一事而褒貶其詞，兩盡其義耳。

六年春，晉趙盾、衛孫免侵陳。夏四月。

先是，刺盾者，入門至於堂，皆無人焉，曰："嘻！是子之易也，吾不忍殺子也。雖然，吾亦不可復見吾君矣。"遂刎頸而死。《公羊》所傳與《左氏》稍異，然行刺者不可復見，盾故可復見耶？

秋八月，螽。冬十月。

一君之世而三螽，言其甚也。螽，魚卵所化，水蟲也而爲穀災，所引非其類也。公伐莒取向，如齊伐萊，軍數賦煩，不量其力而示威於外，如螽之奮迅作聲，以足自摩也。

七年春，衛侯使孫良夫來盟。

衛侯欲爲晉致魯也。前定之盟不日。

夏，公會齊侯伐萊。秋，公至自伐萊。大旱。

冬，公會晉侯、宋公、衛侯、鄭伯、曹伯于黑壤。

　　晉侯之立也，公不朝，又不聘。是會，晉侯止公，公以賂免，不直在己矣。

八年春，公至自會。

夏六月，公子遂如齊，至黃乃復。

　　不及齊而復，是委君命也。大夫未致事而死，猶以尸將事，豈有身尚在，而自行自止者乎？

辛巳，有事於太廟，仲遂卒于垂。壬午，猶繹萬入去籥。

　　不稱“公子”，貶也。貶以著其罪，知無以見赤地下也。禮，大夫死爲廢一時之祭，終事而聞，則不繹知。卿喪不宜作樂，而不知廢繹，是其心終在於樂，而不在於卿也。萬用其無聲，籥避其有聲，何不掩鬼之耳并籥而亦用之也哉！

戊子，夫人嬴氏薨。晉師、白狄伐秦。楚人滅舒蓼。秋七月甲子，日有食之，既。

　　董子以爲齊晉新有篡弒之禍，内皆未安，故楚乘弱橫行，八年之間，六侵而一滅國，伐陸渾戎，觀兵於周。後又入鄭，鄭伯肉袒謝罪。敗晉於邲，流血色水。圍宋九月，析骸而炊。劉歆以爲日躔，楚鄭分也。夫邲之戰，楚不爲虐，鄭不爲困，晉受其敗，灾宜爲晉，然姬姓日，異姓月。鄢陵之戰，共王中日，日乃復。

冬十月己丑，葬我小君敬嬴。雨，不克葬。庚寅，日中而克葬。城平陽。懼晉。楚師伐鄭。以與晉平也。

　　人不罪，天罪之矣。僖、宣、襄、昭四妾母，皆薨以夫人，葬以小君，不一一貶以正之，從同同也。

九年春，王正月，公如齊。公至自齊。

夏，仲孫蔑如京師。

　　魯君兩朝於齊，一聘於周。無畏於周而以諸侯之禮待周，有畏於齊而以天子之禮待齊也。定王以孟獻子爲有禮，厚賄之。

齊侯伐萊。秋，取根牟。八月，滕子卒。九月，晉侯、宋公、衛侯、鄭伯、曹伯會於扈。晉荀林父帥師伐陳。爲不會扈。辛酉，晉侯黑臀卒於扈。冬十月，癸酉，衛侯鄭卒。

宋人圍滕。楚子伐鄭，晉郤缺帥師救鄭。

　　滕爲守禮之國，伐喪凌小，宋惡甚矣，故稱“人”貶之。

　　鄭伯敗楚師於柳棼，國人皆喜，惟子良憂，曰：“是國之災也。”

陳殺其大夫泄冶。

　　陳靈公與孔寧、儀行父通於夏姬，皆衷其衵服，以戲於朝，泄冶諫而死。《左傳》引孔子“無自立辟”之言，《家語》記孔子以比于[五]律冶，而曰“位在大夫，無骨肉之親”。此皆非孔子之言也。夫君臣之義，夫子所最嚴也。冶未嘗擯于陳，而責其不去，豈聖人之義訓哉！文定不察其理而因仍附會，誤矣。陳殺諫臣，是宜爲楚所滅。《株林》《澤陂》之賦，蓋傷之也。

十年春，公如齊。公至自齊。齊人歸我濟西田。

　　昔也求婦隱弒，而以田賂；今也辱女往朝，而以田歸。田則如故也，弑逆者如播種焉，若之何？

夏四月丙辰，日有食之。己巳，齊侯完卒。齊崔氏出奔衞。公如齊。五月，公至自齊。

癸巳，陳夏徵舒弑其君平國。
　　自此以前，弑者半爲篡；自此以後，弑者半爲淫。
　　令尹子文之孫箴尹克黃，使齊還，及宋，聞鬥椒之亂，謂：“君天也，不可以逃。”遂歸覆命，而自拘於司敗。夫春秋諸侯互爲逋逃藪，如賁皇在晉，州犁在楚。曾公山不狃之所羞，而揚揚對壘。夫安知連尹可以贖知罃乎？克黃獨恥逃天，凜凜大節，遂使國無逋臣，宗無餒鬼，寧獨子文之勩德乎哉！

六月，宋師伐滕。公孫歸父如齊，葬齊惠公。晉人、宋人、衞人、曹人伐鄭。以及楚平也。秋，天王使王季子來聘。

公孫歸父帥師伐邾，取繹。
　　書“取”，罪之也。魯之禍自齊爲之，齊勢在上流，魯勢在下流也。然魯亦自肯爲下流所趨，性樂比淫而侈禍哉！

大水。季孫行父如齊。冬，公孫歸父如齊。齊侯使國佐來聘。饑。楚子伐鄭。

十有一年春，王正月。

夏，楚子、陳侯、鄭伯盟于辰陵。
　　楚人討逆，中國不如，故序楚子陳鄭之上。

鄭人討靈公之亂，歸生卒，斷其棺而逐其族。

公孫歸父會齊人伐莒。秋，晉侯會狄于欑函。

冬十月，楚人殺陳夏徵舒。丁亥，楚子入陳，納公孫寧、儀行父于陳。

　　先稱"人"，不與外討也。後稱"子"，幸其有此討也。徵舒可殺，栗門可轘，而陳不可縣。楚莊聽申叔"蹊田奪牛"之諫，而即封陳，可謂速於改過矣。然二子從昏宣淫，詭托楚以報君之仇，不尸之而又納之，是漏獄也。君子爲楚莊惜之。

　　莊王能赦鄭而不赦陳，以陳亂故也。而又不貪夏姬之色。若靈王之討慶封，特以其入吳爲楚病，非真討其篡也，以是爲名耳。而靈王亦以篡得之，是豈得與莊王并語哉！《春秋》之法，嚴於論賢，輕於論不肖。嚴之乃以惜之，輕之乃以忽之也。

十有二年春，葬陳靈公。楚子圍鄭。

夏六月乙卯，晉荀林父帥師及楚子戰于邲，晉師敗績。

　　莊王舍鄭，有可貴之美。晉人不知其善而挑戰焉，宜其敗矣。夫鄭君以能下人，信用其民，而楚子許之成。晉臣以不能下人，各行其意，而楚師敗之。楚以寬而禦衆，故鄭服；林父以懦而禦衆，故衆專也。

　　楚樂伯獻麇於鮑癸而獲免，晉魏錡獻麇於潘黨而獲免，何相報之巧也。

　　莊王之伐晉也，先使豚尹觀之，待其賢人死而後伐之，勝而又不敢以爲功，日中忘食而嘆，懼諸侯之畏己而作臺，又以薄德而不敢受觴，宜其伯也。又莊王見天不見妖，而地不出孽，則禱於山川，曰："天其忘予歟！"此能來求過於天，必不逆諫矣。

秋七月。冬十有二月戊寅，楚子滅蕭。宋附庸。

晉人、宋人、衛人、曹人同盟于清丘。

　　宋伐陳，衛救之，不討貳也。楚伐宋，晉不救，不恤病也。
故卿不書，以不實其言也。

宋師伐陳，衛人救陳。伐之非，救之亦非。

十有三年春，齊師伐莒。莒恃晉故。

夏楚子伐宋。秋，螽。

　　以其救蕭，又伐陳與國也。陳鄭宋皆在河南，鄭西邊於楚，
宋東邊於楚，而陳介二國之中。欲致西諸侯，必先得鄭；欲致東
諸侯，必先得宋；欲致鄭宋，必先得陳。楚得鄭而不能有，以宋
人未得也。蓋有宋以牽鄭，非獨鄭不可得，即得陳，亦難用矣。
是制楚者，專在宋也。

冬，晉殺其大夫先縠。

　　討邲之敗及召狄之罪也。先縠佐中軍，貪躁違制，偏師濟
河，是趙穿復出於河曲，而欒黶再東於涇次也，卒以致敗。殺之
固宜，獨不念先軫之勛而盡滅其族乎？荀林父身爲元帥，軍令不
行，楚嬖人伍參蚤已知之，而晉不知。今坐先縠以召狄之罪，乃
可以掩林父喪師之誅。若專論邲之役，舍林父而殺先縠，晉於是
失刑矣。

十有四年春，衛殺其大夫孔達。

　　晉討伐陳背盟之罪，孔達縊而死。衛人以殺告，而免於伐，此亦權也。然既已死矣，即以"殺"書之可也。

夏五月壬申，曹伯壽卒。晉侯伐鄭。爲邲故也。

秋九月，楚子圍宋。

　　華元以不假道殺楚使申舟，知國必亡而故爲之。是忿兵也，安得不敗？雖然，華禦事先示之以弱，卒有孟諸之辱，曾小國麇子之不如。華元不畏啓釁，獨殺楚使，以報扶僕之恥。顯抗敵而默幹蠱，人知其忠，不知其孝也。

葬曹文公。冬，公孫歸父會齊侯于穀。

十有五年春，公孫歸父會楚子于宋。夏五月，宋人及楚人平。

　　華元夜入楚師，登子反之床而以情告，且譽子反爲君子。子反即以其情告王，而謂宋有不欺之臣。夫子反動於君子之名，以聽華元，莊王又動於不欺之名以聽子反，名之於人甚矣哉！楚君臣墮元瞉中而不覺也。然楚君臣亦有謀矣。楚軍止有七日之糧，晉使解揚致命於宋，救兵將至矣，不如先赦之以爲己恩，故去之。輸情一事，《左傳》爲"登床"，《公羊》爲"乘堙"。夫兩軍相對，大帥夜入敵壘，能必其不執乎？余謂"乘堙"之説近。

　　宋司城子罕，南家之墻擁於前而不去，西家之淹經其宮而不止。楚將攻宋，士尹池諫王，謂宋主賢相仁，不可攻也。

六月癸卯，晉侯滅赤狄氏，以潞子嬰兒歸。

　　晉之滅狄，以酆舒之虐君夫人耳。潞雖狄乎，未嘗侵掠中國也，既知其狄，不宜與婚；既以姊妻之，妻之而爲亂臣所弒。晉爲之討亂而恤其患，方哀矜安定之不暇，何爲乘亂而執其君哉！

秦人伐晉。

乘晉掠狄土而窺其虛也。魏顆敗秦師於輔氏，見老人結草以亢杜回，回躓而顛，故獲之。老人見夢，爲女報也。

王札子殺召伯、毛伯。秋，螽。

王臣專殺，天王何在？殺人不忌爲賊，而況在天子之輦轂下乎？

仲孫蔑會齊高固于無婁。

無王事，諸侯與大夫會，諸侯卑矣，然猶有諸侯也。大夫與大夫會，直無諸侯矣。

初稅畝。

傷井田之壞也。三代之法，豈必皆行於後世？然既壞而復之則難，未壞而守之則易。君子之責人，責其易者也。

冬，蝝生。蝗子。饑。

惟蟲冥冥，喙張而逞。履畝初行，蠹翼爲梗。以爲我食之，猶君多取之也。其代君分過乎？助君爲虐乎？

《經》有三饑，宣公居其二；倫有二逆，宣公居其二：弒君而逐嫡母也。

十有六年春，王正月，晉人滅赤狄甲氏及留吁。

夏，成周宣榭火。

昔宣王講武之所，遂以爲廟。王子捷之變，天意恐爲淫人所用而灾之也。

秋，郯伯姬來歸。

內女出者，行之失也，書以謹之。夫人歸者，命之窮也，書以矜之。

士會將中軍，晉國之盜逃奔於秦。

冬，大有年。

前此水旱螽蝝饑饉之變多矣，忽有年，何也？天之灾變以儆君也，君既不戒，其民何罪？蓋疾其君而矜其民也。

十有七年春，王正月，許男錫我卒。丁未，蔡侯中卒。夏，葬許昭公，葬蔡文公。六月癸卯，日有食之。己未，公會晉侯、衛侯、曹伯、邾子，同盟于斷道。謀伐齊也。秋，公至自會。

冬十有一月壬午，公弟叔肸卒。稱字，賢也。

季札以光弑叔，終身不入吳國。叔肸以宣殺赤，終身不食宣食，此有爲者也。陳仲子無爲者也。

季孫行父禿，晉郤克眇，衛孫良夫跛，曹公子首僂，同時而聘於齊。齊頃公使禿者御禿者，使眇者御眇者，使跛者御跛者，使僂者御僂者，蕭同叔子處臺上而笑之。客不悅而去，相與立胥閭而語，齊之患自此始也。

十有八年春，晉侯、衛世子臧伐齊。公伐杞。夏四月。

秋七月，邾人戕鄫子于鄫。甲戌，楚子旅卒。

　　外無所禦，内無所防，而賊入焉。總以見其國無人也。

公孫歸父如晉。冬十月壬戌，公薨于路寢。

　　宣公因齊得國，刻意事之。至是齊弱晉强，始聘于晉，欲借晉以去三桓也。宣公得終正寢，幸也。

歸父還自晉，至檉遂奔齊。

　　季文子當時不能討襄仲之罪，而以罪後之人。夫仲當討，則宣不當立，宣之立久矣，俟其薨而罪其臣，臣又没而以罪其子，子安能服哉！而歸父處變有禮，故善其能以禮退也。

　　季文子之逐歸父也，曰：“其父昔助弑君也。”夫襄仲之黨宣公，固矣，成公爲其子而逐父之黨，以彰父弑君之罪，是父子相訐也。當時而訐，過之大者也；過時而訐，又可知也？然歸父欲去三桓而不克，雖被逐而其義自足。

校勘記

　　〔一〕“不瞑，曰戈，弓瞑”，據《左傳》，當作“不瞑，曰成，乃瞑”。

　　〔二〕“遽蔭”，按《春秋》邾文公名“蘧蒢”。

　　〔三〕“適”，當爲“嫡”之訛誤。

　　〔四〕“遂”，據文意，疑爲“逐”。

　　〔五〕“比于”，或爲“比干”之誤。

利　集

成公 名黑肱，宣公子，母穆姜，夫人齊姜，在位一十八年。書即位，正也

元年春，王正月，公即位。二月辛酉，葬我君宣公。

無冰。

　　周二月，今十二月也，而無冰，宜寒而溫，反常甚矣。

三月，作丘甲。

　　古者九夫爲井，除中公田，實八家也。四井爲邑，四邑爲丘，四丘爲甸。甸六十四井，五百十二家也，出戎馬四匹、兵車一乘、甲士三人、步卒七十二人。二十五人爲一甲，凡三甲成兵車一乘。今使每丘出一軍，斂太重矣。爲齊難作丘甲，益兵以備敵，可也。益稅以困民，不可也。益兵則必益稅耳。

　　自宣公稅畝，而成公作丘甲，哀公用田賦，又使諸侯效尤，鄭子產則作丘賦，魏文侯則增租賦，卒至暴秦開阡陌、更賦稅，而先王之制窮，則皆宣公啓之也。

夏，臧孫許及晉侯盟於赤棘。

　　欲援晉以敵齊也。

秋，王師敗績于茅戎。冬十月。

　　劉康公徼戎而敗于徐吾氏也。夫不共王命者，五侯九伯征之

可也；而顧愁王師自伐，勝猶恥矣，況又敗乎？爲尊者諱敵不諱敗，爲親者諱敗不諱敵。

二年春，齊侯伐我西鄙。取龍及巢丘。

夏四月丙戌，衛孫良夫帥師及齊師戰于新築，衛師敗績。

仲叔於奚救孫桓子，衛人賞以曲縣繁纓，孔子惜之，謂名器不可假人也。

六月癸酉，季孫行父、臧孫許、叔孫僑如、公孫嬰齊戰于鞌，齊師敗績。魯四卿並出。

此一役也，齊師勇甚。高固桀石投人，餘勇可賈。齊侯不介馬而馳，欲滅此朝食。郤克傷於矢，流血及屨。張侯矢貫手及肘，左輪朱殷，不敢言病。齊何其驕而晉何其懼也。斯時，敗幾在晉，齊一蛇爲祟，驂絓于木，故不能推車而及，豈真郤克之善戰哉！而侵車至海，齊侯略以紀甗玉磬與地，不可。欲齊東其畝而以國君之母爲質，蹋楯一笑之罪，不至此也。齊人拒之以理，而以背城借一要之，晉始氣奪而許之平矣。

逢丑父與頃公易位，寢於轛中，使公如華泉取飲，公操飲而至，曰：“革取清者。”公用是俀而不返。丑父代君受斫，可謂忠矣。而劉向反以重身輕君之祭父爲知權，輕身重君之丑父爲不知權。何其悖也。

秋七月，齊侯使國佐如師，己酉，及國佐盟於袁婁。鞌去國五百里，袁婁去國五十里。

郤克性忌而陵人，范文子畏其驕怒於晉，順之伐齊，以泄其怒也。齊侯歸，吊死視疾，七年不飲酒，不食肉。晉侯聞之，曰：“嘻，奈何使人之君至此乎？”請皆反其所取侵地，蓋悔之也。夫晉爲郤克而使人之君至是，惡得無悔？晉侯悔而郤克危矣。

楚莊王欲納夏姬，申公巫臣諫而止，巫臣納之而奔晉。申叔跪所爲夫子有桑中之喜，而竊妻以逃者也。子反請以重幣錮之，共王曰：“止，其自爲謀也則過，其爲吾先君謀也則忠。”大哉言乎！可爲萬世用人聽言之法矣。

八月壬午，宋公鮑卒。庚寅，衛侯速卒。

宋始厚葬，用殉，椁有四阿，棺有翰檜。華元、樂舉之罪也。

取汶陽田。冬，楚師、鄭師侵衛。十有一月，公會楚公子嬰齊于蜀。

丙申，公及楚人、秦人、宋人、陳人、衛人、鄭人、齊人、曹人、邾婁人、薛人、鄫人盟于蜀。齊地。

齊、秦，大國也。魯、衛，宗望也。陳、宋，先恪也。合而盟矣，何畏晉？畏晉可也，畏晉而竊與楚盟，不可也。卿不書，匱盟也。蔡侯、許男爲國君，而乘楚王之車，爲其左右，甘於失位，故亦不書也。弃中國，從夷狄，諱之可也。於此獨不諱者，蓋前此猶知夷狄之不當從，今則安之若故矣。公不自諱，而人爲諱乎？按鞍之役，魯、衛與焉，楚將爲陽橋之役以救齊，而魯、衛遂興楚盟，反覆甚矣。

晉獻齊捷於王，非禮也。鞏、朔又非命卿而來，故定王却之。

三年春，王正月，公會晉侯、宋公、衛侯，曹伯伐鄭。

　　諸侯之從晉者，方從楚來也。晉之伐鄭者，方盟鄭後也。楚伐鄭之服晉，晉救之而敗，則服晉者自必轉而服楚矣。晉欲服鄭，在服楚，而服楚則鄭自來。不能制楚而討鄭，鄭其能拒楚乎？然晉之卒敗於楚者，以兵力之疲於齊也。使移鞍之役以拒楚，則晉可以師[一]諸侯矣。

辛亥，葬衛穆公。二月，公至自伐鄭。

甲子，新宮灾；三日哭。

　　宣公有罪，子非訐父之人。新宮灾者，所以見篡弑之人，子亦不用其命，不慎其事也。哭，特具文耳。

乙亥，葬宋文公。夏，公如晉。鄭公子去疾帥師伐許。公至自晉。

秋，叔孫僑如帥師圍棘。大雩。

　　取汶陽，棘獨不服，以魯藉晉威，非能自勝齊也。且又稅畝、作丘甲，則爲齊之民樂于爲魯之民也。

晉郤克、衛孫良夫伐廧咎如。赤狄之餘。冬十有一月，晉侯使荀庚來聘。衛侯使孫良夫來聘。丙午，及荀庚盟。丁未及孫良夫盟。

　　其聘是也，其盟非也。於晉衛之大夫爲專，於魯之君爲辱矣。

鄭伐許。

　　稱國以伐，狄之也。狄之者何？從楚伐衛之喪，又叛諸侯之盟也。人伐我喪，居喪以應之可也。晉襄公之墨縗，從戎也。我伐人喪，又居喪以踵之，不可也。鄭襄伐許，未逾年，鄭悼又伐焉。以吉禮從金革之事，非孝也。

荀罃在楚，鄭賈人蓋將置諸褚中以出，謀未行而楚人歸之。賈人如晉，荀罃善視之，如實出己。

晉趙嬰夢天使謂己："祭余，余福女。"士貞伯曰："神福仁而禍淫，淫而無罰，福也。祭其得亡乎？"祭之之明日而亡。貞伯看禍福分量甚精，可斷人過分之想。

四年春，宋公使華元來聘。三月壬申，鄭伯堅卒。杞伯來朝。夏四月甲寅，臧孫許卒。公如晉。晉侯見公不敬。葬鄭襄公。秋，公至自晉。冬，城鄆。公欲叛晉，故城而叛之。鄭伯伐許。

五年春，王正月，杞叔姬來歸。仲孫蔑如宋。夏，叔孫僑如會晉荀首于穀。

梁山崩。秋大水。

梁爲大山，河爲大水，一崩一壅，以見君威殫而澤竭矣。岐山崩而周遷，梁山崩而晉弱矣。輦者教伯宗以素縞哭祀對君，可謂知禮。伯宗請見之於晉君，辭而不可。此以嘉其能退而非伯宗之攘善也。

秋大水，陰勝陽也。權不能自操，求援於大國，是遏其源挽其流也。

冬十有一月己酉，天王崩。

十有二月己丑，公會晉侯、齊侯、宋公、衛侯、鄭伯、曹伯、邾子、杞伯，同盟于蟲牢。

　　鄭從楚久矣，至是又從晉，而卒去晉者，以晉德不能撫，威不能服，惟要之以盟耳。

六年春，王正月，公至自會。

二月辛巳，立武宮。

　　楚子勝晉，不肯作武庫，以爲武有七德，非己所堪。今魯倚晉之功，又非霸主而立武宮，適使晉市恩，齊結怨耳。

　　人主於先君，既毁之宮，不得復立者，以勢之遠也，故不宜立者，特書曰“立”以譏之。

　　鄭伯如晉拜成，授玉于東楹，視流而行速，貞伯決其不久。

取鄟。

　　歸強略則立武由人，滅微國則立武由己，此權臣之惡乎？抑君之志乎？隱之而已。

衛孫良夫帥師侵宋。以辭會也。夏六月，邾子來朝。公孫嬰齊如晉。壬申，鄭伯費卒。秋，仲孫蔑、叔孫僑如帥師侵宋。楚公子嬰齊帥師伐鄭。

冬，季孫行父如晉。晉欒書帥師救鄭。

　　楚伐鄭，晉救之。晉因楚師退而侵蔡，楚亦救之。晉六軍之卿佐十一人，欲戰者八人，惟知武子、范文子、韓獻子獨以遷戮爲不可。欒武子以三卿爲衆而從之，非從其衆也，從其善也。衆不可以爲善，善可以爲衆也。

　　韓獻子論遷都，謂山澤林鹽，國之寶也。近寶，公室乃貧，老成經國，非一切心計之臣所知也。劉敬論周都洛邑，不欲依險阻，令後世驕奢以虐吾民。識議俱高一層矣。

七年春，王正月，鼷鼠食郊牛角，改卜牛，鼷鼠又食其角，乃免牛。

鼠，細者也。牛，巨者也。以細食巨，改而又食，巨之不振而爲細所侵也。曰：「此臣犯君之象也。」夫魯政在大夫久矣，豈至今日而見象乎？魯之無角也久矣，牛德不足以當君，是其爲大夫也。鼠爲細物，不列於牲，陪臣而已矣。是大夫衰，而陪臣執國之象也。後世且有鼠舞門、鼠巢樹者，所憑愈大；不假同物，爲妖更甚矣。

吳伐郯。夏五月，曹伯來朝。

此壽夢之二年，吳始見於《經》，吳本伯爵，後書「子」者，《春秋》之法，四夷雖大皆曰「子」。

不郊，猶三望。

如此者三矣。郊而望，順則成禮；不郊而望，略則非禮。是直爲無望矣。

秋，楚公子嬰齊帥師伐鄭。楚書「公子」始于嬰齊。公會晉侯、齊侯、宋公、衛侯、曹伯、莒子、邾子、杞伯救鄭。八月戊辰，同盟於馬陵。公至自會。

合八國之君以救鄭，至是，諸侯少協而晉少振也。

楚鍾儀南冠囚於晉，晉侯見而使稅之，召而吊之，此時已知儀矣，豈待其對而後稱爲君子哉！重爲之禮，使歸求成。非獨妙於觀人，亦巧於用人矣。

　　巫臣自楚之齊，曰："吾不處不勝之國，以其不足以難楚也。"自齊之晉，又見諸臣志不在諸侯，不足以報楚也，乃使吳而通吳於晉。蓋吳未與盟會，驟興伐楚之師，恐吳孤而無援，通吳於晉，而吳可以專志於楚矣。教吳乘車，教之戰陣，使盡習中國所長，而蠻夷屬於楚者，吳盡取之以逼楚。蓋楚與吳接壤而吳又習楚之俗，故難楚者惟吳耳，而自入州來始，故記之。或曰："以夷伐夷，何記焉？"夫吳之夷非楚之夷也。吳爲泰伯之後，姬姓之長。漢陽諸姬，楚實盡之，而吳報之，其以大吳也。

　　巫臣怨子重、子反殺其族，遺書責之，有"使爾疲於奔命"之言。自入州來，果一歲七奔命矣。

冬，大雩。不月而時，非之也。衛孫林父出奔晉。

八年春，晉侯使韓穿來言汶陽之田歸之於齊。

　　七年之中，一予一奪，然田藉晉之力以得之，則亦必以晉失之矣。齊之與魯非其本心，特劫於郤克之請耳。至齊頃發憤刷恥，晉亦畏齊矣。畏齊，則以魯奉之其在汶陽之田哉。

晉欒書帥師侵蔡。

　　向侵蔡未得志，今又侵之，是貳過也。侵蔡、侵楚而復侵沈，是遷怒也。一時而有三侵，然蔡爲始事，故獨書之。

公孫嬰齊如莒。宋公使華元來聘。

夏，宋公使公孫壽來納幣。

　　錄伯姬也。伯姬守節逮火而死，故詳錄其禮，以志賢也，壽，蕩意諸之父。

晉殺其大夫趙同、趙括。

　　欒、郤欲殺同與括而不能，用莊姬之譖以殺之。然原、屏庶於行師，而未必勇於作亂，殺之過其罪矣。原、屏，同、括之邑。

秋七月，天子使召伯來錫公命。

　　公立八年，命乃至，何緩也。霸主弛於政，天子惰于賞，兩失之矣。

冬十月癸卯，杞叔姬卒。晉侯使士燮來聘，叔孫僑如會晉士燮。齊人、邾人伐郯。

　　吳楚伐郯，晉不能救，及其既成，又率諸侯伐之，何義乎？

衛人來媵。

九年春，王正月，杞伯來逆叔姬之喪以歸。

公會晉侯、齊侯、宋公、衛侯、鄭伯、曹伯、莒子、杞伯，同盟于蒲。

　　諸侯貳於晉，以歸汶陽之田也。晉人會於蒲，以尋馬陵之盟也。然自此德日不競矣。

公至自會。二月，伯姬歸於宋。夏，季孫行父如宋致女。晉人來媵。

　　伯姬賢名聞於諸侯，故衛晉齊三國爭來媵焉。女既嫁，制於夫，初嫁則其制者尚隱焉，故父已終其制女之事而使其從夫之命也。送女至三月之後，遣使致成，言得如向者所戒之命否也，蓋亟欲女之順而再三致之也。

秋七月丙子，齊侯無野卒。

晉人執鄭伯。晉欒書帥師伐鄭。

　　鄭伯既受晉盟，又受楚賂，宜其執也。若爲晉不能庇鄭，應明告於晉，使晉自爲計而從楚可也。然鄭雖與楚會，復躬朝於晉矣。是從楚者輕，從晉者重也。責之可也，執之甚矣。交兵而又殺其使乎？

冬十有一月，葬齊頃公。

楚子嬰齊帥師伐莒，庚申，莒潰，楚人入鄆。

　　莒恃其陋，不修城郭，浹辰之間，楚克三都焉。小國不備，何以守國？巫臣池上之言應矣。

秦人、白狄伐晉。鄭人圍許。城中城。懲莒而備楚也。

十年春，衛侯之弟黑背帥師侵鄭。

　　黑背者，剽之父也。子嘗爲君矣，子爲君，父爲臣，不與使命可也。受晉命而輕用其師，故曰“侵”。

　　晉立太子州蒲爲君，會諸侯伐鄭。鄭子罕賂以襄鍾，盟於修澤，鄭伯乃歸。

夏四月，五卜郊，不從，乃不郊。

　　屢卜郊而五不從，天之不享甚矣。蓋承天者君也，魯以臣制君，不順，故不享。

五月，公會晉侯、齊侯、宋公、衛侯、曹伯伐鄭。

齊人來媵。

　　充夫人之意，專行可也。媵者以備數也，而□〔二〕恒始此焉。若伯姬者，庶幾也。同姓媵之，禮也，不足爲伯姬美也。異姓媵之，非禮也，乃足爲伯姬美也。

　　杞叔姬賢雖不及伯姬，然未聞其越禮，故四書於策。

丙午，晉侯獳卒。秋七月，公如晉。冬十月。

　　諸侯有喪，大夫會葬。公葬晉侯將等晉於天子乎？抑魯君之夷於大夫也？

　　晉侯大厲之夢與桑田巫之言合，二豎之夢與醫緩肓膏之言合。厚遺良醫是矣，胡爲怒不食新之語？執巫而殺之哉，晉侯將食陷廁，而巫言始驗，亦奇矣。

十有一年春，王三月，公至自晉。晉侯使郤犫來聘。

己丑，及郤犫盟。

　　公請受盟，而晉使大夫臨之，輕公極矣，然適以啓强臣之僭也。

　　晉郤至與周爭鄇田，王使訟諸晉，晉侯令至勿敢爭。

夏，季孫行父如晉。叔孫僑如如齊。冬十月。

　　蟲牢以後，晉固厚齊，魯亦親齊，蓋三國皆强臣爲政，而深相結也。

十有二年春，周公出奔晉。

天子之臣無奔，以諸侯不敢受也。諸侯之臣無非天子之陪臣，天子之逃臣，誰使入之而書"出"之？

晉郤至聘楚，且莅盟。楚子享之，爲地室而縣焉。金奏作而郤至驚走，不敢當兩君相見之禮也。冬，楚公子罷如晉，報聘，盟於赤棘。

夏，公會晉侯、衛侯於瑣澤。秋，晉人敗狄于交剛。冬十月。

十有三年春，晉侯使郤錡來乞師。

大雖大，不敢加也。小雖小，不敢奉也。晉主夏盟，行使諸侯，而魯未聞天子命，晉不得專之，故乞之也。況晉久失諸侯，人心懈怠，以魯爲人望而使貴卿求之，其情亦孔亟矣。

三月，公如京師。夏五月，公自京師遂會晉侯、齊侯、宋公、衛侯、鄭伯、曹伯、邾人、滕人伐秦。曹伯廬卒于師。秋七月，公至伐秦。冬，葬曹宣公。

公實會晉伐秦，過京師也，不敢過天子，又不得不過天子，是以天子爲塗矣。

秦桓公既與晉厲公爲令狐之盟，又召狄與楚，欲道以伐晉。晉是以合諸侯而敗秦師於麻隧。

郤錡乞師不敬，孟獻子知其必亡；成子受脤不敬，劉康公謂其不反。

十有四年春，王正月，莒子朱卒。夏，衛孫林父自晉歸於衛。晉復之也。秋，叔孫僑如如齊逆女。鄭公子喜帥師伐許。

九月僑如以夫人婦姜氏至自齊。

　　歸不稱"叔孫"，去臣之族，尊夫人也。稱"夫人"則不稱"婦"矣。稱"婦"者，有親迎之者也。今者君安在乎？直曰"以夫人"耳！以夫人而曰"婦"者，見夫人之實婦，而君不以婦迎之也。近者在國中，遠者在境上，在館次，未有夫人將入而君不出者也。

冬十月庚申，衛侯臧卒。秦伯卒。

　　君薨而無賢子，夫人嘆之，夫人慎之矣，以其有子而無子。太子不仁，父死不哀也。若立弟鱄，則無子而有子矣。

　　曹人不義負芻，皆欲從公子欣時亡。子臧逃立，《春秋》高之。

十有五年春，王二月，葬衛定公。三月乙巳，仲嬰齊卒。

　　公孫歸父賢而被逐，故使其弟嬰齊後之，稱父之氏而繼兄之嗣，強也，於其卒之日而知其戾於禮也。歸父本以東門爲氏，及嬰齊紹歸父之後，改曰仲氏。

癸丑，公會晉侯、衛侯、鄭伯、曹伯、宋世子、齊國佐、邾人，同盟于戚。晉侯執曹伯歸于京師。

　　文公執曹伯，不歸京師；而厲公執曹伯，歸京師乎？執之不爲虐矣。負芻殺太子而自立，故執之。執之而歸天子治之，罰中其罰也。

公至自會。夏六月，宋公固卒。楚子伐鄭。

秋八月庚辰，葬宋共公。

　　共姬以其賢而及其夫，厚共公者厚共姬也。然以夫重婦，君子不重其事；以婦重夫，君子不願其名。不欲以婦之賢逆致於夫也。

宋華元出奔晉。宋華元自晉歸於宋。宋殺其大夫山，宋魚石出奔楚。

蕩澤之亂，魚石止元於河上，畏其挾晉援以討桓氏，皆無祀於宋耳。既許元討山而終不免於去者，爲與山有親而嘗同惡，恐見及也。但所奔在楚，宋正楚所欲事，故卒助魚石入彭城耳。

晉伯宗好直言，其妻每戒之，恐及於難，三郤果譖而殺之，韓獻子所以嘆也。

冬十有一月，叔孫僑如會晉士燮、齊高無咎、宋華元、衛孫林父、鄭公子鰌秋、邾人，會吳于鐘離。此會吳之始，亦晉以諸侯之大夫爲會之始。許遷於葉。畏鄭而請遷於楚也。

諸侯常與楚會矣，則夷狄之會不自吳始也。吳，泰伯之後，猶賢乎楚，而來會中國，異之也，亦少異焉可也。胡氏曰：“會而殊會，外之也。”

吳爲讓國，故以客之禮待之，則不稱爵可也，非夷之也。觀《吳越春秋》曰，壽夢會魯成公於鐘離，深問周公禮樂。成公悉爲陳前王之禮樂，因爲歌咏三代之風。壽夢曰：“孤在夷蠻，徒以椎髻爲俗，豈有斯之服哉？”因嘆而去，曰：“於乎哉，禮也！”則吳豈真不好禮者哉？

宋恃勝不儆，鄭伐之，敗於汋陵。

十有六年春，王正月，雨，木冰。

木冰爲木介。介者，甲；甲，冰象也。何休曰：“木者，少陽，幼君大臣之象。冰者，凝陰之類也。”冰脅木者，君臣將執於兵之徵。未幾而有沙隨、苕丘之事。

夏四月辛未，滕子卒。鄭公子喜帥師侵宋。六月丙寅朔，日有食之。晉侯使欒黶來乞師。

甲午晦，晉侯及楚子、鄭伯戰於鄢陵，楚子、鄭師敗績。

　　楚巳中月而猶書日食，蓋楚之敗在甲午之晦，而中國之日食在丙寅之朔也。此所爲内憂也。時楚師未大崩而書敗績者，以共王中目也。故敗其一人，勝敗其三軍也。

　　此一役也，士爕欲釋楚以爲外懼。及反，而使祝宗祈死，老成懷憂國之心也。郤至見楚子必下，免胄而趨風，干戈行揖讓之禮也。欒鍼君前父名，使無侵官，乃掀公而出於淖，造次謹典守之責也。又攝飲子重，執橶從容，示以暇整。疆場若尊俎之間也。州犁，晉人，在楚而輸情於楚；賁皇，楚人，在晉而輸情於晉。事君無欺貳之情也，兩軍對壘，種種可觀。

楚殺其大夫公子側。秋，公會晉侯、齊侯、宋華元、邾人于沙隨，不見公。

　　鄢陵軍中，楚子召子反謀，子反醉不能見，殺機已萌於此矣，能逃敗北之罰乎？

　　沙隨之會，晉侯不見公，以其後也。叔孫僑如通於穆姜，欲去季孟而取其室。穆姜送公，使逐二子。公徹備設守，是以後耳。

公至自會。公會尹子、晉侯、齊國佐、邾人伐鄭。王臣與伐，自尹武公始。

曹伯歸自京師。

曹伯歸者，晉釋之歸也。其釋者是，則歸者非矣。君子嘉晉侯之使人不失其國，而深悔晉侯之使人幾失其國也。雖然，曹伯無公子欣時，其能反乎？故諸侯恃外不如恃內。

九月，晉人執季孫行父，舍之於苕丘。

乞師不與，無大罪也，而胡爲執之？又不執於逃會之時，而執於來會之日，是使諸侯不朝也。

冬十月乙亥，叔孫僑如出奔齊。十有二月乙丑，季孫行父及晉郤犫盟於扈。公至自會。乙酉，刺公子偃。公庶弟，穆姜意欲立者。

晉不見公、執季孫，皆僑如之譖也。季孫得釋，將與公偕歸，故宣伯懼罪出奔耳。公子偃何罪？乃遷怒而刺之乎？宣伯在齊，又通聲孟子，復奔衛。

十有七年春，衛北宮括帥師侵鄭。夏，公會尹子、單子、晉侯、齊侯、宋公、衛侯、曹伯、邾人伐鄭。

六月乙酉，同盟於柯陵。

謀伐鄭也。然夏伐鄭，楚師至而諸侯還；冬伐鄭，楚師至而諸侯還，何畏楚哉？蓋諸侯之心不一，而晉屬公與大臣不和，不能及外事矣。

晉范文子反自鄢陵，謂君驕侈而克敵，是天益其疾也，難將作矣。恐及於難，使祝宗祈死。六月，士燮卒。

秋，公至自會。齊高無咎出奔莒。聲孟子使靈公逐之。

九月辛丑，用郊。

　　此必不卜而用之，不然又將不郊矣。蓋夏之始可以承春，以秋之末承春之始，不可也。

晉侯使荀罃來乞師。冬，公會單子、晉侯、宋公、衛侯、曹伯、齊人、邾人伐鄭。十有一月，公至自伐鄭。

壬申，公孫嬰齊卒於貍脤。即聲伯。

　　公會晉侯，將執公，嬰齊爲公請，公許反爲大夫，歸至貍軫而卒，應瓊瑰盈懷之夢矣。夫重君命以著其大夫，重大夫以著其忠於爲君。無嬰齊，君且不得君矣，而區區重此大夫乎？

十有二月丁巳朔，日有食之。邾子貜且卒。

晉殺其大夫郤錡、郤犫、郤至。楚人滅舒庸。

　　郤氏矜功伐己，取怨於衆，公前而射殺寺人，於公亦有難下之勢矣。惟是溫季鄢陵之戰，雖違欒范，亦以爲國耳，欒書何爲而怒之，設計陷害以至於死？獨無狐兔之傷與？未幾而欒遂踵郤，誰謂非好還耶？且季臨難不亂，引罪待死，謂宜特宥以獎悔過，而漫無分別，晉於是乎失刑矣。文之興也，魏顆同罪異罰，況信知勇兼如季者乎？

十有八年春，王正月，晉殺其大夫胥童。庚申，晉弑其君州蒲。

　　書、偃蓋有易置其君之意，故執於匠麗，程滑因國人之怒而遽弑之。弑公非二人意也，不然，《春秋》書法何獨嚴于趙盾，寬于書、偃哉？悼公逐不臣者七人，而不及書、偃，可以得其情矣。

　　晉卿之賢，固以宣孟、欒武爲首稱矣。然盾弑靈，書弑屬，二子皆有名章徹，而魯史所載，有盾無書，胡氏于董狐之獄不煩再訊，獨州蒲一傳，讀者反覆推詳，竟莫省其旨歸。豈謂屬不君，故稱國以弑而不著書之名氏，爲仲尼特筆耶？然《春秋》，魯史也，孔子未必取成策而漫爲之更變也。桃園不以盾赴，魯史安從書盾？匠麗果以書赴，魯史安得漏書？或曰：匠麗積謀，不比桃園之倉卒；書、偃從容鎮定以撫國人，誰敢實赴其名氏？宋鮑之於昭公，楚圍之於郟敖，皆是類也。此於從告之說，似爲可據，然讀《春秋》者，欲一一以類求之，頗多難合。而康侯作《傳》，概謂聖人有特筆，《春秋》多微詞，往往索之艱深，而不免於支離晦澀焉。其詳見於陸子《胡傳辨疑》一書。即康侯復起，當無以易之矣。

　　周子即孫周也，生十四年矣，時在周，迎立之，是爲悼公。大夫逆於清原，初見群臣，數言凜然，不待其逐而不臣者已喪志矣。盟而館，館而朝，節次甚妙。漢文帝從代來，頗有此風，真千古應變定難之法。且逐不臣後，用人行政又有可觀，宜其復霸也。

　　晉厲公視遠步高，目不在體，足不步目。郤伯語犯，郤叔語迣，郤季語伐，國佐語盡，單襄公謂俱必有禍，後果如其言。

齊殺其大夫國佐。公如晉。

夏，楚子、鄭伯伐宋。宋魚石復入于彭城。宋圍而楚復救，晉至而楚始還。

　　劉敞曰：不與納也。諸侯失國，諸侯納之，正也，諸侯世也。大夫失位，諸侯納之，非正也，大夫不世也。其言復入者，已絕而復入，惡之甚者。宋魚石、晉欒盈是矣。

鮑叔一薦管仲，功高千古。聲孟之譖牽也，被刖而非其罪，叔幾餒矣，知不如葵，疑非孔子之言也。匡句須實知鮑國，何異叔之知仲哉！仲得返齊，實由施伯，施伯蓋心奇仲而陰縱之。茲國繼牽後，又由施孝叔聽須用國，施氏之於管鮑也，恩紀浹乎二宗，義故通於累世，斯亦千古之美譚矣。

公至自晉。晉侯使士匄來聘。秋，杞伯來朝。八月，邾子來朝。築鹿囿。不時也。己丑，公薨于路寢。冬，楚人、鄭人侵宋。晉侯使士魴來乞師。十有二月，仲孫蔑會晉侯、宋公、衛侯、邾子、齊崔杼，同盟于虛杅。謀救宋也。丁未，葬我君成公。

襄公名午，成公妾定姒之子，四歲即位，在位三十一年。書即位，正也

元年春，王正月，公即位。仲孫蔑會晉欒黶、宋華元、衛寧殖、曹人、莒人、邾人、滕人、薛人圍宋彭城。

彭城，宋受之天子，宋即欲私封且不敢，楚奈何取封人之叛臣，而且以三百乘戍之哉？奪其專地之僭以著登叛之失。宋雖亡地，而未始亡封也。諸侯有討叛之功，而魚石不臣，楚子獎亂之罪著矣。獲宋五大夫在彭城者，歸。齊人不會，晉以爲討。

夏，晉韓厥帥師伐鄭。仲孫蔑會齊崔杼、曹人、邾人、杞人，次于鄫。

鄭服楚，以私恩也。晉討鄭，以公義也。故書法不以私掩公。悼公會諸侯大夫，爲宋討叛臣，其師甚正。伐鄭，使韓厥當其前，蓋楚兵不出，厥自足以當鄭。即楚兵出後，以東諸侯撓

之，未晚也。用人之師，若以人當其前，非所以懷諸侯也。先後用兵，皆有節制焉，霸主之師哉！

秋，楚公子壬夫帥師侵宋。侵宋以救鄭。九月乙酉，天王崩。邾子來朝。冬，衛侯使公孫剽來聘。晉使荀罃來聘。

天子之喪不聞，諸侯之聘是修，失其輕重矣。

二年春，王正月，葬簡王。鄭師伐宋。楚使之。夏五月庚寅，夫人姜氏薨。六月庚辰，鄭伯睔卒。

晉師、宋師、衛寧殖侵鄭。初，衛侯卒，鄭伐之。今鄭伯卒，衛亦侵之。

鄭雖有叛中國之罪，而伐喪非其禮。使俟其喪畢而討之，鄭必知己之有罪，而感晉之不伐喪，悔而從晉，未可知也。

初，穆姜使擇美槚以自爲櫬，齊姜薨，季文子取以葬婦，乃用姑之櫬，非禮也。季孫自樹六檟於蒲圃，定姒薨，匠慶用其櫬，季孫亦弗御也。

秋七月，仲孫蔑會晉荀罃、宋華元、衛孫林父、曹人、邾人于戚。謀鄭故也。己丑，葬我小君齊姜。叔孫豹如宋。

冬，仲孫蔑會晉荀罃、齊崔杼、宋華元、衛孫林父、曹人、邾人、滕人、薛人、小邾人于戚，遂城虎牢。

虎牢，鄭地，故稱制邑，至漢爲成皋，巖險聞于天下。彭城非宋有也，而爲宋有者，伯主爲宋討，故令宋有之也。虎牢實鄭有也，而不爲鄭者，以中國討鄭，故不令鄭復有之也。且鄭恃其險，挾楚之近，以抗中國。晉先爲城守以逼之，鄭畏諸侯之衆不敢弃晉南向，楚亦不得越鄭而蹂躪中國。是虎牢之城，晉功在天下，更大於彭城之功及宋而止也。此孟獻子之謀。

楚殺其大夫公子申。申爲右司馬，多受小國之賂也。

三年春，楚公子嬰齊帥師伐吳。

　　禍始于此。楚自招禍耳。楚伐吳而兵力分於吳，諸侯之患解矣。吳受楚兵，不得不以中國爲援。戚之會，吳所以不召自至，晉亦以楚强難制而與吳修好，使之數反於其內以分楚勢，自是而三國抗衡矣。人謂吳仇楚，夷狄相攻，中國之禍，不知吳合晉，同姓相助，實周室之幸也。

　　祁奚舉仇解狐，舉子祁午，吾不難其臣而難其君，又難其友。惟其舉仇而後舉子，所以見信於君與友也。

公如晉。夏四月壬戌，公及晉侯盟于長樗。公稽首，知武子以爲過。公至自晉。

六月，公會單子、晉侯、宋公、衛侯、鄭伯、莒子、邾子、齊世子光，己未，同盟于鷄澤。

　　同盟或以爲有三例：一則王臣預盟而書同，二則諸侯同欲而書同，三則惡其反覆而書同。然王臣預盟亦有不書同者，蘇子之於女栗，王人之於洮、於翟泉是也。然則此三盟者，正所謂諸侯同欲而書同盟也。其同欲奈何？同病楚也。會於柯陵之歲，夏伐鄭，楚人師於首止而諸侯還。冬伐鄭，楚人師於汝上而諸侯還。鷄澤之盟，陳袁僑如會，楚師在繁陽，而韓獻子懼。平丘之行，楚弃疾立，復封陳蔡，而中國恐。是知此三盟者，諸侯皆有戒心而修盟，故稱同，不以尹子、單子、劉子亦預此盟而譏之也。

陳侯使袁僑如會。戊寅，叔孫豹及諸侯之大夫及陳袁僑盟。秋公
至自會。

　　諸侯至而陳侯不至，使袁僑來，是輕諸侯也。諸侯在而大夫
自爲盟，諸侯安在乎？大夫專矣。意者諸侯曰：「陳以大夫來，
我亦以大夫與之盟也。」

冬，晉荀罃帥師伐許。不如會也。

四年春，王三月己酉，陳侯午卒。

　　死而有謚，稱其謚不稱其名；死而無謚，則不諱名，古之道
也。且諱謂臣子不便呼君父之名耳，若書之史冊，是爲公典，安
可諱也？於莊公名同，書「同盟」；僖公名申，書「戊申」；定
公名宋，書「宋人」是也。如唐元帝、獻〔三〕宗，以音相似而諱
「丙」、諱「淳」者非。

　　晉侯之弟揚干亂行於曲梁，魏絳戮其僕，晉侯怒，欲殺之。
絳授書僕人，將伏劍，士魴、張老止之。夫絳之授書，知明主可
爲忠言也，豈待士魴、張老之止哉！晉侯讀其書，跣而出，曰：
「寡人之言，親愛也；吾子之討，軍禮也。」兩語至當至公，有
帝王之度。

夏，叔孫豹如晉。

　　報知武子之聘也。晉侯享之，豹不拜肆夏《文王》而拜
《鹿鳴》三章。與寧俞不答賦《湛露》《彤弓》之意同。

　　魏絳論和戎，乃詳言後羿游畋事，而終之以虞箴。此段與和
戎之旨何關？是時晉侯好田，故及之耳。晉侯思而自得之，曰：
「然則莫如和戎乎？」絳言和戎之利，曰：「夷狄薦居，貴貨易
土，土可買焉。」夫貴貨易土，説盡古今夷情。太王制狄人，漢

制匈奴，總不出此四字。既盟諸戎，修民事，田以時，蓋用和爲戰守也。經國訏謨，豈偷安忘備之説哉！

秋七月戊子，夫人姒氏薨。前公嫡母，此生母也。葬陳成公。八月辛亥，葬我小君定姒。

冬，公如晉。陳人圍頓。

　　公聽政，晉侯享公。夫諸侯朝王尚無聽政之條，況兄弟之國乎？晉太侈，魯太弱矣。

五年春，公至自晉。夏，鄭伯使公子發來聘。

叔孫豹、鄫世子巫如晉。巫，莒外孫。

　　莒女嫁鄫，鄫女嫁莒，是母子相爲報也，猶可言也。母無子而女有子，以女之子爲母之子，是母子相爲代也，不可言。亂宗失祀，罪之大者也。外不言如而言如，爲我事往也。

仲孫蔑、衛孫林父會吳於善道。

　　魯衛皆受晉命而行，是姬姓一家之會，無他諸侯也，主人而亦中國矣。

秋，大雩。楚殺其大夫公子壬夫。

公會晉侯、宋公、陳侯、衛侯、鄭伯、曹伯、莒子、邾子、滕子、薛伯、齊世子光、吳人、鄫人於戚。公至自會。

　　進吳以拒楚，即非同姓，亦制強紓近之權，而況姬宗之長乎？

冬，戍陳。楚公子貞帥師伐陳。

公會晉侯、宋公、衛侯、鄭伯、莒子、滕子、薛伯、齊世子光救
陳。十有二月，公至自救陳。

　　宣子以陳邇於楚，憂晉不能保陳，而城棣以救之。此即管仲
之憂不能保江黃也。人事雖盡，而逼于地勢，難哉！

　　晉陽處父知商臣之怨子上也，因以少郤紿子上，子上信之。
處父使人告商臣曰："子上受晉賂而遁矣。"楚於是殺子上。無
故而害一令尹，處父亦毒矣哉！

辛未，季孫行父卒。

　　行父可疑者三：黨仲遂、傾歸父、結晉仇，齊總欲以專魯
耳，而有忠於公室之譽。蓋人惑於其小廉曲謹，不求其大節也。

　　季文子相三君至四十年，及其圽也，無衣帛之妾、食粟之
馬，可謂賢大夫矣。至殺嫡立庶一事，康侯備責焉，而惜其不得
與晏嬰等。夫吾所爲文子惜者，獨恨不得爲成季耳。文公之有子
赤，猶莊公之有子般也。成季不畏慶、牙，而誓死奉般，何其忠
也。仲遂之權不加於慶父，而文子請齊立接，靡然從之，殆弗思
之甚者。故孔子譏之曰："再思可矣。"而誤解云："三則私起而
反惑。"夫弑立何事而惑待三思乎？

六年春，王正月壬午，杞伯姑容卒。夏，宋華弱來奔。秋葬杞桓
公。滕子來朝。

莒人滅鄫。

　　非以兵滅之，以女滅之；非以女滅之，以婦滅之。愛其婦及
其女，愛其女立其甥。鄫曠然無男子矣。鄫女之嫁於莒者亂其

宗，實莒女之嫁於鄫者始其禍也。

冬，叔孫豹如邾。季孫宿如晉。十有二月，齊侯滅萊。

七年春，郯子來朝。夏四月，三卜郊不從，乃免牲。小邾子來朝。

城費。

　　行父方卒，而季孫宿急爲此舉，不惟不忠，且違父志非孝也。他日，定公欲墮之不得，蓋城之者堅耳。

秋，季孫宿如衛。

　　報子叔之聘。事雖在元年，而以國家多難，故緩報而不以爲讓矣。

八月，螽。冬十月，衛侯使孫林父來聘。壬戌，及孫林父盟。楚公子貞帥師圍陳。

十有二月，公會晉侯、宋公、陳侯、衛侯、曹伯、莒子、邾子於鄬。鄭伯髡頑如會，未見諸侯，丙戌，卒于鄵。

　　鄭伯將會中國，其臣欲從楚，不勝其臣，被弒而死。以瘧疾赴於諸侯，夫從晉義正而勢孤；從楚，習便而勢順。君欲持正而無其權，非特不足以集事，而甚至喪身，惜哉！

陳侯逃歸。

　　大夫爲政，以鄭事脅陳侯，故逃歸。楚以十月圍陳，悼公十二月始會諸侯救之，臣民殘於楚多矣。有二慶爲楚內圖，陳侯能無懼乎？蓋小國密邇强敵，其國人皆知畏楚，雖救而不能拯其難也。

八年春，王正月，公如晉。夏，葬鄭僖公。鄭人侵蔡，獲蔡公子燮。

季孫宿會晉侯、鄭伯、齊人、宋人、衞人、邾人于邢丘。

　　晉悼公修文、襄之業，改命朝聘之數，使諸侯之大夫聽命於會。鄭伯獻蔡捷，亦預焉。夫諸侯不親朝聘之事，而大夫聽命，等大夫於諸侯矣。書“人”以見其無君，無臣則有君，有君則無臣矣。

　　鄭事晉、楚，子駟欲持兩可之策，子展欲全五國之信，小國如此其難也。

公至自會。莒人伐我東鄙。

　　知魯有晉楚之事故也。鄶田接於魯，復伐魯以疆之，鄶遂屬莒矣。以子亂鄶之宗，以兵滅鄶之土，而并移師于魯，何縱行無忌哉。

秋九月，大雩。冬，楚公子貞帥師伐鄭。

晉侯使士丐來聘。

　　魯與晉，兄弟之國，相親禮也。可以示助於諸侯，况又有士丐之不辱命也。來會，故書。

九年春，宋灾。

　　聽讒而殺其臣，外火也。聽讒而殺其子，内火也。讒人亂國之外政，又必亂國之内政，故云"罔極"。

　　樂喜救火，始終處分，極詳極細，極迂極妙。蓋倉遽之事，有卒而應之，反亂而無益，閒而應之，反整而有緒，此類是也。

夏，季孫宿如晉。五月辛酉，夫人姜氏薨。秋八月癸未，葬我小君穆姜。穆姜通於僑如，欲廢成公，故被放於太子之宮。

冬，公會晉侯、宋公、衛侯、曹伯、莒子、邾婁子、滕子、薛伯、杞伯、小邾婁子、齊世子光伐鄭。十有二月己亥，同盟於戲。楚子伐鄭。

　　晉人以不得志於鄭，故以諸侯復伐之。然甫盟而楚師又至矣，鄭安得不從楚哉？晉欲得鄭，當先制楚；欲制楚，當先結吳。楚畏吳之犯其後，不敢長驅鄭郊矣。

　　晉卿多讓，故少者位長者之上，以其能也。晉侯謀所以息民，魏絳請施捨，出積解困，祈以幣更，賓以特牲，行之期年，國乃有節，三駕而楚不能爭。

　　晉侯問公年，季武子曰："會於沙隨之歲，寡君以生。"晉侯曰："十二年矣。是謂一終，一星終也，可以冠矣。"公歸而冠於成公之廟。

十年春，公會晉侯、宋公、衛侯、曹伯，莒子、邾婁子、滕子、薛伯、杞伯、小邾婁子、齊世子光，會吳于柤。楚地。

　　晉欲通吳，非治柤道則無由至，以其道阻，故會而又會耳。

夏五月甲午，遂滅逼陽。近宋小國。公至自會。

　　欲以封宋之臣，滅人之國。向戌誠有功矣，逼陽何罪乎？宜戌之堅辭不受也。是役，荀罃本不欲攻，而荀偃、士匄固請之。

師久不下，二子乃請班師，知伯怒而投杌。二子親受矢石，始滅之。偃、丐之罪著矣。

宋享晉侯，以《桑林》舞，師題以旌夏，魯侯懼而去旌，至著雍，疾，卜，桑林見，疑過禮爲祟也。

楚公子貞、鄭公孫輒帥師伐宋。晉師伐秦。

逼陽，楚與國，晉滅以與宋，則楚連鄭師以伐宋，勢也。晉宜伐鄭，不宜滅逼陽；晉欲救宋，又不宜伐秦。自分其兵力而多樹敵，非計也。雖然，晉方借吳爲援，楚不得不借秦爲援；楚伐吳而晉伐秦，亦其勢也。

秋，莒人伐我東鄙。

公會晉侯、宋公、衛侯、曹伯、莒子、邾子、齊世子光、滕子、薛伯、杞伯、小邾子伐鄭。

因鄭人之從楚伐宋，故伐之。鄭與宋俱鄰於楚，而宋服晉、鄭服楚，自宜罪鄭而功宋矣。

冬，盜殺鄭公子騑、公子發、公孫輒。

盜殺三卿，不書“大夫”，以卿失其職，卿非其卿，故大夫犯義，大夫亦非大夫也。

鄭子孔當國，爲載書，將誅不順者，子産止之，請焚書于倉門之外，而衆乃定。夫作法不準諸人情，誰其順之？人不奉法而輒加誅焉，誅之不可而復廢法焉，上下俱失之矣。

戍鄭虎牢。

諸侯欲共距楚而不能有主，畏楚也。畏楚而委鄭於楚，故委虎牢於鄭也。始鄭從楚，則取虎牢而城之，爲中國制鄭也。今鄭將從晉，則取虎牢而戍之，爲鄭拒楚也。

楚公子貞帥師救鄭。公至自伐鄭。

　　鄭非無服晉之心，而勢成服楚之勢。晉亦知其不能禦楚而庇鄭，聊致怨而還耳。無能禁楚而徒勞鄭，鄭獨當其不幸，於晉亦無益也。

十有一年春，王正月，作三軍。三家各有其一，此分公室之始。

　　魯本無中軍，惟上下二軍屬於公，有事三卿更帥以征伐。季氏欲專其民人而假立中軍，三軍所由作也。晉欲六軍而六卿强，魯作三軍而三家盛。上逼則下僭，徒爲禍階耳。

夏四月，四卜郊，不從，乃不郊。

鄭公孫舍之帥師侵宋。

　　子展以晉厚宋，故伐宋以挑之。以宋激晉師之至，即以晉師激楚師之至，又以楚師激諸侯之師皆至，而乃弃楚從晉。其勢甚曲，其謀甚苦，故曰鄭之從楚，非其心也。

公會晉侯、宋公、衛侯、曹伯、齊世子光、莒子、邾子、滕子、薛伯、杞伯、小邾子伐鄭。秋七月己未，同盟于亳城北。公至自伐鄭。楚子、鄭伯伐宋。

公會晉侯、宋公、衛侯、曹伯、齊世子光、莒子、邾子、滕子、薛伯、小邾子伐鄭，會于蕭魚。公至自會。

　　晉絳十年五月會諸侯，一駕也；十一年四月會諸侯，二駕也；至是再會，三駕也。意在必得鄭，況和戎息民以求諸侯，內先固哉！

鄭人賂晉侯以三師二車、歌鍾女樂，晉侯以樂之半賜魏絳，報和戎之功也。絳始有金石之奏。

楚人執鄭行人良霄。

鄭之從楚，則子駟、子國、子耳之誤也。至是子展謀欲從晉，而其勢甚難，故伐宋以求伐於諸侯而辭於楚也。楚不得鄭，執一行人何益？自是鄭從晉，楚不能爭矣。

王叔與伯輿爭政，坐獄於王庭。士匄聽之，使二子合要，王叔不能舉其要，乃逃。夫以諸侯之卿，而聽天子卿士之訟，非禮也。

冬，秦人伐晉。晉易秦，故敗。

晉得諸侯而楚孤，故乞旅於秦，而秦伐晉也。然夷狄自相援，中國自相盟，華夷之分正矣。

十有二年春，王三月，莒人伐我東鄙，圍台。季孫宿帥師救台，遂入鄆。鄆，莒邑。

救台者其名，入鄆者其實。受命不受命，季孫視之若無輕重矣。然莒之無禮於魯久，乘勝入之，不為已甚，且將在軍，君命有所不受也。

夏，晉侯使士魴來聘。秋九月，吳子乘卒。

服鄭抑楚而聘魯，同盟振矣，同姓敦矣。

吳壽夢卒，而魯君臨於宗廟，則知吳之非夷矣。

冬，楚公子貞帥師侵宋。公如晉。

　　鄭不可得，思泄憤於宋。既已失鄭，宋亦不畏楚矣。

　　晉侯綿上之蒐，范宣子一讓而其下皆讓，由是國民和、諸侯睦，刑善也夫。

十有三年春，公至自晉。夏，取邿。秋九月庚辰，楚子審卒。冬，城防。畏齊也。

十有四年春，王正月，季孫宿、叔老會晉士匄、齊人、宋人、衛人、鄭公孫蠆、曹人、莒人、邾人、滕人、薛人、杞人、小邾人，會吳于向。鄭地。叔老，聲伯子。

　　是役也，爲吳謀楚。以莒貳於楚，故執莒公子，而又數吳之不德，以退吳人。是吳與楚俱點也。乃又欲執戎子駒支，其禦諸侯太嚴矣。惟吳求晉，故率諸侯之師會之，會吳而楚自懼也。

　　吳子諸樊既除喪，將立季扎，扎慕曹子臧之節，弃其室而耕於野。

二月乙未，日有食之。

夏四月，叔孫豹會晉荀偃、齊人、宋人、衛北宮括、鄭公孫蠆、曹人、莒人、邾人、滕人、薛人、杞人、小邾人伐秦。

　　諸侯從晉，鄭亦服晉，秦獨助楚，宜諸侯之師至矣。

　　是報櫟之役也。秦人毒涇上流，師人多死，至棫林，軍師不和而還，晉人謂之“遷延之役”。欒鍼死於恥，士鞅奔於秦。

己未，衛侯衎出奔齊。莒人侵我東鄙。

　　衛侯雖無道，孫氏既殺君使，又敗公徒，罪在不赦。然衛侯不奔晉而奔齊，以向未得事伯主之禮耳。

　　觀定姜以三罪責衛侯，不止射鴻之失而已，其君實甚，信如師曠所言。但右宰穀從而逃歸，自謂狐裘羔袖，幸免於罪，他日何顏以見衛侯哉！

秋，楚公子貞帥師伐吳。

　　吳不出，楚以吳爲不能而勿儆。吳自隘而擊之，楚反不能救，故兵以不能爲能也。初，楚敗吳於庸蒲，今吳敗楚於皋舟。

　　士鞅答秦伯，謂武子之德可庇樂黶之汰，樂黶之汰難庇樂盈之善。夫父之報，身受之，故能庇其汰；身之報，子受之，故不能庇其善，不易之理也。其後，曲沃人見樂盈，皆嘆，有泣者，武子之報也；而卒無救子〔四〕樂氏之亡者，黶之報也。

冬，季孫宿會晉士匄、宋華閱、衛孫林父、鄭公孫蠆、莒人、邾人于戚。林父邑。

　　會七國之大夫於賊臣之私邑，謀定逐君之賊，苟偃誤悼公而爲此舉也。齊人之貳，豈待假羽毛哉！卒翦弒而衎歸，數年之間，衛有二君，晉不能定亂矣。

十有五年春，宋公使向戌來聘。二月己亥，及向戌盟于劉。

　　向戌見孟獻子，尤其室，曰：“子有令聞而美其室，非所望也。”獻子曰：“吾在晉，吾兄爲之。”

劉夏逆王后于齊。

　　劉夏非卿，故書名，辱后矣。

　　鄭尉氏、司氏之亂，其餘盜在宋，鄭人納賂求盜，以師慧爲人玩而充數焉。慧過宋朝，有"無人焉"之嘲。蓋譏宋不能爲鄭殺三盜，得賂而後歸之，重淫樂而輕相國，殆以滑稽寄其不平者也。偏是無目人目中無人。

夏，齊侯伐我北鄙，圍成。公救成至遇。地名。不敢至成也。季孫宿、叔孫豹帥師城成郛。秋八月丁巳，日有食之。邾人伐我南鄙。

冬十有一月癸亥，晉侯周卒。

　　悼公之霸業，不減於桓、文，惜其蕭魚以後三大會皆使荀偃、士匄臨之，所以制於諸卿者此其漸也。大抵霸主之才，御外有餘，御内不足。齊侯失之於三豎，晉悼縱之於偃、匄。用人雖不同，而同歸於倦勤，故臣下得而專之。惜哉！

　　宋人獻玉於子罕，子罕弗受；弗受，可能也。聽"懷璧不越鄉"之言而置玉於其里，使玉人爲之，攻之，富而後使復其所，不可能也。廉之道大，成己成物，皆在其中。若但僅僅自了，號於世曰："我廉耳，廉耳！"此固子罕之所呵也。

十有六年春，王正月，葬晉悼公。二月，公會晉侯、宋公、衛侯、鄭伯、曹伯、莒子、邾子、薛伯、杞伯、小邾子于溴梁。戊寅，大夫盟。

　　屬諸侯於大夫，則無其禮；屬大夫于諸侯，則非其勢。故詳書諸侯之國爵，而終之以大夫，以見大夫之亢乎諸侯而不能掩諸侯也。

晉人執莒子、邾婁子以歸。

　　爲我故。夫與盟者大夫也，所執者君也。大夫安得不強，君安得不弱？蓋斯時，晉亦大夫爲政矣。

齊侯伐我北鄙。夏，公至自會。

五月甲子，地震。

　　震於外地者，夷狄侵中國之象也；震於内地者，大夫專會盟之象也。

叔老會鄭伯、晉荀偃、衛寧殖、宋人伐許。

　　晉雖主兵，與會者皆大夫，惟鄭伯一君耳，故序鄭於晉之上。

　　晉荀偃帥師伐楚，以報宋揚梁之役，敗楚師於湛阪。

秋，齊侯伐我北鄙，圍成。

　　晉悼公没而齊益强，三年之間，齊師五至於魯，輕魯也。輕魯者，輕諸侯也。

大雩。冬，叔孫豹如晉。

十有七年春，王二月庚午，邾子牼卒。宋人伐陳。夏，衛石買帥師伐曹。齊高厚帥師伐我北鄙，圍防。九月，大雩。

宋華臣出奔陳。

　　華臣暴其宗室，一罪也；亂宋政，二罪也；違不適仇，陳乃宋仇而奔陳，三罪也。

冬，邾人伐我南鄙。

　　陳不畏晉，邾亦不畏魯。大者强小者强，大者弱小者弱，相恃者相因也。

宋皇國父爲平公築臺，妨於農務，子罕諫之，弗許。築者之謳，怨國父而德子罕。子罕聞之，親執撲以行築者，而抶其不勉者。或問其故，子罕曰："宋國區區而有詛有祝，禍之本也。"夫子罕以國體爲重，所全者大，所防者微，豈暇置人我德怨於其間哉！郤獻子聞韓獻子將斬人，止之不及，命速以殉，曰："吾以分謗，非惟有心且覺不情矣。"乃知人臣不任德于己，而專務掩人之失。固是佳事，然在真心爲國之人，猶作第二義也。

十有八年春，白狄來。夏，晉人執衛行人石買。

先是，石買伐曹，報重丘人之詢孫蒯也；茲乃執之。然不先執孫氏而執買；不執買於伐曹之日，執買於爲使之時，買過矣，晉亦過矣。

秋，齊師伐我北鄙。

冬十月，公會晉侯、宋公、衛侯、鄭伯、曹伯、莒子、邾子、滕子、薛伯、杞伯、小邾子同圍齊。曹伯負芻卒于師。

齊侯四年之中，伐鄙者六，圍邑者四，無禮已甚。故諸侯之師皆至，而國幾危也。

中行偃，與弑厲公者，將伐齊，夢厲公以戈擊之。梗陽之巫知其必死，勸伐齊以快志焉。沉玉濟河，幸而成功，卒頭瘍目出以殞。宣子誓嗣事于齊，乃瞑，受含焉。

楚公子午帥師伐鄭。

十有九年春，王正月，諸侯盟於祝柯。晉人執邾子。公至自伐齊。

　　與邾圍齊而卒滅邾，是非伐齊，伐邾也；卒書"伐齊"以見其始事，則終事之失可知。

取邾田，自漷水。季孫宿如晉。葬曹成公。夏，衛孫林父帥師伐齊。秋七月辛卯，齊侯環卒。

晉士匄帥師侵齊，至穀，聞齊侯卒，乃還。遭喪不伐，禮也。

　　齊已敗於平陰，又侵之，是瀆武也。鞌之戰，齊敗而不肯獻質，則知齊之君臣勇於兵事，敗於外不敗於内也。若乘其喪而復伐之，晉爲無禮，甚迫之致命矣。范氏素不與郤氏伐齊，肯自以爲厲階乎？

八月丙辰，仲孫蔑卒。

齊殺其大夫高厚。鄭殺其大夫公子嘉。

　　崔杼殺諸灑藍而兼其室，高氏衰，崔氏强；崔强而齊弱矣。

　　殺公子嘉，討西宮之難與純門之師也。子孔固當罪，而子展、子西擅殺焉，故不去大夫以譏之。

冬，葬齊靈公。城西郛。

叔孫豹會晉士匄于柯。城武城。

　　兩大夫自相會，豹以國托晉大夫，叔向以政許魯大夫。向之賢而不免者，勢使然也。

　　城西郛，城武城，畏齊也。先魯以所得齊兵作林鍾而銘功，武仲謂借人之力，無功可銘，且取怒於齊，非禮也。

二十年春，王正月辛亥，仲孫速會莒人，盟于向。莒邑。

　　莒數伐魯，督揚之盟，諸侯爲二國解也。至是，則二國自相結矣。

夏六月庚申，公會晉侯、齊侯、宋公、衛侯、鄭伯、曹伯、莒子、邾子、滕子、薛伯、杞伯，小邾子，盟于澶淵。

　　十二諸侯環郫，而齊不服。一不伐喪而齊遂受盟，力攻之不如德攻也。

秋，公至自會。仲孫速帥師伐邾。

　　澶淵之會，君與之盟而臣伐之。蓋三家欲借兵威以自强，外伐其敵，實內伐其君也。

蔡殺其大夫公子燮。蔡公子履出奔楚。

　　蔡久事楚，燮欲背之而事晉，故國人殺之。履與謀，亦奔。行大事者，謀雖正而得衆心爲難。

陳侯之弟黃出奔楚。

　　不能御臣，使逐其弟。天下之國，皆臣制君也。

叔老如齊。冬十月丙辰朔，日有食之。季孫宿如宋。

二十有一年春，王正月，公如晉。

邾庶其以漆、閭丘來奔。夏，公至自晉。

　　季武子以公姑姊妻之，分位不同，而使同事一夫，滅禮甚矣。況又以賞竊邑之盜乎！姑姊非同室之人，君之姑姊非賞盜之物，罪之大者也。季孫禮外來之盜，而欲去封內之盜，宜臧武仲謂不可詰，不能詰耳。

寧殖臨終，囑子寧喜，掩逐君之惡名，其後也悔，嗟無及矣。

秋，晉欒盈出奔楚。

欒氏之叛晉，始於欒鍼之死秦師，而黶怨范鞅也。是時鞅爲政，盈母欒祈，宣子女也，淫而懼討，譖訴宣子，構成此禍，冤哉！

叔向免難，不聽樂王鮒之請，而望祈奚之救，奚果乘驛見宣子而免之。蓋鮒君所愛者也，奚君所敬者也；向不妄依人以求免，君子哉！

九月庚戌朔，日有食之。冬十月庚辰朔，日有食之。

日食之變起於交，有雖交而不食者，從無頻食之理。惟此年及二十四年，三年之內連月而食者再。曆法所不載，禍變重矣。

曹伯來朝。公會晉侯、齊侯、宋公、衛侯、鄭伯、曹伯、莒子、邾子于商任。錮欒氏也。

冬十有一月庚子，孔子生。

此大事，《左氏》不載，以孔子作經之人，必待他人以入。而丘明附經爲傳，不敢以增者，損經之體；又不敢以附者，小孔子也。

二十有二年春，王正月，公至自會。夏四月。秋七月辛酉，叔老卒。

冬，公會晉侯、齊侯、宋公、衛侯、鄭伯、曹伯、莒子、邾子、薛伯、杞伯、小邾子于沙隨。公至自會。

　　盈之出奔，天王許之無掠，哀其困也。齊納之曲沃，閔其冤也。以書之德，以盈之才，召而歸之如士會然。晉得一人矣，乃錮而又錮，婦人之譖行，世臣之報薄，亦復何哉！

楚殺其大夫公子追舒。即子南。

　　子南爲令尹，過寵觀起，王三泣之，卒殺子南而轘觀起。然子南之罪不至死也，故稱國以殺，不去其官。

　　薳子馮爲令尹，亦有寵八人，皆無禄而多馬。若非聽申叔豫之言，幾蹈子南之轍矣。申叔真所謂生死而骨肉者。鄭公孫黑肱且死，惕然敬戒，貽子以安，曰：“生於亂世，貴而能貧，民無求焉，可以後亡。”至哉言也！消灾弭亂，總不出此。伯張之訓，可爲萬世戒。

二十有三年春，王三月癸酉朔，日有食之。三月己巳，杞伯丐卒。夏，邾畀我來奔。庶其黨。葬杞孝公。

陳殺其大夫慶虎及慶寅。陳侯之弟黃自楚歸于陳。

　　導陳侯以叛晉即楚者，二慶也。奔母弟公子黃於楚者，亦二慶也。慶氏不義，固不可赦，至用楚以殺之，危矣。

晉欒盈復入于晉，入于曲沃。

　　晉錮盈急矣，欒氏入晉亦急矣。若非天弃欒氏，晉幾不免。然滅欒氏者，范氏也；助范氏滅欒氏者，趙氏也。他日，趙氏勇於滅范氏，其猶欒氏也哉。

秋，齊侯伐衞，遂伐晉。八月，叔孫豹帥師救晉，次于雍榆。

言救後次，非救也。匿救之形，宣救之聲，蓋畏齊而不敢救，又畏晉而不敢不救，兩怯矣。

己卯，仲孫速卒。孟莊子也。冬十月乙亥，臧孫紇出奔邾。

季孫命攻臧氏，臧紇斬鹿門之關以出。夫以武仲之知，而不容於國，孔子所以嘆也。

晉人殺欒盈。齊侯襲莒。

二十有四年春，叔孫豹如晉。即穆叔。仲孫羯帥師侵齊。

以君克臣，何足爲賀，况欒盈又非其罪也。

范宣子以世禄爲不朽，穆叔以立德、立功、立言爲不朽。宣子重諸侯之幣，由於自矜世禄之一念。子產之寓書，蓋以德進也。

夏，楚子伐吳。秋七月甲子朔，日有食之，既。

齊崔杼帥師伐莒。

齊莊襲莒，身傷臣獲，既與之平矣而又伐之，信安在哉？杞梁、華舟恥不與五乘之賓而深入多殺，陷陣以死，惜又失此二勇也。

齊侯與臧紇議伐晉，紇爲君似鼠，聞晉亂而後作，寧將事之矣？

大水。

劉向以爲襄慢鄰國，是以邾伐其南，齊伐其北，莒伐其中。

百姓骚動，又仍犯强齊也。

八月癸巳朔，日有食之。前魯趙分，後晉趙分。

公會晉侯、宋公、衛侯、鄭伯、曹伯、莒子、邾子、滕子、薛
伯、杞伯、小邾子于夷儀。

　　將以伐齊，以水不克，而楚師至鄭矣。托救鄭之名，行抗中
國之事，故伯國行師，不可不慎也。

冬，楚子、蔡侯、陳侯、許男伐鄭。

　　齊楚固相結，晉驅之也，而小國受其難矣。諸侯伐齊之師還
而救鄭。

公至自會。陳鍼宜咎出奔楚。慶氏黨。

叔孫豹如京師。

　　自宣九年，仲孫蔑如京師，而後僅有此，王安得不嘉其有禮
乎？賜之大路。

大饑。

　　非發廩以賑乏，則徙民以就食；非爲粥溢以救饑莩，則興工
作以聚失業。此大祲之權也。

　　晉程鄭問降階於鄭子羽，子羽不能對，歸以語然明，然明知
其將亡。鄭卒，而子產因知然明之賢也。

二十有五年春，齊崔杼帥師伐我北鄙。

　　將欲弑君，故不能久留。司馬宣王之不欲與蜀戰者，其志在
內圖也。

鄭子產獻陳捷於晉，戎服將事。

夏五月乙亥，齊崔杼弒其君光。

臣有弒君之心，樂於君之淫其妻以爲名。而齊莊不悟，趨死如鶩，悲哉！

邢蒯聵能死亂君，而邢僕又能死治長，此勇而忠也。陳不占，餐則失匕，上車失軾，及往聞門駭死，此怯而忠也。晏子獨謂「人有君，吾無罪」，悖逆之甚，有愧二子矣。《左氏》固艷稱之，余以爲非晏子之言而《左氏》之言也。《左氏》好文其辭，不顧名義，多如此類。至師曠之論衛侯，史墨之論季氏，皆抑君而臣是助。其最甚者，曰「畜老猶憚殺之」，曰「殺老牛，莫之敢尸」，是何言歟？是何言歟？

趙盾、崔杼之事爲晉史易，爲齊史難，而南史爲猶難，何也？盾假仁者也，責以大義，奚辭焉？而杼也戾，然殺三人而猶執簡以往，是死者一時之史而往者萬世之史也。《春秋》作，而史有成簡矣，能執能往者何人哉？是故，史以人重輕，而國以史升降。史誠得其人，一董狐足以充《晉乘》；而苟非其人，即百倚相，無以辟《檮杌》。

公會晉侯、宋公、衛侯、鄭伯、曹伯、莒子、邾婁子、滕子、薛伯、杞伯、小邾婁子于夷儀。報朝歌之役。

莊公在，則以報怨爲重；莊公弒，宜以討逆爲重。晉可以得志於齊，乃受賂而反，《經》何以不譏？不勝譏也。至與崔杼同盟於重丘，晉亦一齊矣。

六月壬子，鄭公孫舍之帥師入陳。秋八月己巳，諸侯同盟于重丘。受崔杼之賂也。公至自會。衛侯入于夷儀。詐許，爲弑臣何其便也。楚屈建帥師滅舒鳩。吳救尤敗，故滅之。冬，鄭公孫夏帥師伐陳。十有二月，吳子遏伐楚，門于巢，卒。吳子自輕而見殺也。

二十有六年春，王二月辛卯，衛寧喜弑其君剽。

始也，政由寧氏；繼也，罪在寧氏矣。始也，祭則寡人；繼也，鬼則寡人矣。喜其何以見武子乎？

喜嘗受命于殖，使納獻公以掩其逐君之罪。然于剽也，父立之而子弑之；于衎也，父出之而子納之。真弈棋之不若矣。

衛孫林父入于戚以叛。奔而書叛，自林父始。

甲午，衛侯衎復歸于衛。

衎不成爲君，其母定姜知之，臧武仲知之，師曠知之，右宰穀知之，蘧瑗知之，其弟鱄知之。喜必欲復之，以成父志。何哉？幸而得復，又不知所以自處，喜殆動于“政由寧氏”之語，而以專取禍者歟！

鄭伯賞入陳之功，賜六邑，子產辭受三邑焉，子羽謂讓不失禮。

夏，晉侯使荀吳來聘。吳，荀偃子。

召公以討衛侯，是叛君者無罪，宜其失諸侯也。澶淵之會，執衛侯而囚之，受女賂而釋之。

晉人執寧喜，爲其伐戚而殺晉戍，林父訴之之故也，非討其弑君也。是時，趙武爲政，叔向爲謀，晉無一事可稱，二子崇尚虛譽，何益于人國哉！

公會晉人、鄭良霄、宋人、曹人于澶淵。

　　謀取西鄙以與亂臣，皆晉諸臣之謀也。知有臣，不知有君，諸侯大夫交起爲亂矣。

秋，宋公殺其世子痤。

　　弃也，又一驪姬，痤也，又一申生，而宋公又一獻公也。向戌之惡則過於荀息矣，不殺左師而獨殺伊戾乎？獨悲合左師當時有賢臣之名，而於太子夫人之間，傾危若此哉！

　　楚聲子之復伍舉，君臣朋友之間，蓋兩得之，然伍舉不歸楚，楚無鞭尸事矣。禍福所倚，豈可料哉！聲子與子木論晉故，謂維楚有材，晉實用之。歷數析公、雍子、子靈、苗賁皇奔晉之故，立談間一部掌故。弃賢資敵，不待其言之終而聽者悚然矣。

晉人執衛寧喜。八月壬午，許男寧卒于楚。冬，楚子、蔡侯、陳侯伐鄭。葬許靈公。

二十有七年春，齊侯使慶封來聘。

　　兩國三十年不通好矣。今景公不事侵伐，遣貴卿行聘，亦云賢矣。慶季之車美，叔孫爲之賦《相鼠》，慶季不知也。

夏，叔孫豹會趙武、楚屈建、蔡公孫歸生、衛石惡、陳孔瑗、鄭良霄、許人、曹人于宋。

　　南北二霸，各分諸侯，天下大變，始於此。

　　楚人方患吳而結諸侯，向戌倡爲弭兵之説，晉、楚、秦、陳及與會者皆許之。獨司城子罕力詆其非，且云：「兵之設久矣。所以威不軌，而昭文德也。」甚矣，司城之皙于治也！

趙武爲晉臣，推使楚主盟，夷夏倒置，不共王命，自弱而已，何以爲恭？兩書宋爲地主，以首禍罪宋也。

衛殺其大夫寧喜，衛侯之弟鱄出奔晉。書弟，罪兄也。

喜畏公之戾，不敢與盟，故使公子鱄約之，以分其罪。公子鱄亦恐公之疑己爲喜黨，故不欲盟公耳。公怒，不得已而與之約。喜傷而鱄益懼矣，不逃得乎？鱄勇於退，故免禍；喜不能勇於退，故及禍。且喜多邑是貪，違父"貴而能貧"之戒，忠孝兩失之矣。

秋七月辛巳，豹及諸侯之大夫盟于宋。

冬十有二月乙亥朔，日有食之。

《經》言十二月，《左》云十一，啖助氏云：依《經》當作三閏月，然不可考矣。

二十有八年春，無冰。

杜預云：前年再失閏，頓置兩閏。故此年正月建子，書無冰爲災也。

夏，衛石惡出奔晉。邾子來朝。秋八月，大雩。仲孫羯如晉。

冬，齊慶封來奔。

慶氏之惡已甚，中國不能容而逃在吳越，卒死於吳地。泰伯有靈，其殛之也，豈能享朱方之富哉！

仲孫羯如晉，告將朝楚，不如不告也。

十有一月，公如楚。

　　爲宋之盟也。諸夏之君，始旅見於楚矣。是時，宋公反，襄公獨行。公之行者，昭伯勸之；宋公之反者，向戌阻之也。然昭伯志在遠圖，向戌惟知近利，終以魯爲正矣。

十有二月甲寅，天王崩。乙未，楚子昭卒。

　　甲寅至乙未，相距四十二日，則閏月之驗也。楚，夷也，其必以閏卒也。不以閏書，見喪服之不數閏，亦以見喪禮之不詳夷，不使其逼天子也。

二十有九年春，王正月，公在楚。夏五月，公至自楚。庚午，衛侯衎卒。

閽弑吳子餘祭。

　　君子不近刑人，況越俘爲我之仇乎？使閽守舟而往觀焉，仇得其便矣。

　　鄭饑，子罕請出公粟以貸，叔向有鄭罕、宋樂之稱。

仲叔羯會晉荀盈、齊高止、宋華定、衛世叔儀、鄭公孫段、曹人、莒人、滕人、薛人、小邾人城杞。晉平公，杞出。

　　平王失政，而屯戍於母家，周人怨焉，《揚之水》，《雅》降爲《風》矣。平公失政，而城其所出，大夫嘆焉，《揚之水》，姬即於夷矣，椒聊之實安在哉？

晉侯使士鞅來聘。

　　主人三耦不足，取于家臣，客也。六卿不和，喪其家乘，故知臣之專政，不如無專也。

公楚反，季武子取卞，使公冶問。公曰："欲之而言叛也。"公欲不入，榮成伯賦《式微》，乃歸。公冶惡其欺，而辭禄以去。此乾侯之形也，得寬之以至易世，幸哉！

杞子來盟。

晉治杞田不以義，魯歸杞田不以誠，故杞子來以要結之。三國皆私也。

吳子使札來聘。

季子，賢者也。彼知光父子之能霸吳，而故以身讓也。全身以興國，一身之節猶爲小，而宗社之復振大矣。胡氏謂，書法比於楚椒、秦術之例，殆有貶焉。非也。季子請觀周樂，歌《周南》《召南》以下，字字是反覆想像光景，舞《象箾》以下，語便著實。歌屬聞，舞屬見，聞虛而見實，虛則疑，實則信，其慎如此。

季子見叔孫穆子，悦之，嘆不得其死，好善而不能擇人也。聘於齊，悦宴平仲，勸速納邑與政，晏子從之，是以免欒高之難。聘於鄭，見子産，如舊相識，與之縞帶，子産獻紵衣焉。適衛，稱衛多君子。如晉，宿於戚臧孫文子之邑。聞鍾聲焉，謂文子爲巢幕之燕也；文子聞之，終身不聽琴瑟。至晉，謂叔向曰："吾子好直，必思自免於難。"

齊高止好以事自爲功，且專，故難及之。

秋七月，葬衛獻公。齊高止出奔北燕。冬，仲孫羯如晉。

三十年春，王正月，楚子使蓮罷來聘。

夏四月，蔡世子般弒其君固。

　　父淫其子婦，子弒其父，真夷狄也。而晉從弭兵之小信，畏楚之援而不討，惜哉。

五月甲午，宋災，伯姬卒。

　　保傅何在，使夫人至此？保傅之失職，亦當討也。伯姬守宵不下堂之義，卒不肯從宜避火，貞可風矣。

　　城杞老人與晉悼夫人之食，使之年，言月言朔言甲子，了了于心口而猶不知紀年乎？趙孟召而謝過焉，重其賢也。此與臧文仲所遇之重館人、伯宗所遇之絳人，皆非常人也。伯宗、趙孟皆不沒人善，而臧孫不問亦不言，攘善蔽賢，益徵于此矣。

天王殺其弟佞夫，王子瑕奔晉。罪在王矣。秋七月，叔弓如宋，葬宋共姬。

鄭良霄出奔許，自許入於鄭，鄭人殺良霄。良霄即伯有。

　　良霄雖嗜酒荒淫，而獨還無兵，猶賢於不醉而叛者，不以惡人也。然飲酒窟室，莠生於門，不待禆竈而已知有羊肆之禍矣。

冬十月，葬蔡景公。

晉人、齊人、宋人、衛人、鄭人、曹人、莒人、邾婁人、滕子、薛人、杞人、小邾婁人會于澶淵，宋災故。

　　蔡弒君，人變也，而無一國之君致討，輕蔡者，諸侯甘自輕也。宋遇災，天變也，而合十二國之大夫爲會，重宋者，大夫欲自重也。自輕者非也，志不在公義也。自重者亦非也，志僅在私恩也。

鄭族大寵多，輿人之謗，安知不起於此輩？初，子產辭政，子皮曰：“虎帥以聽，誰敢犯子？”是子產之得布其手足，而需之歲月，以有子皮在也。不然，孰殺子產，吾其與之？如此情形，又安能待之三年以誦其成哉！

三十有一年春，王正月。夏六月辛巳，公薨于楚宮。非正也。秋九月癸巳，子野卒。己亥，仲孫羯卒。冬十月，滕子來會葬。

子野者，敬歸之子也。甫立而過哀毀瘠，以至於卒。是有人君之德，無人君之福也。乃又立公子裯，十九年而有童心，比及葬，三易衰，衰絰如故衰。是無人君之德，踐人君之位也。穆叔不欲武子立之，魯之衰可知矣。《左氏》云立子野，次於季氏。此必季子因子野賢，忌而圖之，未可知也。

滕子來會葬，惰而多涕。涕可也，惰則不可，而多涕又近于婦人，子服惠伯所以卜其死也。

癸酉，葬我君襄公。

十有一月，莒人殺其君密州。

弒君者，展輿也，置其子之大惡，而歸罪國人。蓋展輿因國人之攻莒子弒而立之，子不能爲父討賊，即與於弒矣。況身爲戎首，是國人之罪皆其罪也。國人且不恕，而況子乎？

趙文子稱隨武子曰：“夫子之家事治，言於晉國無隱情。”又曰：“利其君，不忘其身，兼仁知而有之。”推尊之至矣。嘗考二子生平，功能識量，大略相同，而獨惜無輔霸主盟之大業。夫自趙盾不在諸侯，隨會佐之而晉之霸業始衰。邲之戰也，中行桓子猶欲爭之，爭之不得，而知難養晦之説乃始藉爲口實。而明弃諸夏，以長楚氛，則隨會之謀居多焉，而謂光輔五君以爲盟主，豈其然歟？甲氏留吁之役，區區殘邑，其何捷之侈，而太傅是崇，黻冕是錫，有覷殊榮，不懼爲楚人笑乎？未幾房帷怒客，郤獻逞忿，弗知禁也。而私告其子，諄諄退避，所謂於國無隱情者如是耶？而變用敬承，亦遂終身不敢抗楚，至鄢陵之戰，惴惴外寧之是憂，而歸而祈死，夫非先子之遺訓乎哉？趙武繼盾，猶變之繼會也。于是聽弭兵之説，爲交見之舉，讓楚尸盟，而南北之勢始一分而不可復合矣。故曰：夫二子者，晉國之善人君子也。若責以輔伯主盟之大業，則謀身之知較重於利君之仁焉。隨武子亦稱范武子。

校勘記

〔一〕"師"，當爲"帥"之訛誤。

〔二〕"□"，據上下文意疑爲"妒"。

〔三〕"獻宗"，根據對皇帝人名、廟號分析，"獻"疑爲"憲"之誤。

〔四〕"子"，疑爲"于"之誤。

貞　集

昭公名裯，襄公妾齊歸之子，夫人孟子。在位
二十五年，孫齊，在外七年，凡三十二年。
書即位，正也

元年春，王正月，公即位。叔孫豹會晉趙武、楚公子圍、齊國
弱、宋向戌、衛齊惡、陳公子招、蔡公孫歸生、鄭罕虎、許人、
曹人于虢。鄭地。

　　楚子圍以婚謀鄭，鄭爲墠行禮以防之。衆始垂橐而入，事已
遂，會於虢。公子招，陳侯之弟也。不稱弟何？貶也。夫將者必
弒，待其弒而圖之，則已晚，故先誅之以杜其亂，亦先事之謀
也。將之以信，而備之以武，楚雖先歃，盟在晉也，故先書
趙武。

三月，取鄆。

　　魯也尋盟未退而伐莒，晉也求貨假帶而爲請，楚也多行不義
而疆取，是爲三失。若非叔孫之敬命，幾不免焉。諸侯之會而以
貨稱哉！

夏，秦伯之弟鍼出奔晉。六月丁巳，邾子華卒。

　　鍼之出奔，母所遣也。針亦無怨心，而安然去之，其賢勝於
叔段母子。而秦景亦不追，雖曰不能容其母弟，方之鄭莊，猶
賢矣。

　　子皙、子南，兄弟爭室，子產謂國無政所致。放子南於吳，

子晳後縊於周氏之衢。

　　趙孟語偷，又儕於隸人，又視蔭不及待，穆叔、劉子、秦後子皆知其不久也。

晉荀吳帥師敗狄于大鹵。即太原。

　　是役也，毁車崇卒，五陳相離以誘之，狄人笑而薄之，故敗。賴魏舒能謀，又荀吳善聽也。伐夷狄者，無事窮追，故以太原爲界耳。

秋，莒去疾自齊入于莒。莒展輿出奔吳。

　　諸侯之與弑君也久矣。展輿貪立，孰肯既立而討賊；諸侯貪賂，孰肯恤難而興師？亂賊之接踵也，知十弑而僅一討也。去疾未立而書莒，以見當有莒之辭，系國而不稱公子，殊於大夫也。

叔弓帥師疆鄆田。因莒亂也。

冬十有一月己酉，楚子麇卒。公子比出奔晉。

　　郏敖實弑而書“卒”者，蓋從其赴，所以誅楚之臣子，聽賊之所爲也。前虢之會，公子圍緝蒲爲宮，設服離衛，諸大夫已知其有無君之心矣。後靈王會申伐吳，執慶封而令於軍中曰：“有若齊慶封，弑其君者乎？”慶封曰：“子亦息，我亦且一言，曰：有若楚公子圍，弑其兄之子而代之爲君者乎？”軍中人粲然皆笑。孔子所謂“懷惡而討，雖死不服”者是也。此亦麇事之定案也。

　　晉平公有疾，醫和知爲蠱惑，與前醫緩言景公膏肓同，二子殆醫諫與？而舍醫論政，漫及良臣，非德言也。夫二豎六疾，豈獨身病？國亦有之。或問扁鵲：“子之兄弟，孰爲善醫？”對曰：“臣之長兄最善，中兄次之，扁鵲最下。長兄治病視神，未有形而除之，故名不出于家。中兄治病，其在毫毛，故名不出於閭。若扁鵲者，鑱血脉，投毒藥，副肌膚間而名聞于諸侯。"知是説也，可以攝生，可以保國。

二年春，晉侯使韓起來聘。夏，叔弓如晉。

韓宣子代趙武爲政，欲致諸侯，而人心已散，德不足而示威於平丘也。宣子觀書於太史氏，見《易象》與《魯春秋》，曰："周禮盡在魯矣。"三代人學問淹貫如此。

叔弓既辭郊勞，又辭致館。叔向稱其知禮，人固不可無讓。

秋，鄭殺其大夫公孫黑。

黑有三罪，乘其疾作而殺之，亦非刑人之正也。

冬，公如晉，至河乃復。季孫宿如晉。

公凡四如晉，季氏訴於晉，使不見公。公懼不利於己，故托至河有疾而反也。公不得入而宿何以入乎？季孫之得於晉，非得於其君，得於其臣也。不獨魯弱，亦以見晉之衰也。此必季氏求好於晉，而借君命以往歟。

三年春，王正月丁未，滕子原卒。夏，叔弓如滕。

叔弓欲避懿伯之忌，而子服椒爲介，謂公事有公利，無私忌，請先受館，而敬子從之。是惠伯急公，敬子崇私，介先入而賓從之，反其職矣。

齊之由姜而田也，晉之由姬而韓、魏、趙也，此戰國之形也。兩國之君不知，而其臣叔向、晏嬰知之。二子各自知之，不言，使其爲之所而私相言之，哀哉！

五月，葬滕成公。小邾子來朝。八月，大雩。冬，大雨雹。

北燕伯款出奔齊。

　　燕簡公欲立寵人，遂思去諸大夫。諸大夫合謀殺公之外嬖而不及君。是失在君，不失在大夫也，君自懼而奔耳。且是時，齊子雅方放盧蒲嫳於北燕。燕伯懼諸大夫譖於齊，以爲昵齊之逐臣，故獨奔齊也。

　　定燕之難、復燕之地者，齊桓公也。後蘇秦教燕仇齊而敵齊，燕亦自此困矣。其猶不若北燕伯哉！

四年春，王正月，大雨雹。

　　是時昭取於吳，當雪而雹，如娶當異姓而同姓相爲隱也。然其中有激之者，迫于季氏，思强國爲援耳。氣郁而不得舒，陰包陽也。申豐藏冰之説，殆隱其旨以答季孫歟？

夏，楚子、蔡侯、陳侯、鄭伯、許男、徐子、滕子、頓子、胡子、沈子、小邾子、宋世子佐淮夷會于申。楚人執徐子。徐子，吳出。

　　申之會，楚子侈甚矣。忘其夷，而忘其爲弑君之夷。執徐子，圍朱方，遷賴於鄢，諸侯莫較，而幸有慶封之一言也。討賊者在賊乎？陳蔡小國也，爲其所滅而不敢救，委之天道，亦已怪矣。晉世爲盟主，不敢與爭，是畏夷也，畏賊也。

秋七月，楚子、蔡侯、陳侯、許男、頓子、胡子、沈子、淮夷伐吳，執齊慶封殺之，遂滅賴。

　　晉賴吳之伐楚，而楚不敢北向，今又與楚同好，遂其伐吳之謀，而使之專意南向，是使吳不得通中國也。外同姓之宗盟，而長僭夷之暴虐，適所以自弱其輔而辱諸侯也。晉之無經甚矣！慶封，吳所封也。吳入楚，楚仇之，故伐慶封者，剪吳之羽翼也。而以討賊爲名，宜爲慶封所不服也。齊之賊逃于吳，而楚討之，猶系之齊者反其本惡也。不專書楚子歸于諸侯者，不與其飾惡也。以賊討賊，益張其暴耳。

楚子伐吳，起章華之臺，築乾溪之宮，民怨於下，臣叛于上，公子弃疾作亂，靈王逃亡，卒死于野。晉侯許會，不頓一戰而楚子自亡。司馬侯之謀也。

九月，取鄫。冬十有二月乙卯，叔孫豹卒。

叔孫之卒，竪牛之禍也，而杜洩不能脫主于難。然夢牛不祥，真爲妖夢也。叔孫初生，筮之，亦有牛兆，與夢合矣。

五年春，王正月，舍中軍。

作三軍者季氏也，舍中軍者又季氏也。始則已僭其實，而二家分半以任過。今也已竊其令名，而二家發毀以成功。甚矣，季氏之巧於取魯也！

晉女叔齊之議魯侯，謂儀不可當禮也。使政不在家，而懿伯能用，乃爲善於禮矣。

楚殺其大夫屈申。公如晉。

夏，莒牟夷以牟婁及防兹來奔。

《春秋》于三叛人，雖賤，特書其名，以懲不義、懼淫人、爲後戒也。亦借外國之叛臣，以儆國內之叛臣也。

秋七月，公至自晉。戊辰，叔弓帥師敗莒師于蚡泉。秦伯卒。

冬，楚子、蔡侯、陳侯、許男、頓子、沈子、徐人、越人伐吳。
越始此。

　　吳、越、徐、楚，雖比於夷狄，劉敞以爲其實不同。吳，太
伯後；楚，祝融後；徐，伯益後；越，大禹後，上世皆元德顯
功，通於周室。然吳尤爲同姓，故書通吳破楚，以見能助晉者吳
也。書通越困吳，以見不能助吳者晉也。楚盛晉衰，越強吳弱，
此姬姓之興亡也。

　　凡行使者，必先犯難之勢，而後全身之哲。吳蹶由侃侃申説
於鼎俎之間，卒亢强敵而成君命，解揚之流也。

六年春，王正月杞，伯益姑卒。葬秦景公。

夏，季孫宿如晉。

　　宿於魯有三大罪：取鄆取卞，取牟婁、防玆，致襄公不敢入
晉，一罪也；叔孫幾死於楚，歸指楹而斥之，二罪也；昭公因莒
人納叛之訴，幾爲晉執，三罪也。宿恐晉討己，借聘以自結。晉
爲享之加籩，宿以爲得晉譽，遂欲止公而據其國，是季氏之僭皆
晉縱成之也。晉所以怙季氏者，皆晉諸臣從諛其間，比私交而不
顧公義也。

　　鄭鑄《刑書》，叔向以異國之臣詒書子産，以規其失。此段
交情忠告，後世不能行矣。若渾罕之論作丘賦，猶在本國言
之也。

宋華合比出奔衛。

　　寺人柳譖右師，即伊戾譖太子痤之故智，而平公不知察，左

師不知靜。前人之覆轍，後人復蹈之。後人笑前人，不見後人鑒前人也。

宋平於瘠，初無纖隙，而合左師力謀殺之，冤哉！向戌奸凶，其罪浮於伊戾、江充，而在《春秋》中，乃列十賢大夫，讀者不察，可勝扼腕哉！

秋九月，大雩。楚薳罷帥師伐吳。吳敗之房鍾。

徐儀楚來聘而楚執之，執之而逃，懼其叛而伐之，伐之而吳救之。敗於吳者，薳罷也，歸罪於薳泄而殺之。楚之用刑若此，何以服遠哉！

韓宣子適楚，楚人弗迎，楚公子弃疾及晉竟，晉侯亦將弗迎，叔向曰：“楚辟我衷，若何效辟？”可見凡有禮於人者，皆其高於自處者也。彼侮人者，自處何地？自視爲何人乎？

冬，叔弓如楚。齊侯伐北燕。欲納簡公也。

魯向倚吳晉爲固，敦好同姓，今見楚伐吳，而晉又衰，遂通好於楚，往吊其敗矣。夫敗亦何足吊耶？

七年春，王正月，暨齊平。

昭公結婚强吳，外附荆楚，則以齊爲可弱矣；故齊來求平，而魯暨之。他日魯亦求齊平矣，何異吳之許越成，而後亦求成於越也？

三月，公如楚。

公朝晉，不納；又往朝楚，襄公恫而見夢；周公曾恫襄公，故襄公來恫公也。

孟僖子爲介，病不能相禮，乃講學之；將死，囑子事仲尼，故孟獻子問孝，子告之曰："無違。"正無違僖子也。抑僖子不惟知禮，且知言。不則，誰能博識鼎銘，而知仲尼之必達？後此敬叔出亡，至載寶而朝。乾侯之事，懿子實助季氏以伐公徒，則違禮違父，雖聖人不能化焉。而後知僖子之深於學也。

叔孫舍如齊。夏四月甲辰朔，日有食之。

秋八月戊辰，衞侯惡卒。九月，公至自楚。
　　與臣齊惡同名，何也？君子不奪人名，不奪人親之所名，重其所以來也。以惡爲稱，豈以爲戒乎？然人君之名，仍勖以善，不可戒以惡也。
　　晉侯有疾，夢黄熊入寝門，子産以爲未祀鯀也。鄭伯有强死爲鬼妖，子産立公孫洩及良止以撫之，鬼有所歸，故妖止。

冬十有一月癸未，季孫宿卒。十有二月癸亥，葬衞襄公。

八年春，陳侯之弟招殺陳世子偃師。
　　招與過，其殺偃師而立留，然不書"過"者，《經》重首惡而使招一人任之也。卒之留奔過殺，楚放招于越，而陳滅矣。
　　晉築虒斯之宫，而石言于魏榆，魯鄭之君，不弔而賀耶？

夏四月辛丑，陳侯溺卒。叔弓如晉。賀宫成也。

楚人執陳行人干徵師殺之。陳公子留出奔鄭。
　　過以立留被殺，留不得安，知過之必死矣。

秋，搜於紅。陳人殺其大夫公子過。大雩。

冬十月壬午，楚師滅陳。執陳公子招，放之于越。殺陳孔奂。葬陳哀公。

　　或執或放或殺，皆自楚爲主，陳之不能爲陳也。

九年春，叔弓會楚子于陳。

　　滅陳之後，諸侯畏而從之，故不召自至。

許遷于夷。

　　欲遠鄭而近楚，楚亦從之，故以自遷爲文。

　　周甘人與晉閻嘉爭閻田，王使詹桓伯辭於晉，晉以王辭直，致閻田焉。夫天王與列國止以辭之曲直爲勝負，君臣之分蕩然矣。謂周之弱，不弱於封建，吾不信也。

夏四月，陳災。

　　陳，釀火者也；楚，救火者也。救火者，因人之灾而己以爲利焉。牽牛奪牛之謂也。

　　陰陽之書，有五行嫁娶之法，故子產有火爲水妃之論，如庚以乙爲妃，丙以辛爲妃，壬以丁爲妃，戊以癸爲妃，甲以巳爲妃。畏之，故爲之妃；妃，合也。水火合而相薄，夫妻合而相親，雖同其欲，必從其勝也。

　　陳再滅於楚矣，一復於申叔，一復於觀從，豈敬仲奔，泄冶死，而忠臣義士，空虛無人耶？興嬖袁克，敢奮焉用玉用馬，厚葬其君而又請私盡喪禮，加經而逃，亡國之餘，無失禮焉。幾見殺而不顧，烈哉克乎！

秋仲孫貜如齊。

　　自襄二十年叔老聘齊後，至此復修舊好也。

冬，築郎囿。

國已爲三家有矣，興可已之役，以驅民就之，故書以戒也。

十年春，王正月。夏，齊欒施來奔。

欒高本齊公族，又無大惡，特以嗜酒好内，齊侯乃自弱其枝，聽陳氏逐之，國祚所以終移耳。

秋七月，季孫意如、叔弓、仲孫貜帥師伐莒。獻俘，始用人于亳社。戊子，晉侯彪卒。諸侯不相弔，故晉辭鄭伯之至。九月，叔孫舍如晉。葬晉平公。冬十有二月甲子，宋公成卒。

十有一年春，王二月，叔弓如宋，葬宋平公。

夏四月丁巳，楚子虔誘蔡侯般，殺之於申。楚公子弃疾帥師圍蔡。

楚討弑父之賊，於蔡之罪，益見楚之罪也。初，楚誘陳而卒縣之，兹誘蔡而復克之，貪詐凌虐，豈能久乎？

初，宋元公惡寺人柳，欲殺之。及平公之喪，柳熾炭于位，將至則去之，比葬，又有寵。小人工于中君如此。

五月甲申，夫人歸氏薨。大搜於北蒲。

昭公之失，在有三年之喪，無一日之戚。昔施於父，今施於母，無徽而搜，以逞其童心焉。

晉荀盈卒，膳宰屠蒯請佐公使尊，飲工以罰其不聰，飲嬖以罰其不明。定知宗于一言，揚杜舉於千載，宰人有此奇節乎？《詩》曰：“如彼飛蟲，時亦弋獲。”此之謂也。

仲孫貜會邾子，盟于祲祥。

秋，季孫意如會晉韓起、齊國弱、宋華亥、衛北宮佗、鄭罕虎、曹人、杞人于厥憖。

　　蔡嬰城堅守，乃合天下之兵，畏不敢救。遣使請命於楚，弗許。楚量中國之不能而卒取之。韓起其何以師諸侯哉？

九月己亥，葬我小君齊歸。

冬十有一月丁酉，楚師滅蔡，執蔡世子有以歸，用之。

　　誘其君而殺其父，又滅其國而虐其子，忍甚矣。雖執以歸，直世子力屈就擒耳。

十有二年春，齊高偃帥師納北燕伯於陽。

　　齊向欲納而不克納，今高偃囚陽之眾而納之。

三月壬申，鄭伯嘉卒。夏，宋公使華定來聘。<small>元公新立故。</small>公如晉，至河乃復。

　　公每至晉，輒爲所却。蓋晉之諸臣皆曲爲季氏地，而屈公也。

五月，葬鄭簡公。楚殺其大夫成熊。

冬十月，公子憖出奔齊。

　　與南蒯謀亂，故書名黜之，《易》不可以占險。南蒯謀叛而得黃裳之筮，亦凶兆也。

冬，楚子伐徐。

　　楚子圍徐，懼吳次於乾溪以爲援，欲求鼎於周，求田於鄭。令尹子革與之語，似順非順，所謂“摩厲以須，王出，吾刃將斬”者，在引倚相不知《祈招》之詩見之。王悟，不能自克，故外難未興而內難作矣。

晉伐鮮虞。

　　其曰晉，狄之也。《春秋》尊禮而重信，信重於地，禮尊於身。晉荀吳僞會齊師，假道鮮虞而遂伐之，非狄而何？

十有三年春，叔弓帥師圍費。

夏四月，楚公子比自晉歸于楚，弒其君虔于乾溪。

　　楚靈無道，滅陳蔡而縣之。作乾溪之宮，三年不成。卜得天下不吉，至詬天而呼，壅而降爵。觀從率群失職，以弃疾命召比于晉，既至，脅比而立之。預謀朝吳，絕封陳蔡，觀從之功大矣。

　　芊尹無宇向逆折楚圍，且以章華爲逋藪，侃侃有辭，即驕主不得尤焉。而其子申亥又從王葬王，以二女殉，美哉！世濟其忠矣。

楚公子弃疾殺公子比。

　　使公子比弒虔者弃疾也，殺公子比者又弃疾也。使人任其惡而己討其罪，是猶知君不可弒而假手於人，末減焉耳。若楚虔者，以弒得之，以弒失之，天道哉！

　　初，楚共王以璧祈神，卜立五子，弃疾再拜，壓紐，至是爲平王。

秋，公會劉子、晉侯、齊侯、宋公、衛侯、鄭伯、曹伯、莒子、邾子、滕子、薛伯、杞伯、小邾子于平丘。衛地。八月甲戌，同盟于平丘，公不與盟。

晉成虒斯，諸侯朝而歸者，皆有貳心。齊侯往朝於晉，燕而投壺，中壺，曰："寡人中此，與君代興。"晉人知其亦將貳也。叔向曰："諸侯不可以不示威。"乃爲平丘之會。內有不足而以虛聲服人，去力服者遠矣。當其時，衛人怨，齊人驕，魯人怠，晉無禮而欲一一以禮責人。叔向彌縫支吾，猶懼不及，而叔鮒以貪間之，求貨於衛，小人不顧國之利害如此，謀國者至此益苦矣。晉合諸侯由是而終，後雖爲參盟，不能爲盟主也。

晉以諸侯而上要天子之老，偪也。以中國而同懦夷狄篡立之主，而結盟，悖也。不與爲幸。昭公雖未嘗有不義晉之心，若有不義晉之舉矣。

晉人執季孫意如以歸。公至自會。

昭公之娶同姓，欲恃其援耳。然弱娶於强，女出門而已路人視之矣。意如有可執之罪，伐莒取鄆，中分魯國也。而晉不以其罪執之，意在求賂而不在求義，故不與之以霸討也。

晉執意如，惠伯不欲私去，欲得盟會而後見遣，蓋反挾之也。宣子患無能歸意如者，叔向以叔魚對。鮒往，假爲除館西河之言，感恩知己，且泣且告。平子懼，先歸。此與樂王鮒權取魏氏同一機謀，小人雄詐過人，自有可用處。其後二鮒皆以墨敗，或其欲之未厭，有以致之。大抵使貪之道，必先使之不貪，而後其才能爲國用也。

蔡侯廬歸於蔡，陳侯吳歸于陳。

滅陳與蔡者，楚虔也；中國不能討。而封陳與蔡者，弃疾

也；中國若不知。陳與蔡受之先王，固非楚所得滅，亦非楚所得
封。歸於國者，如自有之耳。

　　觀從與朝吳，謀封陳蔡，平王謂從：“將唯所欲”。從僅請爲
卜尹，辭尊富，居卑貧，豈懲父起之隱痛而思蓋愆耶？朝吳智不
出此，卒中無極“速飛剪翼”之讒，悲哉！

冬十月，葬蔡靈公。公如晉，至河乃復。請季孫，晉使景伯辭。吳滅
州來。

十有四年春，意如至自晉。三月，曹伯滕卒。夏四月。秋，葬曹
武公。八月，莒子去疾卒。冬，莒殺其公子意恢。與亂君爲黨，書名
惡之。

十有五年春，王正月，吳子夷昧卒。

二月癸酉，有事于武宮。籥入，叔弓卒。去樂，卒事。

　　有事武宮，乃春祠之祭，而不書祭名者，以叔弓之卒，去樂
卒事，變禮而書之也。然祭而去樂，雖曰念大臣，似乎慢先君
矣。俟祭畢而告，可也。

　　晉邢侯與雍子爭鄐田，叔魚受雍子女賂，而蔽罪邢侯，邢侯
殺之。叔向三數叔魚之罪，而以歸魯季孫爲惡之一者，賞其功而
惡其心也。

夏，蔡朝吳出奔鄭。吳，蔡忠臣。六月丁巳朔，日有食之。

　　因費無極之讒也。無極既逐朝吳，又出蔡侯朱，喪太子建而
殺伍奢乎？顧朝吳有功兩國而事兩主，無極所以譖，楚王所以信
也。人臣而可有二君哉！

彝器不獻，晉之失禮也。藉談守典而忘其舊，故王責之。

秋，晉荀吳帥師伐鮮虞。冬，公如晉。

圍鼓，鼓人叛而降者至再，不許。力盡而後克之，非獨示威示信而已，易服亦易叛，數服數叛數討，豈一勞永逸之計哉？孔明服孟獲，七擒七縱，南人不復反，而後舍之，故得一意中原，正用此法，真老成之謀也。

《國語》：中行伯既克鼓，鼓子之臣曰夙沙釐，以其帑行。穆子召之，對曰：「臣委質於君之鼓，未委質於晉之鼓也。」穆子言於頃公，與鼓子田於河陰，使夙沙釐相之。夫亡國之不幸，至有欲死而不得者，益可憐矣。《傳》內無夙沙釐事，特表之以補其闕。

十有六年春，齊侯伐徐。楚子誘戎蠻子殺之。

誘而殺之者多矣，楚以為常，中國以為變，曰此非中國之所謂也。雖夷狄相誘猶異之，況夷狄而誘中國乎？

子產不從韓宣子玉環之請，為人為己，殆兩得之。又不許賈人私鬻，理法兼全，宜宣子之謝過也。

夏，公至自晉。秋八月己亥，晉侯夷卒。九月，大雩。季孫意如如晉。冬十月，葬晉昭公。

十有七年春，小邾子來朝。夏六月甲戌朔，日有食之。

平子不肯救日食，固非；叔輒哭日食，亦非也。

秋，郯子來朝。

昭子問官於郯子，是遠方小國之君，勝中華之令主矣。仲尼聞之，見郯子而學之。

八月晉荀吳帥師滅陸渾之戎。

晉因其貳楚而陰襲之，幾驚王室。獻俘文宫，專以應夢，其名似正而其行事實不義也。

冬，有星孛于大辰。大辰，大火也。

宋衛陳鄭同時附楚，以示罰也。何以附楚而火興？楚爲祝融之後，火之虐人者；火之焰也，能使人近之而自焚也。裨竈之言前應而後不應，子產概不信者，非子產之幸免，正天道之不測耳。

鄭大水，龍門洧淵，國人謀禜，子產不許。鎮物定紛，是何等識力！

楚人及吳戰于長岸。

以地，則吳非楚敵；以兵，則楚非吳敵。楚地廣而吳兵强，勝負敵也。論其常，應楚勝吳耳。勝負相當，楚已爲敗，況其有不能相當者也。楚用讒而内敗，吳用賢而内勝也。

楚先敗吳，獲餘皇矣；吳復敗楚，取餘皇歸。用三長鬣潛伏舟側呼應擊亂之謀也。

十有八年春，王三月，曹伯須卒。

夏五月壬午，宋、衛、陳、鄭灾。

周以火德王，故其衰而諸侯皆火。火不安其位而流炎布虐，此數之不可逃者也。申繻求其徵，梓慎詳其應，古人象緯之精如此。然神竈欲禳而子產不肯者，不欲與其權于鬼神也。且既云

“宋、衛、陳、鄭皆火”矣，鄭獨可免乎？衛爲顓頊之墟，星爲大水，水爲火牡，火猶及之，況鄭爲祝融之墟，實爲火房，又主火者乎？禳主而遷客，不能也。宋、衛、陳、鄭灾而鄭獨以德消變者，以子産臨事而備也。陳獨先亡者，以遇灾而又不修救也。許無火灾而以不吊亡，是鄭之有灾甚于許之無灾也。國貴有令政耳，奚必天灾之病人國哉！

六月，邾人入鄅。秋，葬曹平公。冬，許遷于白羽。

十有九年春，宋公伐邾。

　報入鄅之役也。鄅夫人爲向戌女，狗一私戚，請于君而興兵伐國，列國皆政在大夫，故其禍如是。

夏五月戊辰，許世子止弑其君買。己卯，地震。

　孝子蒙弑，其名是也。其心養也，悔不嘗藥之失，則其葬父必勇，故書“弑”以聽止也，書“葬”以赦止也。聽之者，所以勸後之爲人子，使知慎也。赦之者，所以勸後之爲人子，使知勵也。止自責，讓位於弟，哭泣，啜飦粥，嗌不容粒，未踰年死，情亦可憐矣。

　費無極令楚子置太子於城父，以通北方，此即晉處申生故智也。其言較二五蒲屈之説，局勢更廣。局勢廣，則其藏奸益愈微，而人不覺矣。

秋，齊高發帥師伐莒。冬，葬許悼公。

　以莒不事齊也。齊景爭霸，不爭於遠而爭於近，故霸功不成。

　莒之螯婦恨莒子之殺其夫，及老，托於紀鄣，紡焉以度。及師至則投諸外，使齊師夜縋而登，真千古女俠也。以一老女子與國爲仇，而其事卒濟國，亦何所不當備哉！

二十年春，王正月。夏，公孫會自鄸出奔宋。

會者，子臧之子也；書“公孫”者，賢之也；是以於臧之善及於會也。子臧讓國而出，會之出，待放也；其出不同，其善同也。子臧之善雖以及子孫，會不敢墮前人之緒，邀其庇也，自克焉耳，故君子重之。

楚執伍奢，使城父司馬奮揚殺太子，未及而使遣之；此與斬袪之寺人“君命三宿而一宿至”者，已不啻淵霄矣。奮揚使人執己以至，聽“奉初以還，不忍後命”之語，真可動天地泣鬼神，王直其辭而免之。可見臣事暴主亦有持正而全者，人何不勉爲正哉！藉揚而處伍奢之地，料別有權術，必不肯面斥君過，一言觸怒而動君之殺機也。

秋，盜殺衛侯之兄縶。

《左氏》以爲齊豹殺之。康侯欲歸其獄于宗魯，宗魯爲孟縶之驂乘，雖由豹以進，豹與謀亂，不許，而以死堅之。安得以獄歸魯也。特惜其不蚤與縶言爲之痛耳。然與縶言，則縶又必謀豹矣。宗魯以爲已由豹而事縶，故不忍，而以一身許縶。無益於縶，以身從之，此戰國俠士之風也。篤於情，不斷於義，若以盜坐之，則齊豹何爲哉！

子產與子大叔論政，謂惟有德者能以寬服民，其次莫如猛。火烈，民望而畏之，故鮮死焉。水懦弱，民狎而玩之，則多死焉。故寬難。夫子產之猛，意在使民鮮死耳。水溺多死，則是寬者，民之死地也。且末世樂寬之易，而子產曰寬難，其旨深矣。寬而能使民無死地也，惟有德者能之，此寬之所以難也。

冬十月，宋華亥、向寧、華定出奔陳。

　　與君爭而出，皆亂人也，書名惡之。

十有一月辛卯，蔡侯盧卒。

二十有一年春，王三月，葬蔡平公。

夏，晉侯使士鞅來聘。晉來聘凡十一，始於荀庚，終于士鞅。

　　季氏欲惡叔孫於晉，故激鞅之怒，至加牢焉，失禮甚矣。蓋
自是聘不復志也。

　　齊烏枝鳴戍宋，華氏敗宋師，烏枝鳴曰：“用少莫如齊致死，
齊致死莫如去備。”此韓信出背水陣意也。然非重恩誘于前，嚴
法驅于後，則亦未可輕言。

宋華亥、向寧、華定自陳入于宋南里以叛。與宋分國而居矣。秋七月
壬午朔，日有食之。八月已亥，叔輒卒。

冬，蔡侯朱出奔楚。公如晉，至河乃復。

　　有累世之怨而不知報，即楚亦難信之。無論忘親事仇，爲罪
之大，恐亦非自全之道也。

二十有二年春，齊侯伐莒。宋華亥、向寧、華定自宋南里出
奔楚。

　　初三人奔陳，自陳入宋，今又自宋奔楚，唯見亂賊從橫耳。
宋也禁之不嚴，有地不守，而縱有罪。楚也怙之已甚，有惡不
討，而亢不衷。宋也亂人去矣，楚也亂人來矣。

大搜于昌間。夏四月乙丑，天王崩。

　　文公觀於有莘，少長有禮，知可用也，遂伯。魯下僭上僭，軍政之本亡矣，昌間之搜何爲？

六月，叔鞅如京師，葬景王，王室亂。鞅，叔弓子。

　　諸子并争，亂在家室，非有他寇犯京師，故言王室。

劉子、單子以王猛居于皇。秋，劉子、單子以王猛入于王城。冬十月，王子猛卒。

　　王猛者，當立之王子，雖未成爲王而王所歸也。是劉子、單子者王人也，王城者王土也。以當用之人入當守之土，雖挾天子以令諸侯可也。

十有二月癸酉朔，日有食之〔一〕。

　　惡皆共譖平子。公欲伐之，子家駒諫曰：“讒人以君僥幸，不可。且夫牛馬維婁，委己者也而柔焉。季氏得民久矣，君無多辱焉。”不聽，故敗。夫昭公出奔，民如釋重負，則又非季之得民而昭之失民也。

九月己亥，公孫于齊，次于陽州。

　　昭公於季氏非惟無去之之力與去之之才，亦無去之之心。代爲其臣報怨，而以其身狥焉。子家羈所謂“事若不克，君受其名”者是也。自始至終，季氏節節皆奸，公節節皆庸，故乾侯之辱，非不幸也。國有大蠹，能去之，上也；不能去而置之，猶惝焉。負一可去之罪而有待去之意，不能去而欲去之，事一不濟而成一終不可去之形，乃始肆然無忌而爲所欲爲，庸君舉動可勝嘆哉！

齊侯唁公于野井。冬十月戊辰，叔孫舍卒。

昭公欲討其臣，乞於齊。齊景公欲助昭公討其臣，卒制于其臣，故各有不能言之意，而請辭慰勞，欲借禮以掩兩國之臣也。

昭子謀納公，憤平子之見欺，使祝宗祈死，書"卒"者，見舍之爲公死也。

十有一月己亥，宋公佐卒于曲棘。

宋公有夢，知其不能終，而果於往以納昭公。不恤己之死而恤人之亡，好義也夫！

十有二月，齊侯取鄆。爲公取也。

二十有六年春，王正月，葬宋元公。

三月，公至自齊，居于鄆。夏，公圍成。

天王出，則諸侯避舍；諸侯出，則大夫讓邑。君之不幸，臣之不幸也。敢忘其艱乎？公居鄆，公入境矣。已失位而猶書"至"者，重君也，抑賊也。

秋，公會齊侯、莒子、邾子、杞伯，盟于鄟陵。公至自會，居于鄆。九月庚申，楚子居卒。

景公謀納公不克，齊臣不樂其君納人之君也。

冬十月，天王入于成周。

成周者，不忍直稱爲東周，又不得名爲西周也。天王而得入此，幸之矣，而實悲之。幸者以其身，悲者以其位也。

尹氏、召伯、毛伯以王子朝奔楚。

　　以子朝奔楚者，以楚爲立少而不立嫡也。然楚卒不能立者，夷狄固不能定中國之大君也。景王寵愛子朝而適以弃之，群小之所附，得勢而不得義，疏薄子猛而卒以亡之。正人之所向，得義而不得勢，究至兩無立焉，徒以亂王室耳，何益哉！

二十有七年春，公如齊。公至自齊，居于鄆。夏四月，吴弑其君僚。

　　僚既已爲君安得不稱弑？然光實諸樊之後，季札不立，則國宜諸樊之子孫也。而光又能興吴，雖弑君不可末減乎？故季子歸而不問也。且國人皆欲弑之，僚不得衆，亦不可以爲君矣。

　　後伍員教闔廬以三師肄楚，彼出則歸，彼歸則出，楚于是乎始病。

楚殺其大夫郤宛。

　　費無極讒子惡于子常而殺之也。子惡恃國人悦己，無見幾之明，惜哉！沈尹戌因國謗未已，切諫子常，乃殺無極以謝之。

秋，晉士鞅、宋樂祁犁、衛北宫喜、曹人、邾人、滕人會于扈。
令成周，且謀納公也。

　　昭公之國勢，固應見制於臣，亦若其數使然。宋公欲納公矣，宋之臣未嘗受賂也，而宋公以病卒，豈非天哉！齊有晏子，晉有叔向，而不能力勸其君以納公，豈非知勢有不能而聽之乎？

冬十月，曹伯午卒。邾快來奔。公如齊。公至自齊，居於鄆。

二十有八年春，王三月，葬曹悼公。公如晉，次於乾侯。晉地。

五書"如晉，至河乃復"，兩書"如晉，次於乾侯"，何入晉之難也。不咎魯，咎晉矣。

不得於晉望於齊，不得於齊復望於晉，公窮矣。

夏四月丙戌，鄭伯寧卒。六月，葬鄭定公。秋七月癸巳，滕子寧卒。冬，葬滕悼公。

二十有九年春，公至自乾侯，居於鄆，齊侯使高張來唁公。公如晉，次於乾侯。夏四月庚子，叔詣卒。

公始終在鄆矣。齊來唁，稱"主君"，卑辱之也。

叔詣欲納公，無病而死。季孫曰："是天命也，非我罪也！"

魏戌不能斷梗陽人之獄，上之大宗。梗陽人賄以女樂，獻子將受之，戌使閻沒女寬諫焉。饋入，召食，比置三嘆，獻子乃辭賄。夫二子以食諫，醉飽之外不加一語，若不知有梗陽之事者。婉轉入人，使魏子自止，亦若初無是事焉。滅其所醜而失其愧，代爲之全其名焉。此諫賢者之道也。

秋七月。冬十月，鄆潰。

臣強取于君，厚施于民，故民喜爲臣用，不爲君用。

晉趙鞅、荀寅賦晉國一鼓鐵，以鑄刑鼎，著范宣子所爲刑書焉。孔子以爲失度，嘆晉之亡。史墨以爲法奸明范氏、中行氏之亡也。

三十年春，王正月，公在乾侯。誅意如也。

公居於鄆，既居本境，猶有齊之援焉。其不克納公者，以齊君有恤公之志而其臣阻之也。若夫公在乾侯，如晉者屢矣，若不聞焉，是晉之君臣俱無恤公之志也。公奈何自失其境，而罹此大辱哉？

夏六月庚辰，晉侯去疾卒。秋八月，葬晉頃公。

冬十有二月，吳滅徐，徐子章羽奔楚。

三十有一年春，王正月，公在乾侯。

季孫意如會晉荀躒于適歷。

意如以臣逐君，定公惑于范鞅，而荀躒亦墮其計，非惟不克納公，且與之會，且導之叛。是六卿分晉之勢，成于此日矣。晉侯一昭公也。

夏四月丁巳，薛伯穀卒。晉侯使荀躒唁公於乾侯。

雖曰唁公，實則誚公耳。是時意如從知伯來，詐伏罪矣。子家子勸公忍一慚而歸，以衆脅不果。荀躒掩耳而走。

秋，葬薛獻公。冬，黑肱以濫來奔。邾顏之弟也。

顏夫人急于報仇，忘乎失節；叔術急于攘妻，緩于國難：俱失其本矣。雖術有讓節，不足取也。魯内有賊臣，不義之人奔之如響，此爲濫矣。

《春秋》書齊豹曰“盜”，邾庶其、莒牟夷、邾黑肱三叛人名，懲不義也。故曰“有所名而不如其已。”

十有二月辛亥朔，日有食之。

三十有二年春，王正月，公自乾侯取闞。

魯地書“取”，以見季氏據國，公無尺土矣，雖得魯邑，猶取之外云爾。闞爲邾邑，必地瘠而人寡，故季氏與之，以少塞公之意也。

夏，吳伐越。

史墨曰：“不出四十年，越其有吳乎？”越得歲而吳伐之，必受其凶。

冬，仲孫何忌會晉韓不信、齊高張、宋仲幾、衛世子申、鄭國參、曹人、莒人、薛人、杞人、小邾人城成周。

是時天子猶在者，惟祭與虢耳。諸侯相帥城之，此變之正者也。士鞅無爭王室之心，而欲藉其名以令諸侯，外以制諸侯，內實以制晉。

十有二月己未，公薨于乾侯。

出奔者，內有人則復，外有人則復。鄭伯突之復國，傅瑕復之。衛侯衎之復國，其弟復之。若昭公則何恃哉？臣皆爲季氏用，有一子家駒而不能聽從也。齊晉之大臣又皆季氏之援，終以客死，悲哉！

定公名宋，襄公庶子，昭公弟，在位十五年。定哀多微辭，主人習其讀而問其傳，則未知己之有罪焉爾

元年春，王。

昭公無罪而逐死，國宜其太子者也，定公何以得立哉？出於

季氏之私意，定公受之。然季氏能奪君之位，不能奪天王之正朔。故無正月，以見昭公之不得正其終也，季氏爲一弒矣。定公之不得正其始也，廢太子衍及務人，季氏爲二弒三弒矣。

三月，晉人執宋仲幾于京師。大夫專執之始。

不告諸司寇而執人於天子之側，故雖以王事討有罪，猶貶。仲幾之罪何？不受功也。執之者誰？晉陪臣韓不信也。

夏六月癸亥，公之喪至自乾侯。戊辰，公即位。

即位皆于朔日則不書日，定公待昭公喪至，既殯而即位，故書日。

時周魯皆有喪，周人吊，魯人不吊。周人曰：“固吾臣也，使人可也。”魯人曰：“吾君也，親之者也，使大夫則不可也。”不敢輕君，故不使大夫；不忍忘親，故不克親往。禮雖廢而情兩盡也。

秋七月癸巳，葬我君昭公。九月，大雩。

《穀梁》謂毛澤未盡，人力未竭，未可以雩也，時窮力畢而後雩之。夫使求而無益，不雩可也；求而有益，亟雩可也。何必至時窮人力盡而後雩乎？殆病民矣。苟可以有拯於民，吾不以爲咎也。

立煬宫。煬公，考公之弟，魯以弟繼兄而立，始于此。

欲絕昭公之墓兆而立煬公之廟，何其犯邇而媚遠也！煬公爲伯禽之子，昭公獨非伯禽之後乎？

冬十月，隕霜殺菽。菽，豆草之難殺者。

未可以殺而殺，舉重；可殺而不殺，舉輕。其曰“菽”，舉重也；不殺草，舉輕也。言殺菽，知草皆死矣。夫草，孟氏、叔氏也，勢少衰也。菽則季氏也，霜則魯君之政令也，不行於下久矣，安能殺之？然人不能殺之而天殺之也。

二年春，王正月。夏五月壬辰，雉門及兩觀災。

先君客死不復而淫於女樂，心已蕩然無存。無門以守，無觀以示。京房《易傳》所謂“君不思道，厥妖火燒宮”也。若云奢僭，其來已久，何至今日始災？昭公受此大厄，故魯有此大災，神恫之矣。

秋，楚人伐吳。

囊瓦稱人，以其見誘而敗，故貶之。

冬十月，新作雉門及兩觀。

僖公嘗修泮宮，復閟宮，而《春秋》不書，獨書作南門者，明不當作也。子家駒以設兩觀爲僭天子，宜有所革，而復大其規模，故書之，以見非正也。

邾莊公卞急而好潔，闍惡夷射姑之怰肉而杖己也，以瓶水沃廷，謂爲射姑旋焉。公命執之，弗得，自投于床，廢墮也。於鑪炭，爛，遂卒。夫人之急潔，不知火之更急潔也。

三年春，王正月，公如晉，至河，乃復。平子擅立定公，晉怒而公朝。

二月辛卯，邾子穿卒。夏四月。秋，葬邾莊公。冬，仲孫何忌及邾子盟于拔。公新即位，與邾修好。

四年春，王二月癸巳，陳侯吳卒。

三月，公會劉子、晉侯、宋公、蔡侯、衛侯、陳子、鄭伯、許男、曹伯、莒子、邾子、頓子、胡子、滕子、薛伯、杞伯、小邾子、齊國夏于召陵，侵楚。

　　季氏無道而晉不討，討楚之無道，已失輕重矣，乃荀寅又求貨于蔡。晉人假羽旄于鄭而失諸侯，宜晉之兵終于此哉。雖以十八國伐楚，不如齊桓之少十而伐楚矣。

　　鄭子大叔自會反，未至而卒。晉趙簡子爲之臨，甚哀，感黃父會中子大叔九言之贈也。

夏四月庚寅，蔡公孫歸姓帥師滅沈，以沈子嘉歸，殺之。

　　沈雖不會召陵，而蔡非執人之國，亦非殺人之君也。藉晉威以行虐，君子咎之。

五月，公及諸侯盟于皋鼬。杞伯成卒于會。

　　此即前會之諸侯，不書劉子，不與盟也。定公受國於意如，故爲此盟。書“公及”，内爲志也。

六月，葬陳惠公。許遷于容城。秋七月，公至自會〔二〕。

叔孫州仇帥師墮郈。季孫斯、仲孫何忌帥師墮費。季氏邑。秋，大雩。

　　三家之中，季氏最強，而墮費者，以有陽貨之難，又臨以孔子，故不戰自服耳。孟氏之不墮成者，恃齊也。實非恃齊也，蓋所以爲魯害者季氏也，而陽貨又憑之，勢愈趨於下，主權愈弱，故不得不一振而墮費焉。若孟孫、叔孫不專於魯，其墮可緩也。叔孫自勇於墮郈，孟孫未嘗難於墮成也。特恐齊人至，去其保障耳，故孔子欲墮不終墮也。豈以孔子之神武，助之以魯君而不克竟其事哉。

冬十月癸亥，公會齊侯盟于黃。

　　隱六年盟於艾，齊魯爲盟之始也。今盟於黃，齊魯爲盟之終也。叛晉之交，而晉不復能霸矣。

十有一月丙寅朔，日有食之。公至自黃。十有二月，公圍成。公至自圍成。

十有三年春，齊侯、衛侯次于垂葭。謀伐晉也。

夏，築蛇淵囿。大搜于比蒲。衛公孟彄帥師伐曹。曹不叛晉故。

　　築非其時，夏搜亦非時。内受女樂而外好佚游，君臣之志荒矣。

秋，晉趙鞅入于晉陽以叛。

　　主分晉之謀者，趙鞅也。此時已無晉矣。雖曰六卿擅晉，而荀、范、中行之得地，不如鞅之險也，其勢已成矣。故書“叛”以危之。

冬，晉荀寅、士吉射入于朝歌以叛。吉射，范鞅子。

　　趙鞅始叛，荀、范擅伐趙氏，知、韓、魏三子與荀、范相惡，遂欲逐之，驅之使叛耳。孰知有荀、范在則趙氏之勢不成，荀、范不能爲叛，而能禁人之叛。迨至荀、范入于朝歌，而無有制趙氏者矣。

晉趙鞅歸于晉。薛弑其君比。

　　荀、范者，趙氏之仇；知、韓、魏者，趙氏之援。諸侯叛于外，猶可爲也；大夫叛于内，不可爲也。無援之大夫叛于外，猶可爲也；有援之大夫叛于外，不可爲也。大夫叛而不歸者，猶可爲也；大夫叛而復歸者，不可爲也。其黨盛矣，其謀深矣。故荀、范在内則趙氏出，荀、范在外則趙氏歸。鞅之復入，亡晉之漸也，豈特叛同歸獨？爲縱失有罪哉！

十有四年春，衛公叔戌來奔。衛趙陽出奔宋。

　　戌怙富而驕，又欲去南子之黨，以正君自任，宜其不克而速禍也。陽，戌之黨，戌奔，故亦奔耳。

二月辛巳，楚公子結、陳公孫佗人帥師滅頓，以頓子牂歸。衛北宮結來奔。結爲戌黨，戌在故來。

　　頓欲事晉背楚而絶陳好故也。《春秋》誅楚而罪陳矣。

五月，于越敗吳于檇李。吳子光卒。傷足將指，卒於陘。

　　句踐患吳師之整，再遣禽不動，使罪人三行，屬劍于頸，師屬之目，越因伐而大敗之。

公會齊侯、衛侯于牽。公至自會。

　　衛有内難，懼晉討朝歌，或將生變，故合齊魯以會。

秋，齊侯、宋公會于洮。

　　自齊景圖霸，鄭、衛、魯既與同盟，惟宋未絶晉，至是亦始終事齊矣。

天王使石尚來歸脤。腥曰脤，熟曰膰。

　　諸侯助祭于宗廟，然後受俎實。魯不助祭而行脤，非禮也。

衛世子蒯聵出奔宋。衛公孟彄出奔鄭。

　　父以寵內欲逐子，子以欲殺母故出奔，兩失其正矣。

宋公之弟辰自蕭來奔。罪宋公也。兄弟而不相容乎？

大搜於比蒲。軍政不屬公也。邾子來會公。

城莒父及霄。

　　公叛晉，助范氏，懼晉而城二邑。助臣叛君而勞民以備敵，其失甚矣。

十有五年春，邾子來朝。

　　邾子執玉高，其容仰；公受玉卑，其容俯。子貢謂皆失禮，有死亡之道。及公薨，孔子曰：“賜不幸言而中矣，是使賜多言者也。”

鸜鼠食郊牛，牛死，改卜牛。

　　犂彌之侵魯，野兇來犯也；孔子之却敵，麒麟來威也。然孔子能爲君定外難，不能定內難者，鸜鼠已食牛之膏肓而不可爲也。

二月辛丑，楚子滅胡，以胡子豹歸。

　　楚子親帥師，故稱楚子，非子之也。

夏五月辛亥，郊。壬申，公薨於高寢。牛死之應也。

鄭罕達帥師伐宋。

　　宋公子地奔鄭，鄭人爲之伐宋，欲取地以處之也。以宋地處宋人，似也；然爲臣而伐君之國，非正也。若知地之無罪，當言於宋公而復之耳。

齊侯、衛侯次於渠蒢。謀救宋也。邾子來奔喪。非禮也。秋七月壬申，姒氏卒。哀公母，不稱夫人，哀未君也。八月庚辰朔，日有食之。

九月，滕子來會葬。丁巳，葬我君定公，雨，不克葬。戊午，日下昃，乃克葬。一作下稷。
　　葬不爲雨止，禮也。雨，不克葬，無備之甚也。

辛巳，葬定姒。不赴、不祔，不以夫人禮葬。冬，城漆。謀伐邾也。

哀公 名蔣，定公子，母子姒，四歲即位，在位二十七年，十四年《春秋》絶筆

元年春，王正月，公即位。楚子、陳侯、隨侯、許男圍蔡。
　　蔡之報楚，楚甚也；楚復報蔡，蔡不甚也。而圍蔡稱爵，恕楚之罪者，曰猶賢乎？蔡始無怨而楚滅之也。

鼷鼠食郊牛角，改卜牛。夏四月辛巳，郊。
　　魯之郊，僅于此一見耳。而鼷鼠又食，改卜始就，蓋重幸之而重傷之矣。
　　夫椒之役，夫差入越，違伍員之諫而許越行成，自誤甚矣。或曰吳赦越未爲大失，但“爾忘越王之殺而父乎”一語，覺此

時無歸着耳。且其意不出乎哀矜而出乎驕盈，其致敗在此，不系于赦越也。若赦越之後，修備治國，桓文之業也，越其如吳何？楚子西曰：“闔廬恤民，故敗我；夫差勞民，將自敗。”彼時識者已知有泓上之師矣，豈在越之赦不赦哉！吳入越不書，不告故也。

秋，齊侯、衛侯伐晉。冬，仲孫何忌帥師伐邾。

二年春，王二月，季孫斯、叔孫州仇、仲孫何忌帥師伐邾，取漷東田及沂西田。

　　三卿帥師，三家各欲貪利而不相讓也。取則不義，及則無厭，奈何？

癸巳，叔孫州仇、仲孫何忌及邾子盟于句繹。

　　三卿伐國取地，以盟其君而公不與焉，適越之辱，兆矣。定公之薨，邾子來奔喪，事魯恭矣，而不免於見伐，徒自辱焉，不知以禮爲國之故也。邾在邦域之中，不加矜恤，而諸卿相繼伐之，既取其田而又強與之盟，不知以義睦鄰之故也。故詳書以著其罪。三人伐則曷爲三人盟？盟者各盟其所得也。莫強乎季孫，何獨無得？季氏四分公室有其二，昭公伐意如，叔孫氏救意如而昭公孫。陽貨囚桓子，孟孫氏救桓子而陽貨奔。今得邾田，蓋季氏以歸二家而不取也。

夏四月丙子，衛侯元卒。滕子來朝。

晉趙鞅帥師納衛世子蒯聵于戚。

　　蒯聵以南子之亂不得志於靈公，其不子也，猶以法窮也。若輒則假托祖命，攔然稱兵以拒父，子之謂何？輒之納瞶猶助父也。故稱世子者，見子猶在，父祖未嘗絕也，子自絕父耳。

靈公之命自立郢耳，郢辭乃立輒，并不奉祖命也。即有祖命，子不可拒父，況未嘗命耶？人納其父而拒之，罪在萬世，非一時之罪也。

秋八月甲戌，晉趙鞅帥師及鄭罕達帥師戰于鐵，鄭師敗績。冬十月，葬衛靈公。

齊人輸范氏粟，鄭罕達送之，鄭黨叛人，固罪也。趙鞅幸勝，以獲粟千車爲喜，而且自矜其雋功焉。抑思致范、中行氏之亂者誰耶？

十有一月，蔡遷于州來。蔡殺其大夫公子駟。

國大而遷，地有其險；地小而遷，民恣其怨矣。事急而委罪於臣，臣安能庇君哉！

蔡既背楚江汝之命，請遷於吳而又悔。今年殺公子駟，明年放公孫獵，豈以請遷吳爲非，而委罪于二子以說耶？自是無復有盡忠謀國者矣。

三年春，齊國夏、衛石曼姑帥師圍戚。

以子拒父而齊助之，悖矣。輒若有祖命則讓於中子郢，無祖命則位仍歸之父耳。無父之君不可爲也，無父之師不可興也。齊也昔助晉爲臣伐君，今又助子圍父，何以令於諸侯而得不內亂耶？

夏四月甲午，地震。

五月辛卯，桓宮、僖宮灾。

　　桓、僖之宮，宜祧而不祧也。三家之意以爲：桓，季氏所出；僖，使季氏世卿者也。故天譴以灾，非譴桓、僖，譴三家耳。

季孫斯、叔孫州仇帥師城啓陽。

　　魯黨范氏，比年四城，何利於國？犯不諱之義乎？

　　周人殺萇弘，以黨於范氏，趙鞅爲之討也。

宋樂髡帥師伐曹。討樂大心之亂也。秋七月丙子，季孫斯卒。蔡人放其大夫公孫獵於吳。冬十月癸卯，秦伯卒。叔孫州仇、仲孫何忌帥師圍邾。

四年春，王二月庚戌，盜殺蔡侯申，蔡公孫辰出奔吳。葬秦惠公。

　　賤者爲盜，微者爲盜，不以弑與之，明不成爲臣也。辰與聞乎殺，亦盜之徒也。

宋人執小邾子。夏，蔡殺其大夫公孫姓、公孫霍。

　　蔡侯討弑君之賊，姓、霍皆國卿，罪狀未明而遽殺，故不去大夫。

晉人執戎蠻子赤歸于楚。城西郧。

　　霸主而執人以歸夷，是楚爲中國，晉爲夷狄矣。況戎蠻恃誠以歸晉，謂其能庇我而拒楚也。士蔑奉趙孟之命，詐會戎而誘執之，欺戎以和楚，豈大國之所爲乎？戎蠻無罪，罪在晉矣。

六月辛丑，亳社灾。亡國之社。

　　天生孔子，非爲定哀也，將删《詩》定禮以救萬世也。魯之君臣，爲禮樂者誰哉？火之屢見於宮社，示禮樂之亡於朝也。雖亡於朝，猶存於野，則孔子之力也。迨秦有坑焚之禍而禮樂之存者幾希矣。意天悲孔子而先於定哀之間示其應也，不然，何灾之迫也。

秋八月甲寅，滕子結卒。冬十有二月，葬蔡昭公。葬滕頃公。

五年春，城毗。夏，齊侯伐宋。

晉趙鞅帥師伐衛。

　　鞅助父伐子，正也。惜以范氏故，借以爲名耳。

　　晉圍柏人，柏人宰張柳朔，其仇王生所舉也。至是不忍負王生，遂爲范氏死焉。夫王生舉一仇，而爲其君得一死事之臣。柳朔既身止死，又命其子以從主，其于君臣父子朋友之間，亦可謂較然不欺其志者矣。

秋九月癸酉，齊侯杵臼卒。

　　景公在位五十八年，有晏嬰而不能霸，嬰之才，霸佐以下者也。重孔子而不能用，孔子之德，王佐以上者也。不能用其下，焉能用其上乎？然齊桓之霸已成，以嫡嗣未定而後終亂。故冢祀爲治國之基也。陳氏已移政于下，而景公求樂于上，志不及遠，卒以覆國。范祖禹所謂“治愈久而政愈敝，年彌進而德彌退”者耶？

　　古今管晏并稱，而晏實遠不及管，何史遷不足管子而願爲晏子執鞭乎？是殆未以孔子之言斷之也。孔子稱桓之功，曰：“民到于今受其賜。”述景之富，曰：“民無得而稱焉。”此亦管晏之定評也。史遷舛錯，不辨自明矣。

冬，叔還如齊。閏月，葬齊景公。

六年春，城邾瑕。皆備晉。

晉趙鞅帥師伐鮮虞。吳伐陳。

四年，鮮虞納荀寅于柏人，故伐之。

吳元年，曾伐陳矣，而今又勤兵於遠，不如備越也。

夏，齊國夏及高張來奔。

陳乞將立公子陽生，先逐國、高，弒君之謀見矣。

叔還會吳于柤。往會接好。秋七月庚寅，楚子軫卒。

楚昭有死仇之志，而又不肯禜日以移禍於臣，有死命之德，宜其不失國也。

楚子將卒，欲立庶兄公子西等，皆辭之，子西等乃立章夫。春秋時讓國之公子，曹子臧、吳季札，尚矣。若宋之子魚、衛之子南、楚之子西、子期、子閭，皆當幾固讓，終守臣節。蓋亦庶幾乎曹吳之風。其視乘隙構會若鄭突、楚圍者，不霄淵哉！或謂臧札之讓，冥鴻遠引，不與國事；白公之亂，子西奚辭焉？是又不然，當其能讓，則吾取其讓已耳。仲尼見人之一善而忘其百非。夫“彼哉”之嘆，自與取節之義不相蒙也。

齊陽生入于齊。齊陳乞弒其君荼。

景公將立荼，乞使陽生走而後復者，蓋既出而立可以市恩於君，樹威於衆耳。陽生恃乞而求立，陳乞庇陽生以行詐。陽生之入，陳乞入之，則陽生使朱毛之弑荼，亦陳乞弑之也。

冬，仲孫何忌帥師伐邾。宋向巢帥師伐曹。

七年春，宋皇瑗帥師侵鄭。

　　齊桓既没，宋襄圖霸；齊景既没，宋景圖霸。故妄意伐曹而侵鄭也。

晉魏曼多帥師侵衛。討不服也。

夏，公會吳于鄫。

　　吳引昭公享范鞅十一牢故事，徵百牢焉。子貢謂吳無能爲也。然伐我之兆見于此矣。

秋，公伐邾。八月己酉，入邾，以邾子益來。

　　魯無故伐人，而入其國處其宫，晝夜掠，以其君來，獻于亳社，囚於負瑕，此天下之惡也。吳師爲是克東陽，齊人爲是取二邑，實自召之耳。季康子之罪，可勝誅乎？

宋人圍曹。冬，鄭駟弘帥師救曹。

八年春，王正月，宋公入曹，以曹伯陽歸。

　　斯時以大伐小，輒以其君歸，魯先行之於邾，故宋亦行之于曹。

　　檜亡春秋之始，曹亡春秋之終。夫子删《詩》，系曹檜于《國風》之後，于《檜》之卒章曰："思周道也。"傷天下之無王也。《曹》之卒篇曰："思治也。"傷天下之無霸也。

吳伐我。

　　吳爲邾故興師伐魯，未必有加于魯，而魯速爲城下之盟。何畏吳也？故不書盟以諱之。

　　公山不狃，叛入于吳者也。聞叔孫輒"吳將伐魯"之言，惓惓以勿覆宗國爲託，亡不忘君，視陽貨奔齊而請伐魯者何如哉！迨吳克東陽，獲公甲叔子輩三人，同車俱死。王嘉其能，謂國未可量。則不狃必有與嚭之言益信矣。或謂不狃之叛，叛季氏，非叛魯也。孔子不見陽貨而欲往公山之召，豈無意乎？

夏，齊人取讙及闡。冬即歸之季姬，嬖故也。歸邾子益于邾。

　　齊兵未加而魯與之邑，蓋魯之無備，已徹於吳而深畏於晉也。

　　歸邾子者，懼齊吳之伐也。邾子又無道，吳討之，囚諸樓臺，栫之以棘，後復奔魯。

秋七月。冬十有二月癸亥，杞伯過卒。

齊人歸讙及闡。

　　邾益，齊出也。魯歸邾益，則齊人歸讙闡矣。故皆書"歸"以美其能遷善也。

九年春，王二月，葬杞僖公。

宋皇瑗帥師取鄭師于雍丘。

　　鄭先圍宋雍丘，以深入敵境而敗，不義無謀，往遺宋禽，非宋之詐也。

夏，楚人伐陳。即吳故也。秋，宋公伐鄭。冬十月。

十年春，王二月，邾子益來奔。

公會吳伐齊。三月戊戌，齊侯陽生卒。

　　齊人殺悼公，赴于師，以“卒”書者，不忍以夷狄之民加中國之君也。或曰當時以吳師在齊而公卒，遂以爲弑耳。

夏，宋人伐鄭。晉趙鞅帥師侵齊。<small>伐喪非義。</small>五月，公至自伐齊。葬齊悼公。衛公孟彄自齊歸于衛。薛伯夷卒。秋，葬薛惠公。

冬，楚公子結帥師伐陳。吳救陳。

　　諸侯不能救，吳獨救之，雖意在仇楚，我義其救陳也。

　　延陵季子請退吳師，以成子期之名，計季子此時九十餘矣。

十有一年春，齊國夏帥師伐我。

　　伐我云者，我自有以致寇也。是役冉有三刻逾溝，用矛於齊師，故能入其軍，孔子義之。

夏，陳轅頗出奔鄭。

　　頗附上以刻下，托公以營私，故國人逐之。

　　頗道渴，其族轅咺進醴、糗、腶脯焉。頗喜其給，而怪其諫之不蚤。咺曰：“懼先行。”此三字説得可畏，即杜甫所謂“受諫無今日”也。亡國喪家之人，不得先聞其過，皆爲此三字耳。

五月，公會吳伐齊。甲戌，齊國書帥師及吳戰於艾陵，齊師敗績，獲齊國書。

陳書生逆亂之族而能損軀死國，可方晉欒鍼矣。

方吳伐齊，子胥諫曰："越在，我心腹之疾也。壤地同而有欲于我，不如蚤從事焉。"夫夷狄與中國同欲，弱則爲中國所制，強則因以窺中國。五胡之于晉，金元之于宋，所欲同故也。然進得所欲，退而易失其故。進得所欲，退而不失其故者，越之于吳是也，遠近之勢異也，此子胥之所以懼也。

秋七月辛酉，滕子虞母卒。冬十有一月，葬滕隱公。衛世叔齊出奔宋。

孔文子使疾出其妻而妻之，疾以是爲恥，故出奔。

十有二年春，用田賦。家一人以爲兵也。夏五月甲辰，孟子卒。

譏季孫也。以丘賦猶不足，又以田賦焉。不度于禮矣。孔子惡冉求聚斂附益之言，蓋在此時。

孟子卒，夫人之不命于天子，自昭公始也。孟子爲姬姓，何以請于天子乎？禮不取同姓，而齊桓廣收宗女；晉文復妻懷嬴，且以是致霸矣。何獨咎于昭公哉！季氏專國，昭公旅死，不成其爲君，故孟子卒，亦不成其夫人也。

公會吳于橐皋。

吳既敗齊，魯以爲德，將爲之合諸侯以親之。

秋，公會衛侯、宋皇瑗于鄖。

初，衛人殺吳行人且姚而懼，故竊盟魯宋。吳怒，藩衛侯之舍，子貢陳"墮黨崇仇"之説而歸衛侯，然則子貢於父母之邦亦有功矣。衛侯歸，效夷言，彌牟尚幼，即知其死于夷矣。

宋向巢帥師伐鄭。冬十有二月，螽。不正曆，失閏。

季孫怪螽而問之，孔子曰：“火猶西流，司歷過也。”

十有三年春，鄭罕達帥師取宋師于喦。夏，許男成卒。

報雍丘之師也。二國不仁，前後皆書“取”，殆兩責之。

公會晉侯及吳子于黃池。吳進而稱子。

晉嘗讓楚成矣。吳爲同姓長而不可以主會乎？惜其欲因魯之禮、因晉之權而爲越所誤也。吳有霸天下之志，以謀疏而敗，記此者以見姬氏之自相競而不能競于異姓耳。若其欲長晉也，猶未爲失也。吳，泰伯之後；晉，唐叔之後。吳則在周以親以讓，猶爲長藩，而況晉非武王之所封乎？晉之長也。特以其霸國耳。安見晉宜霸吳不宜霸也。

夫差請冠端而襲曰：“好冠來！”孔子曰：“大矣哉，夫差未能言冠而欲冠也！”

楚公子申帥師伐陳。

楚畏吳之强，乘其出會而伐陳。

於越入吳。

吳自黃池歸，又幾年而亡於越。蓋越猶疑吳有諸侯之援，故遲之，而惜同姓諸姬不能拯吳之亡也。斯時晉衰極矣，衰吳所以衰晉，衰晉所以衰周，故假手於越耳。不然，越有殺闔廬之罪，吳有赦勾踐之德，而天如是相報乎？

公至自會。晉魏曼多帥師侵衛。葬許元公。

九月，螽。是年再失閏。

　　兩年三螽，虐取於民之效也。《螽斯》三咏而益徵其仁，螽災三見而不改其虐，誰之咎與？

冬十有一月，有星孛於東方。盜殺陳夏區夫。十有二月，螽。

十有四年春，西狩獲麟。

　　《路史》曰：文之十四年有星孛入于北斗，昭之十七年有星孛于大辰。《春秋》書孛皆辰次，此何爲而東之耶？桓之四年公狩于郎，莊之四年，公狩于禚，《春秋》書狩皆地名，此何爲而西之耶？昔者成王定鼎郟鄏，以爲東都，至平王遂居之，曰東周。孝王封非子秦亭，以爲西垂大夫。東遷之元年，秦始強大，號曰“西秦”。聖人繼書而終得無意乎？夫麟，王者之嘉瑞也。孛彗所以除舊而布新者，除舊於東而西獲其麟，此聖人所以反袂拭面，泣涕沾襟，遂放筆而稱“吾道窮也”。《書》者，帝王之典而《秦誓》終之，更明矣。

　　《家語》云：子與子貢講道德，有赤氣起，貫於天，子曰：魯端門當有血書，西飛爲鳥。則非特緯書也。《拾遺記》云：夫子生時，麟吐玉書。故以爲聖人之應也。

校勘記

　　〔一〕“公至自會”之後原缺第五至十二頁。

　　〔二〕“日有食之”之後原缺第二十九至三十二頁。

續經傳

　　小邾射以句繹來奔，曰：“使子路要我，吾無盟矣。”使子路，子路辭。乃其所以取信於小邾之本也。小邾亦知子路之不可而故請之。大國多欲，豈不爲小國所笑哉。

　　齊子方，闞止之臣也。陳成子殺闞止，將及子方，陳逆爲之請，其出也，陳豹與之車，弗受，曰：“事子我而有私於其仇，何以見魯、衛之士？”十四年

　　十有六年，夏四月，孔丘卒，公誄之。子貢曰：“生不能用，死而誄之，非禮也。”

　　太子建之子白公勝作亂，殺子西、子期、子閭。葉公聞殺齊管修也而後入，帥國人以攻白公，白公奔山而縊。葉公任子西、子期之子，而退老于葉。葉公之論白公勝也，曰：“勝也好復言，復言，非信也。”看“信”字甚深。有子曰：“信近于義，言可復也。”似爲此信字補一注脚。

　　十有七年，衛太子疾請殺渾良夫。公曰：“其盟免三死。”曰：“請三之後，有罪殺之。”公曰：“諾！”明年，莊公爲虎幄于藉圃，成，求令名者，而與之始食焉。太子使請良夫，良夫乘衷甸兩牡，紫衣狐裘，至，袒裘，不釋劍而食。太子使人牽以退，數之以三罪而殺之。三罪者，紫衣、袒裘、帶劍也。機鋒敏捷，此千古除惡妙手，惜不能圖石圃而卒，與莊公同被其害也。晉立班師，齊執班師，而立公子起，石圃又逐起。衛侯輒自齊復歸，逐石圃。拳彌之亂，出公又出，卒于越。

　　二十年，越圍吳，趙孟降于喪食。黃池之役，先簡子與吳王有質故也。使于吳，王曰：“溺人必笑，吾將有問也，史黯何以

得爲君子?"因黯有"四十年,越必有吴"之語也。

二十有五年,公至自越。宴于五梧,孟武伯爲祝,惡郭重,曰:"何肥也!"公曰:"是食言多矣,能無肥乎?"蓋譏三桓也。飲酒不樂,公與大夫始有惡。公後孫于邾,遂如越。

二十有七年,越子使後庸來聘,盟於晉陽,三子皆從。季康子言及子貢,曰:"若在此,吾不及此夫!"武伯曰:"然。何不召?"曰:"固將召之。"文子曰:"他日請念。"

公患三桓之侈也,欲以諸侯去之。此昭公所不得之季氏者,而哀公欲用之三家乎?昭公自爲之,哀公藉於人以爲之,一蟹不如一蟹矣。漢末用其法,召諸侯兵以除宦官,而漢隨以亡。庸手作法,流禍可勝道哉!